泰州文獻

第四輯

藥圃詩
陸仲子遺稿
存齋詩
充射堂集
蔚園集
竹樓詩鈔

鳳凰出版社

ISBN 978-7-5506-2272-2

9 787550 622722 >

圖書在版編目（ＣＩＰ）數據

藥圃詩、陸仲子遺稿、存齋詩等 / （清） 李柟等撰
. -- 南京 : 鳳凰出版社, 2015. 10
（泰州文獻）
ISBN 978-7-5506-2272-2

Ⅰ. ①藥… Ⅱ. ①李… Ⅲ. ①古典詩歌－詩集－中國
－清代②古典散文－散文集－中國－清代 Ⅳ.
①I214. 91

中國版本圖書館CIP數據核字（2015）第279505號

責任編輯　王　劍
裝幀設計　姜　嵩
出版發行　鳳凰出版傳媒股份有限公司
鳳凰出版社（原江蘇古籍出版社）
發行部電話025－83223462
出版社地址　南京市中央路165號　郵編：210009
出版社網址　http://www.fhcbs.com
印　　刷　揚州文津閣古籍印務有限公司
揚州市開發區鴻揚路22-2號（6幢）　郵編：225009
開　　本　889毫米×1194毫米　1/16
印　　張　36.25
版　　次　2015年10月第1版　2015年10月第1次印刷
標準書號　ISBN 978-7-5506-2272-2
定　　價　530.00圓
（本書凡印裝錯誤可向承印廠調换，電話：0514－87969255）

《泰州文獻》工作委員會

主　任

藍紹敏　陸志鵬

常務副主任

盧佩民

副 主 任

戴勝利　王學鋒　張培成　佘江涛

委　員（按姓氏筆畫为序）

丁少華　方標軍　成愛君　季春芳　周興安

查學斌　姜小青　奚愛國　陳士宏　黄林華

曹茂良　曹學賦　許大才　張國祥　萬永良

程榮穩　鄒祥龍　費振鐘　劉　玲　劉仁前

劉宏鳴　潘時常　薛金林　顧維中

《泰州文獻》編纂委員會

主　編

盧佩民

副主編

黄林華　姜小青

執行主編

成愛君　費振鐘

編　委（按姓氏筆畫为序）

王　飛　王　劍　王正奎　卞惠興　朱長順　全　勤

李文華　李明官　吴　迪　吴小晴　吴雙林　汪　政

沈　俊　林世田　莫其康　倪培翔　徐一清　徐同華

高　峰　陳　立　黄　靖　曹學林　常　康　張　定

張永龍　劉仁前　劉春龍　潘浩泉　薛　飛　謝冬榮

竇立成　顧寄南

《泰州文獻》學術指導委員會

（按姓氏筆畫为序）

江慶柏　金良年　茅家琦　華學誠　徐　雁　畢飛宇

程章燦　楊九俊　魯國堯　劉玉才　顧　農

總序

泰州古稱海陵，漢初（公元前一一七年）置縣，晋末（公元四一一年）設郡，南唐（公元九三七年）建州，始稱泰州。

泰州濱江近海，物阜民豐。漢唐以來，糧鹽並舉，商貿繁榮，爲溝通南北的重要港口城市。

泰州素爲文教昌明之邦。唐初立州學，北宋建貢院，明清開學政試院，産出大批科舉優秀人才。

泰州自古人文薈萃。走進泰州的，從范仲淹、富弼、陸佃，到孔尚任、吴讓之、蔣春霖，都留下深遠影響。走出泰州的，從張懷瓘、胡瑗、施耐庵、王艮，到李清、吴嘉紀、柳敬亭、黄龍士、李鱓、鄭燮、劉熙載、李詳、梅蘭芳、高二適，都在各自領域爲中國文化作出巨大貢獻。

泰州遺存的文獻也很豐富。僅據《江蘇藝文志》所載，便有二千七百餘種，涵蓋經、史、子、集的方方面面。其中，尤以明清時期爲夥，占到百分之九十九以上。這當中不排除由於種種原因，致使元以前的一些著述湮没無聞，但明清兩代，確是泰州文化的繁盛期。在這些文獻中，如《書斷》（張懷瓘）、《水滸傳》（施耐庵）、《王心齋先生遺集》（王艮）、《宗子相集》（宗臣）、《陋軒詩集》（吴嘉紀）、《板橋全集》（鄭燮）、《藝概》（劉熙載）、《李審言文集》（李詳）、《黄龍士先生棋譜》等，在中國文化史上都有重要地位和深遠影響。

與此同時，對鄉邦文獻進行整理的也代不乏人。自宋至清，周氏（周麟之等）、宫氏（宫偉鏐等）、陳氏（陳應芳等）、徐氏（徐鳴柯等）等都曾致力其事，爲泰州留下了許多寶貴的文化財富。清嘉道間，鄉人夏荃編輯《海陵文徵》二十卷、附録十二卷，《海陵詩徵》十卷。民國初年，曾任江蘇省省長的鄉人韓國鈞歷經十餘年編成《海陵叢刻》計二十三種六十六册。

二〇一一年九月召開的中共泰州市第四次代表大會，提出了建設文化名城的任務。爲此，中共泰州市委、泰州市人民政府決定編纂《泰州文獻》。這是泰州有史以來對本土文獻最大規模的整理和彙編。它對於保存、利用、研究和開發泰州的歷史文化，尋繹泰州獨特的地方文化價值，爲泰州文化建設提供歷史人文資源，意義重大。

爲了保證編纂工作的順利進行，市委、市政府專門成立了工作委員會、編纂委員會和學術指導委員會。工作委員會由市委、市政府領導和相關部門負責同志組成，負責對編纂工作的領導和協調。編纂委員會由相關專家、學者組成，具體負責《泰州文獻》的編纂出版工作。學術指導委員會由江慶柏、魯國堯、程章燦、茅家琦、華學誠、徐雁、金良年等國内知名文史專家組成，負責對編纂工作的指導和把關。

編纂工作按如下幾個步驟進行：（一）進行文獻調查，建立文獻檔案；（二）精選有代表性、有學術價值的作品影印出版，選目由編纂委員會和學術指導委員會共同審議確定；（三）編輯出版《泰州文獻總目》。

《泰州文獻》分爲四輯：

第一輯『官修舊志』，收録泰州地區現存所有官修地方志。

第二輯『地方史料文獻』，收録泰州地區歷代重要的筆記和史料。按内容又可分爲史地類：收録有關泰州歷史地理方面的著作，包括小志、專志、雜志等；政情類：收録有關泰州政治、經濟等方面的著作；文教類：收録有關文化、教育、圖書館等方面的著作。

第三輯『家族文獻』，收録泰州地區重要的家譜、家傳、家集與名人年譜。按内容又可分爲家乘傳記類：擇要收録泰州家族譜牒中的譜序、家規、家訓、箴言、族約、族記、祠田記、塋田記、雜記、著述等資料；家族總集類：以家族姓氏筆畫爲序。

第四輯『泰州文存』，收録泰州地區作者的詩文著作及其他代表性著作。按内容又可分爲學術論著類：收録泰州作者的經史雜著；文集類：收録泰州作者的詩文集；地方總集類：收録泰州作者的詩文合集。

考慮到《水滸傳》、《封神演義》（《辭海》云『一説陸西星作』）、《檮杌閑評》（學界多謂李清所作）等小説流傳甚廣，版本豐富，故不再收録。其他如堪輿、術數類著作，泰州人撰泰州地區以外的地方志、地理志類著作，一般性的彙編、摘鈔類著作，亦不予收録。

《泰州文獻》原則上收録現轄區内的作家作品。但從尊重歷史出發，泰州學派創派人物、明代思想家、哲學家王艮，平民詩人吴嘉紀等人，歷史上均屬於泰州地區，對泰州地區具有深遠的文化影響，他們的作品亦予收録。

前人給我們留下了豐厚的文化遺産，我們既要加以珍視和傳承，更要在前人的基礎上，創造出無愧於今天這個偉大時代的新篇章。這是我們更重要的使命，讓我們爲之努力。

《泰州文獻》編纂委員會

二〇一三年十月十八日

凡例

一、《泰州文獻》（以下簡稱《文獻》）分爲《官修舊志》、《地方史料文獻》、《家族文獻》和《泰州文存》四輯。

二、《文獻》收録範圍原則上爲現行政轄區内作者的著述和與泰州有關的重要著述，但考慮到歷史上曾屬於泰州地區的人物，如泰州學派的代表人物王艮、平民詩人吴嘉紀等對泰州文化深具影響，對他們的作品亦予收録。

三、所收著作成書年代限於一九四九年以前。

四、《文獻》所收著作，以學術價值、使用價值較高爲原則，適當兼顧版本價值。

五、《文獻》以影印方式出版。如有蠹損、殘缺、漫漶不清處，原則上以相同版本予以補配，以保證完整、清晰。

六、《文獻》對所收每種著作均撰寫提要，置於該著作前面，以方便讀者瞭解作者生平、主要内容、學術價值等。

七、《文獻》除保留所收著作原有頁碼外，均新編頁碼，每册頁碼自爲起訖。

八、《文獻》最後一册編有書名索引和作者索引，以方便讀者使用。

目録

藥圃詩

（清）李柟撰

《藥圃詩》十二卷，清李柟撰，據上海圖書館藏清康熙四十八年刻本影印。

李柟（一六四七—一七〇四），原名葉，字倚江，號木庵。清興化人，清子。康熙十二年（一六七三）進士，由檢討歷官内閣學士、工部右侍郎等，三十九年主會試，官至左都御史。

本書卷首有王掞等序，集内詩歌主要按年代和内容收録，共十二卷，各卷名如下：《己巳漁陽紀遊》、《乙亥》、《癸未扈蹕吟》、《幼學集》、《丁巳戊午恩假集》、《乙丑恩假集》、《丙寅恩假集》、《丁卯恩假集》、《丙子甘雨集》、《己未至癸亥燕臺稿》、《丁卯至甲戌燕臺稿》、《己卯至甲申燕臺稿》。其中《乙亥》爲上元祈年詩，《幼學集》爲其少時作品，《恩假集》諸篇爲家居作，《丙子甘雨集》爲奉祀衡嶽之作，《燕臺稿》諸篇爲居官作。卷末有李國宋等跋。李柟歷官三十餘年，立朝有聲，屢任要職，其詩歌亦涉及政事，如《癸未扈蹕吟》卷内記康熙四十二年南巡事，《北平雜詩十章》記康熙三十五年親征噶爾丹事等。本書朱溶序言其詩『新而不熟，安而不險，清而不弱，法而不亂』。李柟好友顧汧言『其生平身在廟堂之上，每不忘林壑之想』（《鳳池園詩文集·李木庵藥圃詩集序》）。此言不虚，詩集中紀遊山水詩篇幅較多，佳作迭見，如《望燕子磯》：『絶壁來空處，登臨壯遠觀。天高帆歷亂，江闊水潺湲。雲涌千山暗，風生萬木寒。蕭條亭影外，一望路漫漫。』

（周　忠）

己巳冬予與藥園先生于役京東約以事畢過薊州為盤山之遊會阻風予後至不果而藥園先往以不得同遊為恨藥園既游而歸出其紀遊詩示予〻見所題獨樂寺桃花寺及盤山雲罩寺懸空石靜業菴紅龍泉古中盤諸詩峯巒泉石之奇煙雲竹木之勝一一湧現于紙墨間予既恨予之不得同遊而尤歎藥園之不漫然於遊也予生平頗好山水之遊竊謂山水之于

人亦有緣焉其在家則牽於私累其在官則迫於公務卒不暇遊其偶過勝境因便而遊者有矣而或以故阻又多有不及遊者予與藥園同約盤山之遊藥園游之而予顧不得遊是皆緣之不可知也然予雖不得遊而得讀藥園紀遊之詩目若接之身親歷之固已盡探其奇而畢攬其勝是予雖未嘗遊而不啻偕藥園而遊亦可以無恨也已夫從來遊之勝者賴有文章以

傳之藥圃有茲遊而又有茲詩可以爲美談矣予縱能爲藥圃之遊必不能爲藥圃之詩其不能不讓藥圃者固不僅遊也則予之後期不果以得遊此勍敵殆不可謂其緣之不幸也而又

何恨焉雖然予之詩誠遠不逮藥圃而山水之遊之好則未敢多讓今即不得偕盤山之遊他日者巾車短棹或與藥圃相遇於山水之間予雖不敏尚其操筆以從藥圃其許之乎

婁水弟王揆拜撰

公內閣學士兼禮部侍郎興化李公向有藥圃詩集若干卷行於世既而又裒輯其自丁卯以後所得詩各隸以年、為一集壬申春右曾謁公邸第會公已已詩剞劂甫竣因命排次其篇第讐校其字畫且曰是宜一言右曾退而卒業竊念詩之為道莫不本於性情之自然其陰陽柔剛得於天者感於物而動而遂有萬變不齊之致朝廟則其言從容而恬愉山林則其詞曠放而閑肆以至涉樂必笑言憂已嘆往、隨其境之所歷而前後不必其一揆殆如寒暑昏晝之錯於四時風雨明晦之變於朝暮不可得而一也公在翰林二十年以文學知名當世被

上眷遇為

講幄禁近之臣制誥典冊高文大篇為時所貴重獲而為詩洋、渢、軼雅追頌固宜其足以鳴

國家之盛而垂今聞於無窮也已已之歲公適以

三事往來薊州因得盡探盤山諸勝凡為詩二十有八篇嘗考圖志盤山南距滄溟西盡泃水東放碣石為箕尾之巨鎮危嶺倚天飛湍噬石林木深秀雲物蓊蔚自昔宗工秀人遊屐所至未嘗不歌詠於斯焉公承 文定公世緒早歲登

朝遭逢

聖明以典謨斧藻之才效槐鼎之重地而是編所錄若與巖壑孱寞之士驅懸孫絕其言泓然而清其旨窈然以深蓋境之所遭不同而情移之故其所得於詩者如此其間雄關絕塞凴弔俯仰考川原之舊基訪戰伐之陳迹以及琳宮梵宇斷碑古碣孰存而孰亡一時文酒游從登覽談笑之樂展卷而盡得之右曾嘗慕中盤上盤之勝思往游焉而不得從公杖屨之末讀公詩而不禁喟然以歎也不揣不文以數言書集後異附公詩以傳焉門下晚生仁和湯右曾謹序

藥圃詩已巳漁陽紀遊

潞河橋馬上訂王顏菴前輩遊盤山　　興化　李楠

兩兩潞河道東西馬首來交言紫塞曲偏有白雲限
試與停鞭指終當把杖陪寒威十月薄天遣看山回

三河旗亭再訂譚左羽遊盤山其意不甚勇往
戲簡二絕

薄醉須知可禦風三河東望畫圖中等閒不肯飛身
上悔煞他時白髮翁

其二

話遊山水儼登仙底事當前意未堅我是夢中先到
此只疑仍欠酒家錢

獨樂寺在薊州城中觀音立像長數丈碑記云
就其地老樹刻成者太白書觀音之閣四大
字除夜有佛燈冉冉從空中來先獨樂而後
散布諸寺二律記之

薊門形勢鬱崔嵬閣上虛窓傍晚開萬叠雲霞扶日
上千盤關塞擁天迴
典朝久矣無荒磧勝國依然有戍臺共說古來常用
武太平登眺使心擡

其二

化域何年始剪除殘碑閲代感居諸燈爲慧眼懸青
壁樹作長身逼紫虛東去鶯看龍虎踞西來喜有髻
鬟梳追思觴詠人過此題額猶存太白書

薊州東北十五里有桃花寺余日暮獨往殊饒
佳趣乃作是詩

我來薊門道驅馳少休息停午至田家茅屋苦逼仄
開窓一矯首四圍何崒嵂就中誰更佳古刹山之北
父老爲余言絕頂桃花植不知始何年今止存其一
三月春風吹最先美顏色寺以桃花名想見佳無匹
去此不數里幽懷詎能抑獨行少嚮導細路疲足力
木葉脫滿地槎枒見奇特椒粒若研朱椶寔類點漆
百尺而無枝老栢干霄直其下立殘碑苔蘚手拂拭

讀罷乃知之名泉在其側雖當冱寒時石罅流汩汩
有池蔭以亭亭頹不復識煎茗試一啜清冷愈人疾
再欲恣探求昏鴉皆斂翼老僧指大路策杖懽無極
西偏萬山明峰廻抱紅日徐乃跨馬行白月東偏出
東西兩回顧吟詩寫胸臆惜哉桃花下摩挲竟未得
留此有餘味花時倍相憶

再宿夏莊

桃花山下有人家麂眼籬根一徑斜樹影搖窓供掃
葉泉聲穿灶待煎茶懸崖夕照明殘雪矮屋炊烟接
斷霞最喜重來不逃路還聽父老說桑麻

抵薊州覺天氣微寒及登盤山絕頂則雪深尺

餘矣口占一絕

馬首雲飛斷樹林邊城祇覺晝陰陰誰知曳杖三盤上大雪埋山一尺深

雲罩寺爲盤山最勝處寺左一峰秀絕余日暮始達仰瞻

御書盤山秀峰四字少憩登峰顛次早復登寺後一峰此盤止絕頂也賦得三十韻

漁陽稱古郡形勝迥臨燕獨賞三盤秀都忘百慮牽小童聊作杖細馬不施韉仄磴踏殘雪層坡披亂烟峰迴鈴語急徑轉梵音傳老衲勞相迓遊人倦欲眠扶持方禮佛眺望忽登仙樓閣藏山門亭臺置石顛中膚榮草木外骨類雕鐫屈曲虬龍出紛拏獅象前題新因境

賜地秀得名偏呵護增光怪鋪張映鬱芊拈花纔息足疊翠又隨肩自笑躋攀後誰誇嚮導先萬山青壓地一塔白摩天昊彩遙空散明燈何處懸繚垣能用短別殿故爲圓日落知昏至風來覺令然末光疑轉駁衆響若乘船危坐已神會徐回得妙詮吹笙何隱隱伐鼓更淵淵夜臥分禪榻晨興別法筵下方看杳靄絕頂立遷延始信包羅廣逾知氣象全隙屏鶯鬥削梯棧喜鉤連林蠱鳥難過藤垂鼠善緣長城綿萬里斷碣記何年凴弔悲前代低回憶古賢力猶矜濟

勝心只戀探玄關下衣冠會爲言鷲嶺邊

丁筠雪假余良馬遊盤山殊得其力向見筠雪藤杖一枝節間文理皆成梅花惜未假之以行馬上口號

匝月康莊任所之山行真仗死生時懸崖下馬行吟好少借梅花杖一枝

去雲罩寺里許見懸空石僧言白猿洞在其下

奇蹟不細叩叩之空遙企香廚待飯熟老僧自屈指取近足探求歸途折半里相送復相導扳援得至止石以懸空名磊落殊可喜詎緣藤蘿繫思之無其理下有白猿洞幽深不見底肇寨三大字鐫鑿青空裡語意殊自誇不知怪誕耳山中好風景領略不在此佳哉萬樹松環立如櫛比白雲橫其腰低飛不肯起忽聽謖謖聲地上拾松子衆頭白雲散蒼翠真如洗此乃屬勝事僧也能唯唯別余不上山看松猶徙倚

靜業菴別有數峰包裹中多梨樹老僧爲余烹茶惜未得稍憩以待

絕頂尋遊一杖扶下來雲隱立踟蹰那知倖境成精舍別有層巒作畫圖

其二

老衲深林會荷薪偶然山脚語相親今朝遊到棲禪

處指點看山是故人

其三

十月寒溪減舊痕鑿氷飲馬得泉溫如何不肯消停坐石上茶經仔細論

其四

千樹梨花高下栽春風吹處雪成堆樵夫笑與遊人約明歲爲君擔酒來

中盤寺側有紅龍泉大旱不竭壁上刻龍形塗以朱故名

十月泉眼枯何地鳴淙淙層崖側耳聽尋入衰草中忽驚夭矯勢誰言爲假龍下有百尺潭乃是真龍宮刻劃不磨滅吾謂有神工遊人紀姓氏却被苔蘚封此水固云佳畢竟當窮冬安得驅龍起大雨飛蒼穹衆山爭滙流奔騰下高峯初晴携一杖共此泉上翁

舊有中盤少林寺今分用四字爲二寺矣余止遊少林未及中盤口占二絕

浮圖立山腰飯熟疎鐘動其下兩招提去來飛鳥共

其二

抱膝坐山南回頭看山北甘泉一道來流斷青青色

中盤寺折而西有古中盤

上駐蹕詩云中途遙望蓮花峯日映山林氣色重老衲吟詩渾半偈翠華臨發又從容仰繫

睿藻諷咏忘歸敬賦二律

中盤有古蹟于役始經過翠蓋留長咏蒲團得遂歌千秋蹲贔屭一夜舞蛟鼉寺側一夜龍起攫山頂爪痕在焉獨對蓮華頂沉思鼓太和

其二

讀罷重游賞層巔未肯歸看松時側帽坐石忘鈎衣暮靄棲岩薄寒流入澗微宸游揮灑處風雨挾泉飛

出盤山四首

暫解征鞍上翠微淹留信宿更依依爲逢老衲行還坐却對寒禽語不飛響細獨尋流水出影移誰逐斷雲歸探奇强半成虛約自許他年早拂衣

其二

有客來期舊地還少於佳處抑柴關蹲空虎豹遥相向抉罅虬龍未許攀應接乃知真不暇嘯歌須是得長閑終當此路盤旋去看盡西南半壁山

其三

梯雲昨上最高頭失却經過境界幽樵唱下時真紫蓋峯名梵音飄處是青溝寺名摩空轉可支頤望有徑何曾蠟屐遊却喜中盤重小憩松風水月此兼收

其四

幽偏未得及時登詎信漁陽古擅稱斷壁春風開錦

障懸崖大雪散華燈謂除夜佛燈也有人酬唱詩千首隨地嬉遊酒一升我別林泉何草草日斜山脚倚孤藤

王顓菴前輩訂遊盤山不果余乃獨往先生有詩依韻奉答

共約探奇坐夕曛潞河橋畔影還分車回郵舍虛期我馬去山城定負君雙屐能衝千磵雪孤藤直撥五峰雲却緣獨往懽情減他日重招鸞鶴羣

自薊州夏莊五十里登黃花山絕頂抵暮仍還故處欲作詩久未成適山中道士過訪因援筆贈之

黃花山出漁陽東歸來兩月縈心胸久擬作歌未屬草酒酣無據誇吳儂今朝剝啄誰造訪幅巾拄杖雙青瞳戲爲鼓勇一揮灑憑几如在縹緲中憶昨疾風拔地起我時信馬行追風書生頗自矜磬控一鞭前指摩蒼穹山勢崔巍更紆折馳驅不得幾途窮欲知到頂果近遠孥徵招手呼樵翁抖擻正喜梯棧引坦夸復驚苔蘚封旣行且止徐乃達樓觀突起神明通四圍好景不暇接蜿蜒何物排晴空由來在德不在險長城太息前人功我

朝陵寢儼在望鬱鬱王氣盤真龍俯視兒孫盡羅立萬年長護無爲宮正當延賞歎奇絕夕陽倒射懸崖松在山回旋屐虎豹出山迅速飛艨艟俄頃菘菘失

舊地孤身惆悵來向從再尋人處好投宿馬蹄走向孤燈紅吁嗟乎此日嬉遊到物外過時摹寫何能工道士掀髯笑携去振衣直上千仞峰

藥圃詩 乙亥

上元祈年詩 有序　　　　興化 李 柟

臣柟參佐綸扉閱今三載上元勝賞未獲躬逢
乙亥春正月
上幸暢春園試燈以祈豐年起十三日止十六日適
當儤直之期每至夜半鵠立周垣響騰雲表光
燭塵寰至得之傳聞更多鉅麗月既望
上親校力士史所稱手搏角觝是也一時陪侍皆勳
舊大僚而將軍臣艮棟及臣柟並得與竊自念
以章句鄙儒身依

日月復親睹昇平樂事欣忭之餘不揣固陋日賦詩
六章名曰上元祈年詩以誌榮遇於勿諼云

十三日

綸扉三載荷恩私未得元宵直玉墀上苑更番持被
日大家頭踏試燈時

其二

芳郊宿衛盡熊羆西漆南油徹禁門漸近周垣前復
却御溝春暖立黄昏

其三

草芽初展踏香堤十里垂楊夾道迷行過雙橋還北
望火城直上與雲齊

其四

趺坐瑤林未忍歸輕陰作霰少寒威星星迸入繁光
裏喜得遊人不濕衣

其五

別館風吹法曲新夜深清響出重闉薇郎側耳官槐
下天上人間辨未真同直爲顧公調舍人作

其六

萬歲山頭罷宴餘亂拋珠玉散空虛更籌夜唱人歸
後猶自光華射直廬

十四日

將圓月上復同行的皪銀花在在迎白滿西山千萬
疊宵光還與雪爭明

其二

高懸異彩類鶺鴒鴿飛飛破玉函怪底青童天際
下一時歌吹散塵凡燈盒高懸放時鈴鴿飛出晃後兒童坐竹筐下垂烟火中歌吹

其三

綠溪弭節見朱樓湛露飄來瑞靄浮空裏忽呈多寶
塔渾疑身在佛光遊

其四

翠陌融融覆紫烟暗塵人散走連錢回頭又見春風

亂錯落珠簾下九天

其五

銅扉雙掩傍岩隈問寢
阜闈夜未回諸樹漸含春意動粼粼波面出樓臺

其六

昇平到處鬭繁華文囿周遭第宅賖促漏尚留餘興
在聽人又手說王家

十五日

羽林排列似星羅百戲爭陳別殿多手搏總緣求猛
上朝來先作大風歌是日大風

其二

宿將勳名竹帛間酬庸
特許侍
天顔何當白面叨殊遇
賜坐從龍第二班

其三

薄暮遨頭思不禁故人乘輿肯招尋一燈好是論心
處戶外繁星綴遠林是夜過高渭師先生寓齋

其四

風光淡沲比江南繡野聯鑣恣遠探忽報五雲　龍
種過道旁人盡慶多男

其五

模糊認是水雲鄉昨夜來遊客夢長一帶亭臺無限
好有人指點說花房

其六

源分宿海接天高漭沆眞疑駕六鼇識得五行生尅
理故將紫燄靖洪濤時有黃河九曲燈

十六日

花蕚垂垂露氣濡爭傳貴主宴蓬壺玉輪朱幰參差
到博得長春
母后娛

其二

異域僧馱白馬鞍外藩也得近金鑾

君王總是懷柔意雷轂星毬特
賜觀哈爾哈等部落首稱臣每歲來朝諸番僧隨至是日俱賜觀燈

其三

四面高峯揷畫屏玉泉山徑火熒熒望中蜿蜒松杉
裏界破春山兩道青

其四

萬弩齊飛母子龍火烏燧象燭高墉貪看更欲憑虛
立咫尺黃雲白霧封爲攻戰諸具一時並發火燄燭天莫可形容

其五

樂事良宵牛耳鬧鼇山競巧燭光分只今躑躅雕墻
畔御氣天香自沐薰

共六

春移彩仗念田功

賜復蠲租海宇同萬姓齊聲歌

聖德放燈都是祝年豐

藥圃詩 癸未 扈蹕吟

與化李栴

正月十六日

上南廵自　暢春園發

駕扈從諸臣先集蘆溝橋佛閣祗俟

扈蹕來羣彥戒途車馬兼南轅由北轍 暢春園在京師之北 西被更東漸 蘆溝橋在京師之西 月落夜仍暗風寒曉更添桑乾流不竭大澤已咸霑

竇店

不慣驅馳十月寒重來何用怯征鞍春風起處酒能敵殘雪融時泥半乾日逐修途輕百里夜尋列帳越千盤聞雞已自朝餐罷歷歷明星得飽看

上過涿州大風問張飛廟去此幾里飛涿人也爭傳天語若此馬上敬占

桓侯古廟枕陂陀遥問居人路幾何自是君王思猛士揮毫定有大風歌

十七日次新城縣

行宫煙火直上層霄亦大觀也遥望敬占

莫道元宵客裏過爭看火樹影婆娑一龍鼓鬣層霄上烟霧騰騰引子多

大道車馬雜沓取徑村落殊多逸趣念公凱兄

暹至有作

避喧從僻道無復阻蹄輪歌咏餘孤影談諧少一人
月殘能辨路霜重不飛塵萬木行相接疎林有綠筠

上至雄縣水圍

頒賜儒臣野鳬各一紀

恩有作

幕天席地暫因依遥見斜陽合水圍

明詔忽傳丹鳳至深宵

特賜彩鳬歸燈懸

別殿同稽首月落平沙自振衣名酒故人分惠在前一日慕廬韓大宗伯送酒銜杯微醉倍

恩輝

上念儒臣勞苦

特命分道由濟寧登舟南下

敢謂征途倦

天心念腐儒

特令乘鷁舫何用策驪駒勝侶欣相結吾儕興不孤
況逢前路客野店肯頻呼

抵荏平縣行李已先去馬疲投宿旅店王撫軍東侯假以衾裯公凱兄分以酒食熟睡達旦而二公已行矣

行李早從前路去蕭蕭倦馬欲何投衾裯傾蓋能相借酒食連牀詎待求怎得奇温成穩睡可因薄醉轉忘憂忽聽雞唱東方曙獨跨征鞍不少留

東阿道中

舊是東阿邑雞鳴去此間白雲連斷岸紅日上空山
壘石便爲屋編荊聊作關清泉來泰岱駐馬聽潺湲

道經于文定公墓未得下馬瞻拜悵然有作

昔賢埋骨處悔不暫停車敬仰千年表嗟宜一月麻公大拜廿七日而歿勲名留往代孔李是通家筆塵先人賞丹黃念屢加公諱慎行先文定門人也著有筆塵一書

汶上

征車侵曉發載道見流民遥想憂勤

主應憐顛沛人繪圖虛楮墨止

輦重咨詢不舉時巡典恩難到水濱

東平州爲宋梁灝故里旅店遇郭翁明崇禎間諸生也年八十有八矣一子鬚眉皓然諸孫環堵而立因賦二絶

厥志不衰終弋獲年當載渭作名元宮花那用平康
問留取還家示子孫

其二

老翁九十猶强健早棄儒冠不可招但學梁公高曠
處望仙樓畔日逍遥望仙樓灝所居也今遺址尚存

濟寧登舟

幾年來北闕從未一登舟忽駕風檣去真同雪嶂遊

石磴盤廻路不分低頭竹樹影紛紛到來江海山千嶂坐久衣冠黏五雲

龍井 菊有片雲石

龍井噴珠散幾行老僧指點到風篁亭亭一片如雲石笑爾浮雲上下忙

虎跑泉

絕巘秋風虎夜號明朝石上捲銀濤我來一試清泉水不讓中泠氣味高

鉢池菴

如鉢泉開碧一渦庭前綠蔭有交柯不須大士軍持水纍纍枇杷結子多

藥圃詩 乙丑 七

宋大內

鐵騎橫將六合包君臣南走定新巢小朝廷傍西湖水一半江山夢裏抛

雨後同黎于一解日初家紫瀾遊石屋返聞瀑布聲尋得乾溪日初爲寫乾溪圖 時家蓄助留寓樓朱若始中道返

停午雨初歇尋山亦何速鼓棹過聖湖散步問石屋屋下長蒼苔屋上攢林木斵壁留殘詩模糊字難讀捨此將言歸淙淙聽飛瀑捫蘿雪痕開怪石盡蹲伏百折走峯顛兩道分山麓明珠濺我衣清冷手共掬愛此那忍去數椽空卜築惜哉同游者不盡來山谷中途倦衝泥畏虎復退縮況是危樓人兀坐空蹬門對此三太息討勝貴遲與數里人不知一杖誰相逐回舟滿燈火開樽想濠濮有客善丹青爲我寫尺幅

朱若始沛霖兒弟招同洪潤生陸冠周黎于一解日初家紫瀾蓉助泛舟湖上觀魚放生池晚過法相寺文若始原韻四首

放船當雨後列嶂倚青天人坐湖光裏觴流塔影前奇雲知夏至乖柳似春妍幾度東風急清波斷復連

其二

水面寺無路憑欄十頃餘呢喃掠輕燕潑刺起潛魚波嚙殘碑字塵封斷額書休文不可見惆悵坐精廬 寺有沈繹堂前輩書額

藥圃詩 乙丑 八

其三

澂林數聲磬到此悟浮生李下原無姓山中那問名 山僧遍問諸姓氏 苡鞋踏杳靄蘭槳撥空明回望香臺路煙雲處處平

其四

愛客那能散船頭月已高揮毫得新句洗盞盡醇醪林壑供雙眼登臨感二毛松濤與山瀨入夜響滔滔

湖樓雜詠

檻外波光一鏡開嵐烟而面翠成堆西湖圍在青山裏除却湖船不得來

長天放鵰鶚大地騁驊騮千里江陵䠐王程肯暫留

舟行風利感懷二絶

詔許津亭事遠征感

恩反覺夢難成縱然天廄名駒在那及長風送我行

其二

六飛南下孰前驅車騎雍容有大儒昨夜風行三百
里舟中遙念歷崎嶇時扈從諸公有由陸路先行者每傳乘輿自後至晝夜兼馳殊不若舟行之逸也

舟過窑灣追憶已卯歲余同京江相國讀禮家
居恭逢

南巡時王大司農印周翁大司冦寶林顧中丞伊在

駕泊舟於此者數日今印周寶林舟次俱先後下世
矣相國扈蹕而行中丞亦將至感而賦此
汪方伯舟次咸來迎

羣公同此泊記得是窑灣五載幾人在三春孤客還
和羹猶道路秉鉞自鄉關明日相逢處開懷更愴顔

聖駕閱歸仁堤臣柟以水阻馬不得渡未獲從行舟
次賦此

平成功巳奏善後更經營心逐雙旌去身覊一騎行
憂民煩

聖主籌國愧儒生在昔參乘處尭咨已倍榮巳卯聖駕南巡臣在籍迎駕隨至歸仁堤蒙命中涓執轡至前 賜問良久

葉學亭先生觀察濟寧余始識孫愷士館丈於
幕中今舟次與愷士話舊追念昔時賓主淪
亡殆盡感賦一律

維舟濟水夜無眠往事尋思廿八年談笑不教賓客
倦鬚眉若爲主人傳高懷可許追前輩古道因憐失
大賢惟我與君今尚在停杯話舊一悽然

宿遷曉發

荒村極望馬駸駸獨趁東風向碧潯帆引長堤輕掠
水舟行奔溜急鳴金天邊厚澤過於古地上狂瀾莫
自今懸想

翠華霜露下微臣反側廢長吟

泊舟仲莊閘次日雨中渡河

水宿何難穩終宵只寤歌輕雷翻白浪細雨走黄河
賈客連千艇漁翁掛一蓑逍遙

行殿在陟阜亦蹉跎

雨後登清口大墩

廟算真成振古無崇丘觀水共嵩呼東西兩合驚齊
下清濁雙分快直趨平地自然成砥柱通天不用鼓
鴻鑪上建臣壩以遏黄水乃不直趨清口河臣復鑄鐵牛永鎮之何當画閣飛千
尺前看長河後大湖

題平成圖

聖人首出工陶甄和風甘雨播八埏四海熙泰浩無

邊含生歌舞化日前獨有淮揚民可憐蟻穴一線金
隄穿
洪恩廣被盈坤乾堯吝舜警情殷拳
翠華南幸解倒懸幾經相度披簡編謂彼成法多拘
牽指授方畧隨所便河性悍激衝洄漩濁黃逆灌清
淮漣淮欲刷黃將何緣築挑水壩
神算先迤東猶慮淤沙填濬導不惜少府錢陶莊之
畔紛鉤聯引水直下摧中堅高堰舊址誠蜿蜒久與
歸仁同削朘畚鍤雲集萬手胼關閘寧復淹農田入
海故道水力綿在昔障之民憂煎攔黃壩拆路豁然
早見海口奔流湍運河兩岸時曼延諸湖射若矢去
弦鑿成人字燕尾翩注汀迅急聲轟轟決排疏瀹畢
治平道由天授無因沿我
皇一心操化權錫圭奏績消迍邅回思昏墊嗟粥饘
俾無艱食誰能肩
詔發天儲德意宣香秔粒粒如珠圓惟正之供次第
蠲更截轉漕寧市廛陽和滿目瘡痍痊黃童白叟咸
晏眠猗歟仁愛何精專覃思竭慮計萬全自茲永慶
翕百川黎庶乃獲耕陌阡五載
巡視來江哽僉曰
帝德眞如天繪圖不啻岣嶁鐫恭頌
皇帝萬萬年

御舟泊天妃宮燈火相望數里不絕追憶己卯扈蹕
至此如昨日也
午夜騰霄萬斛珠臨風極望意踟躕昔年曾從
龍舸發十里空明似此無
自淮安兩晝夜達揚州舟行迅速道經寶應高
郵親知相迎者俱未得交語惟舟中遙揖而
已
征塵千里踏晴空喜就津途路漸東曾寄孤身僧幛
裏又乘一葉急流中小留暫似魚鱗接直往常教弩
箭同思向河干相問訊遙聽笑語斷春風
歸揚州舊第半日卽行
侍曉城隅漫欵扉五年别去甫言歸歸家稚子猶
睡急上層臺望四圍
其二
東偏日上正曈曨
御墨雙懸廳事中更味先臣聯內句近人魚鳥樂融
融（先文定公堂聯云縹緲紅雲遠蹟江湖憂更切逍遥綠野近人魚鳥樂相關）
其三
花木迎人故故垂碧梧新長最高枝粗能補綴如余
意引得樓前水一池
其四
江南此去景無邊詎獨吾廬劇可憐屈指

回鑾留幾日那能高下不流連

天寧寺大樹堂悼雪悟師昂兩和尚

蕪城佛閣俯清波南幸爭傳此數過錦繡幔天陳黼座氍毹鋪地列維那雲邊睿藻黄龍繞域外真經白馬馱可是烏窠僧尚在空然大樹鬱婆娑

中使傳諭令臣枏留故里與親舊作數日盤桓枏請俟回鑾暫假仍命扈從渡江

六飛南下幸從龍邪水歸來花正穠爲料家園多眷戀特令舟楫少從容微臣職矢涓埃報聖主恩隨雨露濃敢乞回鑾暫休沐佳時團聚慶遭逢

御製巡歷江南示意詩乃巳卯賜臣枏者今勒石於三汊河上瞻仰之下敬和原韻

聖訓垂南服重邀鳳輦經江河廻片石風雨護孤亭民俗三章易皇情五字形敬銘津要地來往客帆停

帶子溝謁先考妣及兄嫂墓

公暇移舟丙舍旁片時展墓更悲涼穹碑有待鐫名筆 孝感熊夫子爲撰墓表初就 曲水新通接野塘千古文章傳較勘廿年涕淚滿衣裳敢云遷固成先志卒業無期瘏自傷

其二

慈顔不見更何投憶事嚴親六十秋鐘鼎山林均有助亂離荒歉賴無憂孤懷終日看青嶂偕隱長年坐小樓差慰生前曾有夢相從地下更悠悠 初卜地時先慈夢與先大夫至一山莊喜動顔色宛如此地

其三

狂風撼樹感連枝墓近先人慰所思爲是夢酣頻得句却當齒暮始能詩 吾兄五十外始學爲詩 歿同一日悲吾母 吾兄先逝老母哭之同日謝世 生巳三齡慶有兒平昔看花真是癖傷心正值看花時

其四

高風不作安車客御筆偏褒亮節臣孤閣自堪當領袖一亭常此貯絲綸 御書多識畜德四字賜先大夫今勒石建亭 唱隨定愛桃源好慈愛相攜竹徑頻 地多桃竹 欲掛征帆重回首風前無語劇酸辛

所思

惆悵東風有所思徐行綠野欲何之桃花含笑人含淚手挽柔條自詠詩

渡揚子江

春江二月風颼颼浪花拂面來龍舟初時截流仗羣力馮夷跽拜爲小留少焉風定榜人奮一舟疾下千帆收沙嘴巍峩鐵甕峙波心突兀金山浮須臾得泊
至尊笑琉璃萬頃潛蛟虬長廊遥見趨近侍扈蹕環立山高頭揮毫潑墨結烟霧翔鸞翥鳳陳共球錫予焜煌首節鉞祈求紛錯均貔貅是時從官不得上千古盛事憑杳諏寶物天惜怕飛去引領佇望江之洲忽聽金鼓振京口羣瞻
天表人何稠冠裳蹌濟逮黌序兜鍪奔走兼緇流洵哉百神盡呵護瞬息達岸歌洪庥焦山一點在雲際

鶴髮幽人自杖鳩

無錫懷秦對巖表兄

卜宅梁谿第二泉相思不見動經年曾於禁苑推詞伯久向名山作畫仙少壯頻承三殿詔衰遲合放五湖船及時那便行吾志仕隱輸君得兩全

同張涵白公凱兄遊虎丘

愛此好山林祗惜逼城市不得稱高人尚可乜名士邇乃邀
宸翰煇煌孤閣起余久别兹土從公一瞻視天際多羣峯遥遥不可跂此獨許人親杖策而舟艤憇足坐石苔洗耳掬澗水世所知名者一一爲公指名士與名山誠哉可比擬或者屹然立否則交相倚一丘踞目前尚賴導遊始况受特達知揮灑荷
天子

由京江兩晝夜達吳門丹陽無錫瞬息即過舟中回望毘陵示子弟作

萬舟點江面千檣屯京口金焦凝曉翠芙蓉暗新柳一陣逐隊行詩卷長在手忽聞
龍舸發扈從誰敢後牵挽燈火明馳逐驛吏走人聲和水聲嘈雜難分剖甫盻練湖前已落梁谿右南徐距東吳千里如掉首毘陵夢裏過往事疑中酒咄哉黄口兒自待何狗苟曲全

天恩大氷蘖素所守舟下無伯夷臨風憶良友

夜抵崑山

還勝爲家傍玉峯歸來春水正溶溶門前記取蒼藤卧風雨終須化作龍

其二

數株丹桂立山阿每到花時别恨多三十年前曾一度香飄屣事坐吟哦

其三

蕭蕭梅竹耐寒威手植何年滿翠微最是還家稱快意稚松不覺也成圍

其四

入行宿鳥盡紛紛燈火層樓夜色分却是山光半明滅風帆莫遣負朝雲

藥圃示炳緗

爲家山縣久迂道暫言歸四桂難求買孤藤不計圍稚孫初識面弱女各牽衣莫便團欒話先尋舊釣磯

其二

幾年離藥圃侵曉到柴關燈引紅樓上人行碧水灣撫松誰助長種竹不嫌刪自惜歸來晚梅花落滿山

其三

但鑿園中地滄波到小樓爲山寧載石刳木便成舟華屋誠難戀茅亭尚易求遂初應有日早爲老人謀

崑山謁先大夫祠

巋然咸仰止直上儼凌虛閣迥晴看畫城迴晝擁書九峯春霧外一塔曉烟餘廉吏欣相接（旁有樊公祠爲崑邑賢令）高賢幸不孤（祠中附祀者皆先大夫素心友）松楸瞻拜肅俎豆悃誠抒睿藻頒遺逸羣葩集令譽綱常懸日月著作重璠璵追憶窮千載摟求富五車故鄉誠寂寂勝地任蘧蘧小子能安宅先人有敝廬浮沉憐仕宦笑傲羡樵漁繼志無逾此名山萬卷儲

由吳江鶯脰湖取道至塘栖已逾嘉善石門而東矣

畏行官道上折入野橋東舟渡平湖潤帆飛曲港通雀喧爭樹綠人醉學花紅若到幽深處風光更不同

寒山

曲曲溪光塔影懸人家一帶盡桑田爲看月下寒山好深夜披衣坐小船

錢塘

二月新晴野路香春風引我到錢塘麥方耿水連天碧菜欲烘雲匝地黃農舍尋常工織紝人家一半解宮商導民只合因民俗政令千秋貴弗忘

西湖雜詩（予前兩過西湖己卯及今復因扈從而來偶紀所歷得十四章）

孤山

久住湖山裏重尋舊路眞況逢持扇客（張涵白遊湖上將返矣適持扇坐艇子過余寓樓下復相攜同行）急覓盪舟人放鶴誠爲達從龍可許親雨晴無限意未忍負芳辰

湖心亭

烟水周遭處湖心建此亭半依城作幔全借嶺爲屏雨過行雲白風迴宿靄青最憐盆盎裏小樹具能形

吳山

暫借危樓宿雞鳴犯曉行朝參傳共退嵐翠喜相迎直上吳山峻回看越水平渡江巖壑勝憑眺不勝情

南屏

探幽乘暇好何事復遲留蠟屐難容住（涵白忽倦遊因與公凱兄

嶜梓同行籃輿任所投應眞恭未罷中使報來遊揮灑添
山色千秋孰敢侔

于墳

南枝兀相向欲無阻斜曛急返西冷棹還經故相墳
意誠回一主謀定却千軍無復留題在憑欄憶大文
楊和國嗣昌題聯云赤手挽銀河公自大名垂宇宙青山埋白骨我從何處哭英雄今失之矣

石屋

石屋纔投足欣逢故里僧將迎能指客跡散得傳燈
峭壁鋪苔蘚層崖胥古藤題名同紀勝千載却誰稱
東坡秋壑共題名於壁

水樂洞

水樂傳奇境幽尋徑就荒入門披草木何處奏笙簧
細響穿岩急清音引澗長移時貪洗耳不覺濕衣裳

理安寺

導客來遊此寧辭道路賒沿溪峯歷亂近寺樹交加
僩起卲炊飯泉甘欲試茶層巔嗟未到暉陣落歸鴉

理安寺前亭子

初到幽巖裏拂塵尋舊詩三人名隱躍獨客意凄其
聚散何嘗定忭聞各有差上公頻顧問可許似前時
乙丑余同黎于一解日初家蒼助題詩亭上今讀舊詩多存亡聚散之感己卯 南翃余同京江相國扈蹕遊此今相國日侍左右余猶乘暇一遊也

花港觀魚

歸途已靜夜明月自天來險比雲峯峻豁如水鏡開
雙堤眞照耀孤館且徘徊直待
六龍駕臨風憩石隈

曲院荷風

但愛孤山靜何曾
幸此中窓虛天水映檻曲去來通垂釣一亭好懸燈
到處同縱然宜夏令未許待荷風

柳浪聞鶯

載明雙槳去春水正溶溶吾記茅堂在誰知畫閣重
好花籠霧汲弱柳帶烟濃妬殺黃鶯囀何人此策笻

錢武穆王表忠觀

偏安憐趙宋此地亦稱尊久矣諸陵盡巋然一廟存
出民于水火屈巳在屏藩莫歎穹碑斷猶能立敗垣

報德祠 祀先世官浙者

前度來遊日居停有敝廬嵐光浮枕席波影晃琴書
策杖由茲往艤舟任所如今看徒四壁修葺敢徐徐

歸途過石門

越水重來人悵望吳山歸去鳥驚喧方春柔櫓搖花
港斜日扁舟別石門修竹人家行有徑稚桑農戸種
爲園故交總是京華客林下誰教共倒尊

嘉興未得登烟雨樓

斯樓新建後都被慕雲遮雨度登臨誤十年感慨加

老僧招渡艇小犬吠桃花追憶荒凉趣前遊亦可憐

吳江垂虹橋追悼同年董方南

舊日長吟過水濱君從燕邸和詩新於今兩地無尋處獨立垂虹哭故人

宿蘭雪堂贈王遴汝

五年頻夢此園居貢境重遊倦眼舒正值好風飄舞燕何期春雨上遊魚名花差喜新栽種惡木須教急剪除他日投閒強健在可能攜我步徐徐

渡江風急超岸寺艤舟待長吏招之不來既知寺爲余家所建乃賈勇一行因作是詩

曉起披衣坐短窓王程那畏水淙淙雨飄一葉來深港風挾孤篷過大江破浪全憑天意轉截流還藉衆心降從知利涉成攸往誰謂霜威訖此邦

買薪分水龍王廟

買薪古廟踏苔紋一叩馮夷香自焚衆壑細流方四合長河奔浪忽雙分尚遲𤅎藻懸晴日空有殘碑臥夕曛銜尾舟行難久滯歸鴉美爾下紛紛

阻風北蔡莊時已春盡而桃花盛開坐對良久風定乃行

河干倚棹過村翁指點桃源有路通南去定知沾雨潤北來尚欲待晴烘二三千里開不斷五六十日看

藥圃詩 癸未 扈蹕吟　十六

無窮信步那知成樂事韶光欲盡萬花紅

扈從自廣陵抵京師纔十有餘日乘風破浪關津無阻即間遇石尤亦牽挽不絕中間止一登分水龍王廟一於北蔡莊看桃花耳卒賦長篇以紀舟行之速

遙遙津程二千里溯淮直達京畿上鳳舸龍舸曉夜行魏闕旋看疑尺咫憶別廣陵楊柳烟修途蜿蜒金堤峙一路帆開渡大河舳艫銜尾臨閘水水門逆溯各登崖萬夫助力類行螘我舟未至附他舟漏盡欲眠少行李進日我舟乃後來愁心得遇僮僕喜屢經城郭曉烟青閒歷村墟暮霞紫灘沙湩湩浴凫翁汀草茸茸低燕子接天東岱杳靄中層叠峯巒橫案几目送神移坐篷窓忽有寶刹從空起當門嶔薄射怒濤兩兩分流不少倚度形順性古制奇買薪羅米羣舟艤捫罷殘碑正夕陽隨流鼓棹疾于駛一日苦遭十八姨北蔡莊前遵岸址刺眼桃花雲錦鮮回首江南開已矣小留百丈倍爭牽遄飛五兩無停晷

回鑾如風如行雲

天顏所泣從瞻覲髦稚駢闐雨露沾草木禽魚錫嘉祉日歸日歸何匆匆東南萬姓仍遙跂非耽遊豫勞

聖躬平成績奏歌樂只壽域天開拜

冕旒先覲

藥圃詩 癸未 扈蹕吟　十七

慈寧艮有以

壬午冬

聖駕南巡駐蹕德州恭紀

帝力鴻鈞轉汙萊已肇豐蠲除恩屢逮諮訪意何窮
冬狩循虞典時巡奏禹功平成仍遠計命駕五雲中

其二

所至安耕鑿高原駐六飛龍鱗沾曉霧豹尾立晴暉
較射雕弓挽題詩寶翰揮元臣先拜賜手自捧珠璣

其三

釀雪寒初至長河中頓時共欽
天子孝更感
聖人慈 皇太后聖誕于景州駐蹕一日嗣因雪厚 皇太子中途勞頓復駐蹕德州
凝瑱藥風廻護玉枝舊會陪講席願進九如詩

其四

回鑾處遠望幸許及春來東海仙人見南山壽域開
章縫工鼓吹髦秊挾尊罍預卜羣情切焚香待水隈

余與家公凱不善馳驅同事七君子皆控縱如
意道經南海子馬上口號

風雪漫漫十月天歸途馬上怯臨淵友朋笑語時離
合兄弟衰殘少後先但過深林須側帽若行凍地莫
加鞭初晴又喜經文囿遙望雙旌逼紫烟

藥圃詩幼學集

興化 李栴

登寶巖寺閣

高閣巍巍野色分響傳鈴語靜中聞七層梵塔凌青
漢一鏡晴川漾白雲林影側看飛鳥度天香倒指落
花紛置身百尺空諸有閒對山僧話夕曛

月夜有懷

忽見寒窓外今宵素影圓人因兩地隔月共一天看
栖鳥投深樹飛鴻下淺灘坐聽譙鼓動歸院夜燈殘

懷張闇成

遙知不得意此際奈愁何地遠情難悉書來語未多
一林花自落二月鳥空歌莫負韶光好豐城劍早磨

秦園寄興

縱目橫堤上閒園景物殊孤城環戶外五柳掛庭隅
魚艇隨風渡沙禽隔水呼茅亭深可坐蹤跡混樵蘇

拱極臺晚眺

落日登臺好初晴返照明歸帆投暮疾栖鳥擇林爭
雲隱荒山斷烟浮古樹平神京當直北一動壯遊情

懷盛玉臣

孤踪久滯廣陵城何日扁舟解纜行索處最憐新月
好羣遊偏起故人情鶯啼荒墅桃花落水滿春江杜
若生幾度相思空倚檻臨風搔首句難成

丁天成招賞芍藥

春光欲盡更追歡，良友相邀就藥欄。病起柴門詩興嬾，花開金谷酒懷寬。新叢綠映鸊鵜杓，嬌蘂紅分瑪瑙盤。不作花王亦花相，空堦玉露夜漫漫。

喜雨

好雨連朝至，溪流兩岸平。苔新疑翠積，石潤覺雲行。村樹烟中隱，漁舟渡口輕。爲霖天下遍，百物慶生成。

河亭鄭楚木對飲

落日濃雲低遠坡，溪邊對酌興如何。空庭疎雨鳴深樹，隔岸輕颸颺夕波。濁酒莫愁村市少，漁舟况復此間多。濛濛更切留人意，爛醉河亭任嘯歌。

晚晴坐延青閣

閒園傑閣俯清波，隔岸遥聞發棹歌。門掩夕陽看種藥，池添新雨報開荷。人家一帶依城堞，老樹千尋罥薜蘿。凭眺不知歸去晚，半輪新月影婆娑。

月夜同楚木泛舟海子池

穩坐中流好，凉風起夕波。低頭深見月，倚檻遠聞歌。宿鳥投林盡，飛螢照水多。乘槎時可到，日日待君過。

河干納凉即事

乘風渺渺意悠哉，漫折圓荷當酒杯。我愛今宵山月好，還期明夜管絃來。池邊倒影遊魚集，林下無人宿鳥廻。幽賞正貪芳樹裏，莫將譙鼓漫相催。

獨泛

閒園寂寂鳥聲幽，獨泛濃陰一葉舟。幾度欲歸歸已暮，月明風細小橋頭。

舟泊泰郵西村

孤舟聊繫纜，晚步一悲歌。曠野屯烟霧，高原走駱駝。室類空野景，堤築決洪波。千頃憂黎庶，荒蕪奈若何。

登泰郵泰山廟時值河决

古寺臨無際，虛臺恐未牢。魚龍吹浪起，鸛鶴望風號。秋至炊烟斷，天低帆影高。何年禾黍熟，湖水日滔滔。

泰郵訪夏元開園居

僻徑多叢竹，招尋日幾回。閒居希客至，拄杖叩門開。茶竈煨黃葉，山光點碧苔。小橋橫閣外，一水自潆洄。

夜雨

一夜風雨多，滴瀝枯荷響。曉來天已晴，碧苔生石上。

中秋夜飲賦呈元又大兄

喜對團圝月，家庭樂事賒。杯光浮琥珀，燈影接雲霞。冷露垂梧葉，空香落桂花。明年當此日，遮莫滯京華。

秋夜

向夕開簾霜滿天，庭空葉落最堪憐。風吹荻浦鷺栖雁，水到柴門繫釣船。楊柳蕭條垂夜月，芙蓉孤寂冷疎烟。不知何處秋聲切，只在寒螿露砌邊。

喜元又大兄至玉峯

斗室思兄日柴門會面時高堂閒健飯遊子切歸思
洗琖能無酒傾囊定有詩聽雞同起舞大被更相期

留玉峯一日別諸同人

乍到茅廬方信宿又將行李去嚴冬孤舟風雨天邊雁千里關河夜半鐘兕斝漫斟悲此別驪歌頻唱記相逢可憐諸子論文地獨我離羣逐轉蓬

春日遊蘭園

晴烟明遠郭散步問幽居嬌鳥嗔山客殘花餌澗魚
閒園新草木短架舊琴書坐久層陰晚蕭然落照虛

思歸

溪橋新漲好浮槎獨客江南思轉加連月音書絕魚雁一春魂夢繞烟霞窓前幽砌梅初實屋後平田麥又花遙憶衰親勤較勘論文隨意過山家

喜家書至

正發歸與歎家書喜忽來思親先問使捧札未遑開
目斷雲千里愁消酒一杯僑居憐影獨何日泛江回

返昜山留別葛稼孫葉廷玉

相逢曾幾日此別又離羣對酒愁偏重臨岐意更慇
孤舟行渺渺細雨落紛紛歸路雲山外鶯啼那可聞

阻風眞州江口

風濤不可渡排疊萬山雄漁艇依寒渚征帆落遠空
秋雲連霧白曉日射江紅萍梗悲遊子鄉園夢寐中

渡江

渺渺秋光接水光峭帆驚浪拍天長青山一抹生空霧黃葉斜飛帶曉霜舟子候風閒倚棹漁人乘溜喜鳴榔還憐蘆荻深深處數點閒鷗漾渺茫

涇水道中

迢遞空山路前溪欲暮天舟行危石下帆掛遠峯前
野寺鳴幽磬松風吹晚烟更宜清夜裏臥聽水潺湲

贈侯晉水明府

花發涇川路風生幕嶺陽十年傳鶴警三載托琴囊
沙淨溪流碧烟消野樹蒼宦成何所有唯載石盈航

贈梁溪曹易安先生

肥遯梁溪二十年南園高臥隔江天簾分花影千重雪（先生園梅最盛）竈沸茶聲第二泉到處長歌振羣木有時短杖破荒烟五湖風景尤心賞落日滄波特放船

喜李竹西至即同遊水西

正愁蕭寺寂忽聽欵柴扉一笑逢知已相携對夕暉
攀枝松子落響瀑水禽飛不覺尋遊晚渡頭烟火微

水西訪楚水上人

石榻空潭靜天花丈室深千峯藏塔影十里響鐘音（水西鐘聞十里）霞起珠林敞烟迴寶閣陰山中忘甲子日日弄春禽

登馬頭山晚歸

路入中峯峭盤廻到石門風吹樵唱急樹雜鳥聲繁
廟古空遺跡溪長繞舊痕山荒游屐少歸路逼黃昏

同鄭聖俞遊幙山

北郭峯高積翠重尋幽何處響疎鐘雲端瀑布奔千
澗山下波濤起萬松野客携尊休石磴山僧送茗策
枯筇偕行着處堪遊賞他日還期谷口逢

雪中送王山人歸水西

白盡山中路君從何處回沙汀迷去雁松徑亂疎梅
陟險依筇杖衝寒渡水隈來朝風日好應念獨擎杯

別虞山陳又陶即次原韻

如雲氣誼許相投旅況蕭條感敝裘同是羈人余忍

別那堪孤館爾還留漫天雨雪嗟行役一路風濤繞
去舟料自深情勞佇望春光仔細認迷樓

晚泊蕪湖

殘冬嶺樹亂鴉啼向夕羈栖望轉迷遊子計程歸路
近高堂翹首暮雲低頻愁旅夢驚風雨又聽江聲雜
鼓鼙日落孤舟天際泊寒霜一夜冷前溪

宿禪寺懷竹西

送別江干路嗟予尚滯留關河一夜冷星月萬山秋
竹影禪扉靜泉聲石壁流凄其無限思强半爲朋儔

月夜江口獨步

薄暮停舟杳靄間愁人掩淚步江干離亭夜冷歌聲
咽驛路霜飛樹色寒月照平沙帆落影風生高岸水
廻瀾茫茫萬里同蕭瑟漁火依微度遠灘

江口秋望

江上坐明月潮平水不流蛙聲喧靜夜鶴唳警高秋
亂木隨風落千帆向夕收遥看烟霧合蘆荻滿沙洲

春雪同鄭楚木元又九畹兩長兄集杏花樓小
飲

沾灑林邊雪吹來路不乾傾壺春酒煖踏閣夜光寒
別久宜常聚愁多且暫歡庭梅猶未放錯認早摧殘

乙巳除夕是日立春

晚坐逢佳節高吟楚水東三春今日始一歲此宵終

竹爆驚雅散椒香得酒濃承歡唯菽水又换綵衣紅

丙午元旦同兩兄賦

騰騰海日爛雲霞曉起寒梅欲放花恰喜佳辰歸故
里不同獨客滯天涯誰家簫鼓迎年急此日團圞樂
事賒齊向高堂勤拜舞弟兄相對笑言譁

過故人廬悵然有懷

茅屋臨溪水自清雲烟漠漠迴含情疎籬殘葉人稀
到小圃幽花鳥獨鳴難把香醪追舊好徒將泡影歎
浮生可憐宿昔題詩處曾倚闌干對月明

寄懷侯晉水明府

水西風景舊登臨別後思君對碧岑公暇訟庭惟散

帙典餘幽樹自開吟三春花柳迷山徑百里弦歌雜鳥音昨夢一溪明月好幾時移棹聽鳴琴

題楚木斗室

斗室題詩滿幽窓集畫多耽棋頻卜夜沽酒任狂歌薄俗憑誰好閑居奈我何主人能好客不厭客頻過

病起

睡起誠何事披衣坐石間出門緣病懶爲客似僧閒芳草生幽徑林花落小山濁醪如可貰薄醉破愁顔

飲紫藤花下

滿架幽香挂紫烟春風吹動影翩躚科頭醉倒墻陰下臥見繁花不見天

其二

移植閒堦傍石斜蒼根盤曲似龍蛇酒闌客拾殘英去笑詫鄰姬是豆花紫藤予邑所無見者多指爲豆花故云

田家漫興

田家留信宿薄暮噪棲禽野霧藏孤艇村烟斷遠林横堤堪對酒老屋試彈琴更喜招提近黃昏聽梵音

避暑東園戲作六言六絶

翠嶂晴含烟雨蒼松晚帶雲霞何處香風暗度碧池新放荷花

其二

日落閒尋竹徑風來斜倚闌干無事臨流獨步溪邊時拂漁竿

其三

茗盞香浮茉莉茅亭碧覆梧桐露坐時揮羽扇晚來新月如弓

其四

宿鳥深藏密葉鳴蟲暗度長條欹枕風敲亂竹夜闌如聽江潮

其五

老樹陰多蘚集柴門靜少人過夜坐科頭赤足漸看月落銀河

其六

花影低垂短榻歌聲時繞廻廊睡起扶筇小立隔溪烟水蒼茫

哭朱潞公

死生何足歎念爾獨凄其孤櫬寄賓館酸風吹繐維無兒深自痛有女更堪悲道路憐才者聞之亦涕垂

吳夢祥遷居漪園賦贈

園林何寂靜城市有幽棲小犬隔花吠山禽坐樹啼夕陽苔徑冷秋水石橋低坐久香風至桐英綠滿蹊

其二

雅志耽幽僻移家近水傍碧漪沉皓月朱果綴寒霜石畔鳴琴韻花前酌酒香柴門咫尺是乘興好相將

邗溝别于氏妹之楚

兩兩無言淚濕衣那堪遥望雁南飛滿天紅葉征帆落隔岸青山夕照微兄妹一時江上别鄉園千里夢中歸愁心漫逐波聲沸此去荆襄亦暫違

江上

萬里蕭蕭客子來干戈江上獨登臺舟達京口隨流下水到金山拍岸回遥海雲霾龍臥穩横空風急馬嘶哀憑高極目波濤壯尚有溪翁醉酒杯

中秋登虎丘

虎阜逢佳節尋幽昔未曾長空懸片月碧樹出千燈絲竹秋山滿烟霞曲徑凝夜深人不寐塔影落層層

借顧虞功發崑山

名山到處好同遊書卷蕭然上釣舟楓葉蘆花一聲雁離家須記是深秋

六橋晚步

清秋聊信步景色六橋分深樹不知雨空山只見雲鐘聲廻雁陣塔影動鷗羣向晚湖烟裏漁歌幾處聞

南屏泛舟歸

寺外尋幽興不違黄昏鳥雀近人飛孤舟一葉客同去清磬數聲僧獨歸秋盡烟光凝遠嶂夜闌燈影出斜屏蕭蕭茅屋漁家好月色蘆花滿釣磯

别友晚發蕭山

村居留信宿解纜復揚舲老樹經霜赤寒峰過雨青野田栖雁鶩江廟畫精靈欲覓題詩處征帆不肯停

新昌道中

秋盡探奇到越城望中佳勝豈虚名高低路出寒峯斷日夜泉流亂石平殘葉成茵無馬跡空林荅響有人聲行行不覺征途晚村落蕭條月自迎

赤城訪玉京諸勝

出郭無多路捫蘿上赤城泉流千澗響谷照一燈明虎跡高原見龍鱗古樹生山僧指點處回首暮雲平

巾山

竟忘山路遠信步樂徐徐兩塔在雲際雙峰正雨餘

林深無客到鐘動有僧居幾日征途倦登臨意自舒

富春雨後

昨夜江頭雨開門失萬山亂雲飛不盡獨客去仍還漁唱滄波晚樵歌碧樹閒泉聲流幾處倚枕聽潺湲

嚴子陵釣臺

羊裘五月臥江濱身退悠然老富春三聘安車爲帝客一竿逃世作漁人獵歸渭水攖塵網鳥盡淮陰失釣綸只有先生臺尚在清風終古石粼粼

晚泊衢州村莊次顧虞功韻

孤村投宿好晚景望蒼茫古木明雅點清江下雁行僧歸烟外寺人渡霧中航沽得一壺酒同君入醉鄉

常山登陸至玉山示同行者

今朝乍喜同登陸爲倦舟行意轉閒夜雨流泉奔斷壁秋風落葉滿空山仙留古洞來青鳥客過荒原放白鷴懷玉高峯遥在目可能向夕一躋攀

登廣信山寺

孤嶂臨無地初晴偶泊舟僧閒時獨坐客到喜同遊仰聽林禽喚俯看江水流洗心向巖壑塵網任爭投

湖上亭先少文公司理豫章時創以招隱者今僅存斷碣載詩六章及陳肖公題額而已感賦一律兼呈周虞亦郡守

當年築室人何處回首風前感慨滋苔蘚暗侵殘額字薜蘿長掛斷碑詩三高寂寞遺踪在幾處凄凉異代悲賢守只今能掛榻渚濱時薦豫章祠

鮑讓侯携尊滕王閣兼訂後約

章江勝蹟千年在有客携遊興不窮帝子只今仙去久王郎當日賦猶雄帆歸日落平沙冷人散月明高閣空共醉金尊休負約畫簾歌舞付東風

喜井成薑到招同鮑讓侯東湖小集

忽報井生到招尋碧水東三人謀一醉千里快初逢夜雨添江綠春風着樹紅頓忘身是客吟嘯總無窮

晩泊弋陽

不覺行將暮依人泊小舠日沉知路遠雲起見山高

沙渚招漁子江城貰濁醪探奇惟恐後侵曉敢辭勞

古秋屏閣

傳是秋屏閣披襟亦壯哉人迎遥嶂立門逐大江開空翠不時落閒雲向晚來何當留信宿明月好徘徊

送劉源長歸山左

三月章門客花前共酒杯春風輕送別細雨更相催帆影向天去江聲動地來那堪分手後高閣獨徘徊

同年來豫章者虞功頵子成薑井子讓侯鮑子曁余四人頵子遊虔巳歸井子自虔始到亦將行矣鮑子方有事于虔余則去留未定于其發也詩以送之

同遊幾醉滕王閣今日重尋翠玉樓客下章江君始去人回吳苑我仍留一聲歸雁暮雲起不盡落花春水流誰向居停慰岑寂開尊時對夕陽愁

偶成

浪跡正春日故園消息稀梅花應巳落柳絮又將飛酒伴携遊屐漁人坐釣磯飄零江上客豈是不思歸

蒙山道中

烈日層霄上炎蒸路正長山遥征馬倦路險客心忙野樹青垂實堤花白吐香重陰聊避日小坐覺生凉

慈平晩行時有盗警

空山行旅駭列戟滿荒墩野曠愁無侶雞鳴知有村

層峯秋霧合亂樹晚雲屯策馬殘陽裏遙看萬里昏

晚景

天開秋景霽翠色晚來深夕照薰沙暖歸雲擁岫陰細流穿曲沼殘雨滴空林漁艇前溪出遙聞欸乃音

用原韻懷竹西

昔自琴溪別音書久未通情流一水外人在九峯中落月穿梁下薰風引曲終秋來叢桂發相憶更無窮

清暑詞和家蒼助

一縷茶烟煮石泉半窗斜照聽鳴蟬科頭竟日無閑事小閣風生待月眠

其二

日落涼生笛簟秋西山過雨暮雲收碧池聞說新荷好欲趁輕風放小舟

叙

今世治舉子業以祿位之路然也至於詩也無所裨益而亦樂為之不已何乎曰將以傳於後而光顯也然不傳者多其傳者千百中乃一二人耳是固不可卒致耶昌黎有云其為之也易則其行也不久蓋其平日涉獵誦覽未必能溯求古風人之旨其攬藻時又輒摭陳語矜敏捷及出以示人譽之則喜拄之則愠且怒雖有加言者遇之亦隨為誇詡或杜口而去耳宜其詩之未工即工矣而不能必傳於後曄曄船古人也申允李藥圃先生待從之暇輒賦詩為樂康熙乙丑偶遊西湖余見於旅舍歡若舊交與余談說三百篇及兩漢三唐之意皆躋堂奧見其作詩廢寢與食默而湛思改而吟吟且復改或不遺一言半辭其以示於人拄之反喜譽之則慍其心惴惴然惟恐人之不告以病而發藥也

故其詩新而不歛安而不險清而不弱法而不亂余見之輒拊節歎異後人龍門復相會出其丁卯諸作則氣益老思益屈奔又吳越間所賦多模狀山水刻畫花鳥而此直衛途往來同人離別與耆舊論亡勞苦鬱結感傷痛悼讀之使人喟然太息不能自止蓋情性所發又非尋常題詠所可同日語耳然先生猶不自足方期晝精悉力益求所未至則其傳於後而光顯又何

疑焉先生屬余為叙予棄舉子業頗從事於此然自知其荒陋難行幸得掛名簡端或可附以不朽因欣然承命云

康熙戊辰孟春華亭弟朱溶拜撰

藥圃詩 丁巳戊午 恩假集

興化 李楷

南歸留別諸同人

獨向滄洲去輕裝不計程却因今日別翻重昔年情校字同風雨聯牀歷晦明歸期雖已廹倍自戀神京

其二

豈是輕言別金門計幾春身隨清禁客心繫白頭親驛路將驅馬湖鄉正釆蓴羣公同此志取次緑衣新

其三

別離何足歎賴有素心存暫爾辭良友飄然出國門炎風衝遠道曉月出孤村最是相思處河橋倒緑尊

其四

去去秋光好先子有客歸謂顧山客諸公遥知明月夜應聚故園扉却恨關河阻尤多兄弟違淮南鴻雁度尺素莫令稀

晚發名埭

名埭今年湖水平田家應得卜西成斜陽風動峭帆疾用木架帆置田中俗名風車以備蓄洩半夜月來驅犢耕鬼火隔林看漸滅人烟極浦望難明前途村落沽尊酒獨倚篷窓無限情

廣陵一郡唯通州有五山予辛亥過其地時軍山因海警禁絶遊者四山猶得登眺焉丁巳

再至狼山廟宇初葺殊覺改觀午後遊劍山遥望江中軍山對峙如昨也次日乃游黃泥山值大雨怒濤滚滚風景尤勝又次日擬遊馬鞍雨不止四山之游又缺其一矣因賦五山詩呈同游諸子

狼山

佳辰把杖到層巔屈指重游又七年塔影頓新雲外日潮聲仍急雨中天危樓人倚看飛鳥斷岸山橫截渡船早晚鯨鯢來向化大江南北總悠然

劍山

振衣一上劍山看仄徑紆廻到此難古洞雲深開石竈平坡風細見漁竿江濤日夜奔崖急海氣陰晴拂樹寒欲待來朝觀日出碧波金湧共憑欄

軍山

何事茲巒未許攀金湯原不恃高山已看戰壘無烽火須任漁舟自往還斷岸猿啼雲漠漠空林花落水潺潺臨江悵望江心好願結衡茅住此間

黃泥山

爲愛看山結伴來衝泥薄暮過山隈臨流亂石隨人坐垂岸閒花到處開雲氣朝飛皆作雨濤聲夜急似聞雷天晴風景應尤勝直欲探奇絕頂回

馬鞍山

秪爲攀林去較遲連宵風雨促歸期三峯不負重來日一綫曾看到舊時蠟屐山中無客過漁簑江上有人披天南茅舍微茫裏愛汝同名繫遠思崑山同名馬鞍亦有一綫天爲最勝

宿焦山

放棹驚心浪未平拾提重訪夢魂清山容淡作雲烟景江勢奔同風雨聲竹院扶筇愁欲暮松窻倚檻愛初晴不緣多病方除酒素喜看人百盞傾

雙峰閣用椒山先生韻

濃抹淡粧看盡好焦山那便讓金山遊人到此都忘去爲愛雙峰閣半間

歲癸卯買舟雲間訪李竹西戊午重遊已十五年矣將至口占

勝地欣重到追思十五年爲尋安道宅曾放剡溪船一路多秋雨千村盡暮烟風帆今日便瞬息九峰前

其二

滄江成小築嘯咏意悠哉細雨拏舟至孤村報客來魚從溪父換尊爲故人開却喜論心處窻前放早梅

花朝發黃浦次家蒼助韻

尋芳二月泛輕橈曉起孤村路轉遥海日一輪收宿雨江風千里送春潮前山白雪疑梅影隔岸黃金變柳條取次香叢皆欲放最憐今日是花朝

烟雨樓故址次蒼助韻

不知烟雨樓何在今日虛看烟雨來斷岸僧歸招小艇敗垣花冷落層臺春風玉笛誰人弄夜月金尊舊日開遙指波心增感慨停橈唯聽水聲哀

石門道中

昨夜放船早輕裝到石城雨餘溪溜急風定鳥巢成㭾岸新烟起桑田小樹平越中山色近前路已相迎

不寐口占

河橋投宿好其奈旅魂驚高岸傳更急孤舟聽雨明披衣同客話欹枕待雞鳴此際勞勞者能禁百感生

憶辛亥與顧虞功同寓湖樓時桃李漸次成林戊午重游風景非昔而虞功已物化五年矣感賦

客枕依然枕水涯重游風景不堪追湖山影裏垂楊盡烟雨聲中畫角悲望遠那禁他日淚登樓猶記故人詩莫教橫笛吹清夜正是山陽感舊時

游湖心寺

孤舟細雨興如何問渡中流一浩歌鳥自銜花飛斷岸魚因貪餌上清波危橋初葺憑欄立傑閣新成策杖過更欲探幽最高處南屏鐘磬晚來多

遊南屏山寺

已到南屏下維舟日午時鐘聲傳古寺塔影倒清池

雨過松杉冷風輕薜荔垂莫嫌歸去晚前路再探奇

登放鶴亭

孤亭依岸搆晚步自閒閒老樹正橫水疎燈已在山鳥投烟外宿人向霧中還放鶴歸何處高風未可攀

登吳山望湖上寓樓

晴空遠眺盡三吳暇日偕游入畫圖人事暗遷悲歲月高山中峙界江湖樓頭空翠登初見嶺上浮雲到却無消受清閒過半日杖頭先已辦村沽

冷泉亭次家蒼助韻

海外峰移天際青琳宮廻抱望如屏細流到處盤千折泉響飛來聚一亭山磬午餘僧獨坐松濤夜半客同聽石梁瀑布當年見塵夢於今喜復醒

飛來峰

何來靈鷲峯突兀雲中起古寺搆其間遠望如屏峙獨坐冷泉亭淙淙聽流水舉頭看山松枝條纏葛藟樹因山僅存惜彼松九里（山有九里松今蕩然矣）更探岩屋奇滴瀝下石髓洞隙穿日光悠然悟玄旨茅茨不須結勝境足棲止我本勞勞客尋幽興未已幾時來卜宅天然橫榻几泉聲共山色日夕長對此

游三竺憩湧翠堂

鷲宇來遊路幾重堂開湧翠對高峰流泉漱石廻千澗歸鳥尋巢失萬松僧設行廚供香飯客吟新句倚

孤筇夕陽未盡登三竺絕頂遙聞響暮鐘

喜遇車與三先生同步十錦堂泛舟登孤山

危樓獨立客心閒乍喜相逢碧水灣乘興出門移小艇倦游移步到孤山黃鸝聲囀芳叢裏白玉花開杏靄間時玉蘭盛放留得春光還在眼共君歡賞不知還

湖樓八詠次蒼助韻有序

湖樓面山枕流據六橋勝處武林盛時余先世所搆也辛亥秋道經留宿時堤上桃柳新栽昔年風景謂可計日遇之戊午春偕蒼助弟來遊幸此樓無恙仍當寄跡而桃柳摧折盡矣雖然山光波影舉目依然晴雨朝昏萬

狀倏忽西子自有本色何必以點綴為工耶

蒼助首倡八詠余亦依韻和之

晚宿

向夕平橋欸乃聞維舟散步到湖濆水天巳隱橫堤霧漁艇還依宿浦雲嘹嚦長空歸雁陣蕭條遠樹定鴉羣橫陳一榻南窓下臥看千峰曉色分

曉望

高樓輾轉未成眠侵早披衣悵遠天春水半湖孤棹破曉雲千疊兩峰穿盛時歌舞今何在舊日衣冠更渺然只有波光與山色不愁烽火自年年

雨坐

明湖今日喜重過獨坐幽牕春雨多漸覺烟嵐迷遠岫閒聞歌吹度滄波霏霏空翠低城堞漠漠層雲隱薜蘿我欲探奇先問渡烟中何處覓漁蓑

晴眺

六橋風景自蒼蒼日出東山接海光岩樹烟銷橫遠翠岸花雨過送殘香扁舟渡港浮空際孤客看雲立水傍愛煞湖亭數株柳一聲鶯囀露新黃

朝烟

縹緲長堤遠望微朝來失却釣魚磯遙天淡抹山光合孤閣輕浮花影稀風起簷前隨雨散日升空外傍雲飛白鷗片片滄波淼坐久湖干亦濕衣

夕照

濛濛積雨坐連朝乍見天開霧氣消晚寺殘梅橫屋角春風蒼蘚上墻腰雲中塔影分雙嶺烟外鐘聲聽六橋更喜夕陽明遠景游人花港撥歸橈

待月

落盡孤燈蕊半紅寒蟾何事未騰空非關連夜明湖雨想待中宵滄海風初出山頭時隱見暗穿簾隙尚朦朧且停歸棹看圓魄十里烟波一鏡中

聞鐘

遙空斷續送鐘音隔岸聽來客思侵半塔烟雲傳遠寺一天風雨出寒林清晨響徹疎窗冷午夜聲聞短

漏沉潭影嵐光同寂寞憑闌乍喜悟禪心

湖心亭觀落照

夕照西山下春城望不開忽聞人笑語烟裏一舟來

西湖行上巳作

世事盛衰各有時湖山不改風景移西泠名勝甲天下湖光瀲灧山光奇傳聞往昔競遊賞傑閣層樓影參差我生也晚惜未見猶喜風塵息寓縣長湖瀲灩十里間青山亂後開生面堤上已種舊時花堂外還飛當日燕豈知轉眼桃李摧爲薪亭臺冷落無居人日夕城上悲笳咽六橋誰復開金樽芳草到處供牧馬尋遊不覺多酸辛吁嗟乎盛衰有時信如此此日

低徊悲復喜吾來八閩正班師時值平閩班師海内昇平應可俟春風明月饒歌聲不似今年逢上巳

擬往餘杭觀桃花不果柬陳次閩

聞說桃花夾道紅南湖處處醉春風羡君昨夜扁舟去碧水青山錦樹中

其二

片帆欲掛阻長途十里紅霞夢有無只恐南湖看花處遊人夢復到西湖

舟次吳江同年沈雲步留飲遲董方南不至

留賓當久別意氣此時眞猶記曲汀日重逢震澤春剪燈先偶坐把酒待三人小艇垂虹泊來朝欲問津

將抵玉峰示蒼助

積月多陰翳今朝對碧天薄雲隨去鳥遠樹引歸船塔立晴空外山明夕照邊追思風雨夜到岸轉相憐

登燕子磯次顧微遠韻

幾點征帆停野岸磯名燕子信依然未隨風雨飛空外且帶雲霞宿水邊人倚孤亭增慷慨山連三楚尚烽烟輕裝重到江干宿滚滚波濤又十年

端陽前三日偕顧微遠秦淮河看燈船

不知更漏已相催結伴尋游向水隈可是元宵佳節近秦淮河畔看燈來

其二

風景當年更若何秣陵今夕喜同過夜深燈火石橋

畔尚倚危闌遠聽歌

重午前一日孝感夫子招飲秦淮河亭話別

憶昔花磚絳帳開溪亭值夏復追陪看雲重喜春風到立雪今逢化雨來時坐亭中值雨午節蒲葵驚歲序中流簫鼓動樓臺欲遲水面銀燈出薄暮盤桓未肯迴

其二

蒼生引領望台星尚爾招携聚此亭河上龍舟聽隱隱席前虬榦臥青青有巨柳根曲堂中太平曲喜秦淮唱戰伐功應楚甸平暫遠師門莫惆悵聖心求舊已書屏

戊午春同顧徵遠將之燕府令叔徵君亦方居蘄州家叔憲副雨商亦官武昌約方舟先之楚余以限迫不果節届重午徵遠從白門發棹賦此誌別

半載依依共短檠那堪白下餞君行潮平斷岸千山暮風送孤舟一葉輕好景前途供嘯詠才名何處不逢迎武昌有客如相問爲道脂車已北征

其二

瀾瀾有約欲方舟莫恨分飛下石頭詞賦帝廷應共獻風塵京國會同遊孤帆此去榴花放二阮相携桂子秋偏我各天增悵望十年無地話離愁

別同年黃志伊回真州道中作

早辭花縣過城西村落欣看雨露齊樹偃長堤入上下田分細路水高低溪頭浴鷺窺魚立竹裏幽禽向客啼最愛青山圍綠埜數椽茅屋好深栖

六合道中時有携歌者送別

怒濤初渡到溪灣村舍桑麻覺此閒細路高低行綠野大江南北盡青山落花片片晴烟裏歌鳥依依午夢閒惆悵驪車從此去勝遊何日更追攀

浦口渡江

漁舟斜繫客帆開風急沙汀問渡來故國陵荒千樹盡大江潮擁萬山回吟詩獨倚中流棹策杖誰登隔岸臺遙想幽栖多勝事夕陽烟影覆蒼苔

藥園詩乙丑 思假集

興化 李柟

越遊初發玉峯

到此方三宿輕裝指若耶數椽眞是客孤艇便爲家斷岸欹新柳平田布落花越遊今日始前路白雲遮

桐鄉道中

溪亭路轉問漁翁笑指偃源一棹通百里桑田春寺北千家花縣晚橋東波紋破處知微雨野菜香時覺好風最愛滿空新綠下石楠幾樹似丹楓

桐鄉返棹次黎于一韻

七里桐鄉道扁舟去又回雨前初試茗月上肯停杯

潑柳牧童出滄波漁父來晚香吹不斷垂岸野花開

石門縣城頭老樹

石門橫老樹翠色欲參天夜雨添新漲春風落畫船食有危堞下錯認遠山顛回首題詩處重來已八年

月夜泊塘棲次家蒼助韻

倦遊舟始泊步屧那肯後明月滄海來九霄失辰宿蜿蜒石橋東穹碑朗可讀往來棹不停青苔長飛溜夜深返蓬窻血淚忽盈袖平生愧微名負土空奔走有母在北堂定省缺昏晝呼童滅孤燭歸夢趣殘漏

玉峯諸子夜集西湖

故人偶至成佳會百頃湖光一望收好月欲來先步屧孤山已到且停舟花間白髮吹橫笛座上烏衣解艷謳不是被風銀燭盡良宵那肯坐空樓

湖中雨泛

薄陰花事早紛紛欸乃聲從水面聞十里湖烟一簑雨四天嵐氣半船雲青山缺處城能補丹閣飛來鏡忽分遙望危樓人徙倚風前指點白鷗羣

飛來峯

飛來眞有此不與衆山同雪練奔亭下虬龍走石中仰看羣峭斷俯瞰半崖通刻畫諸天者曾知造化工山偏刻諸佛像

家德中䢊使招同尤悔菴汪東川遊湖上散後

同東川易小艇訪諸園亭遇雨口占

盡日烟波對泬寥乘驄客去換輕橈斜陽倒景登層閣細雨霑衣立斷橋選勝自須求嚮導入林豈必待招邀却憐忍淚追陪地又見春歸柳絮飄

東川招同朱若始黎于一家紫瀾遊飛來峯靈隱韜光諸勝即事五首

好事如君少携尊遠岫開湖邊蘭槳去林下筍輿來石洞飛晴雨山泉送晚雷翠微亭不見灑掃坐莓苔

其二

鐘聲傳古刹客到禮空王孤嶺當飛閣羣峰抱講堂雲中出仙梵花裏和天香老樹知名少門前立數行

其三

山腰藏一寺半是白雲封杖借高低竹橋憑偃仰松穿林聽說虎溪澗想馴龍更上層臺望江湖出亂峯

其四

十里夕陽路當杯酒漫揮好留諸子在翻送主人歸洞欲呼猿語山有呼猿洞舟偏逐鳥飛忽驚烟水濶又出萬山圍

其五

緩步朝來處眞成兩度游老僧能指點絕境得探求新月層雲外疎燈古渡頭照人歸路好只是戀林丘

西湖三十絕句次家春助韻

十錦塘

絳桃丹杏總新栽嫩蕊繁枝半未開夾道花濃須雨露西湖日望六龍來

斷橋

十日湖干悶未消閒來策杖復鳴橈白雲無盡青山起獨客何時不斷橋

葛嶺

高閣同登俯碧嵩凭軒眞是隔仙凡湖光不比江光亂爲少長空破浪帆

孤山

殘碑讀罷共憑欄處士亭空碧水灣幾樹老梅誰護惜低回不忍過孤山

西泠橋

四圍盡是好山青帶水縈洄入畫屏風細日斜人散後橫堤踏遍愛西泠

蘇堤

湖山粧點遍烟林太傅風流竒與滚除却髯蘇更誰似匀留此地有同心

六一泉

五代兵戈紀載殘先生直筆快譏彈請看六一泉中水倒影亭亭竹數竿

湖心亭

挈榼提壺聚酒人湖心桂櫂往來頻秋風張翰鄉思晩纔唱春歸便采蓴

湖心寺

曲檻平橋架碧渠湖光一片共憑虛玉泉山寺無多路又看方塘五色魚

南屏淨寺

記得花宮傍水涯曾尋石磴徧芒鞋不須嚮導重來此山色松風亦自佳

雷峯

看山每到露華凝短棹惟逢野寺僧秉燭夜遊湖畔

少人家錯認是漁燈

表忠觀

表忠遺觀枕荒丘童子操舟薄暮遊湖上風濤曾不作石尤應怕射潮頭

南北高峯

烟中半塔屹然存羅立層層此獨尊我欲置身天際坐萬山明月聽雲門

岳墓于墳

功高定國本危疑但得君還死不辭武穆遺墟正相望悲風獨繞向南枝

吳山

晴日湖樓倚短牕白鷗水面坐雙雙今朝風雨春潮湧又上吳山看大江

冷泉亭

寒泉飛散玉玲瓏兀坐侵肌水面風忽憶匡廬最高處倒流千丈亂雲中

飛來峯

飛來峯下扣禪扉更有祇林在翠微襆被未攜紅日落六橋烟裏一船歸（是日擬往韜光未果）

韜光寺

高低亂竹緣於藍石磴盤廻見三潭白傅好詩共吟咏一甌新茗坐烟嵐

石屋

蘇公領客總吾徒石屋摩挲字半無怪底平章也題壁始知當日本愚夫（東坡秋壑及同遊姓氏並題石壁）

乾溪

巨石天然礀底橫擘開雙練走雷聲山中一月貪看水底事乾溪未得名

烟霞洞

山腰履闊亂林遮拾級登高興獨賒寄語下方舒倦眼果然洞戶有烟霞（同遊者俱未登絕頂）

理安寺

清溪碧澗水淙淙疊嶂廻峯路幾重日落招提尋不見萬松深處一聲鐘

且住菴

大江三折敞層簷絕勝須知美不兼春半秋分明月上正當螺髻好峯尖

法雨泉

如盤怪石自孤懸滴瀝休誇地湧泉不斷明珠飄箇箇風前有意作潺湲

雲棲

四圍峯合鳥爭啼翠竹蒼松望轉迷不用山中重問路十年清夢到雲棲

五雲山

其二

危樓燕語不成眠日月披衣對遠天此地人家也相妬誰從枕上看遊船

其三

遊人共愛鏡湖平晴日爭移畫槳輕風雨滿天誰領略青山失却有鐘聲

其四

更闌銀燭撲飛蛾隔岸誰家載酒過山水清音雜絲竹賞心樂事晚來多

其五

肩輿前路撤風簾好看西興烟水兼明日樓頭同引

領知君已過越山尖

其六

嵐影千層水半篙三春放浪不辭勞鳥啼花落應歸去又是湖山新月高

雨後看山

陡然萬山出捲幔氣佳哉不是晴時見直疑何處來斷峯雲欲補絕頂翠成堆遙想九溪上泉聲走怒雷

同黎于一解日初遊雲棲登五雲山絕頂

我來聖湖已一月雲棲夢魂早飛越今朝結客恣探奇先向虎跑摩石碣坡公詩句千古傳苔蘚侵蝕豈終沒連輿復向江干行東風不動波濤平誰刻長歌六和塔字未磨滅無姓名日午散步踏重嶺嶺下人家盡好景路轉冉冉羣峯來空翠欲滴雲烟開老松亂竹相間雜千株萬株香崖排怪鳥亂啼蒼鼠竄穿林雪練奔騰哀仰看置身青玉障俯瞰倒影明鏡臺披襟兀坐那忍去洗心亭子常徘徊聞說五雲高十里捫蘿攀葛三里是忽然振衣上層巔放眼六合如在几前有江海後大湖羣峯下指微茫裏波光黛色盡眼前五雲之高無與比歸向雲栖得坦途縱步不倩雙童扶山水轉瞬不知處磔樹蒙密頻相呼頓怠杖履自上下但覺山水時有無晚借禪牀抱膝坐挑燈賦詩索客和吁嗟乎詩成誰得似坡公請看六和

塔下殘碑臥

自雲棲同道經理安寺遇夢闍上人同尋諸勝晚至龍井作

周覽雲林勝招尋石徑偏溪流明浩浩澗水響濺濺寺傍爲九溪十八澗松竹禽聲亂煙嵐梵語傳舊遊誠倉卒重到故遷延倩筆憑王令吟詩得皎然于一代予錄詩於壁適夢闍至盤廻濃蔭裏指點翠微顛丈室拈花像層崖法雨泉寺有微笑堂法雨泉諸峯大人下大人峯名三淛小樓前吳越至此斷江山望復連匡廬話春曉夢闍爲予言匡廬之勝螺髻想秋天寺有螺髻峯春半秋分日月出正當峯尖茗椀奚囊出詩瓢瘦杖懸虎谿君忽過龍井客爭先雲石清泉映風篁夕照妍池

開眞是鉢峯好信如蓮龍井旁有片雲石風篁嶺鉢池菴蓮花峯諸勝游屐
逢初地回橈憶法筵辨才飛錫處有客愛逃禪

重五日舟中望九峯

西湖十日別夢魂猶在彼一路風雨多數里行復止
重五弄晴暉片帆雲間指中流百戲陳童叟爭駢累
對此翻不樂去心疾如矢恍見故人來乃是丘壑美
歷亂數九峯曲折愛一水水際朱霞明峯巔新月起
緬懷讀書人棄官高臥此此中樂不易營逐何爲爾
前途燈火明孤舟惜未檥會當重九至憑弔長徙倚諸乾一隱居不仕結廬九峯

庭桂四株五十餘年物也扼於老屋之北簷窗

中惟見樹根而已乙丑八月去屋一楹以出
之復置石數板於下殊有丘壑之趣賦此紀
事

五十餘年老桂枝塵埋荒徑有誰知掃除正值月來
夜坐臥偏宜風動時撤屋讓花眞颯爽爲山疑樹故
低垂慣看雙鬢蓬鬆客日日秋陰一局棋謂吳修齡也

又

愛汝扶疎不忍刪高枝百尺拚柴關花開蛺蝶秋能
舞葉底鷦鷯暮自還千嶂湖干曾嘯咏予初自湖上歸一丘
庭際且躋攀翻愁匹馬風塵裏倍憶天南有小山

雲開諸子夜集小齋再叠前韵

爛熳依然是故枝不愁叢簪少人知雁聲來往初微
俠花事乘除亦有時隣舍秋蓉臨水放閒園野菊傍
籬垂那同薄暮天香好落子紛紛點奕棊

又

三徑茅茨手自刪開簾秋色正當關虛簷不礙開雲
度恠石能招宿露還入戶低枝花主惜拂樓高幹酒
人攀隹時叔夜同幽賞別是尊前有玉山

藥圃詩 丙寅 恩假集

興化李柟

松陵道中

記得松陵道於今又放船新花來刂吐好句待時傳（昨歲同黎于一家蕃助過此際菜花）廢埼孤城迴長橋兩岸連故人遊宦去辜負早春天（謂同年沈雲步董方南也）

檇李喜家紫瀾同朱若始至

逢䆫徙倚處忽報故人來短燭呼童剪孤尊對客開秋風騎馬去春雨櫂船回好續湖樓話銅壺莫琦催

其二

況有雲間客爭傳手八叉論文先飲酒覓句共看花薄宦眞成隱依人着處家慈闈應徙餉爾我滯天涯

擬至鴛湖登烟雨樓未果

鴛湖舊月放船回祇是湖心有釣臺寒食正當飛細雨春朝遙聽走輕雷忽傳書閣干霄迥又見金尊面水開粉飾太平隨在好經過兩度不曾來

雪後泛舟西湖登放鶴亭

三度西湖七十日未曾雪後泛扁舟偶來登眺當新霽頓覺風光異舊遊千樹梅開不可折一聲鶴唳竟何投疎鐘響徹空明裏徙倚孤亭分外幽

渡錢塘江

憶上吳山望淅江今朝驛息渡錢塘雪消淺岸鴉千點雲淨長空雁一行柔櫓橫拖江水斷片帆直下海天蒼不禁執友淪亡淚記得中流舉十觴（辛亥同顧虞功過此）

錢塘江弔伍大夫

曾肅衣冠拜廟門臨江酹酒一招魂恩讐大義權君父生死殊途泣弟昆雪恥不爲天下笑竭忠乃聽訣臣言鴟夷未息亡吳怒兩岸濤聲日夜奔

蕭山道中

倚棹碧溪望森然盡古樟盤渦成曲折偃蓋故蒼凉危堞含殘雨孤峯上夕陽引人窮絕勝在在好徜徉

元夕大雪陸德臣招同蕭子藹禹陵兼至南鎮看雪

偶來越州正元夕不看千燈覓雙屐主人招我出東郊忽然大雪飛一尺我生未向此中來嶔嶔瑰異安在哉有客指點四圍咲一掃烟霧羣山開行行不覺深谷裏飛殿丹青雪中起平地成天功萬年戴冕穿山誰致美當時玉帛會塗山雪深失路難追扳仰視梅梁見題額神龍夭矯寧飛還窆石亭空殿東側古篆半被苔蘚蝕殿南更書大禹陵遺蹟茫茫總莫測學考會稽古揚州屹然雄鎮多神庥山徑紆迴不數里肩輿直上登高樓是時急雪更大作千山萬山光錯落舉頭失却香爐峯長松枝下蘸烏鵲須臾數子攜手俱紛紛踏雪求名區滿眼銀花眞快意六街火

樹胡爲乎吾友葛子好飲酒仄磴懸巖每卻走雪中
爲我鼓興來急須飲汝酒一斗

越王廟吊文種

遺廟誰修祀事明誅吳四配盡書名君臣反覺偕憂
樂朋友無憐各奺生爭笑夫差求蔽面獨疑勾踐有
同聲他年再見韓彭事作俑將無是定評

陸德臣招同葛稼孫黎于一暨兒子炳石遊吼山放生池晚至旱石宕返棹四律

繞門峯下路曾共孝廉船辛亥同沈邵六過此別今三千里重
來十七年榮枯山色換疏鑿谷聲傳折入小橋望溪
南別有天

其二

蚪削從何入豁然春水來神功二子負人力五丁開
垂石支能穩廻峯斷不摧生公飛錫去獅象守香臺

其三

儸梵層霄外尋遊復上方一泓春雨漲千疊晚雲蒼
細竹編成戶懸崖峙作墻殘詩扶杖讀舊是午橋莊寺爲呂相公本所建

其四

孤尊揮落照短棹撥前津爛熳頹三客欹斜受五人同舟五人能飲者三樵歌驚宿鳥漁唱起潛鱗歸路添佳趣毋
辭嚮道與

雪後出郭看山

探奇禹穴入重山雪裡籃輿雪裡還曉起空濛重指
點昨朝把酒坐其間

其二

毿犀邨邨積素凝溪頭誰仗一枝藤南山向午雪消
半山北雪高千萬層

大風山觀海

大風山上望蒼蒼無外功成屆八荒閩越總教通島
嶼鯨鯢不戒走帆檣乾包坤括驚瀾汗神宅祇廬接
混茫更欲登高觀曉日碧波金湧上扶桑

三江閘

閘名應宿嘉靖時太守湯公紹恩所建也計二十八門滙三江之水注之海復刻五行字於石蓄洩啟閉皆有程度越州廟祀百餘年矣先朝請勅建未果土人以時致祭焉予拏舟觀其遺制感而賦此

淮海昏墊三十年洪波直灌七縣田天心人事不可
測重煩我
后憂鯀速久聞越州三江閘太守湯公傳良法茲辰
鼓楫揚帆來前人創制錄寸劄閘名應宿排山根數
計二十有八門按時蓄洩在啟閉五行字記波濤痕
我來正月水猶涸纔閘四門見噴薄三江直入大海
流巨浪奔騰勢亦惡那得逍遙三月中洞開諸閘飛
犁龍瀠瀉浩汗坐其側大哉觀乎歌呼雄淮海近愁

築堤決建閘堤頭如齒列亂水飛來十丈高利害分時憂樂別我望湯公今更生上佐天子功平成特賜廟食淮海上年年野老供香秔

山陰道上

蕩舟偏門東佳趣羅几席雨洗遙天青雲埋危磴白山多亂水流水曲搴山隔道問賣蘭人蘭亭在咫尺

王恆齋招遊蘭亭晚憩天章寺

蘭亭何以傳文筆空今古遺蹟思後人引領望茲土賢主招我遊鼓棹泊蘭渚渚淺棹不通策杖更延佇翼然忽在望有亭立天宇兩池明鏡開臨摹墨飛舞（亭有滌硯浴鵞二池題額摹右軍筆）碑殘不可讀手摩知太所湮沒費

穿鑿憑吊錯儔侶宦遊侈宮室轉盼已易主何如附青雲再來稱王許（重葺爲王許二公）老僧揖我前古剎不數武再拜右軍像千載仰儀矩山果雜然陳澗泉甘可煮茲來實勝遊山靈不我阻日夕景逾佳倡予而和汝湍激明可鑑山亂青堪數欣賞非偶然及時力當努去來扁舟中四天飛急雨

鏡湖

水見蓬萊淺今猶說鏡湖剌船少漁父荷鍤見農夫晴雲丹崖落春雲綠野鋪風流思往事賀監不會無

山中即事

溪聲環繞處老屋兩三家伐竹爲橋穩編籬作障斜細雲衫袖絮殘雪帽簷花眞有僊源趣村醪一任賒

秦望山（始皇登此望海故名）

秦望山頭積翠重尋遊路阻最高峯奔泉百道衝雲破斷壁千層壓霧濃失鹿不知天下逐求僊猶望海中逢李斯小篆碑磨滅捫葛無從覓舊蹤

題聖寺贈悟則上人

畫舫纔停碧水濱便攜拄杖扣禪關不窮白練懸簷瀑無數青螺髻寺山雲裡麥田能自種雪中松徑有人攀香廚正熟饑來飯辜負高僧揖我還

將抵雲門友人醉臥戲占一絕

扁舟侵曉蕩春風爲愛看山西復東被酒篷窻人未

醒不知身入畫圖中

抵雲門訪筆塚硯池白乳泉諸勝是夜大雪擬至化鹿雪深不得路乘竹筏自若耶溪返

愛山不能買嗟與素心違竹杖支苔磴籃輿入翠微數峯藏六寺一徑有雙扉（亘山有六寺雲門其主也與廣孝相隣）梵語從雲落鐘聲挾霧飛新題誠赫赫舊額亦巍巍（寺碑勅世祖皇帝御札及宋高宗題額）古柏盤千尺蒼松抱十圍老僧重指點陳跡總依稀筆塚埋寒雨硯池空夕暉丹梯懸翠嶂白乳濺珠璣樵徑聞歸唱經窗坐息機飯炊香稻熟蔬剪蕨芽肥說法馴龍性安禪制虎威夜深驚折竹寒重透兼衣闔戶嫌燈暗開軒悟雪輝禽聲萬樹

寂人跡小橋希玉嶺望中是珠宮何處非容憹謝氏宅不見葛洪磯阻絕來時路溪頭片筏歸

泛若耶溪

夾岸雪山千丈白寒溪一道貫其中輕篙左右直趨溜片筏沉浮不仗風迅速翻嫌歸路近紆廻那信斷崖通桃花三月春波漲妬殺灘頭立釣翁

西施山

越王城外西施山水面隱隱呈烟鬟傳言曾此教歌舞習流戰士輸弱女春風一笑姑蘓臺霸業銷沉安在哉誰嘆功成竟不返臺榭塵埋夕陽晚萬歲千秋吳越平西施獨占青山名

白乳泉

乳泉纔一勺策杖晚來遊石罅涓涓出山根細細流雪中渾不辨月上杳難求坡老茶寧化吾疑汲甕頭東坡藏羅漢像每設茶供則化爲白乳

重過石門

亼年兩度石門道春雨春風蕩小船老樹寒鴉重領畧半消殘雪晚晴天

盛玉臣黎于一家蒼功東嶼夜集小齋訂徃鄧尉探梅即席限韻

十年香海夢春到興悠哉忽聽風無賴翻愁花已開尊前邀客至林下喚船來記取空山種孤亭次第栽

咏方竹杖分得同字爲家東嶼作

方竹可爲杖山行自不同何須更圓外豈必竟虛中指點看花客扶持采藥翁願言過百歲把此映雙瞳

舟中上巳分得賢字

半月春寒梅信晚客來上巳正晴天好花翻似開溱洧高咏無須聽管絃斷續山光浮檻外崚嶒塔影落尊前偶然乘興芳辰樂勝事何曾讓古賢

先君子向寓木瀆善靈巖繼起和尚別去音問不絕余十二齡偕仲兄過訪今廿八年矣舟中感賦

記得髫年問渡來數椽遙對碧山開於今僮僕皆非

舊溪畔無從問釣臺

其二

平生逸興寄林泉老衲聰明似大顛重過靈巖揮雪涕十年書札更誰傳

晚過祇林菴

梅花千萬樹不見有茅菴覓路客投北下山樵指南數椽臨澗好七椀試泉甘更愛經霜實丹砂映碧嵐

鄧尉看梅次家東嶼韻

路入平林縫目同結廬梅下羨邨翁留花未放兼旬日破蕋偏宜昨夜風百里疎枝齊弄影千山老幹總橫空芘贌悔不先春到肯待來朝香雪中

其二

山半尋梅不倩扶到來眞欲傲林逋花田漠漠連西磧香海茫茫混太湖青靄映時全樹出白雲合處一枝無入林遊伴頻相失試聽間關鳥亂呼

其三

香中不飲醉如泥日日探幽在在迷筇杖拂花衫袖亂籃輿入樹帽簷低浮來夾谷九廻曲望太平原萬頃齊轉是夜濱光更白莫愁歸路失東西

其四

微茫四望盡湖濆鶯燕渾猜鷗鷺羣人立層顛花總合客穿芳逕影初分未曾一片飛晴雨正是千林亂夕曛三十年來從未到憑欄愁見有歸雲

山中夜雨次早偕諸子尋梅登妙高峯晚至西灣再賦四律

今年梅較去年遲作意探梅不後期仙杏遙村分樹樹木蘭高閣間枝枝山中白袷眞成畫林下青尊共賭詩正是花開又風雨教人想殺月明時

其二

曉起猶餘宿霧封遙聽曲澗水淙淙只愁花落二三尺且喜枝開千萬重仄徑小童攜短屐深岩老衲策孤筇倦遊石上聊趺坐仰面還看偃蓋松

其三

那意天公肯半晴尋花處處得狂名有時絕嶺扶持望竟日疎籬宛轉行作態一株臨水放無心幾片點莎明空山好景難收拾未必黃筌便寫生

其四

縱然無雨亦春陰花半看花思不禁未到夢遊常在眼此來眞境倍關心正愁地濕催人別又恐天開讓客尋誰買扁舟溪畔待幾番回首白雲深

山中尋梅就其所至賦十二絕

茶山

疎疎密密總橫斜到此方知春事賒一片茶山扶杖立梅花頂上看梅花

石壁

石壁嶙峋看自奇天然圖畫水之湄此間不在梅花好也有疎枝出短籬

朝元閣

梅花十里此全收春雪春雲滿上頭況是山茶紅樹樹木蘭枝又過高樓

馬鷲山有作舫齋梅下者

山蹊不聽水淙淙有客牽船啟八窗誰道梅花開遍處前山如海後如江

七十二峯閣

敗垣頹閣鎖蒼苔七十二峯依舊來那似梅花太無

賴東風不見一枝開

玄墓

吾疑說法有空王繞寺梅花故異常更上高臺閒徙
倚明湖香海兩茫茫

妙高峯

梅花不必此峯看偶爾登臨宇宙寬却是低頭雙屐
下迯離又見萬枝攢

眞如塢顧伊在別業在焉

十間書屋敞雙扉萬樹梅花擁四圍顧得虎頭描寫
去君家學士未能歸

彈山

籃輿指點得村童潭水東西有路通愛殺梅花開似

雪青山爲蓋立其中

錢家坎

傍嶺緣溪各送迎高高下下幾人行芟除亂樹看尤
好讓出梅花一片明

竹山

四面飛香上錦茵園亭位置亦天眞老僧引到梅花
處不向梅花問主人

西灣

倦遊客帶晚雲還竟日芒鞵未得閒坐定梅花驚更
自道旁人說是西灣

自鄧尉返棹訪積翠拈花諸勝道出穹窿山頂晚宿金山寺

十月浮沉梅海中忽然春雨兼春風扁舟逐花飛出
太湖來蕩漾山之東凭闌四望客遊倦同人不想登
穹窿誰意舍舟道經此天開瀑布飛雙龍層樓高閣
突兀起始知身到軒轅宮森羅諸像目未覩道士果
與神明通再從嶺後覓路下風雨驟至翻晴空懸崖
仄徑走不得芒鞋藤杖知何庸須臾得路至積翠大
風已歇雨濛濛遮戶前攢萬竿竹圍樓後列千株松
坐此賞心那恐別無那日出明前峯數里精廬有幾
處拈花花樹尤棠茸筍輿應接眞不暇茆亭結搆來

相從日暮金山不知處汚泥活活嗟途窮高低不辨
觸亂石時聽怪鳥呼雌雄落落幾點明星出茫茫一
派蒼烟籠老僧招尋不得見寺中連扣黃昏鐘今日
之游洵云樂名區踏遍疲我躬山路險易固不一天
氣陰晴何嘗同佛號數罷經遊處一枝自折殘梅供

香雨和尚留宿金山寺次早過懷鏡菴

遠公留信宿隣寺曉來過課蜜蜂常鬧營巢鳥倦歌
一坡春筍出小院落梅多隨在皆眞賞勞勞杖履何

麗

宛轉橋范氏廢圃也旁爲文正公祠新葺甚壯

舊說名園好來尋宛轉橋峯巒垂屋宇竹木亂雲霄

無復笙歌響惟餘鐘磬飄野人談舊事猶自爲魂銷

其二

王謝衣冠在玆游乃寂然文章爲仕宦風雨任推遷廟食將千載園居未百年廢興分咫尺愈見子孫賢

同盛玉臣登天平山絕頂

天平絕頂誰曾到努力登高倦眼開指點有人疑怪樹盤廻無路立蒼苔春風震澤波千頃落日蘇臺土一抔極望茫茫共搔首可緣憑弔杖藜來

天平山四景詩

白雲泉

已到天平山攝衣登其上先探白雲泉挂壁樹堪賞小屋兩三間山腰穿細響掬水共語笑甘露仙人掌拾級復憑高回望雲摩盪

白雲寺

寺更名白雲怪石行不易峯律固朝天欹側將墮地中間植梅竹奇景復添媚平坡驚削成危樓看位置颯然涼風來倦遊思美睡

大石屋

犖峭固云多潑藏愛石屋一擔便住此那用來卜築穴地復有居何人此蟄伏崖旁坐古佛笑人常碌碌欲去更遲留山童報茶熟

小石屋

再尋小石屋地窄好景聚一僧此跏趺對客忘禮數雜花手自植乞歸添藥圃飯炊石灶香飽噉窮幽趣落日莫催人盤桓能幾度

晚登華山

探奇又見夕陽低處處唯聽鳥亂啼百折山泉時左右千盤松徑失東西醉眠磐石如橫榻倦挽垂枝當杖藜不是須臾能領略會攜襆被過招提

其二

鑿山成佛最高頭雲影頻搖境界幽狂客果然煩接引（俗名接引佛）老僧況復健尋遊鐘聲何處林遮寺翠色侵衣竹裹樓惆悵天池隔危磴未容昏黑遠相求

千尺雪

百步奔泉響入門遙可聽鑿山分兩道隔水立孤亭雨過應尤急風吹自不停石梁吾夢到趺坐片時醒

法螺菴

怪底遲前路招尋不肯來雙松作門戶諸樹隱樓臺仄徑盤廻入層峯次第開西軒況初葺疎豁少塵埃

趙墳

入寺何蕭瞶誅茅不失眞園亭歸長老抔土屬前人舊樹團成蓋新花散作茵回頭盡陳跡珍重此芳辰

藕花居

薄暮飛鐘磬歸途信所過樵夫前指點亂竹遠婆娑

絶嶺來明月清池動碧波翻因十日雨倍覺夜光多

坐法螺菴梅花下

看徧梅花好無如此樹奇老僧高榦掃狂客傲枝欹正是全開日偏逢偶到時賞心不忍去啜茗再題詩

周爾翰招同蔡九霞右宜幼純喬梓葛稼孫沈德威泛舟郊外冒雨遊支硎山觀千尺雪爾翰同右宜德威留舟中

幾度尋山天未開支硎逢到意徘徊移將畫舫重相命帶得芒鞵不用催莫怪空濛低四野正教瀟灑上層臺當罏含笑君知否癡絶遊人冒雨來

其二

孤亭重到水粼粼雨後凭闌眼界新十日自誇來兩月七人應笑減三人小留固爲詩城助久坐須防酒戸嗔溼透青衫不言冷壺觴滿引待河濱

四十初度 時自崑山返里

四十頭顱晌眼新蹉跎往事感生辰宦游久作馳驅客僑寓兼爲離別人俗理囊書歸季子強持巵酒上慈親暗中那忍潸潸淚昨夜狂風撼大椿

其二

強仕寧言棄一官自商出處夢難安松楸卜地不曾種梨棗謀人未就刊 爲先君子刊前北史合註未就 耕稼能無索米急採樵莫起積薪嘆後來衰衰飛鳶去漫把青銅仔

細看

余以四月朔日初度邗上親知復于閏月賦詩置酒爲祝作此謝之兼柬仲兄

爭言逢閏好開尊重枉軒車敢閉門艮友漫勞相頌禱周親徒媿致盤飧移家江北依然客卜宅城南亦類村記取旃檀香滿日經隨未可負黄昏 余生時旃檀香一月

其二

數椽早巳卜邗溝大被還思共遝樓好奉板輿消九夏更繙竹簡趂三秋談彪原自遺書卷遷固寧惟事校讐壽世須知無過此中宵鉛槧莫教休

邗上雨中植桂値俞蒼文北上過別賦贈二首

買花得仙種密雨正斜侵開落待新霽滋培藉薄陰倚闌同位置坐石自沈吟一樹垂垂好能無憶遠岑 玉峯別業桂花最盛

其二

黄葉將飛候偏憐花事饒偶然佳客至恰有暗香飄把杖真堪撥啣杯月可邀遠行聊折贈期爾上丹霄

先文定公舊第在江都近以下里多水乃移居焉有燕巢鐙鈎隨風飄颺穩坐諸雛同人賦詩以爲瑞因成一律奉荅并示兒子

下里漂搖甚危巢半就虛此來依大厦敢謂卽安居

旋轉風生候迷離月上初烏衣舊門第吟望重踟躕

先君子忌日自邪上奉老母并携二子回里舟次口占

卜宅何嘗定勞勞愧此身波濤携弱息風雪擁衰親
薄暮投何處荒村見幾人一燈城郭近血淚又沾巾

逼除歸里呈伯仲兩兄

望望孤城近舟行不肯前疾風吹短景駭浪拍長天
歲月傷心度家園淚眼懸畢生悲此際鉅創憶當年

其二

每歲逢除日椒香共舉杯可憐今聚會相向有悲哀
殘喘驚初定慈顔喜暫開麻衣親拂拭風雪汝歸來

藥圃詩丁卯 恩假集

興化 李 柟

袁嵩山歸粵西相値邪上盤桓累月旣余以事返里恐不及送別作此贈之

每憶長安道朝回策馬過梅花供讌賞槐蔭任婆娑
酒戶千杯少詩城五字多別來風雨夜展卷漫高歌

其二

正是思君日扣門邪水邊僑居若相待繫艇不知還
同坐雙墩月分携五嶺天會須親送遠引領片帆懸

其三

舊是藹官地君歸乃故園吹笙聊混俗擊鼓不辭喧
斑竹虛前箸紅蕉稱短褌春明他日到可比在花村

秦對巖表兄園亭即事五絕

結屋依山分外幽門前一頃碧波流賞心且自孤亭坐不想探奇到上頭

其二

白雲吹落曲欄前恰喜來當雨後天行過短橋倚危石奔騰一道響寒泉

其三

老樹參天不可攀萬金難買置柴關尋遊總在濃陰裏少郤登樓一看山

其四

客子重遊待合鐏主人不見自憑軒朱旗翠葢曾來此閒聽園丁說
至尊

其五

花村負郭一帆風白髮尊親樂事同不是等閒消受得全家都在畫圖中

王儼齋攜游怡老堂

九峯矗立雄東吳晴空映帶三泖湖應接不暇屢叫絕波光黛色無時無中丞有園在其側老樹槎枒隨在得斷壑能教亂水遥平地直使層巒出怡老之堂不日成吹塤吹篪來嘉賓爲人後者更有母來往稱觴舞蹲蹲忽傳紫泥下魏闕强爲蒼生起林樾移孝作忠理固然回首花間垂白髮先子海濱遺故園門多鳥雀如荒村小人有母亦足樂板輿侍奉開芳樽君冠惠文澄百職大法小廉唯君力衝炎不憚去如飛我何六月不暫息噫嘻
君恩湛深詎敢辭親命敦促何能遲自商出處錯昏晝茲喜兩人傾其私行將迎養到官舍夏凊冬溫實無價羨君舞服不用裁豸繡清風早朝罷轉思卜築無與同大力焉致長安中縱本心胸妙結構那得三泖與九峯君不見輞川之圖傳尺幅幽偏不讓圖可續請染東絹掛堂前卧遊君亦乘休沐

重五王峯諸子招同邗上友人集北園即事二首

脊來良宴尚含酲招我山園酒再行荷葢迎風自搖曳榴花照日倍鮮明大江南北分賓主曲檻東西坐弟兄底事雙成太憔悴霓裳一曲不勝情時有歌兒善音律強之再四乃歌

其二

酒後翻知意氣真灌夫罵坐不須嗔一峯倚戶惱狂客孤塔當窗看醉人燈影入林鶩倦翼星光沉水動潛鱗三更坐對忘歸去肯向風塵說隱淪

王遴汝蘭雪堂偶題

每來當九夏住此便連朝蒼鼠穿松慣黃鶯坐柳嬌午風雲作幔涼雨水低橋茸翳君須剪天開醉永宵堂前多惡木故云

荷亭雨後

園亭過雨同幽賞最愛臨流酒一壺魚躍萍開真似鏡燕來荷動不成珠佛燈曉暮看明滅仙嶠陰晴辨有無底事炎蒸驅馬去教人思殺樹千株

詠枝頭黃鸝

好雨連朝水滿池池邊碧柳掛絲絲啼鶯幾個頻來往愛殺風前弄羽時

韓慕廬招飲即事二首

假榻浮林裹招尋暢舊情分攜成十載會面得三更
眞比賢人韻（出酒器刻竹林詩句）能辭聖者淸一聲空外笛涕
淚各縱橫（蔣莘田擬自中州返）

其二

齊賢榜竊附未許息塵機及第三人好高懷二十歸
（係畢亭時亦家居）屋邊鋤隙地水畔立斜扉笑指輞川容征
車直北飛（王儼齋園成即膺召入都）

哭蔣莘田三十韻

爲國當自愛吾今哭蔣子婦人不欲屏醇酒不能止
問或事擠排微旦詎肯已或云達者爲大節更如彼
登第即獻書銳志功名士文章與經濟發軔自茲始

舘職踵故事課讀兒戲耳丰采最赫赫乃在官御史
封事不數計上殿佞人指鐘鏞寧細響衆知勿復舉
繪圖十有二僅僅傳大吉身後得其稿誰人敢仰視
南幸感流亡太息猶及此遭
聖乃能直謇諤良有以迨其官大梁厥職校士是張
羅得鸑鷟搴芳盡蘭芷余過齊魯郊士氣爲振起懸
想受恩者悲歌動千里先官南海時實玉亦所鄙兩
世蒞茲土足附先公祀猗歟忠與孝秉自天性美亦
由歷中外勳業乃光偉使其老詞苑設施何由爾跲
身致大位屈指能有幾同時繆子浚純粹眞堪比擬
爲哀誄詞冷宦無可侈何如貽後人鋪張數十紙非
惟炳家乘抑且傳國紀念此淚不收繆子竟死矣念
此愼勿悲蔣子且不死

哭繆鈞閣四首兼呈諸同年

耐久朋難得斯人古意存臚傳卑領袖牒系核淵源
（鈞閣舘職十五年止一較玉牒）坐對曾何事心期在不言忍驚薤露
曲道路亦煩寃

其二

長安都僦屋嗟爾倍難勝陋巷强名宦秪園儼是僧
埋頭成蹭蹬仰面看飛騰終此[illegible]高懷誰與稱

其三

天公眞有意生死少前知虎阜一罇酒仍然歡會時

重來空問訊從此絕追隨宋代繁花在春明更對誰
（虎阜木蘭相傳宋時所植鈞閣昨歲攜余坐花下從此永訣矣）

其四

地下同心者欣傳二妙來（同舘先逝者五人蔣莘田並于是年物化）那堪
吾輩在頻見素交摧黃卷兒須讀青山骨未埋同爲
後死責毋但寢門哀

夏日招同傳自遠劉彥度汪蛟門虹橋觀漲偕
鄰舟樂部侑酒抵暮乃歸次自遠韻

旬日蜀岡雨平坡水漫漫風俗樂游冶畫舸眞無筭
富家好園亭蟬聯看不斷列嶂皆高城小山伏峭岸
四圍柳帶輕幾曲荷珠亂常嫌此中窄今若凌江漢

曠懷不可遏炎威偏足患誰家載吳歈水面銀箏按假以滌煩暑王賓各不憚高唱來清風緩歌廻輕瀾適意敢久留乃許肆娛玩須臾日欲墮狂呼那肯散賭酒急成盧過於攫萬貫農父饁田間漁人網水畔沁體覺微凉披襟儼初旦白下盛燈船摹仿漸璀璨好事今輸爾欲别增遐歎

前題次蛟門韻二首

湖是客先到佳時不待招水花君子潔岸栁美人嬌賭酒停紈扇聽歌側畫橈湖干新漲急十日雨瀟瀟

其二

避日且横佳迎風更倒行山頭殘暑在水面晚凉生

斜凉燕何語低飛鷺有情城陰人欲别心怯馬蹄聲

酷暑不可耐因憶昨游再次蛟門韻二首

上宅邗江上良朋每見招昨朝聊置酒重聽鳥啼嬌地迥宜風榭波寛轉露橈初晴深樹裏猶自雨瀟瀟

其二

咿啞何曾歇芳堤銜尾行最宜斜日下遥看怪雲生倚石醉人態凭欄遊女情未能驅暑去倍憶暮濤聲

六月望日初發邗上

才指長安道回頭見月圓老親應對此惜别淚潸然烈日將驅馬良宵甦放船自憐出籠鳥何事又飛還

曉渡黄河

曉來猶見半鈎銜悶渡凉颸透葛衫北去雲開徐引鏡南來風逆轉揚帆（黄河水急浪逆風揚帆徐下）輕車乜涉千層浪匹馬將登九折嵒屈指廿年頻到此笑人飛燕日呢喃

曉渡沂河

征衣結束過山城咿喔荒雞正五更星斗光爭殘月影松杉響亂怒濤聲平沙漠漠征車穩行李蕭蕭渡艇輕自是昔賢偶言志浴沂寧必以亭名（有言宜建浴沂亭者）

晚過汶河橋停車小憩忽風雨大作達旦不止和黎于一作長歌

晴霞落日汶水頭禾黍油油桑麻稠溽暑未退景正

修荷鋤農父服田疇稚子爭浴溪面浮晚歸倒騎忻上牛受此不忍村店投倦客躑躅南山岡平坡一片停佽收横橋十丈立驊騮賞心縱目侈壯遊忽然風雨聲颼颼人家咫尺不可求縱轡乃得數椽休翻盆溜急終夜憂四角屋漏濕衾裯山谿溯湃搖堰樓勢如共工觸不周昨日平坡舞蚊蚪横橋巨石衝洪流來往如織誰造舟嗟予既濟仍淹留稍霽衝泥不自由開門愁復聞啼鳩

新泰遇雨有感二首

舊地傳聞迥不同到來誰復識西東牽船欲渡臨崖上束馬偏驅急浪中積雨龍身頻改窟乍晴龍尾尚

摩空（山澗中有老黿屢易其窟天乍晴雙龍復掛山顛皆紀實事）征夫莫嘆滯行李讓過飛騰路自通

其二

沒胯汚泥勿憚行此中却自有逢迎焦原都換青青色斷岸爭流決決聲六月炎威曾不照五更殘魄轉能明蒲從十丈塵埃坐笑我輕裝廹曉征

驚扺泰安山水大漲行人多以甕渡聞昨田中丞紫綸過此津吏艤舟以待戲爲長句

長安道上凡九度未見十日雨奔注晨雞罷唱到渡頭接天洪流驚灎瀬官船朽壞棄道周謫尸厥位不復顧怪底村夫抱甕前請君入甕從此渡在昔酷吏

環以火火烈難犯人斯怖茲者安坐同兒嬉水弱易犯乃輕赴吁嗟人命直草菅酷吏殺人庸吏悞二者之罪雖有差都非大吏所當護我得三人左右之波心不怕馮夷怒泰岱北顧爲動搖徂徠東望亦擊拂非朝詩伯持節行捩柁鳴橈指前路方爲貴官役下走惜哉奇境轉不遇驚才勃發隨波濤利濟翻恐失奇句何如我上甕舟來吟詩又上籃輿去

泰安山店阻雨用壁間韻

岱宗脚下幾回過高枕遥聽亂響多急雨層崖瀉珠玉斜風斷壑走江河拋殘書卷思孤艇濕透衣衫憶短蓑山店待晴無個事題詩破壁自吟哦

遊趵突泉賦

御書激湍二字及扈從諸公奉

勅題額敬賦二十韻

言詩趵突泉四山初歇雨奔空百道來欲去無門戶噴薄復縈紆勢急忽高擧白雪湧三堆細碎珠難數傑閣共孤亭點綴及廊廡游人坐其側衆響不得語或云天功勝亦以人力補方法若能傳詎獨擅茲土齊東殆不然鍾靈非可武疏鑿縱有之神工與鬼斧擧頭見

宸翰龍鳳爭翔舞羣公固墨妙去天已尺五譬彼太陽升星月光不吐又如泰岱高丘垤勢皆俯以知神

聖姿又能中規矩不則日臨摹空然持布鼓名泉當比是物亦有賦予欲事矯揉者將毋類夸父地以人乃傳況遇

萬乘主泉聲流不竭墨瀋耀千古

李滄溟白雪樓在趵突泉旁張中丞南溟葺治之余同宮學使定莽過此見塵土中有舊額及羣賢紀游作促其懸之中楹南溟遷任百姓謳思即祀于樓後

層樓兀立俯淸池前輩風流儼在茲七子中原誰奪幟十人别墅共圍碁謳吟舊德應陪祀葺治初心不爲私文事須知使者責重新題額莫遲遲

錢中丞瑊亭招飲署中觀珍珠泉席前器皿皆
京邸舊物口占二絶句
棨戟平開寵命新入門真覺以官貧席前舊物餘尊
斝認得長安縱酒人
其二
吏治澄清絶代無亭前一派碧雲鋪翻多水底萬千
貫權作裝中薏苡珠
同徐紫威黎于一遊天心水面亭泛舟至北極
閣
亭下扁舟恣往還賞心只在水雲間芰荷一片故鄉
似多却周遭冉冉山

哭黄伯和二首
屢念故交添腹痛又傳惡耗使心驚十年五子摧傷
甚（謂唐峽甫林姬士王甲先韓紫山王岈谷）半載三人涕淚并（謂蔣莘田繆鈞閣及伯和）
褊性交游原不慣高才蹭蹬自難平賈生年少功
名急況爾鬚眉已老成
其二
戊午我來君巧避丙寅君到我何之中間語笑真俄
頃兩度提攜即別離妙藥不能攻鬼客奇珍恐已竊
盧兒（伯和好丹禾之術又蓄骨董甚富時聞有逃僕故云）邗江記贈新詩好此
後相思只讀詩
停車柳陰下
永漲山行沒脛深初晴暑氣復相侵停車官客愁難
遣策杖村翁樂可尋茅屋牽瓜兼補漏麥場栽豆却好
遮陰誰人笑汝豚蹄祝除却年豐不繫心
途中馬病易驢苦疲因作詩自嘲
征途暑盖轉炎威鎮日驅馳塵滿衣病馬能馱嫌瘦
損蹇驢欲臥覺癡肥晨興直待雞勤唱暮宿真同鳥
倦飛朋舊若聞疎懶甚定云李子不知幾

藥圃詩

晴好雨奇之閣藏板

藥圃詩 己未至癸亥 燕臺稿

興化李楨

元旦早朝次顧伊在韻

朝天星斗正闌干仙掌光生樺燭殘樂奏雲中來萬國鐘傳空外立千官尚衣裘進今朝暖別殿香消昨夜寒共慶陽春能育物紫泥新降動長安

元夕偶得梅花數本前輩秦對巖暨劉彥度王鶴汀翁寶林家醒齋月下過飲漫賦

春風吹令節客舍轉悠哉火樹誰家照江梅此處開月明沽酒去鐘動盍簪來爲愛看花客明朝着意栽

其二

一任橫斜好繁枝不忍删未能開似海且喜疊成山鄧尉花時吳人謂之花海碁落寒香裏燈懸小樹間揚州花正放何遜幾時還

招嚴蓀友陳其年范秋濤汪舟次倪闇公潘次耕喬石林再集梅花下

作客見梅早論心亦快哉春風吹月上晴雪共花開窓破寒初入簾垂影恰來何時三十樹次第滿庭栽

其二

不信花偏好渾疑夢裏身況逢今夜客盡是故園人衆卉開猶早孤芳正及春殷勤欲別處酒醒是佳辰

其三

入林須秉燭橫榦莫輕刪忽見滿窓雪不知何處山
笛聲來樹裏鳥語出花間（座客詠爲鳥語）休訝尋芳客江南
去復還（寶林和詩有君看此籠鳥畢竟不飛還之句）

月夜過王鶴汀齋偶成

七載交游意氣眞偶乘良夜過南鄰爲論詩句狂呼
酒最喜梅花冷向人彭澤孤衾堪自賞豐城雙劍未
爲貧（鶴汀齋有一琹雙劍）寒更歸路經僧舍明月當空照客身

次高曼園韻送周翼微入蜀

青門送爾換征衫却喜蠶叢路早芟劍閣雲開晴策
馬錦江波靜夜飛帆十年友别愁中酒萬里書回淚
下緘行道故園寧久滯秋風初動陟巉巖

喜雨次顔澹園韻

晴空雲起處冉冉忽成山雨尚在天際風先到樹間
披襟聊極望揮扇暫容閒佇待翻盆至虛齋絶往還

其二

昏黑疑深夜西看隱夕曛小巢歸燕子大樹集鴉羣
電影驚頻見泉聲喜乍聞秋花生意動傍砌吐幽芬

菊影詩和孔心一韻

最愛虛堂菊尊前影不孤醉從何處摘狂向壁間扶
月轉時開合風來乍有無東籬誰得並臨水兩三株

雪後同高渭師西臼兄弟暨家山公偎菴沛霖
出永定門

朔氣空濛曉未分偶然出郭喜同羣亭亭孤嶂封殘
雪鬱鬱蒼松壓斷雲清蹕忽傳千騎過（時駕從南海子回）
穿林時有一鐘聞誰知咫尺殊喧寂趺坐平岡欲半
醺

長至後二日耿又樸前輩齋中即事

萍聚成高會筵開正薄寒兵戈餘絶域尊酒共長安
妙語燈前吐新詩醉裏看幾多飛動意興極到更闌

其二

入林何太晚遲我復招尋會面半知已深談盡素心
悔辛文學酒喜聽步兵琴（孔心一顔澹園招余未赴澹園於座上鼓琴故云）
從此追陪處良宵費苦吟

題止園雅集圖爲耿又樸前輩賦

園林卜築枕溪流展帙彈棊事事幽楊栁烟深嘶繫
馬芰荷風動起眠鷗伯時妙墨詩中畫耿湋孤情物
外遊更喜披圖佳句滿探奇不覺到蓬丘

海市行

憶昨觀濤廣陵間海門東指方壺山瓊樓貝闕不可
見晚霞洄汐何斑斑偶然擊鉢高陽里有客當筵談
海市聽之瓌瑰神欲飛彷彿飯官暮雲起初如旭日
浴扶桑隱轔沸鬱揚輝光須臾翕忽精靈變五彩紅
縵紛成行丹崖翠嶂橫空見雉堞鱗鱗亘似練疑是
海天不夜城雕題貫耳分州縣逡巡宫觀何玲瓏翔

陽嬉逸麻姑從琪樹瑤花綴天半仙雞雲鶴呼雌雄君不見徐福當年入海處烟波空没童男女或是田横義士魂化作樓臺縈島嶼吁嗟漢武與秦皇祖洲悵望空徊徨髯蘇禱之忽一覩有客難具浮海航今夕何夕海不揚蜃樓隱見終荒唐

仲冬望後一日孔心一于子先耿又樸顔澹園李渭青袁杜少龎霽公夜集齋中即事

列嶂低斜日孤林捲宿烟薄寒驚氣候先一日小寒幽意任推遷近市寧兼味論交得七賢倒衣吾轉後命駕客争先公約罰後期者余以事出未歸諸公已先至香果明窗供仙芝素壁懸文姬書鳳翥摩詰畫龍騫月漸窺簾皎霜看入

戶偏菊花猶雪裏梅影正風前遊賞同携手文章詎比肩硯塵勞拂拭筆退費雕鐫句喜當杯得詩妨到處傳重來還繾綣欲去更留連照席燈頻剪圍爐茗續煎聽歌嗤郭訥爛醉學張顛風雅眞難覯清狂劇可憐夜闌人散處搔首問星躔時星光長三丈餘如疋布經天半月乃滅

題元人王振明上巳龍舟圖

五月五日喧競渡聞自屈原沉江年楚人招之用舟檝遺俗至今悲前賢如何嬉遊乃爲此旂翻鼓殷失初旨金明池開三月三鷁首出没滄波裏爲考崇寧增歎嗟修禊之時何爾爾王君下筆眞良工雕鏤刻畫誰與同石橋蜿蜒連數里廻翔處處趨羣龍榜師奮迅各鼓力水如山立天無風巍峩宮殿挿天半壬官扈從陪宸玩盛陳水嬉非尋常母乃至尊厭宵旰王君自云拂毫楮一上青宮一貴主貴主之圖今尚存青宮眞本不復覩至大年間嗣者誰蕩心娛目當無取此圖應同雉頭焚惟恐見者步其武人生嬉遊各有因勿以上巳爲重五

友人得細君家書許其買妾戲爲四絶

綺閣佳音分外新仙郎竟許醉花茵却疑書寄來嘗試反覆瑤函恐未眞

其二

强說垂憐我寂寥惺惺歸夢醒春宵從今變作雙鶼

宿不許雞聲促早朝

其三

屋裏桃花臉半醺隔簾新月映芳芬如今未敢分明道只報容華不似君

其四

别館藏嬌正晝眉春風環珮漫相隨阿龍麈尾須先覓江左風流事可師

喜聞官軍已抵滇南賊兵復遁蜀中勢窮欲投緬甸和耿又樸前輩二十四韻

殿陛抒神筭干鋋逼鬼方渡瀘聲赫赫入峽陣堂堂仁者原無敵王師動必臧金墉寒掣電鉄騎夜飛霜

昨報收巴子令傳定夜郎魚將遊沸鼎鳥欲散叢篁猛士皆衷甲將軍蚤破恙毋思踵豕突應悔肆鴟張頓失羊腸險徒矜猿臂强力難支歲月計有竄遐荒衆敗焚輜重師窮裹糗糧黠蒼不可問都歷詎庸防諸葛征滇勝公孫據蜀亡乞降情不遂尚詐我能量假息號呼斷游魂旦夕僵棲身思緬甸蹈足慮螳蜋犄角形何重連拳勢莫當七年稽大罰一戰靖殊鄉談笑看摧折風塵敢跳梁黎民登衽席宇宙盡輝光勇賈貔貅隊懽騰鵷鷺行鐃歌銅柱外凱奏玉階旁偉業歸諸將雄謀出

聖王昇平宜燕鎬山海盡梯航

〈藥圃詩〉己未至癸亥 燕臺稿 六

嘉平六日集家鐵樵齋即事

何勞折簡更招携覓伴閒遊信馬蹄大白共浮初月上新詩高唱暮雲低詼諧北道羣遷席桃李南天種滿蹊（鐵樵南闈得士最盛）重會莫愁僧舍遠鐘聲只在禁城西

除夕同周引年陳心如守歲

幾年薄宦滯金臺客裏椒盤又舉杯乍聽兒童喧爆竹仍移燈火照疎梅三人各有雙親在一紙偏從兩地來（是日得江南北家信）心戀庭闈歸夢遠朝天更漏恰相催

戲東袁杜少

春風颺颺吹元日長安陌上馬千疋蕭梢駿尾揚塵沙午夜朝天去何疾我從班行問袁君抱膝呻吟獨未出昨朝鞚騎到天街墮馬跟當臥一室板齒尚在勝校書左臂欲折同司直壯心當着祖生鞭讀書還捉江郎筆相視勸君且杜門跋扈飛揚無太急吁嗟乎金臺馬價值千金壓塊下坂無不測吾儕何由得驍騰驅策駑駘皆下質只今腰裹信難求想像之中何駿逸一朝生致汗血駒旋飈散作五雲色矯矯龍性老更馴橫行萬里當無失

闈中聞長沙大捷志喜步總裁馮閣師韻

共慶江南頻送喜却逢冀北正空羣捷書曉日傳三殿彩筆春宵動五雲

聖主深宮求莫切元臣鎖院薦賢殷遙空祇見奎光

〈藥圃詩〉己未至癸亥 燕臺稿 七

滿從此昆明靖逆氛

陳廣陵余分校所薦卷也數奇南歸見示楊柳枝詞依韻贈別

二月晴光草色勻青門又報柳條春何緣不綰行舟住惆悵東風一曲新

其二

萬柳堂前㬋碧空也曾護惜不禁風名葩總是無心植昨夜新開別院紅

其三

曾栽綠蔭滿江天前度流鶯葉底穿不信東皇今不管任教吹絮送歸船

其四

獨客傷心絮滿堤飄零誰護一枝棲靈和縱有垂垂綠張緒風流未許齊

夏月久旱初雨張潤父於余佺盧桐軒次第藏爐品題佳茗佺盧有詩遂和其韻

桐陰散坐對遙天指下新茗貼綠錢古鼎香浮當霽後佳茗戰及春先纔看草色盈芳甸更喜詞源落彩箋未得從君共幽賞客遊空羨主賓賢

秋日閑居次喬石林韻

八月驚秋早金門感索居晚烟千嶺淡殘葉一林疎署冷容沽酒官閑好讀書那禁愁思集星月照庭除

其二

澤國偏憂旱秋來苦憶家金風誰穫稻玉露不沾花百里征帆斷孤村老屋斜傷心九載後枯渴到魚蝦

其三

地軸何須撼天心已共知救特除敝政下詔絕浮詞願創蔆龍業毋為燕雀嗤憂勤正宵旰補袞在今茲

其四

親老猶強飯看書到夜殘花飛聞倚杖鳥度獨憑欄繞膝心添喜科頭興未闌誰能事生產聊得逸懷寬

其五

家食艱慈母偏當薄宦時秖緣日糴米難寄雪翻匙局促慚雞肋棲遲羨鹿皮故園歸去好甘旨得親知

其六

愁逐雁聲孤南飛日已晡露應滋桂魄雨欲潤雲膚但願存吾舌何妨弄鼠鬚夜凉思大被苦為一官拘

其七

自笑貧逾甚蕭然斗室棲良朋來月影尊酒只霜臍筆退臨池懶書殘擁架低更憐兒失學寄食各東西

其八

蕭齋無剝啄兀坐早寒輕樹靜聞砧響窗虛得雨聲驊騮誰放逸雕鶚正飛鳴湖海飄零士宵來入夢清

聞雁次汪舟次韻

孤館開尊話遠征忽聽候雁旅魂驚黃昏已失天邊

字風雨偏傳塞上聲結陣可無矰繳患羣呼何處稻粱盈高低一夜南飛盡只有棲鴉繞禁城

雪霽懷宗之兄

虛窗寒更白微雪喜初晴硯水飄花沒簷風落點明疎林枝不重去雁影偏輕忽念征衣薄添予共被情

徐浩軒顧伊在王鶴汀田荆岩枉過留飲分得壓字

新月穿雲出林空見遠天忽聞門剝啄且喜客聯翩入座皆同調論交已十年數椽嗟賃廡何處得禾壓

其二

覔伴南鄰近虛敎一榻懸貧居嫌鼓角辟穀羨神仙尊斝無兼味詩書集比肩遥思千騎出霜旆駐芝壓

送陳非園省覲南歸

送客金臺落照微十年薄宦寸心違相憐索米我猶住獨慰承歡君已歸愛日向思毛義檄望雲今羨老萊衣相逢當在滄江上扶杖衰親總釣磯

晚過家梅岩新寓因同訪顧伊在適田荆岩到留飲分得紅字

比鄰怪爾不相通今夜携過趣自同寒樹影分孤月白清尊香泛一燈紅已知北道追元歎又喜南鄰遇季宗記取窗開同徙倚山光收拾入樓中（伊在寓樓闢窗可望西山）

送顧仲光南歸

白髮臨風望青衫帶雪歸遥知相見喜應換老萊衣目送征鴻盡心隨落照微自憐羈薄宦何日省庭闈

冬日朝罷散步瀛洲亭口占

長樂鐘聞萬戶遥鳴珂纔散紫宸朝烟開玉署雪先霽日上庭槐凍未消三載簪裾同出入一時師友各雲霄瀛洲亭畔頻回首老樹寒鴉景寂寥

題風雨歸莊圖

蕭蕭蘆荻溪邊臥點點雲山望裏收村落不知何處是滿簑風雨一歸舟

雪後於庭中作雪山襍綴亭橋花木皆成結搆次董方南韻

飄颻昨夜度龍沙積雪成山小徑斜孤閣迴風凌玉樹斷橋流水落冰花遥看疑失尋袁路乘興堪移訪戴槎幸有餘光及寒素黃昏深照讀書家

除夕

故園千里夢依稀獨客凄然對落暉苦憶去年今夜聚遥期明歲此時歸疎梅新放人同坐爆竹無聲雅自飛何事長安偏寂寂四方聞道羽書稀

除夕同周翼微引年桑景旲家備五飲寓齋分得十三覃

除夕高朋集他鄉共劇談最憐花有伴不獨影成三（書齋時植雙梅）戀主常依北思親欲指南年來艱去住不是爲朝簪

元旦大雪早朝

午夜趨朝早嚴更冷不聞九天飛急雪萬戶覆同雲漸覺樓臺合焉知鴛鷺分昇平今已卜佳氣動星文

汪竹岩移寓招同蔣莘田宫定莽夜集賦贈

客裏居頻卜相招興自長虛窗寒對酒斗室靜聞香燈映殘冬雪衣添午夜霜歡呼不歸去爛醉臥君傍

友人携妾計偕遲久不至詩以訊之

聞赴金臺久何因到却遲可知芳草地盡是踏歌時

紫禁梅初葩靑門柳欲絲春風消息近莫更滯天涯

其二

遲君久不至旅館意如何晴雪踈林落春風客路多
羅裙牽碧草綵筆試靑螺爲問雙飛燕曾從海畔過

秋夜訪高澹人

碧山書屋鳳城頭薄暮相尋到舊遊滿室琹樽自蕭
灑一庭花竹倍淸幽鐙挑架上芸香細幔捲堦前玉
露流遙聽紫微鐘漸動侍臣染翰未歸休

其二

高齋兀坐正愁予忽報君來自直廬揮麈最憐當夜
半銜杯却喜在秋初雲生卷軸瞻

宸翰月上窓櫺讀
賜書自是仲舒才獨絶故令珥筆傍丹除

西域遣使獻黃獅子恭紀

聖德超千古仁風播八荒嘉祥雖罷獻山海自梯航
涉險經重譯波圖盡職方遠人能嚮化異物亦覲光
白澤名原著靑猊號並彰四靈應是長百獸此爲王
蕃育傳申未騰驤動混茫自非懷震疊曷以近堂皇
疏勒驚重獻月支喜再將星眸秋耀日鐵距夜凝霜
拉虎威猶在分犀力暫藏性馴稱上瑞色正叶中黃
珍羽偕鸚武（時同白鸚鵡入貢）奇毛類驌驦游隨麟出苑聲
和鳳鳴岡率舞虞堦下還栖文囿旁臣鄰颺盛事父
老覩非常時貢同西旅來庭共越裳願言頻作頌曆
數浩無疆

經筵恭紀

宮樹纔分紫禁晴翠華將御曉鐘鳴漸聽仙樂從雲
出遙見朱旗拂露行萬國衣冠朝未散
九重講幄禮先成牙籤列處珠簾迥細帙開時玉殿
明委佩仙班傾北闕橫經御案盡西淸龍墀望去追
崇政鳳閣紛來過邇英日上芸香隨瑞靄風吹

天語和書聲崇儒自欲探微旨重道非緣侈盛名墜
露添流成浩蕩輕塵足岳益崢嶸共欣廣厦親賢意
還厪深宮念典情哦咏方停勞寤寐簪裙已散想弓
旌銘盤會見追隆古
睿學高深共拜賡

秋日偕前輩孟端士同年沈宗子黃伯和韓慕
廬龔合五陸武園王儼齋顧山容遊亦園步
益都閣師原韻

謝公郊墅曾遊賞卜築初成共賦詩三載雲山聊作
別萬株烟柳忽垂絲臨流曙色收高閣繞徑秋香逼
短籬還共長安未歸客靑尊白袷話當時（諸公舊時同遊今方借余再來）

其二

烏影長空極望遙黃花猶未帶紅椒晴丘翠擁藏高

棟秋水池成壓短橋西峙龍山開爽氣東廻雉堞出
疎條從容退食應常到踪跡都忘在市朝

送欽辛浩旋茗上次黃方叔韻

門因官冷可張羅佳客難留別思多獨鶴曉雲歸顧
渚二龍秋雨渡漳河（陳左之右之兄弟先別去客彰德）凄凉詩卷吟
孤棹憔悴風塵拭太阿知爾壯心猶未已金臺春滿
待重過

其二

秋風客路酒能温三徑歸來松菊存白髮孤燈休望
遠青衫半刺亦沾恩終南形勝同誰話（時辛浩方自秦入燕）冀
北文章待爾論却爲分攜思往事閉窓月色冷黃昏

九日送葛孺初盛玉臣南歸

正是黃花節分攜不暫留中宵驚去雁侵曉上歸舟
師弟同前路文章感敝裘故園應早到帝里及春遊

秋日

上奉
太皇太后幸温泉送
駕恭紀

聖孝追千古
宸遊邁百王温泉流沆瀣凉節扈康莊霧裏金根引
雲中翠蓋張霓裳隨閣道天樂出椒房碧漢爐烟裊
青山錦繡香

龍顔廻馬上麟趾向車旁（時上乘馬侍太皇太后左右名裕親王前語良久）瑞落蒼烏影祥廻赤雁行儒冠同蚌立戎服盡
嚴裝曙色周廬敞風聲從騎翔遥知攻曠野尚欲佇
高岡木落鷹初擊原空獸不藏
君王思猛士侍從賦長楊前指臨窮谷偕留儼帝鄉
帷宮朝侍膳帳殿夕稱觴
太母應怡懌
文孫益肅將巡遊非漢武望幸陋秦皇保性川如沸
驅寒水若湯廟廊歌有慶草野頌無疆駐蹕知非遠
回鑾望更長盈庭時側耳歸路奏仙琅

送同年黃伯和南歸

送別原常事于今獨未堪我方來冀北君忽向江南
去路猶看菊歸時應薦柑如何連祖帳不暫駐征驂

冬夜吳耕方表兄招飲看菊魏環溪先生有賦
得陶然共酌菊花杯之作依韻和此

秋色欺金章霜華接玉堂影殘燒燭艶花冷近人香
紅豆歌何杳青樽興自長東籬漸零落不必羨柴桑

送許力臣給諫南歸

握別金臺桂子香羨君晝錦上歸航已燃藜火爲仙
客還對薇花拜省郎雁正差池趨北闕（令弟師六將計偕北上）
鶚看翱集喜東牀（魯耆書鄭有常兩令坦同報秋捷）遥知故里添佳
話輦下新詩又寄將

上躬祀
太廟回
駕頒曆恭紀
良月欣逢祀事明雉門初啟苑鐘鳴千官影靜齋車
出萬騎聲傳
御幄行灌玉但聞蒼栢動酹金共感肅霜清禮終敬
授軒星曆蓂莢龍章下禁城

冬夜同周引年家備五對月

冬夜寒逾昨更深坐轉長閒庭虛受月獨樹老經霜塞雁聲南去宮雅影北翔那堪歸思切把酒話匡牀

冬夜前輩沈繹堂王昊廬招飲叠和前輩陳謝

浮看菊韻

良夜追陪逸趣濃何須訪菊入花叢尊開有約客不至詩到驚人眼欲空（繹堂先生以詩示客久俟吳耕方不至）入座霜華飄細白隔林秋葉落輕紅更闌起向閑庭望酒力偏能耐朔風

其二

樹帶寒雅暮靄濃幽齋招客對霜叢庭前奇石堵斜徑窗際明星散遠空觴咏共看雙綬紫琴書開照一燈紅何當授簡叨文讌麈尾猶餘兩晉風

施愚山汪苕文宋既庭蔡九霞譚舟石汪舟次方渭仁任待庵夜集小齋次待庵見投之作

紫泥書捧待金門濟濟冠裳吾道存折柬竟能來上客裁詩何異出天孫清宵喜下南州榻（時九霞下榻小齋）高會慚非北海樽從此相携陪侍從蘭臺遲爾共沾恩

哭兒五章

北風撼我樹淒聲徹寒宵栖烏失二雛欲哺空嘵嘵

其二

夙慧誰能留莫更悲逝水昨夜夢老僧抱去懷中子

其三

四歲如成人梨棗知先奉膝前教爾詩長句俱能誦

其四

側帽慣揚鞭時時騎竹馬痛絕自今朝誰戲空庭下

其五

昨日到家書大父還念汝恐傷白髮心不敢輕寄語

至夜喜陳左之到留同蔡九霞諸君小飲

小集寒林晚高歌莫放杯雲占佳節至月照故人來促席無賓主論文聚賈枚如何京洛客併名尚遺才（左之未赴召試故云）

喜丘近夫業師病中徵試入都

金臺早已集名流何事先生獨滯留自是馬卿眞病渴不煩宋玉為悲秋帝庭獻賦淹初志弟子横經念遠遊伏枕暫時容羿戶可知痞痳正旁求

賜宴瀛臺恭紀八章

禁苑羣仙境天池萬歲亭山根飛怒雨波底浸繁星
葭菼秋多碧魚龍夜欲靈別開清暑殿來往奉
慈寧

其二

天顔多燕喜奏凱萬方頻象郡泰官設珠崖漢使巡
戈鋋清海甸雨露到臣隣際此昇平會能無鎬宴新

其三

詔許遊仙禁舟行一鏡中沙汀秋色滿水殿曉雲封
蘂抱千山翠荷糊萬朶紅中流望不極
聖澤與無窮

其四

太液山光曉甘泉樹影秋波澄搖別殿雲盡出層丘
漸覺蓬萊到渾疑霄漢游鳳韶聲隱隱
天子御朱樓

其五

肆筵環沼上列帳匝崖陰玉粒先蒙膳金莖次綏斟
蘭葩幽馥泛蘿蔭晚凉侵珍重銀絲膾那居藪澤深

其六

睿情歡未已留賞惜餘暉欲盡同心樂無令不醉歸
金罍中使勸羽爵侍臣飛鬪覺崇臺晚曹騰拜瑣闈

其七 癸丑賜宴時讀書館中未與盛典

憶昨平臺會追隨中秘年堯尊望北斗舜樂想鈞天
重邇栢梁勝親承湛露偏微臣比葵藿捧日寸心懸

其八

出入承明闥齊竽久濫操
聖朝縻禄食臣力愧絲毫但感如天德難酬曠世遭
願推偕樂意普及萬民膏

陳廣陵計偕入都招飲未至次日以詩見投依
韻和之

鎖院論文忝舊陪春風轉眼又葭灰三年柳記從前
折二月桃憐去後栽久別常懸徐穉榻重來休負李
邕杯上林春信年年換管取東皇別樣栽

喜吳漢槎入關和徐健庵前輩韻

投荒何意返燕關祇爲名留輦轂間不信辭家方束
髮却傳歸國已衰顔廿年前逐孤鴻去萬里今乘匹
馬還强半賦詩非故舊憐才有淚各潺湲

送喬石林試士粤西次汪蛟門韻

提封百粤古巖疆王事休辭赴大荒象郡三峯銷戰
壘龍山千樹擁文塲城邊椰葉垂垂綠閣外棠花冉
冉香前路雪消波漸暖一帆風穩過瀟湘

其二

人文秪使網羅開大阮當年奉
詔來家從叔雨商試士粤西得人最盛玉嶺自能尋鳳穴金臺况已
識龍媒風霜古驛孤吟去桃李春江對酒回寧讓宜

山稱獨步知君素性解憐才

歲晏行

白日欲落吹朔風少年衮衮塵埃中金羈玉勒來何處西郊獵鳴雕弓兩麥萌芽畏馳突吞聲道左傷老農八載兵戈供轉運井里已苦杼軸空天子昨下蠲租詔焦勞軫念哀嗸鴻我聞破賊憑廟算當爲父兄來保庸拜爵自今不復易明年焉用崔公銅富貴已極憂盛滿聖賢乃以規愚蒙長安萬戶半愁絶汝輩佚遊忘歲終

正月十四夜同汪舟次飲令弟蛟門寓齋隨散步觀燈過劉峻度小飲說內庭酺宴事賦得

十六韻

風靜回銀漢雲開洗碧空春光元夕異良會幾人同擫笛聽天外吹簫倩畫中（燈屏有吹簫圖）淡烟籠小樹皓月下孤桐把酒情偏劇看燈興不窮踏歌紛士女盤舞聚兒童聯步王喬舄（時遇王豊玉偕行）鳴騶桓典驄嬉遊方廣陌指點又芳叢縟彩康衢北清光傑閣東兵廚供海錯仙樂奏房櫳投轄筵猶秩承筐讌未終蓬瀛誰在鎬庠序並呼嵩（史館直講筵者及兩司成皆得與宴）汾水歌鐘盛甘泉禮數崇人皆誇吐鳳我獨愧雕蟲縱飲那論量狂吟若箇雄歸途多借問疑自蘂珠宮

正月十五夜耿又僕前輩昬家醒齋枉過

元夕將高枕欣傳二妙來半窗明月在幾樹好花開偶坐攤詩卷清談輟酒杯十年陪侍從不上栢梁臺

其二

月下偶然過誰知樂事真春城十五夜狂客兩三人燈火明何處笙歌借近鄰即今幽意足不用美青旻

崑山館師招飲祁園即事

選勝集羣賢修禊傳上巳夫子詩序成雲烟落繭紙越旬再命駕招携二三子得暇恣歡賞豈必蘭亭擬入門見平田取徑却層累樓閣固云好丘壑亦自美新栁百餘株掩映方池水朱魚銜藻出潑剌滄波裏連步過短橋孤鶴立中沚憑欄聽清唳結搆良有以

隔岸敞虛堂芳宴陳於此當杯酒莫辭行廚物芳旨愛客縱談笑四座如振綺喧彼東山遊絲竹蕩心耳薄暮將言歸風聲振地起毋乃霜臺威百卉俱委靡陰陽藉調爕氣轉千林喜名流盡賓從吾儕況桃李惜有遠行客萬里明朝始相思不可見登高長徙倚（時蔣莘田將之任嶺南）

送張夢敦前輩旋里

蕭然書卷出明光却有珍盤給上方戀闕未能辭聖主還鄉頻荷灑天章金蓮舊照綸闈近御栁新連驛路長秖恐到家丹詔下不容高臥午橋莊

送蔣莘田之任嶺南

樂安家學亞節義對仗批鱗上封事（莘田先世忠烈公以直節著聲）前朝名賢接踵世所稀自是山川鍾閒氣憶昔識面曲江邊旋膺異數叨比肩槐庭日午展書卷憂時涕淚常漣漣下直過從酌斗酒醉看蒼隼摩靑天三年除職分任使蔣子簪筆官御史黼黻豈不貴文章殿上方求直諫士是時四海紛黃巾繪圖十二何其眞萬姓流離泣蒿野一朝摹寫驚楓宸聽者咋舌復股栗動云此事難具陳引裾上殿不復顧得非鄭俠君前身吁嗟乎自古在廷憚嚴峻不冠不見終難近汲黯雖稱社稷臣當年終作淮陽

郡此行持節將毋同取道英州更何愼（鄭俠編管英州）權衡二事見優容乃心何以酬堯舜臨行不用唱驪歌行矣炎方資坐鎮吾聞羅浮之山多梅花風雨離合相邀邁公餘露覓入香國淸夢可復來京華

汪蛟門百尺梧桐閣看芍藥王幼華令弟舟次皆至次蛟門前夕韻作九言詩

偶然踏月百尺梧桐閣閣中燭照百枝花欲然高陽酒徒索醉不肯去主人出酒醉我花枝前招尋同伴欣賞得二客唱予和汝似共花爭妍畫屏美人雙雙弄玉笛不知花與美人孰可憐何處玉笛數聲悠颺起直疑美人歌吹飄雲烟噫嘻名花絕色一時俱在眼吾乃坐臥其下長流連夜半杯盤狼藉任眞率嗤彼日食萬錢張華筵長安宦遊儘有朋友樂忍辭故鄉同住金臺邊與酣念爾持節到海外鼂鼉嶼當日出居東偏行將鼓枻揚帆萬里去乘此花開月日相周旋

次益都閣師韻送汪舟次冊封琉球

紫禁泥封下九霄大荒銜命敢辭遙交龍萬里迎初日彩鷁三山聽怒潮重譯昨傳來絕域宏儒今見出中朝懸知渺渀乘風便開却銀鞍細馬驕

其二

要令外國識汪倫潭水桃花我送君酌酒賦詩情不

盡登山望海手難分談鋒倒峽波濤立筆陣排空風雨聞況有詞宗陪貳乘遐荒應已仰星文

其三

玉籍羣仙盡紫薇漫猜鷗鳥未忘機（廷推日諸公畢集予適註籍未至）去留遊子心無異遠近高堂跡總違効命何難輕海道承歡豈在戀巖扉君王不是威荒服特賜麒麟作綵衣

其四

扶桑極望水雲東約略明年携手同奉檄遙天孤嶼月歸裝大海一帆風旌旗搖曳來空外故舊喧傳返國中待得征衫重換日開樽歌笑問鴻濛

送林石來奉使琉球

君家濱大海海島明可指道路雖阻長遙望隔一水中朝敷聲教殊方盡率俾琉球舊屬國嗣封待詔旨九重鑒其誠在廷命行理相顧共咨嗟華國孰如子詞賦屈宋雄手儀衛樂美一朝奉旌節萬人看劍履誰言今遠游行先還故里身披臼澤衣慈顏顧而喜險阻不足畏聲靈仗

天子瞬息逼扶桑蛟龍伏波底綸綍藉披宣掉舌驚振綺絕域播天威誠哉國之紀胡爲鯨鯢穴審爾敢不軌若射尺一書當令干戈止如過樓船營勿悄仲連矢時有臺灣之役

次嚴方貽前輩韻送沈寅生試士黔中

烽烟乍喜息滇池雨露今看拂舊枝二月猶傳鴞薦表粵西先於二月補行鄉試三秋定賦鹿鳴詩到時桂子偏疑晚歸路桃花未較遲只是星軺須記取畫眉休遣負佳期

寄懷楊陶雲前輩

滕王閣上俯江烟惆悵分携又十年聖世車書初定遠王臣旌節暫行邊石屏畫靜飛泉下銅鼓春深積翠懸風動鈴聲披案牘剪燈猶是舊金蓮

其二

遙傳霖雨遍衡湘萬里重看化澤長鳳嶺雲開環棨戟龍溪日出爛文章九重有詔馳天使尺素遙憑達夜郎時沈寅生奉使貴竹烽火纔銷方面重南荒努力贊垂裳

哭葉訒菴先生

梁木一朝折高天風雨愁門前驚賀客是日即公誕辰海內哭名流老屋文章滿空庭草樹稠傷心屬纊日賴有范公舟

其二

倉卒真難問低徊尚宛然長言何憤世太息每憂天春禁承新命秋曹集大賢時與魏環溪先生爲同官那堪素車至握管淚雙懸

其三

幸得忝姻婭頻承燕語時肩肩能自審落落敢求知賓幕何曾入吾牀不用移寧關王旦意未許薦蘇耆

其四

出入禁庭久從容啓沃深十年陪講席一旦感幽沉凶問傳鄉里優崇恤

帝心易名隆大典寵錫賁山林

紫瀾新卜寓居招同醒齋雅集進諫臣不至

僻巷真成隱誅茆野趣饒朝天寧較近舊居入朝最近選勝不辭遙得暇携朋過無煩折柬招高天待明月秋色正飄蕭

其二

節巳中秋去時將重九來堂前撲棗熟籬畔種花開有客頻揮麈無人共舉杯（醒齋柴灑皆不飲酒）比隣休托疾强起醉層臺

同館諸君子餞盜都閣師於萬柳堂公首倡二律依韻贈行

相公別墅聚冠裳祖席疎花帶曉香劒履十年聽上殿璽書千里護還鄉春明門外笙歌滿大峴山中歲月長最是老臣心戀國脂車熫道有封章

其二

重陽節近遂投閒籬畔繁枝手自刪紫禁抽簪飄白

髮青丘搮藥駐紅顔歸休早定安危策著述當傳大小山遙想到家觴咏地謝公絲竹冶溪灣

九日汪蛟門携尊回香亭招同令弟東川小飲馬上口號即用回香二字爲韻

爲愛秋光絶點埃主人挈客共登臺天邊疎雨孤鴻去林外輕風並馬來村落漫將金谷比招提定許玉山頹黄花相對盈頭插不負重陽又一回

其二

手板朝朝趁曉霜偶逢佳節得徜徉橋臨斷岸流泉碧樹擁孤亭落葉黄晝角數聲傳暮響秋風何處送天香分携更作尋山約竹杖苡鞵引興長

送鄭珠江終養歸嶺南

解組君何决慈顔惜暫離驅將歸馬急念到倚門遲祖道秋深候還家歲晏時板輿梅嶺畔笑把雪霜枝

其二

幾載金門客蹉跎心事違羨君携彩服愧我著朝衣帝闕曾何補親闈應早歸摩霄鶯一鶚萬里獨南飛

送友人出塞

龍沙北望路何從邐客崎嶇逐堠烽大漠飛塵昏日月窮邊急雪亂秋冬（塞外七月即雪）回看絶嶠八千里前指巖關幾百重忍淚不禁清夜墮鴉青江上水淙淙

其二

草草登車別故人獨行那敢歎艱辛老親蹤跡將何處稚子飄零只一身鐵嶺昨宵歸舊客（謂吳漢槎）玉關今日去孤臣舉頭塞雁皆南向嘹唳西風倍愴神

其三

身在窮途但任天高才得罪悔當年總緣白簡聲稱籍故使黄巾廹致堅人忌謫仙須放逐詩成摩詰會流傳綠蘿山畔留題在誰向君王爲乞憐

其四

成名弱冠九重知心跡於今歎背馳纓釋干戈仍縲絏方辭嶺嶠更邊陲到時風采遐荒重去日倉皇故舊悲十載分携言不盡逢君便是送君時

送友人之滇南

客裏驪歌倍惱人那堪引領見飛塵幾年長共三更話一別偏驚萬里身舊種露桃紅欲吐新栽烟柳綠初勻相思江上停帆處辜負長安九十春

藥圃詩 丁卯至甲戌 燕臺稿

興化李柟

秋日朝罷同王鶴汀入署口占

鐘聲紫禁聽初傳入侍鵷班近御筵金闕露盤擎曉日玉階仙仗擁香烟盈庭劒珮趨三殿絕域衣冠覲九天時值西洋貢使入朝朝罷歸來思獻頌相攜更向鳳池邊

高滑師前輩招陪徐健菴先生立齋館師譚左羽曹莪肴汪東川飲別業莪肴東川先去漏下二鼓復騎馬過主人弟西白齋

夏屋長廊宛轉通堆成怪石與真同招尋不記當時路聽得暮聲到此中

其二

京洛游塵未得閒今朝傑閣共追攀虛牕百尺扶踈樹遮却斜陽露出山

其三

爛熳層臺坐莫支燈前猶自把瓊卮夜殘不肯登車去索得蠻方細馬騎

其四

二客倉皇避酒塲那知吾輩任踈狂士龍轉在西頭住扶醉重呼一斗嘗

史蕉飲索和悼亡詩次孫豹人韻四首

幾年奉倩暗傷神每憶從前掌上身明月詩書能閫
冨寒燈刀尺不愁貧微吟常作謫仙客傅粉宜陪傾
國人嗟爾只今空弔影柔腸最怕逼三春

其二

花閒咬蝶愛鴛鴦竹裏和鳴聽鳳凰並坐自然憐衛
玠相看何事羨齊姜一年却訂三生石七夕曾燒百
和香若悟後來仍是伴河陽不用苦悲傷

其三

夫子生稱聖小兒于歸年紀自連倉高堂進膳全恭
敬密室藏鈎半點癡愛好只誇青髩日含嗔不等白
頭時才郎詩句眞成讖莫怪雲騑忽疾馳（蕉飲詩有正是紅顏十分好教人愁殺白頭時之句）

藥圃詩 丁卯至甲戌 燕臺稿 二

其四

結子秋深滿芰荷那教夫婿竟無他當壚莫擲千千
少列屋休貪三五多憶我叮嚀良足矣知君盟誓信
如何後人收得琵琶在譜入新詞緩緩歌（蕉飲誓不再娶然未有了作此諷之）

藏嘒亭屬題中秋玩月圖中一幅爲水明樓昔
時奉太夫人游賞地也余閣樓題額亦同
先君子讀書其中四十年感賦二絶句

長想扁舟泛碧湖萊衣舞罷進尊鱸（嘒亭詩有進尊與鱸之句）故
將風木潺潺淚染作西陵玩月圖

其二

數椽先業俯長流萬卷書城坐上頭今日蘆花飛白
雪更誰長嘯永明樓

輓湯潛菴前輩六十韻

乾坤尊孝子運會重良臣力學斯文在清操薄俗淳
迴瀾憑砥柱撥霧轉天輪太息典型沒追懷道義頻
慈顏蹈白刃噀血罵黃巾忍死隨吾父含悽覓所親
書聲連嘯虎衣結若懸鶉（流寇之亂公母罵賊死後隨父衢州山中虎嘯與書聲相間皆公家傳所載）亂定還鄉井名成達禁宸
章皇親拔萃髦士愧殊倫敭歷須中外褒嘉藉撫循
潼關同倦翼贛水活窮鱗瘠土爭蕣蓼巖疆靖聚榛
踰年甘解組壯歲羨垂綸大義勤勤勸孤衷欵欵陳

藥圃詩 丁卯至甲戌 燕臺稿 三

饔飧資一馬主僕計三人不爲田園適能全色養眞（公年三十三以父及後母在堂告歸大吏慰留不得存一馬資之治裝相隨僅二僕）曾參情孔
切閔損孝尤肫旣墮扳松淚還勤抱李身簪纓偏樂
賤林壑倍安貧纁幣來徵辟詩書出隱淪牛車帷匿
影僧舍案凝塵歸思一千里重遊二十春（乘牛車赴召止僧舍去爲史官時廿五年矣）深宮時啓沃廣廈備咨詢晰理開蒙晦
臨文尚雅馴源淵尋墜緒筆削補洪鈞正士欽儀肅
通儒挹氣純北門參政始南國拜恩新廉潔消貪吏
方嚴却薦紳黔黎歸矩矱俊乂賴陶甄俎豆生忠烈
精誠懼鬼神（修祠祀先代忠烈復疏黜淫祀）雪深山有客風動帳無

賔（高士徐君枋公撫吳時屏騶從訪之吏牘皆自部署不能延幕賓也）苧牘應還鏹（夏月蚊盛從質庫贖苧帳自覆）薺甘肯力珍（吳署多薺日採食之）溜沓行漸返熙皡未全湮旌節馳雙闕號呼動九閭兒童知悒悒父老走踆踆强欲留侯覇長思借寇恂建祠嫌黝堊立石詣嶙峋圖畫看村市歌謡聽水濱（吳人謀建祠立碑公力却之乃爲去思圖兼作謡諺皆前所未有）總緣功德懋故爾挽留諄銀牓趨蹌至銅扉禮樂臻披衣當問夜展卷必凌晨疏傳流風遠山公碩德遵愆尤緣善病寬大伏惟寅宗伯兼初日司空進浹旬驟遷圖報稱垂没忍艱辛草疏指能晝緘書目尚瞋（疾革以指畫草疏入謝四守乃瞑時後母猶無恙）斯人竟長逝大道果夸泯前哲嗟逢巳吾

王悼避辰（駕方幸口外）易名他日得異數自天申芳醴尊官寵兼金溢格仁（遣學士奠茶酒公鑴級特恩予全葬）宦囊餘紫綬家祭薦青蘋却賻王渾子扳輀羊祜民（江南百姓在輦下者皆奔跣號哭）同心咸戚戚衆口不斷斷銘誄傳坊表衣冠失笑嚬披繙常夢見瞻望倍哀呻往者陪觀史今來值采薪班行相慰勞第宅少逡巡先子求題墓明公許刻珉（公許爲先君子作墓表）松楸原有待揮灑竟何因雪涕酸風裏空教想獲麟

至日

上躬祀南郊送

駕口占

葭管吹灰節序更禁門初啟集承明飄飄翠蓋連雲出蹀躞霜蹄踏月行貂錦千行隨

御幄鼓鐘一派響嚴城懸知

衮冕圜丘拜早慶廾中大禮成

先君子貽陽羨書處曰東園余崑山新搆别業曰藥圃偶畫二圖粘壁間以當卧遊戲爲四絶句

藥圃好山須引水東園有水不依山何如尺幅鵞溪絹濁酒一壺山水閒

其二

天塹中分路七百主人去住時菸然今朝學得長房

術兩地故園俱眼前

其三

水明樓上吹塤者日擁藏書面百城須記江南春又到扶持阿母看花行

其四

畫稿兒曹各取一他時卜宅即爲眞陸生不出千金橐應否恩公歌舞人

臘月七日同丁駿公黃忍菴馬嚴冲佘湄洲許山濤秦逸少潘一韓吳西李僨宿史館分得知字

密雪嚴霜老樹知有人陪汝鳳皇池閒聽小鳥語寒

葉靜看亂鴉爭暮枝對月論心尋舊事圍爐叉子出新詩婆娑竊比香山老不負朝廷僱我時同值九人因用白香山詩意爲結

後七日再同張石虹仇滄柱梅月川鄧載菴許秀山值宿之作

詞苑逍遙十五年更番儤直集羣賢積薪莫笑難居上揚秕今知尚在前壇站人都推國士禁林誰得號神仙欲求辟穀奇方法曼倩長饑早失傳

歲三作詩哭同年矣臘盡復得馬殿聞惡耗余僑居崑山與殿聞交最親擬作長歌哭之或云隻爲激楚之音不利朋友乃賦一絕然愴

懷寧有盡耶

薤露三聽淚欲枯又傳絳帳散生徒重思今語撚鬚𠯈哽咽西風一字無

太皇太后升遐越五夜即歲除同朱卯山前輩徐浩軒閔寶貽黃忍菴家公凱宿詹事衙齋次忍菴韻

西清逐隊染緇塵未得聯床共親假館經年爲獨客放衙除夜聚同人連雲甲第笙歌歇隔水蓬萊燈火新署後顯親王第也翰林院在河西詞臣多寓宿燈火相望不是助哀齊灑淚空堦草木亦知春後三日立春

宿官署聞鶴唳有感呈顧山容徐浩軒兩同年

霜天鶴唳徹槐廳有客宵踏月聽知爾不甘爲近玩主人作意剪修翎

太皇太后升遐哭臨永康門值雪敬賦十二韻

永康門外路撲面雪花飛天地昏春殿君臣泣夜扉蟄雷疑共響凍雨欲同揮細碎黏烏帽飄搖壓素衣珠鷴增錯落玉輅倍光輝白鶴不知處青鸞何所歸三朝被恩澤九有憶音徽想像存圖史淒涼卷翟幃尚稽前典在寧恤舉行希多士情何切盈廷議詎非天心誠黯慘人事有依違雪裏封章上紛紛候禁闈時諭行三年喪羣臣以爲未便國子生數十百人復泥首大雪中求允其奏乃已

姜萬青試京兆失意越明年禮闈榜發家大邨兄暨兒子炳石亦皆報罷適萬青赴中州觀察魯謙菴幕置酒言別作此贈之

遙傳幕下禮爲羅把酒將離懊惱多去住總非成默默垂鞭信馬渡漳河

其二

舊事傷懷閱歲寒於今琱瑑覺無端回頭盡是摶空鳥追憶秋風鎩羽翰

其三

縱然結網下雲津一舉終難盡錦鱗試看尊前流落客待君同作看花人

今喜遇村翁擔此龍孫斵數竿影蓊茸盈尺勢橚矗
恍見素交來翛然娛心目與錢俾換酒手種不呼僕
晚凉虞土渴汲水還秉燭嫋嫋粉壁間氷綃畫一幅
左枝披瀟湘右枝亞天竺疎風乍解煩遠意已拔俗
拂雲惜未能暫借鵷鶵宿重想故園中千箇圍書屋

七夕大風雨復晴

佳時風雨忽驚秋夈律青山望裏收獨樹尚能支斷岍一亭眞是泛虛舟浮沉自哂同瓜果顯晦何曾問女牛最愛初更復晴朗照人新月掛如鈎

西爽軒秋望

此中野趣何由得怪底秋來景倍添霜落漸催諸樹禿雨餘仍露一峰尖亭臺影裏乾坤大車馬聲中煙水兼料峭西風能逺客酒家樓子漾青帘

中秋集西爽軒次湯西崖韻四首

城市何人畫掩關由來隨地任踈頑窮年辜負青千卷鎮日經營屋半間佳客肯來酧酩酊好官無過得蕭閑况當令節開簾坐晴雨平分冉冉山

其二

喜得秋來氣候温尊前好景素心存遥山淺水燈明閣疎雨微雲月在門新雁天邊隨客到暮禽花底助人喧長安誰似吾廬好不減臨江老樹邨

其三

其四

春風黍谷盡生温歸燕詩成獨愴魂好客信陵今尚在不須揮淚過夷門

咏庭中夜合花

西窓一樹綠陰留花朶蓬鬆滿上頭含露清晨搓彩筆臨風鎮日墮香毬迷離幔下眞能睡瘦損燈前若解羞藉爾多時伴孤客能敎枕簟總清幽

太和門史館雨望時九列奏事退朝

史局疎櫺雨望開衣冠冉冉出雲隈碧疑翡翠天邊下紅認燕支水面來王練千條趨澗壑珠簾一片捲樓臺不聽鈴索蕭閑甚三五相攜立紫苔

邸舍有軒面山舊顏西爽朱若始過談抵暮乃去次早復問欸扉余猶在睡鄉也作此柬之

屋後蕭閑甚軒車不肯停有人鬚髩白愛我嶺嵒青
放眼宜晴朗清談到晦冥來朝重策杖笑我戶猶扃

足疾謝客用放翁韻自嘲

博得美人笑槃散覺自如着衣須暑退結襪亦凉初
倚樹好看鳥憑軒合釣魚晚凉知更適一榻就階除

種竹

藥圃初開時乞取東鄰竹奚爲群木後干霄此君速
主人久出門恐借松栢禿園丁報平安叢篁被山麓
僦居苦逼側溽暑况炎燠那得坐清陰覞睆聽羽族

坐久全憑酒力加深宵那憚語周遮千人敲醜勞筋
骨愛士偏憎靳齒牙幾絕韋編棲巷曲不辭芒屩走
京華試看雜卉知時節也作秋天艷艷花

其四

豈關尊斝倍傷神矯首天南不語人正是浮沉當勇
決可堪去住每因循羞緣鑷白看銅鏡懶博腰黄碾
麴塵會待秋江重月上孤帆雙槳那辭頻

夢自藥圃至東園中頓揚州瞬息間風帆七百
里藥圃在崑山東園在興化皆余别業也戲
爲長句再用西崖韻四首

三秋日日想柴關驀地還家讓我頑筇杖自扶丹桂
下匏尊細酌紫萸間橋邊流水琤琮入窓外浮雲舒
卷閒最愛西偏青一點朦朧認得是崑山

其二

下里歸來笑語温懷裏廿載舊廬存東林纂纂青垂
屋柳樹陰陰綠在門小市魚蝦量稻換方塘鵝鴨浴
波喧登城叟有豐年樂賽社人扶黄葉邨

其三

帆飽舟輕景倍加人家驛路暮雲遮湖干載酒迎雙
黛江上鳴鐃建五牙才向吳頭貪嘯傲叟從楚尾鬭
繁華竹西亭子明燈好燈下芙蓉總着花

其四

曾聞八極好游神造物何心苦泥人山水到時容脫
略衣冠着處便持循幻緣遮莫成追電真境難教得
絕塵翻笑莊生夢蝴蝶那將栩栩去來頻

重陽小恙未遂登高用放翁韻作長句

横空一雁落風毛兀坐虛亭讀楚騷裴氏莊遥難盡
興王維畫在恍登高山因晚照分層嶺水到秋深漲
古濠辜負重陽惟一事拍浮左手不持螯

幸魯盛典恭頌十首有序

皇帝御極之二十三年海宇清晏風雨時若文德覃
敷聲教四訖於是
法駕幸魯郊祀 先師孔子再移蹕展墓
親灑宸翰勒碑頒額製檜賦及詩以垂訓來兹傳示
無極錫東野之爵郵周程之裔下至陪祀諸
臣無不仰沾
聖澤異數隆文具載盛典一書臣職忝詞苑伏見
皇帝崇儒重道稽古好文書契未有宜作歌詩導揚
美善不敢以淺陋不文爲辭謹臚敘前事撰
五言詩十章以竊附於唐虞賡載歌之義其
詞曰

明倫三代重視學百王同幾見移仙仗親來祀魯宮
羮牆瞻拜肅俎豆悃誠通輦路懽聲徹
今皇禮數崇

其二

九儀方告備地戶更停鑾文楷千霄直長松倚壑寒

風來聽絲竹日落想衣冠曲㒹留恩寵從今重禮官

其三

銘功還勒石巖業講堂前筆與蛟鬃舞文同日月懸

硬黃存楷法飛白見眞傳十字延陵碣輝光相後先

其四

高楣

親署額揮灑動乾坤一覩

天章麗羣知師表尊寒光凝螢沼壯采映橋門萬世

儀型立微言更討論

其五

老檜聳千尺春秋時手栽經寒不改操歷久見奇材

聖道眞如此

其六

王言實大哉良辰披卷讀雲漢互昭回

吾道淵源在題詩志景行微言探玉簡條理應金聲

游夏何由贊臯夔孰敢賡寧惟風雅事五字得長城

其七

官禮元公定貽謀百代遵明堂圖自在東野澤將湮

天子思功德書生列縉紳魯源誇父老重見繡裳新

其八

一中遙授受異代見傳心統系存濂洛危微自古今

守先家學遠啟後

國恩深四姓齊肩日長聽弦誦聲

其九

升堂執事者拜舞觀

天容奠斝兩行肅循牆三命恭何當頒爵賞取次到

章縫濟濟欣相告新沾雨露濃

其十

峻德尼山峙洪膏泗水流非成書一代何以法千秋

藝苑傳歌咏儒林備纂修

興朝典禮在什襲儼共球

秋日以公事宿翰林院院有白燕堂先朝舊額

也朱卽山前輩借榻其中同人時小集焉事

將竣復集韓文公祠下二律紀之

由來禮數尊前輩一月俱忘爾汝形梧影乍分趣曉

掖槐陰欲轉立秋庭有時無語子常落鎮日雄譚塵

不停次第晚來謀小集閒窗着意檢茶經

其二

老屋塵封誰復至於今挈伴每招尋已無雪燕穿簾

語時有風人倚樹吟一客秋鐙能借榻羣公齋月好

披襟昌黎祠畔相攜坐袖得遺編感慨深時余攜有汪蛟門所選昌黎詩

送徐健菴前輩歸里

尚書未老乞閒身掉首高官邁等倫典冊文章誰作者從容進退一完人東山尚載西清筆蒼髩偏宜白氎巾直待戒途須御藻須知天意欸留頻

其二

春城曙色照行裝帳飲東風別帝鄉旅館黃昏披四庫屬車賓從擅三長屐聲遠帶宮雲影馬跡輕霑野草香岱嶽經行先騁望依依匹練是吳閶

其三

迷陽道路總安驅如此遭逢曠古無公謂飄然謝鴛鷺人知未許戀蓴鱸相攜林屋眞蒐奏回望綸扉棣萼敷明發有懷應悵念一竿忍便老江湖

其四

頻年館閣忝因依愁看征輪去若飛遂使後生違杖履時從令子問音徽具區水泛烏油榜鄧尉花明白石磯無限謝公絲竹興蒼生顒望解荷衣

送于齊祖婿丈南歸次韻

決計歸裝在詰朝勸君卮酒趁江橈乘秋好看金山月犯曉來聽鐵甕潮市上悲歌同擊筑樓頭嘯詠試吹簫長飢曼倩慙無補親串相依總寂寥

庭下種竹數竿頗有生趣頓山容乞以調藥余

甚惜之因爲一絕

翠竹新栽得幾年朝來無復報平安窓前不忍蕭蕭影挽得風枝仔細看

追悼

薄命相隨薄宦人短轅南北幾征塵夢回嚦嚦空梁燕似訴辛勤十四春

其二

小閣來時未及笄青絲初壓與肩齊每經薄怒生來慣背立屏風恰恰啼

其三

家奉旃檀水月光軍持捧梛自燒香明知黑業無多許重爲清齋理覺王

其四

中廚飣餖佐盤飧摒擋能邀主客歡今日餔糜誰與共儘教初日照欄干

其五

可道參橫月易斜驚心草木隔年華合歡不待經霜領無復階除手種花前一月手植合歡花殞

其六

春殘二豎倍相侵藥石空教費苦心慘絕侍兒皆墮熟五更燈火自呻吟

其七

蓮花不染本天然，荆布相隨儘可憐。大婦朝來同檢點，也將珠泪灑風前。

其八

弱女雖無乳湩恩，小窓鍼縷共黃昏。壻家最近埋香逕，記取清明插紙旛。

其九

鬖髿作達未言遲，老去愁當艷艷時。秋草春花不同候，行吟只想汝扶持。

其十

向日黃雲黯不開，筆牀硯匣總塵埃。返魂莫覔生洲草，倘可珊珊入夢來。

藥圃詩 己卯至甲申 燕臺稿

興化李栴

遊西山寺

爲補登高約，尋山路幾重。遙村迷霧市，古殿啓雲封。數本槎枒柿，雙株俯仰松。前林催客去，又報一聲鐘。

其二

風林聽遠近，霜葉受丹黃。磵逼開斜徑，峯回立曲房。行人知上相，老衲說
先皇。石上經時坐，分泉煮荈嘗。

其三

零落前朝寺，行行午院陰。看碑蒼鼠竄，倚檻老龍吟。半日曾來往，三年竟古今。酒壚人不見，慎勿倦幽尋。

王琄淘齋中即事四首

不知城市裏，信步即探幽。垣轉素屏展，齋虛畫舫浮。（有齋如舫）秋風君卜宅，冬日我登樓。後約頻過此，佳辰勝故丘。

其二

舍北鳴籠鳥，庭西響木魚。開窓如對畫，倚檻共繙書。霜結簷牙淨，雲行瓦脊虛。小留無限意，不復愛吾廬。

其三

羣季探奇日，云何太遠臨。（令弟遊西山，先生獨未往）置身孤閣上，縱目萬山岑。自得閒中趣，無須物外尋。襟期瀟灑甚

日日短長吟

其四

一樹何曾得偏多遠翠來高槐垂蘂砌古栢在香臺隙地鄰堪闢閒房客到開米顛猶欠拜只此重徘徊庭未點石時有佳手特趣成之

寓齋新葺叠石鑿池頗有丘壑之趣率成四律

佳趣難兼仕隱收數椽卜築喜清幽三時下直聊行樂十日偷閒勝卧遊丈室忽驚飛翠嶂方池乍見偃蒼虬捲簾趺坐成眞賞泉脉循墻自在流

其二

素壁蟠松午院深蔓延眞有蔦蘿侵壁有畫松而庭中蔦蘿甚茂

堂容五六客同醉庭可二三人短吟妙手是誰呈異態閒情有我乞濃陰晚來暑退翻盆雨戲藻魚兒點點金

其三

層樓歲月久塵埋重整危梯作嘯臺俯瞰小山當戶立遙看晴岫插雲開臣心愛撲鄰家棗天意教栽水部梅余時適任少司空最是放翁詩句好好風時捲市聲來

其四

秋日芙蓉夢涉江凭闌髣髴駕吳艭遥天清梵傳金刹隔岸嬌歌倒玉缸看雪自應留北牖望雲先欲啓南窗頻來喜見枝頭鵲報我平安坐一雙

送桐城相國 予告歸里

椽筆鴻文典誥餘綸扉兼掌石渠書登瀛有子齊雙宋相國何心慕二疏顧問正隆俄避位功名方盛却歸廬鳳城甲第

天家賜勅與東頭學士居

其二

溫旨宣來自九天留公少住待春旋恩同海潤優元老慮切霜濃逼暮年鄉信嶺梅知破臘歸帆江柳愛乘烟依然前度題詩景妻子琴書共一船

其三

占得龍眠萬笏重門臨絕澗面高峰晴烟雨翠眞圖

畫藥圃花谿小附庸六一泉疏歐老脉第三石疊米家供此中便是蓬萊地何用遨遊訪赤松

其四

綠埜營成出賜金菟裘終荷

主恩深四時風月開新築十畝松篁長茂林抱犢山莊人外跡望雲宮闕帝鄉心

翠華明歲如南幸先上傳家大寶箴

送王僉憲子重還里

三年接席矢矜全抗疏還驚宇內傳不信栖筠眞有後直追桓典更無前平反我自思同調摶擊君今暫息肩掛席津門勞遠望寂寥官閣聽鳴蟬

其二

鱸魚正美蕨初肥宦海何妨撒手歸臣職乍離供子職繡衣纔解換斑衣洞庭卜宅神先往天姥支笻願豈違只恐林泉難久戀此中仍否更相依

輓政府阿公六首

天際台星落悲風動曉寒重臣持國久雅操似公難秉道行三代開誠領百官乍驚虛作楫回首泪汍瀾

其二

昔侍深巖地頻年共曙暉公忠鈞藉秉談笑麈常揮竊幸師資在由來物望歸自還平土任長是想因依

其三

廬居成久別把晤值虞巡晝舫牽相逐花茵坐每親休休懷若谷藹藹氣如春道路瞻承者羣知社稷臣

其四

在里承恩召趨朝奉德音偶然容造膝敢不遂銘心（公曾官大司空晤間多所指誨）朔漠塵方洗膏肓病忽侵騎箕杳何處空有夢相尋

其五

聞訃朝儀輟銜哀寵命宣萬人思赤舄一子泣靑瑣特賜天廚酒仍頒御府錢彼蒼寧可問與善秪空傳

其六

不待金甌卜司戎早受知勤勞多事日謳樂太平時（公爲職方郎值滇黔用兵殫心戎務旋受主知）道合全終始勳高勒鼎彝厭車中外送執紼痛長離

御製臺省箴恭紀

主聖陳言日臣良納諫時君臨信堯舜輔弼想皐夔衣豸仍秦制冠貂是漢儀烏爲御史府鸞乃夕郎司各有糾彈責疇非耳目資備官沿自昔懿軌盛于斯昭代羲軒主綿圖郟鄏基性天由夙契謨烈廓前貽當宁昇平領揮絃解愠詩居高先下采保泰貴交持爰示氷淵戒均承盤鑑規忠焉寧釣譽國爾欲忘私諤諤宜中立巖巖絶詭隨拜稽瞻寶訓額請樹貞碑

金玉聞聲振龍蛇見陸離三墳詞並奧二典義常披屹若堂皇碣欽哉昧旦思崇階容履曳要地濫竽吹啇德褒先躅（柟父宮前朝給事中本朝屢徵不起歲己卯追賜多藏啇德扁額）生風最後期（庚辰賜柟臺閣風生扁額）連篇珠錯落尺幅錦參差身幸叨隆遇心慚負渥施何當千古法復自九天垂（御書眞本賜柟藏于家）什襲藏綸綍分摹重鼎彝獨難酬浩蕩共矢效涓糜攬轡輸丹悃操觚勉素絲願傾葵與藿努力贊雍熙

送家梅崖之任楚藩

並入紅蘭雁影聯分曹自此隔江天中間轉美南窗下抱膝高吟計十年

其二

尚友常教萬卷開半生經濟此中來只今不復甌翩上公論爭推濟世才

其三

仙人騎鶴渺滄洲留得青蓮閣筆樓此去公餘憑檻望臣心直似漢江流

其四

雄藩早晚建牙旂斗極旋看典北屏借宅隔鄰多綠蔭掃除日日待君歸

過故相國伊公園居

相國園成海澱東堪憐回首畫樓空多情只有雙飛燕依舊銜泥掠午風

其二

手握絲綸計幾時有容襟度不勝思只今夏木陰陰裏宛有伊人坐水涯

其三

謝病閒居對落暉閒承宣召啓雙扉宦成最是林泉樂却待衰殘始許歸

其四

未達封章意若何辱公垂盼信無他重來但記花時好席地張筵一再過

戊辰歲予曾種槐詹事府今已成圍西署讀傳

濟菴咏槐詩感而賦此

憶侍銅扉日虛窗送早涼廿年人有記黃庭表曾作十槐記百尺樹垂堂鶴聽過墻哽鳥看別院朔一枝何久占爲客報禎祥

咏河南道雙椿

戶外雙椿樹婆娑一院涼枝交風有影葉密月無光不信難充味寧甘遂減香閒來容倚望愼勿更侵堂

雨後慈悲菴觀水時江補齋傳濟菴以塵事他往余與吉四弟作詩未竟張涵白顧書宣忽至雲開山見坐對忘歸續成四絕

城南觀水喜初晴積雨連朝兩岸平諸客倦遊成獨往城中那易有濤聲

其二

朝來西望可披襟亭午還防暑氣侵兩部鼓吹迎我至消除南面百城心

其三

東華熱客逐緇塵賴有怡情泉石人今日風光忍拋却衡泥十里賀生辰

其四

唱予和汝對高槐又報雙駒過水隈坐到亂雲飛欲盡蟬聲催出萬山來

讀白樂天詩偶彷其體柬補齋

先生卜築稱奇絕舊地遊來眼界新消受四時佳景
象經營一月大精神忍拋歌板耽碁局補齋方笑攝散家欒
朝衣理釣綸殘暑退時無限好茶鐺酒琖荻花濱

其二

踏雪三人曾坐此如何冒雨獨勾留東南路折宜長
廡西北山横欠小樓公事但求他日少閒情可許及
時游雖然更作揚州夢選勝誅茅未肯休時欲移置揚州會館于此

十五日偶遊慈仁廟市值大司寇王阮亭先生買書而來傍有相士獻諛詞口占一律

先生在昔領霜臺此日何期更忝陪入市偶緣尋竹
去嬾朝特爲買書來哀矜共想人能活骨相何勞客
漫猜天若報施容早退相逢不用指三台

雨中盆蘭盛開蕉飲書宜退如方若孚綠湘芷小集次蕉飲韻

書齋無隙地雜卉亦羣栽入座清流合盈尊濁酒開
一人稱有道諸子信多才欲紉靈均珮高吟日幾回

題廖蓮山松竹之間小影

淡交惟是對溪光靜聽潺湲野趣長肯學桃花傍楊
柳寒來松竹有餘芳

其二

雙童煮茗石東偏又見携琹苔徑邊梳掠不煩眞自
在香山落髮詩云真如自在僧更不煩梳掠舉頭明月在青天

其三

古心自許類松筠古貌相看倍有神我亦華顛垂六
十可容同作畫圖人

題補齋江山覽勝圖

漢江東注楚江開二水交流極望來細草茸茸銷戰
壘行雲冉冉接歌臺空嗟割據英雄事最喜風流伯
仲才携得匏尊應有待且扶童子立蒼苔

其二

回溯年華感慨增暮春天氣畫欄凭迎風雙槳輕于
燕障日孤帆大似鵬幾度流連予獨往畢生消受爾
何曾好從扈從還鄉去一看江皐皓月昇

題家公凱小照次西崖韻

水邊有奇石趺坐意何如陳几待調鼎披襟閒把書
蒼龍盤杳靄白鶴上清虛卽景掀髯笑長歌落照餘

題陳丙齋池塘春草圖

別墅遙傳得地偏海棠開日萬枝然于今但寫蕭閒
景扶杖春橋烟水邊

其二

公暇深居卽是村高懷那便遂高騫慕盧妙結空中
想也學先生繪故園右和慕盧韻時慕盧繪圖于壁實未有其處也

其三

頭角崢嶸類卯君過江門第總斯文金衣公子堪相
和戶外書聲客每聞

其四

淡烟籠草碧于絲三泖風光似此時料得王維詩落
紙亭臺無限惹相思（布和儼齋韻儼齋有賜金園亭臺最麗）

喜歌者金郎至

暫啟簾櫳放燕飛江干高下掠烏衣今朝忽聽呢喃
語愛汝尋巢隻影歸

題吉四書陶然亭圖葢諷濟菴補齋携酒至也

曷爲名大隱退食有餘閒探索塵寰裏得玆水與山

其二

林間誰挈榼前度未來人不負畫圖意高懷信始眞

坐刺梅園松下登擁翠臺望天壇帝闕南苑西
山之勝憩陶然亭

積雨洗羣綠尋幽到此中槐鶯雙伏象松幻幾交龍
鄰東垂秋露園瓜絡曉風輿來同坐對直待夕陽紅

其二

高丘携客上天際立莓苔南苑千林立西山萬仞開
丹黃繪壇廟雲霧鎖蓬萊縱目多欣賞慚無作賦才

其三

新水一池滿同遊雨後天僧貧供茉甲人醉賭荷錢（秋雨後忽長荷錢吉四弟謂是苻也爭相賭酒以續後游）阻水宜招艇無塵好著

鞭頻呼市朝客隨地足幽偏

送吉四弟南歸

官舍相依久今朝手漫揮恰逢人北至（時九畹兄將至）偏詡
雁南飛日下垂華髮風前試綵衣臨岐多目送羡爾
覲親闈

其二

去去秋將杪黃花開滿枝笑談來故舊唱和有壎篪
斷蟹初肥日村醪正熟時長安宦遊客能不想歸期

其三

日歸無計挽且復話燕山歌管長松下琴尊亂荻間
游人行屈曲醉客聽潺湲好築層樓就高吟待爾還（時擬建樓陶然亭側）

其四

詎獨文章擅人皆號達材桂逢攀日去杏待折時來
歸騎毋嫌急征帆便早催須知梁苑裏爭欲致鄒枚

秋日同王紫荃丁筠雪朱開皇家吉四南郊郎
事筠雪從未過此吉四又將南歸輿中漫作

塵表逍遙喜自公招呼惟有故交同午風荷葉全翻
紫秋日蘆花半帶紅人爲遺懷頻眺遠雁偏接翼故
書空從知作惡緣離別况復年來感慨中

其二

隨在秋光倦眼開詩人何事嬾登臺二三里外乃祠

至五十年間曾未來縱少厨娘供玉饌却携歌客侑金罍看松不覺盤桓久還過招提坐綠苔

重陽前一日陶然亭餞送徐果亭同年南歸

城南蕭曠足幽尋話別情深酒滿斟摺笏每思同讌賞拂衣今始一登臨鴻辭絶塞餘清唳鵠占高枝送好音遥想到家無限樂何時携手醉培林（培林先生堂名也）

其二

榜下從遊三十春還家眞作探花人論心故舊蕭條甚（同年官京師者六人耳）分手風塵感慨頻課子山園仍誦讀弄孫水閣有絲綸僑居也卜幽棲處先我逍遥狎隱淪

予告南歸述懷兼呈餞別諸君子

帝許辭榮詔未宣紫宸初散動班聯抽簪有日恩難報解網無私議自堅（時豫章朱姓兄弟以幞襲人命爭求伏罪予適奉命猶爲定稿上請竟得免死）同里兩賢齊引疾（謂徐果亭家公凱）余家五世早歸田（余家自先文定公五世仕宦皆早歲歸田）明朝拜疏彤庭上竚待綸音下九天

其二

別苑星馳夢境同乞身今日自呼嵩鴻飛已在雲霄外虎拜重來禁籞中聖主包容終默默微臣夙夜本忡忡墻邊温樹森然立寒葉禁當昨夜風

其三

西山環翠擁林丘鶴禁辭歸更暫留温語傳宣來闓苑睿書頒賜待揚州（皇太子是在揚州允賜字幅扁額諭日明年再至揚州當補給扁額也）樓臺掩映羣賢從洞壑參差帝子遊一道飛泉東下疾盤旋還繞御溝流

其四

宦海浮沉卅載餘追思舊事感居諸斜風密雨來馳道淡月疎星下直廬廵幸三番叨扈蹕咨詢幾度奏河渠家園漸有豐年樂四野雞豚縱所如

其五

朝無闕事每懷歸立仗何能免刺譏雖受猜疑終避位不辭恩怨早知幾和平難稱風霜任鎮靜終輸搏擊威五易春秋眞忝竊吾皇非不采葑菲

其六

到處驪歌不可聽分携雙鬢各星星僅存同榜多巖穴耐久良朋幾廟廷重叠詩篇追驛路（王琄淵薛澂儼齋昆仲及顧伊在家醒齋皆有詩餞行予餞席復作五絶句）淋漓杯斝到旗亭感君兄弟纒綿意十里馳驅酒不醒

其七

一日偏當送與迎（啓行之日代予者適到任小留半日與諸君作別）小留不

覺滯長征忍辭兒倒牽衣意長壻顧晉時爲御史裴肯負朋簪
祖帳情得過不知方自省感恩誰料有同聲時李曲江已丙
擢立道左候予至灑淚而別黃虞菴追送十餘里均
有知己之感云云黃賓未及薦之益深感予意也
白雲冉冉青山暮爲爾高懷返照明

其八

記得春風忝舊陪曲江桃李手曾裁最憐雙樹花遲
發且喜繁枝蘂漸開余已未分校所得士止吳屺瞻郝子希二人在都庚辰主試所
得士送者三十餘人道在不須工頌禱情深何用挾尊罍吾師
未報難爲別負愧諸君首重回

其九

陶然亭畔水雲鄉南苑西山綠萬行曾訂羣公同讌

藥園詩 己卯至甲申 燕臺稿 十四

賞莫懷孤客負風光知交落落離堂冷親串依依別
路長記上層臺頻眺望會心人已到維桑陶然亭爲士大夫觴
咏地余曾欲移吾郡公館于此旁有古墩又曾訂讌
東方建數椽于上今東方遠送依依不忍別故及之

其十

達人知命自心安顧盼何須強據鞍隨在家山供嘯
咏未週甲子健遊觀余歸時年五十有八家于揚州二子別居興化崑山裳衣
記與微吾位棹楔書同止此官自是烟霞高臥穩餘
生歲月老漁竿余祖母姜太夫人先膺綸誥封前庚辰六月六日辛歛服應門淵鴻乃舉
家祝之皆獬豸也先大夫筆之于書及後庚辰六月六日予擢御史大夫年月日不爽日侍 覃恩受
贈予始去位洵屬異事又 上賜臺閣風生扁額儉晉帝賜御史大夫傅玄亦此四字終身不遷官益定
數云

其十一

亞相名尊愧此身爭看豸繡聚比鄰兒童疑認爲生
客父老驚傳即故人勇退定蒙知己賞倦還寧少逸
民親
天心垂念眞仁愛草野依然是舊臣

其十二

傳言文定乞歸時手捧高堂雙壽卮在昔太平稱盛
事于今風木有餘悲吾親早歲躭書史有子衰年急
棗黎春日相携兄與弟名區瞻仰
聖人碑余家多仕浙者西湖舊有祠先大夫曾司理寧波今奉主入祠恭立 御書多識畜德扁
額

藥園詩 己卯至甲申 燕臺稿 十五

吾弟服官三十年勤勞王事遂成宿疾蒙
恩予告歸里陛辭日作詩十二章戀
君懷友眞意藹然洵可興可觀中有云隨在家山堪嘯咏未週甲子健遊觀又云吾親早歲躭書史有子衰年急棗梨易簣日猶約予遊西湖兼以伯父有北史相託校訂是夜初更忽疾發奄逝諸願皆不遂歲暮還家於寒窓手展詩冊帶淚點定不禁愴然以悲念人生蜉蝣旦晚荏苒紅塵遂少林下清福何豐彼而嗇此也吾老矣朋友兄弟益寥寥其何以堪嗚呼

七十老兄國宋題

屆序情相洽追隨十載強忘形甘簡畧識性任疏
狂過獎名因得乖憐運未昌心知從古少感此倍
凄涼 瑞徵傳誕降空際妙香聞秉軸期繩武持
綱已軼羣經綸勞歲月遇合騁風雲卻怪難遣數
衣終豸繡文 活人常有意默禱作刑官長憲眞
無忝平反獨在寬矜全爭必力誣枉夢難安似此
應增算耆蒼不恐看梓里淮黃注蒸民粒食稀
長淛堤不固六壩水何歸抗疏多經畫安瀾藉指
揮祗餘青史在千載有光輝 愛士今誰切謙和
憶白公有名歸來袋無物外春風從不修嫌怨還

能一始終魚書蟲起蠹。天聽本多聰堆淋南
北史廷尉手編書未得營梨棗先思校魯魚百忙
長把卷終暇喜懸車何故修文召無端下碧虛
泉石烟霞癖寧將鐘鼎移祝融供陟頂匡阜共探
奇野外多編權朝端憶挾芝六橋祠宇就來往竟
無期　獨坐威權重誰如五載多陳言期有濟率
屬矢無他地要居難穩風生海自波憶余分袂日
歸輿托驪歌　秋深剛返棹冬首聽抽簪道路傳
無據鄉園確有音甓湖重執手邗水促歸心底事
言難盡新詩細細吟　脉脉回高岸依依指去帆
相期過至日來共話諸凡世事弓蛇影官塲苡薏
讒武陵如可避方約把長鑱　辭闕裝方着歸田
興自聆一堂森後起三老會年家掃墓舟移月稱
觴酒泛霞浮生雖若夢猛醒亦堪嗟　大覺前三
日修書召我來偶逢尊客至進放小舟開抵戶十驚
心瞻登牀撫面腮千呼曾不應沸耳哭聲哀
日親朋聚飄然返玉京勳名光宇宙朝野重平生
珠樹森成列蘭芽早向榮所悲惆碩果吾族係非
輕　隴西文定後羣倚冠淮南公輔階誰接詩書
任孰擔雁離傷影獨木萎借陰憇恍惚常如在哀
吟涕淚含
右五律十四章奉輓　木菴六長兄而作也哀痛

之餘愧不成文而其生平立心行己致君澤民之
大節亦足以得其梗槩矣
愚弟棟揮泪拜藁

先君子賦姿穎異未弱冠帖括餘暇拈韻成詩即
爲吾鄉詩伯暨玉峰諸名宿所驚賞共如干首裒
爲一卷手顏曰幼學集然恒閟篋笥弗以示人釋
褐後歷官清近燕臺宦邸中吟咏頗夥間詮次甲
乙付之剞劂丁巳癸亥　恩假南歸紀所游歷時
有刊刻綜之才十三四耳　逮值給扉佐司空坐司
徒薦掌臺綱覃心寅亮往往戴星出入其間賓僚
之唱酬　廟堂之揚厲或尋歡於勝地或觴緒於
離亭亦時時有作輙投稿舊簏中不再檢視曾
鏤版者奉使衡岳有甘雨集從駕省方有扈蹕
吟餘則縱橫零亂一幾飽蟫腹匆恤也甲申予告
便棄人世不肖每一繙閱哀感手澤涕泣不能卒
讀今且六易寒暑矣深懼散佚爰輯錄而校梓之
以類附前刻不復能詳紀歲月并綴幼學集於末
弗忍閟也　先君子性躭山水烟霞泉石之興雖
在巖廊未嘗忘懷每遇名勝坐臥徘徊不忍去即
一樹一石當其愜意時流連久之必系以詩酷愛
武林西湖得　假歸里數數往來其間故集中湖
上之詩居多湖畔有　先人舊祠葺而廣之蒔花
種竹以爲菟裘之營冀終老焉使天假以年優游
林泉發攄著述鼓吹休明不肖得携幼孳子於
服勤奉養之餘泚筆拾紙敘天倫樂事政有日也
乃遽罹龍蛇之厄永痛皐魚天實爲之謂之何哉
康熙四十八年歲次己丑八月不肖男炳石謹識
不肖男炳緗 炳丹 校字

丙子春
上祀山川分遣廷臣余使嵩山木菴先生使衡嶽各持節捧
寶命以行由桑乾滹沱一路逕漳水而南遇先生于朝歌旅館酒闌燈灺先生掀髯謂余曰頃坐車裀中得二截句薄暮郴陰牖脚轉知因前路有詩人又文峯雨地呼嵘甚試看嵩山與華山葢爲予兼阮亭言也阮亭夫子西使華嶽故先生並及之余滋愧矣兩人浮白大噱夜五鼓登巾車而别是日長堤官柳微雨沾衣先生弔比干之墓過蘧瑗之祠莫不有作余僅述蘇門舊遊短章半格而已人之以才限猶大江

序　一

之于南北可怪也使事竣較詩多寡余輾轅集七十餘篇先生得二百二十四首登祝融天柱觀日出雲海怪變雄奇山靈巧匠風雨爭飛烟巒出没先生以三湘五渚七十二峯收之襟帶而詩之神境生焉又讀禹碑尋岳麓匡廬瀑布燕子磯頭思風含臆言泉流吻眎余之唐突二室直傖父耳昔元漫叟以文章待制闕下二風而外補樂歌十章云國家追復純古饗祀鉅典必奏雲門咸池六莖九淵之樂宣金石而正宫羽因補古樂之闕洎往來湘南衡麓間又作欸乃五曲夫欸乃爲漁父扣舷聲楓林烟雨朝暮猿吟而曲中疑有雲山韶濩之音何也後人謂湘妃遺意終屬臆解大抵樂歌乃古詩之變也欸乃曲卽竹枝之流也漫叟以山川之秀風土之美娭娭娓娓入于聲詩豈曰生民清廟不可與兎罝芣苢並傳乎先生南嶽諸篇可譜管絃而馬上鷓鴣湘陰紅葉之作升降謳謠紛披風什皆竹枝之别體余讀之悔不禁君苗之硯也

齊州田雯撰

序　二

藥圃詩 丙子甘雨集

典化 李柟

上御保和殿
親授祝辭分遣諸臣祀岳瀆陵廟隨至祠部領儀仗
臣柟膺南嶽之
命敬占一律

旭日初騰仰
至尊山川分遣舉明禋祝辭曉殿從容出彩仗春臺
宵旰九重懷赤子精誠萬里格蒼旻小臣持節芙蓉
頂會見炎方雨露新

藥圃詩 丙子甘雨集 一

蘆溝橋馬上次吉四弟韻

西郊二月柳條柔爲怕餘寒試短裘前隊春風吹馬
尾雙旌殘日過蘆溝

艮鄉道中

纔渡桑乾上征車又夕陽所之嗟薄俗何獨號艮鄉
耕鑿餘砂磧弓刀掛土墻舉頭見歸雁風急不成行

涿鹿别學士張子大

總是南中去雁行應共飛如何更西向不得便東歸
岐路心如結征車手漫揮願言
王事畢倍道省庭闈

大兒炳石返自天雄聞余奉使迂道安肅同宿
旅店命一至京邸乃歸里也

不是天雄道何期過汝還未同趨楚甸暫一到燕山
歔欷燈花底叮嚀杯酒間星馳歸送喜五月覲慈顏

上谷欲謁楊椒山先生祠不果適有以文集相
惠者慨然有詩

南行跨馬踏春郊漸覺青青柳色交日照平沙搖旆
影烟明古道指鞭梢早投官驛難排悶遲訪荒祠自
解嘲賴有遺編能惠我是非千古不容淆

定州過尼山落筆處兼聞有東坡雪浪石馬上
口占

東坡片石今猶在幸附尼山得並傳本是聖門高弟

藥圃詩 丙子甘雨集 二

子春風沂水意同然

慶都堯母廟

廟額標堯母千秋祀典存枌榆知報本檜栢感同根
廟有老樹一株五幹一株三幹不知植自何年
在昔茅茨陋于今殿宇尊繚
垣三百步鴉雀自黃昏

登真定大佛寺樓

巋然巨構立城隅斜日登臨感慨俱猶憶少年携客
到漸添老態要人扶風咲遠水嵵明滅雲起層巒乍
有無十丈金身瞻望久彎身不用笑愚夫

欒城道中次吉四弟韻

路出欒城道蒼松偃若龍山容猶隱隱野色自重重

𨚗近池塘帑花偏村舍穠賞心同下馬廣在訪高蹤

趙州觀吳道子畫壁

异哉是平陸爭傳趙州水東西素壁間文伏而武起壁東西脩號文武水眞屬化工手縱筆千萬里居人摹市利奔流難過止眞贋雖有别彷彿詎無以古人能不磨往往留遺趾人生寄天地疾若脫兎耳千秋後世名勿輕此片紙我歸欲學画敢望神理似燕地風吹時作此淨塵几

滹沱曉渡

二月過滹沱春風吹面多花繁遮斷岸樹老壓輕波使節餘孤馬軍符括萬羸相逢官渡上早欲擬鐃歌

時邵縣助羸送軍前充塞道路而予適存一馬故云

栢鄉道中

幾日星軺上行行又栢鄉侵袍草弄碧迎詔柳爭黃邑令趨荒驛村姑聚短墻我來留信宿燈火迫人𢗰

內丘道中

十日程千里經行無一山馳驅內丘道漸起馬足間馬足雖拘碍人意殊蕭閒四顧無停睫弔古淚潸潸程嬰此藏孤惜哉盲史刪郭巨忍埋兒黃金天所頒或謂均不慈中道已踰閑愼勿輕訾議二事忠孝關大書棹楔上足以起懦頑遠山千萬仞同此不可扳

回車巷

艮相固能讓猛將亦知悔回車與負荊盛事傳千載肇窠三大字窮巷生光彩緬懷讀書人用以充元宰詎意從戎者卓識乃相逮想其屈身時志在安郊壘私仇彼不計國事我肯怠秦趙俱云亡廉藺今猶在

豫讓橋

義士由來競死名漆身爲厲死猶生前旌不向石橋轉恐到橋邊馬又驚

其二

釋去爭傳愛士眞請衣仍許代其身秦王不中中銅柱猶勝荊軻志未伸

重過邯鄲盧生廟

二十餘年感倍增水邊亭子又來登盧生依舊側身臥試問黃粱熟未曾

其二

白首功名轉瞬間窮通歷盡夢初還仙家日月何偏疾地久天長亦等閒

其三

純陽後此百年生授枕謁傳下玉淸不是神仙出身貴稗官何用竊佳名黃碑記此稱呂翁葬之甚悉稗官訛作純陽耳

其四

芰炊載道向窮邊若個求仙便遇仙但息烽烟事耕鑿蓬山那勝太平年時北征轉運者盈途

詠磁州道中新栁東彰德郡守湯素公
行過山坡道坦然萬株烟栁欲參天披帷盡是江南
景一帶蓮池與稻田
其二
如掌堤平曙色開十年誰種滿雲隈龍旗搖曳晴烟
裏彷彿甘泉扈從來
其三
老樹槎枒屈曲生行人側帽讓枝橫青青歷盡星軺
轉又見漳河一片明
其四
湍急扁舟渡馬過繞城碧色復婀娜盧陵太守能同
樂想見行春雨露多

湯陰謁岳武穆廟次吉四弟韻
于霄百尺有蒼松廟立城陰記舊蹤只想生前迎帝
返誰知死後受王封孤忠日月懸千載遺恨鄉關阻
百重弱女更憐陪祀典修虔瞻拜展芙蓉
洪水
我遊洪水上而無叢竹存郊原好春色雜花開千村
所嗟風塵人未能把酒樽卽景聊自娛高吟動乾坤
曲折水東注橋闢十四門春來猶未漲亂石留波痕
車中少方輿往古難具援石碣長若苔君子不可諠
望比干墓次吉四弟韻

遶左千章樹影浮森森蓄怒挺荒丘偷生大義曾何
補諫死孤忠未肯休七竅那從昏主辨一抔猶仗後
王求已知抱器能封杞央計捐軀不事周
羑里
守經全在處艱虞君事要與已事殊一物不來西伯
死請將往古質拘儒
新鄉訪郭駿臣留飲不果
征程三月眞難遇隨地看花倍景光杏塢紅兼梅塢
白麥畦青間菜畦黃逢僧下馬行偏嬾訪友停車別
轉忙一識于門高大好他時重訪鄭公鄉
少司農田綸霞先子一日行於衛輝相遇而少

司農王阮亭猶未來時綸霞祭嵩山阮亭祭
華山
括鬟竟日坐車裀遺興偏難得句新薄暮栁陰旛脚
轉知因前路有詩人
其二
回望星軺杳靄間遲來不是怕春寒文峰兩地崢嶸
好試看嵩山與華山
允村驛踏月
楊栁無邊望欲迷深枝未許着鴉棲飄飄旌旆月初
上十里平沙散馬蹄
滎澤渡河

吁嗟乎奔騰之聲天上來五更欹枕聽如雷塘起狂飈復大作人騎馬上飛塵埃濱水邑令具牲醴邀我敬奠河神杯詎謂風伯不我助蒲帆片片晴空開自北而南止十里截流横渡何難哉怕從水勢竟東下翻借風力先西回中流往復直兒戲柁樓高據攄襟懷誕登彼岸惟太息百靈效順無驚猜纔背九曲河浩浩又面千盤山巍巍馳向滎澤道如砥桃花一片城之隈

鄭州謁周世宗陵次吉四弟韻

四牡騑騑出帝京偶來凭吊滯長征千秋幾得膺崇祀五代偏能

得令名垣壞村人爭伐木陵荒州守暫披荆傷心斷碣非前代牧豎樵夫自在行（本朝祀碑仆于地）

新鄭漢壽亭侯祠大樹可數圍有石碑立樹腹中

高槐千歲土人知鬱鬱蟠空景最奇腰大難量爭解帶腹虛能受有藏碑神棲古殿雲常滿客坐荒臺月自窺曉起征車過溱洧新桃嫩柳復紛披

長葛渼水橋碑沈繹堂先生筆也先生曾觀察此地橋側建祠以祀施愚山高二抱題詩于壁米紫來亦曾爲葛令今皆物化慨然有作

風塵有此地下馬問明禋德不忘前哲歡如得主人音容那可接瞻拜若爲親老衲殷勤甚茶香二十春

其二

渼水東流處龍蛇護此碑老成不可作風雅信難追四柏繁新蕊孤槐發舊枝留連看題壁多是古人詩

確山北二十里有聚義廟甚壯麗聡烈及漢壽亭侯桓侯在一殿武侯别祀一亭詩以記之

綠樹陰陰倦鳥投悠然清磬喜尋遊崔巍古殿初丹艧縹緲孤亭且唱酬仍聚同袍知是樂常持一扇詎忘憂阿瞞空有中原地銅雀臺荒不許秋

確山和吉四弟韻

宮路花枝任客攀始衰愁絶鬢毛斑化龍杖欲尋仙

嶺跨馬鞭纔指確山寺閣偶登偏戀賞郵亭早到暫偷閑嵐光吹落空庭裏命酒風前一破顔

昏暮抵偃城

盡日馳驅力不勝九天旌節有威稜嚴城馬逐半鈎月編戶人持一盞燈（民家各持一燈立戶外以待使車）歸雁浮空聲斷續驚鴉起樹影懵騰未能昏黑求遺跡欹枕詩成感慨增

信陽道中

永陽侵曉發旌旆引晴空冉冉雲行白熊熊日上紅耕耘來父老樵牧聚兒童漸入幽巖裏春光一望中

其二

雲夢官舍贈邑令曾紹與宗聖裔也

愛汝孤亭好勞人坐幾時背城多老樹面嶺挿疎籬自以大賢貴毋爲小令卑整衣相對罷掃壁一題詩

安陸邑令王亦茨予同年也別三十年幾不相識迎送殷勤詩以贈之

伯樂同遨顧曾空冀北羣乍逢我簡略相對汝殷勤雲厚添衣暖風和助酒醺山花知別緒落蘂故紛紛

過孝感遇見演劇者馬上口占

小邑命名原有取仙姝作配本然眞不知傀儡登場處可學拋梭示土人

黃陂道中和吉四弟韻

黃陂初霽色澄鮮桃柳千林漠漠烟傍水傍山都放遍半遮半露未窺全鳥鳴棐底偏多韻人語花間欲鬬妍只恐歸途春又過勝遊那得更明年

將至漢口

三月湖心水未到人行芳草碧于苔牧童三五眠牛背笑指雙旌馬上來

漢口渡江別吳銅川制府年大生撫軍

大別山頭曙色開瀏江南望楚王臺交龍遙指騰騰日彩鷁初開隱隱雷長路徐行添嘯咏中流穩坐不驚猜百神呵護沾榮處記得囊書一葉來

其二

何期官道上隨在便探奇水曲征車轉山環去馬遲人家臨澗好僧舍傍岩宜只揀花多處停驂坐幾時

其三

眞賞已如願勾留愛石磯人因看鳥立鳥故向人飛黛色時侵帽嵐光欲上衣西僧偶相値指點趁斜暉

其四

佐漢爭雄地今留廟一間可堪遺憾在後世遂名關烈士心偏壯征夫意自閒作圖雖草草他日代躋攀

憾這關車中讀放翁詩有作

開披詩卷山光好欲看山光詩卷奇雙睫不停頻俯仰車中忪過出關時

應山驛晚步

空村行復坐夕照未全收磊落將欹石潺湲不斷流近山愁說虎隔水聽呼牛林際一燈出題詩得少留

應山乃初入楚境也是日微雨車中口占

晨持使節聽鴉呼千嶂模糊望有無雲罩車檐濃似幙雨飄馬鬣碎成珠花枝低壓吟詩帽柳色斜侵賣酒爐纔到楚疆便沾灑天心早格慰農夫

觀音坡

道傍淸磬出深林步向層坡委宛尋塵垢洗因濠濮想琅玕敲動故園心僧披破衲常持偈客上孤亭不倦吟最羨風流賢令尹雙鳧時到坐彈琹

長吏歡同萬姓迎星軺環遮阻
王程杖藜人望旌旗色騎竹兒隨簫鼓聲共仰
君恩能普遍欲邀神貺仗精誠羣公把手難爲别好
待歸帆飲太平

午餘抵紙坊鎮有寺額曰留鍋鍋六耳可注水數十石傳爲楚時造紙器也寺前有鵝池折而西又有龍井上爲龍頭山登山顛見八公六老兩山對峙㬎東則大湖嵐光波影相與映射下山步平田里許有熊芝岡祖墓在荆棘中得詩四首

行行到紙坊有寺且徜徉問鼎悲周代留鍋笑楚王

一身全水火六耳聽興亡今作飯僧用猶傳夜吐光

其二

門前勝景收策杖上龍頭疑復八公見眞陪六老遊
雲飛遙堞迥日墮大湖流未盡登臨興山腰且唱酬

其三

一帶水溶溶横堤花事穠青黄分野色紅白變山容
雨歇飛鶯燕風和閙蝗蜂楚疆耕作早澤畔立春農

其四

墓道滿荒荆經過憶巨卿蒼天終厭亂白面莫談兵
客說生前事曾知死後名相從帶劍者也有不平鳴

咸寧以北夾道皆古松約略二千餘株綿亘九十餘里相傳宋元間所植也行人多戕伐之者東邑令詹岱瞻

路出層坡頓欲仙松風謖謖望無邊十圍老樹九十
里百尺高枝五百年長對濃陰遮白日閒聽疎響漏
青天寄言長吏須培護炎夏征夫好息肩

其二

先從獨樹拏空起一本雙枝姿態殊縱使深山應或
有若論官道斷然無記遊只合吟詩句對景何曾把
酒壺兀坐征車閒屈指咸寧道上幾千株

自咸寧曉發淡烟微雨山翠欲滴爲經遊絕勝處囑周引年圖之不肯捉筆戲爲二絕

春深烟雨萬松間零落殘紅點徑斑曉起征車欲迷
路但隨流水出青山

其二

跨澗橋鋪石坂平耳邊來去鳥啼聲五千道路無過
此怪底王維畫不成

途次桃花盛開渡江絕無一枝聞童子馬上相語戲爲一絕

山行又復換征車芳樹高低漸放芽童子不知春過
半但云此處少桃花

上巳馬上聞爆竹聲乃知是日即清明楚俗墓祭用爆竹云驅野鬼口占一詩

春光照眼奈愁何歲月都從馬上過老栢無花襯桃李高槐木葉裊藤蘿山游好在人蹤少野祭偏妨鬼客多報我清明惟爆竹那知修禊又蹉跎

薄暮至蒲圻

空山行薄暮高下盡松聲亂水遥通嶺横橋直接城兒童聚沙待父老涉波迎雨後嵐光好雙旌映倍明

蒲圻曉晴

簷雨纔收見翠微行行馬背曬征衣紫金山下紫藤發白鹿磯邊白鷺飛泉響不停隨地轉嵐光無盡仗天圍佳名偶撿輿圖得若印居人答者希

雲溪驛以北花開如雪皆知母及八仙花也紫

藤蔓延林木俗呼杜鵑爲遍山紅同時並放者又有遍山黃是日晴雨不時風景絶佳詩以紀之

百里雲溪驛陰晴不肯同林藏鳩喚雨逕轉馬嘶風白滿時飄紫黃垂欲鬭紅工程未容歇辜負好山中

馬上聞鷓鴣

馬上吟哦得句無緣陰忽聽鳥相呼拈鬚自喜添新料明日詩中點鷓鴣

長安驛依山傍水數家而已信宿登程花香鳥語雜以筆繪得詩一首

人家傍水長安驛徑轉西南景倍奇百折泉流初日動千層山出曉雲遲春天樟樹飄紅葉大地藤花豔紫芝有客拈鬚但微笑書聲裏自吟詩

登岳陽樓廢址

何妨廢址立湖濆宇内名樓孰不聞日下洞庭紅一點風吹雲夢碧無垠滄波夜舞魚龍陣淺岸晴飛鷗鷺羣極望黃陵渺天際欲持卮酒酹湘君

岳州道左東陵山有康王廟廟祝示以傳知爲宋康保裔也父子俱戰死生與無相僧善僧意爲立廟駐錫處後住東陵輒入夢因于山顛立廟焉余紆道里許登山計數百級乃達

作詩弔之

春風悠揚吹旆旌羣山一望横蒼烟盤廻百千級而上瞻仰忠孝堂之前當年老僧留遺廟今日道士投殘編香爐峰好當簷立刺眼花明泣杜鵑

青岡驛

暫憩青岡驛周遭盡是山數椽能灑掃微祿自蕭閒濃淡花千樹潺湲水一灣星軺前路去目送鳥飛還

張睢陽廟

道左睢陽廟陰陰萬木稠遊人爭下馬牧豎緩驅牛荒碣苔痕上虛堂塵網浮案前行雀鼠羅掘若爲愁

湘陰道中見樟樹有紅葉

紅葉何來綠葉時望中交錯費猜疑停車折取爲奇玩春色秋容總一枝

其二

飽歷氷霜色倍明最憐春雨拂行旌黄陵此去無多路應是湘妃淚染成

渡山溪而南昏夜抵湘陰是日已逾洞庭湖矣

朝來風雨踏層坡照眼晴光午後多已避大湖多駭浪却臨深澗足清波艤舟有吏殷勤待放棹何人欸乃歌十載曾經兵火地太平重見客來過

其二

山頭極望尚蒿萊今喜平田次第開一老荷鋤雲際

立雙童吹笛日邊回懸崖磊落依朱樹破驛欹斜長綠苔到得江城燈火盛大堤人看使臣來

長沙馬背戲示吉四弟弟居高郵故以秦少游事相兄也

書卷同爲江上遊吾家眞讓汝風流此中大有憐才者知是前身秦少游

抵長沙大雨

星沙行漸到前路擁罷幢換馬頻過驛登舟兩渡江雲飛馳北道風急倚南窗薄暮甘霖作滂沱入大邦

長沙南發車中午睡沿江多奇石惜未寓目覺而有作

客睡偏能看覺來失勝遊山頭觀活水輿裏羨行舟破屋便爲驛危梯能上樓斜陽照人面得路騁驊騮

湘潭喜遇王素岡時得鱸魚甚美相與對酌復步月至素岡舟讀其新詩夜分乃别

雲水周遭處行行到使車山中逢舊友江上得鱸魚排悶一更後追歡卅載餘清尊斟不盡明月步徐徐

其二

但望來燕北何期遇楚南疎燈搖淺岸孤艇繫寒潭詩讀句長短茶斟味苦甘殘宵檣燕去人語自喃喃

檣燕語留人少陵湘潭詩也

過湘潭二十里渡江

山行祇聽響潺潺問渡中流見遠天客倦欲飛依岸棹馬驕穩立過江船磯頭欹木飄殘靄水面懸旌帶薄烟席地不禁貪久坐波連芳草碧無邊

黄堡舖

投郵倍覺馬駸駸斜日探幽興不禁伐木爲橋拖槲線編籬作障衞秧鍼山童欹帽團圝看野老烹茶辦躃蕁最喜田家勤課讀數椽高敞可横琹

過柘山橋新綠漫空且多酒家可以小憇車中有作

山水日以佳方春萬木長柔枝岩壑邊老樹雲霄上奔泉不可見但聽高下響時當炎暑來濃蔭堪偃仰

晚登喜陽峯

倦遊天未暮重上喜陽峯一石蹲如虎千松繞似龍風飄仙院笛雲護佛樓鐘亭午幽尋處青山隔幾重

朱陵前洞觀瀑布

衆響飛來空谷傳驚心不信是流泉珠璣吹散鬚眉上風雨飄從霄漢邊百丈深潭龍作窟千尋峭壁客爲㠣只憐好句蒼苔沒捉筆沉吟未肯前

遊九仙觀十六韻

散步朱陵洞還來訪九仙到崖懸磊磊跨澗響濺濺曲折盤龍路高低養鶴田馬行衝宿霧鳥語破春烟門靜何人到堦開有鹿眠藤蘿相繾綣松栢兩纏聯（寺門有松栢交互爲一樹熟視乃知爲二也）一石上棋爲局（石有仙人棋局）山中栞是泉廣壇容客醉遺跡待人傳（天然石壇可數丈刻九仙飛昇之壇六大字又一石亦刻待其人三大字）苔影侵衣媚花容上砌鮮扳林心愈豁轉逕目增妍廟古臨無地樓虛別有天青梅垂樹小紅豆綴枝圓竹節嬌含粉楊枝細作綿練光窮絕壑黛色踏層巔廢址仍留戀遥空總接連欲行還徙倚重妨是何年

南嶽春旱恭祀禮成不踰時大雨喜賦二十韻

海宇昇平日天心念兆民陰陽潛協帝風雨遠祈神草制由多士修辭稟

凉秋紅葉飄停車令神爽殘冬玉屑霏好披王恭氅所苦少數椽竚立時惘惘今過柘山橋有地平如掌酒帘搖颺處比屋寬以敞星第不可留未能脫世網何如稚藏人隨在愜真賞去踏京華塵悠然結遐想

宿衡山縣次早至南嶽廟作

衡山跨千里何獨名茲縣賴有巾紫峯推窓便可見

其二

出郭面羣巒輿前不暇給虬松百尺高滴翠沾衣濕

其三

小憩近山庵憑欄待煮茗層雲結不開知是祝融頂

其四

仙童作樂迎可是塵凡響出自山水間悠然愜真賞

偕吉四弟遊黃庭觀觀乃魏元君學道處也兼尋觀後紫烝泉

濃雲壓觀門風掃勢如奔仄徑來樵牧懸崖坐弟昆遊人身欲舉仙子跡猶存歸覲慈顏去丹經此細論

其二

何處泉流響探奇到翠微掛崖飛霹靂觸石走珠璣氣冷侵人面聲喧動客衣欲供晨夕賞泚筆寫圖歸

謁集賢祠

同堂開絕學異代聚真儒山水留歌詠乾坤作畫圖何方非佛子此地是吾徒誰更宗風唱斯文見步趨

一人闢門排御仗分路遣朝紳朱雀司荒服黃封昇
小臣馳驅未兩月涖止尚三春水國催耕急炎方待
澤頻連宵恭祓濯既望舉明禋拜跪陳圭璧趨蹌薦
藻蘋牲牢咸博碩俎豆盡芳珍祝史宣方畢華夫沛
早勻湧泉蘇渴壤流水溢通津舉耜乘汪濊扶犁遍
隰畇聽來歌杳杳望去舞蹲蹲大吏情何限羣黎望
代陳精靈隨嶽降昭格本
皇仁已灑天南澤還清塞北塵矢懷殊踴躍報
命敢逡巡史職陪曾忝
君恩沐最親愧無燕許筆作頌獻
楓宸

雨後登祝融峯頂 有序

祀嶽之日雨甚疑山遊不果矣乃亭午忽大開霽遂登輿行由半雲菴丹霞寺至鐵佛菴小憩再上南天門俯視七十二峯歷歷在目行二三里白雲起山谷尾籃輿而上少頃霧氣迷漫咫尺不可辨但覺異香從空來隱隱有人聲乃上封寺僧相迎也抵寺輿不可過距祝融里許步至絕頂天尺菴以鐵爲瓦與上封同雖雲霧溁溁諸山盡失而菴前後有巨石可坐數十人前石鐫雲海二大字後石名月臺過上封西又有日臺在焉再下爲觀音岩皆可遊覽是夜止宿上封寺

湅雨初收逸輿飛道人相引出柴扉到山空翠飄人
面上嶺晴嵐染客衣火灼花開堆躑躅瀾翻泉下濺
珠璣雲霞不獨雙林好鐵佛菴中坐息機

其二

路入天門萬象呈扳蘿直上一坡平呼嘯山岫兒孫
小浩蕩江湖支派明蠟屐潤粘殘靄立籃輿滿載白
雲行雖然更有穹窿地俯視方知莫與爭

其三

山容變幻總難猜且喜鐘聲天外來絕嶺風多存檜
柏懸崖霧重滑莓苔芒鞋無路行能到藤杖遙空撥
可開七十二峯誰指點且登最上一徘徊

其四

懵騰雖已失晴空氣斂山光聚此中高曠故知宜餞
兎清虛直欲比瓊宮雲烟成海連天濶日月爲臺壓
地雄只用盤旋一峰上已能呼吸九霄通

望烟霞峯

高峯崒嵂鎖烟霞萬木森森夕照斜欲識先賢棲隱
處山房却被暮雲遮 相傳鄴侯讀書其旁

祝融峯觀日出雲海歌 有序

祝融峯乃南嶽最高處丙子三月望偕弟松巖登峯頂薄暮陰晦投宿上封寺次日黎明至望日臺望日出烟嵐未散咫尺莫辨老僧喜謂余曰天將作雲海矣果見雲行山谷有波濤洶湧狀久之平鋪若絮瀰漫無垠所云七十二峯止青螺數點穿絮而出是時日輪漸吐水氣激盪欲上不上既乃直飛霄漢光焰燭天與雲海相映千變萬態洞心駭目二景人多久候不能遇一朝並見當是僅事但身在日之下雲之上混茫大觀雖幸見之而方寸潛形尚俟縱目于異日也因賦詩紀其事

昕上祝融之高峯烟霏霧結遮晴空雖云奇景非快

意蒲牢一聲投上封五更大雨忽不雨呼童披衣起四顧疎星三五何處來殘月徘徊猶未去僕夫告語天將晴列炬秉燭懸崖行臺上手摸神禹字藉地坐待東方明我來始願在望日天鷄初唱日未出翻傳雲海釀欲成是耶非耶未敢必與至絕磴重扳藤又見雲際光騰騰如晶之瑩火之灼變幻無乃日欲昇漸得日華相照燿愈知雲氣眞蘢罩育冥震盪筆難寫一時錯愕惟狂叫紅日初上何具艱陰陽欲割先交搏忽然脫地如解縶焜煌直射飛金盤身下行雲偏蕩漾吐納山谷千萬狀良久凝互叠絮平芙蓉側破方能上有時一片立作山凌虛娉婷垂素鬟羲和轉轂過其側紅白映帶殊斑斕此去峯頂不一里衡

嶽之高至此止八極茫茫得大觀天尺菴前重徙倚吁嗟乎雲濤日出同時收山靈曲爲遊人謀祇是三湘五渚七十二峯避我去招之不得將焉求吁嗟乎昌黎不可作默禱誰與儔相期芒鞋竹杖他年重來遊

尋太陽泉

覘融峯頂高無上石澗潺湲自碧天尋到水源見殘碣大書三字太陽泉

會仙橋曉望、

日出雲海中吾生得大觀賞奇心未已再訪青玉壇南山雲下布浩渺行江干北山日上射光華耀峯巒南指且北顧犖峭比削刓古人好詩句苔沒誦讀難大書不語岩味之發長歎會仙那復橋亂級一尺寬鼓勇拾級上隹景态盤桓孤亭但存趾巨石眞如磐喬松十數計下生而上攢俯視藐千仞大地絮被攤縱不見一物迴旋心能安仰視絕壁險翠竹森琅玕僕夫逞足健古洞緣崖鑽望之如猿猱幾欲彎弓彈俄忽雲少斂灼灼杜宇丹幽徑有日色不畏足蹣跚欲行那忍别回首仍貪看日斜雲淨後假我以羽翰

觀音岩見羅念菴手植松

聞道碧蘿裏奇岩一片懸呼茶泉欲答問路鳥能傳

石斷交相倚人過却乃前小松蒼古甚盤曲在層巔

天柱峯下見瀑布欲窮其源道士懼以虎而至巳公岩有巨蚍盤岩側從人拔劍驅之戲爲此詩

鐵佛西偏磴道斜探奇竟日未停車巳嫌雪練荒榛阻肯任風巖怪栢遮汝佩靈符能制虎我提寶劍不驚蛇舉頭又見山如火磨鏡臺前杜宇花

自鐵佛菴至巳公岩作

鐵佛菴西春烟濃蓊鬱陰翳遮蒼穹好鳥驚人飛不出往往撲落枝頭紅肩輿前行未數里奇景更不相雷同盤旋一帶散空翠添出泉流聲淙淙遊人穿樹

徒四顧不知泉響來何從共指兆率古名刹廢址無
復聞疎鐘路出小橋泉愈急下與直欲披蒙茸忽見
石坡如斧削寒光飛散趨羣龍道士說虎欲怖我輿
極那肯為從容童子扶掖偕吾弟直上幾折焉能窮
回從坂上貪玩賞苔衣雨後多青葱吾弟一跌童子
繼自誇矯健誰追踪笑聲未絕吾亦跌三人轉如相
支節道士掀髯復大笑怪哉毋奇有此翁徘徊良久
更前進客樹流泉仍交通又見怪石山腰起巳公岩
在殊玲瓏草上突有巨蛇出從人拔劍何其雄須臾
巨蛇奔逸去樹好處處看包籠溪山氣俟人世別三
月猶然飄丹楓是時泉流更洶湃知從來處奔溪叢

我以泉名問道士但云出自天柱峯名泉無名堪太
息譬之名士時未逢乃與吾弟商此泉跌落而下凡
三重兄弟主僕跌更三曷不以此加泉封吾弟工書
入分字急命道士呼石工標題隨在堪揮灑刻劃不
用重磨礲那得來結十間屋泉飛樹繞居其中

登磨鏡臺臺後為獅子峯前有小山杜宇盛開

直欲馴獅子高臺作畫屏手扳山樹赤身惹石苔青
拾級看題塔凭欄聽誦經斜陽射人面雙屐不容停

謁李鄴侯祠

鎮日青山中足力疲幽谷遊到長源祠草草三間屋
攝衣叩我公高標今古獨功成歸衡山不受萬鍾祿
鳥雀和韻歌峯巒對卷牘至今有潛龍溪潭倒飛瀑
先子昔寶文得玉光熠熠上鐫端居室印文成血肉
知為我公物什襲藏之匱客來假翫璧誰意失秦鹿
珍器會流傳焉敢作私蓄本是先子遺念之欲痛哭
再拜還致祠毋令歸他族祇罷鄴寺去岩下森竹木
忽聞嬾殘岩經過失娛目倦鳥難振翼喂芧那飽腹
不具九仙骨焉秉十年軸回頭香篆高我在山之麓

福嚴寺逢山下所識僧

昨日上山路偶然逢一僧殷勤作吳語山上安禪燈
今日莊嚴地相見如舊朋大佛四五丈精舍二三層
摘果羅几案揉茶盈擔簦坐久不知去前路催人登

行行轉東徑亂木森丘陵雨後泉縱橫道上碧澄澄
送客過虎溪惜別如不勝山鳥一聲喚拱手曳枯藤

過南臺寺未入

舊日南臺寺於今只數椽有僧相揖讓無客肯流連
樹盡青山禿泉流白石圓鑿成千級磴興廢更何年

余登祝融時屏却騶從下山仍取故道肩輿前
祗緇素鼓樂導行最後一秀才拱立松下長
揖而别殊多佳趣廟有斗毋閣壽菁華留余
飯飯畢啓行復小憩近山菴是夜登舟得詩
三首

支節何處不登臨下嶺重將舊路尋百衲僧惟歌佛

曲雙鬟童又響仙音松陰拱立人長揖花徑徐行自短吟寫得出山圖畫好歸攜卷子示同心

其二

一徑盤旋引輿長風吹容外送奇香飯炊林閣三人飽茶熟茅菴二客嘗石罅雨侵抽宿卉山田水滿活新秧誰教驅從中途待幾處驚鴉亂夕陽

其三

路近人家景倍幽筍輿纔歇上蘭舟行雲影到衡山宿明月光隨湘水流深夜推窗看似畫方春倚檻坐如秋蒲帆欲掛頻搔首恨不重爲十日遊

別衡山四絶時擬遊合江亭方廣寺未果也

遍歷諸峯有幾人偷閒終自走風塵鄴侯本是功名士爲愛衡山特乞身

其二

水合蒸湘兩道流丹岩碧樹下扁舟老僧爲話經過地夜半孤亭補勝遊

其三

悶檢輿圖强作詩何年方廣是來期篷牕莫更蒙頭睡錯過名山後悔遲

其四

此行眞是隔仙凡回首天邊羨荷鑱獨有山靈知客意不教風利速歸帆

登觀湘洲塔

纔謝樵人唱重聽漁父謳偶來依岸寺却是觀湘洲白足杯中渡朱欄鏡裏浮最憐飛片片竟作踏雲遊

朱陵鎮晚泊

朱陵廟下步徐徐江面風來動客裾兩岸青山新霽後一林紅葉暮春餘湘南春盡多紅葉大都樟樹居多瞑烟岡上看驅犢斜日舟邊學釣魚欲訪譚公棲隱處傳言隔水有茅廬

少陵鑿石浦詩衡陽令高伊闕重勒之石兼題石曰懷杜其旁爲慶霞菴內搆草堂立像以祀但不見湘江爲欠事耳口占一絶

少陵鑿石留佳句築室懷人韻事雙若闢疎櫺更奇絶浣花堂外是湘江

登昭山望暮雲驛山下爲昭潭相傳楚沉周昭王處

昭山俯仰處倚杖一悲吟奇石半空墮寒潭千古深飛身行木杪憩足立墻陰回顧荒郊驛暮雲吹滿襟

宿岳麓寺次曉霞上人韻

投宿遊人未渡湘安禪老衲共焚香打窗雨急詩爭響護壁雲開畫吐光寺供明神宗所賜大士像夜常有光松幹千尋當戶直橘洲十里作田方名泉共賞增遐思天尺菴前訪太陽謂祝融峰頂太陽泉也

予至長沙尚未得雨禱于岳麓之禹碑甫行卸

大雨竟夜不止喜而有作

雲烟縹緲中乃有神物寄莽渡湘水湍層顛努力至
陰房火不明手摸辨奇字屈曲疑龍蛇精靈儺鬼魅
昨上祝融頂初日未東麗今來岳麓亭末光又西墜
將毋聚訟多闕之無異議大禹平成績要自在天地
予職司水土覆餗每自愧猥膺
命祝螽三楚並希庇往返歷星沙旱魃忍膜視再拜
仍致辭鄙願庶攸遂俄忽瀉甘霖昏黃避古寺豈曰
遂天功幸無負使事憶昔四載乘江淮貽樂利滄桑
凡幾更畜此暘侯怨明德及人遠奠定今誰嗣信欲
奏安瀾登高讀碑記

薄暮渡湘江登岳麓峰顛秉燭讀禹碑由峰後至元武殿遇雨遂宿岳麓寺次早遊岳麓書院瞻仰
御書與讀李北海碑而先賢遺跡及諸名勝皆因雨阻就其所至共成四律

望日臺前讀禹碑欲從岳麓更蒐奇過江船踏初晴
日幟岸籃肩薄暮時斷壁丹文空拊摸虛堂青火見
離披職司水土慚尸素再拜高峰信管窺

其二

鼓與何愁力不勝黃昏更上最高層風搖絕頂攀叢
竹雨滑懸崖仗古籐滿地牛羊驚怪石一江星斗是
漁燈就奇有弟中峰阻讓我詩成傲友朋

其三

佛號遙聽杳靄中盤廻咫尺路難通老僧善說名山
勝遊客終思壽岳雄泉響揣衣尋白鶴線松高側帽
看蒼龍陰晴無定蓬窗去重檢方輿望碧空

其四

風雩由來許聖門先儒講席此中存揮絃最愛諸峰
靜披卷翻憎衆壑喧烟散古樟行日月雲飛壽棟揭
乾坤千秋孰企
奎章麗只許唐臣拱
至尊

長沙之濱有賈大傅故宅並祀者屈左徒也石碑欲移屈像另祀以賓占主位耳爲賦二律

繫艇尋遺跡長沙舊宅存穹碑留屋側古井見墻根
自襲神龍隱誰爲服鳥言占書真不驗千載此招魂服鳥賦云野鳥入室今主人將去

其二

左徒與大傅异代結同心人自賓先主文寧古後今
毋愁奪草稿且喜伴行吟湘水投書意生前訂入林

贈長沙令劉青岑

深秋曾記別燕臺何意天涯奉
詔來雨過湘江春水綠風吹岳麓好花開到時匹馬

荒郊驛去日扁舟亂石堆知爾情深重離別長沙寧
滯賈生才

晚步三山磯適總戎陳麗日遣使索詩口占贈
之

烟收雨散晚風微江上尋幽坐釣磯有客持箋恰相
命吟詩洗硯濕苔衣

渡洞庭湖

蒲帆十幅晴空懸衝破寒光水鏡圓千里地爲五豬
底四圍天作全湖邊東西混一長春水郡邑中分連
暮烟（東西二湖水漲則合爲一湖起湘陰止岳州）欲上君山恣登眺却因
風利期他年

四月一日余五十初度舟過白螺山易小舟溯
流登三元閣回望湘江雙磯兀峙帆檣歷亂
洵大觀也回舟風利水順欲再訪名勝而舟
子皆不言其處問田最倦遊是日及吉四
弟俱同行晚過嘉魚縣燈下爲余稱祝書此
記事

晓起波心鏡面平倚窓習習好風輕愛山重溯横江
上見寺還依客樹行鼓棹僧歸殊得意換船客倦亦
關情到來同過垂虹去出谷流泉細有聲

其二

草草何嘗設辦香偶來寶地得徜徉連朝把杖尋遺
跡今日懸弧展妙光廿雨幸邀閒
北闕長風早御覲高堂歌期午節榴花放報我劬勞
舉十觴

其三

直上高層寔壯哉玉虛帝座絕纖埃雙磯欲鎖奔瀾
住千嶂爭披宿霧來螺黛低飛能裏寺鴨闌（山名）遥拱
助登臺客帆歷亂難留戀問得山中小路回

其四

結得前身山水緣縱然歸路亦留連叩人不說空搔
首披卷纔知想拍肩白馬山高誰遠騁嘉魚縣到莫
烹鮮尊前追話初生事自悔蹉跎五十年

四月八日徐子惺招遊洪山寺

偶然結伴出城闉士女爭傳是令辰晓色紛披看露
柳晴光細碎愛風筠馬嘶古寺催迎客鳥語深山儼
與人寶地莊嚴共稽首一亭芳草自成茵

其二

凌虛別館傍禪扉蛱蝶風前引客飛壘石爲臺行倚
杖依山置檻坐鈎衣管絃無復飄殘靄詩句空存射
落暉大阮昔時遊讌處傷心總未脫塵機（先兩尚叔建有別館）

其三

浮圖七級恣幽探放眼晴光倚佛龕絕巘影中曾着
展急流聲裏欲投簪天戈涉漠方征北使節江湖又

指南不是登臨重戀賞憑高望遠一停驂

其四

當年曾此宴名流解組重來嗣舊遊洞壑春寒堅坐臥亭臺晝永信深幽飯炊烏米來僧供茶熟黃芽散客愁策杖西岩當落日早聽清梵出林丘

卓刀泉在簸箕山旁即漢昭烈郊壇處也相傳關壯繆卓刀于此泉即涌出

未忍洪山别航奇馬又東泉廿嫌急雨松遠仗清風六合登臨裏三分感慨中簸箕形絕肖吾意望年豐

圖既卜寓居紫陽湖亭臺之勝絕異城市余先一日過訪坐對移時次日招同張壽民徐實君夜集

《藥圃詩》丙子廿兩集 三十三

楓宸曳履想當年鄂渚艤舟訪後賢卜宅山川供嘯咏到門風景信幽妍林藏好鳥嬌能語池長新荷叠似錢戀賞移時歸去懶相期重過畫欄前

其二

曲徑長廊聽事東招攜竟日對晴空好風吹動芳樽綠新月斜窺舞袖紅一片燈光鋪水上千尋塔影倒波中不須投轄能堅坐醉到嚴城鼓幾通

十五夜漢口杝樓看月

深夜停舟漢水東杝樓高據意何窮漁人舉網得明月客子披襟當好風山靜遙看如豕削波平不用更磨礲無端涕淚因懷古千里旌旗一世雄

登黃鶴樓是日叔卿雲及弟吉四允華攜樽爲余補祝几三登樓韻

極望何崔巍嚴城有古樓振衣絕頂上八窗風颼颼龜蛇名二山兀相向江漢方交流垂天五帆艦掠水雙紫舟來往人如織借問安所投何不學仙去弭節蓬萊洲人生天地間儵若寄蜉蝣一日雖三上卅年始再遊景光成轉瞬丹訣誰爲求他鄉骨肉聚把酒祝添籌或者跨黃鶴不則騎青牛長松胥落日努力期前修

載汝兆張壽民招飲晴川閣汝兆漢陽守壽民漢陽令也

《藥圃詩》丙子廿兩集 三十三

漢陽江口晴川閣騎馬長堤赴春酌四月晴和好風景露臺作樂張帷幙觀者跂立如堵墻爭道官長太平樂隹山水盡遮不見客懷高曠將安托華筵酒斗罷輸收暮景當前信不惡城堞高下列几屏山巒遠近排鋒鍔燕羽差池千箇飛雲淨霞明垂日脚憑欄四顧益蒼茫脫帽披襟如解縛行厨洗琖更何爲歌舞未厭停復作主人情重不敢辭重整冠裳各酣酢須臾更動客欲散明月一輪懸碧落艇子誰繫江之濱輕移桂棹魚騰躍清風不動水波平琉璃一泒光璀錯數聲欸乃天際來又聽横笛穿林薄回看閣上爲憐虛疎燈影滅成寂寞轉眼繁華便如此偶江皋

手招黃鶴

觀察王星聚招飲出家樂侑觴兼惠牡丹佳種

次吉四弟韻

那辭扶醉又相過四月江城細雨多案牘不留堆卷子衙齋何在占山阿名花許我移盆盎嬌鳥輸君得網羅歌罷層臺擬登眺青苔徑滑奈愁何

赤壁與吉四弟聯句 有序

丙子初夏余舟次黃岡邑令錢慎菴招同蘄州守張大菴遊赤壁周雨田及叔卿雲弟吉四允華以設宴於此不得遊余故未深坐也薄暮相攜復來從山後看赤壁方拾級渴坡公祠祠內刻坡公像及詞賦又上有石牀石洞雙亭夾立焉再轉而東又一亭亭上爲臺可以待月時四月二十日也久之月乃出水光山色歷歷如畫叔卿雲弟允華欲返武昌

余與雨田弟吉四北發假此話別席間同吉四聯成二十四韻散時漏下三鼓矣太守賈可齋重葺此地書画繽紛最愛其用赤壁之遊樂予句爲題額遊者去時始見故詩內及之余來可齋以公事入都惜未偕遊而大菴適代可齋篆又幸得把臂赤壁也匆遽率賦聊以紀事云爾

千秋存赤壁 木 一旦過黃州得主成良會 吉 攜朋續勝遊自誇重俯仰 木 衆喜共夷猶斷岸先驅馬 吉 層坡即杖鳩石奇低處看 木 景好半空收戰壘迷前蹟 吉 騷壇據上頭短長詞錯落 木 前後賦風流洞杳思垂綆 吉 牀横想抱裯孤亭蹲虎豹 木 傑閣舞蛟虬待月纔逾望 吉 迎風儼欲秋添衣憑畫檻 木 側帽數更籌遠渚漁燈暗 吉 高城雉堞浮早知辭海島 木 倏見上江樓影動山山染 吉 光騰樹樹幽仍圓何讓扇 木 已缺未如鉤雜坐頻矚矚 吉 離筵遞唱酬無肴修潔喜 木 有酒破除愁肯下危梯去 吉 還從夏屋留虛窓供指點 木 殘碣恣宜搜客到欣增葺 吉 君歸念遠投妙能相借問 木 即指赤壁之遊樂予題額也 戀此願常休地以坡公著 吉 人堪賈傅侔搖鞭尋舊路 木 列炬出荒丘回首情何限 吉 侵晨又放舟 木

舟過道士洑

晴天經勝地倚棹爲貪看山色卅年別江光五月寒武人能指點詞客共盤桓說虎眞忘倦中流想據鞍

時有武弁來迎說山上射虎事

其二

扁舟何更疾江勢與山爭霧薄看横影風平聽有聲聊明推世運險易感人情漫說漁翁慣狂瀾讓爾行

蘄水令許序皇舟迎江上有作

丹詔乘流下郵傳邑令知風來飄鼓樂雲散引旌旗江面傳聲遠山腰去影遲恍疑端午近別苑水嬉時

阻風江干聞有仙人洞奇絕因往遊又尋得靈泉洞幽邃更甚惜炬滅未窮其勝冒雨而返

犖山逸在望愁絕不知名纔繫扁舟住旋騎快馬行林皋雙目豁沙路一身輕翻怕東風利催人又遠征

其二

千里揚鞭去搜奇碧草遮山腰藏五洞石乳幻千花
列炬明方見孤燈暗欲譁已驚行地底何處透光華
山頂有穴天光下射

其三

幽尋興未已又說有名山努力層巔上賞心斷壑間
林荒欹草屋竹密隱柴關憩足仍翹首閒雲自往還

其四

怪底靈泉勝行行暗水乾深長二十里奥窔一千盤
橫石如陳榻懸崖欲礙冠只因燈火盡不得縱奇觀

其五

相攜尋故道不復有行踪日落愁逢虎雲行欲起龍
趣歸忘客倦覓飽仗僧供冒雨登舟去青山失萬重

雨晴山行口占一絶

昨宵風雨倦登臨曉日騰空射遠林夾道松篁聲滿
耳籃輿渾似在山陰

東林同盛熙臣吉四弟作

鬱鬱東林曳杖俱到來山水信名區偶然巧合成三
笑誰更堂前作畫圖

其二

風阻江干暫得閒西林咫尺少躋攀老僧可解遊人
意留待芒鞋此再還

湖南春暮見樟樹多紅葉五月至盧山有老樹

色更鮮艷在盧山高石坊下壁有廬陵詩率
占一律

上巳瀟湘路曾看樹葉紅名山來夏月絕壁自秋風
不關深黃裏偏矜嫩綠中廬陵好詩句奇特總天工

天池寺旁有四仙亭僧人出示王文成公墨蹟
本四幀也爲某大將取其二余題幀首有劍
合珠還之句時德化令紀里亭送酒餚至因
作二律

飛身行木杪何意見雙池光欲奪明鏡影偏搖斷碑
雲烟窓外畫風雨卷中詩劍合珠還約無忘閣筆時

其二

老僧指點處斷壁立亭臺正值採茶至何期擔酒來
四仙遙拱揖三客藉莓苔珍重主人意臨風數舉杯

佛手崖

吽絕眞凝絕盤旋佛手崖最憐苔蘚合絕似鼎彝佳
阧削難成屋空靈自作齋泉甘貪共飲不覺濕青鞋

御碑亭在山巔即白鹿飛昇處也旁有聚仙亭

崒嵂孤亭倚碧空振衣直上幾人同千峯黛色明殘
日萬壑松聲送遠風化鹿欲遊成想像余遊會稽之化鹿以大雪
不果會仙重到望朦朧衡山有會仙橋顛毛白盡修眞晚不住
衡山住此中

大林寺有寶樹二株東晉時自西域移植者

實樹來西域相傳幾百年枝全欹絕嶂根半浸寒泉鳥雀敢喧集虬龍爭互纏賞心當結屋住此學逃禪

宿彌勒堂柬九江守朱敬威

假得籃輿好匡廬得勝游萬山紅日下一榻白雲留鳥語夜如晝虫吟夏似秋不因賢太守此際臥扁舟

登黃龍寺樓

玉蝀盤迴千澗落蒼龍偃仰萬枝橫一時風動齊傳響不辨松聲是水聲

其二

仙境所之多草草佛樓一上更匆匆歸時留作清談料挾客神遊到此中

望白水漕

纔得穿林出回頭萬仞高昔徒開書卷今始見銀濤人在瑤華潔樓懸練素牢經營殊有意少却坐揮毫

晨由彌勒堂過含鄱嶺

飯罷深奇趣挑霞迂迴却被亂林遮柔枝全帶金銀氣小樹兼開紅白花峯頂湖光偏滉漾山腰泉響漸喧譁一枝藤杖無窮景取次尋遊石磴斜

棲賢寺

耳熟棲賢道路長曠懷今日喜初償千林葱蒨環高閣雙桂婆娑覆廣塲饞甚剪蔬眞有味睡餘供茗倍添香昔人誦讀知何處指點山高並水長

玉淵

一泓澄潔爲魂銷拄杖懸岩與倍饒貼石平流鋪翡翠奔空直注立瓊瑤春天正合輕雷動晴日何來急雨飄勺水得名原自喜涓涓也學走山椒（淵旁有泉一勺米萬鍾題爲檐斷泉）

金井

傳聞金井費幽尋澗底泓澄幾許深亂石堆中難着屐斷崖平處欲橫琴老人得五遙長揖客子成三共短吟儼似中冷問遺跡碧泉原自在江心

三峽橋

奔流百道自縱橫勝地新看結搆成巴蜀怕臨三峽險匡廬愛坐一橋平品泉陸子知高致題石蘇公見

遠情僧煑泉香來欵客還宜石上置茶鐺

望五老峯

匡廬勝地足留連五老鬚眉望若仙安得凌風同石丈來從天際看飛泉

開先寺瀑布惜久旱不甚奔注而從漱玉亭見雙澗直趨龍潭洵是巨觀寺有老桂太可數圍滿地如蓮實詢之僧人云桂子也漫賦二律

雙劍峰高欲插天貪看不覺轉輿前寺門忽到松聲滿亭檻初憑澗響傳久旱層巔猶作練濃陰細路有

鳴紘龍潭黙禱緣農事還問重遊更幾年

其二

幽尋何在不攀援轉借苔添屐齒痕滿地枯蓮尋桂
子空庭新草拾蘭蓀六朝剩有殘碑在十笏常留講
席尊最是夕陽僧送別平橋指點欲消魂

萬杉寺

籃輿來往碧山隈風過招提門自開步向廣庭閒徙
倚萬杉影裏一僧來

其二

擘窠大字護山林勾畫天然苔蘚青欲上香臺問遺
跡夕陽未許客消停

題周雨田所畫山水障子

東絹高懸凌亂光驚看列岫出虛堂清泉雨後飛千
丈老樹烟中列幾行放筆偶然傳墨妙披圖直欲引
詩狂寒宵對此添遊興竹杖芒鞋恐正忙

贈漁者

溪上一漁翁垂釣復飲酒細魚吞餌去竹竿空在手

宿白鹿洞書院十二韻

信步空山裏千秋棹楔存龍岡聊徙倚鹿洞恣攀援
聖道原無外
王言此並尊 樓奉御書 前賢開突奧後學得淵源 熊講學其中從者
懷古宜停策論交兄倒榻逢迎賓作主 謂居停衆
師席實亦賓也 酬酢弟隨昆 時同吉四弟 桃李枝欹戶芭蕉葉蔭
門清風方滿座驟雨忽翻盆簷溜宵長滴窗櫺曉復
昏五峯雲不掃萬壑水爭奔騁目難尋勝移情暫避
喧籃輿行且止水閣又凭軒

雨中遊玉川門 有序

余冒雨山行至巢雲菴見醒齋兄題額知爲
其中頓地僧人導余往玉川門以飯客先歸
復呼一僧導行茂林中有巨石鐫不吝下語
四大字施愚山筆也時山溪水漲余隨僧涉
水先行吉四弟繼之從人皆相失將至玉川
雨益急望鐵壁崖森列千丈中劈一門奔騰
如疋練余立石上僧恐水驟至不令久停復
導余從石竇拾級而上老屋三間鐵壁迴環
松從壁罅出屋中書畫繽紛當是高僧居此
惜不相值並菴名亦不知欲尋故道已水深
三四尺矣乃由峯頂過雙泉菴而返
巢雲飯罷登樓雨亦稍歇遂登輿行

地是尚書闢懸題意趣深如何坐廊廟從未說山林
取道兄投足爲家吾繫心老僧長揖罷攜手遍幽尋

其二

興極難羈束偕遊不待晴崖空傳屐響湍激有春聲
欸客暫言別呼人爲伴行此中知已熟來往一身輕

其三

望去眞難語行來直欲狂苔封猶見字泉灑忽成行
驀歷闌如畫巉巖列似墻小留嗟未得凭弔更徜徉

其四

山溪流愈急賈勇不俄延扶掖人皆後招尋弟獨前
細鱗漂石上弱羽息磯邊步入桃源去渾疑別有天

其五
噴薄來何處天然有一門千尋鐵壁斷百折玉川奔
日月無時到烟嵐向午昏探奇方更上愁絕雨翻盆
其六
石竇側身入高低擁翠鬟懸梯千百級置屋兩三間
此日偶飛錫終年只掩關我來見童子灑掃自蕭閒
其七
阻絕來時路扳藤頂上回前游艮急疾轉望且徘徊
地走雷成陣天飛雪作堆雙泉菴自好扶杖立香臺
其八
藍輿山畔待載我過疎籬歸到巢雲處適當霽雨時

山園蔬旋剪土竈飯先炊重上高樓坐殷勤訂後期
別廬山四絕山以瀑布爲奇觀余去開先寺始
大雨既未見噴薄之勢歸途又以雨阻不得
至三疊泉悵然有作
曾到潯陽望此山廿年魂夢想躋攀如何今日經行
後猶自扁舟不肯還
其二
蒼松怪栢蔽晴空我向深潭與老龍夜半雪濤雙劍
落何人身在此山中
其三
涉險重來訪玉川劈開丹嶂勢無前舉頭風雨兼雲
霧遮斷奔空三疊泉
其四
絕境周遭鎖翠嵐扶筇那得盡幽探他年投老重來
此須就中間着一菴
舟抵湖口關爲榷使所阻遥望石鍾山戲作
江湖合處設重關奉
詔猶然阻此間却喜主人留客住連朝飽看石鍾山
舟過彭澤縣
斜日征帆江上開城如斗大立山隈先生種秫無多
地故爾長歌歸去來
戊申歲同鄭楚木過小姑山所賦詩今止記五

六一聯而已楚木善飲酒卽世有年因感而
足成之
三十年前路傷懷我獨來依然飛鸛鶴誰更把尊罍
圓石分江破尖峰劃霧開重吟舊詩句倚棹一徘徊
山中偶書所見
碧山淡處羽人家插竹編籬一徑遮此去仙源知不
遠今朝可得飯胡麻
暮泊江干趺坐遠望云是桐城境也就所見漫
賦
風光眩眼不曾同藉草爲茵對遠空斜日欲沉千嶂
紫明霞不斷一江紅舟浮駿馬奔騰下僧狎漁翁笑

語通偶爾堤頭成與會總教收拾付詩筒

望坂子磯有感

兵敗地偏著行人共指揮奔流撾戰鼓怪石着戎衣
四鎮墮朝露一磯當夕暉歸鴉猶列陣日傍故林飛

來馭叔辭邑宰不仕司鐸懷寧年八十有二矣
不減少壯時余同吉四弟過訪書史盈床蒲
葵滿砌盤桓竟日因賦此詩

不肯折腰同靖節年過八十困寒氊庭中開遍蒲葵
好終日花前手一編

其二

首蓿盤餐偏有味竹林語笑倍相親皖江城下垂綸

去想見當年後載人

余長途無波濤之險抵蕪湖關榷使殷逵禮暨
姪震岐出書畫相示欵留竟日而江上狂風
大作望之心悸賦此言謝

兩月湖湘路波濤淨遠空堤頭方落日江面忽狂風
書畫繽紛裏琴尊燕樂中天時寧早卜令我滯征篷

天門山

青山對峙幾千秋樓閣參差望若浮一道長江中界
斷白雲無盡水東流

欲登釆石磯不果

釆石磯邊吊古來那知風利客帆開功成上將兵無
敵事到孱王劇可哀三國戰爭貪土地六朝歌舞愛
樓臺雖然總是興亡跡瞬息輕抛未易猜

余抵金陵方大旱秦淮水竭時俊公兄爲方伯
曰聞弟所至輒雨余衙齋徐中山故第也林
木蔚然共就此聽雨可乎是日甫至大雨一
尺遂命張樂侑酒而兄意猶以雨未足也訂
次日再至聽雨復大雨二尺相與對酌盡歡
而別作詩二律記之

亦旱寧招客憂心在不言園林方杲杲天地忽昏昏
練舞千條亂盆翻百道奔管絃催復作興極倒芳尊

其二

曉起方塘上行行繞碧潯瞻雲猶想望聽雨復招尋
崖石渾拋玉堦除盡湧金登車何限意載道有謳吟

雞鳴山

雞鳴山畔夕陽紅題壁何人感慨同耿傅幸終陪大
典耿文炳傅友德皆先大夫于弘光朝題請贈謚入功臣廟者徐常誰復念殊功
松楸寂寞依殘廟禾黍高低滿故宮自是
聖朝崇禮數歸然寢殿孝陵中

登北極閣

偶陟層坡上蒼然暮景生天原尊北極地尚號南京
湖水近明閣江濤遠拍城
宸遊題石在千古自縱橫

望燕子磯

絶壁來空處登臨壯遠觀天高帆歷亂江闊水潺湲雲擁千山暗風生萬木寒蕭條亭影外一望路漫漫

青山渡江

連宵風雨滿漁簑沙岸新添浩浩波使節朝來大江上晴雲飛繞片帆多

眞州謁　先大夫墓

帆指眞州路先人有墓田到來流滮滮如共淚漣漣翁仲虛千載（尊遺命不立威儀）松楸長十年錦衣歸展謁那便慰重泉

其二

等身多著述念此倍凄其覲主驅馳急思親報荅遲數椽行卜築大業好繙披敢比王裒孝門人爲廢詩

金陵雨已霑足而緇揚仍苦旱余至乃大雨時下河亦以旱望雨甚急未幾亦雨口占二絶

北渡人傳止薄陰大江之隔少甘霖誰知昨夜邗溝上斗地平添一尺深

其二

地居窪下總荒村屬耳常同萬壑奔澤國何當忽憂旱驚心還是舊波痕

行抵邗江迫欲歸里省覲而老母已率子姓鼓棹前來極天倫之樂者一月限急北行途次有作

王事促征夫踰越兼川陸首春發北都仲夏返南服邗江所必經歡騰及童僕但家東海濱省覲須往復陛辭正軍輿微情苦難暴竊思我一人日以仁孝昜去家百里遙迂途寧過督母曰汝勿歸我來邗水澳兄姊隨懸帆子姪行捧轂十年牽夢魂一旦欣瞻矚錦衣拜膝前敢言酬鞠育邸舍羅酒漿園林聚骨肉晝謝塵事擾夜恐漏刻速萊舞僅連旬修程已云迫長跪進一觴歡筵淚盈掬親君義難兼去留審已熟迎養願未伸請急意可卜行

行北渡河車馬紛馳逐回首暮雲深不語情脉脉

遊喬石林縱棹園令嗣無功介夫欵留坐雨感賦四律

莫話升沉事先生兩不平廟廊虛舌戰畎畝負躬耕解組偏留國結廬空傍城一朝丹旐返林壑總悲鳴

其二

訪舊吾過此盈盈水一方風軒搖樹影雨檻散荷香賦就愁聞鵩經傳痛觸羊（石林著有易傳）相呼惟小友執手淚沾裳

其三

論交三世好坐定遡情親鄉路無多日京華共幾春

遭逢憐患難奏對敢逡巡底事終何補深知愧古人

其四

未共生前至翻從死後來山林雖自勝懷抱那能開
別院驚聞笛虛堂忍舉杯不堪當日落無語立莓苔

甘雨歌 有序

予抵南嶽於三月望日致祭時方苦旱祀文甫展即大雨萬民歡悦爭求疏聞矣歸途所至多旱長沙則禱于禹碑而大雨黃州則禱于靈泉洞而大雨若九江則禱於匡廬開先寺之龍潭而大雨至江寧則泰淮無涓滴禱之又復大雨淮揚是時亦旱至之日大雨然澤國也惟恐其雨無所事禱矣舟中迦祀嶽以後每禱必雨以彰聖德而紀嶽靈作甘雨歌

維皇御極之丙子海宇底定無烽烟蠢爾西寇肆其
虐弱肉强食堪垂憐
天子勑强以扶弱諏日類禡
親臨邊且曰攘外必安內四方水旱心拳拳爰
命太常舉祀典猗與我
皇何精虔柟也南嶽祀朱鳥湖湘遠涉乘春妍時方
苦旱輟耒耜致齋三宿陳豆籩晨鷄初唱星爍爍迎
神曲奏天油然俄頃大雨一犁足焚香滿路人歡闐
大吏拜疏達廊廟下士賦詩登管絃至誠昭格靈應
速一時遐邇喧相傳返旆星沙雨未徧枯橰競挽山
坳田禹碑夜叩嶽麓頂如期大沛寧稽延再過黃州
久晴霽偶訪古洞名靈泉歸路滂沱馬沒蹄遙村霑

濡人醉眠匡廬之遊更奇絶瀑布不見飛開先默禱
龍潭行未遠天潢屆注珠簾懸怪來白下秦淮涸農
夫翹跂徒憂煎何期取道厭羣望翻盆直下奔如川
衣帶之水眞天塹北來膏澤仍屯邅未幾汪濊亦復
爾飛甘灑潤盈芳阡計距湖湘數千里祝融福庇何
無偏自是吾
皇通寘漠伊予小臣何與焉吁嗟乎淮揚地卑勢逈
異洪流四達成深淵居人憂水不憂旱奚庸更爲祈
高天七邑昏墊屢
聖慮星軺所歷德意宣願得平成歌允翕屢書大有
無凶年行行馳驛覲
至尊窮荒獻馘方凱還

北平雅詩十章 有序

皇上御極三十有五年至德誕敷羣生樂育光天之下至於海隅日出絶域殊方涵濡化澤靡不延頸舉踵嚮風慕義獨厄魯特噶爾丹越在鄙遠恃其爪距侵我庶邦擾我邊境帝德好生未忍加誅乃梟獍之性怙終弗悛於是赫然震怒布告中外恭行天罰維時大小臣工咸願戮力行間而臣適奉命祀南嶽不獲執鞭弭以從行邁靡靡犬馬依戀抵衡境會三月不雨祝文甫展甘霖立沛守臣以楚民感頌皇仁咸占大有具疏上聞詩云綏萬邦屢豐年皇上除暴安民而誠孚蒼昊有同符也比臣使車北指獲聞塞外大捷邊徼廓清江淮齊魯閭閻父老兒童望闕呼萬歲所至懽聲雷動以爲從此熙熙皞皞永安耕鑿皆聖天子之賜臣仰惟

皇上文武聖神曩者三孽叛扈海氛未靖
神謀廣運以次削平仰羅剎負固亦悉歸版圖
幅幀之廣實前古未有乃蠢爾小醜自外生
成此則干羽所不能格而撻伐用張者矣初
定策征討時在廷交章請留
皇上穆然深念謂茲狡寇慓悍賊禍奸謀叵測
非
躬率六師載旆秉鉞臨機決勝指授方略恐不
郎殄兇族絕亂萌勤一已以安萬姓勞一日
以乂萬年所不辭也遂於仲春乙卯統馭中
權禡牙軷路直指賊巢分遣大帥東西濟師
或衡其堅或過其軼用張犄角蓋賊勢之敗
亡破滅早在
聖明掌握中矣當六軍啓塗旌旗蔽天戈矛耀
日鸛鵞魚麗九校千屯經磧鹵絕大漠聲振
乎區落之外威懾乎龍庭之表而雲輜轉饋
芻茭糗構先後絡繹不絕士馬飽騰人情悅
愷至穀甲敵干罔不堅利先偏後伍罔不精
整皆由
至尊親歷戎行鼓勵激勸故百萬之衆稟奉一
律人人奮勇掃除殘孽無异鼓洪爐而燎毛
髮也人賊先恃荒遠之區以

王師猝難飛渡遂井底坐大狡焉狂逞一旦
天戈遙臨不覺鳥驚獸駭迨
六飛次拖林諜知賊耗特選精銳追及於黑盧
倫河賊望風宵遁冀獲倖免而
皇上逆料其奔逸早遣西路將士斷其歸路適
遇于昭木多地方我軍大呼一擊醜徒盡殲
獲其牛羊駝馬械器衣甲無算兇渠勢窮力
竭妻孥悉捐隻身逃死終底滅亡而已夫國
家舉大事成大功所恃仁以主之智以辨之
勇以決之非至誠不能格幽非至神不能集
事
皇上兼容並包不以屬在外服任其塗炭師行
之際或止
輦步行甚至減玉食與士卒同甘苦大仁也衆
論紛紜
宸衷獨斷料敵制勝洞若觀火諸將因得仰遵
頤畫用告成功大智也自出師迄飲至僅七十
餘日威行絕漠惠及遠人傳之豐碑勳猷振
古大勇也若
翠華所涖告於山川風雨之神積雪潛融沍氷
頓解荒原泉湧寒谷草蘇嘉瑞沐徵一時駢
集非天下至誠至神曷克臻此昔者漢空漠

南唐滅突厥明祖犁庭掃穴類皆功業足稱而
垂諸史冊然或戰勝而未歷行間或親行而
未能得志視今日之赫赫業業如霆如雷鋤
凶暴于崇朝救退方于水火豈不超越前王
焜煌奕禩猗歟休哉臣昔濫竽詞館載筆以
頌盛美臣之職也慮才識謭陋不足以敷揚
萬一而區區懽忭之誠不能自已敢擬雅詩
十章謹拜手稽首以
獻其辭曰

皇清受命軒昊合符丹書集瑞翠潙凝圖松雲既縵
蕭露是濡延薰於彭置樽于衢含譽光炳華平葉敷

二章

天施湛渥億兆如春原疇或或膠庠循循吏飭簠簋
農服耕耘三靈肅穆一氣彌綸政和時敘道洽風淳

三章

西被流沙東踰蟠木北漠南交無思不服航海梯山
竝來臣屬露犬絖牛萃於
輦轂唐蔇獻詩編載樂錄

四章

蠢惟荒裔如蛙如螳負隅恃阻豨突鴟張恣睢跳擲
侵彼隣邦屢迪不聞敢肆披猖弧矢肅威以射天狼

五章

惟彼不譓乃干玉斧赫然
天怒電發師旅射聲刺蜚鬭若虓虎招搖急繕奮威
孔武時秉六龍翊耀寰宇

六章

法駕親行百靈震竦草木晢蘇水泉溢湧協氣殷流
暘回澒洞晢格在兹
宸居星拱黄鉞一麾士氣倍勇

七章

饋餉山陬車難轉轂
瘠慮所周如馳平陸陋彼木牛崎嶇褒谷飛軺神輸
芻茭溢目我師飽騰凶人讋伏

八章

封豕雄虺依彼窟宅鉦鼓先聲魄飛股栗牛羊谷委
輜重山積
王師秉之靡所逃匿乾坤浩蕩安假視息

九章

帝遣虎臣授之成算遏其隋歸制其驚竄如獸觸機
如禽就絆執訊殲渠崇封京觀脅從是釋播兹涣汗

十章

皇帝至德動合天行匪曰耀武志安蒼生燕然既勒
瀚海永清康衢壤缶鼓舞昇平億萬斯年景福晢明

陸仲子遺稿

（清）陸震 撰

《陸仲子遺稿》，清陸震撰，據上海圖書館藏清雍正六年鈔本影印。

陸震（一六七一—一七二二），字仲遠，號榕村，清江蘇興化人。明初名臣陸顒之後。耽酒，好古文辭，不屑制藝，坐館爲生。王國棟、鄭燮嘗從其學。性傲睨狂放，仗義疏財，晚歲食貧。

陸震詞名甚著而所作多散佚，《遺稿》由其門生故舊裒輯而成，收詞一百四十八闋，多爲慢詞，其中《沁園春》和《賀新郎》兩個牌名應用最多，分别有五十闋和三十闋。陸震少時即受父親陸掄庭，父執李清、吴嘉紀等遺民領袖影響，不屑仕進；及壯已入盛清，當重『清空』的浙派詞風牢籠詞壇之時，而他『求真』、『尊體』的美學追求仍是前期陽羨詞派的餘響。陸詞的題材以『寫人生』爲主，不假雕飾地抒發哀樂；風格主要有雄肆和沉郁兩類，前者如『頭顱如此，儘并刀、剪盡一生毛髮。脱帽臨風多快意，頓去許多霜雪』（《百字令·秋夜對月》），寫的是對年老髮落的自嘲，蒼凉中透出兀傲之氣；後者如『逆旅霜寒，深更酒熱，且擁紅爐醉一場。休重説，恐茫茫舊恨，碧海難量』（《沁園春·與殷彦來》），寫羈旅窮愁、人生況味，沉痛深摯。陸詞不中繩墨，時人指爲『音韻不甚叶，意與字多重複』，爲不可傳者，如『前堤草軟香塵動，便幽燕輕猥年少，遜伊縱横』（《賀新郎·吴陵俞園觀演邯鄲夢劇及諸伎走馬》）句，至以庚青蒸部的『横』字与董腫部的『动』字通押，係淮揚土語闌入；爲《遺稿》作序的吴弘謨則稱其『詞如其人，跌宕不羈，自是唐子畏（唐寅）一流』。陸氏的文學觀念對鄭燮頗有影響。

（沈宗宇）

陸仲子遺稿

望江南

清明六首　清明節天氣曉来和正喜乍晴晴不久愁他欲雨雨偏多佳節惜虛過　清明節春色滿江城賣酒樓邊紅杏放遊人頭上栁枝青都道遇清明

清明節記得在虹橋隨意水邊看戲馬有時花底聽吹簫那得不魂銷　清明節記得在西園都是桃花都是栁半含朝雨半含烟人在西園邊

清明節何用皺眉頭今日有花還有酒此身無事便無愁兀坐最高樓　清明節有客在天涯没箇信音緣底事可憐風雨宿誰家遠望一長嗟

初夏九咏和劉蔚園　高田麥四月未全黃寞綻已堪盈把味香且任滿盤嘗漸入好年光　崖蜜熟應是十分甜寢及新宜早薦林鶯當令莫輕御留與絳唇含

螢忙日苴熟已離離摘入蟹筐盦顆繭繅于女手本無私笑殺採桑兒　携鋤去不異到淇園出土便能藏雉子療飢終想嚼龍孫拼步竹千根

梅黃早葉底綴金丸功遜酒香教渴解味如愁重惹眉攢花放記曾看　京江口下網得鰣魚敢望乘潮歸渤海且隨走馬到燕都誰令味偏腴

閨中女最愛是玫瑰紅杏街頭前月盡素馨江外几時来獨爾一枝開　生雖賤人號女兒紅桃當初酣春晝睡杏腮剛暈酒時容還恐不如儂　商船到爭買雨前茶寧著酒魔駝雪釀不遭水厄試冰芽函喚取流霞

詠玫瑰　春来卉堪愛獨玫瑰簪髻放嬌憐紫艷伴餹津咽勝紅雞枯潤總香飛宜

辛巳清明　清明節回首望先塋合抱樹皆經水拔一抔土欲與田平念此最傷神　清明節猶是峭寒時燕子来從前日早梨花開較去年遲門閉雨絲絲

清明節僻縣也人忙十里紅裙山子廟一舡春酒郭家庄兩岸菜花黃　清明節布穀已先鳴小縣人飢思樂歲平疇雨足好春耕莫水旱莫相驚没

端陽詞　端陽節風物與常殊屋角亂紅開蜀李街頭新綠買菖蒲都掛辟邪符　端陽節照眼石榴紅艾虎朱符兒女意香蒲角黍歲時豐小扇午飈中

端陽節記得在爪洲郭璞墓前風定處江天寺裏塔高頭好看泛龍舟　端陽節記在小西湖酒勝桑郎濃似乳藪惟繇筍嫩於蒲笑看醉人扶

端陽節記得在江鄉入網鰣魚渾似雪壓梅枝子未全黃何日更嘗重　端陽節記得在邗溝沽酒競誇金谷館泛湖爭買木蘭舟歌吹幾曾休

端陽節還憶素梅孃幾度魂消紅豆曲数般吹徹玉簫長好事最思量　端陽節處處有人忙瓶内菖蒲連海艾杯中烧酒攪雄黃都道過端陽

端陽節記說廣陵城士子西湖尋綠栁佳人東閣點朱唇賣俏倚門庭

謁金門

閨怨　芳草碧又是一番春色獨倚欄干珠泪滴不知羅袖濕

欲奇天涯消息，爲問歸鴻，可的只恐天涯客流落，𨒂鴻他不識。

眉峰碧

夜泊許家堡　杯酒雖懽歡，聚不慣他鄉任。荒村寂寂水漫漫，又重盼來時路。　向夕停舟處，風雨般偏梦何侶。當初任不來，而今也不還家去。

點絳唇

雨中戲作　雨雨風風，天公已做新秋勢。驅愁無計，且買今宵醉。　索取咻頭，早拂山妻意。君休笑，青錢無几，留糴晨炊米。

唐多令

邗江喜遇友人，酒間贈此　下馬解貂裘，相携上酒樓。問年來何處飄流，北嶺幽燕南閩越，粵憔悴了十多秋。　身無芋踆㘿，功名雪滿頭，且高歌一曲凉州。君若問余心上事，説不盡半生愁。

黄金縷

寒夜口占　寒夜空堂人一個，心上愁多，不寐擲書坐。將近三更猶未卧，乍驚驟雨天邊過。　灑向小窗般更大，紙薄難禁，容易風吹破。衾枕安排渾未妥，咻前撲殺銀缸火。

虞美人

今宵　今宵明月當窗大，獨有愁人坐。一般白晝也銷魂，何必凄凉怕過是黄昏。　多情原與多情憶，不爲君顏色。若因顏色始相思，難道世間真個是君稀。

𦾔鄭克柔述梦　廿思百二河山壯，更涉蓮峰上。那能痛下死句留，恨殺塵緣欲脱苦無由。　故人一覺荒唐甚，娓娓殊堪聽。君還有梦到秦中，我豈灞橋驢背梦俱空。

南柯子

落花　庭樹風吹後，蒼苔雨過初。眼前猶有落花鋪，只恐明朝還并落花無。　簾幕全低户，桐高已出簷。新條嫩葉又將舒，染就窗間渾是緑琴書。

少年遊

閒庭　閒庭風雨晚來狂，沽酒正相當。花氣清芬，空堦寂靜，𨒂去不須忙。　從來富貴原無定，行樂有何妨。十萬尊罍，三千調曲，豪興少年場。

一剪梅

和何修來　三年音信隔關河，魚也傳訛，鳥也傳訛。春殘一棹遠相過，江上風波，湖上烟波。　可嘆天涯鬓總皤，爾奈愁何，我奈貧何。絶無他物可消磨，詩是吾多，酒是臣多。

初度日作　少日飛騰願頗賒，富也無加，貴也無加。鬢毛轉眼不成鴉，霜點些些，雪點些些。　吏無一可向人誇，名也輸他，利也輸他。只餘清福讓貧家，窗外梅花，窗裏蘭花。

八月十四夜同劉叔裔玉帶橋看月　酒酣真想〔欲〕棄金鼇，同上仙橋，且上河橋。何當更上玉樓高，萬井烟消，萬里雲消。　爛爛銀盤掛碧霄，眼見娟尤，圓欠分毫。陰晴天意最難料，那得來宵，勝似今宵。

小窗　小窗雨歇緑全侵，半是桐陰，半是蕉陰。微風斜日坐孤吟，半是閒心，半是愁心。　酒徒三五是知音，不是東尋，便是西尋。散時往往月都沉，不是杯深，便是談深。

鷓鴣天

題友人遊黃山圖　怪異幽深莫可窮何年於此策孤筇緣梯直躡蓮花頂捫壁還登信始峰眠醉石撫龍松一觀雲海蕩心胸今生未遂平生補也到黃山白岳中

無題　多病多愁剩此生眼前不覺又逢春舊遊樂(事)渾如昨何處吹簫見玉人　空有淚暗沾巾可憐月夕與花晨別來細算無多日一半嬌容記不真

客中春暮　花未開時客早歸花開惜又與春違而今歸去花雖好已是飄零一半飛　風細細雨霏霏深悔勞人作是非明年准擬花開日多對花枝過幾時

蝶戀花

詠纏枝牡丹　弱蔓牽絲隨處倚晨起花開婀娜東風裏未夕摧殘還委地笑伊頻頻瑣瑣朝菌耳　怪問芳名何太咲國色天香嗟爾何堪此花語主人無我忌盜名在上原如憂

歸田樂引

薄暮尋桐江秋識不得聞在胡家五宅賞菊即往共懽飲戲示主人　莫道囊羞澀大有青錢買醉酒伴遲相覓扣户訪先出鄉盃何處聞在君家便闌入　不怪臣無籍反令主人識真率向余咲指籬花密如織或白或黃色色好秋光苦難得無意遭逢真怪特

百字令

秋夜對月　頭顱如此儘并刀剪盡一身毛髮脫帽臨風聊快意頓去許多霜雪只恨明朝依然鏡裡白又根根茁那能有術教他青鬢重發　可咲今年春初棘闈三入猶自名心熱都把韋好花月了忽更辜他秋月難得今宵一杯在手萬里天空闊夜深吟久銀髭晴撚删脫

九日王經三招飲　他鄉重九問何人一爲送一卮醽醁(美酒)正想佳辰挤劇飲我友烏忽来速縷膾登盤斫魚供饌好酒盈樽綠尊前何有有絲有竹有肉　久矣月夜花天偷散減字不聽消魂曲今夕當筵聞妙技頓解羈愁千斛若爲吾歌吾爲若舞狂態驚童僕曉聞逕咲滿頭亂插黃菊

滿江紅

修翁將返金陵前二日招同扶九懋敬東陽暨余弟二蘭泛舟西溪　爽氣鮮妍新秋碧天光如沐風吹去盈盈舴艋水烟俱綠細草亂生荒寺逕野原蔓繞農家屋正村村婦子趁秋晴收新穀　對此景看難足頻呼索觴相屬任船頭醉倒鷗鳧同宿調笑幾般皆合節銷魂何限清商曲更一般寥亮咏

潭空柯亭竹

歌正停時君酌酒聽余衷曲念客子從来環環半生鹿鹿饑拾嗟亭畔旅狂遭腸下檣頭原只悲瞿目望青天如枯木性磊落難偕俗君何意偏憐僕莫交情似漆此真鮑叔尊酒連宵惟未足輕帆來日歸何速悵從今江北望江南余孤獨

一雨夏種麥村口感情即事得詞八首不避俚俗漫抒真率云

落日離邊與野老臨風參語傷今歲經春入夏早乾如許萬目人力憂稼穡閑時誰爲寬籌楚正城中新舊升開徵如麝年　汝了否官家賦趁麥熟輸相去早門前吏到哮散如虎乾沒只嫌常例薄貪饕更怒盤飧素嘆從來若個縣官知田家苦

吏去無譁聽野老依然嘆作歎此日天不如雨殘年安托已

苦懷山常降割何堪磔石還敷虐乍晴郊四望密雲生都垂脚　雨夜响晨猶落更今日綿於昨喜良苗新起緑疇如剗可料秋来饒黍稷不憂老去填溝壑荷天公立轉好年光田家樂

草閣新晴蚤為我特陳雞黍問今日坐中何客鄰家三五穉子隅籬呼即應老人入户懽相語喜朝来好雨正宜田公忙否　婦與子晨皆去孫亦往芸瓜瓠只老妻留為止供炊煮雨又揷秧晴打麦暮還車水朝舁土見何曾四月有閒人田家苦

佃作匆匆笑我把佳辰忘却也囑婦们蒲懸户採菰包角後圻雨肥蔬可摘前溪水浅魚堪捉更厨中臘肉薦盐飡兒先索　鄰與里高般約主與客宜深酌指浮蛆滿瓮為君斟酢前日酒香今日漉伊家味好儂家薄聽醉中嘈雜語前堂毋家樂

室有違言彼新婦醉怒逢夫向燈下毅毅飲泣有時低訴終歲辛勤靡不有一朝詬誶何相負却夜闌相勸語喃喃鄰家嫗　彼醉矣何須數函拭涕無多絮怨生来命遇人薄艱宴孰今有身教作婦只應舉丗毋生女縱生時慎勿嫁農夫田家苦

晨起披衣有老媪見余驚愕指門外日高如許主人方覺一夢不成天上旣兩兒已就田中作嘆此身無福得安眠居城郭　我聞語殊懷怍謝老母言非確看從来偷惰終成淪落兒有瓶儲終日飽毋餘裙布經年着有城中多少不如伊田家樂

夏至今朝昨卯上故人相遇同消受銅街香粉畫船簫鼓長使夢尋魂舊雨那知臧没隨朝露望郡樓從此泊經過西州路（予去歲五月去郡唇六爲閣汪三積盡皆相繼物故）總暫在人間住臣已久拋千慮作暮年活計為農學圃十畝力耕先丗隴一抔長守先人墓却傍人疑我不能堪田家苦

君辛無疑君不見月来學長共野老田閒雜草屋還織笛赤足蹈泥珠滑臟衰顏向日何薰灼笑虛然黧黑類村農争相謔　案有卷都高閣樽有酒時斟酌任閒垒閒寫成釵脚兩首長歌前輩句（旧有村居苦樂二歌相傳為高文毅公作）八聲短調村夫作每醉中高唱與田家田家樂

贈秦人李淑先　西嶽嶙峋拔地起奇峰千丈其上有明星玉女蓮華仙掌蠟屐未由尋勝槩閉户只合居窮壤聽先生端我話移時神仙往　敦古誼思曹敬能下士思袁盎總人生其地英奇慨懷幸我逢君如舊識以今比昔寧多讓待還山有日定從君攀蘿上

戊寅秋杪吳陵遇劉叔裔炎裔兄弟明日即送之金陵

落落窮途我與爾此身安即立語處西風下繫遠天将黑霜白慣經侵羈客鬢囊空能減英雄色想當時里舍社共團圞如何得　轉眼又江南北問前路誰相識况秣陵城下摠皆陳迹桃葉渡頭人已去莫愁湖上山空碧只故宫苗聲贖無多青衫濕

與虎殷来飲　舊地逢君且携手罏邊細語說蜀棧十年烽火萬山鞞鼓楓葉滿林愁客思黄花遍地迷歸路嘆他鄉好景最無多難常聚　同是客君尤苦兩人恨憑誰訴看囊留笑酒

錢何處吾輩無端寒至此富兒何物驕如許脫敝裘付與酒
家嬢搖頭去
六皆重敝邑氷阻兼旬遊醼極驩於其行也賦此送之
晚歲論交笑爾我勝於昆仲最今歲兩番懽聚故人情重畫
舫乘春欣過訪官橋欲別愁相送恰殘冬荒縣又重逢渾如
夢　華筵畔頻陪從留宿處時時共正彤雲密布颷風作動
雪壓萬家鶩瓦白寒煎十里長河凍任恒深相向擁爐中款
春瓮
別思匆匆惜無計浮留君住念此寒汀野渚氷堅可度幾個
題人殘雪圻一肩行李斜陽路較春住初一倍淚痕多如鉛
注　離別恨都休訴問後會知何處歎人生聚散飄蓬落絮
風雨莫教魂夢隔音書肯使鱗鴻誤更為余傳語到高堂（六皆）
君无苦
東開周　屋漏休休是杜老當年詩句却今日任生屋內也無
乾處四壁籬頹渾不葺三重茅去憑誰補惱天公昨夜又飄
搖桃花雨　或棲止山中樹或圻上牽船佳笑古來如此君
尤太苦海現晴虹當户掛甕餘濁酒呼兒取試尋他王謝舊
時門餘荒土
同天申扶九躍千秋箴蔚園諸君飲雉井齋中即事賦此
記浮春初曾醉我茗芋堂裡詎轉眼將離花放相逢於此覉
旅絕無他事好團圞只有今朝喜看尊前故鄉人都是何拘
忌　漏已下三鼓矣酒已罄詞難止更人青錢亟數客為重市
村犬聚信如虎嘯酒備飰瀝渾充耳奈門前剝啄未能休催
人起

好友良朋細屈指平生有幾喜今夕客中懽聚眼前都是厚
意感君真不薄香醪飲我寧辭醉任興酣高唱古人詞驚烏
起　臨川劇半忘矣無腔曲饒佳趣更摹神作態掀髯抵几
樽內酒空錢復數腹中曲盡文能記恰醉時回憶醉殺歌香
凝齒
題薛有瑲家藏西齋墨蹟　老輩西齋縱橫甚才華無敵記曾
見酒酣以往高吟撼壁詩妙共驚神有助書工更覺行逾密
恰當時狼狽滿貧家何嘗惜　一轉盼傷今昔人爭購如和
璧喜生深情我友猶珍此冊閱竟茫茫增百感風流一去無
消息問後來健筆起騷壇誰其匹
賀新郎
■王勿齋先生　身老才難挫記從公平湖春泛柳綿輕播酒
客爭半酣岸幘並艤畫橋雙舸公亦脫（紅）絲布裹頭語吾翁兒
小異定他年應騰達先賀詎今日懿名墮　敢云百尺樓頭
卧只平生幾枝紅豆繆蒙許可莫向名流還瓻說祇益小人
之過恐笑口詞場都破才盡江淹真擱筆檢殘編悉付銀燈
火恨總是言愁作
廣陵寺寓同陳仝飲聽座上琵琶　隄柳經霜挫記春初木蘭
院裏曾逢王播行過江頭鐃吹急何處官人畫舸中有女內
家梳裏尚使名姝能贈客賦新詞函為先生賀君大笑冠纓
墮　涼秋抱病僧齋卧問還能千杯醉否欣然曰可況有琵
琶推妙手曾是昔年聽過彈一曲關河劈破歎極那知更漏
盡早城邊恒市稀燈火待來日歌重作
秋恒歌　壯志風塵挫歎年來室廬漂蕩幾經遷播飢苦驅人

他縣去常是趁人輕舸風雨急青帘直裊有日萬家生聚復賽神叢祠社酒千杯賀莫使向溝渠墮　還家依旧牛衣卧笑此生魏然七尺生無一可説甚封侯當及壯五十蹉跎將過恨欲把唾壺椎破吟罷新詞還激楚聽荒陵鬼語吹陰火問此是何人作

壽吳陵蒼先生六十　干莫鋒難挫羨才兼詩画輞川名流爭播家住小園風物好水屋居然似舸中只有茶鐺藥裹怪石巉巖松樹老喜蕭垂無叟趺跏坐松子落岩花墮　北窓企脚閒高卧任朋来談仙説佛都無一可屈指今冬周甲子浮生與衰俱過火已向蒲團忝破甲第軒車驚赫奕總螢飛一點須臾火遊五嶽芒鞋作

客舍感懷呈汪公有　高閣書還拋任讀殘五車六庫客懷难遣半去道途成底事捫足泪痕驚泣嘆如此手胝重繭欲問桑田何處是總茫茫滄海無時淺甚日也愁眉展　先人作賦名殊顯每投入膏盲藥石勝於盧扁今日誰憐任昉後云是景升豚犬亦自免鞭笞未免只有汪倫時醉我昨相逢脱袴為余典話夜半紅燈剪

同東亭何阜諸子飲繆豹文宅　終别揚州市又匆匆一肩行李飢驅於此累久追歡殊不厭大有忘年諸子喜别久情深猶是一笑吾生惟劇飲使他鄉日日能供醉誰更起還家思　海天漸動初冬意最凄情總核風吟檐牙雨細夜黑空堂燈火暗而我偏工説鬼惹四座魂驚欲死百怪千奇姑妄説笑群公此物何須畏可畏是人間去

同蔚園函九飲豹文宅即送王十二之邸　濱海魚塩市笑無端行蹤落落逢君於此一片西風吹冢冽記浮房孙兒子曾身着練衣如是且喜他鄉多地主好擁他日日如泥醉身與去都休思　下采又動分張意望蒼茫蒹葭水闊蒲帆雨細到日邢卿城應有遇莫遇揶揄路鬼最此物堪憎欲死若遇當年遺老在念而翁才華詳相畏或論汝論先去

吳陵俞園觀演邯鄲夢劇及諸伎走馬　水檻真空洞細聽他臨川妙曲感情懷尤重人去繁華容易了寧獨明晨是夢還須作梅花三弄小語雛姬應一咲問吹簫何日能騎鳳口慣把雕鞍控　前隄小蹴香塵動便幽燕輕猿年少遜伊縱橫座客一時懽笑極爭把金甌相送有狂客忽爲痛哭昨上蜀岡高處望玉勾斜麦秀羅青隴中盡是紅顏塚

送胡拭金趨歙新安　昨歲兼今歲笑他鄉兩人相聚懽如兄弟一夕蘭舟俄送别錦纜何人能繫囑君去此行須記莫倚故園琴瑟好便天涯輕把埍篪棄書函趁春潮寄　香奩詎惜千金費劫途經廣陵市上舊蔬珠翠明鏡盤龍天下少可愛新磨似水歸照見玉容乞喜路過西泠逢越女更肯他十幅繚綾贈合懽被宜先製

吳陵僧寺看紫藤繡毬　日午思衣葛偶閒行西橋西去遊人爭説小寺藤花開正好樹幹千尋如練花直千尋之末未到禅扉翹首望早無邊紫氣来空潤下更積千堆雪　渾疑柳絮回風疊細看時繡毬萬顆團團如月不是扁舟前日到已過花開時節笑轉眼春將人别金盡尚能謀一醉只吳陵酒惡難消渴煮茗共山僧啜

與殷房来　底事傷懷抱憶當年兩家名父論交最好我始弱

齡君壯歲爭説妖奇才調定指日翻飛天表轉眼高堂人去
後守遺編竟以窮愁老朱沉事憑誰料　賤貧僕更何須道
算輸君才思什佰敢辭潦倒半無惜填紅豆曲久惹詞場人
笑：此技從來絕小何以噫先生痂嗜甚每相逢堅索囊中稿
只此是燕餘草

題射陵四友圖　古道堅膠漆記吾鄉舊時遺老曾圖三益今
日射陵傳四友也倩虎頭妙筆細寫出蒼然顏色蔦向華筵
披畫卷只兩人是我曾相識東園老東皐客　渺奔中表親
情容憶當年兩家名父交懽尤劇轉眼荒坟餘宿草那禁泪
零沾臆又惹淂王郎於邑指示圖中稽叟像痛此公今亦重
泉隔都休聽山陽笛

為周新婚賦周先有姬　此日饒佳趣正風流周郎年少小喬嫁與
共説名媛工翰墨可止才能咏絮應愧煞謝家嬌女縱遇仙
郎才更健催倚香奩函索催妝句肯容易登車去　良宵上客
簪纓聚正當筵燈紅如晝酒濃於乳遮莫狂奴逢此夕醉倚
簾櫳深處還細倚紅窓低訴佳婿從來憐小婦慶双蛾定惹
深閨妬誰許汝先偷娶

歲庚辰七夕晤繆函九於劉蔚園寺寓席上賦贈
烏鵲橋初駕也人間重逢舊雨在東亭舍記淂前年秋八月
萬斛清輝相狠藉曾酌玩芳亭下一別距期三載過訴離愁
深庭何曾罷惹鸚武籠中駡　饒伊絮盡傷心話縱何在如
狂恃拓戟辭餘舞葜吾意且填紅豆曲剛擘蠻箋細寫又蚤
被沾灑人無那能長聚首算浮生本是無根者萍與梗任潮
打　玩芳亭在吳陵東門

之何阜舟中作　賦命羈人耳笑還家無多幾日輕裘又理天
似催人孤艇發特與西風甚利掛一幅蒲帆如駛雖則離鄉
多感慨恰舟行安穩差甚喜晚一碧天光霽　陰晴更变須
臾事下湖中奔渾驟雨杳冥無際蘆荻洲邊風更逆急纜舩
頭須避且愁向蓬窓沉睡無路險夷俄頃判嘆人間萬事都
如此哀與樂原相倚

贈白齋四十　綵筆清於綺恰平生奴狂自許羞稱名士憶昔
論交當弱冠也把壁人曾擬詎憔悴而今若此四十浮生駒
隙馬過嘆余年亦去君無幾男兒志成何事　惟捹縱飲清
狂耳最先生年來混跡倡樓僧寺知己相期須努力那便如
斯而已況君才雄無二轉眼秣稜秋正好看摶霄健翮凌風
起驚一夕騰千里

送吳書永楚遊　以矣詩名著記常從屏間紙上誦君佳句作
客荒鄉多歲月竟乏平生一晤恰今日蕪城方遇把酒看花
惟笑極惜輕帆又指湘江路是魏武橫戈處　好從彩筆懷
千古更殊方有人酬倡弟兄歡聚只是尊前新舊雨添了許
多離緒君暫住為君細語此別雖憐千里外尚南飛鴻雁書
堪寄附莫更過衡陽去

夏至飲繁露先生南莊　節序真嫌短早閒園好花開盡綠陰
都滿記淂清明遊賞日芍藥闌邊低看笑出土紅芽尚淺把
酒重來將隔月驚一枝已待臨風綻春去也渾如箭　浮生
瞬息何須算憶髫年從親至此荷衣出見座客惟君青鬢好
人比黑頭王掾詎今日白於無練漫撫銀髭傷老大便兒童
夙昔今都變也一半顛毛換

同里諸公集宜閣　兩歲東亭客却頻来醉飽君家使人顏色赤新米初炊留客飯顆粒如珠一色魚出銀鱗鮮鯽裁使老饕都屬饜早門邊又見提瓶出酤滿眼錢休息　群公笑語懽尤劇却誰知有人黯淡離愁先集轉盼明年吾去此少個酒徒無藉也省清醥省千石只是他時良讌會傾尊前無我情淒惻恐未免淚沾臆

梅花嶺拜昔人葬衣冠處用迦陵詞韻　孤塚狐穿墉對西風招魂剪紙澆羹奠酢野老為言當日事戰火連天相射夜未層城欲下十萬横磨刀似雪儘孤忠臣一死他何怕氣堪作長虹掛　難禁恨淚如鉛瀉人道是衣冠葬所音容難畫欹側路傍松與柏日日行人繫馬且一任樵蘇盡打只有殘碑留漢字細摩挲不識誰題者一半是荒台藉

記與諸子往歲金陵之遊感懷宗二又贈　恨事多如許記前年秣陵城下群公相聚座有宋生高興極招手狂吟而去路踏入亂山荒塢再向金陵回首望見禁城秋柳垂烟莫是往日朝天處　運移漢祚疇能拒嘆從来蝸頭蠻觸都驅歷數指點六朝遺跡在多少興亡之故曾一々共論千古来歲重遊君不見也銅鋭駝石馬知廻頤只鬅鬆精靈度

月下同高集生先生孫殿球鄧去華水邊小步　魚躍澄潭墉思從君投竿東海釣鰲為酢鮓海面白波山屹立萬弩迎潮而射有百怪縱横其下此景莫教人击曉恐驚他瞎破侏儒怕双鋏網珊瑚掛　一般長嘯星河瀉恰依然漁舟宿火寒江圖畫自笑勞生真太苦乃至作人牛馬劇愴感孤墳浪打贏得如霜枯骨在久人間名姓無知者千秋業吾何藉

除月二十二日喬文梁洛聞将别渡江余亦由陸亭地之東亭前一日贈别　爐火還林墉苦今宵無人送酒憑誰餉鮓掌大雪飛風更惡一片冷光相射人同客海陵城下正倚窮途相慰藉早明朝分手心尤怕忍見汝江帆掛　銀濤滚々長東瀉料經過寄奴山下山光如画而我何緣當歲暮翻向他鄉策馬正故國氷堅難打此去東亭知己少更無人念我如君者書頻寄鴻堪藉

别文梁洛聞之明日宿江堰鎮却寄　回首江城墉憶前宵故人相聚綠醅紅鮓今日我行君昨去風急江帆如射想已到寄奴山下勞頓長途誰似我對西風落日心猶怕又不見氷輪掛　淙々只聽流澌瀉隔疎林數家燈火熒然如畫錯愕村童驚問訊何處官人繫馬鞭指向籬門亂打雞黍農家煩款洽詎疑余亦是輕肥者聊偃息茆堪藉

戊寅元旦　晴日穿簾墉喜今朝梅花漬酒辛盤薦鮓年入新春花放早已有暗香飄射共弱女婆挲其下閉户漫勞佳客到更迂蹤但説逢迎怕視術上無衣掛　山妻斗酒為余瀉嘆平生逢頭垂鬢双眉慵畫今日也因新歲至學甚盤鴉墮馬只我知鬓毛霜打隨分高謌真爛醉卧牛衣詎作呑穀者頽白頭首惟卿藉

月夜集友人寓齋　月照疎籬墉正朋来壺提蚼釀盤堆肉鮓手把一杯閒騁望萬户清輝圖射人盡在光天之下只我故鄉逢此夕有銀濤千頃君應怕斧宜斃檣牙掛　堤崩歲々淮黃瀉縱重逢監門鄭俠此情難畫使我驅飢無定所疲甚空槽病馬風雨驟逢飈浪打昨自萬坡詞下過問何人是識

英雄者與僧五今誰籍

寄懷東亭舊遊　別日無多許蚤懷人今宵兩地幾時重聚記
得残冬〻分手日〻又記春光將去如長在螢山蛋塢何處相思
臣最苦只斜風細雨天將暮便追憶為懽處　深情留客疇
能拒任當筵狂呼劇飲酒籌無數座上新知才更捷一見論
交如故詩詠罷淋漓入古今夜孤吟誰與和只顏然隻影燈
前頽恍惚是前生度

與諸子夜話悼佑曾以寧　爾我心相許喜年来闤闠里社亘
分常聚生世不諧逢歉歲又恐飢驅人去飄泊在異鄉村塢
已矣身名攛滅没縱飛騰僕已傷遲暮總話到銷魂處　一
杯相勸休相拒莫生平真能滿百也知有數況是彭殤難預
料幾個親朋無故宗吾輩頓成今古欺覓孤魂何處是悵荒
原草滿無遂頹正蕭瑟秋風度

余至何阜故人胡二簡開尊酌我酒間因話庚辰冬與余同寓
吳陵有仇坦園王賓文兩先生風雪中相聚甚懽今賓翁已
没愴然感懷為賦是詞　夙昔羈何阜記從君歡場戲賭醵
醽千斗自散華筵歸故國也擬逢萬長守詎又被飢驅出走
再上高堂三載過喜故人情好還如舊又飲我牀頭酒　凄
涼淚落三更後憶庚辰殘冬荒寺群公聚首雪惡風狂俱不
畏日〻御杯在口喜吟咏賓文王叟今我重来都好在只此
翁已去泉台久今夕會翁知否

月亘黃直貽招看玉蘭　二月纔過半早進前老梅舒綠落英
零亂取次玉蘭應斷放昨歲今宵家曾見又今日隅城来喚一
片花光簷際白似天池萬朶蓮初綻直開上凌霄幹　主人
倚樹還三嘆〻今宵有花無月　玩少頃碧空飛玉兎
倍映瓊花光爛真快意傾杯無算更囑他時頻貰酒待闌開
芍藥還来看只可惜換年光換

沁園春

棗園感舊呈李久菴先生　念昔尊公遭世滄桑身亦沉淪遂
杜門荒野庭無雜客談經暇日座有遺民而我先人単衫席
帽日喚兒扶去水濱追歡處更交兄公弟兩世情真　傷心
墓艸多春只後嗣如愚賤且貧似彦升弱息寒衣是葛叔敖
孫子生計惟薪今日西州羊曇再到昔事低迴劇楚辛公真
老驚紫髯變雪青髮垂銀

題胡二簡秉風圖先曾題秋高試馬圖　眼底男兒似儻如君屈
指無多記酒酣興發珊鞭倒挽秋高馬健繡袷横馱屬客為
圖索余題句醉墨曾於鼻盾磨今重見又投来錦軸惹我狂
歌豪情一倍嵯峨縱萬里還思瞬息過御似風仙子將遊碧
落乘槎客使直犯星河赤鯉汀邊老螺磯畔噴沫驚翻十丈
波燃犀照見百靈趨拜嘯舞天魔

憶同李涼肆過劉蔚園水亭飲燒春於薔薇花下醉後題記壁
間乃丁丑浴佛前一日也丙戌同劉子客何阜適是日過其
寓語及斯事忽復十年愴然賦此并懷涼肆　客舍尋君且
酌燒香往事重提正昔年今日記来約略君家水閣想去依
稀屋角花開橋頭客至貰酒壚邊手自攜顛狂甚任當筵屢
舞鬢插花枝　十年鬢變成絲待再撚花枝亦可嗤況羈人
心性年〻牢落故園風物種〻離披只我與君相逢於此時
有閒情把一卮同遊地更飄零何地陡起相思

北城晚眺時康熙乙亥兀魯特入寇　十月荒鄉海氣增寒晚
眺城樓正西風颭颭千秋木落斜陽澹澹萬井烟浮側帽微
吟憑欄北望頓起邊關萬里愁長城下悵笳聲動地兵氣橫
秋　終朝羽檄如流早刻日移師出帝州看前軍夜渡長河
滚滚燕山暮宿鐵騎赳赳我擬從戎伊吾之北博個人間萬
户侯緣何事却名爭蝸角利覓蠅頭

酒閒與座上客　憔悴朱顏君尚如斯正復奚言每閒居深悔
悮人紅豆半生多恨困我青毡命也何窮時乎易暮總上華
筵倍赧然銀鐙底抄齡楚楚少俊翩翩　臣陳平自許當年亦
弱冠丰標絶可憐謂鸓雎翼絆頗矜神駿筱偏鳳厄竟失騰
騫水旱頻犯風沙疊犯久矣今吾不似前君還少縱沈腰瘦
減潘鬢猶玄

重過何阜繆函九典胄兄弟　小閣燈紅白墮千觴酌我其間
訴别来情事牢騷依舊春初風物彷彿從前心念朋交三霜
不見厚意深蒙個個憐臣何幸更君家兄弟情好尤堅　昔
曾在僧閣筵是澹月疎星乞巧天記余時倚醉歌成金縷君
爲醮墨寫上蠻箋何意重来還逢高讌恰對梅花意惘然微
吟處料他時相見又説何年

戲示延裔　忽爾長嘆落拓無聊爲客於斯笑販茶鸞畚才非
賈豎分章校句臣是經師君亦年来他鄉賣葯詎療貧家數
口飢非長策即余憎其拙人笑爲痴　方今多少熙熙謂奏
賦還遭聖主知問誰能爵爵緇居馬磨君偏皚皚溷跡牛醫
頗怪蕭晨閒門佀水大類君平罷肆時慷埀處雖吟情甚劇
酒盞都稀

雙珠璧合

與繆函九同時有亡兒之慼填詞屬和　庾信多哀方賦傷心
君亦如吾雖東門不哭君能自遣西河墮淚僕已全枯亭號
千秋地名嬴博從今銷魂有是夫黄台下況爪經再摘臣獨
何辜　哀宗一綫堪虞只都願還奢老不渝倘人矜邕後匪
惟弱女天延趙祀遂有遺孤不幸生如景升兒子鹿鹿凡毛
竟可無君非比料来春花發驕我双珠

戊子春聞余應試吳陵胡修来過敝邑訪余不遇亦於東亭握
手喜而賦此　我住荒鄉不見先生於今三年忽烟波遠訪
公真誼重松筠空閉僕愧名韋手扳留銜破扉題字想見臨
風意惘然亦何幸翻共周旋東亭客舍　層霄兒䴉剛圖記
帋蹤闕前八月天正堅留人處爲閒山閣苦辭君去徑放江船
負此名區辜君厚意底事當時總不憐今重約秋来遲我燕
正

子磯邊

將赴何阜舟中作　節序匆匆又過元宵别緒縈懷悵一肩行
李飢驅人去滿城風雨天與愁来正喜頻年棲遲故國日占
歡場濁酒杯貧家樂正團圞兒女笑口常開　無端生計多
乖嘆如此分張劇可哀念壯年歲月依人異地殘更燈火兀
坐蕭齋衣馬輕肥錢刀百萬𡈽上偏雄驅儈才如臣輩問天
公何意潦倒塵埃

清明雨中周露繁先生招飲南莊别業　我輩何緣爲童子師
此日殊艱嘆腹中車轉多時不樂身同匏繫甚日能閑雖得
今朝佳辰有暇何計爲歡足解顏尋芳去喜南莊最僻地主
非慳　蕭然茆屋三間有高柳周遭水一灣正疎疎雨濕沙
頭路滑微微風綻樹頂花殷爽閣東西芭闌曲折繡砌茵鋪

草色斑初經此果一印一壑自可躋攀舍此安之且任譚諧跌宕婆娑真歡場快事百年有幾好春佳節一歲無多分局圍碁踞牀説劍占定先生安樂窩推窓望更漁村不遠雨笠烟蓑　今朝若更晴和想此地風光倍瀟灑有盈〻秀髾都忙鬧草嗣〻少俊競解徵歌相約明辰潯逢天齊詎惜千瓢載酒過君休哂臣半生狂態未便銷磨

憶丙寅九月八日為先生六十誕辰客汪舟次先生家先生張讌為壽今已亥是日從邸返里追念往昔不禁盛衰存歿之感爲賦此兼示公有　今夕何辰感念吾親往事依〻記主人壽客為開清讌諸郎並我同戲斑衣回首當年座中何限轉眼山邱賦曰歸西州路每車過腹痛怕到城扉　門前畫戟都稀惟列樹寒鴉晚噪飢縱西華尚在疇憐淪落五陵既散無復輕肥何怪貧家春風歲〻不見層樓對夕暉當初燕總雙〻去也知傍誰飛（余家小樓乃先人讀書處艾山先生有詩云樓簾又見春風度燕子飛〻入小樓今久廢）

八月秋初與王秋上同寓城邸秋上遇寒疾死孟冬十月詞以哭之　客舍蕪城汝病危時夜火相依恨延齡續命都無妙藥歛形衾足更少完衣只説中秋故園同返詎料先生還是櫬歸親朋送共生徒一哭殷徹郊扉　家貧活計原稀更歿後愁親苦歲飢念喪明孤子無方可療析薪弱弟甚日能肥我對霜風哀吟至此黯〻寒雲日不輝重燒帋並烏絲寫就齊化灰飛

修翁有金陵之行余亦旋歸舟中寄懷　無事何當每到歡時忽復全乖蚤湖中燈火今宵頓減舊前絲竹此夜難偕君既南還余仍北向一夕輕帆兩地開渾無定縱總人生聚散野馬塵埃　天涯搔首頻迴只此際能無嘆息哉看荒村野店同時旅況微風細雨一樣離懷誰道長江真成天塹擊楫便能破浪来君姑去約春時待我来探江梅

題修翁填詞小影　久矣騷壇人共推君才調恢奇便迦陵狂客競稱我友西齋老輩亦曰吾師憶昨先生東亭遇我旅館三更酒醉時曾投贈有香詞一闋寫上烏絲　而今別後相思忽寄我新圖屬和詞訝憑誰細寫姿容逼肖令余閒想吟態如斯慣譜新聲偷翻艷曲百幅蠻牋付雪兒清陰底聽歌聲一縷宛轉淋漓

初冬之食感慨成詞　鬻畚吹篪余豈能為惟耕是依冀薄田多黍兼供釀酒窮冬有禦豈嘆無衣何意秋来西風一夜釜底孤城衆壑歸茆檐下驚魚遊花徑浪皺蓮扉　稻粱十斛都稀任飽飯侏儒笑朔飢更每思親友皆貧且病誰為糠覈可食而肥就就天涯故人祿厚悵望千山又落暉凌空去問盧耽何術有翩能飛

與殷彥来　七夕相逢感懷情悽不減山陽當君年弱冠便期早達臣時總角已隨清狂記潯揚州驚花三月多少名流聚此鄉吾與汝並追隨嚴父宴侍壺觴　蒼茫淚洒蘭缸悵無復前人話夜窓更後嗣老矣却淪貧賤名心恢甚豈羡明光逆旅霜寒更深酒熱且擁紅爐醉一場休重説恐茫〻舊恨碧海難量

辛卯不赴金陵之試示一二同志　俗子吸〻為勸南征若豈知余雖生来未老心於名淡登科無分天與才枯那更奕風一肩行李又策華陽道上驢真勞甚任人思高第我愛閒居

豆棚涼月剛初蚤散遣徒生一事無喜酒香客到齋傾伯雅
夜闌人去獨掩吾廬省浮今番離々禾黍感歎重經舊帝都
渾難忘只山光翠色濕江影金鋪

里中詩酒偶效填詞并囑余和聊用寫懷　狂甚詩人小令長
謠偶亦為之或燈紅酒畔填成舊恨月明樓上寄與相思犀
管爭拈蠻牋競寫琮重群公絕妙詞林香世將冰紈細譜可
協琴徽　千篇錦爛花霏念白雪由來和者稀況毫枯墨澁
匠才已盡行僅五蹟我數尤奇共說當年吾親健日酒溢歡
場百韻飛今重者省感遺文在笥泪落封題

起語群公將東輕裝竟別淮揚去恒猿多處蠻山迢遞荔枝
紅日細雨微茫愁自關心驅能驅我士到千人氣不揚昂西
齋叟記昔曾經此話我偏長　陰燐恒燒沙場更枕畔魂驚
客夢妨聽潮滄海長鯨恒鬪閒風饕大麓神鳥霄翔說到愁
思灯昏月黑詎待離鄉始斷腸幡然悔儘故園此日詩酒襄
羊

送李神木北上　鬱々吾生於此久居真使人哀恰名場溷跡
逐迎計拙浮雲過眼富貴心灰物外逃名牆東避世我意如
斯更不回君豪甚忽別余千里買櫂長淮　羨君此去金臺
看帝闕巍哉北極開更蒼松翠柏西山峯嶂銀濤雪浪易水
瀠洄樂毅墳邊張華宅畔吊古誰能不感懷題詩處問朝中
諸貴若個憐才

與姻翁解遠公　白眼看來惟名與利舉世紛々問誰能息意
都忘俗累疇甘遯跡不繫塵氛物外陶情閒中遣慮眼底惟
餘我與君時狂笑々人間富貴邈若浮雲閒門花鳥忻々每
姻好過從不厭勤任君耽茗飲長煎活火臣擬鯨吸自醉餘
醺尚苦喧囂戀他城市思買烟村傍水濱移家去令子孫相
約共事耕耘

許時雲齋中賞雞冠　昨醉君家秋色佳哉吾惟賦之念光妍
且紫誰遺袋佩色黃而淺何處鵝兜最愛叢中數枝絕豔氄
梁猩紅更不疑欄干外總鸞箋十樣錦爛霞恔　主人指示
非欺看象別形殊醜遇拳或神仙芝草秀成輪囷赤城雲物
幻出離奇更類西川桐花么鳳飛向風前羽倒垂凡皰耳問
化工何意縷繪如斯

與趙躍千先生　風雨蕭然獨坐懷公邁雨傷神記東亭客裡
每多懽笑高齋酒半大有規箴情豈能忘言真可佩感激時
令涕淚新蒙相許謂君如此詎患長貧　年華莫漫因循恐
詩酒從來總誤身怡情鍾花月公真如我性耽罷利臣不如
人生既無才長尤廢學身世空嗟命不辰他何恨只故此人
意慚負千春

己丑十月趙躍千先生六十稱觴前一日歸里命余填詞淩閣
念年老不疑且不作祝嘏語皆先生意也　秋草蓮門剝啄
誰歟起我閒眠驚故人遠訪翻疑是夢清尊重地私怍何緣
昨歲東亭別君九月彈指花黃又一年欣無恙只近來双鬢
漸白於前　似公六十堪憐却等奇他鄉甚日還縱菊荒松
老室廬安在牛眠馬鬣卯墓依然為囑明春歸來故國舊業
還餘數頃田如吾輩更子孫相約釣雨耕烟

李神木北上同白齋餞之　濁酒三杯余與徐生為君餞行正
南春暖梅花綻北池雨過柳帶剛青如此風光真堪聚首

何事輕裝又遠征登高望悵薊門千里無限離情　知君未免把沾膺恰今夕狂歌興倍增任酒酣已往偏能説劍更闌而後且復談兵倒馬關前王陵城下此去經過百感生兵爭後恐陰燐未斌戰血猶腥

已亥十月重過河阜聞繆函九豹文叔侄今年皆四十初度題詞以贈　怔煞雙丸電擊波翻底事如馳記忘年可友衡方齒少南隣覓阮咸亦肩隨顧我殊慚目伊何侶謝樹臨風玉兩枝驚相問令四旬都過消斌光儀　吾哀更復奚辭莫以已飛騰不繫思縱才華侶爾工詩無益行藏如僕賦命偏奇人説當初負薪翁子五十乘驄守會稽吾長嘯也明年曰艾懷綬何時

歸里後寄喬文梁洛兄弟　客邸相逢酌我款歔余胡弌徵向木蘭院裏慣為羈客西華道上尚著絺衣一夜秋風動人鄉思竟掛蒲帆帶雨歸歸來日荒堆葉砌草没荊扉　橐中金賸幾希都未暇憐渠婦子飢且買從旁舍濁醪殊尠持來左手紫蟹初肥恨不同君兄弟坐此閒軒話夕暉江天外縱烟波無際魂梦能飛

題李艾山先生像二首　劉昭允諱宗澤寫照　外父吳梦翔補景　吾邑人文實自先生再起詞場當永嘉之末猶聞正始杜陵而後不愧襄陽伯仲伯師朋友迭唱日坐先生舊艸堂閒高詠與卧宗遊文探討微茫　不知底事心傷長北望神州意激昂縱杯中酒熱焉能遣恨風前淚落只使沾裳土室卑棲牛車穩卧多少遺民此遁荒今安在雲飛星散人去琴亡　伯仲相師謂先生從兄平菴宗丈名元豫字子發最震傷心二十餘年不見吾親記臨終有託累公弱息沒身

不負最我先人思舊情深矜孤誼重幾載從遊若飲醇令回首歎騎箕去後忽判多春　像惟三益傳神恰劉子於圖亦寫真看霜髯雪鬢手標如在蒼松亂石筆墨猶新補景為誰婦翁吳老也向重泉結比鄰題詞罷對一天風雨百感酸辛　三益園為之時寫為李艾山徐槐江暨先君寫照

劉延裔自何阜歸過余共飲曰懷令弟叔裔并舊相好存問者蕭然衡門剥啄誰與忽訝君來問前宵初返異鄉孤棹令番且盡長夜深杯喜極尤狂酣時轉恨令弟多春不共迴遥相憶想一燈愁聽風雨空堦　最憐繆二多才悵何事新辭懶寄懷更賓文王叟鬚眉侶雪東陽方子調笑無藉（猜）屈指於今三年不見虛擬霜帆昨歲聞憑君報道臣仍無狀跡混黄埃初夏還懷客何阜　此地人言是小揚州也自繁華早狎園雨没爭看芍藥游人日午盡衣春紗獨有思鄉無聊羈客閉户巡簷手自叉身何在笑居然海角不比天涯　風前莫漫長嗟笑有日輕帆也到家正烟波萬頃鳧雛燕子風光五月菱葉荷花招手賓朋水亭深處綠酒千瓢恣意賒顛狂甚任玉簫吹裂画鼓頻撾

飲方東陽庄戲贈　記否春初有約花時邀我高齋正老梅開日便思折柬夭桃紅處只想啣杯詎意春殘俄驚夏至不見樽為客開言真忘笑君非有意僕自無猜今朝側帽還來恰自謝臣貧侶可哀謂醫門少疾藥籠蛛網青山誰買画甕塵埋君縱堪憐余偏渴甚亟向當壚典婦釵閒窓外剩綠陰都滿且坐莓苔

訊蝨　暖日寒簷捫蝨閒吟爾物誠微問何由氣孕潛於積臭

無端卵育生自牛衣或附顛毛類分黑白垢絮焉知是與非爬搔極使清談頓歇好夢都稀　居然身命相依也膏血甘分飽爾飢却臣羸見骨奚堪若飽臨香多肉可恣而肥畏彼便無欺余獨夥理詎能平息禍機高堂上已具陳湯沐相弔奚為

蝨辯　蝨告主人臣罪當烹幸緩須臾恰憎余貪甚誠然無狀念爾蠢爾焉用深誅造化從來多種物害攖者豺狼射者狐公真誤張鵝不問翻遺區區　公能為臨之徒敎群處褌中恩起居奈繡衣雲爛生無而分錦衾香暖命不如人獨賴嵇生性馳嬾慢盥洗都慵髮怕梳還相宥願長依敝袴終惠微軀

同張扶九詣胡修來二簡兄弟白飲　謖謖風來暑氣全消秋意新添正賓朋嘲客難踞床上坐弟酬兄勸揮塵清談而我猶狂翩然側帽闌入華筵竟不斷頻呼酒恰紅燈冉冉暮雨霰霰　主人觴致偏嚴笑醉裡寧知漏已三莫他鄉此日為歡不易浮生今值作達何嫌忽話從前群公高譏老革西齋興更酣今何在悉座中泣下濕透青衫

客東亭值梦亡姊枕上賦此　追念平生孤露煢煢何限酸辛更兄偏早夭余將安托姊今遽逝弟亦無親昨歲床前頻來問疾語我今番病已真吾與汝恐此生相見不到明春　在閨語更諄諄念兒幼愚騃長未婚況蓬頭歷齒尤憐弱女畫眉梳髮待倩何人囑汝無忘題言所婦少小相依莫更嗔今重記覺言猶在耳淚尚沾巾

聞胡次蕃返刊詞以寄之　昨客燕城留宿君家節是重陽恰簾開笑看茱萸正爛登高嬾去風雨殊狂座上而翁樽前諸弟獨尔迢遥隔舊鄉來何日倘深秋返櫂猶及啣觴　空望花綻銀缸詎題日嚴冬雪滿窗正團圓親舍同分歲酒繽紛梅萼已露春光我待新晴孥再相就問訊浮卯古道長埸聞奇絕只蓮峰可躡雲海難量

贈劉在園先生致仕作　自古有言漏盡鐘鳴尚有行人繼蕭蕭華髮都看到髮茫茫宦海未肯抽身鵝作先生翩然拂袖甘向清時作隱淪逍遥甚任山河曳杖垂釣江濱　一官聚斂精神算何似還家樂最真正晨雞夜火惟聞課子朝餐夕膳只辦娛親試向東山田頭北闕猶自天心屬老臣誰容卧恐徵書忽下推動蒲輪

聞焦山瘞鶴銘復出喜而賦之　舊說焦山有瘞鶴銘久墮重淵嘆沙淘洗曾更累代雷轟石劈不記何年忽有江潭行吟楚客觀此汎淪意慨然無難者竟出諸波底躋彼層顛　吉聞古物多湮笑陵谷千秋幾變遷看咸陽原上泰碑漢碣義熙年後亂艸平川獨有斯銘巍然復出多藉山靈擁護堅從今後莫江妃再攫海若偷褰

宜閣賞梅呈繁露先生　客裡群公每到君家懽聚如雞早斷刀快切蟹膏難腥傾筐小摘野蔌山肴月落還留尊室更貫地主如公汎愛稀類煩甚報梅花又葉逞我柴扉　幽香久坐沾衣看石上盤根已數圍恰今年春半憎寒尚峭一枝日昨喜而初肥忽憶家園巡簷双樹也定紛縉傍夕暉誰吟賞任東風吹老作雪花飛

寄贈周東庵兼呈令弟清志　梅萼將開十月之交君四十辰

記春殘客屬無辭麗製秋深急索為近作辰醮墨裁題含毫
又廢應酬於今嬾絶倫終難却念故人情重未許遂巡　東
亭作客多春感先世論交誼最真每屏開設食玉盤膾細花
陰取酒金甕醅醇昨過南莊覔君昆弟厚意居然類昔人題
詞去倩當絃管歌向嘉賓

題史指臣追遠圖　慘説當年孀母乳々偏值時危見腥刀驅
走閨中少婦亂胡擁去馬上蛾眉勢豈能全義難受辱夜哭
孤靈拜且辭翻身入早一泓碧水畢命何疑　十齡弱息疇
依空徧繞澄潭日々啼便尋來沙上都無棄履覔從波底並
少遺尸戚矣魂消嗟乎天道茫々詎有知重回首算千
秋此恨欲忘何時
時自　以迄於今六十餘春尚朝々掩泣搶呼厚地年々
抱恨哀籲蒼旻梳扇空存音容莫覩除是重泉會面真情悽
惻每秋霜春露一倍沾巾　微君酸辛痛我亦千秋負罪人
縱沒可報難酬恩重偷生何益祇愧兒貧潦倒如斯顯揚無
計辜負當時屬望殷披圖久正灯昏欲絶此最傷神

春夜飲宮半村素濤山房　歲々扁舟浪跡他鄉今又吳陵喜
君家兄弟尊前具在當年亭樹月下重登隔座藏鉤分曹射
覆小偶玲瓏午夜灯光遥射見玉蘭枝上花白於氷　春天
酒價初增羨玉椀香浮竹葉澄恰匡猶未醉還能一斗君如
不更給三升餘便思羹飢還索餅瑣々類教小婦憎聊相戲
想欲眠時候嬌困騰々

辛丑春吳桐江自何阜歸招諸同人集飲永日仍送之何阜
垂老他鄉妻子與偕差共相依却回頭故國又逢寒食關心
先隴誰拜深衣草色長湖柳絲斷坼歲々扁舟此日歸欣重
見競百錢挂杖来款荆扉　頻年聚首誠稀每花月君愁侶
飢喜今宵讌集盡皆耆舊中厨供給竟有供肥只恨當前華
筵易散早已天端墮夕暉還相惜々明朝又別怕見帆飛

贈解天申先生　僕本疏狂得與公交最辱公憐記昔年遊處
東亭旅舍連朝過訪北郭閒軒懽頓忘愁貧難醉客翻令先
生費酒錢青尊畔發新詞頻索譜向當筵　六旬甲子重編
問記否艱難下世年正驚魂烽火波騰海沸傷心人代谷變
陵遷生值時危老逢歲歉雪鬢霜髭豈再玄嘆更河清難俟
此意慨然

解天申先生七十　盛德如公垂老鬻孤真使余憐却乳々耄
耋幾人善養紛々肰犬偕個能賢生子多愁有家翻累誰侶
先生竟脱然蕭閒甚總一聽天運不繫塵緣　六旬曾為題
箋今轉眼韶光又十年看酒邊顏面尤丹如昨風中鬢髮未
白於前歲晚驅来相逢一咲料得新詞未許鐫期頤算累余
小子五奏賓筵

待月樓觀劇　太息人生亟早為歡何事營々看風清月白能
無快意歌香舞豔誰不鍾情銀燭初燒銅壺未滴手把金卮
倚西屏頻回首念當年此夜我在吳陵　豪華公子知名曾
幾度開筵坐水亭羨吳娘十五臻々楚々燕姬二八嫋々婷
婷比侶而今諸郎如玉一樣風流正妙齡魂消處問此身何
在彷彿蓬瀛

水調歌頭

冬夜遣懷寄王正子先生廣東　醉後發長嘯把向酒天祈人

閒富貴何限匪亦詎能希但願薄田来歲収得稻梁十斛可
使婦無飢從此免行役長守釣魚磯　寒窓外風颯々雨霏
霏灯孤漏永此情真使淚沾衣那知七千里路尚有白頭遊
予三載不能歸今夕亂山外應梦到親闈

䫆右初李績臣来飲　閉户已經月忽驚故人過示客牀頭在
急取醉顏酡老去䫆公殊健痛飲還能一斗高咏當狂歌李
子猖靡樂晚歲計無那　婦長怨兒女輩鍾百病門東索飯
無禮咩怒一何多話此真堪三嘆我謂只應一咲爾欲奈負
何且進杯中物未暇恤其他

附休寧汪芳藻字蓉淵西湖十錦詞

西湖十景詞　蝶戀花

蘇堤春曉　何處春光迷夾道多謝坡公點綴蘇堤曉紅樹綠
楊香霧繞晴沙輭翠嬌芳草々催起閨人妝束早倚遍雕欄
睡眼偏波俏睨鸞鳳鞋怜窄小朦朧窈怕犀簪掉

柳浪聞鶯　萬柳垂絲吹翠浪碧榭紅樓一片波紋蕩鎮日湖
頭停画舫最高枝上鶯聲亮　蓮步珊々環珮响花下聽来
惹起芳心漾停恰銀笙憎惱恍雪兒亦自輸妍唱

花港觀魚　荇帶蓴絲搖綠水花港浮沉吐沫春波裡贏得佳
人行又止凭欄借卜心中事　貪看文鱗遊葉底誰似魚兒
比目歡成對切莫垂綸真使避恐將旁攬鴛鴦睡

兩峯插雲　天外芙蓉塵盡洗南北嵯峨兩々高相對雲插層
巒疑画意董家北苑圖成未　掩映湖光增婀娜十里樓台
一望差參裡何處嬌娃来隔此遠山可侶眉峰翠

三潭映月　暑氣初收蓮粉褪船過平湖喜傍三潭近天上嫦
娥梳翠髮開慵捧出寒冰鏡　愛月美人頻自忖怎得嫦娥
到處如川印相守團圞須有準莫教輸與湖中景

䫆院風月　銀塘瀉湯鋪綺繡綠戰紅酣香國風流數抄選旗
亭来翠袖摘花不惜垂纖手　倦倚水窓延佇久一陣新涼
玉体輕綃透低唱菱歌幾住口賺郎故把秋波溜

平湖秋月　雲斂晴空懸皓月高照湖心瀲灧同冰雪更入秋
来光迥別遊舡都把珠帘揭　忽送歌聲且越清遥望双環
彷彿仙姝接金粟香飄常不歇嫦娥許約登蟾窟

南屏晚鐘　徙倚凈祠臨碧岫寺抱南屏暮靄籠新柳忽听疎
鐘逢晚扣一聲々欲催宵漏　鼓動湖心迴鷁首翠袖紅襟
兩々攜纖手臨上香車佯落後背人低慰仙裙皺

雷峯夕照　高矗浮屠常接日一帶層峦遇晚呈金碧彷彿赤
城霞五色夕陽返照雷峯側　侶促治遊歸與迫逐隊嫦娥
步急鞋幫窄每々回身偏小立恐教釵墜防人拾

斷橋殘雪　雪霽白堤消綠萼侶噪新晴枝上棲寒鵲凍解小
橋魚下躍剩来數點楊花撲　誰侶貌姑同綽約緩步銀沙
漸怯花茵薄立久忽憎風信惡歸邀郎飲頻低酌

攬

秋日遣懷　崔淵之作

蕭蕭落葉□秋氣，累守青氊信慘悽。屢戰文場六十載，勤攻筆陣苦三更。
拾重剖海惟修日，愛友吟詩了此生。壽開當貴達天涯，□□□□□□□。

秋吟有感

風雨瀟瀟滿目秋，吟懷寥佈滿江樓。時光何日黃綿□，芦荻洲前上寄□。

又

莫道儒為席上珍，皇家偏重是英人。書生十載寒窗苦，半入污流半守貧。

李子詩

詩集　今　興邑詩人失名

滿秋□見人□□，□茶□□閒□送，自□飛風□□荊慕。
悲滿目□□□□，□□□依□□□，□□□□□黃。
□□□□□□□，□□□□□□□，□□□□□□□。
風□□心□□□，□□□□□□□，□□□□□□。

題宗廷擢小照　瀟洒胸襟世外身，寬袍長袖樂天真。幾年下
榻勝兄弟，今日披圖對此人。海濱正喜值人文，孟氏于今
復又聞。爲羨萍踪隨境合，天涯何處不知君。

戲贈謝仲粟花燭　關雎初咏意如何，繡幕春深結綺羅。來歲
蟾宮應有約，明歲御試今宵先許伴嫦娥。春風幾度玉生香，共
向粧台試晚妝。熊羆夜來方叶夢，何妨枕畔學鴛鴦。

磨劍　古劍新磨出，乾坤不可藏。未能試鋒刃，先已羨光鋩。俠
氣驚牛斗，寒光壓魍魎。不平全仗汝，直欲勝秋霜。

聽雨　客愁縈枕簟，滅燭已三更。漏滴灑空堦，靜蕭疎虛幌驚。
竹深黃雨亂，桐葉趁風鳴。明日泥濘裏，漫漫不易行。

湖東口早發　將旦月猶上，五更雞乍齊。草枯霜影白，風靜水
痕低。村犬驚舟吠，棲鴉見火啼。湖光千頃外，應近楚城西。

莫春即事　催春盡梅花柳帶烟，薰風促就艷陽天。尋巢舊燕
知春社，似解人間又易年。

憶老父　老父鬢已白，心思猶未閒。壯多兒女累，晚痛一身鰥。
有子難分力，無田萬事慳。驚心百里外，回首淚潸潸。

和李天策挨極臺送春　春辭去，過隙總難留。堤上垂楊驚宿
夢，池邊芳草逐新愁。猶憶小揚州。　春辭去，晴艷正宜人。臺
榭參差阡陌複，鶯聲婉轉燕泥新。無謂度芳春。

午日　端陽節，天來正晴明。照眼榴花成火樹，伴樽蒲劍壓繁
英。新句少人賡。　端陽節，最喜日方中。小院熏風迎醉客，簾
前日麗映新楓。蝶戀落花紅。
端陽節，有謂是兒童。艾虎爭簪双總角，五絲競繫百年躬。三
四入花叢。　端陽節，挈契伴任尋歡。陌上嬌娃羅襪穩，湖邊

游客葛衣單。都是半醺看。

蓮花菴　蓮池菴外盡蓮池，傍水垂楊接曲籬。閒覓遠公林下
望，門前還見打漁兒。

立秋日泛舟觀蓮　放艇龍津試早秋，香荷深處繫扁舟。碧雲
黃葉移殘日，綠水紅蓮擁溯流。筒葉作杯難盡醉，剝房入饌
可忘憂。開懷頓覺歸來晚，漁唱菱歌對野鷗。

南窗六咏

水底螢光　楚陽城外草青青，入夜螢光點客亭。漫逐晚風湖
上去，還從波底認流星。

月下佳人　清輝萬里靜無烟，小立佳人倍可憐。韵致不殊臨
玉鑑，疑從月殿降嬋娟。

長空鶴唳　淡月疎星萬里開，數聲嘹喨徹雲迴。無端白練隨
風舞，知是仙禽拂羽來。

三更笛韻　涼月紛紛照短檐，更闌遥作遏雲聲。囑君緩奏關
山調，無使羈人一斷魂。

竹裡書聲　僻愛清幽曲徑開，結籬深處共徘徊。竹裏書齋人
不見，一聲朗誦隔窗來。

對雪　陰雲匝四野，凍雨沒山根。磊磊幽窗見，漫漫曲徑諼。竹
辭前日瘦，梅放一時繁。老酒猶存缽，連朝未啟軒。

年來　年來事事總相催，猶自呼朋覓句裁。留得故園梅伴在，
莫辭酒債數擎杯。

贈葛澄齋　不棄清貧士，反成金石交。談心烹苦茗，射覆燃松
稍。濁酒連宵共，清詩帶月敲。放懷青眼潤，不厭俗人嘲。

無題三首　雲鬟初添柳黛新，星眸回處絕無塵。春山慣蹙猶

遺恨種玉無逢琢玉人
玉潤肌膚桃艷腮東風閒立户潛開侍兒扶處嬌無力想是
巫山帶醉来　嫋〻腰肢渋〻粧家常愛着素衣裳含嬌致
態難成画說與傍人渾斷腸

栊梅　幾番凜冽見精神瘦影横窓逈出塵清艷不堪蜂蝶戲
泥金瓶畔擁天真　素質幽姿邁衆芳雪霜戰盡鬭春光暫
辭故幹東風後還傍琴書吐異香

春日偕葛漁猗文弘軒觀梅時花已殘　屡訂觀梅約蹉跎春
已深幸来虚閣静尤喜近花陰過折繁枝少爭開瘦影侵覆
窓三五點含甫待君心

新柳　淺綠輕黄葉未成宜風宜雨過清明晴烟暗鎖金絲柳
樓猶恐枝頭宿晚鶯

泛舟觀桃　欲覓仙源處還来向水濱放懷舟蕩漾遣興酒清
醇恍入玄都觀疑歸玉洞春同人看盡醉樵外一垂綸

雨後集飲王又沂菜圃　薄暮微風送雨痕枕溪茅屋接前村
輕舟還漾龍双鸛細浪還催浴匹鷗鴛別圃遠連晴圃潤菜
花爭勝柳花繁當年雅集今何在莫讓尊前不倒樽

古檜　老樹葱龍石壁依知他蟠踞幾千圍縱無牙爪觀雷化
已欲鱗鬣待雨飛蒼〻自隨天地老蒼〻幾伴帝王戢棟材
自入良工眼漫道喬然不解機

尋春　尋春偶過小園東攀得幽人醉晚風陌草獨憐文似錦
綠袍深惹杏花紅

萬花軒對蘭　南風拂〻滿楼台白艷紅嬌續〻開獨羨一枝
清作韵幽香自傍野人来

題二美携琴圖　閑停針黹出簾櫳女伴相携立晚風幽緒百
端難自訴謹將心事寄絲桐

偕葛漁猗王又沂泛舟蓮塘　小艇乘風漾碧波晴霞一片覆
新荷忘機鷗鳥隨舟至輕艷芙蓉映日過暫折蓮衣能注酒
旋抽藕帶不須蓑漫誇桃李當年宴此日尤增醉後歌

野望　野望杳無際空濛辨不窮枕溪茅屋穩抱圻急流通欵
欵漁舟見重〻樹影同白雲歸未晚遥讓梵王宫

秋日飲劉大兄新亭　竹屋秋風裡檻前秋色濃砌傍依老栢
户外有奇峰徑僻門無俗樽清酒自醲呼豪更漏永不信主
人慵

遣悶　偕兄宜為遣時艱且自安酒過諸慮失債去一身寛家
難真難措人情豈易看南窓無個事翠竹幾千竿

閏八月望後富春楼對月　相携盍侣欲何之覓得層台興頗
宜昨夕已經秋雨至今宵又見月初虧楼因春富名偏麗蟾
為秋高更奇色餘得濁醪樽共倒清風吹上紫藤枝

枯荷　金風吹水碧漣〻卸盡紅粧綠又蘸眠鷗色無箴日蓋
潛鱗那有避炎時晚霞點處吳姬愠朝露承時周子悲風景
猶憶曩時風景好清香十里少人知

聞雁　何事嗷〻絕漢回邊風蕭颯苦相催殘春一去無消息
忽帶江城秋色来

初霜　瀼〻靈露晚風團草色蔫〻（不鮮貌）月色寒借問故園諸艷質
明朝莫作舊時看

有寄　握別驚秋暮憐春意更堅有懷多好夢無緒叠情箋能
速相思地難完離恨天文居如有泪定濕寄來篇

春日偕劉宸書遊山子廟泛舟　暖送東風日漸長扁舟數入小雲鄉垂楊夾岸初含綠文杏穿籬晚帶香画舸自隨遊冶客芳堤遍躡窈窕娘昭昜戰甲埋千古功烈於今土一堆

同徐容菴吳振鷺舒文銑看菜花　同秉逸興覓幽花放棹龍津日已斜引看芳菲臨岸曲紛開亂蕊鬪春賒風清四野閒閒地水隔連村處處花爛醉不須愁世態月光深處聽鳴蛙

立夏前一日集飲吳振鵬齋中用少陵長夏江村韻　薰風方入幕地此實清幽有興堪尋侶無心許結鷗燈花浮竹葉月色上簾鈎白髮催拚醉詩從雅韻求

葛澄齋招同友人過鈍菴禪師　閒秉逸興過橋畔水浸苔痕兩岸肥展齒躡開山剎花枝動野人衣樓明月色當高宴墻起雲峰入翠微酒罷遠公相笑別歎斜也學醉翁歸

攜樽夕泛舒文銑韻　清和湖上好放棹日將斜樹密晴籠霧溪深晚漾霞歸航帆漸遠村店酒須賒莫訝歸來晚人生醉是家　草閣臨橋北扁舟纜水西漁歌貪共聽酒盞錯分攜落照迎歸鳥清光下晚溪醉驚天地濶四野水禽啼

過鄭氏新亭　海縣園林少君家學構亭樹緣初植瘦花是旋培青淺徑從苔滑堅垣任雨經自憐幽興好不問主人醒

立秋日陪徐孟博泛舟蓮塘　篔壆暫脫放輕舟十里芙蓉意固留紅粉送香疑解語綠衣伺酒欲含羞蒹葭晚作蕭蕭雨藻荇晴依細細流醉裡忽驚絺綌冷楚陽城下又新秋

並頭花　折得並頭花留贈並頭人願得人似花千載長相親

水患　孤城搖蕩水為鄉極目秋原盡淼茫百里膏腴成巨浪萬家烟火枕汪洋謀生止覺漁人富養病何須葯餌良最是悶懷遣不去強裁新句索枯腸

題劉後山採芝圖　意態消閒霽月襟餌芝茹柏飲淪陰披圖識得劉宸意定向天台跨羽禽

生子　得子真云樂俄看八月時家貧宜命酒親老得含飴學語知天性呼人識老妻他年應有待看取定雄雌

聞雁有感　雁作異鄉客幸得有兄弟今日見飄零所依向何際

虞姬　霸業虞成毀楚娃迄今猶見媚人花可憐侍愛無偏寵空向江頭羞碧沙

廣潤上人飛錫趨岸禪院諸同社賦句公留　詩酒同人久沐禪支公何意興飄然欲飛羽錫安京口還絆慈航濟楚員江上烟雲辭故國桑中桑梓仰高賢天花肯向龍津落願錫罛棠侍法筵

堤決　淮楚生民地洪濤寄命危正驚釜底急忽報峻堤虧城郭連江海膏腴入大瀰濤數遷入夜何處望朝炊

讀史　余有好書癖正訛史獨親洪荒搜系統記載得天真褒貶前儒定衣冠奕世新呼童烹好茗斟酌異君臣

籬菊　萬卉藏羞日欹斜短砌傍未能當酷日偏可鬪寒霜葉密朝含露枝踈晚帶香陶潛今勿訝領取勁時芳

姜尚　少壯屠牛老釣竿周基八百任匡安休言衰朽壽惜惺皓首經綸莫漫看

吳起　齧臂盟親事魯賢殺妻信主武侯憐矢言兵法皆歸德刻暴何時自問天

王翦　頻陽復出見單容固請園池釋主疑休士沐兵超距戲

始知六十下荆奇奇
甘羅　事呂終能善相秦張唐說處計奇神誰言十二無經綸
三十燕城一舉臣
項籍　烏江々畔水洶々方醒鴻門走沛公子弟八千皆戰鬼
奈何歌竟決英雄
范增　此見鴻門仗劍筵坑軍逐義諫無權彭城歿後空經濟
忍看江頭項籍還
春雪行　共羨東風雪漸没那更見春不見日風號四野絶行
踪坐看飢民方半卒望潯陽回催去臘雪打風翻偏颯々撲
面嚴寒蕭勢深千門萬户皆堆合波凝壑坼成衢路孤舟簑
笠難廻護雁鶩悽々不敢飛猿猱嚦々啼不住極目炊烟三
兩舍更有何歷言助借柴荊覆壓見傾頽市上惟言增米價
狂濤尚在民方折（洪水未退）彼蒼何意還飛雪枵腹難支凜冽威
幾人凍餒能持節門巷蕭然堪痛哭數巻殘屋餘老屋饔粟
雖無貴贖來有錢何處尋薪束宣嚣聒耳心如碎堂上親老
堪垂泪少壯血氣勝飢寒藜藿何堪衰老食念彼蒸民生計
極義集餘家望有德男啼女泣愧登門自古多金多吝色刺
史捐資來下問設廠濟粥藴民愠豺狼道上競相吞閭邑紳
紟皆拱亊吁嗟呼真宰之心本無毒爾民修德回滕六我聞
豐年雪兆千鍾粟廉使釜邑寒儒自此無空腹
十五日吳天秩齋中賞梅　居臨流水画橋邊花徑幽閒欲暮
天良會喜逢佳客滿開懷最羨主人賢盤登鯽膾銀絲粲座
擁蠟光玉鏡圓共道南枝春色好吟遲應罰酒如泉
清明竹枝詞　綠柳垂々二月晴和風清飏又清明孔巢燕子
初飛急也似憐春欲到城　曉起兒童個々忙穿林採柳與
如狂桃花錯做梅花折只認枝頭不認香
昭易城外草菲々遥望荒墳野水圍燒罷白錢浇碧酒綠楊
影裡紙鳶飛　禁烟時節柳如烟載酒呼朋泛曉天一派晴
湖光灩々漁舟摇過小橋邊
上巳冒雨過劉宸書湖室小飲　雨阻流觴趣招尋別廠筵衢
泥穿小巷携酒入壺天閣静昏飛雨窓虛夜護烟莫言修禊
事沉醉紵欄邊
鍾文九成晚過小齋留賞荷包牡丹　平橋曲巷小齋荒忽共
山翁話夜長銀燭一枝欺白髮玉盆三月艷紅芳名分國色
來深院種別天香綴小囊醉後共更憐春色欲暮酣歌細々
送餘觴
三月望日飲家曉村壺室看盆中西府海棠　春來都只為花
忙今日尋花趁夕陽壺室樽開傾綠酒玉盆枝滿亂紅芳當
軒月閃羅々影入檻風搖細々香扶醉白頭翁轉健（時伯父在座）更
闌還戀少年場　滿庭花月莫春天把酒臨花對月圓花向
月中增夜色月從花下吐踈烟仙姿婥約嬌疑語弱幹輕盈
態故妍深夜喚呼歡猶放量醉驚清露下樽前
見萬石樁倣而作此
折枝吟　森々園中草木根幹滋培植幹老枝還新忽遭斤斧
賊　枝嫩賴根依根老枝相戀怪彼執柯人忍使分離見
根有惜枝心枝無離根意根枝一氣生何忍輕拋棄　春風
不愛枝秋雨枝無幾囑咐執柯人留取護芳菲　枝在葉成
陰枝去葉難禁枝葉紛飛盡孤根非茂林　已見枝飄零猶
聞斧斲响笑彼採樵人居心太無養

觀捋譜　捋譜真英俊茅廬已認真靜觀增俠氣閒檢碎儒巾金鍛沙場士邊庭護國臣煇煇千載後猶復見標麟

夏夜溪邊獨酌　為愛清幽憩水隈柴扉晝掩夜還開柳堤月滿金絲亂水閣風来錦浪洄靜坐蛙聲依席畔孤斟螢火傍人来俗襟暫滌渾忘醉去事無如酒一杯

賦得黃梅時節家家雨　春去江城景物非艷陽天氣始芳菲海棠開後風初暖梅子成時雨正肥細細盡霑幽徑草微微漫濕旅人衣三農遍慰如膏望閒看灘頭簑笠歸

夏日集飲孫孟賓水邊別業　閒覓壺觴伴逃炎此地幽浪明溪撼月風正帆移舟談俠輕時貴論交重壯遊不辭深夜醉遮莫靜更籌

中元前二日聯社集飲　秋至消殘暑佳辰喜漸逢詩因聯社正酒為對花濃錬句慚吾鈍生機羨衆鋒自茲幽興好倡和日相從

初秋　桐葉驚墜地庭隅秋氣清竹窗殘暑退花徑晚涼生水澈蒹葭老天靜皓月明少陵詩興健令句敢縱横

禾熟誌喜　稼穡憂風雨驚心已判年隴看頭早熟心境頓怡然廩實三冬足官輸萬事全壯聲兼釀美揮盞菊花天

聞砧　何處秋風至聲聲哀擣衣料知驚客夢應已動歸思露白和鐘韻天空雜漏微他鄉孤旅伴想亦寄當歸

聞笛　長夜眠成眠蕭森秋氣清誰家明月下羌笛画楼鳴已切梅花落猶驚折柳聲斷腸人莫聽曲罷又深更

賦得盈盈樓上女　二八輕盈慵晚粧含嬌自愧守空床東風不解消魂意猶領楊花入繡房

畫龍　斗室雲烟起神龍畫有年昂頭思沐海鼓鬣若吞泉目電時驚斗鱗光夜應躔風雷何日至帶子始朝天

晚過劉墨田齋中對菊　秋来樂事總相違暫共劉君話夕暉銀燭焰中香寂寂黃花枝上影微微獻詩已失窗前句縱酒須留事後機惟羨奇英能傲俗風霜歷盡見芳菲

寶劍　切玉吹毛去所稀久藏霜刃待征衣何時出匣凌雲去直欲沙場帶血歸

即事有感　去態原如此人情不可憑拙真累妻子貧自失親朋事迫疑天道時非讓衆能閒惟整利鏃風勁獵蒼鷹

長至　令節欣長至驚心運又回寒威凌竹勁春信到梅開晝漏初增刻清陽始動灰還捋宿夕志對客亦啣杯

寄舍弟二首　不作他鄉客焉知去路艱風塵隨境改雲水去家寒旅邸青燈焰高堂白髮爲莫辭修短札好寄日平安

憶汝臨看盡今年又不歸歲荒人半異親老事全非有弟長為客無家學彩衣最憐雲外雁不作斷行飛

喜晴　久陰無好興共羨晚晴真積雪融殘日輕冰薄早春已看梅似雪復訝草如茵莫惜今宵醉酒家多比鄰

春暮偕李一齋先生魚雨含弟遊山子廟　一春愁絕招遊懶此日乘航興洒然百頃湖光晴漾日幾家村樹靜含烟師生舊好情偏洽雁序初聯喜欲顛漫泊虛垣懷舊跡當年戰策有誰憐

寄懷孫孟賓　一別已三旬風烟隔遠津海濱沙舊碧堤畔柳初新絳帳多佳士騷壇少故人莫辭魚雁杳信問更頻頻

君是人中傑文星燦濵隅自能開宿抱莫謂計錙銖月夜詩

千首花晨酒一壺何時尋舊好重與盡豪呼
三月望日偕劉宸書舒文饒步月王牧齋中飲碧桃花下
晚步小橋西偕人月正輝尋花來僻寺挈酒叩禪扉不必言
金谷常懷拂玉衣碧桃深處醉漏轉竟忘歸
王子藏書室吏公挂納盧論文方丈靜說法戒堂虛留客花
增艷分曹夜有餘玉顏琮莫負明日復重醼
送靜存二弟返淮陰　久憾吾宗故業更淵源猶喜植奇英方
辭淮水初停棹又向易山復送行廿日盤桓情正好數篇磊
落句宜賡疑時覩友如相問也道荒城有劣兄
不須出郭已消魂別緒叮嚀罄玉樽百里長途連綠野孤舟
細雨逼黃昏龍津何日重攜手楚廟他年與絆韁鄉路明朝
歸益遠驚殺愁聽向前村
過長安　莫負春光好輕舟出郭東千層吹錦浪一葉掛和風
青過蒲田遠黃來菜圃通明朝須載酒放醉夕陽中
偕葛濂漪泛舟龍津　掀蒲小縣無山嶺春水晴湖好泛艇曲
圻翠搖籬外柳深村紅放隴花頭漁歌競起輕風暖秧鼓頻
歇落日斜莫謂已酣無好句新詩共促倒流霞
夏日啜茗富春樓時紫藤盛放漫然有作　啜茗來司好登樓
望欲睽雲峯連野樹鳥語雜如花層紫帶環貫袋青藤走異
蛇還期三五夜貰酒酹奇葩
採蓮曲　溪上採蓮女學唱採蓮曲驚起双鴛鴦不得並頭宿
笑囑採蓮人莫唱採蓮曲留取双鴛鴦讓他並頭宿
蜘蛛　藏身分晦冥結網任徘徊羅生肆毒意不知風雨來
馬　天上真龍種人間汗血駒拳毛追雷電瘦骨捲泥沙未許
輕言鹿敢云一用超蕭蕭臨伯樂萬里莫長嗟
賦得雲淡風輕近午天　山雲漠漠好春催恰逐東風霽色開
紅日方中暄淑氣青陽當令綻疎梅緩吹野浦澄波細遠傍
漁舟薄靄來莫負今朝遊覽興綠陰深處一啣杯
咏瓶梅次一齋先生原韻　恰趁陽和放滿枝非同病草定須
醫折來几上移疎影看去簾前淡素恣掩映畫圖無鶴伴橫
斜徑石有人知氷霜歷盡爭香早不信春風着意吹
晚過龍珠菴和舍弟原韻　畋敎窮途各努力詩書餘興寄泉林
偶過上剎迎山納頻豁塵襟响梵音幽徑緩迴高閣遠澄波
浩瀚小橋深恣遊不覺晚（歸）來晚明月梅花何處尋
寒蟬咽露　寒蟬深樹裏悽切息長竿月白浸三徑風靜清一
庭矣無聞鼓翅蕭颯遂吞聲白露霑何早含情達曙更
紈扇驚秋　深閨不計日頓覺衣羅单紈扇不知秋忽驚拂面
寒倩人完征衣不欲淚痕彈
蟋蟀宵吟　中宵不成寐起步渾無籍蟋蟀助我思悽切吟增
下我憐蟋蟀意亦復惜長夜
王孫荒塚　蕭蕭陌上草中有王孫墓狐兔穴東西蹈成車馬
路王孫昔日遊曾作驅馳趣
漫興　湖上漁舟破浪飛滿船猶載夕陽歸呼童莫惜瓶中粟
換得鮮鱗佐笋肥
湖上別友　共罷驪歌夕照中鄉思客計總匆匆囑君且盡當
杯醉何處明宵村酒濃
過何阜藏赤菴別業　臨流草閣俯清溪目斷烟雲徑欲迷曲
浦波光搖遠近長堤柳色隱高低鳥知春好音偏囀花解詩

成香故齊爛醉高吟爭唱好和明宵何處擬新題
步月過舒竹圃書室案有瓶梅因謀未就而飲悵然而作
偶過山齋竹徑清詩人危坐擁茶鐺門無俗客昏猶啟買架
有奇書日費評新月射窻聯韻奐幽香覆案聚談宏共商酒
債難為贖亦任梅花自有情
春日葛澄齋招往何家垻觀劇縱飲抵暮舟中偶成
逸侶招携值好春閒浮烟艇出能津緣堤綠滿楊垂線兩圻
黃鋪菜作茵簫鼓抑揚聆往事衣冠彷彿見前人呼杯不計
歸來晚猶看溪釣錦鱗
與舒文饒小飲賞瓶中桃花　閒覓壺觴向晚天瓶中爭放正
當筵窻前倍覺添顏色燭下偏能作態妍醉擬海棠輕帶雨
嬌憐芍藥曉含烟漫催詩句酬賓主不到仙源問釣船
無酒　無酒憐清夜風光負好春頓疑花減色不覺月隨人方
識吟詩懶偏難得句真傾家如可釀不惜費千緡
有感　風颯天空雁陣號平原何事起波濤人情莫訝江湖險
不待秋殺响佩刀
新月　曲影掛天際清光萬里浮乘舟艖何處容銀漢一垂綸
囊空　計拙憂妻子囊空赧衆顏胸中無限泪不向屈時彈
贈劉福謙花燭　青陽暄暖點梅粧尋入天台路正長新月射
屏飛孔雀深燈窺幔鎖鴛鴦琴調楚館春風曲詩進周南荇
菜章熊羆從今徵慶瑞繡衾香裡醉劉郎
寄懷舍弟吾育　數載離羣倍可傷孤城烟樹望蒼茫頻經水
患謀生計添得嚴親兩鬢霜　橫空嘹喨雁殺哀振羽南飛
去復來嘆我兄弟分別久旅䰟曾否故鄉回

望絕長宵短夢催佳辰莫計手中杯烏絲縱值千金價合付
鄉人寄語來　舊來嬌吾弟與豪呼此際花間醉幾壺憔悴
凶年高酒價衰顏累月不曾沽
偕舒文饒孫綬卿飲舍弟來青壺室賞蘭　着屐尋春海郭邊
閒携朋好聚壺天芳蘭信是來仙嶺名酒驚堪壓惠泉風度
暗傳香細細雲開高挂月娟娟樵樓莫漫催嚴漏乘興聯吟
費夜眠
春殘　一春蓬户為花開驚見殘紅點綠苔柳絮陌頭仍未盡
隨風飛去又飛來
閨情　晚對菱花學畫蛾新添雲鬢近如何青絲萬縷渾難盡
未比深閨別緒多
晴簾　停午爭舒香氣濃輕盈弱瓣吐重重捲簾時有清芬入
一點丹心向日溶
夢得舍弟書　望絕鴻音事事非深宵一夢見書歸開緘易滿
他鄉恨洒泪難乾舊日衣未卜夢樓重有慶獨嗟萋被久無
依醉醒枕畔吟詩句冷月橫窻影漸微
晚過孫孟慱　山翁門向夕陽開只許狂生問字來茗熟半鐺
叅漢史詩吟千首擬唐才知君謝客閒花徑為我呼童漉酒
醅談笑夜闌忘別去月光澄澈照莓苔
雪裡梅花　擁籬遶樹幹橫斜雪裡爭春韻自奢瘦骨離離欹
白玉清香細細護銀沙飛來疑着千重蕊望去驚添六出花
我欲抱瓶閒蹓去竹溪深處野人家
風中綉球　簇就瑤姿英帶晩曦翩翻團影互參差枝搖玉蕊
顛狂態瓣亂冰花上下欹宛若素娥乘醉舞似疑玉蝶受風

翅漫驚書愰添幽韻不讓梨花照酒巵
燭下牡丹　数枝濃灩晚爭芳銀燭光搖綺席張別有嫣姿逞
麗態倍添丰韻擁天香花前越女羞顏色月下楊妃讓素粧
最是夜深相對照曲欄深處醉花王
雨後海棠　春深好雨浴花房細細無殷濕海棠粉黛低垂明
溅淚胭脂輕膩暗含香枝頭婥約風前軟葉底清盈雨後狂
我欲題詩無切句憐惟濃睡咏奇芳
壬寅除夕　四序相催歲又除驚心少壯混庸諸風塵慣歷鳴
劍時事羞看足廢書未涯老親逢笑口敢期稚子着斑裾今
宵村酒團團聚馬齒明朝又愧予
孔明贊　豈是區區惟幰儔胸羅星斗氣橫秋明知漢室三分
鼎盡瘁惟將死後休
癸卯雍正元年元旦　曙起星回曙色暄咸賡正朔轉三元梅
花競吐黃金色椒酒頻傾白玉樽堂上有親逾甲子胸中無
事愧乾坤禁庭遙憶承新運紫陌爭趨有特恩
偶集陸大齋中賞梅得賒字　春麗江城景物賒正携朋好到
山家綠樽錯落燈前酒素瓣紛飛嶺上花枝亂冰肌當檻映
坐驚玉骨耐風斜今宵詩思流連後準擬桃開對落霞
泛舟賞菜得陽字　共約追隨向夕陽携壺挈榼泛輕航方塘
風起波搖綠曲圻金鋪菜吐黃酒債翻因詩債累花情爭惹
客情狂今宵沉醉因無藉驚看同人入鬢霜
重泛菜圃得招字　昨踐尋花約深杯呼寂寥今當湖上酌重
泛菜畦舠央圻蛙殷度迎風柳色嫣共期蓮放日與發舟相
招

喜吾肩二弟題里　五載飄零事總違春深湖上片帆歸昂藏
不改當年志鍊達方知昔日非堂上正驚霜鬓改眼中惟覺
故人稀風塵自古英雄老莫學愚兒困釣磯
哭大伯父伊傳　想絕音容劇愴神甄陶猶子倍情親門庭閒
寂無佳客骨肉凋零剩幾人總帳宵深風更捲孤燈影暗梦
難真寒原一去逢吾母曾問兒窮細問頻
嘲燕　營營終日葺巢忙咏將草啣泥伺畫樑口血育成兒羽
翼忍看簾外已高翔　春近江城花滿郊歸来無復舊同巢
穿簾何限呢喃語猶向樑間自解嘲
無題　小窓偶坐綠陰濃燕語鶯歌事事慵春色傍人渾欲醉
何須更有玉漿釀　風動夭桃向晚天半含顰笑半含妍綠
珠簾下親相晚不讓梨花對月圓
花檻朱欄映小堂春池波暖浴鴛鴦湘簾乍捲微風入傾盡
金樽對海棠　秋水無塵帶落霞綠雲輕繞絕鉛華憐芳此
地深相契未許仙源別問花　門掩清宵小院涼芙蓉初雨
暗生香幽人摘取須珍重留待秋深作子房
清明舒繪衣泛舟未遂晚来袁司直孫一坡集飲賞西府海棠
正欲尋春泛小航怯来朋好快飛觴芳筵共醉輝高燭壺室
初驚對海棠色映晚天濃逞艷嫣含宿雨暗生香佳辰莫謂
成虛度夜半豪呼復解囊
晚集陸大齋中看芙蓉即席上得嫣字　尋秋散步偕詩侶坐
愛芙蓉聚此宵亂蕊獨禁寒露放濃花偏向晚筵嫣天橫好
月更初靜人戀疎燈與倍饒地主情深留客醉竟忘騎去路
迢遥

七夕　絺衣羌扇晚風前，檢點秋光又一年，料得女牛今夜會，
一鈎新月鵲橋邊

哭堂弟平午　伯父長眠骨未寒，無端孫弟又摧殘，風飄繐帳
鸞雙影，月射櫺窗見二棺，獨有新婚悲匣鏡，平午新婚絶無弱息
奠燔肝，聰明若解生前夢，魂魄寒泉應自安

乙巳除夕　水旱頻仍萬事空，生涯計拙類飄蓬，齒增自愧身
如昨，竹炮人喧序又終，救水未能供耋老，萊衣聊可慰兒童，
團圞椒酒催詩句，獨羡梅花歷歲窮

丙午元旦　濃曉起占雲，雞唱蟀竹窗，爐火日遲遲，松焚燭焰迎
元日，女戲兒歡生旦時，惟祝老親增鶴算，莫趁熱客醉金卮，
春來海畔雙魚至，友人欲招塲下之遊定向征途策揵驕

春日偕戚美中、劉宸書、葛濂漪泛舟山子廟　孫城水漲没官
堤，烟樹蒼茫望欲迷，一日輕移晴日暖，半窗斜啟夕陽低，未
聞采地成今古，已見衣冠作土泥，壺榼同攜詩興健，春光一
片草萋萋

戚美中邀同諸公泛舟麻羊莊觀桃　春晴遠水泛輕舠，勝侶
尋幽見招，堤柳搖風爭點翠，林桃着故含嬌，蹁蹁燕燕掠澄
波外，隱隱歌傳曲岸邊，把酒對花酬唱晚，最憐此地絶塵囂，
柔膚輕航莫漫回，武陵深處舊天台，花晚明圃霞添錦，酒急
芳筵月浸杯，天艷滿枝紅玉綻，嬌羞對客粉粧催，夜深風雨
休相妒，好待漁郎問渡來

王又沂邀諸公泛舟南溪看菜花　昨宵歡集桃邊醉，今又移
舟向水隈，樹色蛙殼分遠近，溪光雲影自徘徊，黃垂菜圃柴
門迥，青入蒲田釣艇回，風度暗傳香氣永，陶然數覆手中杯

過白馬將軍廟　放舟初夏尋幽事，縱目乾坤興轉悲，不見將
軍誇武略，獨留古廟向荒陂，花明野外蒼苔徑，柳拂堤邊飲
馬池，宋代雄風成底事，夕陽閒照子文碑

春閨十二咏　獨夜　迢迢長夜靜無譁，一枕孤眠月影斜，春鳥
不知人意懶，三更啼向杜鵑花

折花　香雲梳罷出粧臺，繞砌名花次第開，私語小鬟輕折取，
讓他顏色莫相催

有約　片語相通密有期，我儂心事少人知，侍兒乖便先偷覺，
夜月春風漏靜時

憶夢　好夢偏回意緒長，支頤伏枕轉難忘，傷情莫許春宵永，
欲訪當年杜麗娘

睡起　初醒小立畫屏間，猶自昏昏振睡顏，侍女添香無箇事，
碧紗窗下整雲鬟

鬬草　百卉春融暖漸舒，尋芳賭賽意躊躇，相期莫摘虞姬草，
恐有同行貌不如

猜謎　玉臂相呼畫閣中，汝知初意我知終，拈來縱有差移處，
只許雙雙不脫空

踏青　南陌春敷草色齊，弓鞋初繡出香閨，閒依花柳穿苔徑，
底印于今作錦泥

自在　春閨無事任逍遥，閒掩朱扉鎖寂寥，自坐自行還自笑，
絶無繁冗入塵囂

妒蝶　滿園春色燕憐香，入柳穿花競自忙，暗遣小鬟將扇逐，
雙雙來往妒他狂

對鏡　菱花羞啟自春初，自料于今消瘦餘，閒匣避人相對照，

深憐不是昔年余

見月　柳稍初見一鈎斜庭院無人惜落花莫謂團圓不長久
團圓空照碧窓紗

重遊唐子鎮　此鄉十載曾羈跡今日重來事已非礁褓兒童
皆壯健杖藜古朴半凋微海潮昔漲枯烟樹秋事新成棄蕨
薇只有無心滿澤水潺〻依舊向東歸

秋夜步月飲歐陽晋鳴齋　秋光連夜色踏月到君家縱酒文
心健賡歌逸興賒蛩㱿依砌小梧影入堦斜預計持螯日東
籬菊已花

贈性元上人　遠公住錫古吳間林下清風未許攀悟去崖前
封紫氣閒來筆底出青山（善寫山水）消除歲月棋千局笑傲烟霞
水一灣看破世情人我相酒徒從此叩禅關

偶成　浴罷俯清流仰見林稍月涼風習〻生蕩我胸中冗（杭州）

勝湖行　釜縣之東勝湖水怒濤白日號神鬼況兼西水又奔
忙撲（撲）空相擊捲銀光雨水滔〻流不迭膏腴一派成汪洋大
舟小舟筆鵝毛舟師無力用輕篙舟中之人皆自責何必營
營不自惜名利如因髮已蒼擺脫方知長嘆息〻

客延慶寺　風雨連宵滯海濱燭殘深夜轉傷神鳥因木摵棲
難定犬為巢寒復夜狺寂〻僧窓聞梵語蕭〻客榻寄孤身

東裝莫謂錙銖計尢有高堂白髮人

贈劉扶南　隆冬百里出滄浪知我劉君話熱腸好客不妨常
下榻忘形何必問他鄉梅橫瘦影侵窓入爐篆真烟繞座香
信是高人難混俗圖書連屋號詩狂

客白駒雪中賞臈梅　蕭〻客邸掩柴關幸有梅花破寂閒凜
冽百端香瘦骨清標孤質老虬顏枝頭驚綻黃金蕋窓外看
成白玉山把酒對花無限意北風吹透鬢毛斑

送場司張任滿歸浙江二首　昔承恩渥出皇都甘雨隨車向
白駒仁政遍敷懷赤子清廉故守化愚夫高遷屢見辭天寵
愛靜偏宜足自娛解組綬羨携騏驥俊他年龍榜有名儒

共沐薰和十四秋忽驚河畔繫隨舟三年侍教真師範雨袖
清風足鼓謳錦纜漸辭楚水去牙檣遥指浙江遊清溪拜別
頻翹首可有魚鴻到治州

枕上吟　客榻已凄清五更寒更酷蹁縮不成眠朔風吹老屋

九月十九同歐陽晋壺室對菊小飲　重陽未踐得高約今日
還飛九日觴銀燭照人添壯色黃花向席吐奇香淺深未許
同凡質嫣艷偏能傲曉霜窓外月明更漏靜與君拚醉少年
場

歐陽晋鳴齋中對雪小飲　風急山窓晝掩扉蒼頭沽酒雪中
歸圍爐盡逐炎寒勢剪燭全添白屋輝已信梅花新有伴獨
憐烏鵲正無依故人詩句頻〻咏（謂陸仲遠詩醉後高歌句）領取幽人韻致
微

過蘊村　出郭未踰里長湖没海天浪摇孤舍遠帆亂數舟連
草色迷看白雲峯暗接烟真成釜底境河伯可相憐

新晴　雲氣初收月漸明竹陰淨處細香生捲簾又見辭南雁
着意歸飛趁晚晴

新燕　杏稍紅綻燕爭忙細語叮嚀入画梁為道舊巢仍似昔
獨憐人事有行藏

春寒　梅蕋香遲春欲遣碧紗窓外雨霏〻晚來擁絮寒猶怯

喜得兒童抱甕歸
……落落花滿園春色亂芳姿片片殘紅墜碧池應是苔痕嫌冷淡
微風昨夜點胭脂
……西府海棠　春暖吹繁卉花開到海棠柔姿臨月醉弱態倚風
狂媚擬燕姬立嬌憐趙女粧對君杯在手酒病不須能妨
劉宸書舒文饒劉扶南集飲山窓步文饒韻　幽事一春驚暗
度呼杯先已破愁圍正偕朋好連詩健忽報兒曹冒雨歸顛躓
剪燭近看花半醉穿簾低見燕雙飛莫言車馬爭堪羨閑傍
漁樵晝掩扉
二月十四日偶得梅花一瓶隨令小童持花抱酒至四聖古觀
與歐陽晉鳴先生痛飲月下因賦滿庭芳以誌樂耳
……春色暄妍風光淡蕩閑窓魂梦都清携花貰酒月裡酌高人
彼此倡酬未竟任酣歌快意論文書齋靜蒼苔好洗明月印
三分　夜深人半醉顛狂酒態踴躍詩情看梅花輸白玉香
香襲衣襟謾道朱門綠户總無意紫綬黄金放懷處尋花
就月傲殺老簪纓
八月十四月下賞秋色醉後作　天氣清如水秋英正艷時近
花移小几對月舉金巵螢火流深院蛩聲到曲墀嚴更雖有
禁爛醉莫相辭
……送劉扶南入都　知君懷璧定逢辰鵬翼鶱看奮早春風雨半
窓辭故國鶯花三月指燕津雄心已共黄淮壯抱負能瞻日
月●新咫尺天顔書上日好頒花誥慰萱親
春雪　逢憶庚子春雪飛盈丈尺今春逼雨水凛冽仍相迫積
雪沒堦除風翻墜簷石長河千里逢凍合斧難鬪日午絕行

人歎息朝復夕傾樽酒力微敵裘寒到骨如行亂石山舉步
防危滑山妻怪倚窓灶下柴薪沒我醉不知謀詩情忽勃勃
索筆對梅花狂吟君勿咄
……贈鹽瀆陳仲美弟拙子　拙子耽幽趣高齋傍遠林滿床書史富
一徑竹松陰篆法空秦漢文章冠古今小童知好客漏轉酒
頻斟
……健兒行　丈夫最樂疆場死指揮幸得由天子血鎧重重不肯
回夜深斗柄將南指
……中秋後二日過錢家村　秋老湖光淨帆飛夕照微紅鋪藍蓖
秀綠滿菜畦肥魚艇爭歸浦村童自掩扉歸時就明月莫負
蟹螯肥
八月七日晏子顯邀賞瓶荷　桂蓖初榮日芙蓉未見㭊雖雖
湖外景猶作案頭秋似醉留狂客如言喚白頭嚴更雖有禁
大白肯停休
……哭内人　和順持家四十春荊釵裙布不知貧甕中有酒藏留
客橐底無錢不仰人事我病軀恒染淚教兒立行每含顰寒
泉回首生平事月冷窓寒總未真
……淒淒風雨暗長宵繐帳燈昏倍寂寥兒女情關頻有梦瑟琴
絃斷定難調早離怙恃心偏苦壯值蕭條意可標泪滴三更
人語寂芳魂何處可相招
泣盡更籌泪未乾重衾展轉不勝寒塵封已暗窓前鏡花冷
空懸鏡匣内冠疑似夜深聞咏賦恍從月下見憑欄莫言泉
路無相伴可訪慈親侍夕歡
……觸物傷心轉自援無端風雨故相喧花因失主皆無色鳥為

思人總不言已訝臨渠驚我鬓每從進餞拭兒痕化錢去幻真無説可有黃金到九泉

内人初逝陰雨綿連獨坐酸辛率筆以代痛哭耳

近日無生趣悲過少泪垂兒童頑因毋逝家破是妻離暴怒眼全暗深思人半癡夜台呼莫應强作斷腸詩　不是牽情重傷心為爾賢糟糠能自樂貧賤總無言約可持家勤能教子堅相依三十載反目未曾然　思爾復思爾泪濕案頭紙三更猶未眠爾亦曾知否　欲竭長淮水寫汝生平事臨楮不忍書哽咽成酸字

之白駒塲舟中有感

三載重遊悲舊遊驚心兩地倍添愁逢憐兒女燈前聚共撫新棺泪並流　歸期預卜已無情猶憶當年送我程今日片帆烟水上不知何處夢平生

春瀨棠調寄賀新郎

春動瀨棠妍念紅粧零亂別有堪憐可惜植花非雅徑翻為主人增厭被猛風敗葉吹遍粉蝶游蜂忘舊好難繫足別繞梨花院胭脂泪空相念　是愛青春猶未倦有無限嬌羞粉態如醉如言狂客不堪輕折取須念柔枝弱片顧杜門無相留戀恨紛紛輕薄故相喧嘆飄零老態誰能眷憑時節情方見

甑贅

陋巷之遺許由之掛唐求藏詩坡公貯月未入劉伶之頌先逢鶴子之歌雖非五石可重百斤主人獲此飲可長生

壬子除夕

長病驚添歲囊空厭過年眼前稚子樂百里老親旋高價停沽酒荒齋不作聯團圞坐除夕書罷送窮篇

輓蔡綸掌

天地有始終日月有盈昃人生百年期生死何足惻顏子壽云殀彭鏗亦莫測我友蔡綸掌痛絶淚沾臆孤兒脫襁褓幼女尚乳食平生義俠人揮金無吝色花月縱歡呼經營有異識閭里重賢豪親朋歌碩德登堂一撫櫬相思何所極

劉鶴巢招同諸友泛舟看菜花

澤國乘春泛小航烟雲深處隱斜陽青搖遠浦楊垂線黃接歸舟菜吐香唱晚漁人蔵曲水争迴鴉陣起方塘醉看明月當頭上莫放蕭蕭兩鬓霜

無題

榆錢風灑砌堦閒小院無人恣往還月色偏隨良夜好却疑身境到巫山　雉堞高環漏莫催花光人氣兩相偎移情最是珍珠釀偏引清香入酒杯

哭父親

頻年骨肉凋零漸今日當前更可傷百里方驚孤姪泪（二弟吾甫逝）三秋又痛老親喪圖書墨跡猶新暈茗案爐烟有宿香冷月射窓風正剪窺燈壁鼠夜偏忙侵晨花塢聞鳩杖入夜書齋絶酒觴筋力半生成素質丹方易世守青囊自憐頭白猶强健長恐見羸有壽殤廿年不歸盐瀆累一朝空斷楚昜腸夜臺病媳曾隨侍泉路慈親可共商兒病西風支瘦骨吞殷血泪幾沾裳

遣貧

連年詩興鈍一半為家貧愛月空搔首憐花獨愴神病脾炊麦飯薄味飽香蓴欲絶塵囂累清秋一釣綸

歐陽晉鳴邀賞菜花

好春湖上泛黃花夕照澄波映綺霞欸乃漁歌藏曲水崚嶒塔影出平沙香來遠圃隨風度色映連村帶日斜莫惜病軀爭共賦仍期昨明日醉君家

三月六日弘量上人精舍看牡丹

為訪名花駕小舟綠楊深處至公樓茫茫春水浮沙鳥裊裊爐烟繞怪虬香氣襲衣龍腦賤花光擁座美人羞啣杯莫向花前醉醉卧禪房不肯留

壺隱誌坐蕉窗臨曲水見皓月當空風静水紋獨酌小飲因作
壺隱誌以澆壘塊耳　昭昜之東勝湖之西有隱士焉不知
名姓自號壺隱其生理居宅各有可誌者壺隱之宅土不餘
畝宅之前有市焉壺隱朝出而濟人九轉之方售富而活貧
宅之後有湖焉壺隱午入而鍊神降龍誅賊君静而臣寧宅
之左右有奇花古樹修竹篠陰壺隱趺坐其下時煑茗焉清
歌抑揚而自斂時捧觴焉擊節呼是而自悲日之下月之上
壺隱則臨湖焉視其淼淼、聽其潺潺、壺隱則有詞焉曰月皓
皓兮湖皎皎、雲飛飛兮山小小、余隱壺兮壺有靈撫長劍兮心
不老、

文杏閣歌贈孟賓　我生最樂交遊駝契洽無過孫孟賓孟賓
肝胆我能照我之矗直孟賓覩閉門謝客年日久呼我相過
飲我酒醉来白眼笑王侯醒時潑墨龍蛇走花癖年来君亦
同繞檻奇葩桂與桐爐烟細篆清茗熟浩歌一曲呼蒼穹不
問人情非與是誤我先民養我志晴窗静几樂天真數卷黄
庭白日事敏捷詩才法杜王歌風咏月神飛揚一時少俊稱
奇譬俄傾一章還兩章蠅名微利先生醜胸中壘塊籍大斗
鵬翼成時海内驚方識先生一朝萬里能揮手

題孫綏鄒八駿圖　孫君筆墨傳奇美寫成八駿真神傀彷彿
嘶鳴紙上生紅光紫艷噴珋髓驊騮赤驥勢縱横白義黄渠
追綠駬踰垣輪豈遜道驪良山子無韁躡日晷九良十騎畫
難稱揚武龍驤皆退委秦皇空有七名存周穆一馳息萬里
東南翔處慶雲封不薄懸峯烟霧起何不跳雲匝日任驅馳
繪入細草春風柳墅裡

題醉判圖　蕩掃邪魔仗义身蒲樽大嚼見精神龍泉三尺長
為伴自是乾坤一正人

舒文饒植竹　瀟洒文兄卜築幽高齋静僻任追遊新筠漫植
宜疎雨未許騷人惜杖頭

風蘭　散步遠尋芳幽蘭當風飃香清襲我衣吹来自空谷

晴蘭　密葉晴偏勁疎花暖更融孤芳顏色凈香滿散庭中

雨蘭　自出風沙地移来石畔開空天垂落雨一洗凈塵埃

露蘭　夜深香氣永露浥丹心潔侵晨拂葉看明珠顆顆結

雪蘭　鬖鬆同雲遍海涯叢蘭疎蕊正交加枝頭倍覺添顏色
驚見飛来六出花

月蘭　月色沉沉入夜来石邊蘭蕊亂争開嫦娥自是憐幽潔
特送清光印古苔

春蘭　一百卉將榮日孤英早茁芳蕊含清露潤箭逐曉風狂雅
韻添顏色輕盈散異香真堪消俗累留取伴松篁

夏蘭　幽事催春暮叢蘭始着花薰風抽玉箭細雨潤奇葩君
子真堪匹佳人莫浪誇坐来移永晝嫩色厭鉛華

宿蘭　不隨紅紫亂芬芳恰有孤根耐雪霜春到抽莖齊放蕊
蕭疎不減舊時香

閩蘭　香異名高葉勁肥宜温惡燥灌微微南中風味真堪羨
遠自蠻山携浮歸

峯蘭　層巒高插向晴空上有芳蘭帶露濃料得幽人難採摘
閒窗寫入畫圖中

蘭蕙　玉箭亭亭倚石空襯將春草鬬芳叢秉閑潑墨山窗下
香氣味清幽自可同

蘭孫　佳卉滋培品獨尊香清致韻出山根枝頭花蕊爭開後
又逐秋風長子孫

並蒂　蘭蕊經春並蒂開晴添風韻襯莓苔雙雙搖蕩翻增態
留伴深閨合巹杯

蘭竹　崚嶒怪石綠陰芭竹間幽蘭拂露痕漫向風前共搖曳
清香漸覺透晴軒

芝蘭　閒來濡墨寫清奇密葉葳花向背宜怪底拔圖嫌簡淡
恰從石畔襯靈芝

鹿椿　鹿遊石畔嶍孤芳短葉疏根傲雪霜莖出孤根垂亂蕊
經春仍放滿枝香

風竹　風掃琅玕一徑清吹來細細暗香生窗前故作低[illegible]態
幽响疑馱碎玉穀

晴竹　一翠竹亭亭拂亂雲疏枝密葉映斜曛清陰不共炎涼改
潑墨山窗寫贈君

雨竹　檻外名疏篁細雨濺暗浮清翠淨娟娟幽枝低壓珍珠
戀一片陰森隱亂烟

露竹　溥溥濃露浥清陰碎葉蕭疏傍曉侵疑是明珠枝上貫
倍添風韻向園林

雪竹　密葉離披瑞雪攢驚看石畔臥琅玕嚴威不改凌空志
得伴梅花耐歲寒

月竹　空天皓月挂幽篁亂隱扶疏入夜長疑是水晶光照耀
枝枝皎潔拂高墻

竹石　數竿瀟洒出苔茵穿透嶙峋石片勻漫展烏絲閒潑墨
窗前新學管夫人

牡丹　不將濃艷鬪芬芳水墨圖成淡淡妝上苑素稱嬌第一
壺箋疑擁四時香

芍藥　當階紅藥花爭綻露壓烟籠倍有神傾國不須能解語
嬌嬈百種恰怡人

西府海棠　海外新羅是故鄉品題東閣位仙行姿因弱𥗥多
嫣態色在吐含倍艷粧雨過紅顏誇好如風來綠葉拂輕棠
誰云蘭蕙能矜馥未見嘉州西府香（四川重慶府榮昌縣海棠亦香昔人稱為香國）
不若嘉州海棠香也
賀門人姪言生子　碩德振振自克昌喜今半百有龍翔少時
揮翰驚風雨此日談經作棟梁玉出藍田諸葛恪珠生老蚌
帝元將醉君斗酒懽呼甚敢卜燕山五桂長
康熙四十六年寄天長戴帝舟年兄　聚首澄江唱和時文章
道義快心期百餘同榜推君冠十九年來憶我師待選無錢
安命數潛居有骨傲荒飢常吟佳句如相對何鴻傳慰遠思
武昌赤壁山　黃州赤壁非真蹟蘇子遨遊失武昌曹操樓船
遮日月周郎火炬遍江湘東風揚戰天相助北艦飛灰兆孰
藏堪歎吳人追謄喪至今杜宇泣昏黃
廬山開先寺瀑布　匡廬瀑布開先最萬丈飛泉山頂來日照
金光馳澗壑風飄玉屑舞樓臺春敲落響聞松杪雲氣穿流
灑岫峇五老峰頭存結構誰能繼響謫仙才
吊小常村烈婦遺蹟　天柱蓮峯毓女貞無端叛賊劫瓊瑛殲
軀不逐風塵𢦏拚土彌令血色明萬刃難隳心性烈千年長
共雪霜清歸雲峽下潺潺水聽取剛風鼓浪鳴
集唐　盧家少婦鬱金堂欲捲珠簾春恨長楊柳已過三月節
芙蓉不及美人粧淒風暗入香羅袖密雨斜侵薜荔牆日暮
高樓空徙倚天涯一望斷人腸
贈周子三　四世老鄉交道義尊公幼洽在文章木天望重雲
泥隔雁字頻傳珠玉藏昔痛名臣推鼎鼐今誇季女子接麟

凰班荊得領隆中蘊益信三槐植報長
康熙四十八年新春迎文　春陽艷見喜新年暖日光風和碧天
蘋綠乍翻吹律轉柳黃初發繞匡邊津冰解泛流聲遠鳥語
嫣林出色妍宸壽萬增民樂利筠松友固守操堅
和濬怡俞父臺梅花　不屑同流肥俗行清姿瘦骨發幽香最
憐石畔橫斜出（南北朝何遜為揚州法曹愛署中梅花去後思梅上書復）尤愛風前媚倩飄縱入塵寰能皎潔幾經雪
壓更堅強為逢何遜成知己且共官齋百世芳
不怯三冬雪共霜當春綻得冠群芳喜從文士橫參飲偶為
佳人落頰粧有志和羹空偃蹇無心寄隴羨膏粱廣平一賦
今嗣響再見風流鐵石腸（范曄寄陸凱云折梅逢驛使寄與隴頭人江南無所有聊贈一枝春　唐宋璟作梅花賦人稱鐵石心腸吐軟媚詞）
古枝百丈臥成都爛熳花容世所無絳雪日烘色不減黃棠
風曳品題殊江城吹笛難搖落郡署凭闌現笑娛公餘吟詠
芳菲下香取雲中有鳥息（蜀州署中有紅梅戶扃無人忽見有美人凭闌一笑語開戶不見壁上有詩云憑仗高樓莫吹笛大家留取倚闌干）
官梅標異在居官玉骨冰心耐寒松竹同操漸艷色海棠（梁界云以梅聘海）
受制吐香難仙人萼綠山頭現（綠萼比仙人萼綠華）神女飄紅月下看莫放名株
栽上苑春光留取萬民歡
康熙四十九年春雨　春風吹雨自東來遮却桃開現李開樹
裏鶯聲飄睍睆雲中山色洗寒埃凭樓少婦驚新柳着屐遊
人破淺苔轉盼夕陽林下映欣欣萬卉向榮哉
詠華岳　一掌平分萬丈山黃河中注下天關手痕跡現霞外
石鼓聲飛風雨間玉女巖前芝爛熳蓮花峰頂水潺湲希夷
不復臨談易侍側龍翁澗底閒
題劍閣（劍山即梁山在四川保寧府……空飛閣通道故曰劍閣）　蜀都華固在梁山一卒持矛萬騎屏高勝嵩華窮鳥
道狹過彭碣作天關凌空飛閣通滇宇浴日狂瀾護劍灣倏

陰平衷将入巖：險勢付閒：

咏南海落迦山　海天浩森一峰浮弱水環山萬疊流世俗有求揮向往飛仙無意任遨遊珊瑚爛熳光爭日玉樹横斜色豔秋想像精藍不可即身心到此付虚漚

賀楊孟修社兄八十一歲榮荷賜粟帛等物時　康熙五十年　南極星輝大老庭古書為壁樹為檩瀑来萬派穿雲紫簾捲千峯入座青政治勲名垂國史文章光燄凛山靈金衣玉食尤增壽一咲春風滿畫屏

海門第一關　百道洪流清濁間平分江海作天關兩山户門鮫龍繞萬里波濤雷雨環鐵柱撑空光爛熳匡松蔽日甲斑斕十洲三島從斯入應有乘槎任往還 在安慶府宿松縣之小孤山

西城外鄒翁六十壽　長庚星照錦城西吹律家殷石碣題堂上老人偕綺皓膝前今子跨虹霓千年德峻南山小萬丈文光北斗低初度稱觴介景福佇看飛舄到瀛蹊

迯暑　扃門逃暑傍林塘掃葉煎茶任徜徉已却生平嚴簡苦并拋親暱王酩藏遠思瀑布當軒掛近揖清風入座長五月渡瀘殊況瘁誰将功烈表旂常

祝融當令赫炎臨及早投山溪復深長路紅塵揮血汗清溪白石枕流涔掛冠城闕沽名念洗耳河濱炫隐心不盡熱中寒冲熱請先五内倒江淋

五龍聽易 陳希夷講易於武當山五龍變五老聽講授以蟄法

武當講易五龍聽變現龐眉侍草亭闡發天機神共懌報傳蟄法日常瞑華山營宅蟠雲送真主臨巖花雨零一自先生歸閒苑寒潭空貯黯然星

看殘荷 揚郡士女所盛稱也　廣陵習俗看殘荷艷麗花光幾日過老去不嫌炯水泠再来依舊管絃多虹橋女伴飄雲紋畫舫燈輝泛月波借問遊人誰作興風流太守昔漸摩

弔文文山先生　末縱夷齊扣馬呼元人何必復推枯先生不殺朝廷聖殺却先生天地孤鏖戰勤王揮上將從容就義識真儒弘文大節光千古帶裏遺言正氣扶

弔二顔先生 諱杲卿真卿安禄山縛杲卿於中橋斷舌剐之李希烈掘坑焚薪逼真卿降後縊殺　難弟難兄企二顔勤王功烈震關山縛橋斷舌殺猶厲掘坎焚薪氣自閒艷色日迷貽喪亂奇才不識任神姦忠臣至死無歸咎萬古綱常藉此閑

弔方正學先生 諱孝儒　作難翻稱靖難師先生忠義獨離奇渾身衰絰號亡主斷舌朝堂罵逆兇十族欲誅應計脱千人忍戮賦倫彝早思王蠋當年事大節無虧免禍遺

題廣陵蕭孝子祠　梅花嶺下孝子剖腹割肝救母病　根薄何從枝葉腴蕭君天性古人俱醫親割股人間有救母刲肝世所無移孝作忠龍比侶捐生就義孔顔徒梅花嶺下隆禋祀逆賊聞風應自誅

弔王偉元先生孝子　親恩何謂昊天同生我劬勞無盡窮流俗但知妻子好先生惟痛蓼莪空蓼莪每讀隨殷淚墓柏攀號失蔚葱七聘三徵皆不就高蹈能孝復能忠

弔景先生 并序　先生諱清為諸生時赴試宿旅店：主女被祟妖狐：語曰明日有景相公寓店我不敢來女以告父時先生已去主人追及告以故先生曰試期迫我不能返解囊取筆寫景清二字在此帖與主人回貼女房外狐見罵女不復至矣先生事建文帝及永樂奪位先生聞建文尚在常懷興復事洩剥皮實以艸縶於城門前一日永樂駕過索忽斷艸人行三步犯駕

景清二字足除妖剛正焉能立冦朝皮剥

貫茅驚日暗殺行犯駕繞風颯英靈能喪燕人膽奇節長存
萬古標故主悽悽何處寄先生應與伴晨宵

弔劉父臺諱士璟 并序 崇禎十三年大旱興邑米每担銀三兩，大麦一兩八錢，四門四坑每日餓死之人拖入。公以廣文署興令篆，請濁請賑，外設法救濟，不憚寒暑，步行閭閻，逐戶入室清查飢口，不致遺漏。公與衣鞘常竭盡心力。去任時，堂聯一聯云：「東洒一腔熱血，歸攜兩袖清風。」一時民各出銅鑄公像，銅餘數倍，執酒焚香者塞輿前，男哭於野，女哭於室，如嬰兒之失父母。及陞沐陽令，流賊破城，公着吉服抱印坐大堂，罵賊，刺殺之。余嘗憐憐於公，茲吟一律詠與墨濡，以表仁慈忠烈，且為雖絃土者作一金鏡云。

公牧昭陽余七歲奇荒慘早殍
盈途沿門給粥飢魂轉哭憲求糧心血枯鑄像攀轅號婦子
忠君罵賊就刀屠老來猶憶當年景吟仰高山作令模

瓊山吟 山在廣東瓊州府瓊山縣瓊海中，山色如潤，故曰瓊山。其海潮半月東流，半月西流。

峰巒玉色出雲中環山海浪拍高空波分半月東西轉樹歷
千年金石同江天霧氣連蜃氣湖上帆艦映島艟一自長庚
歸帝宇誰能凌步海潮東 仙人葛長庚，即白玉蟾也，曾之水面

再題東莊草舍　不圖名利不擔憂百畝耕耘樂有秋飽飯徐
行青野曠醉臨笑对水中鷗

過金陵武定橋弔鐵夫人殉難鐫詩石壁遺蹟不泯 并序
明建文臣鐵鉉不降永樂死，將夫人賞配象奴。夫人持劍鎗詩於武定橋之石壁云：「不忍將身配象奴，自攜麥飯祭亡夫。今朝武定橋邊死，一劍清風滿帝都。」鎬畢則死。永樂聞之，命劇去詩痕，愈劇痕愈深，數百年不泯。永樂又以夫人二女貶入教坊為娼，二女各吟詩不屈，永樂見詩赦之，得適士人。噫！一門忠烈如此，豈不上與日月爭光，下與山河並壽哉！余慨慕久之，不能已於吟。

不負君王不辱夫要將大義共匡扶攜來簞食號
天祭別去双嬌指日呼石壁鐫詩金甲助劍鋒畢願鐵公娛
為臣失節橋邊過觸目能令顏汗無
君稱桀紂因殘忍殺戮逢千祇及身死難鐵公無愧類夫人
爲肯入奴塵山靈刻骨傳詩句血濺參天貫日輪應共景方
諸烈婦暗操利刃斬奸臣

囑子課徒　師徒弟恩情同父子莫因菲薄不加工勤教細講寬
徒拙耐坐安餐諒主東飲酒休貪防亂語逢媛勿顧免羣攻
退讓謙虛苦誦讀天神默相自飛翀
師為模範須端正品行敦名在此中學不深深塹主縛字如
草草悞蒙童莫交匪類流飢虎戒管閒非笑轉蓬夏楚雖施
休急躁從容引道是良工 夏音賈，與檟同。夏楚二木以扑徒。禮記曰：夏楚二木以收其威。謂收斂威儀也。

冬日苦寒　望望河流流不前朔風吹起尺冰堅雲停暗白連
天凍日掩昏黃墮水煎画閣圍爐多論笑蓬門卧雪少垂憐
擁衾猶怯寒飆入想像哀鴻遍野田
嚴寒豈但風為烈戰慄須知氣亦劾雪掩梅花穿隙馥霜浮
竹葉灑窓清袁安卧凍塵心淨徐穉餐氷大義明士到窮堅
𣦸不屈孤撐天地鬼神驚

⋮

賀門人李東崍鄉試中式冬日上春官 時康熙五十年　先年貢
笈苦晨宵早許文章比鳳麟結社尊公為益友趨庭令子果
驚人秋宵已折嫦娥桂春浪應騰大海鱗北去寒飆余在念
佇看首唱出楓宸

賦得天入滄浪一釣舟　滄浪東湧欲如何高捲青天浸白波
晨霧光中搖欵乃夕陽影裡發漁歌是非不入閒雲夢寵辱
無關野月窩昔有乘槎浮海客那知問路在星河

登天台山望石梁一線天 此名山金庭洞　對峙高峯接石梁橫空
一線望蒼茫雲流橋下縈迴潤浪拍山頭震怒長巍煥仙宮
如可即縞襬玉女每同行誰能踴躍登梁過便到金庭跨鶴
颺

芙蓉不及美人粧五首　芙蓉不及美人粧徙倚高樓望渺茫天際帆飛數去影雲中樹杪想他鄉空驚雁唳傳書信畏聽鵑啼過草塘日薄西山人不見垂幃無力解紅裳

花色人容孰較強芙蓉不及美人粧臨流照影輕〻語舞袖飄風豔〻香宜嘻宜嗔逢月夜為雲為雨現山陽最憐佳麗多當厄碧玉綠珠幾斷腸（唐武后時補闕喬知之有妾碧玉為武承嗣所奪而死）

天生異質不尋常百卉焉能與頡頏松柏難論志士節芙蓉不及美人粧明妃墓上青〻草帝女山邊點篁一部春秋兩烈婦豈惟花木遜芬芳

明媚山光共水光遊人絡繹逞車航旗亭飄處提壺喚歌吹穀中巧婦忙楊柳欲從少女舞芙蓉不及美人粧留連炯景忘[illegible]月吟贈嫦娥樂未央

清秋散步陟高岡瀑布驚空破大荒海上蜃樓浮霧氣雲中仙子奏笙簧風恬四野照魚鳥日暖三農足稻粱江上紅顏花裏過芙蓉不及美人粧

賀門人西圃姪文藏入泮　三鳳齊飛大海東君今英少比終童黌宮接踵皆千將季子多才擅彩虹侍坐昔年深夜雪光宗指日駕長風心期小阮必余慰萬里雲霄騰踔雄

祀竈（康熙五十年）　三杯淡酒一爐香虔送東君赴上蒼銓選無財安命數（時選官陋例得銀則先選）飽溫不足傲侯王勃谿掩耳爭山靜吟咏陶情笑水忙（勃谿出莊子勃爭也谿）懇奏天庭何所冀願憐災赤降康年

除夕　今夕醉醺餞舊臘來朝椒柏慶新年兒童不識光陰速老邁徒增歲月獨自憐爆竹庭前聲越梅花悉上色鮮妍三冬冰雪寒熬盡轉盼春融即洞天

元旦（康熙五十一年）　律轉三陽逢正朔氣虹融萬物肇資生仙神雲馭朝天帝文武山呼賀聖明椒酒滿斟娛老壽金錢分賜喜群嬰霞光爛熳連宵壤瑞應年豐遇太平

同社大竹令楊兄孟修人日招飲在座五老快談竟日是時楊兄年八十有二矣吟以為贈（時康熙五十一年）　沖天結社多師友今日存羸兩弟兄喜值靈辰叨醉飽況逢嘉客亦耆英功名顯達浮雲過權勢縱橫一電驚莫謂老人何所用綺黃能定漢家爭

穀日　民命惟看八穀晴今晨天際盡開明行雲不出巫山外蚩霧全消涿鹿爭四境絃歌怡化日千鄉老壽醉深秋乘時汲〻力耕稼應有豐收報上清（涿鹿山蚩尤與黃帝戰作大霧敗于此年秋果有收）

元宵　溥天元夕沸笙歌總為生民兆稔禾花退春寒乘火放燈憐月淡照光多鰲山奇麗喧金鼓龍陣盤旋擁玉娥嫦娥萬燭煒煌迎鳳輦天顏喜起沛恩波

十丈燈輪千女傳踏歌三日遏雲流（乃唐睿宗事）　君王普賜天廚酒黎庶爭隨宵仗遊紫陌金蓮行窄〻紅樓玉笛韻悠〻老臣觸景陳封事蟋蟀三章句裡求

燈街簇〻復奔〻樂極悲生自古論惡少飛揚羅犴獄嬌媛偏仄毀衣褌金吾不禁承平世木柝應嚴待暴門昔有將軍元夜飲崑崙潛破客猶存（狄青三鼓奪崑崙事）

賦得白雲深處有人家　朱門棨戟安閒少茅屋疎籬樂逸多山隱不深慚鐵石塵心未淨笑炯蘿偓佺守〻能為友巢父高棲鹿繞柯更有白雲迷曲徑不知何處是巖阿

幽巖盡處一溪分遙望層巒祇白雲半樹半山藏結構為秦

為漢隱耕耘桃花源外金衣古姑射峰頭玉女峯群雲裡鶯
吟與鳳嘯紅塵昧〻豈能聞
賀姻翁顧伯先長孫顧三傳入泮　爾祖先年期望爾邀余面
試決文章揮毫倒注秋江水寓目　鑓昔困鹽車誰
識驥今逢藻鑒果遊庠從茲閉戶加磨礪光顯前人到玉堂
二月郊遊　夾鐘當令寒猶怯舉趾方興日漸長柳線青〻搖
淑景梅花豔〻散幽香鶯穀初試山添媚燕語新來水掠忙
更有紅裙映碧草十分春色滿林塘
驪山湯泉在陝西〻安府臨潼縣　泉出東西繡嶺間遙觀烟霧籠函關
天憐濁世煎清液人浴炎流却冷孱日月濯磨光皎林巒蒸
潤色斑斕赤鱗隱躍熱波內疑是火神龍出火山泉旁有東西繡嶺有赤小魚不為人獲
傳聞神女唾秦皇瘡發周身悔罪忙喝湯湯泉洗
毒愈驚慄過浪擲椎強千年水沸蘇黎瘼萬乘雲臨簇錦
況是關中天府國□濯不寒涼
春歸咏　桃凋杍謝鶯聲老秧急繰忙遊客稀草色欲隨春色
去花情頓與酒情遠新來布穀頻〻喚舊日提壺默〻飛最
是佳人離別苦望到春歸又不歸
春來不覺遊觀樂春去偏多寂寞愁遲日尚留山色豔輕風
猶送鳥音幽橫參軌與梅林醉古渡空懷桃葉流欲挽青陽
聊信宿瀟〻暮雨下荒卯
九十春光忽〻過古人秉燭恒遊多莫將心緒催顏老貽笑
囊金供慾酡瘴暑渡瀘何自苦窮荒咽雪軌憐他來年春到
春依舊不解人逢人若何
禹門三級浪在山西汾州府城西　汾州三月禹門開浪湧桃湧花層次

迅

來萬陣風雲迎鯉躍千重雷火化龍回暴顋不歇飛騰志振
甲終成神變才莫笑錦鱗困尺水逢時奮迅到蓬萊
懷管幼安先生　荀揚孔禰不知人曹賊追隨取殺身獨有先
生安綫石十經徵聘節旌輪鋤金不顧驚神鬼割席驅朋造
鳳麟峻節清風如可即沂山爽〻水潾〻公與華歆共鋤見金不顧歆捉而擲之人以此二人優劣又與歆同席讀書門外有顯者過歆往視之公大怒割席分讀
陟峰迴文　山雲入遠離囂塵竹遶松凝靜氣神閒望鳶飛杳
漠細聆泉韻出嶙峋環巖語鳥嬌晴日滿逕落花鋪錦茵攀
險陟峰摩隆斗促喬隨契與天鄰
咏陰符經火生於木禍發必尅之句　人知樹木不知肝〻屬
木兮火即攢怒氣傷肝火尅木周身亢熱水熬乾咆哮不已
傷軀命叱咤無休攖斷殘常體聖言能戒性青山綠水咏遊覽
東嶽泰山　隱〻天門十八盤黃河滄海半山觀雞鳴近見扶
桑日雲淨遙瞻秦越巒青帝殿前糧玉簡白龍池上簇金鞍
七十二君臨封禪惟有蒼松老一官山在山東濟南府泰安州山有日觀雞鳴見日有秦觀可望長安有越觀可望會稽秦始皇封松為五大夫五大夫乃官名非五株松也
南嶽衡山　七十二峯首祝融洞巖橋磴總天工位居離火弘
生化氣作烟霞壯欝慈寺隱懶殘喫上相人由嶽降立奇功
縱更盧霍為南鎮山勢炎〻不改雄山在湖廣衡州府衡山縣漢武帝以衡山遼遠分以江南盧州府霍山為南嶽唐李泌訪神僧懶殘〻煨芋分喫之曰毋多言領取十年作相宋趙葵字南仲衡山人乃嶽神所降拜相多立奇功
中嶽嵩山　誰將石子下天中長起峯巒入碧空室峙東西雲
兩出巖深曲折閬瀛通吹笙嶺外留仙韻立雪亭前見梵雄
花發貝多三爛熳牡丹香豔未能同河南居天地之中故曰中州山之東日太室山

之西曰少室仙人王子喬好吹笙嘗於此山乘白鶴往來少室有少林寺達摩折葦渡江來寺面壁九年寺有立雪台乃惠可侍達摩雪深至腰處漢有道士將貝子來種之西麓一年三花白色異香河南牡丹天下第一

西嶽華山　不信巨靈擘太華掌痕足跡果橫斜巖阿玉女留明月峰頂紅蓮豔水涯龍送仙居傳蟄法鳥旋道院啄天花英賢岳降推楊郭發憤何須問顯家陝西々安府華陰縣有巨壁靈神手擘華山兩邊石壁直上如削成黃河中流北為首陽南為太華山有玉女巖々內常如明月色太華頂有紅蓮高十丈五龍變五老送陳摶至華山摶常大睡乃龍傳蟄法也後漢楊震子名秉秉子賜賜子彪四世太尉德業濟美唐郭子儀封汾陽王與楊震皆華陰人

北嶽恒山　天生屏障畫琅玕雪積千年六月寒神草奇花司虎嘯仙宮梵閣隱雲端玉華峯削顏如玉丹室烟騰色亦丹何事飛巒來曲邑民情須體怯登難山在陝西大同府渾源州後飛一山至北直定府曲陽縣亦名恒山人便於登祀焉山有神草奇花斧斤不入玉華峯在恒山之左山有飛石窟兩崖壁立豁然中

外傅飛 曲陽

送別澹怡喻父臺內陞主政　居官年久即家鄉況是吾民孺慕行百里春光融蔀屋一輪皎月徹林塘無端鳳詔催陞急有恨驪駒促別忙自此登山極北望鴻傳燮理憶昭陽

輓同學陸端木　幼同學舍老同鄉道義詩文洽性真銳志苦吟穿鐵硯英才樂育仰山岷青衫未換掄先覺玉女空環作後人八十五年成夢幻蒼々哭恨奪龍鱗端木有五女

賀嬰醫　通醫隨俗起科名暫為孽嬰作化城一粒金丹逢扁鵲千叢玉蕊護長庚郊西新茂蘋蘩橘江左初芬抱朴蘅佇見壺中別世界去來黃鶴喚蓬瀛化城見法華經葛洪號抱朴子

康熙五十二年新正五日社兄楊孟修自晨而暮招聚竟日方歸吟以致謝　去歲人辰叨盛饎也音熾酒食速召也今正五日速醇醪英嗣愛客供龍掌銀製酒舟為酒器酌酒滿則銀帆揚起而自行出自閩中老叟開顏看鳳毛濟々良朋悲夢幻依々唱和喜呼號蒼松一樹娛朝夕是時孟兄年八十三長余四歲酩酊歸來詠兩膏詩陰雨膏之

賀姪孫健菴入泮　阿咸有子羨超群束髮讀書潛白雲開卷沉酣吟五夜揮毫勇退掃千軍龍門仙客須聯轡鳳閣文人送采芹汝父在天應色喜還期聲譽帝廷聞

寄崔埜四弟蘊生　雁行同氣不同棲羨爾逍遙炯水溪慧性丹青荊浩侶仙風飄渺偓佺携塵氛撇盡花林卧吟咏閒行石壁題最是清心綿福壽雲方出岫月方躋

康熙五十三年正月六日社兄楊孟修招飲竟以日詩謝之　髫年結社聚群英今日惟餘兩弟兄三載春醪蒙我速幾行々酎羨君榮綺園歲月應哀邁燕許文章正壯勍指日

執延太老丹書敎聽講承明

復寄通州石港場曹叔衡　真州旅次結綢繆一別於今廿六秋夢入旗亭頻唱和覺來枕畔覓從遊君舒龍甲騰霄漢我泛漁舟咏壑丘忽接瑤函如促膝凄風宿雨頓消愁

讀史以呂易嬴有感　堪嘆秦襄寫同臧三年稱帝即歸幽始皇自謂昌嬴緒不啻私欣振呂裘六國未殲秦已絕再傳即斬子為雛昭々天道何曾爽亂賊開眸速轉頭

賀趙外孫合巹　八月風清桂子香仙娥雲馭適仙郎衣開楊柳生春色鏡裡芙蓉豔曉粧此日綢繆偕鳳侶他年相助報金章從來淑女宜家室請咏雞鳴勗未央

贈邑尉沈介祉父臺　卧龍山接若耶溪秀毓名賢治楚黎未託兩間煩補救先將百里屈招携冰心怵惕驚魑祟鐵骨崚

嶒仰鳳棲鸂鶒双〻灘上立佇看丹詔擢臺西（唐李德裕為縣尉有鸂鶒飛灘之兆果擢西台御史拜相）

元宵哭潘孺人　去年此日逢燈節骨肉團圓笑語時金鼓喧填盈四境烟花爛熳連雙屈荊妻忽訣音容渺篤慕孫眠更漏遲對景增悲腸欲斷兒孫進酒淚絲〻

夢回吟哭潘孺人　夢去不知相永訣夢回猶覺與周旋足蹤空枕疑橫臥手摸遺鞋覓代穿窗外風號敲憏〻櫬旁燈暗影蕭〻見聞屏却尋重會輾轉寒衾夢不前

祝醫士吳驥衡尊堂程節婦七十　拈草活人積慶長西江昌大接昭陽相夫已義麗公偶教子允成抱朴行兩世蘭馨遺雜佩（尊公玉生公與余至契）　初春梅豔擁霞觴冰霜堅勁天為助福壽偕〻看驥揚

挽次常姪　屈指奇才爾第一詩文落筆鬼神命數同樗朽子負英華困棘城夙昔青雲期轉盼今〻明〻老深閨看君拈句光千丈會見天心悔不平

棲霞嶺下弔岳忠武墓　日落霞棲暮嶺幽將軍碧血濺千秋風波亭外猿聲慟烟雨湖邊草色愁就縛英男成大孝挈瓶幼女赴清流（幼女方爽校尉至女從容收棋抱銀瓶投井而死）陰森古柏皆南向嚇破奸臣背主謀

壺公隱山興（在福建）　壺公祠造此山奇金碧樓台雲霧迷八面巖穿日月千尋怪樹作潘□泉嘶（盤陀石碧溪湧山上奇景絕頂）

女□朝井縮盈通海　又能

聚流移一民號寃寃徹比萬井飛塵斷爨炊終日閉門安命　傷心無力拯飢黎

喻南強從陳亮游時當路排善類誣亮而鍛以飛刑羣弟子噤不敢出一語南強挺身而出不避刑戮亟奔號於諸公卿間亮冤乃雪史稱唐之房杜其師王通與長孫無忌有隙遂不一言及通視南強之急師難其賢不肖之相去何如哉余詠揚高風為薄俗警（公字伯強浙江義烏人）

師道原同君父倫如何況俗假遼延一朝患難誰相急網常任偉人甘辭疾呼羞畏縮死生不恤護〻淪烟　獨有雲橫山色新

影了然凝（名一社者謂與邑第一社也）

賦得醉鄉廣大人間小（乃秦少游醉臥海棠花下之句）　莫笑高陽一酒徒碌〻早容枯杯中日月光陰慢甕裏江湖波浪無醉去不知多樂境醒來却恨少寬途陶情不廢經綸事中聖於今頌百觚

贈醫士藥名　黃耆醫老頌華佗（華佗越人）　君更烏頭拯疾淪大力寄生官桂客細决明獨活海夫人車前王履續隨迸袖內金丹補骨神每却朱提吟困之細辛厚朴積醉根

康熙四十六年悲旱荒（義民孫嵩赴督台告災持刀欲死督台前乃得准收出琉寬民散比發賑飢）

自平水旱苦難支今復災災痛亂離高下田疇餘灌莽東

存齋詩

（清）李炳石 撰

《存齋詩》十二卷，　清李炳石撰，據南京圖書館藏清康熙刻本影印。

李炳石，字喈文，清江蘇興化人，李清長孫，康熙二十六年（一六八七）舉人。官至雲南曲靖府同知。性恬淡，有孝名。工古文，善畫蘭竹。

本書南京圖書館著録爲《花隱軒前集》。興化李氏是一個明清兩代地方上的顯赫家族，出過李春芳、李清等名宦和文人。李炳石爲李春芳八世孫。其《存齋詩》分十二卷，有詳細編年，共收詩千二十二首，在别集中，算卷帙較大者。集前有作者親朋李棟、解擢、金門詔、楊汝穀等人所爲序十三篇。金序謂詩乃窮而後工之物，李炳石雖爲『狀元苗裔，宰相宗支』，非世俗所謂窮，而『公車十上，抱璞無門』，不遂其志，仍屬窮而後工一流。李炳石自幼勤於吟詠，專學中晚唐，且性喜林泉，故詩風較清綺澹泊，不事雕鏤而有深秀之趣，時人方之於白居易。實則句法上亦有學杜的痕迹。其詩以近體爲主，兼有歌行。内容主要有四類：一是反映儒家政教觀，類元白諷喻詩，而較温柔敦厚，如『從來吏治重親民』（《詠懷》）、『完得官錢不救飢』（《廠謡》）等，關心民瘼；二是反映書齋和山野生活的閒情逸趣，如『松林雨後吐靈牙』（《食菌》）、『自汲香泉夜煮茶』（《署中即事有作》）等，沖融平和；三是紀行懷古，如『月觀迷樓事可憐』（《玉勾斜》）、『風捲靈旗古殿秋』（《岳武穆廟》）等，富有文人情趣。四是言志抒懷，雖多歎老嗟卑之聲，如『風塵潦倒宦遊人』（《和王令震來新春雜詠》）等，總體屬於哀而不傷的盛世之音，體現了清初向盛清過渡的時代特徵。

（沈宗宇）

詩之作也窮而後工者也存齋先生達也非窮也雖然必以窮為先生諱是不知先生者也苟從乎世俗以觀當世之所稱富貴豪華當無有如先生者孰謂先生窮先生文定公元孫也狀元苗裔宰相宗支加以宗伯繼起八座代傳聲施閥閱之隆不可謂窮先生都諫公嫡孫也起於司李訖於廷尉其翊戴之忠貞亮之節光於海㝢傳於後代不可謂窮先生總憲公冢嗣也烏臺望重柏府聲威而且學士十年司空三載翩翩膝下公子名都不可謂窮然此猶先世之遺澤也若夫終賈妙齡早魁京兆淡墨纔標聲傳日下鴻文既播價重洛陽當此之時窮歟達歟甫踰強仕染翰鳳池向彤廷而近日

躋黃閣以披風詞成紅藥之篇名噪紫薇之禁當此之時窮歟達歟年近服官剖封符竹試相如於夜郎天顯千古之奇才使韋皐於南詔人建非常之偉伐當此之時窮歟達歟由斯以談則語先生以窮未有不掩口而笑者也雖然是豈知先生者哉予少游都憲夫子之門得追從先生竊見其文章之超邁氣度之豪舉直有推倒一世之槩令其及時奮翮以上接文定衣鉢繩繩相繼豈不盛與乃公車十上抱璞無門夫以此絕倫軼羣之才居屢世顯要之地門生故舊幾半天下使其少自貶損何難一得顧以世俗茍且之為深用媿恥寧啓首就中翰盡瘁 王家晨入暮出奉職唯謹辛勤數稔並不獲內調而有滇南之役雖由此陟大吏晉台階以霖雨天下蒼生固自易易而乃域於一郡驥足難伸回視九重君門萬里三十年來困頓怫鬱曾不得少遂其志可不謂窮歟且家雖世冑而先代所留遺者自 御賜之翰墨器玩以及故園花石秘藏書史外亦別無長物而先生少即耽情文囿雅好詩書絕不知有貴介氣凡鮮衣怒馬歌兒舞女之習濁世之所豔稱而爭效者一皆鄙棄而不屑蹈惟閒邮二三知己及四方名賢士夫詩筒文社相與唱酬往往宴集於庭則出其罍具皆舊家之法物而不勝摩娑也味其飲食皆內造之法餌而不勝醉飽也以故游其門者但知其為世家大族驚歎

愛慕以為世所希有而起視當世之所為富貴豪華者固自萬萬不逮遂不復知先生之窮而先生亦不自以為窮也大抵先生富於品望窮於逢迎貴於門第窮于埶利豪於性情窮於寅緣華於文章窮於遇合蓋先生之詩不以窮而工窮亦工也先生之才與品不以詩顯詩亦顯也且即先生之詩亦異夫世之所為詩者讀其閨門諸詩使人孝子仁人之心油然而生讀其仕宦諸詩使人忠君愛國之心油然而生讀其感物懷人諸詩使人忠厚悱惻之心油然而生要其所擔荷甚大而其志甚深遠者皆可於詩得之也豈僅逐客騷人寄託於草木蟲魚之感歎已哉是故讀先生詩可以知先生而

知先生者正不得徒執詩以求先生如求聖俞者之必於詩也且聖俞以蔭補先生雖席前人之蔭而獨自振拔以孝廉名於時海内稱先達者已歷有年所矣則先生之窮亦異乎世俗之所為窮而要不能以窮爲先生諱且爲先生誣也雖他日陟大吏首台階以承元老之勳可謂達矣而今日之詩則未嘗不以窮而益工也信哉廬陵之説為不可易已於是乎序世小弟金門詔謹撰

徃見世人爲詩者當其抑塞無聊亦嘗浩歌長吟以解紓其牢騷幽憂之氣一旦居官得路則捐然肆志視曩之所為斥云冷澹生活畧不以措於意此其人抑可知矣亦有束躬廉退不汨没於聲利而不能使簿書筐篋之不相棖觸於其心而官京師者自職掌而外又有交游拜謁宴醻贈送之役轇轕之其得專力於詩者蓋百不得一焉亦無怪其然也甲午冬予謁存齋先生於京邸值其官中秘顧蕭然窮巷中行其庭闃若無人鍵户下簾手一編自哦殆性情於詩而非膚末於詩者聊以自遣釋也或曰中翰職禁近清簡異他曹且又更番儤直必以期故得以其暇日為之噫是豈知先生者哉先生之為詩蓋自少而壯壯而艾寢饋於其中而無旦夕之輟者也方其魁京兆時年甫及冠尊人都憲公立朝振風紀家門鼎盛一時酬接旁午及讀其集中所載率皆登臨游歷以及感事懷人之所為作而又一韻每叠和至數十首不休是當為翩翩華冑時而卷軸之夥已不啻盈橐溢篋而何況於官有暇日乎哉且性情之所篤嗜者在是固無論其暇與不暇也吾知先生之胸次有過人什伯者矣夫且當祿入不敷時典裘貫酒日招朋好倡和爲娛樂追風日清美則奚童羸馬徃復於泉林煙水荒墟陊殿閒手畫口哦若忘其在東華軟紅香土中者故其為詩清而綺淡而腴不事鏤刻而自鬱然

壁門天邃廣儲宏達之英鳳沼神深預蓄恢奇之罷朝趨鎖闥盧光啓占對閑詳日侍金華鄭延昌風規韶茂移珮聲於髙閣會送夔龍檢封事於晴窗司存雨露由來雅望定典絲綸自昔清班恒多酧唱如吾内兄李君存齋者庚徐有父本是名公遷固為兒自然才子芍藥工題於綺歲楊梅解對乎妙年槐棘堂前已挺摩天之榦芝蘭堦下蔚為香國之姿加以郭璞傳毫夘成與石上鄙之松十步敏奪神工竟陵之鉢一聲贍逾宿搆硯横河漢韓退之雲湧濤驅韻叶笙簧柳子厚宫沉羽振早登賢於棘院遂通籍乎薇垣時則禁籞風和觚稜日近臺前列仗見南苑之參差閣下傳餐望西山之葱鬱

星臨萬户銅壺之宵漏方長月傍九霄金闕之曉鐘初動況乎宣都蒼莽夙號神臯碣石沉雄偏饒朔氣東郭則當時置驛西園則文舉開樽白合談心經時觴咏紅香撲面到處逢迎能無投贈之辭大有感裒之作於是金笳夜嗷和吕曼聲玉勒晨嘶雜之長嘯狂歌合沓盈牀堆玳瑁之箋逸興淋漓插架滿珊瑚之筆僕衷謝懿親濫楊尚戚衛郎昔日嘗遊樂氏之門逸少當年偏識郗家之俊贍依烏府推公子之才髙陪對鯉庭知長君之望貴既而同官京邸分直周廬我往日華預末光於粉署君隨丞相攄麗藻於金閨值休沐之餘閒慰羈棲之無賴劇飲則歡同浮白高唫而影漸揺紅每覩神來

深秀海内稱詩者謂其風格直當與青蓮白傅先後相頡頏由此觀之雖方來歲屢遷踰歷華要其不懈於詩當無異今日且更有積而彌富進而日上者可預為先生決也顧詩之工也若是乃復欿然自下不鄙予為窾啓寡聞屬予點訂之而剞劂之以行於世予固無能名先生之詩特推原其性情之所篤嗜與胸次之大過人以告夫世之為詩者非僅以供人畔牢愁之具而已也

高郵般王嶧頓首拜譔

輙懯才盡千條弱柳願同兩省之賡一片孤城試賭雙鬟之唱康熙歲次乙未秋八月既望婁水内弟錢瀛拜手撰

歲在丁夘予與存齋同領鄉薦因得交好存齋而存齋或侍養京師或旋歸邗上兩人聚晤之日少睽離之日多自予庚辰春受知于吾師總憲先生之門竊幸常侍先生教並得常與存齋遊未幾出就外任予與存齋雲山相望依然睽隔也迨予遷擢入都存齋亦旋補中翰予與存齋脗合若天假之緣者顧梁木摧壞安仰徒嗟緬邈曩疇崩楮莫逮以得聚存齋爲喜轉以不得見先生爲悲悲喜交并兩人之精神氣誼固結綢繆尤有十倍於夙昔者先生殊勳茂績炳蔚旂常原不僅以詩顯而先生藥圃詩十餘卷和平溫厚獨得唐人遺音存齋淵源家學英邁之氣超軼儕輩偶一拈題他人搦管未下存齋迅疾而成雖極險韻疊至數十首近讀儤直寓懷諸詩忠孝悱惻之意盎流楮墨此杜陵叟所以穪詩聖也予兩人一官匏繫軟塵香土中得藉昕夕聚首爲樂正未知過此以往内外遠近睽離聚晤又復何如耳

通家年眷世弟皖城楊汝穀頓首拜撰

往在丁丑仝總憲李公館余於昭陽之第公之長君喈文胚胎家學尤嗜吟咏邑故多名人魁士以予至相招延並勤觴咏閒作更唱迭酬喈文齒最少非其鄉前輩則其宗老退然居末坐心愈下而思愈遒輿酣摇筆往往拈一韻疊至六七猶未已予方挈瓶屢罄喈文餘思滿衍引而益出予以是歎總憲公之有才子也今年冬邀予來邗上出示游浙閩時所得詩其詞加警思加新風格加老健目之所經足之所涉不事劖刻雕繪而萬物之情形具見他人含毫苦思百索不得者喈文一探喉而出之吾所見今詩人其了然於心口之間未有如喈文者也昔人稱謝客吐言天拔出於自然予於喈文

存齋詩序　一

亦云勉乎哉謝之富春渚七里瀨壁門石門諸作李子之力足相排突矣李子好學益不懈而及於古使人謂我以謝客比李子其言非好諛者𢝸又李子之賜也李子名炳石字喈文號存齋今編兹集曰存齋艸庚辰長至前六日練川同學弟張雲章序

歐陽永叔謂詩窮後工而杜子美又謂晚節漸於詩律細兹二說固然然吾獨異存齋當年少踐其途不可謂窮不可謂晚而本其性情發諸吟咏歌行近體一一可傳使見者有開府參軍合為一人之歎余服膺存齋久矣今讀浙閩游歷諸篇不劖削而幽不雕繪而澹不規規於摹唐倣宋而自能遺貌得神然後歎存齋天賦英敏性能而好少陵歐陽之論固亦有不盡然者爰弁數語以志嚮慕同學世弟表銑謹識

存齋詩序　一

昔人紀遊詩不必多多亦不必工多且工者無如杜少
陵讀破萬卷書經涉萬里路故能蓄其抑塞壘砢之氣
而一一發之於詩抑其窮愁有所不能自已也我存齋
華年貴冑旦晚隨計吏北征大魁君家故物誰其復先
存齋而存齋所爲詩慷慨歷落即紀游諸篇規模老杜
亦間有牢騷不平之鳴焉大都風人之旨善感觸而多
幽憂空山木脱時鳥變聲攬華落之異致攄幽曠之遠
思存齋其亦有離已於心者乎昨遇存齋顧予言曰吾
年才及壯頭上髮已種種悲夫人世豈堪把玩詩歌詞
賦亦一時濟勝之具古所稱三不朽者其在是耶非耶
吾與存齋出處殊途未審何以能不謬也同里表弟解
擢直章氏題

存齋詩序　一

吾家以詩著名者平菴壺公而先生後大邨爲巖顧大
邨著意經營每一拈韻務用全力若喈文不然觸緒紛
披隨意游適灑灑洋洋千言立就而要其骨氣深穩真
厚醇摯未嘗不沉鬱頓挫斟酌致意而出之間遇險韻
他人踰時不得一字喈文倒瓶傾篋疊用不窮近和子
三江韻屢疊至三十首京師見者莫不有才多之歎於
戲大邨何其不易而喈文何其易也夫大邨積學至老
始魁南國喈文蚤歲已拔幟都下易不易之間正不獨
詩矣今藥圃司農典試禮闈俶迴避而喈文公車亦已
屢蹭似始易而繼有不盡易者少陵謂晚節漸於詩律
細喈文之詩若更由易而出以不易詩律之細當益有
進雖然吾所致望喈文以光大吾家者其以詩名乎其
不僅以詩名乎松嵐居士棣書

存齋詩序　一

前癸巳春予以試事入滇嘉滇之人士有志學問而樂與予遊也因於昆明書院再舉文酒之會鬮題分韻擊鉢賦詩其時樹幟壇坫左犄右角一為予同年何君章漢一為管君青邨兩君同江南人同服官於滇又同有能詩名志趣合併風流宏長具有上下千古之意至今憶之不能忘乙未冬李君嗜文自內閣中書出為曲靖同知嗜文亦江南人舊與余共事　玉牒館珥筆出入花晨月夕有唱斯和見其所為詩清新俊逸朴而不俚腴而不枯眞詩家之善鳴者也既而捧除書適萬里予作詩送之落句云好官何必綴朝班蓋所以慰嗜文于役之遠羈離之思又已見　國家太平全盛統一區宇

雖窮邊絕徼皆有文人墨士為之司牧以長育一世之人才而晉歸於太和之域今章漢食俸滿六載行將徵入為副郎去年冬青村改官師宗州知州引見稱職以去嗜文之宦遊於滇也繼章漢青村後嗜文之詩不在章漢青邨後則嗜文之治又不在章漢青村後可知矣異日滇中志循吏傳者必曰某某江南人以詩人居某官能其職某某如是某某又如是用以繼漢世中和樂職宣布詩篇亦江南一時之盛也嗜文試以予言語何管二君其必欣然有合於心也乎歲次丙申二月朔日同學弟雲間周㬊拜手撰

憶予垂髫時侍先君子側見座上客龐眉脩髯貌古而神秀知為表兄平菴艾山兩先生與先君子切劘為詩者也嗣是予學詩日相與唱酬商確者有亂峰大邨㑹菴久菴皇望吉四諸君時木菴季衷少屈於吳客游於燕相聚之日少偶一誦其賦物懷人之作則新思警語迴出儕輩噫是何外家之多詩人也今天下詩派吾邑為正吾邑詩派實昉自外家其來遠矣存齋為木菴長公弱冠舉於鄉豁達頴異瞬息千里且粹然書卷之氣絕無貴介習余來郡城存齋適居郡劇談間出篋中詩見示其澹遠處如右丞瀟爽處如隨州聰麗處如玉溪生餘亦出入韓孟蘇陸間夫存齋素精舉子業以其餘

閒肆力於詩輒成家如是其才豈不有大過人者哉余外家自文定發祥以來科名七世不絕而文才復盛若此此前人積累深厚文章衣被海內之所致也存齋勉乎哉從茲奮身青雲為　天子侍從臣追隨阿翁總憲公後出一言艸一疏為天下福則又不獨詞章之學舉世推重而已也康熙辛巳六月九日同里王熹儒撰

蓋聞詩以言情情之所至雖長歌短調無適不可正無事雕文鏤飾爲也故昔人謂白香山詩即嫛下老婦亦能索解惟其純任天真故耳今之治詩者則不然未經操管即思竊取一二怪字險句以矜奇異究之佶屈聱牙難於卒讀是猶嫫姆而擬西子也不亦謬乎存齋老伯家大人畏友也性喜吟咏每把晤時出其篋中詩以相示余小子因得從將車執杖之下窺見一斑茲讀其玉峰武林諸什格律精嚴氣味醇古而一種清新秀逸之致復流露其間蓋一空當世詭僻之習而惟以抒寫性靈爲樂者求之於唐則青蓮後身也比之於宋則放翁流亞也方之近今之士則又與新城諸公相伯仲餘子碌碌不足望其項背余小子亦惟心維口誦寢食其中安敢以不文之辭少參末議哉康熙庚寅桂月年家眷同學姪吳琪謹識

存齋詩序　一

三百篇之貞淫正變皆士君子服官之金鑑也故尼山以不達於政爲誦詩者之恥今之學者徒事帖括以弋取科名潛處蓬蓽時殊無一二沉酣揚扢力取前古之政教風俗盛衰得失講明而切究之一旦居高涖下以無本之治爲治又安望温柔敦厚原本風人之遺意而出之也乎吾師存齋先生胚胎家學沿波討源於三百篇中者惟有歷年由中翰出治吾曲甫數月風行草偃弊革利興祥和煦嫗之恩盎流荒徼由是民頌其德上鑒其賢檄署州郡者六隨車膏雨按部盡如吾曲衆皆號稱佛子先生公餘之暇搦管披唫茗爐松徑意致灑然間於遊歷所及萬目痌瘝輾轉殷憂癥結一體之誼無不於詩歌發之依稀大雅之民勞豳風之七月所維繫於政教風俗盛衰得失者良非淺鮮之故先生之詩即先生之治也先生之治之詩皆從三百篇得來者也膏沃光流聲華義實瀰衍布濩於不窮者無一不本温柔敦厚之意而冲融而攄洩之瑞侍先生最久沐浴先生之澤並得詳誦先生之詩先生之教我也一本經訓爲根柢顧以讀禮言歸攀轅無自渺渺雲山依回悵悒誠不識櫟材謭劣何以無負先生於萬一也受業滇澥陳瑞謹識

存齋詩序　一

余家自先文定以相業彪炳一時雖童奏諫牘不欲留稿故貽安堂集中詩未嘗與中原七子馳逐爭後先繼如伯祖隗臺碧海兄映碧諸公忠節事業各有可傳亦遂不專以詩名其專以詩名者自兄平菴艾山逮姪大邨松嵐著作甚夥而昭陽李氏之詩遂盛稱於海內蓋兩兄蚤年高尚不事舉業故得專精畢力於此而大邨松嵐又於垂暮之年始獲一薦其人之性情好尚一寄於詩宜其工也而亦有不盡然者家木菴蚤直禁近數歷通顯而藥圃詩一編特工何也木菴所歷官皆文學備顧問之職得以從容討論矢音於魚藻鳳𨤲間且耳濡目染於先映碧兄過庭之訓是固然矣逮家姪孫存

齋本其天資家學弱冠即獲雋京兆其性情嗜好尤寄托於詩存齋之薰蒸醞釀於木菴亦如木菴之薰蒸醞釀於先映碧兄故存齋遂以詩世其家然則謂詩必窮者而後工似亦非篤論矣憶余丁丑之夏襆被昭陽與嘉定張子漢瞻同校讐先映碧兄所著南北史合註及諸史異同等書於尚書第中觴詠流連無有厭倦或有時拈題鬮韻當燈灺月落思緒不屬時存齋特興酣神王下筆不能自休吾三數人忘其苦亦不知其樂也故存齋少作林立而存稿斷自戊辰已巳始續以比年歷遊吳越甌閩諸草大都皆攄寫性靈陶汰風騷其賦物也鬢眉畢肖而一歸於大雅要不失三百篇温柔敦厚之遺教是豈膚末於詩者可與从較哉稍芟其支蔓而獨存其天眞爛熳之作此存齋志也存齋事業勳名日見隆起將昭明祖考之學而登其著作於石渠天祿閣則我昭陽李氏之詩進而益上又何必窮而後工也哉余得藉手以報存齋相屬點訂之意蓋俯仰今昔感慨係之矣甲午重九日栗亭汝倫謹識於破萬軒

花隱軒前集目次

存齋詩

花隱軒前集卷一

興化李炳石

存齋詩戊辰至庚午稿

元夜招同王右張令貽湯西崖吴元朗徐去矜顧晉裴家亭山小集

南北雖迢遞風光共一天月輪當十五鄉路夢三千酒薄從人醉燈明向客懸更闌渾不倦獨坐意悠然

金鼇玉蝀行

雙橋流水聲濺濺彩虹萬丈長蜿蜒千條新柳含翠煙層巒叠嶂斷復連樓臺隱隱芳樹邊花明草軟春日暄女城環抱貝闕圓畫棟雕簷別有天波光澄徹藻荇牽間關水鳥狎沙眠 天子宸遊警蹕嚴風吹龍旆何翩躚下輦從容駕綵船桂槳蘭橈泛碧川傳呼漁艇網深淵黿鼉從爭取魴鯉鱣金盤縷切進 御筵歌吹清音雜管絃 聖明天縱詩思研詩成潑墨筆如椽侍臣稱觴祝萬年太平勝事千古傳

送姜萬青之大梁

急雨相催恨未平河梁分手淚縱橫蘆溝曉渡朦朧色漳水春流嗚咽聲綠草細生公子墓黃沙猶集大梁城他年重返燕臺路上苑驕嘶駿馬行

初夏即事

一徑清陰覆藥爐披書日坐小亭孤楊花卸樹飄殘雪荷葉隨風瀉碎珠紫燕不須窺棟宇白雲終自戀菰蘆東隣幸有知心叟得暇時來訊酒徒謂王翔逸

長夏閒居十首依唐人姚合韻時將攜家累返昭易

長夏少塵事披書心更閒亭虛依曲水門閉擬深山老樹身全傴頑苔色半斑逢迎終不慣無客過柴關

株守安吾拙非關與世疏詩題隨處有酒債笑人無原子貧何害程生熟盡除夜來風雨惡吹亂一牀書

雨過山如拭荷香動曲池有衷頻入夢無事秖吟詩色綠杯中茗聲清月下棋常疑軒冕客輸我是閒時

隙地秖半畝幽棲偏有餘青山當屋後綠樹得陰初避日聊遮笠垂綸豈爲魚近來曾自省較昔更迂疏

枓頭穠蔭下把卷日長吟飼鶴憧偏惰看花酒獨斟白雲凝石靜碧水入潭深除却思親外閒愁不上心

三千京洛路極目思無端短札憑人寄新詩付弟看風生來閣畔客去立河干兩得 恩遷信天家雨露寬家嚴是月兩遷翰讀

大母留江左追隨叟鑠身看花消永晝栽竹過三春弟妹思鄉切音書趣駕頻懸知歸舍日繞膝慰風塵

閒居誰足羨故土自關情每憶園中樹如聞鳥弄聲泛舟春水闊待月暮雲生擇地原幽僻無煩隱姓名

萍寄緣何事因循不自由攜將家事累銷盡客心愁澤

國賒煙雨詩人喜唱酬更憐叢桂發莫負小山秋

涉世眞無術依然學閉關藏書充棟滿荒徑避人閑野趣生籬角波光浄容顏鹿城差勝處門外即青山

送陶頡儒入都次韻書宣韻

人生貴心知聚散不在久落落金蘭交陶子眞我友髫年重氣誼泖湖欣邂逅一別寒燠更邗關重執手新詩滿奚囊搜奇窮二酉讀者舌盡撟誰敢置可否壯志爲饑驅衝炎向北走吾聞毛嬙出倍覺無鹽醜君才若天藹流輩皆枯朽文章不終賤立身豈容苟懷瑾能自珍遇合洵非偶陶子聞我言意興益抖擻此道誰復論且酌杯中酒少焉羣俊至少長咸聚首鴈列坐層軒平原

綠萬畝日斜好風來新蟬噪高柳雅集既非虛良會難再有即事續驪歌敢曰瓊與玖

陸爾伸顧書宣史蔚奇萬夫招飲張氏西園即席

次蔚奇韻

憶昔相追陪池荷開正艷今復出西郊衰柳臨野店縱觀物態殊凉燠倏已變我友多曠襃即景啟芳讌名園當勝地觸目殊所見碧篠亞紅闌清流圍碧巘隔水坐層軒秋花開四面畫舫按吴歈竹肉聲一片妙義各相宣賓從盡英彥須臾壺觴具次第殽核獻禮豈我輩設披襟脫冠弁觴政猛於虎角勝如酣戰酒痕漬衫袖行杯浩無算嵇公玉山頹賀監眼花眩屢舞任號呶堅坐意不厭放達誰敢嗔齷齪古所賤茲游固已佳後會仍須踐洗盞罄餘歡清光猶眷戀新月吐微痕夕颸送冷善羣公句早成肯使詩逋欠

雨過

雨過遥天浄青山翠欲浮濕雲秋雁冷斜月晚蛩幽獨酌未成醉高吟能散愁明朝攜筍屐巖壑恣探搜

西爽軒看山

屏跡掃囂塵穿窻面古壁低佪念良朋快遊追莫及饑雀窺無人檐端鳴覓食我亦坐忘機誰云胸次窄黃花裛香露當秋逞顏色對此神淒清孤芳那忍摘朗吟興正賒羣峰爭突兀相向狀如拱回環勢如揖莊巖静如

坐喬峙竦如立得非巧匠琢無乃巨靈劈陰晴百態生變幻千奇集静觀悟生理惜陰悲過隙素影落閑堦仰見月東出霜氣結不流萬里生虛白何當卜終焉渠儂共朝夕

送鄭素濤歸鹿城

秋到閑庭木葉稀河梁攜手欲沾衣凉風忽送孤帆遠細雨斜看晚岫微君向鹿門尋藥谷我留螢苑老漁磯茲行悔不相從去罷秷登場蝌正肥

曉起

侵曉寒威冽敝扉尚半扃霜凝千瓦白月落一山青林鳥因風起村雞隔舍聽疎鐘更清絶宿酒已全醒

與解志林九丈小飲次日同遊平山堂二首

薄暮渾無賴，攤書坐小齋。論詩貪客至，縱酒得君偕。夜冷風生戶，更闌月滿堦。探幽明日事，濟勝有青鞵。

出郭方數武，塵囂喜漸刪。遠楓明未落，野竹細多斑。蕭寺一聲磬，晴江千疊山。奚囊應得句，驢背朗吟還。

至易山有感

南北驅馳客，今宵返故鄉。月斜帆映水，秋老樹酣霜。舊雨幾人在，閒園三徑荒。夢回天欲曙，一雁叫寒塘。

別藜文弟

還家翻似客，信宿復分飛。野水連天闊，村帆帶雨歸。懷人頻入夢，別爾幾牽衣。何日鄉園裏，常來叩竹扉。

月下懷潁儒

月是他鄉白，溶溶惱客心。夜深聊對酒，涼至怯聞砧。過雁纔成陣，微風忽滿林。旅塵得踈豁，誰與共開襟。

同解日以遊法海寺

城市喧闐厭久羈，快逢佳客到幽棲。秋深柳落橋邊路，日暖煙消郭外溪。小閣對江山盡見，踈籬種菊蕋初齊。老僧飽飯渾無事，曳杖逍遥聽鳥啼。

平山堂

攜尊着屐到林丘，乘興探奇事事幽。山色有無瓜渚暮，江光來去海門秋。蒼松磊砢圍孤刹，清磬依微度遠洲。六一風流千古在，銷沉不比十三樓。

瓊花臺

細草漫空臺，昏鴉噪老屋。勝跡雖未湮，奇芳何處掬。月下摩殘碑，糢糊不可讀。

第五泉

山泉標第五，清冷鑑毛髮。扶筇陟孤亭，落葉響林樾。隔江數峰青，我懷自怡悦。

玉勾斜

月觀迷樓事可憐，一痕芳草綠芊芊。三千殿脚埋香處，化作梅花嶺上煙。

與吳禮齋夜話

薄酒與君醉，虛窗夜氣清。霜華明古戍，月影上層城。兒女牽家累，艱虞驗世情。有褱拚不寐，危柝逼三更。

鑾江道中

饑驅常作客，一棹去如何。霜葉紅於染，晴巒翠更多。江明雲欲盡，秋老雁初過。豈爲浮家久，臨風發嘯歌。

自邗江抵舍庭桂正開因憶殷三彦來

秋帆送客去荆扉，秋樹芳時客正歸。爽籟入襟蘇肺氣，涼風吹露薄生衣。尋攜斗酒頻頻醉，好趁霜螯箇箇肥。舊友不來花又放，每逢佳景一欷歔。

琴川周雨田初從新安歸告我黄山諸勝詩以紀之

登山望琴川，相距僅百里。我友居其間，遊歷折屐齒。時或過我廬泚筆寫山水春深一分袂歲序去如駛咫尺斷雙魚繫褱惟之子嚴霜脱萬木江楓半青紫蒲帆倏忽來覿面疑神使告我黄山勝幽奇絶無比剪燭恣問答四座盡傾耳嵐光與樹色恍惚列屏几君行既飽目我遊願方始會須挈瓢笠登臨探其美周子酒褱寬引杯興難已淺斟固不辭滿酌尤所喜余亦藉醇醪離愁忽如洗分題為賦詩江月樓頭起

送鷗亭叔歸里

秋色滿行津詩囊不慮貧青山迎倦客紅樹送歸人世薄炎涼慣途窮感慨眞誰能憐范叔且盡酒千廵

送雨田歸琴川

促膝論心日追思又半年江聲虚夜雨燭影亂秋天白眼醉看月青山貧賣錢依依一行柳好為繫歸船

遊永寧寺

石磴危如削盤紆到梵宫松濤翻足底鳥語出雲中澗水聲長咽山僧貌不同何人攜短杖采藥過幽叢

陸冠周招飲湖上晚步飛來峰和韻

虎林名勝甲天下湖山入夢思追從我來秋空正寥廓桂香未息飄丹楓塵襟欲滌事搜討賞心書劒隨行蹤閑拏一葉六橋畔煙花淡蕩雲冲瀜焉得好友日酬唱探奇選勝支雙筇深林寂寐發長嘯髙天漠漠飛孤鴻冠周陸子同年友尋親萬里窮西東貯腹才華足八斗

風流籍甚推儒宗至性格天文絶俗巍然名譟登南宫軟紅塵中厭馳驟掉頭老圃覓春菘板扉忽爾閒剥啄一見使我開心胸平頭奴子雙髻丫錦囊三尺攜焦桐畫舫行厨恣讌賞酌罷同陟飛來峰峭壁凌虚出煙霧懸崖古竇吹天風玲瓏奇詭莫能狀信非人力由天工棬枒老樹走雲氣偃仰屈曲盤蒼松交柯連理更奇絶一氣廻合如雙龍下有古洞窈難測老猿舊説居其中路轉始見靈隱寺丹楹紺殿紛崇嶐冷泉亭子俯澗立清流急湍聲淙淙坐我山腰浮大白蒼翠應接眞無窮陸子興酣題警句千巖萬壑爭瑰雄詩情墨妙兩不朽當為勝地誇奇逢擲筆狂呼索我和夕陽欲墮湖光紅

同張永錫坐冷艷亭

傾蓋成知己銜杯坐夕陽秋山不蕭瑟遠樹自微茫傍竹茶煙細倚樓邃韻長旅懷銷客話風送晚花香

渡錢塘

煙波揚子闊風景武林賒一片江光湧輕帆幾處斜舟廻山抱寺秋老荻吹花千載亡吴恨濤聲日夜譁

同劉宿文諸子遊柯山

畫舫出城隅披襟興不孤長堤欹弱柳淺水泛輕鳧濟勝雙芒屩同遊半酒徒歌聲何處起樵唱滿歸途

落日催人去幽禽背澗飛千峰含霧暝雙槳撥雲歸吟苦情偏劇山深到每稀還思重載酒帶月扣禪扉

自秋徂冬羈跡蠡城即事得詩四章聊以寄慨

二輪不暫停歲序倏焉變我來鑑湖濱凉颷利如箭旅館鮮竹木軒輿差足戀兀坐一事無而已百愁先人情漸凉薄遠游洵非善所以達觀者寧甘貧與賤

借蔭貴擇樹毋愛惡木榮訂交貴擇人毋結劣士盟惡木少佳蔭劣士無厚情背德易覆掌且託孤介名江河日就下大道生棘荆時事不可說中懷詎能平

漂母彼何人一飯傳不朽丈夫貴利濟望報心竊醜黄金易爲盡結客意須久生平凛大義惡聲敢出口翻憐齷齪徒輕薄無與偶逍行不復顧急霰飄殘柳

石田亦可耕藜藿亦可食何事逐風塵與俗争得失我今返故鄉結廬萬山側工鑿爲朋徒詩書爲楷式不藉冠蓋榮甘從鹿豕匹千載皂帽人斯世誰能及

澱山湖

湖光明若鏡亂樹曉浮煙水赤一輪上天青萬景懸推篷鷺倦眼趁溜放歸船荏苒歲將晏追思意惘然

獨坐

築室非求僻多緣懶送迎寒花晴自吐孤月曉猶明任性耽詩卷消閒仗酒觥柴門幽寂好獨坐更怡情

早春園中偶成

竹裏茅茨臨野水早春梅綻兩三枝偶來拂蘚當堦坐樹影横遮鳥不知

雨後即事

九十春光半是晴夜來絲雨静無聲緑堤野竹迸新笋近水小桃吹落英山色空濛含霧薄村煙幂歷傍霞明屋邊數畝堪栽秫土潤乘時課僕耕

園中看桃

曲曲疎籬短短亭毵毵垂柳漾前汀忽驚一抹紅霞起襯出松杉分外青

藥圃紀事十六韻

畏人勤卜築選勝愛幽偏敢謂開三徑聊將葺數椽閉身欣有托塵事不相牽闢地平如掌椎墻矮及肩把茅茨小閣疊石俯長川水曲將泉引籬疎就竹編息機慵

問世養拙即登仙座右青緗列庭隅翠幙懸山花明歷歷徑草細芊芊隙壤繁栽菊方塘半種蓮荷鋤朝帶雨煮茗夜生煙清磬僧樓落焦桐道院傳臘醅紅玉潤春韭緑芽鮮客至香浮室談深月在天肯留池上酌不用杖頭錢

過友人别墅

野翁卜築東臯外暇日招尋一棹通遥指隔溪煙樹好到來遊我畫圖中山腰竹閣斜侵月水角松聲不仗風聞說山田多種秫醉鄉從此老無功

城西漫興

日暖風恬好杖藜偶然乘興到城西山於遠處看如畫

草到春時莫辨蹊富貴百年身外物鶯花三月眼前題幽懷最愛村居僻行結茅廬枕碧溪

春晚書懷

欲登小閣當山坐先喜園開一徑通滿地落花春寂寞半簾芳草月朦朧心閒縱病非身累命定雖才亦技窮誰與迂儒稱好伴酒瓢茶竈共詩筒

之濟南爲關吏所阻

徙倚蓬窗旅思闌蕭然書劒阻河干翻因下吏誅求甚逾覺中朝法網寬日暮溪聲風送急天空山色雨餘寒迢迢客路艱行役夜月淒清擁褐看

舟中晚望

衝風行百里計程尚淮瀆列嶂來蜿蜒遥青竦心目奔泉百道飛歕吐亂珠玉靴紋浪乍平清泠如可掬芙蓉方作花忽聽采蓮曲明滅溪煙紫高低湖柳綠暮色蒼然來回頭失山谷空村荷笠人叱犢歸茅屋

宿蒙陰

捨舟渾河邊驅馬蒙陰道古驛遠村墟荒城藏樹杪遠峰青無算逶迤復環抱板橋山嘴横一泒溪聲好縱轡凌高岡香風送梨棗止宿野人家吾生未潦倒濁酒何處沽人跡眞如掃孤懷戍短吟月白東方曉

半程早發

客睡終難穩倉皇發半程鄰雞啼月落巷犬吠人行霜

重征衫薄天昏野火明前途不可辨遠寺有鐘聲

黄山店

村小藏山背逶迤一徑通空林暮煙紫野戍夕陽紅屋破懸孤榻門開見遠峰夜闌方就枕木末起悲風

客濟南學使署中同見山大兄賦

歲暮來東國尊前半故人已欣賓主合況復弟兄親竹瘦支霜健松高漏月新羈愁倍騷屑明日又初春

討尋曠達窮瞻顧江湖白浩浩萬里迷煙樹僧樓許暫
留令我消凡慮蘭箭透微馨松梢滴幽露快遊曾幾時
新者忽復故雲霞堪結伴勿為塵俗誤

澄江道中

曲折澄江路潮聲到暮還人家多種竹舟次好看山客
意遠天外鳥鳴深樹間尊中有美酒痛酌洗塵顏

澄江署中喜晤于齋祖姑丈

若圖良晤趁嘉招襆被輕裝泛畫橈數載煙雲勞遠夢
一江春雨聽歸潮詩情抖擻頻題句客路淒涼莫弄簫
正好聯牀消永夜無端分手意蕭騷

張顧良招飲仿園即席次韻二首

城也自榮壯窗高臥足怡情野花裛露日初上
圃常關苔亂生水底看雲知境幻松間散髮快心清
紛紛萬事隨顛倒難與閒身絜重輕

茅齋

習習涼颸著體輕小窗開遍境逾清為農為圃計誰好
學劒學書名未成厭向夢中聞蟻鬭愛從水上看雲生
茅齋連日客不到自咏新詩和鳥鳴

同若駒繆丈月夜登玉峰二首

索處寡儔侶結廬雲水隈不緣佳客到誰為破莓苔剪
韭聊供饍當花勸舉杯相期過十日見勝好追陪
數里層巒近雲根接鹿城不愁山犖确偏愛月分明拾
級勞筇力探巖響屐聲紆徐登絕巘萬頃碧煙橫

納涼徐氏遂園

為園擇地樂幽偏位置如斯更自然工壑反從山背顯

住江南獨居等窮谷初冬始來歸葺我溪頭屋
未暖又復去鄉國青紫何足榮役人頭早白所以
達觀者暫且甘雌伏（謂大村伯）我亦汗漫遊行當返林麓書此

寄家人釀秫當百斛旋踵歸茅堂歡然聚骨肉稱觴大
母前千春介遐福

家大人於京邸疊石為池儼成丘壑石趨庭省覲正當落成敬次本韻四首

才脫征衫客思收天然丘壑好營謀層樓直上疑飛渡
一榻當前作卧遊冉冉晴巒青入户盈盈春水綠沉溝
公餘退食陪歡賞除却看山即枕流

曲磴危巖望裏深碧蘿蒼蘚互相侵行當略彴看魚樂
坐對杈枒聽鳥吟半畝為園工位置四時皆好任晴陰
留題盡是驚人句一字哦成抵萬金

兩峰高峙傍檐回南望春雲上嘯臺樹影近從隣曲借

與吾
跦狂笑我常
妨深夕語巖城更漏正舒遲

憶家園用坡仙集中韻

且莫相逐鴟夸泛五湖人間勝事無時無結茅山水最

佳處廣招狂客同歌呼直將傲屣視妻孥一塵不染心
自娛玄文在手酒在壺那知世路多盤紆我家海濱舊
有廬藏書充棟興不孤繁花刺眼賽錦障細草趺坐如
團蒲殷勤自課捺畚夫朗吟甫竟日已晡何須寫生絕
妙手天然一幅雲林圖吁嗟人生富貴天有定下士胡
為埽門曳裾視己等菅遴不見昔時高蹈稱林逋至今
清風難為摹

冬夜病中書懷

薄暮飄殘雪茅堂早閉關人情羞短褐吾道合深山多
病惟添睡無愁不上顏音書三月斷黃耳幾時還

不受頭相責為儒反覺尊乘軒皆衛鶴鼓瑟肯齊門天

……年可憐屢刖漫誇和氏璧
不才曾借祖生鞭於今塗抹輸三五奈可來回遠八千
且自閉門勤釀秫無功鄉裏學逃禪

儒生事業在江漬一曲青山一塢雲夢去雄心空爾爾
醒來枯坐亦欣欣功名利鈍誰能定玉石瑕瑜豈易分
寄語高眠家大阮歸休無用遣移文（謂大村伯）

袁宗安招同諸子飲寄園

肯放清光暗裡回故人招我共銜杯滿園春色已如許
隔岸好風時一來棋局茶鐺隨地得碧桃丹杏倚雲開
羣公不少流觴興汲引飛泉坐石隈

過趙駿期園居

春風生客興幽賞恨無期幸到習池上好花開滿枝亭
空孤鶴立澗曲一峰搘坐久渾忘去故園我所思

獨坐

寒怯晚[illegible]到亭中層巒雪壓高低白
上霞分遠近紅陣陣昏鴉投老樹寥寥霜雁度長空

羈褱牢落今如此城角何堪起暮鐘

齊河道中

永夜無端客思催晨雞未唱夢先回微明遠樹浮青上
乍曉羣峰送翠來處處風前看麥秀家家籬畔有花開
行吟野店饒幽趣暫借林陰舉一杯

宿遷道中

敝車羸馬苦遷延回首燕雲悵遠天一帶晴湖新雨後
數行歸鳥落霞邊閑聽客話愁初釋路入江鄉景漸妍
多少勞人來復去長堤沙草綠芊芊

遇吳禮齋話舊

十年不見吳生面今日誰期古剎逢談笑忽驚過永夜

作
嬌吐艷含烟柳□晚
令已分生涯、
餘寒遙聞鐘磬寺開□芋栗園收薦滿盤
與盡沿溪放棹回幕天雨脚忽相催打窗未減盆翻水
濡首還呼客舉杯虹影樹頭微滅没蛙聲草際倍喧豗
歸途不復愁泥滑遥見山童引杖來

陪宋既庭前輩讌集海光樓依韻奉答

高臺載酒聚同心秋水新添一尺深我到凭闌原有待
客來呼艇正相尋遥天雨霽翻晴日隔樹雲生即遠岑
家是吾廬常在望數行煙柳亦蕭森

棗園紫藤一本先廷尉公移自江南上巳後三日
花放家伯類村先生感而賦詩石亦愴然有作

春風相惜不相侵花滿高蓬晝亦陰錯落倒懸青玉碎
朦朧遥看翠煙深孫枝蕃衍能過昔嗣歲紛披定勝今
痛憶扶鳩幽徑日如來石上坐沉吟

存齋詩卷十　七

芸亂
虎跡入斜曛
文韻
化陰傍月稀亂柳黄昏棲鳥定
函初夏一
好句空凡響病畏輕寒攬夾衣
縱事尋春春已去朝來愁見綠芳菲

存齋初葺唐若淵王勿齋二丈携酒枉顧

種柳柴門漫學陶茅堂新葺會仙曹久晴望雨喜雲黒
畏暑乘風看月高醵飲開尊人共醉單車覓路客徒勞
何妨塵土終吾世俯仰隨人如桔槔用坡公句

夏日同張漢瞻過歙州王丈齋留飲分得慳字
牽連雜題用此韻共得十章久之原稿失去追
憶僅得其六特存之

知己論心數往還柴門雖設未曾關牽藤長夏避炎日
種菊小園依故山腹裡詩成狂擁鼻甕頭香滿笑堆顔
如君瀟灑真無敵不比王戎號老慳

同漢瞻讀書棗園

存齋詩卷十　八

倦飛孤鳥自知還日侍高人共閉關綠樹風廻半畝宅碧天雲漲四邊山書讐魚豕追班馬（時爲先廷尉校南北史註）筆走龍蛇駕柳顏（漢瞻書法最精）常向玄亭問奇字江河分潤不曾慳

坐荔園叔祖鴻研齋

借得幽齋坐未還檐端好鳥自間關正憂釜底全生水翻訝庭前忽有山脩竹數竿風叶韻春花幾樹玉爲顏（庭有老梅二株百餘年物也）主人莫便愁沽酒杖上青蚨客不慳

送子固叔祖應試白門

使者衡文檄未還風帆信宿到江關洙先煦乘原胎月（月課令嗣並林叔居第一）玉比連城豈韞山夙學不虛名士目高文頻破主司顏行看拔得千人幟咫尺雙魚莫令慳

同漢瞻納涼存齋

心如逝水去忘還塵事齊抛不一關爲愛濃陰初種樹無妨簣土即爲山杯中何必分賢聖樂處須尋到孔顏老屋數椽田百畝天公於我未曾慳

滄浪亭送客仍歸棗園口成

滄浪一棹云重還野圃蕭蕭夾掩關亂水分流刍繞岍晴雲數疊當看山柳枝低壓容舟過亭子新成待客顏自分林泉常已矣書生名位本來慳

荷鋤

朝來披褐荷鋤行十畝閑閑寄此生細雨剛收蔬拆甲好風將動樹傳聲爲農未得先爲圃種秫偏宜莫種秔

轉眼春光佳麗處名花當席似傾城

余將南遊朱曼仙以詩贈行依韻奉答

單車原指北孤棹頓圖南野水奔江活離亭得酒甘乾坤徒有二管鮑竟無三秋色重來好經霜采柚柑

景州歙州二丈來集荒園次日各投詩索和

芷葺軒窗舊貫仍危闌幾曲曉堪凭呼童遲客曾來未謀婦開尊或所能蘭箭忽從荒徑迸松闌迴比曩時增不叨捉屨追陪後五字誰教證上乘

小春朝祭先大母薛太夫人抆淚漫成二首

髫齔依王母惟孫屬最親含飴勞保抱指硯示艱辛忽判重泉路偏悲十月春几筵肅展拜衷曲杳難陳

殘年辭北發別淚憶紛紛但慮晨昏隔誰知生死分陳情無李密皃堇愧劉殷更有孀嫋苦悲聲不忍聞（謂鄭氏姑母）

夜永

夜永寒侵眠未穩更深月落影斜分燈前紡績憐家婢病裏持籌惜細君詎說飛騰終有日怕逢遲暮尚無聞隣雞喔喔聲非惡起擁青氈事典墳

題仿園贈張願良

半生雙眼向君青君本風流我率眞園爲常來三徑熟花當全盛一庭新銷除世俗紛營念領取煙霞自在身家有數椽堪寄傲也須歸去作閑人

莊號輞川園綠野松筠扃鐍總徒然肯抛身外無窮事

自闢人間小洞天難棄擲惟閒歲月足勾留是好林泉
欲題勝景慳佳句空費兵厨酒十千

西山有花如杜鵑而小細碎可愛不知其名當清明時花尤盛余伯類村先生名之曰寒食花作詩屬和

連陌新紅爍若霞朗吟驢背帽簷斜願將眞乙東坡酒
看遍西山寒食花

至日飲友人寓齋

月照空庭散步遲抬尋有約不須辭筵開截管飛灰夜
人在家居似客時絳蠟光生凝四壁清尊香滿倒千巵
更闌挈伴圍爐坐手劈蠻箋索賦詩

客中感懷寄示家人

浪迹無端又一冬生成頑鈍少銛鋒家書久斷勤聽鴈
腰帶頻移東似蜂兒缺脯脩憂失學婦稀簪珥若爲容
長空夜半施雷雨應有風濤起蟄龍

同柴問宏藥韋叔過錢飛瀾寓齋即席分得強字

勝友論心坐曲房踈簾引月透清光分題客出驚人句
賭酒家求制敵方十月有春寒尚淺三更跋燭漏還長
漫慚户小輸豪飲皆醉誰如獨醒強

春行

鶯聲時斷時續溪雲乍卷乍舒春深無事獨步空山古
木扶踈

脩竹斜遮道院櫻桃半熟山家橋邊細雨初過魚浮水
面吹花

苦雨

幻歎雲頭蔽日翻盆雨脚連朝斗室焚香獨坐愁聽窗
外芭蕉

題畫

隔水橋通一綫深林屋築三間門外攜琴誰子來尋幽
榭蒼山

燕巢大遠堂燈鈎之上家大人賦詩四章敬步原韻

七葉傳燈遠烏衣舊有堂龍門承夙望燕户兆今祥獨
喜凌霄迥何愁落月凉知非依傍者故不上雕梁
草長鶯來候春回斗轉杓雙飛黏柳絮一壘築花朝枝
比鷦鷯穩聲疑百舌嬌誰當施妙手摹繪入輕綃
爲傍離明地知辭戊己巢依光如擇木寄迹類懸匏高
舉寧無意卑飛未許嘲夜闌燈影近如坐百花梢
掌上能爲舞爲巢亦步虛巧偏依鳳脛拙欲笑鳩居掠
水穿花後啣泥傍社初詩情慚物智把筆漫踟躕

花隱軒前集卷三

興化李炳石

存齋詩 庚辰稿

登金山

詩卷隨身趂越嶠先從江上得奇觀驚飈暗轉千帆下駭浪横奔一葦寬寺抱晚山含雨緑天連秋樹受霜丹六龍再幸雲章麗慚愧儒生擁褐看

丹陽道中即事

行入江南第一程好風着意放帆輕平岡北轉晴巒出爽氣西來大火明時見一大星西流自剖嘉瓜除内熱偶吟舊句覺神清浮家反勝居家樂萬慮蕭然總不生

游泰園兼品恵泉

為訪名園勝雙扉喜自開滄池分活水曲磴引層臺鶴唳松陰轉花香天際來品泉隣此境龍岁更佳哉

抵吴門别大姊

愛弟唯吾姊情親一繫舟笑言欣小聚離别已三秋旣見心難寫分攜淚強收叮嚀多病體藥餌及時投

蘭雪堂歌贈遴汝王丈

司冦園林稱第一天然工壑非人力憑虛結搆景最奇習池金谷差堪匹蘭雪堂前秋水平芙蕖千點何輕盈楓林蘿徑互回合忽臨妙境神魂清主人整衣出迎客指點登臨到幽寂松濤鳥語譜宮商峭壁危巒排劒戟中有數峰高插天青翠欲滴横雲煙洪波萬頃繞其下得毋暗與三山連轉向廻廊倚脩竹古洞深黝苔蘚緑清泉嫩乳巉鋳流恠石崚嶒虎豹伏旁穿窔磴草蒙茸蟻進反在長橋東綿延凹凸各盡致花谿拙政難為工左右園名沿堤直上凉飈起田原漠漠夕陽紫蒼鼠暮竄饑烏啼隅岈燈明紅樹裏紆徐復引到幽齋别有天地無塵埃炊金饌玉鳴絲竹賓主雜坐陳樽罍小子何幸得侍側倚玉蒹葭閙無色濡首爛醉不肯歸夜半寒霜打窗入先生卓犖真奇人葛巾野服穩稱身新詩滿篋峨與岷高深敏捷疑有神褰労如余何足數奔走長途無定所不見陶家五柳居踈籬採菊行徐徐又不見東山高

卧稱謝公蒼生仰望如霓虹願留十日滌盡胸中塵安能餐風犯雨急急行迷津

夜泊嘉興用丹陽道中韻

日上征帆促去程蕭然書劒寄舟輕裁詩有客撚鬚斷送酒無人空月明入耳笠篷能寫怨誰家砧杵太多情侵晨再理西泠棹西子湖頭煙水生

夜泊塘棲感舊

憶昔攜家曾宿此十年歲月去何之秋風秋雨無聊賴又是塘棲夜泊時

平望晚霽

怒雨晚方歇飛泉落澗平霞明街樹色草淺閙蛙聲野

寺鐘初定孤村月未明持觴澆磈礧不使客愁生

初到湖上喜遇紉菴叔祖

扁舟纔繫纜去去問湖山意外相逢處追隨即次間聯
吟傾濁酒襆被掩紫關骨月天涯聚清宵旅夢閒

題紫陽山寓壁

崖結孤亭古木百年植險澗石橋通窄徑松風急蒼鼠
竄修篁寒蛩鳴亂棘更上層樓看萬山爭拱揖棋聲隔
院聞鳥語空林出短榻夢羲皇濁酒開胸臆湖山未遍
游詩思已難抑

同紉菴叔祖磻村伯登紫陽山尋丁仙洞

我愛西泠山水最奇特欲事幽探少寧刻侵晨賓客雜
遝來俗應紛紛擾胸臆湖頭何日孥扁舟一洗塵囂淨
於拭人云吴山近在咫尺間林泉信美堪棲息聞言頓
使神魂清飯罷攜笻興難抑百折不辭山路紆苔深那
顧芒鞵溼摩空直上最高層左江右湖青一色晴煙霏
霏宿霧開直與帝座通呼吸還尋窄磴遇高僧指點仙
蹤導余入懸崖古洞有鑴銘鬼斧神工非粉飾丁仙已
去遺跡存野鶴何年返城邑靈隱南有飛來峰此石胡
爲飛在北峰石兩地同一名神物毋乃亦冒襲安得妻
孥敝屣棄却向此間安瓢笠歸來縱筆作長歌歌成聊
當米顛揖

存齋詩卷三　三

山行喜晴

探奇眞快事況復值新晴一徑穿雲出千峰照眼明飽
霜秋葉赤倚杖客懷清纖月如弓起還當載酒行

樓坐有憶

薄暮坐危樓長林落葉秋湖山夕陽外煙雨晚江頭此
際無聊賴伊人不可求誰家吹玉笛偏起客心愁

吴山觀潮歌次磻村伯韻

長空滚滚横秋氣赤日光沉天地閉傳言潮汐來有時
觀者如雲絡繹至始看隱隱波浪催繼聞聲息如崩雷
帆檣盡戒不敢上洪波湍激爲誰開奔騰此去何所極
恍疑銕騎臨城邑洶湧浩瀚信有神老樹風悲山失色
馮夷呵怒集百靈龍窟蛟宮盡杳冥素練千秋白皓皓
水晶萬簇光熒熒定山赭山兀相向弄潮踏浪各不讓
凝眸一望驚心魂舴艋兩三時下上偶同大阮來觀濤
浪花飛處吟聲高揮灑雲煙忽滿紙光燄萬丈騰霜毫
新詩好景稱雙絕頓解羈人心百結伍相錢王不必論
雄風高韻千秋烈

西泠紀遊十二截

湖心亭

千頃波光萬疊山蓬瀛不道落人寰　宸游静賞歡無
極特爲孤亭揭　御額己卯　駕幸湖上　御書靜觀萬類四字爲亭額

南北高峰

存齋詩卷三　四

兩峰高峙萬山低翠色參天望欲迷我擬捫蘿登絕頂
不知何處是丹梯

放鶴亭

放鶴亭空鶴不回偶來徙倚破蒼苔無人識得先生意
惟有山花向墓開

六一泉

清泉暗出講堂幽名以人賢亘古留落日客來求舊語
歐蘇一脈本同流（求舊語本坡仙泉銘）

放生池

淼淼湖光曲曲橋敗荷風響似江潮潛鱗欲起碧波動
潑剌銀梭時一跳

大觀臺

石磴紆徐一徑開振衣直上大觀臺江光淼淼征帆急
昨日曾經此處來

茅灣

路到茅灣積蘚封停舟覓勝一支筇行經數里無人見
靈鷲峰前紫翠濃

呼猿洞

瀉澗泉聲瀧瀧聞洞中花乳落繽紛不須着意呼猿出
我欲相從枕白雲

冷泉亭

諸峰抱寺插天青寺外煙巒列畫屏欲去湖山還徙倚

留人更是冷泉亭

斷橋

湖光如鏡好銜杯竟日探奇未擬回艇子夷猶真自在
隨風吹過斷橋來

蘇堤

西湖四面好山圍十里蘇堤帶落暉何處笙歌猶未歇
六橋煙裏一船歸

西湖

此日真成汗漫遊未曾歸去已先愁人生只合西湖老
玩水看山到白頭

同無可上人飛來峰步月用游泰園韻

戀賞不知去尋幽夜徑開如雲攢巨石踏月上高臺萬
籟聽俱寂孤峰何處來休公供茗飲徐酌興悠哉

返自雲林值晴志喜

林間旭日早飛騰知我山行喜倍增湖面已添三尺水
峰頭還倩一枝藤泉分巨壑明雙練雨洗遙天翠萬層
悔不歸途鼓餘興花宮窈窕未曾登（去天竺僅半里惜無嚮導未得一遊）

再登吳山觀潮

扶筇重訪勝潮湧大江回匹練橫空斷頑雲作雨來奔
騰撼高嶽迅速走驚雷誰挽滔滔者清風憶釣臺（傳潮至嚴陵釣臺則止）

重遊紫陽山丁仙洞次稀村伯韻

赤日騰高空孤懐頼以暢林泉風景殊策杖隨所向紫陽雖舊遊瑰麗終難狀壁窴三大字鐫題米顛壯一徑入松篁百折無依傍絶頂天風來帆檣走夷曠前列隔江峰後倚當湖嶂長嘯發深林山谷爭嘹亮鷲嶺縱云奇此地何多讓惜哉廊廡頽無復施斤匠中多未涉境不見疑虚妄神工那可摹粉飾何須尚歸途一回顧天然好畫障微風吹白雲無人自下上

岳武穆廟

風捲靈旗古殿秋攝衣載拜泪盈眸兩宮未返身先喪三字存疑恨不休合是偏安終越地已知傾覆有崖州忠魂定向中原去萬里河山土一丘

于忠肅祠

前代土木變國祚如斷梗小儒妄守經觀天乃坐井賴有社稷臣決策大義炳么麼何為者視之猶蛙黽忠心貫日月芳名高岱嶺我來肅瞻拜不比掐提境桂香殿外飄鼻觀生清冷所嗟流言布煅煉無不逞明哲固保身龍比異箕頡柱石抵狂瀾正氣出精猛賢佞天壤別後來發深省下山三歎息岳墓蔽斜景宋明兩孤臣千秋共延頸

湖汎至淨慈寺晚歸

爲愛溪山麗重游逸興豪江湖一城隔南北兩峰高遠水明於鏡長松響作濤登臨畏斜景回望首頻搔鐘聲來遠刹逕勝再移船地僻羣峰靜樓高落日圓辟塵名古鼎運木紀靈泉（二者皆寺中古蹟）歸路思無限城頭一月懸

早發富陽

孤帆遵越地清夢繞江關風正檣奔馬潮回浪打山庭幃思北闕書劍向南蠻先與西湖約輕裝指日還

江行感懷

萍蹤到處覺身輕呼馬呼牛隱姓名一片雄心空爾爾三更孤夢執卿卿潮回曲港通朝暮念切貧交半死生極目鄉關杳無際雲山迢遞若爲情

雨中望嚴陵釣臺

七里瀧前江勢回富春山色望崔嵬高風不許遊人近暮雨蕭蕭過釣臺

經烏石灘訪詹念庭同年

布帆揺曳水斜分細雨飄絲日欲曛淺溜貪看五色石高峰忽起萬重雲舟中酬唱饒新句世上山川有大文不識故人家在否好圖今夕話離羣

蘭溪道中

雨過遥天放曉晴看山倍覺眼分明深林瀑落雲留跡淺水舟行石有聲小市香飄盧橘熟茆簷高列雉樓平誰安筆研添詩思一縷茶煙裊裊生

經龍游憶繆虞良同年

孤舟牽逆水倚棹對斜暉碧嶂丹楓滿清江白鷺飛泉甘烹活火吟苦發天機五斗腰空折君今何處歸（虞良曾令此邑未踰年罷去）

衢州江行

鼓枻姑蔑境依稀白門路江光渺無際孤帆向何處濤聲動地來土裂山根露隔水千萬峰歷歷青無數變幻生雲霞霏微蕩煙霧相對谿塵襟清流快沿泝倦鳥棲幽巖恠石欹古樹行當結茅廬就此山中住

聞笛

獨客思家百感生落梅折柳總關情長天漠漠江城晚閑倚蓬窗看月明

江山夜泊

無端浪跡浙西東身坐孤篷曲似弓已笑長途貧是病何堪數日雨兼風尊中酒盡村沽惡江上山多海霧蒙聞道兵戈曾滿眼關門此地亦稱雄

舟中與礵村伯小酌戲取諸肴限入句內

擬向青門學種瓜編籬遶筍伴煙霞飛而食肉吾何異釣縱無魚樂自賒賸欲乘桴隨蜑户為分煨芋過僧家故鄉菜色真堪念煮豆為羹亦太華（放翁詩煮豆烹蔬當果肴）

清湖觀音閣放生池

奇景真天造探幽喜傍村瀾翻看海眼石削露山根閣迴鐘魚渺林深日月昏澄潭千萬丈此地有蛟門（俗傳潭無底昔有村人汨水見雙石門）

仙霞嶺天一亭

萬竹參天覓徑回濃陰蔽日敞高臺四圍山抱孤亭小一道泉奔巨壑開偶憩逢僧烹綠荈留題有石露蒼苔（壁有周櫟園諸公題詠）僕夫何事催行役勝地人生不易來

楓嶺

天南浪跡未言歸又上籃輿入翠微萬里江山縈客夢四時風雨看泉飛蠻方鳥道笻難倚故國秋深蟹正肥橋赤楓丹雖信美般勤只戀舊荊扉

山行書所見

肩輿日日向南天看遍秋光意渺然嶺上有雲皆作雨山中無地不流泉楓林色變霞生塢蕎麥花開雪滿田

況是初晴行更好鳥聲啼散一谿煙

次日輿上又成一首

鎮日驅車莫厭遲風光別後繫人思青山雨裏看螺髻翠竹陰中聽畫眉隱隱雷聲岩落瀑依依秋色柳垂絲明朝買得扁舟穩遮莫危灘說險巇

楓林雙瀑布

峭壁千尋立奔泉兩道飛橫空作風雨落地走珠璣直下前潭去還分別澗歸山中見真景終覺畫圖非

山中水碓頗盡機巧因念吾鄉風車之制理同事異作詩紀之

作苦農家事人謀奪化工春機全藉水車轉亦因風借力思何巧憑天事略同但能規物理參贊遂成功

山中早行有雲一縷生自澗底頃布萬谷登高俯視目所未經疑雲海也故紀以詩

擔囊走蠻方飢驅徒碌碌晞過仙霞峰崔嵬衆山簇暮宿仙陽街晨興離茅屋新寒侵客衣宿露漬巖竹僕夫肩輕輿郵亭喜新築小憇一凭闌百丈看窮谷澗底飄微雲依稀白練幅須臾滿原野膚寸合林木浩氣結不流太虛同一匊巖君祀衡山雲海詩曾讀此景將無同今日得寓目久坐戀崇岡起程下平陸孤身破萬雲身與雲相逐流泉響潺潺不知何處瀑赤日一輪起蒼狗千變速散亂霄漢間寰區受膏沐索筆紀奇觀吟聲滿林麓

江山縣至江郎山作

因山以名縣山居縣之南高峰插天表紫翠雲霞酣晨起日放晴肩輿如坐龕短笻童子攜輕裝僕夫擔一徑入山去崎嶇吾所甘楓戰衆壑赤水挾孤亭藍谷口鳴幽禽悠然春意含山水本夙嗜得地勤遐探奇泉與恠石搜剔窮爲貪徐行三十里遂抵江郎菴向見一峰耳到乃分爲三皴皺類劈斧瘦削疑攢鋑特立不得上縹緲迷煙嵐昔傳人化石斯言吾未諳顧語同行客此理須徵參（山頂三峯舊傳江氏三子所化）

清流舟中即事

蠻方買棹不輕移兀坐孤篷過六時常歎無魚貪味美甚艱得酒勸杯遲多言吾已三緘口（舟子放舟例禁人言）久客囊添百首詩日暮灘喧心欲醉乘風何事復餘悲

過灘作次磻村伯韻

舟車各有宜制器自不一我來游八閩長途如畏疾侵晨守戒約片語不得出艅艎石上行逡巡敢蹤率黃頭左右盼搽縱亦戰慄縱有破浪風難趁孤帆逸順流抵以篙逆水挽以繂森森如格鬪百計脫礎礩我無摩雲方戒無縮地術遲廻任爾施惟冀慎而密江潮波浪潤迤湍險與匹山川饒佳美松篁間荔橘對之總鮮歡徒令意蕭瑟快然登彼岸屈指餘六日篙師搽性命毫釐分得失夷險竟何常當境驗虛實欲擬行路難長吁還擲筆

後過灘作仍疊前韻

過灘擅專能良法更非一制度既精嚴去來中徐疾大川乃石林輕舟從茲出衆夫鼓勇前一夫爲表率風吹邪許聲不寒而已慄儼如三軍行大將制奇逸左右憑篙櫓防範仗纜繂攖鋒奮長招留守鎮巨礩聳肩逞神威撒手顯異術直驅龍蛇猛戒嚴心志密萬戰脫虎口神鋭渺難匹我今詣遐荒時候變柚橘所搽亦云何未辨竽與瑟浪游幾兩月歡洽無半日幸藉濟川材得免

危途失兀坐重賦詩枯腸鮮徵實韻與路爭險空教歎閣筆

蕖坊驛

客心無賴甚孤枕那能安碎滴一篷雨遥添永夜寒詩情已半減游興復全闌唯有愁相續千端與萬端

黄田驛

僕僕笑何事停舟日又晡溪平灘石少山迥驛亭孤愁積酒無力途長眼欲枯還當脱塵鞅采菊短筇扶

過黯淡灘疊前韻

兀坐篷窗裏侵晨到日晡灘名傳黯淡客思自羈孤執筆鄉心亂吟詩墨瀋枯可憐太拘束卧起倩人扶

水口驛

目送飛鴻遠遥天一抹青山空唯作雨石盡好揚舲客路行難斷還家夢易醒艱危已遍閱攬筆紀曾經

竹崎所遇順風

過盡危灘放膽行孤舟似葉任縱横四圍山氣黏天白一帶帆光映水明近海溪流應汗漫乘風病骨亦嶒嶸悶愁頓覺消磨盡好覓前村酒半觥

將至福州

絶無險阻好行舟碧水青山自在遊迅疾敢云過俊鶻安閑先欲狎輕鷗揚帆静聽長年喜放眼全銷鎮日愁莫問歸期竟何許於今無恙送殘秋

至福州作

萬國車書入版圖遐荒今日走迂儒左旗右鼓稱雄郡（旗鼓山名）控海連江亦上都廟裏無諸猶有祀島中田氏已成俘低徊多少興亡感方物初嘗得荔奴

客中九日登烏石山

旅館蕭蕭日掩關佳時肯令興全刪攜將海外紅毛酒來眺城西烏石山地煖無風吹帽落沙平有騎挽弓彎故園兄弟茱萸會目斷天涯客未還

閩南咏物六首

荔子

所嗟游屐晚佳果不輕嘗徒作三秋客虚傳十八孃色

香原莫並藏貯竟無方老樹亭亭好流涎空坐望

龍眼

生來龍挺目肯與荔為奴圓轉珠璣串芳香玉雪膚奔騰同置堠風骨亦名姝益智真無敵殊方味自殊（南方草木狀龍眼一名益智言味甘歸脾而益智也）

福橘

橘實閩南好經霜色盡紅芳名傳楚頌嘉種自唐宫手擘香先噀唇沾熱已融揚州充貢物珍重貯筠籠

佛手

芸窗清供好金粟影猶傳應自衆香國來參一指禪拈花無色相執拂泯言詮卉木生奇幻嵇含狀未編

橄欖

能解文園渴句圓手自拈芭苴萬里去甘苦一身兼得味非關茗辭林半藉鹽（閩人取欖以鹽置樹下經宿則全落）坡公真浪語厓蜜豈輸甜

羊桃

萇楚非嘉果徒然浪襲名有香同綠橘無味敵黃橙入市稱方物堆盤散旅情雨窗何所事借爾助詩成

芋源驛放舟

久客襟懷此日開掀髯微笑賦歸來舟從亂石橫牽出水向空潭倒折回三五黃頭猱比健萬千青嶂翠成堆同行試問詩逋客莫漫常登避債臺（伯磻村懶于題咏故嘲之）

舟中讀蘇尚源詩即次本韻

山川何都麗觸目不暝睫村墟饒竹木陂塘滿鵞鴨縱情江海闊狂歌天地狹坐卧藉一舟安穩如在榻況有好友俱芝蘭稱素愜詩壘堅且強水犀三萬甲玉屑霏筆端靈機紛環匝孤高寘鴻騫奇肆長鯨呷直登李杜壇匪但錢劉法談深揮短麈詼雅揺輕箑座隅生妙香膽瓶花亂插袪渴橘可剖療飢蔬自掐止誇奚囊富那問黃金乏炎方氣候殊微寒歲將臘鳥鳴聲雝雝舟利風颯颯碓室施澗傍空谷相應答落日名麴生擎杯歃白袷已詞聊倚和彊韻君再押

滄峽早起

曉來擁裙對朝曛頓覺歸途異見聞野鳥啼殘千樹雨亂鴉衝破一溪雲石攢劍戟排奇陣水展羅紈簇細紋安得荊關圖半幅高懸素壁起氤氲

阻灘悶坐成詩

襆被言歸憑舴艋鬮天浪跡已初冬行纔十里兼五里看盡千峰與萬峰血染霜楓紅欲滴雲黏深箐翠偏濃宵來賴有還鄉夢騎得長房竹化龍（夜夢一道士羽衣鶴髮尊余抵家舉室歡聚昔人遇仙令跨龍而回落地為杖得毋類乎）

途中觀瀑布

舴艋遲迴逆浪牽閩中風景看應全凭虛倒挂千尋石落地橫飛百道泉近岈覓花停去棹羨人乘溜放歸船此間信美供予賞可許幽巖卜數椽

登南臺示同舟生

綠陰深處泊歸船為訪南臺鼓興前确犖危坡穿屐上欹斜古木任藤牽山多江面如排笏筍滿村中不論錢如此風光開眼界蒙頭肎放日高眠

奉陪蘇韋玉年伯登延州城樓次韻

八日灘行入劍州日斜同客一登樓浮橋橫鎖空江暮雙墖高連碧漢秋無數青山圍畫棟半彎新月挂瓊鉤慚無謝朓驚人句未敢留題在上頭

重經黯淡灘

半月灘行苦未休重過黯淡倍生愁風催駭浪平吞石

雪滚空江獨放舟境險尋詩如縮繭身勞逐伴羨眠鷗
水程將盡山程起堪笑無端汗漫游

甌寧道中和韻

長溪漱石白粼粼喜上籃輿問路新一徑松風逢野老
半山寒日下樵人荒村暫飽初蒸飰短褐常穿不受塵
碧樹丹楓看未厭任教千里滯歸身

山行雜記疊韻八首

輿上口占

久客思家百感生肩輿今日問山程長途忽過二十里
好鳥時鳴三兩聲水泛反嫌舟逼迮陸行真覺路寬平
於今萬事俱難料身世何須徹底明

建陽道中寄蘇尚源

細雨剛收霽色生狂呼旅伴趣歸程天開松度龍吟曲
谷遠風吹猿嘯聲伐木為橋泉半落傍村鋪石徑全平
何當寄語蓬窗客好向中流着眼明

水吉道中

非干好事苦勞生漸喜歸途有定程眼底頓然添樹色
建寧以上多童山　耳中仍自帶溪聲無風紅葉飛還墮隔水晴嵐
起復平屈指萍蹤更朔晦當頭月倍十分明

宿浦城呈皤村伯

料應行脚是前生荒縣停驂又一程烏宿樊籠驚隻影
鼠窺空盎作飢聲心緣有相身為累悟徹真詮念自平

三十年來殊草草我今敢問暗中明　明中暗暗中明傳燈録中語伯好内典故云

晚過楓嶺

十月春和梅蕋生今朝忽喜走崇程山雲出岫看無意
槲葉隨風聽有聲野鳥一雙棲樹穩長橋百尺卧波平
郵亭遠望二三里日落荒郊火樣明

尤家墩

蓬飄梗泛送浮生閩嶠纔離又越程遠澗泉奔停石罅
空村夜静響舂聲懸巖老樹苔封盡近水斜坡斧削平
翻想扁舟兼載酒同人坐到月華明

重過仙霞嶺

遠峰如畫暮雲生路到仙霞止半程萬竹參天翻翠色
千松攪月起濤聲重來放眼山猶昨過此行舟水盡平

況與西湖原有約富陽詩句最分明

江山舟中檢山行諸什

豈是江花夢裏生詩篇空自紀行程舟輕好載書千卷
月上時聞笛一聲敢謂才華同謝朓不將身世問君平
虛窗夜坐無聊賴唯有疎星映水明

江郎山

閩嶠奔馳苦江山又早逢兒孫羅衆阜兄弟列三峰迥
與雲霄近還添紫翠濃茅亭正相對濟勝一支筇

湖樓漫今

暮過赤崖嘴忙尋湖上船山川皆舊識魚鳥亦相憐且

緩攜輕屐先來眺晚煙夜深高卧穩夢裡聽潺湲
晨起看無盡殘星帶月明撲人空翠冷貼水曉煙輕好
景吟還就驚飛鳥獨鳴徐徐紅日上恍擬坐蓬瀛
豈不懷歸切依然作客星雲煙橫上竺鐘磬隔南屏檐
去湖分綠窗開岫借青蘇堤在咫尺散步得重經
伴侶已先去何能稱意遊四時冬亦好三日客空留塵
網牢難破詩囊美盡收逡巡無限意欲別重回頭

歸經虎丘

一徑紆廻入空林客又經欲探無上乘先到可中亭雨
雪冬〻蕭瑟煙巒晝杳冥登臨眞不厭歸棹暫須停

舟中長至

久客逢長至揮杯不解愁風霜憐去雁雨雪過奔牛篋
裡餘新句囊中檢敝裘舟車行未已目斷古揚州

花隱軒前集卷四

興化李炳石

存齋詩 辛巳壬午稿

鐵琴行和許茹征韻 茹征周隱巖友也能詩文尤擅音律惜未識面

靜於渟淵疾如馬金徽玉軫傳騷雅陶令愛琴不著絃
四壁蕭然茅代瓦精巧後人勝前人好尚何必隨踵踝
周生示我鐵琴詩琴雙絕眞奇也但知有鐘能自鳴
不聞有琴反藉打 琴絃以鐵爲之有鎚十三按宮商擊而成音 高山流水吐清音恨
非期牙聽傾瀉宿雨已收旭日出晴窗倒射霞生赭何
當隨君訪異人一識裁詩造琴者

再叠前韻

風雨奔騰馳萬馬金臺有客䠶風雅苦吟裁就鐵琴篇
金石作聲驚屋瓦朗誦千翻不厭多坐我藜牀穿膝踝
精思妙想自天開前身應是般倕也宮商迭奏十三槌
宛轉循環如臼打琴成拜手獻明光一使吾民愠皆瀉
廟堂典樂有專官萬舞方將頳渥赭池中方響躍廣郊
與君並是知音者

寓齋芍藥盛開儀部王桐孫過飲次韻見志

獨殿韶光爛熳開堦前羯鼓莫輕催宵邀俗客無情賞
端賴花師著意裁四月繁香飄滿座三更艷影照深杯
人生何用悲遲暮空笑爭春嶺上梅
蜂媒蝶使漫相矜靜對名花即友朋萬朶齊開紅暈重

一燈斜照碧煙凝毋詫優鉢三千歲且看重樓四五層安得黃荃施妙手常留春色在溪藤

和周隱巖苦雨詩

吸盡牀頭酒愁懷總不開雲陰連幔黑雨勢挾山來泪滴空庭竹斑添舊壁苔拋書還就枕夢裏聽奔雷

自題讀書小照

禹子丹青世莫敵長安貴客珍於璧晴窗為我展鵞溪能事不受相逼責憶昔吾祖栖遲時倩爾點就秋山碧鍾愛惟予得列從束髮橫經當几席嗟哉墓木忽已拱三十年光同過隙遺容展拜尚宛如歲時家祭增悽惻風霜昨歲到金臺萬里雲霄生障隔少年豪氣半消磨

傲骨受人憐不得爾今對我復作圖圖寫讀書還似昔短衣破帽亦何傷文繡毋勞增粉飾翻愁斯圖酷肖真形骸落托汙顏色吁嗟乎世人皮相何足論痴肥不盡豐田宅翩翩冠玉美丈夫中無所有曾誰識君不見齊人作相有晏嬰高車坐擁僅六尺又不見季子歸時相印懸金多非復前蟄黑兩人貴賤分兩時頓使觀者稱嘖嘖圖成爛醉自裁詩狂吟笑倒揮毫客

午日

午日頻年客裏過復教落拓走滹沱蒲雖似劍誰供酒艾已名人莫問莪殿陛觸邪冠是豸江湖寄蹟服裁荷吾生草草真堪笑一任韶光逐逝波

食荔歎荅黃農部用宋人劉克莊韻

惜哉辭閩何匆匆悔不屏跡隨園公楓亭荔子夏將熟千顆萬顆懸高空而乃彳亍來 帝里風捲十丈看飛紅忽然玉盎謹羃首封識縝宻勞我翁啟視大叫真恠絕賴珠何自探驪龍未曾著口指先動甫經觸手香先濃傳言鎮臣貢 天子停午才達光明宮從閩赴闕僅三日奔馳那畏仙霞雄噫嘻天家富貴何不有玉食萬方觀來同猪肝負士勿相累乃使口腹遭奇逢大禹自昔菲飲食夏德千古高穹隆我 皇恭儉洵足匹誰為萬里圖私供防微杜漸須速戒否則浸漬成侈風對之翻然弗忍食特書數語還筠籠不聞開元之時飛驛騎

八閩遠不在其中唐貢荔枝以閩遠特免

甘霖吟贈家彥升刺東表宗安即次對雨元韻

君子施當厄槁稼蘇甘霖江湖一溉潤草木為陰森吾鄉罹水患飢溺戕蒼黔遺種絕稻蟹畢逋鳴哀禽十室空已九一猶塵滿鬻衣子赤貧士夙抱冰壺心文章踐堂奧道義凜規箴茲友友之畏斯人人所欽而乃飢欲死瘠壤方漂沉研田復就荒得米如得琛何當及門士千里馳好音高義薄雲霄炯炯天橫參惠以雙縞紵免彼秋風侵更為食指計異地感同岑歸當揚盛舉藉以風儒林讀君雨中作贈君甘霖吟

竝蔕蘭

幽蘭百本喜新栽一朶驚看九夏開並蒂枝輕凝玉露同心香結迸蒼苔珠聯璧合差相似蟬髩雲鬟莫浪猜最愛酒闌燒燭照綠毛么鳳夜飛來

題王亦菴讀書按劍圖

一片松陰映短袪十年磨劍意何如雄心萬丈應消盡還向空山檢異書

分水廟同潘仲謀進士作

廟貌巍然據上游客程初到破鄉愁半山日落三秋老一道泉分兩派流柔櫓數聲聽欸乃孤帆輕展任夷猶君家利涉應同此不似安仁感白頭

太白樓

萬丈光華寄此樓爲尋名勝一停舟湖連海岱澄無際山湧青徐綠未休觴咏當年飛逸興登臨今日愧淹留宮袍襲錦吾何有笑買邨酤脫敝裘

糧艘行

辛秋七月之二日李子拏舟歸故國半肩書劒伴愁身一葉隨風無氣色謁然大舫來帆檣矗立煙雲開 天家四海供玉食萬夫飛輓輸金臺兩兩黃頭市上虎指揮到處誰敢侮小舟緣堤偪側行欲進不進心良苦無事常遭荼毒多有客有客呼奈何不肎魚貫逐滄波邪復雁行停逶迤橫列倒載當要地能使咫尺綿邈如山河中有樵舟最可憐道阻三宿斷炊煙將薪乞米作苦語不知何罪勞笞鞭爾運 天儲彼運薪休將狐假認爲眞督漕昨下催糧檄還有笞君一輩人

寓居邗上桑景昊先生枉顧兼贈一律依韵奉和

孫蘇獨對短燈檠藥蒯闕昭亞客思并伏櫪有年傷老大問天多事判陰晴（時方苦雨）一枝聊借門常閉十畝全荒草亂生幸賴吾師數還往談深秋月挂高城

自笑

自笑吟詩懶書堂亦偶來小池春水活曲塢老梅開地闢宜添閣風和更上臺年來無熱夢甘卧在蒿萊

喜晴疊前韻

犯曉披裘坐聽鳩喚婦來烘窗紅日上壓屋墨雲開芳草軟承座山花怒起臺土膏堪力作着意墾汙萊

卞夢麟以落梅斷句見示依韻答之

一片飛英輕似蝶半簾香氣薄於紗東風未見全無賴特與臨池鬪墨花

羞同桃李競春忙爲報東皇卸曉妝不忍殘枝竟拋却罕持小插案頭香

同夢麟登帆引閣遠眺和韻

喜逢佳客至傑閣許同攀忽訝凌霄漢相將振羽翰春風吹古道山色上危闌雪月交輝夜清光更耐看

徑窅如無地臺高欲問天雲間雙鶴下沙際一帆懸歷南徐樹霏微壯固煙臨風咏新什五字比珠圓

寓僧舍偶成

蕭寺無端成小住日長眞可敵長年林間梅子初生豆
户外龍孫半及肩寂歷一編依上界參差高閣見諸天
擬將瓢笠辭塵鞅直與名藍結淨緣

姜上均表姪以詩見憶依韻奉荅

客冬握手話離間去聲秋雁匆匆復春雁恨不生時同里
閈從君晨夕遨青眄又無妙術如長房舊雨新雨連莊
牀長安索米有同病茂陵千古悲劉郎君才琱戈利武
庫扶搖直上何愁暮嗟予落托不堪論到底空成子虛
賦他年車笠若相逢千鍾當復飲醇醲讀君好句不得
見靜坐微聞江上鐘

赴北隆驘傷及腰足回里卧疾口占

自悔山程漫浪行扶歸此日是餘生愛看庭鶴往來影
愁聽簷鳴呼嘯聲遠隔高堂勞悵望獨眠孫館倍凄清
故鄉空遇天中節綵縷誰持弔屈平

經旬腰痛不愈又得一首

卧病經旬不撥簾虛窗斜日射書籤匡牀獨覺青氊冷
短鬢從教白髮添落井自嗤同賀監折腰先已似陶潛
端居須守垂堂戒欵段雖遲客莫嫌

過湖假寐舟中夢至京邸醒成一律

澤國年來慶有秋哀鴻漸集舊田疇湖平水落魚歸壑
風正帆懸客放舟獨坐靜吟詩律細閒眠側聽艣聲柔
思親倏作京華夢絶勝寰瀛竹葉游

喜鄭三季書歸里

一日三秋古有之誦來堪作憶君詩翻欣墜馬寧家候
恰遇拏舟到舍時握手開襟情繾綣銜杯剪燭興淋漓
應憐病客閑情緒特把平安報我知

病起偶至池上作

謝絶賓朋養病身偶然寓目小池濱青松白石閑娱我
綠水紅魚靜可人閒有微風猶怯出恰當暖日暫相親
生平浪許吟詩癖得句欣撚岸角巾

獨坐

名場廿載笑浮沉千古誰憐此日心碧落無雲天更大

空江有月水彌深難開青眼隨流俗慣聳寒肩作苦吟
病後帶圍看漸減不堪憔悴坐花陰

鮒魚詩和夢麟

衆維魚矣鮒偏美不素餐兮口獨貪食譜何須詩丙穴
蓴鱸底事憶江南隨時入饌香流筋出網旋烹玉滿函
君句松風生齒頰知將清冷滌肥甘

移竹

數竿青玉倚廊迴乞得山僧次第栽種法無時惟雨後
濃陰初受覺風來旋移矮榻當簾卧特闢虛窗傍水開
客到正宜傾竹葉短籬幽處坐啣盃

堂前金絲桃盛開一夜爲風雨所敗

灼灼閒看放綠陰，頓驚光彩遍泉林。此花不合貧家種，
一夜飄殘滿地金。

季書載酒相問因留池上聽雨

覷破浮生萬念枯，閉門絶客似逃逋。藥書數卷鐺三脚，
茅屋半間梅一株。池水映花翻錦繡，松風入耳奏笙竽。
君來並坐聽簷溜，載酒偏能慰病夫。

許眉先拓同王明府呂倩泛舟三岔河登天中墖

次王明府韻

攝屐隨名賢，載酒討幽境。四面煙水深，一舟談笑永。樓
臺倚天根，竹木漾風影。芳讌啟層軒，山花落半嶺。蓮塘
翠蓋張，石墖青雲迴。妙句續風人，已詞呈匠郢。公眞摩
詰才，繪盡輞川景。歸棹趁斜暉，涼颸送清冷。廻望絶攀
躋，振衣萬山頂。

次日邀王明府讌集吳園再疊前韻

遊興渾未已，犯曉步清境。期追昨日歡，再卜今夕永。明
霞散天際，朝旭射池影。灑埽豁軒堂，盤廻上高嶺。談深
輕陰落，坐久紅塵迴。五字恣彫鏤，白雪歌傳郢。驟雨蒼
然來，遥空屏炎景。何必入山深，還同御風冷。爲覽隔江
峰，更上浮圖頂。

王明府席上贈詩三疊前韻奉和

我公漱芳潤，含咀入蔗境。風格老且蒼，意旨淡而永。沈
宋已比肩，李杜非掠影。大化洽易山，其來自衡嶺（公昔秉鐸衡山）。

簿書多餘閒，追遊意清迥。猥以雕虫技，謬辱成風郢。還
復贈新詩，詩中具奇景。頗笑崔信明，一句吳江冷。何如
黄絹詞，篇篇臻絶頂。

壁上畫梅歌贈鄭頴溪

恠君神腕運力勢莫敵，特寫老梅於我東堂之素壁。橫
枝側榦倒孤根，玉蕊瓊英飄六出。茅屋頓覺竒光生，槎
枒宛見苔痕剔。正宜坐對成孤清，未得卷藏加什襲。吁
嗟乎！世間竒物那許塵凡留，愼勿化龍飛上青天千萬
尺。

檻虎行

吾聞虎爲百獸王，四山物類皆仰俯。鋒牙鋸爪勢莫當，
一嘯風從徹天府。行者逡巡居者愁，但恐時出逢彼怒。
昨傳道旁言，有虎在僧宇。噫嘻自何來，杖策趨村塢。入
門凛凛戒心存，瞥見不覺掌爲鼓。蝟縮居檻中，摇尾情
奚爲？頓令犬羊羞與伍。虎兮虎兮，愼莫貪口腹，愼莫憂
何苦。畋師牽制橫索錢，命起則起虎莫忤。反作牛馬亦
網罟，昔日山中負盛名，餘威尚在猶堪賈。鳳皇早離廷，
祥麟已去圃。爾久出巖穴，甘心隨步武。虎聽余言若罔
聞，垂頭屏息如聾瞽。天下虛聲大抵然，不信請君看此
虎。

後檻虎行次磻村伯韻

歐公說虎曽變色，猛物何當在城邑。肩行市井鬧羣兒，

兩目眈眈戀山澤昔為人畏今畏人萬事循環如轉側
勸君束縛宜加急由來弱肉遭強食舟中敵國尚然有
矧兹揖盜居堂室捋鬚頷尾深可哀如虎豈是易羈才
一旦乘機逸柙出頃刻肘腋生風雷困獸能鬭況於虎
爪牙實恐戕形骸勿以柔馴生狎侮速破牢籠付刀俎
寄語觀者立如堵世情險巇皆猶虎

疊前韻呈西岑礵村兩伯父

誰能繡虎風雲色彪炳聲名藉鄉邑藏威挾乙趓山林
如玉韞石珠媚澤一嘯風從肘腋生萬里騰行無偪側
予也兩從父藜藿安家食霧雨澤文章光芒匈在室丈
夫未遇何足哀但要雄奇矯健稱軼材不見虎行震山

谷垠崖崩豁聲鳴雷　聖朝正須炳變手肯許草木潛
形骸黯驢伎倆莫輕侮折衝談笑於樽俎在朝在野人
如堵爭看吾家雙繡虎

無題疊韻八首閏六月七夕作

閏年佳節暗中移豈獨凡間悵別離雲海有程猶緩駕
星橋無路恐愆期未將爪果勞兒女且把詩篇紀歲時
僕本恨人逢此夕仰看霄漢歛蛾眉

故緩涼風報早秋荷香猶傍野塘收遲聞玉露新桐滴
盼斷銀河絡角流卜肆擬將支石問滄溟誰與泛槎遊
流黃織盡天孫錦好結人間乞巧樓

日斜江上數峰移萬點明星看陸離漢水沉沉應有恨
碧天渺渺竟無期可憐良會成虛話縱許追歡得幾時
舊恨新愁何處見却教頻蹙遠山眉

待得秋時不見秋湘簾初捲暮煙收雲侵月暈孀光缺
露入花房似淚流錦瑟莫彈求鳳曲銀塘何日傍鴛遊
停梭應取廻文字付與青鸞下玉樓

金石為心竟轉移情痴翻悔贈將離香拋韓令無尋處
路遠蕭郎少見期脉脉中腸廻永夜喃喃私語憶他時
團圞怕對妝臺鏡若箇濃描八字着

九夏纔過又九秋冰紈笛簟欲全收愁來慵使雲鬟整
睡起偷承玉筯流繡帨夜拋金鈿卧香塵春碾畫輪遊
蓬萊縹緲三山遠欲倩虹橋接蜃樓

一年物換與星移在在相逢在在離省約暗通珠解贈
度詞應指月為期低聲香閣廊廻處悄立花陰漏靜時
多病文園消渴甚祇緣深愛卓家眉

幽蘭紉得佩新秋蕙帶荷纕晚未收衣怯五銖偏綽約
響聽雙屧亦風流書傳弱水難飛渡人去瑤臺有夢遊
欲覿清光何處訴夜明簾幙望仙樓

偶作

灩滪瞿塘未足驚波濤反覆是交情攘羊證父無人理
脫粟留賓有重名吳祐尚能原小吏王褒終不屬門生
世間魚雁皆為累斫地長歌偪側行

北上和劉小山

雌伏豈知雄休言道已東蹇驢衝雪白濁酒強顔紅送
客情千里懷人月半弓多君顒望意未敢泣途窮

早菼泉興集

犯曉登車指去津乾坤何處著陳人求名寧止遭三黜
得路虛憐又一春獵獵寒風吹白雪星星野火雜青燐
晨昏不爲高堂戀肯把征塵污此身

途中和魯近齋二首

蹇驢襆被許從行青眼相看分外明此日偶陪趨輦轂
他年還擬結耆英懷才舊學推詩伯愛酒新銜號醉生
同里同年更同病欷歔不獨爲離情
無端臘盡又初春短褐全沾陌上塵南北有家來復去
文章得手肆還醇登車猶見山留雪覽鏡新添髮似銀
吾欲歸休謀十畝讓君高步入雲津

和近齋山行

鎮日危坡策蹇行寒威全退喜春明小橋數曲支枯柳
野店三盌煮菊英（予病目煮菊飲之）富貴何心痴便着鄉關遥指
夢常生迷離望眼空惆悵只有雲山識此情

偶憶疊前韻

巫山夢遠杳難行孤枕何堪對月明俠客不聞逢咤利
藍橋空自憶雲英虛抛好會寧今夕還把良緣結再生
可怪潘郎頭早白非關多病爲多情

過雄縣哭同年唐鴻扶（鴻扶假歸路卒於此）

雲霄泥壤總尋常事業文章亦渺茫不道斯人竟如此
酸風吹雪入枯楊

悔

我本嶔崎磊落人悔於朝市逐風塵只言蠶老堪成繭
不道車勞易作薪夢遶江天常脉脉話來泉石每津津
緑蓑青笠行歸去穩卧扁舟把釣綸

感懷四首和震爲五兄韻

逢世焉知別有才鹽車端合付駑駘鄉心遠寄三千里
壯志消成一寸灰義薄雲霄思管鮑情深膠漆少陳雷
紫關鎮日施門牡不是窮愁客莫開
廿年困頓莫吾知雌伏雄飛各有時倔強心情悲老子
嶒嶸頭角羨諸兒難移骨相由天造不第文章愧主司
最喜伯倫多雋語醉中荷鍤許相隨
酒客詩朋日日來儘堪適意莫輕回棲梧得鳥何須鳳
調鼎多珍豈待梅過眼繁華成幻影酣情泉石即天台
於今莫笑爲樗櫟得保吾年是不材
阿誰年少不如臣寛博羣趨謁紫宸我已心情同衲
子世方禱祀乞錢神悔攖羅網爲塵客歸去江湖號散
人蓴滑鱸肥眞得計何須重説五侯珍

燈花和錢飛瀾韻

高燒寶炬玉脂凝絳蕋紅苞疊幾層火裏生蓮寧是幻
春前剪綵詎無能一枝細碎摇書帙半夜玲瓏映綺綾

欲與文通同好夢筆端璀璨我何曾
的的春葩燦綺霞眼明不復翳雲遮光分火樹香難覓
影落銀釭月未斜用卜陰晴微有穗無需雨露已成花
生憎十八姨相妒好向簾櫳護絳紗

題聞柏弟把釣圖

短衣破帽貧何害蝌斷魚罾業亦良手內絲綸常把定
不愁終歲臥滄浪
彈鋏作歌寧計食出門安步即為車一竿好借空江老
要學前人不爲魚

花隱軒前集卷五

興化李炳石

存齋詩 癸未至丁亥稿

四時詞

疊和松嵐叔三江韻三十首

珍珠為醴玉為釭暖入笙簧改舊腔麗日軟風酣綠野
畫船鼉鼓閙清江鶯啼柳浪珠成串燕掠波紋剪擲雙
何事征人不歸去春愁如海未容降
黄瓜紫李浸冰釭五月梅花落笛腔楊柳萬株絲豌地
芙蓉一片錦籠江酒傳碧筩觴無算簟設青奴影欲雙
何事征人不歸去嗁他內熱幾時降
白衣送酒拆秋釭側耳農歌別有腔禾稼登場村賽社
魚蝦餉客市臨江尋山芒屩攜兼兩射獵郊原中必雙
何事征人不歸去香閨幾日得心降
煖藏蘭蕙綠盈釭對客詩吟白雪腔翠幙辟寒封北牖
紅爐温酒吸西江香生冰玉梅千片光照氍毹蠟十雙
何事征人不歸去茸裘爭使朔風降

醉吟

萬斛愁消酒一釭百年身境總虛腔名心唧石思填海
世事持篙妄測江我欲題橋驅馬四誰容把箭射雕雙
英雄雌伏成何用祇剩風情老未降
器量從來陋缶釭放歌隨意那成腔劉安妄欲登三島

白傳何妨謫九江命壓輕車眞不偶匣鳴雄劒豈難雙
升沉自古多顛倒一任攻圍弃乞降

枕麴工糟酒注缸生年食盡萬羊腔齒牙得利羞鼷鼠
面日全無笑帝江驃騎不妨居第五淮陰空自號無雙
侯門客埽還如昨駑馬徒爲棧豆降

自汲清泉滴石缸醉中潑墨洩悲腔雲霞爛爛生空壁
歲月滔滔滚大江鯤可化鵬程有萬雀寧知鵠志難雙
半生頭責儒冠悞門榜誰題世寫降

聞雁

笑脱紗巾醉漉缸忽聞征雁送寒腔秋風結字斜侵漢
夜月啣蘆遠過江乍起邊城魂欲斷幾驚香閣泪潛雙
帛書未繫傳天子漢使焉知不納降

菊綻寒霜枝壓缸哀鳴如爲答吟腔碧天影落驚黄酒
白露聲來鴨緑江已見于逵偏有序定知得桷也還雙
賓飛亦欲從茲逝蓼渚楓林意盡降

聞笛

鬧烹雀舌點茶缸何處梅花笛裏腔吹起愁心向明月
裂開巨石走寒江凄清不耐横秋九嘹喨堪教倚玉雙
孤客聽來魂欲碎吟詩須藉佩阿降

庭前石池

分流甃石小如缸剜竹埋盆露半腔幾日春陰留宿雨
一聲寒溜咽空江魚拔細錦游成隊鳥鬭高枝影落雙
薄暮臨流舒醉眼碧天雲陣捲風降

劉雨峰農部招同王方若季退如宮友鹿家叔松嵐集又來館看桂

金粟分根種玉缸霓裳曾奏月中腔啣盃横欲呑滄海
得句新疑濯錦江會比竹林惟少一才慚阮氏敢云雙
伯倫曠達尤無敵拇戰眞教北面降

奉贈松嵐叔

潔比清泉貯玉缸雄才天縱豈凡腔指頭煙雨移山嶽（能作指頭畫白嶽衡山二圖尤得畫家三昧）
胸次文瀾倒峽江軟飽行吟惟步七（有把酒行吟小像）
硬黄摹榻看鉤雙詩城如鐵攻難破小阮逡巡
束手降

送王函三下第南歸

不字誰將絲繫缸驪歌幽咽未成腔玉良疑石頻悲卞
筆好無花可夢江穩放空舟帆幅十待緘尺素鯉魚雙
漁陽老將雄風在會見劉盆百萬降

夜坐呈伊存大兄

常澆壘塊倒罌缸熱血徒勞守一腔草檄何堪持諭蜀
垂綸敢謂學量江賤貧我已居其二金紫人偏浪得雙
斫地作歌無賴甚雄心百丈詎能降

題達摩像

霞剪袈裟挂鉢缸鬢眉終帶老僧腔横擔榔櫪踰葱嶺
笑折蘆花渡大江法本西來門不二身游東土道無雙

嗟子草草如行脚何戀塵緣未解降

示魯近齋

司馬兒時解破缸從來大器少愚腔如云土壤能增嶽直可潸渠亦號江我自倦飛常息六君將舉寫遠颺雙爛羊關内何堪數頓使通神十萬降

三弟厚文居江南歲不一見今聚首京邸喜志一律

花萼聯吟對緑缸吴音楚語笑分腔（子兄弟各操南北音）思兄路遠車兒浦送弟帆飛揚子江戚里每憐衾影隻帝鄉翻喜雁行雙團圞博得親心慰雨地羈懷總受降

飛瀾招飲寓齋聽曲賦詩

拚醉應須吸百缸佳時絃管奏新腔破雲月出光如晝走筆詩成水注江身老菰蒲憐我獨眼分青白向人雙頻年落拓歡情減寧止騷壇欲拜降

夜坐呈神木十五叔祖

虀粥甘貧歲一缸冷窺流輩學時腔芒鞵何碍游天闕短棹還期泛越江（有同遊西湖之約）落落高懷真寡二稜稜健筆愧難雙晨昏莫道家鄉事恐惹離愁不可降

贈聞柏弟

暫親茗椀別春缸（時有酒戒）知嘿能消憤滿腔惡木豈堪名寶樹污池誰使混清江馬將鹿指吾從衆履不苴冠淚迸雙袴下受人何足辱青雲有志莫輕降

旭日焉能射覆缸儘依城社逞乖腔廣長舌可風兼雨清淨心如海共江穴鬬生憎看蟻聚角争何苦競蝸雙贈君出世頭陀號忍辱常教萬念降

食蟹

新篘灩灩緑浮缸秋老尖團味滿腔（尖團見誠齋集）八跪豈容横草澤四腮何用憶松江方憐對菊經霜瘦正好持螯斫雪雙口舌遭烹良可歎鄰生應悔説齊降

花隱軒對月有懷

晚抱無言長頸缸秋風吹樹弄哀腔虚齋作伴惟孤月異地懷人在遠江解渴飲茶寧止七尋幽蠟屐久成雙詩狂本是吾家事那怕魔多倩杵降

神木炑祖索疊韻詩甚力戲呈諸同志

花枝斜插古甆缸冷淡書齋少俗腔八詃棋枰兼酒盞才輸陸海與潘江客中好伴人三五日下早飛鳥一雙崄韻不辭吟思苦生成強項肯修降

歸里遣懷

喜把梅花釀甕缸俚歌隨意不須腔年來好境惟貪睡客裏登山只望江賞遍春葩頭戴滿閒攜道侶鶴留雙煙霞成癖吾將老富貴浮雲意盡降

都門歸喜蝸廬落成適逢細君誕日書此贈之

桑頭同守一虀缸踏菜羊曾見幾腔洪水十年棲海縣僑居九載寄邘江成巢却笑呼鳩共繞樹猶憐似鵲雙

（舊宅為陽侯所毀向皆僦屋而居）風雪南歸逢設帨茅堂安處客懐降
斗酒先謀貯瓦缸歸來聊得實空腔（空腔見放翁詩）勞脩甘旨供
燕地日望音書達楚江（時予兩大人官京師内父母任湖湘）婚嫁漸催青鬢短
病貧難展黛眉雙卿雖不鄙梁鴻賤我愧文壇屢伏降

屢作叠韻詩記此以足三十首之數

狂吟不覺倒空缸已曲吳歈總是腔才地敢言如北海
詞源妄擬決西江文章莫漫輕排偶聲韻無憂詘叠雙
五字長城堅莫破射書應為魯連降

十三夜對月分得蕭字

秋月看逾白清光照永宵園圖時有待皎潔筆難描露
重蛩吟砌風高客弄簫幽懷勞遣撥惟仗酒杯澆

中秋對月分得十三元

去年故國閒看月今夜燕臺聚弟昆瓊宇朗從金鏡現
（是夜以千里鏡看月）瑶天光讓玉輪尊詩當好景愁才儉露滴深更
愛酒温永夜桂香飄不散少陵空欲斫靈根

送宮友鹿八丈南歸次松嵐叔韻

昨日餞人游北塞今朝送客往江鄉芸窗曉月聽驪唱
荻岸秋風數（上聲）雁行結契同岑叨不棄盟心金石矢無
忘海陵一别情何限燕市重逢樂未央屢見勝游兼勝
具同攜歡伯赴歡場叩門投刺人偏熱舉袂遮塵我獨
凉失學甘同嵇叔嬾詠懐誰及阮生狂將離一一皆丹
鳳擢秀森森總翠篁伯氏承 恩新賜錦仲兮遺愛舊

栽棠梗楠已見材成器松菊何愁徑就荒偕侶欲從陪
岁屧離羣忽擬倂征裳子猷入剡因乘興張翰思吳正
不妨留得盛名通黼座待將作賦獻長楊風光驛路歸
心疾煙水郵亭旅夢長幸值江淮歌樂利應過齊魯歎
蒼茫解裝開讌親交慶服綵稱觥里巷光莫驟攜笻之
越嶠還期共艇泛湖湘（友鹿將從閩越之楚余亦擬明春往衡山）家山疊疊欣先
到故國迢迢苦獨望無計相隨乘鷁首却教枯坐似蜂
房歲殘吾亦言歸去問字玄亭八杖傍

集劉雨峰又來館以詩牌集字送飛瀾南歸

小聚成佳宴蘭交重忍忘鴻飛朝靄淡葉脱暮山蒼菊
把香留賞桐梢曲送凉連年空獻賦分袂泪橫裳

御河橋

殘秋猶挂柳絲絲峰態雲容看自奇渾是江南舊風景
御河橋上立移時

次韻别神木林祖

勞勞車馬久知津落拓南歸倍愴神此去郵亭應縱酒
相看客路總愁人驪歌唱罷難為别雁帛傳來莫厭頻
聞說梁園偏愛士布衣高潔不嬰塵（時赴大梁之招）

新秦題壁

饑寒千里逼觸目奈愁何荒縣行人少空村壞壁多般
憂勞 聖主財隱漏恩波誰作監門繪心傷發浩歌

將至紅花埠作

幾曲荒山遶大河鸕鷀三五浴清波曾經歇馬濃陰裏
又是光陰十載過

分水張雲儀以詩見贈次韻奉答

倦遊鎮日抱頭眠幸覯良朋屬意專載酒何當臨勝地
論詩還與坐湖天君眞才力能扛鼎我自迂疎比範甑
燕許從來稱大筆聲名寧祇敵劉錢
冷淡心情六月冰鷗飛安敢覬摶鵬不能世眼皆垂盼
但對卿才即服膺戰歎數奇如李廣居高百尺羨陳登
洛陽紙貴行爭重端使寰區見未曾

和程岑樓觀察湖亭對月

百頃湖光渺空亭暮色鮮天風吹月白堤柳到秋妍坐
久和雲冷舟停見雁騫清暉如戀客相對已三圓
愛我今猶昨開筵爲擘鮮菊隨人共淡詩與月爭妍退
食時多暇披襟興獨騫彈丸新脫手字字似珠圓

乙酉冬同弟炳緗爲先都憲公負土於真州之帶
子溝相對隕涕各成四章哀苦之音殊不自知其
工拙也

落日荒荒白淒風慘暮煙麻衣爭負土血淚痛呼天遊
釣空遺跡園林變墓田先大夫丙舍即昔所營菟裘也傷心苦塊冷冷不敵
重泉
大孝嗟吾父百年早計身生能榮極品歿屬傍雙親遺命
葬大父母墓旁隴樹新枝接泉流一脈眞定須逢伯氏相對語酸
辛世父舍菴公亦葬墓側雖道抽簪早山林願未酬承歡剛十日永訣竟千秋抵舍
甫一旬病遂不起强解慈幃痛勤爲幼弟謀兒年行四十慚愧續
箕裘
矜恤承先志大父爲廷尉時全活甚衆平反種德深藐孤慚父業忠悃
屢 君心春初迎鑾淮上蒙恩垂問即世猶承寵追榮有 賜金于
門縱高大愁絕蓼莪吟

送内弟王維叙還楚二首

羅雀門空感索居喜聞親串到庭隅春盤剪韭聊堪茹
家釀行觴不用沽雨地關心勞骨月一生失計守菰蒲
年來潦倒何須問雙鬢蕭蕭着作老夫
半月追隨情正愜猛圖歸計客心牽虛君舟楫八千里
愧我門楣二十年到日高堂應有喜別時病姊劇相憐
向平婚嫁粗能了便擬攜家上楚船

醉後和磻村伯池上作

一卷之石一勺水虛敞軒窗種蘭芷身坐危樓百尺高
俯瞰遊魚清潤裏日斜倒浸蔚藍天銜杯樂聖從吾志
池中有石作豹蹲醉往騎之如赤鯉何當即景寫成圖
三更月落寒風起

帆引閣在先文定賜第之北先都憲冰倅所建也
夏日讀磻村伯詩追憶曩昔情景如在目前潸泪
和墨敬次原韻

髙閣看山不掩關中丞締搆亦多艱揚舲北上夢猶戀拂袖南歸天靳閒（致政後僅一登眺病遂不起）空有煙霞當此地那堪風雨坐其間年年陟岵傷心泪盡逐濤聲曉夜潺

丙戌午日眉叔曾𥙷祖大村磻邨兩伯曠隱大兄俱以公事留郡邀集師儉堂次大村伯韻

驚看節序老閒身角黍蒲觴恕我貧去國十年為獨客（予自丁丑移居郡城屈指十年矣）他鄉五日聚宗人開筵列坐尊卑序對景成詩感慨眞（時磻村伯詩云夢裏池塘懷地主蓋思先都憲也）家世式微須振起相期努力篤天倫

疊前韻漫成二首

百不關心自在身四時花月豈知貧小存目力拋殘卷

新署頭銜號懶人凌雨翻雲隨世態光風霽日樂天眞達觀至竟誰能達荷插相從笑伯倫

茫茫大地寄吾身煮藉烹葵詎覺貧一事不知為俗士寸心無繫即天人年華去矣難相假富貴來兮恐未眞惟願庭萱常鬱茂此生至樂有誰倫

午日朱十千畫山丹蘿蔔枇杷桃蕈筍蒜於扇上索題一律

桃實垂枝綠滿庭風簾銀蒜壓疎櫺山丹刺眼開如火竹筍侵籬迸出青菌耳雨收供饌美枇杷夏熟入盤馨莫言蘿蔔尋常物萊菔垂名在藥經

十千又出所畫醉漁圖見示復題一截

煙水為家眼界寬空江五月尚餘寒蕭然載酒歸何處採得蒲葵滿釣竿

喜蘇子儁見過贈詩奉答

湖上識君君未壯芝蘭在口錦繡腸同時二子周與靳豪氣激越凌穹蒼廿年人境多變幻如調律呂乖宮商予也濩落固應耳君才十倍宜鸞翔胡為飢驅走南北鬚眉七尺空昂藏羅雀門庭剝啄少忽通名刺神飛揚對君渾擬日在抱陰霾卻掃騰扶桑贈我長歌妙詩字凌駕漢魏驅三唐儻容著作朝廟上口占十吏書不遑坎坷未逢得意薦吁嗟厄閏同黃楊琱操挑燈急縱酒劍光欲落飛秋霜

咏案頭盆石水池二首

偶得盆池好幽齋靜作供滄波分一勺片石矗孤峰巘瀲波紋皺斕斑紫翠重水凉能醒目小立每支笻

清淺蓮壺水移來耳目供縈洄成九曲隱約露三峰蓮葉如錢小（偶置蓮實數枚吐葉浮水面田田可愛）煙雲傍案重（疊石玲瓏置香於內氤氳如吐雲霧）微嫌石渠上無客策孤笻

題閔在東望雲圖

脫帽拈鬚意適時仰看壁絮逞離奇（昌黎詩晴雲如擘絮）知君擬就相如賦小立飄然寄所思

葦如上人至自祁陽不日又別作此送之

三春小別似經年歸叩禪門鳥雀翩杖履飽探匡阜月

鬢眉蒼帶祝融煙師游盧山登祝融峰皆有詩關山路遠雙親健講席人虛半載還師省覲還尊師節公已逝一自傳衣來卓錫慧燈方丈喜重然

蓬盧寂静類山阿霜染猩紅點薜蘿萬事不如參法喜寸心今欲禮維摩纔揮塵柄雙林寺又聽驪駒一曲歌江水連天會何日挑燈苦憶廢吟哦

渡江口占

犯曉乘潮渡征帆歷亂映江摇日月劃霧現樓臺生兆悲親串風波到草萊時章奏内有及予姓名者滔滔誰與易逝水不知回

午睡聞隔院琵琶

花事闌珊夢半成琵琶隔院鬧春聲苦將玉指翻新調不管青衫泪暗生

喜晴分韻得樵字

好雨連朝足輕陰薄暮消披雲驚月現跋浪見魚跳世事悲豺虎行蹤混牧樵侵晨泥不滑躡屐過溪橋

和磻村伯升字

自分田間老無心覓斗升壺觴酬月夜詩卷伴春燈莫以豬肝累誰憐馬齒增平生幽興在肯負一枝藤

和又石妹西字

冒雨來邗上蓬窗客思悽到門欣握手列坐許分題濡墨花添潤移牀月伴栖反嫌風日麗促棹去湖西時有秦郵之行

和曠隱兄新字

無怙撚鬚苦吟成字字新達夫原晩學太白豈狂人濁世宜詩酒浮生聽鬼神初晴饒樂事酬唱倍情親

和遲字示圯上

努力承先業貽謀爲汝規少年無輟學得益在親師窮達曾何定心情慎勿移應知余老大農圃做樊遲

春盡坐存齋即事

獨坐閒庭任嘯歌一年幽事又春過紅飛花片沾蛛網綠翳墻陰挂蔦蘿熱客到門應自少好書堆案不嫌多雖輸夏屋渠渠美也可標題自在窩

攤飯空牀鼓腹歌百年身世總虛過材因無用全衰櫟物以能緣讓女蘿浩浩江湖眞闊大紛紛禮樂本繁多强銜木石悲精衛争似凡禽不出窩

和山公鳥巢詩元韻

春老無一事策杖過鄰曲茶話恣流連脱帽帶不束廳前列古槐盤攫幽人屋儼如深洞松形虬聲謖謖葉密覆其顛幹老虛其腹異哉鳥一雙潛藏誰廹促六夢息槐安昔人多感觸何當小物智亦樂此中宿避弋任飛翔隨時安飲啄辛苦鵲爲巢翻被鳩相逐魚龍遯江海猿鶴守林麓憑高古所戒擇木輸羽族世自争雄飛吾但甘雌伏人生攖禍機豈獨鷹隼撲

餞鶴山攜家姬赴任建平

綠綺青箱放畫橈，輕盈還載小蠻腰。笙歌絳帳風流甚，
可憶揚州廿四橋。

江上草堂初葺，同伯礌村、兩兄秋嶽、曠隱、弟隨齋、兒子圯上看菊夜酌，分得之字

十月菊初放，燈青影陸離。葺巢歸舊隱，刻燭賭新詩。酒熟芻桑落，茶香瀹武夷。來朝風日麗，策杖復何之。

疊前韻

誅茅成陋室，老樹影披離。一徑全栽菊，三秋只咏詩。爲山看举律，畦地愛平夷。欲覓丹青手，爲余一寫之。

和礌村伯爲字

聽雨空齋裏，悠悠感歲時。一聲傳北雁，幾日醉東籬。詩酒公誠癖，林泉我不移。但留幽興在，此外復何爲。

和秋嶽兄書字

採菊香盈把，茅堂月上初。揮杯當雨後，說鬼到更餘。性豈因人熱，才堪賦子虛。秋衾閨閣冷，目斷一行書。兄家有姬人

和曠隱兄鋤字

傲霜花最久，位置在堦除。開己十分足，香留九日餘。不貪酬好句，偏喜枕殘書。多事紫桑叟，東皐只荷鋤。兄善睡而懶於賦詩，故嘲之

和隨齋弟無字

五年纔一見，方寸說區區。客路愁難盡，秋風酒重沽。邀歡逢棣萼，制淚看茱萸。諒有還家夢，清宵到得無。時弟春留都門

和叢字示圯上

斷鬚成五字，不減鬪蠶叢。菊與人俱淡，燈搖酒泛紅。韶華無浪擲，文筆豈難工。餘力精詩律，鑽研正未窮。

許眉先壻丈招同朱涵齋、家山公弟厚文郊園小集，和涵齋韻

山桃花落送餘春，細雨飄絲淨麴塵。小閣坐聽鶯語滑，蠻箋劈試墨痕新。搜奇難敵如神筆，濟勝欣逢未老身。良會芳辰休草艸，眼前曾見幾閒人。

過山公寓齋時將入都

亭午攜筇杖，芳隣不厭過。牀揩攤飯穩，風定落花多。觸手成煙雨，客能以指作畫揮杯任嘯歌。翻憐分袂去，索處奈愁何。

山公三十初度

陽和初轉小春天，底事韶光瞥眼遷。花萼正逢三十度，椿庭虛想八千年。予與山公時俱丁外艱筵開好日偏增恨，菊冒繁霜劇可憐。對酒且紓悲陟岵，萊衣還舞北堂前。

誰來剥啄破朝昏，賴有過從好弟昆。冰雪片言傾肺腑，詩書一脉溯根源。春風驛路將驅馬，花月清宵合閉門。搔首不堪思往事，塤篪相對兩忘言。

醉題隨齋弟三十小照

畫手何從覓痴顧，徒把丹黄汚綃素。不則市井摹公卿，綬若若兮簪與纓。余家季也韋布士，幾折衣紋神酷似。錦繡肝腸冰雪心，炯炯雙眸窮古今。雖然放達輕圭組，

還宜努力繩前武廻思髫齔爲時幾轉眼年華三十矣

冬日作

衆木脱已盡空庭黄葉賒池氷喧涷雀風冷墜寒花酒熟飄香滿詩成縱墨斜常留幽興在隨分送年華

花隱軒前集卷六

興化李炳石

存齋詩戊子己丑稿

早春至帶子澣作

籃轝出南郭數里見溪山柳色弄新意春風吹老顔儘添詩酒興不管鬢毛斑咫尺村莊近當門水一灣

土橋題壁

土橋何代建訪客漫相過古渡千檣集輕裝一馬駄近江潮汐準得歲稻粱多野店饒幽致梅花種滿坡

春日同家筠岡方園探梅歸遇金大雙臣復坐雙梧草堂小酌次韻

爲探梅消息籃轝出郭行閒遊逢旭日野圃足幽情照水一枝好當軒萬樹明還宜坐深夜看月影斜横更有春深處歸途宛轉行眞來不速客重是主人情急管吹花落高臺放眼明詩成洵絶調老氣自縱横

斗室

斗室蕭然思不禁自憐蹤蹟少知心三春積雨連初夏一日新晴又薄陰梅熟未容調鼎鼐松青只合老山林鳥聲驚破南窗夢坐向香篝爇水沉

山公扶櫬北歸仍用前韻揮涕送之

南北從今各一天漫言事過使情遷麻衣岐路傷心日旅櫬孤舟聚首年好以功名承父志未容蹤蹟受人憐

迢迢京國三千里急雨盆翻客不前
萱庭忍淚侍晨昏孝友誰如弟與昆不以炎凉嗔薄俗
反從涇渭篤同源帆離北郭悲行路我到西州哭過門叅政公行館夫余令咫尺
未審何年重握手臨風嗚咽悄無言

山公和詩作別復以公事少留小酌再叠前韻

九十春光欲暮天尋環節序暗推遷重陰積雨過三月
駭綠紛紅又一年滿腹心情唯作惡看人顏面自生憐
柴門岑寂誰相顧不是窮愁客肯前
疎星冷月照黄昏小設盤餐坐弟昆贈我清詩如太白
知君夙負比長源根聯兩世高華閥情斷扁舟赴薊門
酸語那堪頻入謁離懷山積且長言

同曠隱大兄游焦山

向平有志周五嶽少文卧遊當林壑古人愛山癈寢興
此情千載空寂寞嗟予生長江淮間揚子渡頭時著脚
金山近作耳目玩樓觀駢闐人繹絡焦山矗立大江東
萬頃雲煙出巉崿幾思一葉探幽奇四十過頭未停泊
眼前勝境不可求自笑吾生真大錯還來鎮甕古城邊
靴紋蹴浪風帆弱鼓興移橈試一登豎子輿徒皆踴躍
振衣佛閣禮空王金闕巍巍何代作寶墨亭中瘞鶴銘
雄文傑筆爭拏攫紆迴再轉到僧房古鼎陸離神鬼鑿
山靈呵護自蒼姬字跡分明寧贋托復穿仄徑抵山根
人語傳空飛鸛鶴千層危磴盤高空萬里奔濤怒吞嚼
焦公洞口孰鑴題遺像清癯如野鶴漢庭三詔逮巖阿
高風却聘今猶昨奮力直上山之巔俯視層巒皆斧削
香茶一盞沁心脾小憩雙峰宸高閣陰陰夏木竄鼯鼯
歷歷晴帆飄燕雀山僧消受那自知但苦飢寒不解樂
幕天暑氣此何有時見凉風生雨脚後山更比前山幽
脚上芒鞵勞再著當頭怪石懸半空雷擊雷轟森欲落
蒼茫何處海門濤我擬相求不死藥人生勝游豈易得
四美兼收難更索吁嗟乎放舟一去幾時來金山渡口
風浪惡

迎恩橋放舟至高橋

不隨流輩紅橋去短艇閒從別浦遊已遠市城饒野趣
更無歌管促繁愁芙蓉斷岸通漁港楊柳枯枝繫釣舟
如此風光殊未惡豪華空自說揚州

秋雨歎

早年得雨如得金澇歲避雨如避兵何堪夏旱秋復澇
傷哉祈雨兼祈晴戊子魃鬼虐五月火雲屯野飛蝻蝗
老農釋耒發長歎鳴鉦賽會刲犧牲秧針尾焦半欲死
曾無涓滴分瓶罌孱軀已分溝壑委甘霖忽降川澮盈
婦子饁餉不敢後耕耘相錯喧歡聲凉風遠颺堤柳綠
夕陽返照鳴蟬清無何一夜秋雨漲盆翻龍闘天門傾
平地頓添數尺水三層茅捲難支撐兒啼女哭少棲泊
衝風惟見征帆行吁嗟乎人生本務耕讀耳旱澇反復

傷我情不耕不讀良有徒膏粱饜足衣裘輕薄田二頃
付河伯半藉不飽憂焚焚可憐穀價欻騰踊硯田亦苦
荒春耕

喜晴

積雨池塘滿晴霞曉未消食新秔稻美對酒海棠嬌人
靜月移樹蟲吟露滴蕉明朝放孤艇一看綠平橋

維叙内弟以疾不得與省試於其歸也口占送之

韶年暫許息塵機且向三湘七澤歸料得到家秋未老
菊花香沁老萊衣（時内父為祁陽大令）

病夜偶吟

病淹匝月歎伶仃兩髀成山太瘦生夜冷虛窗凝月色
夢回孤枕怯蛩聲眼前萍梗爲蹤蹟壁上蒲團是諍盟
顛倒中腸成底事五更鐘罷又雞鳴

病中發家信

病裏揮毫字半訛天南恰有雁相過老妻莫問愁深淺
歸看霜華鬢幾多

病閒擬重九訪菊

崚嶒瘦骨怯輕寒未晚先謀枕簟安病遇藥良爲效易
詩當吟苦覺工難中秋好月成虛度重九黃花要飽看
但恐愁人嘵薄福滿城風雨又漫漫

病起同廣寬大兄小坐對菊

茫茫天地一愁人百病相攻剩此身已負黃花無綠酒

不堪白髮上烏巾妻孥路隔湖湘遠兄弟情深慰藉真
倦起書堂聊徙倚閒烹雀舌度芳辰

兆予

江上草堂兒子圯上讀書處也適得木筆一本種
於階除秋蘭晚放一花芳香久而不散其誕孫之
新買喬柯價幾銖和煙帶露種庭隅漫遲如雪開三月
且看臨風倚一株恠石盤根高作勢茅檐得樹景全殊
秋深更見蘭蓀茁應有嘉祥慰老夫

半園小步

桂花開盡菊花開病起扶笻破綠苔誰與愁人慰岑寂
隔墻時度管絃來

九日登帆引閣

冉冉韶華似箭催又逢重九一登臺金風應候菊初綻
玉露方零鴈已來山色依然雙鬢改秋光教放入窗開
流連高下思題句日落吞聲畫角哀（先都憲公癸未扈蹕南歸登臺詩云屈指淹留曾幾日那能高下不流連思之不覺潸然泪下）

葳牀士與余比鄰而居病中枉顧迄無虛日聊餉
蘭蹄新筍知爲余服食所需也感謝一律

每勞清問輒停車更惠珍饈到草廬天目山中青竹筍
蘭溪縣裏白花豬廚孃細切稱佳味稚子偷嘗認野蔬
多感微軀藉調攝故人情意重何如

喜秋嶽二兄至自易山即留小酌

異地正憐知己少，故鄉忽報阿兄來。病餘顏面驚全換，坐久襟懷喜漸開。百歲光陰身是寄，半生憂患老相催。挑燈且盡今宵醉，黄菊花香落酒杯。

獨坐懷曠隱大兄

鎮日團蒲坐，趺跏學老僧。形骸同瘦鶴，卧起倩枯藤。止酒夜無寐，吟詩力所能。不知江上客，花堰幾時登。（花堰山名）

憶内二首

十載歸寧慰老親，陸行舟宿念艱辛。持籌計日量鹽米，舉案長年似主賓。兩地關心兒共女，一生苦事病兼貧。秋風料峭江楓赤，極目輕帆到水濱。

布荆早歲事迂儒，春盡輕裝歷遠途。三十年來半憂患，七千里去獨支吾。荆襄度險驚魂魄，衡嶽看雲總畫圖。對泣牛衣吾不取，相期偕隱入菰蒲。

秋嶽二兄拈得十灰詩成和之

秋風吹送雁聲哀，深感知心得得來。幽興晢緣多病減，好花應對故人開。敢從筆陣誇三絶，狂把詩籤賦十灰。家食莫嫌供給薄，兄酬弟勸亦悠哉。

秋嶽二兄勸余計偕次韻答之

林泉儘可事追歡，焉用勞心覓飽安。老馬畏途因力倦，哀蛩泣露本秋闌。非才敢羡雲霄迥，何藥能醫骨相寒。衮衮後來皆俊彦，無妨壁上作旁觀。

同秋嶽二兄步月有作

半輪秋月挂空明，頓使閒庭虚白生。坐趁清光懷舊事，重披手澤讀新評。（時讀先廷尉南北史合註）霜嚴不念寒花瘦，風冷斜飄落葉輕。一葦滄浪歸去好，比鄰兄弟更關情。

自憐

世事誰論是與非，晨昏未敢寸心違。霜嚴塞北鴻潛去，春滿江南燕獨歸。命薄自憐貧病集，年饑難覓稻粱肥。高高在上奚堪問，斜日悲風手漫揮。

帆引閣晚眺

高閣閒登喜病瘳，當前景物正全收。蟪蛄泣露梧桐冷，絡緯繅風薜荔秋。瞥眼四時三巳過，安心百事一無求。林間好鳥如相識，坐語踈枝暮未休。

為農

蒼狗浮雲任變更，安心是藥慶餘生。三秋一病髮都白，萬事全拋夢轉清。身老更看時去速，名虚底用晚來成。為儒那敵為農樂，隴上牵牛學耦耕。

存齋蔦蘿盈壁，秋初萬緑迎風，如翻碧浪，間有二三紅葉，經霜而下，輕颺之態，不減落花飛舞也

初種不盈尺，根移野老家。八年滋雨露，四壁走龍蛇。緑碎摇波影，紅蔫艷雨花。茅齋幽勝處，處處碧雲遮。

秋日思歸

整日思歸未得歸，故鄉煙景正霏微。風高雁唳菊黄瘦，水滿蘆花魚白肥。避世恰宜成小築，安居一任笑早飛

弟愁還觸蛟龍怒，未許滄浪老釣磯。

秋嶽二兄再投詩趣余北行依韻奉答

樗櫟從人號不材，文章寧復重鄒枚。朋儕強半乘風去，老醜何堪逐隊來。久分林泉甘棄置，那因貧病故遲回。多君激勸還酸鼻，喬木新摧孰灌培。

寄綿竹令沈範亭

佳麗唯聞説蜀都，喜君叱馭此分符。詩成題處桃為紙，釀熟攜來竹當壺。望帝祠前花似錦，楊妃池畔月如珠。遥知政簡多公暇，選勝端應駕兩鳧。

和高叙五爛醉歌

吁嗟乎！既不能舉觴一飲三百多，狂叫落幘頭常科；又

不能使酒罵坐氣凌物，一錢不值相詆訶。唯與麯生作冷友，醒覷日下悲江河。衣金紫，佩玉珂，阿誰得志反局促，不如下士韋布身逶迤。我有數椽屋，補破牽藤蘿。無多竹木景自好，好客來時驚屣倒。奇書一庫共眞搜，濁酒半升同軟飽。高子素心人，髫年聞道早。堪笑飛騰尚俟時，不道鬚眉漸成老。朝來贈我爛醉歌，浩氣横空詠月皓。天資學力原殊異，珠璣錯落非無自。可惜時人昧雅鄭，耳聽淫哇却忘睡。萬丈光燄正不磨，吾輩風流應未墜。把君詩歌弗已醉，鄉空薄前人記。名山勝地若探奇，許我觴咏時趨侍。

白髮

煮茗焚香得所宜，數椽聊爾遂棲遲。青春應惜往難復，白髮可憐涅不緇。老至對花唯把盞，才疎遜客敢吟詩。閉門鎮日常思睡，未解衣鮮索馬騎。

己丑春闈報罷同伊存大兄歸里經秦郵作

不肎齊門厠濫竽，弟兄千里復相於。春雲能判陰晴日，青草平分裏外湖。乘溜放船風慫恿，牽愁入骨酒支吾。半生奔走成何事，贏得霜絲唤老夫。

淮陰訪友重過青水潭

不善干時守薜蘿，偶尋良友涉滄波。水邊村市魚蝦賤，堤外長湖煙雨多。短棹夷猶成獨往，片帆料峭復經過。勞勞且覓田家釀，望月津亭一浩歌。

生日高叙五惠佳什依韻以謝

丈夫不得志，縱情山與水。恥向屠沽兒，酒肉謀瓶罍。快友不可期，誰為執牛耳。嗟余任疎狂，世應棄弁鄙。四十忽過頭，歲月弦離矢。何意素心人，居停在密邇。金石發詩歌，瑰麗探子史。過從永朝夕，詼諧雜怒喜。膠漆敢浪附，臭味庶相似。習俗逞豪華，紈袴矜門第。何如我輩落拓不肎受人憐，狂吟爛醉邪江邊。席帷地兮幕惟天，指揮叫嘯生雲煙。那管白髮來華顛，危酒不辭生聶肩，椎埋猶自雄簡編。吾生何害老青種，向平婚嫁莫拘牽。百事從今休，花前或扡笻杖尋幽谷，或乘衛子揚輕鞭。堪笑負薪朱翁子，五十富貴詩當年。

剪牡丹枝祀花蕋夫人

名花傾國譜新詞難敵吾家白也詩富貴總成亡蜀恨嬌癡猶似納降時筵前紅紫仙姿麗畫裏丰神故主思莫認摩訶池上宿暗香風送滿堦墀

雨中種牡丹二截

隙地種花剛半畝雨中移得牡丹枝深房淺露般紅色想見臨風綽約時

花開可似慶雲無（花名慶雲紅）底事名花喚鼠姑看到十分花事足狼藉寫作種花圖（朱十千適為余寫照）

詠物十二首

瑞香

獨與梅爭放幽香暗度來錦紋分葉麗紅雨簇花開碎似攢珠纈芬宜置鏡臺佳名眞不錯喚作紫蓬萊

盆蘭

紉佩羞金玉吟詩香藹芽清幽初出谷培護只澆茶（盆蘭沃以苦茶則日茂）入夏晴抽葉經冬暖著花豈宜臺閣貯正合在山家

杜鵑（一名過山紅）

怪鳥啼紅血三更落滿枝遍山開不了一樹得嫣遲雨露須霑足冰霜要護持若云多識媿小子學夫詩

茉莉

小白可人意清風披客襟晚香偏耐熱短髮不勝簪珍重栽盆盎閒攜傍枕衾夜深疑解語蝶夢好相尋

盤槐

橐駝園裏樹移向碧山阿岔葉圓於蓋疎花細作窩龍拏森北牖蟻聚守南柯小鳥時來去啾啾語自多

黃梅

萬卉逢冬盡此花開最奇胎含葉落日香滿雪飄時磬口名傳昔檀心放未遲烹茶相對爾徐酌亦成詩

乳燕

乳燕卑飛急驚風墮藥闌本無凌漢意只覺處堂安黃口貪難厭烏衣短未完人間饒搏擊行矣愼摧殘

秧雞

布穀催耕急秧雞接翅飛窺人昂赤幘貼水刷烏衣性逐洪濤慣巢尋亂草歸敲棋驚不散閒傍釣魚磯

脊令

小鳥猶黃口牢籠亦可憐鶉衣同一色鶯語學初圓懷土常依日思羣獨叫天採風曾入詠珍重脊令篇（脊令一名叫天喜眠沙中蓄之者積土籠內以適其性）

蝎虎

渺小看神物昂藏負盛名多方憎利口一擊喜吞聲白壁休愁玷青衣敢浪行豈知清禁裏霜重少蟬鳴

蝙蝠

毛羽不知惜翻飛故自驕向明潛醜類乘夜亂青霄無

意嗇書帙偏思污錦貂終當事羅掘爾輩莫逍遙

蠹魚

萬物安所適性唯淫簡編隱身伴蝌蚪覓字食神仙漁獵奚爲者詩書何用焉視中有蟣蝨交妒腹便便

禾中戴坤篋枉顧贈詩依韻奉答二首

半畝爲園杜往來忽傳佳客從輿臺不題凡鳥人能到敢蔽叢篁户嬾開莽熟談諧饒道味吟餘咳唾總詩材泥成雪色茆齋壁乞與如椽遠俗埃（坤篋是日爲余書額）

掃徑還期二妙來（俞詠吉與坤篋同里）生時吟眺共登臺年豐酒賤貧能買秋老霜清菊漸開心折父行推匠石（坤篋與家伯大郇西岑舊好）媿深朋輩許卿材剡溪悔不先移棹辜負寒光絕點埃

坤篋以詩來別依韻送之

臨別新詞寫硬黃忘年投分恕痴狂風高蜀嶺歸雲白水滑吳船暮靄蒼匡鼎説詩縈夢寐君平善卜聽行藏何時晤對安心境江海遥深每望洋

農事告成志喜

秋風一夜稻粱黄銍艾人歸喜欲狂擬釀鵞兒招客醉旋炊雲子隔隣香幾年旅食常飢窘今日貧家有蓋藏暫輟農工何所事于茅課僕葺書堂

祝丁長齡五十

烏帽褸褋古貝裘昂藏七尺一英流人稱之子爲奇士天許閒身作醉侯短笛倚歌楊柳月熏風挈客木蘭舟丰標本是遼陽鶴不用仙都訪十洲

長至日偕髙叙五家兄秋嶽登平山堂步叙五韻

尋幽挈伴趁蕭晨落拓長年愧此身景好家難逢好節殊鄉况復聚鄉人眼空髙閣山如舊心寂香臺鴿亦馴冷淡情懷知者少新詩何厭唱酬頻

次秋嶽二兄歲暮歸里原韻

彈指追從又一年清貧誰比阿兄賢囊空不載窮愁慣老至何堪婚嫁連對酒强斟山館月買舟欲別雪漫天鴈行有弟曾無補極目鄉關隔水煙

霜毛種種逼衰年生計唯能對聖賢風木聲中憐梓俯棣華開處愛枝連輕攜妻子辭荒縣還挈琴書到海天洪水不災田未惡萬家聞道有炊煙

花隱軒前集卷七

存齋詩 庚寅稿

興化李炳石

省老母將至玉峰

玉峰重至又經年道取唯亭恰半千日暮倚門勞白髮
天高失路困青氈歸心月下隨雙槳泪眼燈前手一編時捡先都憲公藥圃詩稿唯祝萱枝春不老弟兄舞綵樂蹁躚

藥圃別業先都憲公所築也余至玉峰朝夕其中撫今思昔不勝風木之悲飛瀾有詩五章遂用其韻

衝泥無可適寂寞掩柴關市遠人稀到雲深鳥自還病餘貪睡早親健覺心閒尤愛臨高閣窗開即見山

野豬峯名何突兀云是宋高峰石聳凝蒼翠崖空聞磬鐘小軒虛四面一逕叠千重何處濤聲沸先人手植松

彀弓開曠地一日幾陰晴微月移花影斜風送雨聲披圖思手蹟入夢紀經行先都憲公繪藥圃圖於京邸壁間著有夢游詩魂魄應常在林泉永夜清

木棉裘未卸無事上簾鈎春盡不知夏寒生直似秋那堪思往事只足起新愁夜共慈闈話低頭制泪流

四十猶未仕皤眉已著霜小留過信宿欲去立斜陽肯構期昆弟生涯豈稻粱板輿迎養切兒女盼江鄉

望曠隱大兄不至

久有西湖約如何尚里門連宵風雨惡獨客更銷魂莫謾辜工登還來共曉昏武林舊朋好相待倒芳尊

積雨行朱溪道中

侵曉乘舟出鹿城田間㶁㶁水流聲深春已足千林雨入夏曾無一日晴曲港可通郵落近長堤半沒小橋平由來沮洳悲吾土回首蓬窗夢不成

晚晴

積雨苦侵壁重陰草滿庭晚晴見微日深夜出疎星未卜田疇熟先謀枕簟寧還愁檐瀑響幽夢滴來醒

寓樓小飲座間有談佘山之勝者不勝神往

閒凭高閣快新晴浴罷衣衫着體輕一斗酒傾無醉態三更詩就有吟聲偶談往事皆陳迹日望歸人少定程聞說佘山在咫尺且攜雙屐暫遊行

石門曉行聞雨聲

時當九夏晝陰陰水浸長堤沒踝深千里行程兩月雨一天煙靄五更心官河駭浪添愁緒曲澗哀泉助苦吟若果淮黃不交注無須禱祀望甘霖

石門城頭老樹

老樹參天直低枝覆女墻重陰凝草碧微日透林黃舟去遵花港僧閒立竹房先人題句在把卷泪沾裳先都憲公有咏石門老樹詩

經塘樓又雨

日日蓬窗凍雨飛已經徂暑失炎威秋風未動先抛扇六月長寒欲授衣吳越尚艱耘耔力鄉園難望稻粱肥須知豐歉關天數咫尺河干且息機

喜到湖上口占

六載湖山別今方冒雨來雷聲殷澗壑波影晃樓臺雲重埋青嶂祠荒長綠苔會須勤灑掃剪燭薙蒿萊

湖樓近為他客汙踐急事埽除有作

鎮日亭臺事掃除苦吟尤自破工夫佳人已去香留閣野艇初歸月滿湖疏雨淡煙時若有玉簫金管近都無（大雨竟月絕少遊舫）誰云着處看如畫我正全身入畫圖

張念莪汝培昆季過訪

偶向湖樓坐扁舟見故人相逢容簡略久話愧殷勤隨室未為客居祠豈晃賓（時念莪昆季隨任杭州余寓居湖上先祠）招尋不嫌數遊賞趁佳辰

錢塘孟靜齋大令惠楊梅走謝

楊家佳果餉湖干滿貯筠籠露未乾絳雪勻圓分作顆晶毬磊落瀉堆盤（蕭山楊梅有紅白二種白者味尤勝）遠貽已自知腸熱飽食何妨沁齒酸少卻瓊瑤相報答短章裁得愧荒寒

慧日菴

路出南屏近周遭竹影搖依山聊結屋刳木巧為橋（大木中空破為池上累竹）別自有天地何曾知市朝一枝如肯借吾意學鷦鷯

仁和令家文博以酒米相餉賦贈

衡門無憚枉軒車授粲投醪慰索居愛客每教冰俸損居官偏不故人疏生憎膠漆分車笠若許才華領簿書眺望湖山思往哲文章治行得誰如

恭謁西湖報德祠敬賦

吾家世系本句曲代有隱德數更僕渡江三徙籍興化文定高科秉樞軸兩朝公忠社稷臣碩畫鴻圖資啓沃巍巍相業古今傳（文定公相世廟穆宗事具載明史）遥遥華胄簪纓續或膺節鉞為股肱或挽銅符任守牧共矢清白凜家風力除民患為民福官浙肇自健齋公權關除盡苛斂酷隗臺公踵健齋後商民戴如戴叔隗臺之弟碧海公起家翰苑羣推轂觀察溫處惠政多晉階宗伯還初服隗臺之子瞻麓公筮仕歸安擊豪族歷司徒國事艱強支一木終沉陸甬東司李映碧公青年奮翮繩芳躅宗伯之孫石也祖句稽七郡勞心目祥刑活人四十餘于公再見無冤獄報最超遷大理丞滄桑變易甘巖谷著書論史綴丹槧葛巾野服娛松菊纁幣　熙朝屢賁門

御筆追褒誠實錄（御書多識舊德扁額　追賜先廷尉公）西湖祠原祀兩賢立名報德流芳馥幾經兵燹委荊榛父老時聞野祭哭先子掌憲庖　南巡柱後惠文風紀肅睠懷桮棬力經營俯順輿情興版築衣冠念舊勤事勤黎庶懷恩趨役速

報德祠本專祀隗臺公父子先宗伯公暨先廷尉公溫州寧波亦各有專祠先都憲公葺治重新凡族之宦於浙者皆置主祀於祠內以時祭享無

敬陳焉高樓弘敞面晴峰　宸翰焜煌映朝旭軒楹列祀盡名臣俎豆一堂圖肖同重來展拜到湖濱堂構依然痛風木絲懷先子持文衡曾見流風歌棫樸惜哉以憂去此土起衰遺讓呂黎獨木王附祀脈萃心湖光有似冰壺燭相公霖雨遍蒼生中丞文教敷庠塾功德綿延祖及孫湖民歲歲爭尸祝吁嗟乎箕裘兮治績無人公侯之始何當復青衫白髮老孫子深愧桐鄉遺愛篤

照膽臺觀漢壽亭侯玉印

拜爵承明命云胡不可侯地名偏予漢天意信歸劉碧血縈蝌蚪丹心共炳彪豈如銅雀瓦零落入漳流

湖上雜詩十首

樓坐

危樓突兀俯清虛縱酒長吟足自娛三面青山城半壁一輪明月水全湖笙歌縹緲聽常有竹樹幽深畫得無如此風光肯拋却恰教煙景屬林逋

待月

湖上羣山接水長雨昏山水兩茫茫忽驚日色映山色便踏湖光待月光表裏湖連新漲綠高低山共暮煙蒼閒乘艇子不歸去蟋蟀愁人泣露涼

落日

看山刻刻有閒身愛着芒鞵懶着巾活火泉甘烹雀舌碧波風細臠魚鱗移來花竹稱新友惠及盤餐愧故人日落更宜高閣望海雲千疊矗嶙峋

溽暑

湖光十里一扁舟點染紫門分外幽嬾逐清波尋熱客（清波橋州門名）每因溽暑誤良遊松聲竹影全收得拄杖芒鞵儘自由天與躲椽容寄傲吾將耕釣老林丘

即目

夏日蟬聲隔水聞雙峰蒼翠插青雯人家半近丁仙洞殿閣斜依處士墳畫舫徵歌攜樂部長堤牧馬雜羊羣可知蘇白經遊地千古風流兩使君

避日

裂石流金正此時火雲絕似壞山揹（壞山見漢書）竹深聊避三竿日心靜常攜一卷詩野客尋芳行獨早鄉書寄我到偏遲忽聽水面輕雷動喜有微風送雨絲

晚步

偶向蘇堤步落暉中流簫鼓聽依稀湖風滌暑低楊柳山月騰霄聳翠微回念故交真是夢（甲申秋予與同年赴縣期步月於此今物化五年矣）何妨久客竟忘歸雙丸跳躑繩難繫莫使幽尋興或違

曉涼

為愛曉涼常不寐樓居正可號幽棲月光欲落水流急曙色將開山影低宿鳥未看離岸柳疎鐘旋聽報招提拈鬚自笑吟聲苦還對殘燈補舊題

雨過

危樓雨過便生凉西子湖頭看晚妝明月輭開秦鏡影輕雲叠就越羅裳蘇公比似工無敵白傅歸休老未忘一派笙簫吹不斷居人廟食水仙王

匝月

匝月湖干把酒危晦明風雨動遐思林巒只隔八九里煙景全分十二時貝闕珠宫原自好竹籬茅屋更相宜若非溽暑濃陰阻節杖還應費幾枝

葛嶺

仙人丹竈香雲滿賊相池塘碧草腥欲向青山訪遺蹟峰腰中斷立孤亭

孤山

高峰千載重人寰埋骨荒坵未等閒雙鶴不歸梅盡死先生應悔葬孤山

裏六橋

蘇公隄接白公隄行殿周遭碧瓦齊不是尋幽攜鄉道還疑橋影界東西

鳳林寺

鳳林寺裏鐘聲動撞得浮生幾個醒薄暮傳空更幽絶遊人錯認是南屏

翁家園

飯罷欣然曳杖徐奇雲變態幻空虛綠楊一片遮斜日小立迴廊看打魚

斷橋亭聞笛

高亭何叢葉倒影落清渠橋折西南路堤分裏外湖未曾看雪霽先喜受風疎玉笛誰人弄聲聲透碧虚

丁仙洞

地僻人難到山幽我獨知飛來看怪石波動汲清池（洞有飛來石月波池諸勝）岩屋雲生滿仙壇鶴去遲不嫌披宿莽賈勇欲探奇

圭竇何年闢重游一逕偏俯身瞰城郭觸目總雲煙壁峭孤亭外江流小院前米顛有遺蹟揮灑重名賢（石上大書第一山三字米南宫筆也）

湖心亭

樓臺結蜃氣縱棹快新晴山翠横當檻湖光流向城昔看千騎過今聽一蟬鳴綠柳垂垂好誰人載酒行

表忠觀

荒祠依斷岈文筆壯千秋趙氏内何在錢王澤尚流傷心説臣構歸命美婆留萬弩潮聲咽雄風莫與儔

同杭州太守張韋存過學使翁康貽園居

占盡名區靜掩關幾株仙桂絶躋攀成陰寧止十年事愛客常妨半日閒太守風流耽嘯咏先生高貴戀湖山何當淮海飄零者也得追陪坐此間

送客至湧金門因坐柳浪聞鶯水檻

送客過湖去因乘畫舫西無心坐水檻恰有一鶯啼隔

岍荷香細當風柳浪低還看六橋上怪石與雲齊

六月六日雨後偕曠隱大兄游飛來峰登韜光寺至玉泉觀魚得六長句

挈伴尋幽曉露凉扁舟一葉泛湖光綠楊風細草猶溼紅藕花繁水亦香溽暑不侵飛逸興青山無數引詩狂茅家埠去禪扉近便是雲林古道場

誰為嚮道到山中鷲嶺遥從別徑通暗谷陰房生鬼火峭巖懸竇出神工時聞花乳流清韻間露天光透午風曲折不知行近遠此身已在石橋東

冷泉亭上樹陰移澗水流香去每遲赤日行天無熱到奇峰墮地有雲揩曾經浪蹟虛前度此際來遊敢後期還擬韜光尋勝概賞心不覺坐多時

石磴千層不倩扶衡炎直上笑吾徒泉聲瀉竹流高下梵唄傳空聽有無僧老怡情酬筆墨客來舒眼看江湖荊關妙染橫窗榻何事從人覓畫圖老僧山止集古今名人書畫甚夥

佛窟花關客到稀茶香留我坐忘歸脩篁老樹交枝立沙鳥風帆作陣飛一卷樓頭朝與暮雙峰江上是耶非韜光絕肖焦山雙峰閣景幾時拋棄人間事買得青山去息機

廿年清夢喜勾除回望峰巒隱碧虛莫妒山僧貪勝地信知仙客愛樓居山為純陽煉丹處肖像祀焉一心不着方為我兩脚雖勞未負渠紆道玉泉行更好斕斑五色看游魚

西湖漁燈每至黑夜火光歷亂映水達旦亦奇觀

也

閒看啓啓復疎疎永夜微明對檻鋪百顆珠沉騰碧海一天星散墜平湖螢飛別浦光饒亂犀照深潭影欲無吟得新詩渾不寐清虛何異坐冰壺

放舟三潭采得荷花數枝分得棉字

不解蒲團學坐禪還來湖畔剌漁船因看曲水三潭月采得方池五色蓮舉葉當杯香送酒牽絲著手白於棉輸人事事何須問幸結前生物外緣

余久客湖上煙嵐雲水之勝已目醉心怡即笳吹櫓聲泉流石咽當其時與境會總非凡響恨無妙句繪寫清韻耳

總然無處不關情觸耳偏能百態生月落櫓聲如鶴唳雨昏笳吹競鼉鳴常因薄醉聽多誤待得成詩韻又更信是山靈饒妙思細泉流澗學簫笙

雨後登大觀臺

空山新霽後覓勝策孫節澗響連朝雨風翻隔岍松樹深僧閣暗徑僻野花濃更上層臺望江湖出亂峰

客中雜咏四首

家食苦無事聊為湖上行心閒隨節序客久見人情有興敲棊子忘機息酒兵門前一泓水終日自回縈

撲棹西泠去晨興月影低白雲遮葛嶺清露溼蘇堤問寺求名蹟看山得好題不緣多暑熱誰肯住輪蹄

來往門前客新交與故知山翁閒贈杖老衲過留詩掠水燕飛急迎風蟬噪遲行吟聊散髮數見白於絲日落山光暝虛堂坐晚涼天邊看飛鳥湖畔數歸航漱齒茶甘滑侵帷花冷香吾當老於此何必問家鄉

西湖中元行

七夕纔過月又望楊柳摇風作秋象武林風俗重中元尋歡夜蕩西湖槳細錦聯成步障斜紅霞鋪就櫂瑜廣懸燈百串白琉璃理琵調箏聞妙響停橈坐待夜珠來冰輪高掛三千丈祠樓矗立近湖濱挈伴不須乘五兩溶溶皓魄照空虛落落幽窗倍清朗啣杯堪望卧堪遊閒有凉飔飄颯爽須臾簫鼓動樓臺畫舫輕舠自來往水底繁星水面燈光華歷亂連霄壤橫吹玉簫倚清謳頓生天上人間想一曲霓裳苦未終象板瑶笙接他榜無端俗事攪歡腸佛會緇徒招魍魎人歌人哭聚於斯對之不覺翻鼓掌秦淮六月盛燈船虎阜中秋競勝賞何於此地獨不宜世事只當隨俯仰三更月墮人影盡枕上成詩歌慨慷

余寓居西湖讀書之暇時挐小舟尋訪勝地歷紀四章

朱夏倏已半客游徒鹿鹿寓居喜軒豁茅檐蔭脩竹晚風一榻餘朝睡三竿足瓶花守故紅庭草弄新綠北窗漁古今消汰此炎燠舊友重交情廣人能繼粟一飽歡有餘焉事魚與肉彈鋏歌歸來斯情亦未俗悟淡能遣慮知止不受辱悠然見羲皇庶以愜幽獨

湖水漾澄波月挂城東隅悠然乘逸興雙槳浮空虛天涯有骨肉談笑正相於謂曠隱兄陰霞紛瀲灩晚露漬芙蕖葛嶺夕陽下云是仙人居煮茗汲清泉臨流酌綠醑高唱驚宿鳥拍手沉游魚晚風飄飀來微涼生衣裾即此足歡賞天地為吾廬夜闌不歸去一葦縱所如

韜光獅子巖石壁走寒瀑跳波綴玄珠濺沫瀉明玉觸熱一捜奇捫蘿寄遐矚高下陟雲根清幽愛霧谷臭枯夏不飛餘音嫋絲竹乍聽心自喜久坐意亦足危峰睇遥青脩篁摇淨綠轉眼成往迹返步遵前躅兀嵂火雲屯煩蒸燒熇酷誰能鞭困龍一雨驕陽伏

瞻彼蒼巖巔禪窟誰補葺孱步抗危磴花雨芒鞵溼面壁老維摩蒲團坐空寂靈津滌塵氛慧日照淨域問一叩禪理玄機露胸臆嗟我乃勞人延心仰圓極青鬢已著霜頹波挽無力願海自深廣慈航仗引翼遠公但微笑不語豈妙則夜靜落雲龕簾空見月色

哭錢塘令孟靜齋

十載通門氣誼真喜聞飛舄到湖濱思君特放西泠棹豈料翻為永別人

書生福命忝交慳那識無錢作吏難百日宦途家四壁此身到底悞儒冠靜齋蒞任止百三十四日不得於上官以憂死

鬆轉空牀支病骨寒裳猶荷語殷勤陸莊惡草生無數
天意何偏厄使君
繐帳酸風吹客愁關河西望路悠悠太行未敵人情惡
誰向孤兒贈麥舟靜齋山右遼州人居太行之西

紫雲洞納涼

工窾尋難遍何妨冒暑遊扶笻緣嶺路俯石看溪流漸
覺雲煙合方知洞宇幽清涼茶一盞還向老僧求
壁削疑虛立巖空盡倒懸千枝交翠竹一脉泛紅泉熱
客那知夏涼風不值錢東坡詩一枕涼風值萬錢翻嫌遊鷲嶺刓劃遍
諸天飛來峰前遍刻佛像

曉涼泛舟湖中得二律

存齋詩卷七　十三

愛涼乘小艇湖水碧縈回禪室探泉去旗亭問酒來藕
花搖翠蓋竹露滴蒼苔石磴閒堪坐襟懷一藉開訪六一泉過五柳居小歆
暑熱何時歇名山總未尋煙嵐當客面工窾繫予心終
欲追歡賞寧辭費苦吟銀箏何處按風過嫋餘音酤暑月餘不得縱遊名山為恨

經北新關作

雨月危樓坐曉昏陡生歸思返柴門家居未識人情異
行路方知關吏尊只有名山勞繾綣更誰熱客話寒溫
故園松竹應無恙酒熟還傾老瓦盆

寒山夢醒口占

扁舟犯曉浮空渡路轉寒山埳影孤不是櫓聲驚夢醒
心情猶認在西湖

吳門喜晤張漢瞻

小院荷風一徑秋城頭老樹映溪流掀髯有客躭高詠
知是元龍百尺樓寓樓臨流面山高敞可愛
君遊竹西我趨越我返淮南君在吳何用相逢慰潦倒
百年強半在窮塗
白髮蕭蕭岸葛巾精神直欲傲松筠當年文酒諸名宿
屈指生存剩幾人時詢吾鄉諸老皆已謝世
五代兵戈紀載餘先人直筆重璠璵珠光沉沒空貽恨
端是兒孫未解書蒙詢先廷尉公南北史合註刊刻蹉跎不覺滋愧

存齋詩卷七　十四

沙湖遇風

我去鹿城方夏至重來不覺是新秋西風便已無聊賴
故向沙湖打客舟

自武林歸玉峰作

庚寅五月之十日饑驅索米謀遠出風狂雨怒阻行舟
鯨鼉蛟騰移窟宅淫霖横潦動兼旬薪桂米珠愁百室
奴僕衣單凍欲僵淮黃水注憂方亟杲杲何幸忽騰空
天意生憐除暵溼詎料朱氛復肆威彌月驕陽農失職
湖上垂楊梟梟絲岔葉繁枝亦減色但聞風颼夜送雷
不見月輪宵犯畢三司大吏禱衢衢烈燄火雲燒稼穡
潭內驅龍欠術靈海上垂慈思佛力天竺大士每有水旱禱之必應我來兀

坐復何爲也爲炎涼行不得懵騰已自廢游觀抛棄奚堪到筆墨青蠅攪睡鬧朝涼白鳥噬人乘夜黑不如歸去卧羲皇安用龜著頻卜吉帆開一葦露氣清武林天末雲山失江鄉路近轉時和五風十雨無愆忒燈前骨肉話團圞親徤年豐樂何極

花隱軒前集卷八

興化李炳石

存齋詩 辛卯至癸巳稿

春日過鄭東一園居

幾道清溪繞畫廊梅花猶帶欲殘香春山濯雨橫空翠野菜烘晴匝地黄買得數弓眞樂土可容十日住仙鄉籬邊筍長江魚白正好從君索酒嘗

雨後看庭前繡毬次韻二首

好樹眞堪對客矜埽除苔徑倚枯藤只愁雨打春無著未怕花繁力不勝看去白留千影月擎來光徹一團冰愛君妙句開生面自向鵝溪縮上縢

賦粉塗硃莫浪矜孤根如鋏施義蹟青藤雪消大地驚還積影落空堦蹴未勝圓轉輕攢香蝶翅玲瓏巧綴玉壺冰夜闌虛室應生白醉墨橫斜看客縢

上巳喜晴

脩禊年年傳此日心情那與少時同尋芳每念朋簪合落紙徒驚筆陣空花氣暗生侵白袷雨聲吹斷倩東風不堪屈指經行處左右清流似夢中余丙寅游蘭亭距今二十六年矣

戴妝士齋看白茶花

獨把幽懷寫碧空影澄秋水怯東風鉛華卸盡春偏在清白常存玉與同誰把根株移海島直疑冰雪貯簾櫳楊家姊妹休相妒自是蛾眉淡埽工時有醉楊妃牡丹並開

荷包牡丹

漫言國色領芳菲，別有奇葩具體微。歐白鞓紅疑認是，紫囊緋袋未應非。柔枝帶縷垂英細，嫩葉含香著雨肥。客館閒吟消永日，對伊何事不忘歸。

步謝公埭望故鄉頗有歸志

謝公埭上曉煙蒼，篷頂新編箬葉香。樹送春歸全放綠，麥將秋至半搖黃。風塵北去勞人境，雲水東流逸客鄉。悔不還家尋舊業，垂楊空鎖讀書堂。

隙地

隙地課兒閒種竹，晴窗挈客共看花。還於麂眼籬根外，再架長廊一道斜。

花隱軒新葺秋嶽二兄贈詩次韻四首

木削蒼皮竹截根，蕭蕭茅屋類荒村。梅花已種無他事，陋巷之中誰打門。幾卷殘書消白晝，一簾新月照黃昏。人非阮籍休輕議，眼底都成蝨處褌。

那知塵事恁多般，鎮日閒游不整冠。欲買無錢花富貴，相看有味竹平安。却憐籠鳥生頭角（庭前蓄鳥名角鷄），何處爐香繞笋端。喜得空庭數株樹，長成新翠透雲寒。

浪遊水曲與山根，愛住山莊并水村。歸葺茅堂便野性，好迎詩客過柴門。從僧乞竹心無競，課子抄書目未昏。版築還來雜傭保，短衣可似長卿褌。

筆牀茗椀列般般，更置㯶鞵笥箬冠。陋室有銘人共賞，宛丘之屋我能安。花飛刺眼成香界，春去關心作話端。非是蝸藏甘退隱，夏蟲難與說冰寒。

病起夜坐疊前褌韻

參朮焉能却病根，直應養靜住深村。三年二豎頻侵骨，兩月孤吟不出門。羸得頭顱添白髮，怕聽更鼓近黃昏。木棉裘薄難堅坐，耐冷終輸大布褌。

俞咏吉與余俱僑寓邗上，兩人境遇亦復相類，病中屢蒙枉顧，再用前韻代柬

與君異地似同根，疾病扶持過類邨（舊齋名）。顏子不嫌居陋巷，侯生何害老監門。靈椿永失悲風木，萱草齊榮慰曉昏。烏用綈袍勞客贈，慈親已預作襦褌。

病起登帆引閣，喜梅花早放數枝，侯俞大咏吉家兄秋嶽不至，再用前韻

百尺危樓石作根，疎林葉脫露遙村。喜聞破臘梅舒蕊，不見尋幽客到門。倚杖一身微有力，看雲雙眼未全昏。今朝病起謀轟飲，捋帽無妨并挈褌。

辛卯榜發再用前韻博同學一噱

始信文章本夙根，傾城誰識苧蘿村。弃財便恥爲牛後，奉使翻甘出狗門。一賦千金真過望，雙眸五色爲誰昏。敗人意思知多少，花下何堪有曬褌（花下曬褌，唐人謂之殺風景）。

皐朔爲言總不根，何如掩耳住窮村。觸蠻攘攘方爭角，魑魅紛紛已在門。竪子成名悲暮夜，鄙夫作態變朝昏。

高天厚地容庸騃廳事前頭尚露褌

復堂弟秋闈報捷枉顧荒齋和余前詩還次本韻賀之

七葉相傳味義根不堪衰朽卧江村喜聞大弟魁名榜復命軒車過蓽門得路妙年看直上相人老眼未全昏余舊見復堂曾許其必捷宮袍旋與春爭麗詎羨將軍有百褌

聞柏弟謀歸未得再用前韻慰之

近水萍蹤鮮定根托身農圃愧吾村看花客亦艱行路失意人徒念倚門是月為尊人壽日思歸甚切而同時新貴留郡者亦復索然可知遊道之難矣不慣憂貧常落落適當多病日昏昏從來才大遭逢晚溫飽生憎蝨在褌

余久困禮闈屈指伯𠀤兄弟聯鑣計偕俱已物化雄心消歇感歎成詩再用前韻二首

浮生泡影本無根荒塚連年哭遠邨伯仲已三登鬼籙下俯文日月昏幸與糟𫉬結良友醉來常以屋為褌闕大村鄭儒掞巖二伯叔弟兄餘幾在蓬門伊存兄亦謝世人間憎命功名薄地肯去隨人轉脚根晨雞一任叫荒村求魚豈可再緣木種菜真宜常閉門歷盡世途知世態信非吾計奈吾昏賣漿屠狗粗豪甚擲博何嘗定有褌

聞柏偶出印譜屬題再用前韻

枝聯同自托仙根君赴燕臺我住村千里夢魂依子舍十年聲價重侯門驚看鐵筆闗飛動頓似金鑱撥眊昏

鞾帛裝貲行購取從今免𩬂仲容褌

余厭郡城喧鬧思移居村舍再用前韻

蕭蕭茅屋竹千根我欲移居江上邨近買魚蝦療饞口儘拚貧賤守衡門夢迴枕角朝眠足社飲人歸夕照昏赤脚更能勤織作窮冬不歎婦無褌

走筆題友人小照二絶

馳馬試劍思當日種竹栽花送晚年今日披圖心欲醉更誰塵世見神仙

萬頃蒼波映畫堂青箱緗綺靜生香江郎筆底花無數贏得鶯鶯燕燕忙

詠吉過余齋小飲贈詩依韻荅之

經術源流遠芳齡美譽延詞章尊國士談笑重賓筵雅量誰能似清詩到處傳贈言留白雪叩户破蒼煙入座傾儕輩銜杯品聖賢比鄰欣接武把臂儼登仙落筆龍爭攫窺斑豹未全學優偏惜日才大總由天縞紵欣提挈蓬茅肯棄捐君文金擲地余老硯為田免使北山誚長吟秋水篇過從寧厭數贏有畫叉錢

食腐和秋嶽兄韻

一夜寒風號老樹黎祁朝熟白於霜味雖淡泊情偏永質似和柔格自方調出廚孃誇玉乳供將詩客潤枯腸弟兄聚首爭酬唱煮豆然萁未許嘗

臘月十三夜出郭經二十四橋作

擊柝荒城路轉遥寒風透樹似啼鴉半輪雲掩十三月
一騎宵征廿四橋流水無聲嗚咽盡繁華過眼夢魂消
不知底事江都好莫問隋家舊柳條

癸巳元旦曉起對雪

旭日和風又一冬歲朝始雪兆年豐杯盤草草聊供客
鬢髮蓬蓬儼似翁不羨功名騰冀北只將花月老城東予有東城書屋行看五十驚衰至强把朱顔覓醉中

正月四日樊書山招同吴侶張王德章高述三諸子飲得樹軒

衝泥敢憚馬蹄遥勝日朋簪邪侍招古樹雪消春意動
空齋客到履聲驕開筵飲饌皆珍錯入市繁華盡錦貂
紙上除書直芻狗阿誰解得老漁樵

立春日奉陪左界園副憲遊城東吴氏寄園副憲吾郡舊守也

攝履逶迤日已曛笥輿遥指隔江村雖然卜築煙霞地
盡是分公雨露恩兩鶴飛鳴迎柱後一亭巖業倚雲根
試看玉樹層霄裏清白長留奠後坤園中玉蘭一本數百年物也

次日再陪界園先生飲書山齋飯罷散步湯氏舊圃

妙語疑從天際聞辯香珍重博山熏是日談諧甚暢主人出海南香品題甲乙花
源路折通鄰圃窮巷人知說使君清讌屢陪還卜日春
風依舊感浮雲摳衣更上危樓望萬樹棠陰映夕曛

麗杲上人卓錫平山堂招同書山茶話書山和前韻余亦疊賦二首

春風鼓盪隱朝暾數折平岡接遠村甃水清甘關地脉
樗材擁瘇亦天恩堂前惡木一株主僧欲伐為薪名賢妙墨珍禪窟野衲新
詩味義根上人能詩自是文章足千古好留姓字在乾坤
聾瞽原知寡見聞香分班馬愛濃熏金根每誤人嗤我
枕秘全窺我望君書山假我新編類纂翼倦飛寧因畢弋心難平易
感泥雲山房茶話客堅坐清磬一聲歸路曛

同書山過受菴上人精舍再用前韻

頻過蕭寺日初暾竹木陰森絶類村于野食苹知鹿喜
當階放鴿感僧恩紀僧今時事忘言自可空諸相說法真能淨
六根苦畏卿才似江海如予甘守括囊坤

書山復訂次日小酌又得二首

買絲願作平原繡酬唱山亭日又曛
萬里歸來咏五君浮白向人惟白眼紆青有意薄青雲
世事嚻喧耳厭聞林泉何處著炎熏千金散盡歡三黨
老樹芳簷日欲暾又傳折柬到東邨東村余讀書處論詩敢縱三
章約報客空懷一飯恩花裏山磐原絶品道旁苦李媿
蟠根得朋原是人生樂始信歸藏獨首坤
險韻頻賡我臏聞閑械捧誦手重熏不知才大真如許
但覺今人少似君急管揮杯思舊雨開魯迎齋將次歸里春風醲雪
隱同雲習家池畔無多路還挈壺觴對晚曛是日擬遊喬園未果

憶海濱故園再用前韻

蒼茫海氣浴晴暾小結茅茨住水村久分長閒成獨往
早知庸福過殊恩爇香瀹茗稱能事接果移花庇本根
金谷平泉吾不羨桃源別自有乾坤

鶴唳清霄四野聞花幡斜受午風熏得魚斫膾供溪父
紉布成裘倩細君稻穠不生除熱夢卷舒如意任閒雲
戒途車馬爭勞攘薦眼神京日易曛時萬壽開科士子紛紛赴試

遲秋嶽曠隱兩兄不至再用前韻各識一首

靈鵲空聞噪日暾停雲翹首望江村小留差慰佳人意
久別應懷地主恩池草連宵頻入夢春愁逐日起無根
浮生蹤蹟多睽阻有似方隅隔艮坤

一見眞能勝百聞河冰將泮鼓南熏貧家鹽米持工婢
隔歲詩篇寄外君睡足三竿春有味盧成一擲氣如雲
曠兄善賭復有呼盧之癖茱萸灣口頻回首那得輕帆趁落曛

兀坐存齋即事再用前韻

月屢虧盈日屢暾雙丸跳躑守山邨少無雅望稱三絕
老學維摩念四恩不競紛華耽白業時勤灌溉植靈根
功名自是兒曹事博得閒身住大坤

蠻觸喧爭夢不聞三杯卯酒醉騰熏身將黨涸隨風伯
宛靳縹緗祭社君百歲易成今古客雙眸唯見去來雲
日長晏坐無餘事又聽歸鴉叫晚曛

曉起即事再用前韻

屋滿霜華日未暾紫門岑寂類荒村功名底物勞欣悵
機事多忘少怨恩客換帖來嗤贋本僧將花去養孤根
遥傳　天子綏眉壽合德無疆應厚坤

達官鉦鼓隔城聞炙手何人最灼熏一斛葡萄爭拜郡
千畦卮茜已封君鑾牋乍擘書垂露短髮新梳冠切雲
正好追游尋勝侶柳枝拖翠颺晴曛

時事有慨再用前韻

春陰不雨歛朝暾市冷何殊住遠村下士傳家唯舊德
興朝拜爵有新恩靈泉出地誰尋脈芝草生庭莫問根
湛露天衢眞普徧紛紛並育在乾坤

目何所見耳何聞不飲何爲醉似熏劉季輸錢爲上客
阿婆窮相惱郎君虎知難畫終輸鵠月自規天那礙雲
還去滄浪尋釣艇濯纓亭畔樂餘曛易山有滄浪濯纓亭

花隱軒梅開一枝

整理琴書絕點塵數椽茅屋枕江濱儘他惡草饒生意
唯有梅花是故人鏡裏雪霜基不改眼中朋舊態常新
此身自分漁樵老非爾誰能伴隱淪

花隱軒看梅和秋嶽二兄韻

移得梅花繞屋栽暗香清影助銜杯千枝已映芳林亂
兩樹還看別院開余前軒老梅二株花尤甚不謂江干春信早恰當今
日阿兄來佳辰莫漫遲行樂旋有飛英點碧苔

再和鄧鼎成韻

柴門特地爲君開踏月偏宜入夜來即不花時應縱酒
況逢容至敢停杯懸燈寂歷收踈影覓句清芬詫異才
咫尺茅廬還顧我膽瓶常供一枝梅

留飲繡毬花下

月夜髙叙五魏凌蒼實夫喬梓壁秋嶽二兄見過

放懷無事酒杯寬愛聽山禽語百般屈指故人星落落
看花春夜月漫漫安心是藥能除熱換骨非金不改寒
余以乏資不能刻例補官故戲及之射覆燈青正轟飲莫教更鼓促樓端

坐花隱軒叠前韻是日立夏

半畝爲園地自寬名花鵝嘴種般般坐衙每笑蜂兒鬧
占地還嫌柳絮漫梅雨欲來因入夏春衣不典爲餘寒

何愁詩壘堅於壁設險攻危豈一端

醉漁圖乙酉重午朱十千畫贈余者今癸巳矣展
玩之下再題二絶

蒲葉香盈把榴花火欲然得魚還換酒謀飲不須錢
節序仍重午披圖忽九年此翁殊不惡醉裏得天全

集坡仙句

題周隱巖舉杯邀月圖

皎皎大明鏡落我酒杯中俯仰殊自足冷然心境空
獨醉還獨醒傲名非傲俗詩成却超然先生一捧腹

題聞柏弟竹裏彈琴圖

孤懐耿不寐取琴月下彈幽人宴坐處陶寫有餘歡
冷翠多岻竹寒江尺五流可怜深山裏無人自獻酬

題松嵐叔置身丘壑圖

任性逍遥不學禪剪裁雲葉却天然畫圖要識先生面
縹緲營丘水墨仙
邊老便便腹十圍男婚已畢女將歸如今且著華陽服
來看南山冷翠微
漠漠秋髙露氣清眉間冰雪照淮明崎嶇好事人休笑
自愛鏗然曳杖聲
手植青松三萬栽偶尋流水上崔嵬游人屐冷蒼苔滑
積翠浮空兩半開
白雲空破碧瓏瓏九折巖前巧貯風勝槩直應吟不盡

石橋先去踏長虹
相逢有味是偷閒野鳥游魚信往還戲置幼輿丘壑裏
故鄉無此好湖山
游哉時到物之初終日松間挂一壺大隱從來無境界
新詩聞已滿　皇都
無數青山水泊天眼睛心地兩虛圓也知卜築非眞宅
日暮津亭閱過船

題樊書山萬里歸來圖

任性逍遥不學禪更於酒裏得天全錦囊詩草勤收拾
乞與佳名到處傳
老人眞欲住仇池接果移花看補籬不會世間閑草木

欲師老圃問樊遲

白衣送酒舞淵明卜築江淮計已成贏得兒童語音好
萬山深處長官清

且作人間鵬鷃遊熏爐沉水度春篝江邊曳杖桄榔瘦
萬里雲山一破裘

翠竹江村遶白沙高眠粥後不聞鴉嶺南萬户皆春色
三寸黄柑擘永嘉

青山秖在古城隅終日松間挂一壺使我有名全是酒
正堪畫作醉僧圖

聯鑣接武兩長身廣受如卿不治生南海使君今北海
舊人空有米嘉榮令兄潛菴亦乞歸嘉榮蓋予自況

側席求人少似今挂名爭欲刻碑陰狂唫醉舞知無益
還盡平生未足心

題劉雨峰水邊行樂圖

炎歊五月北風涼冷淡爲歡意自長使我有名全是酒
龍根爲脯玉爲漿

薔冷新詩嚼雪風柳絲低日晛庭空溪光自古無人畫
逃入先生衣袂中

常羨枚鄒接長卿至今人道家能文醉吟不耐欹紗帽
自撲牀頭一甕雲

時來看卷覓餘春洗遍香肌粉未匀繞郭荷花一千頃
也能作意向詩人

題王劒門乘風破浪圖

木落騷人已怨秋送行萬里一鄒游浮天自古東南水
獨駕飛鴻跨九州

滿山風雨作龍吟漲渌晴來已十分不信天形眞個樣
憑君説與髯將軍

花隱軒前集卷九

興化李炳石

存齋詩（癸巳至乙未稿）

癸巳五月七日得中翰除書感賦

除書何意賁山林，卅載青衫泪漬深。兩握絲綸慚祖德，（文定公為掌輔，都憲公為閣學）數傳清白凛家箴。絶裾難效前賢態，捧檄聊娱母氏心。（除書到日正老母七十誕辰）從此白雲南望遠，親衰敢久戀朝簪。

任丘道中冒雨行數十里抵荒邨宿次日開霽西山已在望矣賦此示同行者

斜風吹雨溼征衣，一枕茆簷旅夢稀。冷署除官驅北去，白頭將母憶南歸。詩書未了平生願，棋酒還餘逸興飛。挈伴鳴雞重問路，青山無數立晴暉。

白溝道中作

半月驅馳近帝鄉，閒開倦眼看微茫。白溝一道水流急，紅蓼千莖花競香。儘可療饑魚價賤，苦難謀醉客途長。（自淮達燕市沽絶無佳者）還親詩卷消長晝，驢背高唫任我狂。

八月二十九夜初直內院作

薇省濫竽初儤直，夜讐章奏凛淵深。清時有道陳言少，黄閣無譁禁漏沉。四庫圖書軍國計，九重綸綍聖明心。天恩世受曾何補，微禄沾榮一矢音。

自憐

生不逢辰祇自憐，一官匏繫更蕭然。病馱瘦馬瞻星入，夜對殘燈抱枕眠。何用釣名清似水，除非辟穀客能仙。秋高薦鶚雲霄上，又讓他人早着鞭。

癸巳榜發送雲上大兄南還

年年逐隊赴燕臺，春雨秋風總放回。兄患才多成鑿枘，（江南五經卷概不閱）我真計拙出蒿萊。黄花浸説金無用，白髮相看雪似堆。各有衰親倍惆悵，倚門猶望捷書來。

送肩吾姪

髫齡已識白眉良，奮甲旋為點額傷。燕市悲秋當日暮，衰宗努力破天荒。飛騰皇路年華速，整頓歸鞭道里長。若問叔痴今更甚，一身留去兩茫茫。

直宿內院曉起柬同官樊次惟

又攜襆被趨薇省，長樂鐘聲向曉催。白月餘光浮殿閣，清宵好夢住蓬萊。綸扉載筆非輕寄，盛代求賢盡軼才。（是日派殿試職掌）月俸三千官七品，舍人莫歎老塵埃。

同官韓熙彥兩尊人七十雙壽

鹿車共挽羨當時，書史園林樂不支。業在名山光石室，人傳家學到蓬池。盈堦賓客皆金紫，繞膝兒孫盡絳維。將相一門誰及得，鑾章疊賜介瓊巵。

冬至夜同人小集因憶丙子歲與飛瀾住京邸是夕賦詩爰檢舊稿即依本韻

褊性難教與世宜，一官淹滯更支離。不矜日晷添方永，

轉歎年華老易馳門巷未嫌清似水頭顱贏得白於絲酒闌忽憶當時事剪燭深宵檢舊詩

吳美林梅村先生孫也年少才美試京兆不售寓京師冬至夜無疾而殞其尊人少雍先歸任殯殮之責者舅氏飛瀾也賦詩哀之

頓驕箕尾欲何之慘絕酸風動繐帷一線未添生死判百年同盡短長悲才華不遇人驚悼合殮粗周舅護持豈料父歸成永訣重來愁讀哭兒詩

十一月廿五日入直　暢春園天氣融和暖風拂面遥望西山蒼翠可挹溪中冰雪林立如玉草木皆萌生意

行殿迢遥旭日紅每因畨直翫花宫春偷北地如南國（昔人謂冬暖為偷春）時際嚴冬有緒風萬疊好山青迤邐一溪寒玉白玲瓏平林野草饒生意始識　天家雨露功

甲午元正二日偕同官傳繩武夜直内院書贈

節序更新宿直廬聯牀深話感居諸春風又入鶯花早禁地重司筦鑰初雨露均沾慚小鳳江湖亦喜見雙魚（除夕喜得家鄉）文章報國君能手四庫多奇好著書

元正三日飛瀾娟丈聞柏復堂兩弟來集寓齋即事漫紀

漫説佳辰思轉加無情馳逐任波查開軒舊雨來三客剪燭新春愛一花爾我忘機偕鹿豕盤餐隨意列魚蝦衙齋冷落仍吾素蕭鼓長安正歲華

蕭蕭短鬢白鬚鬙勞倩長飢自昔曾萬物總教春可換衰年漸覺老堪憎無多官職由天定有底才華惹謗興幸竊公餘恣游賞西山宻邇約同登

寓壁畫梅一枝

兀坐渾同入定僧設門常閉少人譍三間破屋陋何有萬卷奇書讀未能世味嚼來真是蠟頭銜看去合稱冰梅花漏洩春消息淡墨疎枝也自矜

韓熙彦過寓留話

入門握手一軒渠縱酒論心慰索居慷慨借人君有馬淹留彈鋏我無車風光已使新年換官守還同舊日初早去致身臺閣上愧予生計問樵漁

元正九日　上親祭祈穀壇前三夕齋祓　乾清宫柏祀諸王大臣皆恪慎厥職小臣炳石侍直綸扉目覩盛典恭紀一律

白頭師傅凛齋虔　天子深宫祓濯先一德君臣成泰象效靈風雨降康年未瞻衮冕親郊祀已覺精神格帝天載筆綸扉宣盛美祥光隔歲兆星躔（太史觀乾象奏今歲大稔）

人日同里髙康錫孫思百金立山暨家弟聞柏復堂書載來集寓齋

異鄉親串倍情親兄弟肩隨友愛真草草春盤過勝日茫茫塵海聚勞人閒心送老還如昨世態經年又一新

轟飲且圖今夕醉皆前月色已鋪銀

冷官僦屋類營巢株守從人笑繫匏局亂眼難分黑白

詩成心苦費推敲儘多時事傳開歲深感良書惠故交聞柏惠盃花大放

是日得同門王越千手劄客散空堂聊徙倚暗香清夜逗花梢

元正十二日入直即事

又覩班聯集鳳樓監門執戟列貔貅山禽坐暖啼宮樹

澗水流春入御溝禁籞風和容委珮觚稜天近得瞻旒

蟾光中夜瀰空界擬挾飛仙駕海遊

元夜獨坐聞雁奉褱秋嶽曠隱兩兄

嘹嚦長空雁叫雲偏於佳節客中聞關河燕市人千里

燈火邗江月二分短榻斜陳虛大被深杯無伴罷孤斟

唱酬兄弟多豪興應指京華憶卯君

元夜再用人日韻答高康錫

生同里閈舊尊親客到忘形妄亦眞眼底燕鶯愁老子

街頭燈火競遊人高褱對月俱成素妙語和年並入新

家有遺編勞採掇校讎常愧誤金銀時索先都憲遺稿

庭多雅謔絶號吹載酒頻空大腹匏靜以詩篇閒作苔

清於風竹冷相猷未能免俗聊干祿不善逢人廣絶交

老去尚留文筆健蓋將粉翠鬪娥媌

枕上作

朦朧落月照窗間輾轉空牀兩目鰥事到五更愁不盡

年將半百幾時閒城頭鼓角纏孤枕夢裏關河見故山

欲棄微官親耒耜板輿花底奉慈顔

春來

春來又聽鳥間關日月雙丸疾轉環老脱青衫紆黑綬

愁看白髮易朱顔無多酌我蕉三葉少可言詩豹一斑

豈有聰明能自誤書生福命本天慳

下直同樊次惟閣復升林鹿原散步社稷壇樹下

退食從容步紫壇長空白日照高寒難童松柏幾尋尺

無數槐榆爭攫盤風捲濤聲聚靈爽人瞻廟貌肅衣冠

欲窮萬樹青葱色更向天河洗後看時望雨甚切

除夕前一日張律初婿丈歸自滇南以書來訊喜

而賦此

君回邗水我長安欲許中褱有百端身似鷺鴻相避巧

書眞金玉寄郵難六年作客頭應雪萬里來歸歲又闌

遥想喜心兼別恨梂盤兒女話團圞

少詹王幼芬同年五十初度

南極星光耀德門銀花火樹映金尊黄扉介壽剛人日

尊人師相七十大慶少海添籌恰上元令節芳辰前啓後鴻名駿業

子還孫葭莩誼重兼蘭譜特向瑤堦獻里言

即事書寄兒子

蓋將老眼對芳時欹枕空牀午夢遲不盡如僧猶有髮

未能割愛是為詩休驚要路承新寵幾踐亨途念舊知

擬指邗江買歸棹藥闌花徑早扶持

二月二日夢客贈朱蘭一盟芳芬襲人爛熳可愛
侵晨老母傳諭又得一孫漫記以詩
慈命傳來喜氣新得雄不亞得殊珍遥知湯餅歡三黨
已見孫曾有十人錦褓試啼應覺異朱蘭徵夢豈無因
箕裘漫卜他年事且博嘉祥慰老親

甲午二月九日余年四十又九撫今追昔慨然成
詩
官冷從知少送迎韶華如水客心驚青雲有路夢難到
白髮無端鬓又生太瘦苦緣詩作祟長愁惟仗酒為兵
還當歸去呼猿鶴儘把餘年隱姓名
紛紛往事不堪追柳吐新芽花滿枝春已二分無處著

年將五十竟何為功名絶肖沾泥絮世事難爭覆局棋
月照空堦人影寂水沉香細透簾帷

祝同官李允方五十（中州人）
誕降長庚品格仙捧觴今日集名賢松唯勁節標嵩嶽
李自蟠根結洞天驥子才高聯玉樹鳳池波暖接瓊筵
通門兩世成膠漆又對薇花竊比肩

清明感褱
宮樹迷離花亂飛鳥聲頻喚不如歸經年伴食趨黄閣
此日閒吟對紫薇節序春來驚屢換情懷老去歎全非
故園景物知何許輸與沙鷗戀釣磯

雞
爾有司晨責緑胡未宵鳴羽毛徒自好爪距若為生起
舞成何用懷人空復情可知烹斷尾原不敵蠅聲

犬
佛性誰云有空勞豢養頻方山巾可叱南越雪宜猜搖
尾唯求食當門便噬人盧令與黄耳爾輩不須論

暢春園傃直迂道萬壽寺觀大鐘緣有[illegible]事不得
遽入而水光山色迴異塵寰因就所見成十七韻
獨居鮮清歡不知春過半傃直出郊坰侵曉勤櫛盥雲
淨月鈎斜地迥星光亂看人乘高軒而我騎款段行殿
望岧嶢祥煙護輪奐校勘集僚友章奏羅几案公事衆
易舉退食日未旰歸途揚輕鞭西山容飽看楊柳綠凝

堤夭桃紅賸岸古刹喜更新金碧增巍煥高閣鏗華鐘
幾州供冶鍛奇搜識鐫銘緣慳阻遊觀徒見水澄泓還
聞聲浩瀚菁葱長菰蒲翩翻來鴛鷺恨無酒能賒猶有
舟可喚此地遠塵囂兹行亦汗漫馬上賦詩成聊以粲
同伴

林鳳溪移寓一畝居上巳招張日容趙然顧俠君
林鹿原郭于宮家次侯同脩禊事分韻得惠字
單車指長安荏苒已隔歲官冷無一錢僦居月有稅喜
我素心人康衢假官第古槐聳檐楹奇峰列庭砌高下
盤樓臺芬芳擷蘭蕙攤書坐清晝不夷亦不惠良辰正
詰朝羣賢歡執袂石渠水聲新臨流脩濯禊金谷事久

滌華亭鶴空唳寓意責不留俯仰感慨係（園本其叅藩舊址）醞美
獻流霞盤香剪春薺角勝拇戰酣哦詩闔韻麗晩風送
冷善初月吐微細視昔後視今觴詠誰爲繼

瓶内紫白丁香二枝

囊空不惜買花錢楚楚丁香看逾妍色艷紫衣濃着露
白凝香雪曉含煙徜齋種好偏無地故國春多別有天
折得雙枝自瀟灑膽瓶斜供小窗前

下直馬上即目

瘦馬朝回尾鬣彡御河新聽水潺潺遥天雪淨山離帽
（離帽見詩話）近苑風來花落衫難擁黃金成埶夢徒將清福易
冰銜丁丁入耳聲非惡好向中林逐兎毚（時有文武互考之例）

京師苦旱奉　勅求雨於　萬壽壇兼開言路呈
臺諫諸同年

萬方臣庶頌慈仁宵旰殷勤舉六禋鐘磬聲中趨劒珮
旌幢影裏聚蛟螭祈年務令先祈穀壽國還期更壽民
久矣　聖朝無闕政諸公何以報楓宸

鄰家老樹

繁紅委地人爭惜喬木參天老莫知傲雪獨能撐古榦
當春還見長新枝東鄰不吝多分蔭野客時來坐詠詩
我有茂林滄海畔臨風每動故園思

春夜方綸貢楊石湖雨同年見過時石湖新擢侍
御

薄暮欣傳二妙来縱談往事客裏開雨收小閣瞻新月
人坐春宵撥舊醅桂折少年成夢境榮分老友署蘭臺
墻籬簾幌隨風墮莫問吾才與不才

寄呈建寧太守張南野三十韻

蜀下稱才子閩南仰大賢箕裘家學振簪笏　國恩偏
弱冠蜚鴻譽英年飽蠹編磨礲成琬琰吐納盡蘭荃鷹
搶名標早鸞坡望特先鄒枚猶却步屈宋敢齊肩賦貴
洛城紙詞傾巫峽泉瑶篇陳玉几綵筆侍花磚待詔邀
天眷分曹得寵銓虞衡紆計畫水土荷安全　聖主
痌瘝切雄邦委任專懸旌招鷁舫列戟護熊軒白鶴瞻
佳氣黃華繞瑞煙一琴清韻遠五袴頌聲傳華敞流風
繼龔黃政績綿文成春濯錦訟簡晝鳴絃遊覽攜參佐
丰標儼偓佺詩豪追杜牧草聖比張顛廣廈設延賓驛常
分座客氊依劉情正切訪戴意空懸憶昔居京邸於今
隔歲年嚴君時晉接賤子獲周旋孔李交情洽陳雷氣
誼堅龍門來悵望驥足愧高騫擬放南天棹來親北海
筵雕蟲徒自苦白雪漫爭妍不以論文棄應容結襪前
片言捐契闊終日沐陶甄唯冀因三異旋聞達九天台
衡知有屬瞬目快鶯遷

秋嶽二兄以詩見懷依韻奉答四首

無端垂老入鵷行冷宦何如石隱強貂錦幾人諄上座
鶯花有客夢江鄉窮愁侯命安心易莽水承歡望眼長

草艸春風過上巳與誰脩禊問流觴
韶華逝水去年季得酒無煩判聖賢海上鴻飛留爪蹟
山中牛鼻怕繩牽人矜强努能穿末我本殘棋讓着先
如此情褱惟自覺不應兒輩使輕傳
肝膽非人敢浪傾朝回鎭日坐南縈庭花悄落知何意
梁燕還來似有情已別林泉違素志肎求温飽負平生
虛名到底爲身累千古英雄笑晚成
儒術傳家守一經可憐負病影隨形頻年中澤哀鴻雁
此日離章感脊令白髮滿頭春又老青山入夢晝全寘
計時櫻筍剛成熟花底何人醉醁醽

雨中送春

幾時斗柄又離東九十匆匆到眼空鄉夢半消雲影外
春光全送雨聲中强將巵酒看新綠猶喜瓶花守故紅
漸起炎威蒸內熱誰人高卧北窗風

秘院咏水筆次同官周錦臣韻

斑漬湘娥管霜銛白兔毫臨池愛軟美啜墨喜貪饕載
橐無煩潤書勳未厭勞承恩初賜紫莫漫笑鉛刀（國書用鉛刀作烏絲而後着筆）

三月二十七日同樊次惟何省齋楊雲阜韓熙彥
卜蒼雲集林鹿原鷺露軒次雲阜韻

每來高閣坐清酣况是芳辰好劇談人比竹林剛有七
花飛春月尚餘三臨池靜愛雲侵研遲客常留鶴守龕
絲繡平原持念久瓣香今日許和南

偶直述懷和林鹿原八絕

綸扉咨諏卽丹除午夜齋心宿直廬曉起五花爭判事
誰云伴食在中書
緬惟祖德舊平章青箇猶留姓字香劒佩趨承尊上相
五雲深處叩 天閽
四海昇平奉 紫宸遙聞 天語總如春更番文苑歸
來晚一片斜陽映綠津
半生奔走老風塵金馬門前白髮新潦倒一官成底事
災楊厄閏愧逢春
赤棒趨朝夜正闌河清顏面敢誰干短童瘦馬秋風裏

烏府頻過不忍看（每日趨署必經御史臺）
河渠幾度奏彤墀底績 君恩念昔時四庫朝來繙諫
草薇花風落宸縈枝（先都憲奏疏方付剞劂入庫檢原疏校對）
公餘有客坐裁詩槐綠風清日上遲偏是愁人倍騷屑
輸君潑墨興淋漓
桃李繽紛儼在門幾人還記信陵恩仰看碧漢團圞月
只照青衫舊酒痕

秋嶽二兄復以詩來卽事和韻奉寄

不將身世問君平偶逐金門隊裏行如此宦遊堪捧腹
是何官樣足關情（秋兄謂余詩無仕途氣不覺大慨）酒傾燕市由來薄詩出
冰曹分外清忽覩瑶章天際落別時肖序憶全更

明月青門十一圓堂堂去日疾於川春能作綫牽愁老
雨故聯珠傍眼懸人世濤翻爭湧沸吾心灰冷愛幽偏
慈親介壽風光好未得斑衣舞膝前（五月又四日爲吾母設悅之辰去夏里居率子姪孫曾捧觴上壽）
直廬咫尺見　君門校勘更深眼倦昏長樂有鐘驚曉
夢諫書無力拯殘魂（章奏中每有疑案爲之掩卷三歎）途窮客泣羊腸塞身
貴衣惟犢鼻褌（新貴有留京師者衣食告匱爲人傭保）爲士不堪今日賤道高
何害老丘園
耻傳　御試走賢豪誰把清詞奪錦袍（欽點各省考官不在御試開列之内）
一柱巍峨存正氣萬方踴躍刈邪蒿（兩江舊督貪贓敗出於乾斷初發難者中州張孝先撫軍是日同雲貴兩省試差　旨下）
思歸僕種門前柳娛老兒栽洞口桃（家鄉至兒輩蒔花種樹爲余營菟裘）
束帶見賓吾不慣體中痾癢要爬搔

同里王瑮亭以詩見投依韻奉答三首
贈我新詩好開緘字字奇故鄉徒耳熱京國結心知宦
蹟原蕭索年華又暮遲星星雙鬢改任客笑飛卑
積薪看俊乂衮衮盡鳴珂同輩名場少高才晚達多干
時留舌在奮翮與雲摩好作中流柱文瀾挽去波
客舍蜂房谷余偏有德鄰人琴悲故友（楊湄南太史歿於京師瑮亭挈其孫兒跣奔）
樽酒聚鄉親往事隨雲薄空齋聽雨新華峰高百尺培
塿仰嶙峋
陶然亭閒眺感舊
獨騎瘦馬過陶然九陌塵中取路偏別有風光饒野趣
愧無詩句敵前賢榴花對客紅於火山色開窗翠接天
欲采芙蓉何處問陂池蕭葦自年年（昔日所開池沼盡塞無復芙蕖繞檻之盛矣）
賦贈
安塞令朱東溪留滯西秦九年今赴補入都喜晤
丙年君向西秦去巳歲余方冀北來書付鴈鴻常不達
客從邊塞幾時回應多異政留棠蔭深喜明珠結蚌胎
（東溪近方舉子）老我風塵蓬鬢短愁顏一爲故人開
惜花口占
長安獨客苦思家庚亮塵多不可遮夜半雨聲風送斷
當堦泥污鳳兒花
曉起入署聞雨聲
不寐愁無那鄰雞一再鳴樹聲傳雨急電火過窗明干

祿身何補謀歸計未成衝泥持手板朝謁敢遲行
雨中馬上看山
御河流水聽潺湲馬上吟詩馬上還不道雨師工著筆
模糊一片米家山
曉過金鰲玉蝀作
風亭月殿隱朝陽走馬來觀趁曉涼蓬島更於何處覓
畫圖誰似此間良翠屏影裏金爲屋水鏡光中玉作梁
不起纖塵香暗動柳絲和露壓宮墻
偶經國子監順天府廻憶丁卯試京兆時相距二
十八年矣慨然有作

青年曾獻賦白首感重過舊事空留恨雄心老未磨虛
名原雷火微祿沐恩波同舍生休問雲霄意氣多

夏夜納涼和震男弟韻

科頭薄暮坐廻廊消受清風一刻涼小盞細傾茶乳白
深杯徐酌酒鵞黃同心客有芝蘭臭好夢人無粉黛香
如此襟懷殊未惡只應忙裏會偷忙

曉坐

怕將短夢惹鄉思曉起憑闌獨詠詩風碎雲容山意改
月消花影墨痕移畢生檢點無多事一日清涼止此時
莫向街頭問車馬曙鐘未動已奔馳

奉　命分纂　玉牒敬賦一律

詔傳秘府集鴻儒雲篆琅函燦碧虛葉葉天潢詳派別
緜緜瓜瓞溯生初懿親功過分條載　帝業艱難特筆
書何幸小臣分校勘叨榮給札侍廷除

徐誠脩移寓密邇早晚過從頗盡文酒之樂率賦
二首

芳園玉嶺遙相接冷署燕臺又結鄰都忘形骸為我爾
幾曾欵曲隔昏晨淵源不媿承家學應接惟憂見要人
廻望白雲均有戀共期努力慰艱辛

世好同君玉比堅深情膠漆續前賢我慙下榻留徐孺
子愛分氊客鄭虔（謂同寓鄭秉初）虛室論心留素月高山流韻撫
冰絃墻槐經雨枝全綠應趣才人早着鞭

戲題鄭竹所宜醉圖

醒少醉多饒有味形骸合是醉僧圖君如死葬陶家側
他日無忘作酒壺

四月十二日同官楊雲阜招同樊次惟何省齋韓
熙彥林吉人卜滄雲讌集金魚池高氏亭張子知
暨家弟震男亦在座即席漫賦

公餘挈伴共尋歡走馬來遊眼界寬已自深春侵淺夏
欲辭短褐換輕紈檻邊魚鳥依人樂天外雲霞罩樹寒
徙倚危亭無限思摩空一鶻看高盤

勝地何須多屋宇埽除直欲絕纖塵風流不速來雙璧
嘯詠常閒有七人畫壁賭聽驪客句行庖非復冷官貧
歸途社飲看羣小醉舞婆娑樂鬼神（是日有藥王社會遊人甚夥）

壽滎陽親母雷恭人七十成三十韻

瑶海青鸞至華堂綵帨懸忠貞推舅績科第慶蟬聯曳
履星辰上牽裾日月邊清風承淑媛懿德仰名賢秀毓
還金冑英鍾婺女躔端莊嫺令則勤儉却華鮮挽鹿甘
辛苦遺雛篤愛憐方栽鴛錦被忽失柏舟篇石煉天難
補蟾孤月失圓丸熊培孝竹躍鯉自忠泉燈夜聞機杼
晨昏授簡編門高通德里兒載孝廉船政府資匡弼官
曹賴後先所嗟摧玉樹還喜種芝田天帝寧常醉箕裘
藉再延蘭蓀多馥郁鳳翮總蹁躚接武雲霄近承歡色
養虔悉由慈母訓羣祝古稀年花影明衣帔歌聲入管

紘龍章煇麗藻鑾誥啓瑶箋桃實經秋熟蘐枝向晚妍含飴能裕後茹蘖實光前孑夙叨姻婭登堂拜偓佺文孫真玉潤弱息許絲牽芳躅趨庭悉徽音授杖宣楷模羣從式穀祿九如全翠柏溥甘露黃花繞瑞煙頴溪歌頌滿邗水輻輪闐藹足金臺客駢肩閬苑仙抒誠祈五福無筆述三遷佇待標彤管儀型女史傳

詠柳

滿院柔條拂地垂蟠根不見見連枝絲分萬縷和煙結影欲三眠借日移黃鳥啼來親客座飛花送到點書帷更餘低翠聯芳草添許風光入謝池

壽同宗彥升先生

九仙儒骨韻珊珊吐納雲霞向筆端源本崑岡鍾琬琰嵩生周翰領鴛鸞艷舒菡萏飄香細翠戛新篁照酒寒自古相門還出相黑頭勳業鼎彝刊（彥升文勤公冢孫）

寄同門陳仲夔太史

乍別蓬山感　聖君廿年高卧動星文諸公袞袞誰青史一客悠悠尚白雲歲月漫愁烏兎疾漁樵閑話觸蠻紛夜深自度昇平曲恍似咸韶帝座聞

送董合江庶常給假迎娶

才子逢年卜鳳凰朝來喜氣動明光禮將奠雁調瑶瑟詔許乘龍自玉堂驛路遥聽冰下語妝臺應染殿中香還來視草才逾艷筆底春山秀色長

存齋詩卷九　七

吳在中畫紅梅一枝索題

閬苑飛來萼綠華胭脂輕抹臉生霞只因著色看逾好若使無香認便差仙骨忍寒餐絳雪玉顏中酒暈丹砂隆冬莫道春先得原是江南第一花

中秋風雨竟夕同官咎白村枉顧寓齋詰朝出新詩名畫相示漫步原韻

滿天風雨作秋聲好景偏教妒月盈久客不眠愁遠夢佳辰以醉送餘生霓裳未聽新翻曲白社能來舊主盟墨妙詩才信雙絕清幽敵得一輪明

秋日剌梅園松下作

客裏尋秋挈短童荒園謖謖響松風重霄一墖摩千丈大地孤根占數弓（圜與天壇東西相望）側帽入時雲作蓋數茵眠處翠為宮豈無雷雨催飛去老蟄泥塗氣倍雄

題吳在中畫翠竹鳴禽圖

高舉早飛莫謾嘲隨時飲啄自交交出林到底啼聲急翠竹陰中有舊巢

重九後四夜大雪寒甚曉望西山漫賦

急雪飄秋夜羣峰白盡頭如何方九日便欲負重裘酷暑消何處（今夏酷熱異常）祁寒實可憂傾杯看舞態宛轉傍簾鈎

老馬

渥洼龍種未稱奇老病嘶風強自持買骨漫期身後事策肥常愧眼中兒荒原宿草悲笳急極塞沉雲落日遲

存齋詩卷九　六

芻秣年深應戀主於今衰憊負恩私

冬日曉起喜東溪至

跳躑雙丸疾炎涼暗裏移曉霜雕樹遍寒旭到堦遲署冷秋懸磬官閒日拄頤惟貪知己過言笑愜心期

韞菴姑母遠惠佳什依韻敬荅兼呈令子赤章虎觀兩表兄

負笈從師剛束髮愛深猶子感恩頻（余束髮時從師讀書姑母齋中）半生都作尋常夢往事虛憐四十春惠寄詩篇勞念遠老叨升斗敢嫌貧兩兄羽翮皆雕鶚待看秋霜一刷新

余性不善飲年來官京師岑寂殊甚乃抬麴生為友頗相得焉十一月十三夜作

風吹孤月冷霜幃恰喜平頭貫酒歸忍戒半生空復爾訂交今日未全非愁雖堅壘當之破寒入深杯頓不威人愛靈均稱獨醒久疑斯語欠精微

題温文簡公遺像十二韻

白嶽鍾賢佐　興朝蚤卜枚垂紳臨左轄曳履晉中台柱石依毘久絲綸鉅細該作霖兼作楫公望具公才園植平泉樹朝虛鼎實梅隨看加錫命官令賦歸來龍尾沙重築平津閣又開　紫宸心式燕黃髮背如鮐投分交能久（公與先君子同為掌憲）騎箕事可哀恩榮從地錫誄謚自天裁遺照丹青在靈旗彷彿回應知思舊德移寫上雲臺

送張超然之任祿豐

曲江風度剖符新莫謂天南屬遠臣荒徼正教滋化雨窮簷喜得荷陽春說經久有無雙譽解額羣驚第一人（超然舉己卯鄉闈第一）數載班旌膺　內召槖乾橋上挹清塵

君任滇南我索居金門相送歲云除計程遥望八千里幾載時通三兩書臘盡方驚風雪厲愁中況與友朋疎惟欣甸白敷文教一似文翁化蜀初

送方綸貫同年之任茁陽

卅載名場待席珍雙鳬今見淨埃塵兒童竹馬迎仙吏朋好芳樽憶舊人雅似一夔看晚達端知三拜是前身沁河東注波如雪耿擬臣心答　紫宸

比屋京華年復年閒時按劒說從前人嗤臣朔饑如此我愛方君行皎然匹馬之官迴薄俗好風和句唱離筵清時肎綬鋒車召不倩曹丘說布賢

花隱軒前集卷十

興化李炳石

存齋詩丙申稿

暢春園引　見奉　命佐郡與古留别諸同人四首

文圃蒐龍繞瑞煙剖符荒服愧鶯遷耳聆　天語承清問身近　龍顔拜　御筵捧㪯聊同毛義喜授官恰合買臣年入滇不耴江州路司馬青衫恐泫然

三年綸閣備馳驅南郭雖貧亦濫竽奪我鳳池今去也輸他牛背盍歸乎上林莫問春消息紫禁重來事有無抛却清閒逐繁冗人言吏俗未全誣

手版干人伺曉昏黯然無色只消魂酥金贈友憐朋好割俸成裘感弟昆馬氏文章原不賤韋郎功業至今存慚余也逐征塵去熊軾朱幡漫比論

肓將温飽負吾身清白流風志尚存道遠碧雞千萬里奴隨白髮兩三人故園家惜梅初放岐路真宜酒滿巡南望春暉無限好萊衣悔煞易朝紳

二月九日生辰時將赴任滇南兒輩漫進一卮述懷以示

昔賢五十已知非年逼知非事事違少逐嬉游虛子職老躭禄養遠親闈攀花夢醒秋風冷丁卯闈中本房孫靜然先生得余卷有夢徵至癸巳秋不驗遂絶意計偕陟岵心傷墓草肥白首一官家萬里江干閑煞舊漁磯

半春辛苦戀柴扉愁見輕帆貼水飛經有傳薪孫就塾奩無牽犬女于歸筵開初度歡生座話到分攜泪點衣門户支持頻誨誘莫教一室歎伊威

舊縣

好風三日爲關阻剛放舟行又阻風夜泊荒村名舊縣冷看孤月挂晴空攻愁苦乏尊浮綠得句欣添蠟照紅東望故山煙水闊尺書須寄少歸鴻

過版子磯

采石昨過今版子曾中磊𡋯酒難平英雄成敗都由命國勢安危豈在兵恃險由來攻奪易捐軀惟覺死生輕

夕陽西下悲風起閒煞磯邊釣艇横

銅陵縣

高峰薄霧鎖觚稜腰半亭臺叠幾層閒上柁樓舒倦眼舟人指説是銅陵

泊武梁州

津吏灘頭報水更篷窗兀坐思騰騰空江盡處一鈎月漁艇歸時半夜燈亦有頭銜兼隱吏不將家累打包僧愁來難得消長夕獨喜詩篇伴寢興

哪吒磯

江漢滔滔日中流一柱撑何曾見依傍只是有操持月黑蛟龍集潮平鶴鸛知命名哪吒險八臂鎖支祁

舟行阻風

檢點空囊一笑中隻身萬里滯孤篷多余老踐滇黔路任爾舟行順逆風小圃已辜花爛熳好山偏惜霧溟濛奚童畧可知人意報得江魚徑尺紅

北望

骨月天涯制泪分此身何日達滇雲江魚咫尺難傳素客路尋常不茹葷千萬里程行歷歷兩三人語夜般殷整衣北望萱堂遠虔把心香向斗焚

過皖城風利不得住有懷任田子楊令貽兩侍御昝雨圃中翰三公皆皖人

長江遠郭氣佳哉恰值蒲帆向曉開兩點白浮知鷺下

萬重青起覺山來灊峰未仰名賢閣勝蹟空傳皖伯臺羨爾故人京洛去風塵老我逐春回

東流縣（縣治後名菊所淵明種菊處）

舟子貪風利孤帆向夕收無詩題菊所有縣號東流竹木江頭市雲煙郭外樓夜良思一醉難與白衣謀

望江別業學博巢雲

兩載燕臺溯舊游軒車先我蒞南州豈圖滇海三春去又向鱣堂半日留竹葉芳樽清夜月桃花流水旅人舟江風料峭須珍重爾我相看總白頭

阻風華陽鎮

信宿華陽鎮春風舞不休近江魚易得入市酒難求鄉遠無歸夢詩成益旅愁可憐萬里客天亦阻行舟

過馬當遇順風戲作

乍喜乘風過馬當孤峰横立水天長狂來笑向山靈道此後詩人不屬王

小孤山

為愛小孤好侵晨特放船四山依岈曲一柱插江圓客到疑無路僧耕說有田從來名勝地記載不虛傳

余過小孤細雨初收清江若練遥望山頂一亭介於黄花碧樹閒不亞美人臨鏡曉妝初就時也復戲作一截未免唐突山靈矣

風吹細雨溼輕綃望裏層軒嵌碧霄可是小姑膏沐罷

鏤金釵子翠雲翹（小孤又名小姑俗云小姑嫁彭郎）

舟行雜詠

紆道高堂慰老親征帆又趣去江津身周吳楚滇黔地我信東西南北人經濟敢追賢守績寒酸休笑腐儒貧筆牀茶竈安排定未許蓬窗受一塵

歸雁雲中剩幾行又書雖就漫相將三春花老徒留恨半月舟行未出疆暮暮朝朝空復爾風風雨雨太無常紅橋綠水揚州路不遂閒游也斷腸

萬里分符入曲州　王程何事此淹留鳴金羨客舟奔馬擊柝嗔漁網截流座有素心蘭幾箭尊無可口酒三甌更餘忽報檣幡轉急起披裘上柁樓

兄酬弟唱喜連牀，那覺輕舟去故鄉。掠水魚鷹飛黑白，
堆盤菜鮰煮青黃。解衣不御慵便卧，掩卷茫然老健忘。
天肯放晴風日好，雲山千叠樹蒼蒼。

一帆斜挂興悠哉，還見漁舟幾個來。窗裏好山皆畫本，
谿邊古木總詩材。青衫白傅千秋泪，黃菊陶潛九日杯。
地以人傳真不朽，緬懷往蹟首重回。彭澤江州皆入楚必由之地

白髮晨興不整冠，推窗早見日三竿。宵來有夢尋歸棹，
老至無心愛熱官。硯滌吮毫刪舊稿，泉甘煮茗試新安。
水程盡處山程起，更恐長歌行路難。

柘磯寄慨是夜大風有盜警

無端夜半擁刀弓，擊柝鳴金詑夢中。涉險幸過孤大小，
取途悔未浙西東。沿江挽縴鮎緣竹，鼓浪成山虎嘯風。
前路那堪關吏阻，不應吾道使終窮。

泊湖口望大孤石鐘兩山

柁樓遥見一城孤，扼要須知此地殊。劃水雙流吞郡縣，
卓山中立判江湖。抱關吏稅魚豚散，把釣人歸鶴鸛呼。
自昔坡公曾作記，石鐘清韻聽糢糊。

登石鐘山江聲閣

常傳清韻出塵寰，高閣同人試一攀。俯瞰兩姑如帶下，
時招五老到窗間。峭巖以外全無地，雉堞之中尚有山。
津吏居然稱好事，高文鐫石立孱顏。近有榷使勒坡仙記於石

清明日舟中拜先大夫像

雙旌晝戟駐江城，奉詔曾隨此地行。今日舟中勤展
拜，冷風凄雨過清明。丙子年先子奉命祀南嶽舟泊湖口

離湖口

翹首長天江上樓，客從西指思悠悠。途窮幾見人青眼，
風急徒催浪白頭。坐卧不離方寸木，晨昏相傍去來舟。
迢迢豫楚行難盡，漫說滇南作宦游。

過廬山喜晴

頓掃頑雲四望開，蓬窗無復點纖埃。於今不怕雙眸鈍，
親識廬山面目來。

五老峰高五點青，廬山山下九江城。月明有客翻新調，
不學當時指上聲。

九江遇順風

旭日漾中流，清風送去舟。漸添帆腹飽，不藉艣枝柔。竹
裏甘寧廟，江干庾亮樓。途長欣利涉，那得暫勾留。

蘄州道中

三月春將盡，其如路轉賒。江流真百折，野市有千家。白
畏頭如雪，黃知菜作花。山川無限景，艸艸送年華。

問人今楚地，前路即蘄州。石壁懸漁艇，農家住竹樓。方
言頻入耳，宦海孰回頭。明月團圞處，鄉心逐水流。

道士洑

何年鬼劈石，落此碧江沱。境險詩難敵，春深花更多。雲
煙隱樓閣，笳鼓競巉阿。戍卒吹笳相迓欲上峰頭望，風帆一霎過。

赤壁二首

特來尋勝境懷古一登臨作賦空前後垂名自古今雲煙聊托蹟山水有遺音莫問孫曹事興亡寄慨深

或言非赤壁坡誤作黃州地每因人重書難刻劒求滄桑多變易文采足風流試看層巘下難尋一葉舟（輿圖稱此爲赤壁去江頗遠非周郎鏖兵處也）

三月又七日抵漢口天朗氣清棹小舟縱眺晴川黃鶴兩樓及歸風浪大作喜得一律

此際眞稱快意游輕舟來往任夷猶山川翠色看難了沔漢洪波靜不流一水中分雙巨郡半空遥對兩名樓英雄割據成何事落日悲風起暮愁

漁人端坐江干蝸舍亙橫一木如杼軸狀貫以繩運以足大罾從水面起落如飛又於罾底懸一竹㡌得魚聽其墮入鮮有遁者既無風雨之苦并省身手之勞但惜機變太深逸獲雖多余無取焉

呑舟漏網事全虛巧術機心世不如自昔守株能待兎於今緣木可求魚個中線索由來孰就裏牢籠那得疎太息貪殘生物盡感懷豈獨楚江魚

嘉魚道中

一月舟行鈍揚帆落照餘奔流如驟馬小邑指嘉魚赤壁銷殘燼青山剩故墟但留遺恨在往事總成虛（記稱邑有赤壁孫吴鏖兵於此山有呂蒙故城）

枕上聞雨聲

喔喔荒雞不肯鳴夢回聽遍短長更閒愁未向春前種細雨飄時也亂生

登岳陽樓

雙屐忙攜破綠苔城頭傑閣勢崔嵬眼中四大都無着天外孤帆何處來吐納諸湖成巨浸推敲五字愧仙才明朝放棹空濛裏白鶴黃陵首重回

渡洞庭湖得長句三首

浩浩湖流欲抹坤江河以外此爲尊包涵七澤三湘地導洩蠻溪瘴雨門紅剩黃陵浮一點白連青草（湖名）勢全吞少陵詩繼襄陽後更有何人着墨痕

自古洞庭稱巨壑於今親見益驚疑那堪薄宦驅人日又是輕身試險時春水方來猶若此布帆無恙歎何之橫空一望雲煙合應有神龍爲護持

坐聽黃頭笑語喧眼光心地共虛懸不知滄海還同大只有青天與共圓衡浦春深猶鴈陣金沙水暖集漁船中流擊楫聲悲壯落日乘風鼓浪前

渡洞庭回望得一截

迷濛四望全疑雨混合長空不是雲詩句等閒求未得還將卮酒酹湘君

甘將軍廟神鴉

田家鎮有甘興霸廟舟檣往來羣鴉飛舞俗云

將軍遣使送客余舟過絶無以爲誕也離鎮二百餘里枕上聞鴉鳴呼童以餅肉撒空中接食百無一墜竟日乃去神恠之事果有之耶

仰止將軍廟帆飛隅兩程夢中無蟻鬬檣上有鴉鳴飼食看來往分風管送迎般勤沐神佑使者達余誠

舟行匝月游覽甚暢道過常德漫述以示家人

山水有奇僻遐搜心竊許衰年博微禄萬里途脩阻生平未涉境喜藉茲行補匝目識廬山煙雨迷溢浦兩姑弄冶態五老自儔伍赤壁饒賦才黃鶴憩仙侶英雄割據場名賢觴詠所我來游汗漫訪勝兼懷古何者爲大觀洞庭蛟龍聚九江滚波濤一往能包舉浩氣結不流天青亦風雨瞬息走帆檣焉事篙與櫓匪爲盪心胸直可振聾瞽野籔剪春泥雲子炊瓦釜新筍巨輪囷江魚長尺五酗酒任狂歌臨風時起舞況與骨肉俱兄賓而弟主迢迢指前川行行盡全楚澗窄換輕舠沙平落溪語好景正無窮勿謂行役苦

善卷洞

蓊然特出勢千尋不雨從來晝亦陰橋介兩峰山月曉（橋通兩山往來高插天半望之如落月）水流雙澗石門深樓臺縹緲疑仙闕鐘鼓悠揚淨客心猶憶九章名枉渚釣灣人說到於今

穿石山（空洞如月舊傳伏波征蠻時鑿以避炎暑）

斲開山骨避炎氛新息征南昔駐軍洞裏有天常載月

峰頭無屋不藏雲隔年草弄桃花色（洞前野草倒懸色如爽花）近水藤蟠鳥篆文時遇高僧來坐嘯清風半榻許平分

桃源

不見桃源洞已過爽花溪鼓棹問漁郎漁郎應亦迷石峭泉流細春酣花落遲洞外景如此洞中人不知

舟中口占

小舟僦得如蓮葉位置琴書意亦嘉坐看嶺雲旋作雨閑聽山鳥亂啼花溪流半道百千折林際一村三兩家吟就新詩無箇事泉香火活自煎茶

螺螄寨（峰形如螺故名）

大禹治水日首急驅龍蛇維茲渺小質遺落江之涯千年化爲石沐浴生菁華我來問素女何時返香車人間事良苦山中空好花天漢不可即頂上飄雲霞（用謝端事）

瀘水

爲酬三顧主恩深盡瘁都忘瘴癘侵要使南人不復反安排上策是攻心

攘外未能先靖内可憐孱主迄無成試聽瀘水流悲壯不似漳河嗚咽聲

響水巖

咄嗟響水巖十日挂胷臆今夕逞孤帆於焉覲異蹟山深重有萬壁峭丈逾百不粥山水佳强半在巒貊團團同磨礲面面判赤白想見神工成先藉鬼斧闢綠水盪

雲根涓涓流玉液洞壑列參差方圓看絡繹樓臺露石
罅未審何代宅疑是飛僊居迴與塵凡隔或云避秦人
藉茲脱兵革日落好風來水天涵一碧何處訪蓬萊蓬
萊近咫尺

馬嘴巖望楠木洞洞左沉香船舊傳仙人所遺

響水巖前留信宿白石蒼松看未足再向馬嘴理輕棹
瑩澈玲瓏恍心目川原相距八九里山勢雲容千變速
彼以奥窔歛精芒此以空明媚幽獨斜掣一峰最奇
天門倒闞窺平陸危梁飛棟結虛無細草新花漫澗谷
舟師為我指仙蹤仰見靈槎橫石腹般倕運斧自何年
天風吹落旃檀木竊聞神游運八極北海蒼梧任往復
不信蓬萊水淺清卸柁停帆跨麋鹿從來游戲視尋常
豈盡荒唐傳世俗仙乎上有矗天之高峰下有臨
淵之巨麓山禽引吭弄笙簧流水隨風嫋絲竹何不偕
我探斯洞兮盪斯舟二酉奇書還飽讀僊人一去不復
來月落山空江水綠

銀壺山醉歌

吁嗟乎我欲攀藤拉葛直踞青峰巔舉首雲際問真仙
留茲壺兮亦何意當為細剖其中緣神仙不可見高山
阻我前雷霆呵護善慼擊（昔有愚民採求為雷所擊）風雨磨盪彌光堅
朱提所作泥所造智愚聚訟幾千年不則玉液忽倒瀉
免彼饞口空流涎吹笙擫篴恣游嬉騎龍跨鶴來蹁躚

贈以不死藥示以長生篇乃信神仙妙理非虛傳汝不
我來我不往一壺匏繫終徒然不如六丁下取歸芳筵
人生麋鹿真可憐名韁利鎖孰解捐但能日醉溪山邊
既醉隨吾企脚眠何須更覓壺中天

辰溪縣石壁

我愛辰溪縣春花晚更多野藤穿石穴僧磬冷巖阿負
郭千家靜銜風一鳥過都忘行役倦把卷日唫哦
秀色來無限輕舟到乃分石奇堪入畫山好不輸雲數
仞餘雙劍孤峰自一軍於今見所見老豈恨空聞
靈異原難秘如屏展水隈帆行江影亂泉落石門開險
懼當頭落青看劈面來眼光勞應接終日費疑猜
對景詩初就臨風酒獨斟三浯聯脉絡二酉接嶔欲
去頻回首茲游宜賞心此邦仙作吏無事只横琴

舟中述懷次韻寄友人

舟中有勞客絶肖老瞿曇衣衫集塵土面目飽煙嵐座
之酒一壺囊餘書數函舴艋即為家日行山水間溪中
石作林縱送篙師諳局促島在籠趺跏佛坐龕仰慕陶
峴山深潭洄匔環賓從滿三舟放蕩江之南我身雖偪
窄我力免負擔失計覓微祿何人識苦甘鳥聲勸我歸
浮名敢久貪前路望無際故巢杳難攀寄語山中友慎
勿離丵闌

洪江對月次韻

季春之望日明月當我頭皎皎青銅鏡耀此千戈矛溪聲與石骨格鬭無時休日昨過九江風波困陽侯夜半生清輝藉以消煩憂（余舟行五十餘日月色僅得兩見）從茲陰雨積何幸雲翳收微風喜南來大火訝西流（時僅一星光芒甚巨）山花冷霏露恠鳥啼軥輈鮮非博望槎有若天漢浮低徊溯疇昔殷勤憶朋儔孌方少炎蒸氣候儼深秋想見竹西路燈月輝邗溝閒時戀二分通宵避三伏一朝辭衡茅紛紛人事稠世故多變幻景光隨去留堂有白髮親色養賴子由回車慕昔賢歸志須早酬山上唱陽關山下生離愁孱軀畏行役萬里空雙眸推篷滅孤燭家鄉思夢游

千卷書（江邊白石如雪高高下下方若書帙故名）

秦皇一炬何狼藉委宛千尋預蓋藏鐘鼓洞中堆不了妙華巖際露縹緗

疊雪鋪雲分卷卷連牀充棟看層層鄴侯圖史休誇富中有人間見未曾

沅州龍津橋（長三百六十步跨沅水今圮）

白石齒齒沿江行山中多雨常少晴曈曨一耀亘五日北風吹我南帆輕蠻雲瘴霧埽已盡好山嘉樹時來迎昨宵望月羅舊驛今晨倚棹沅江城長橋卧波門十六龍津自昔聞佳名步協周天鐫碣石三百六十無虛盈一朝霹靂忽下取海天無處追鯢鯨從來橋梁關政體何時木石重經營盈盈一水不可即風定微聞喚渡聲

犬牙寨

川原忽寥曠望裏沃桑麻小市經龍口尖峯制犬牙（龍溪口犬牙寨皆是日所經之地）舟回人待渡泉響石飛花饒有亭臺趣清溪一道斜

即事

絕壁橫江岈閉吟棹屢停湡當人面白峰露佛頭青楚地行看盡黔山喜漸經莫啼春去了（鴂）吾髮已星星

宿平溪衛夢中得句醒足成章

苦將日月事閒關倦鳥何時自放還（夢句）望裏山川閒黔楚城中丁口雜苗蠻遐方過雨雲常濕午夜論詩夢不刪白盡頭顱笑潦倒那堪青鏡照塵顔

辰常之俗尚鬼祠宇多祀典所不載姑舉其一二可稽者以俟叅考

茉莉夫人存鬼磨（有大石在善卷山竹林中相傳夫人磨麪飯僧石）武陵孃子有神祠（在蠡山下）土人祭賽憑巫覡名號離奇類楚詞

茉莉夫人鬼子母武陵孃子大夫妻莫嗤俗尚多風影縱是神仙亦滑稽（蠡山上有少伯祠府乘載娘子大夫妻也茉莉即鬼子母見張三丰集）

竹車

桔槔傳自昔機械不須患（平聲時韻失載）何況臨流便因之汲水還匠心窺物理巧術絕人寰對月輪相亞藏淵弓半彎勢如蛛罥綱形似鳥啣環俯仰無停晷盈虛自啟關利能均灌溉智欲奪輸般抱甕勞何甚因風力亦慳（吾鄉風車殊不

如其便利三春聲軋軋十畝意閑閑舊事傳流馬餘風及遠蠻
有人耕隴上倚杖聽潺湲

席上聽苗女度曲

十五盈盈正及時嫣紅蠻錦束腰肢蘆笙吹罷歌喉緩
會唱龍標幾首詩

辰沅道中雜咏十首

雨岍晴巒夾大川舟中又見月團圓此來莫恨浮名悞
應結前生山水緣
逆流爭說上灘難況復星光拂水寒翻笑下灘飛棹急
好山無分得常看（灘名滿天星最險）
辰沅經行二十日朝辭水驛暮山城倦來欹枕頻驚覺

不是溪聲即鳥聲
峰頂妖花名蝎子江頭恠石號螺螄天然巧對應須記
留與騷人補入詩
終朝拄笏恁身忙樹色嵐光入眼長百丈雄虹新掣鎖
沅州城下水湯湯
煙扉霧閣露尖青疥路依稀惜未經可是蠻姬來跳月
咿嗄時到耳邊聽
人家強半傍林棲石態雲容貼水齊萬點儳空誰琢削
幽奇端的讓辰溪
本爲愛山摹畫好却因展畫對山遲暫從響水巖前去
是畫是山范不知

電繞雷轟徹夜驚蛟龍挾雨訶天傾侵晨波面添三尺
恰趁孤帆自在行
好友不來時悵望客於何處泛星槎漫愁雨雨風風日
且看朱朱白白花（望張駁三大令不至）

晚遊中元青龍二洞

幸免舟楫勞敢遂韋雙屐鎮遠居要津市廛偏逼窄兩
岍介石橋車馬紛絡繹一峰俯江面悠然媚羈客乘興
拉朋儔無暇載殽核遊覽少蹉跎幽奇失咫尺交乂石
作門奥窔洞如宅大士坐跏趺倒流花乳白下士撫孤
松驚飛鳥一隻
老僧亦好奇告我青龍洞落日雖西斜猶可挐賓從同

游興半闌談言喜微中一氣走數盤直上疾飛控緇流
響鐘魚孳花作晚供雪竇信龍蟠牙爪爭拏動二美絕
低昂兩峰堪伯仲瞑煙收欲盡纖月還相送茲游誠獨
樂惜未能與衆

油榨關

纔陟黔山第一程崚嶒已礙馬蹄輕峭巖頂闢通蠻路
陡壁中飄碎玉聲磴滑不堪泉脉繞（關路只闢一線泉從石罅中出遶地而行）箐
深還恐瘴煙生興亡豈盡關天險懷古悠然動客情

相見坡

甫離油榨關車馬通一線瀑水從空來清冷疾於箭下
山石崎嶇上山目搖眴平地聳三峯疑從海外現白雲

繞其間微風吹素練首坡固高峻尾坡亦奇變中坡剗
天青躋攀行脚倦招呼近咫尺笑談識顏面詎知三十
里蟻從磨上轉相見不相親何如不相見（太白句）

華巖洞

卓午停車大路口忽聞妙境神抖擻搜奇那及待良朋
訪勝恰喜逢緇友虛堂日靜響鐘魚夾道雲飛雜榆柳
花宮之後石門開宏敞空明絕塵垢曲磴風生聽煮茶
懸崖月上思傾酒几席粗安亦可人巨窟天成神鬼守
旁穿圭竇更靈奇別有洞天生腋肘白日秉炬客乃前
萬派狂流伏地走山僧一一爲我言快游須待過重九
中藏石肖諸天人白衣大士垂雙手纓絡紛披貌儼然
獅象龍蛇環座右偶爾形似亦通靈乃知造化無不有
我愛虛室生光明未脫名韁與利杻輿夫來報日西斜
折腰恨不抛升斗

諸葛洞（諺云若要此洞開除非諸葛來）

山川多異蹟每藉人不朽昔賢不求名唯賢名乃久武
鄉信天人出處空前後煌煌復漢心赫赫扶炎手我始
入黔境訪古石洞口洞胡以公名征蠻運糧糗公亡洞
亦閉公來洞再剖斯言豈然歟此理或所有咄哉兩傖
父力役萬夫走顓愚奮鍤鑿山靈益固守奇勳見七擒
才智詎得偶勸君莫畫虎畫虎恐類狗

飛雲巖

我自離華巖逼窄如坐井羊腸森怪石虎踞攢高嶺何
幸一寨幛獲茲奇妙境清泉流百尺天半垂銀綆當面
風雨寒入耳環珮冷危橋山嘴偏轉側睹異景眯目白
雲飛勢欲漫十頃策杖石磴紆尋幽苔徑永劈絮擬未
工飛綿肖差允風來吹不散月去留孤影松高鶴作巢
巖虛竹放筍雲耶果石耶二者誰能省詩詞雜好醜山
靈應粲哂泉性本高潔何不發怒猛一洗穢濁空使我
神魂淨小山亦可眺有亭冠其頂日暮下迴廊眷戀時
回頸白雲空茫茫游子心耿耿

大峰洞

聞道時蒼郎此山洞天原只在人寰流泉直下雪千尺
嵌竇憑虛屋百間擊罷鼓鐘猶激越（中有石鐘鼓叩之有聲）坐來魂
夢亦蕭閑果能乞得身歸早山水爲緣或不慳

竹王祠

休將自大笑南夷荒徼稱雄亦足奇月照茂陵仙路杳
棘人簫鼓竹王祠

渡重安江

客裏辭春去山深入夏寒長途經百險江水號重安湍
急懸絙渡舟迴立馬看輕風飄細雨鳥道又千盤

葛鏡橋

鬼劈蠻山壓蠻境黑水流沙埋曉鏡茲橋洵是補天手
想見當年人力罄陸來諦視莫能興縱舁籃輿雙脚病

嗟哉葛鏡誠何人肖像奇靈爭敬聽百世而下起貪頑
十室之間有忠信我無兩翼脫洪波股慄孤峰踏危磴
達兼窮獨善何分拖金紆紫上青雯滔滔甘與鳥獸羣
往來一視葛碑否匹夫之名高入雲

雨中游憑虛洞

浮屠七級生成巧乳管玲瓏擁世尊窈窕半空籠地軸
光明一線透天門扶笻直入忘泥滑冐雨來游碎蘚痕
洞口老僧眞自在楞嚴幾卷誦朝昏

游張三丰禮斗亭并瞻石壁仙影

嵾峨之山高龍嵸千秋遺蹟傳仙翁仙翁蛻骨棄塵世
禮斗亭峙山之中老桂根藏不死藥凹池漾碧無終窮
老桂覆衣再活小池冬夏不竭皆亭前仙蹟也 佳詞兩章識始末徤筆千載蟠虬龍
碑勒仙翁乩詞二首具載昇僊始末字亦遒勁 勝地已喜着游屐前途還擬窺奇蹤
路出城西只五里滴金橋名天畔垂飛虹倒馬山名千尋白
一面劈窠四字鐫穹窿神留宇宙四大字明鄭青蠵書 儼然置身圖畫裏華
陽巾子拖孤笻下車端視詫奇絕身非猿鳥焉追從令
威化鶴看遐舉子晉吹簫聞碧空仙翁遺像或比意髙
眞作事將無同人生車馬日勞攘終當飛逐蓬萊峰

黃絲驛戲贈

老去心情不自持歡場强學少年時黃絲驛裏春光好
誰結前生愛莫離 愛莫離彝語也

白水巖瀑布 下有潭深不可測昔有善泅者入見珍寶無算適犀熟睡竊得其一被逐而回

小憩孤亭坐綠苔遥看三叠水簾開橫空直下前潭去
倒地知從何澗來跳玉濺珠侵短袂晴嵐晝霧隱髙臺
堪憐世上探珍客偶值驪龍睡未回

雞公背早行有懷馬嘴崖之勝

雞背嶺頭路崎嶇馬嘴崖前景麗都我馬瘏矣月欲落
匪雞則鳴山鬼呼景好扁舟去已渺路險雙脚行難了
碧雞金馬萬重雲勞人不見憂心悄

關嶺謁順忠王祠

吁嗟乎黔山之峻極於天中有四十八坡相牽連或如
鐘鏞或戈鋋關嶺一峰尤卓然萬千百級如倒懸著靴
壁上行難前前將軍子廟貌妍巍巍樓觀山之巔褒封
順忠自何年我來瞻拜肅且虔輪囷之竹大如椽廟前大竹百餘竿俗名嬌竹 仿佛甲冑環几筵馬跑泉聲沸巨川云是持矛親
鑿穿浩然一氣看流旋惟忠與孝公家全平從臨沮與
襄賢公名何獨遺史編豎儒難與筆削權私憤敢將公
論捐陳壽與武侯有宿怨故蜀紀事多遺漏 大統匪蜀漢誰廷武鄉事蹟漏萬
千毋乃姓字亦弗傳壯繆英風日月邊順忠偉烈寧久
湮楙彝牲幣咽喧闐時風時雨無伏慼威靈千古如在
焉當與茲山壽厸堅

啞泉 閉竭已久僅存石碣

好辯已知輸一嘿多言須用法三緘阿翁瘖啞原來慣
故遺山靈閉石函

自安籠箐至海馬莊険絶難行車中聞禽言慨作

海馬莊路険巇安籠箐山嶢峨嵯峩之山虎豹窟険巇之路禽蟲窠啼鳥數聲泥滑滑鷓鴣又道行不得也哥哥得禄休嬾少黄金馬困多山高水深愁欲死悔教失計來經過不如歸去釣艖舸披緑簑縱然江上有風波宦海風波可若何

盤江

盤江之水烏撒來七十七泉天所開遠過曲靖道畢節合入烏梅（江名會此入海）去不回兩峰夾峙屽千尺一水中流蔽天日吾鄉先達朱監司（公諱家民）治鐵爲絙三十七貫以巨石懸虛空工費億萬行人通妖氛一旦熾狂燄神鰲丹鳳還蒼穹天教水西導六師夜郎鬼井不自支我來正值清寧日跨海長虹復舊時銀傾雪噴勢難收飛檻花宮鎮兩頭鄉鐺費盡鑪錘力陟険真同穩步遊殫精竭慮慶功成馬載車馱看遄征後人襲取前人智王道年季歌蕩平莊蹻開邊力不少司馬題橋志匪小嗟余白髪萬里行愁心空逐盤江繞

鐵索橋

坡陀歷盡露雲根驚見飛梁嚙浪痕對待兩山真壁立漫空萬鐵作橋門身經絶壑寒生慄眼逐狂流畫亦昏十二連環參造化不堪久住竦人魂

雙開畫閣倚江皐力遏天吴罔象驕鎖定蛟螭蟠大地噴來冰雪亂晴霄神功跨海非鞭石巧算憑虛敵射潮遮莫桂枝初擲就月中千丈化銀橋

安南道中

萬疊黔山斬削齊黔山青遍白雲低雲歸大壑雨旋作山裏重嵐路欲迷苗種箐深分猓猡野花香細豔東西非關兀坐吟詩懶眼底心頭欠好題

關將軍飲馬泉

倒挂黄龍走不前老鴉關険欲摩天（黄龍倒挂老鴉關皆是日所經之地）僰童初解遊人意指與將軍飲馬泉

芭蕉坡

連山跨嶺緑參差況是淒風苦雨時還憶草堂新種得高僧分去好臨池

鸚哥嘴（上有鸚鵡寺遍山皆植羅漢松黔地所僅見）

拾級朝來又萬層芒鞵踏遍石崚嶒松栽羅漢園金剎嘴號鸚哥繫鐵繩（一石嵌凌半空其勢欲落以鐵繩繫之）眼底荒山方見樹心頭名念久如冰自知慧性輸文鳥早脱雕籠或所能

白雲坡（白雲陰晴不斷故名）

深澗濤聲似海潮白雲終古不曾消巒山一抹中腰斷又去爬沙路一條

雲南坡（一名雲安猶屬黔境）

千重瘴霧萬重嵐人坐籃輿佛坐龕半月黔山行未了雲南坡上望雲南

分草嶺

疆土何年判，車中客暗思。雨風天有意，（點畏旱故多雨，滇多瘴故多風）草木爾何知。向背中腰異，紛披兩道奇。預將歸兆祝，松發向東枝。（唐玄宗[illegible]種松[illegible]）

青溪洞（吏役於此，迎使不獲游）

東帶趨迎性未諳，名山咫尺杳難探。一行作吏眞成俗，唱道松間意不堪。

自抵滇境至入署六首

萬松深處見平疇，漸遶黔山近曲州。三五吏人迎界上，八千鑾路粹心頭。漫辭筆札親民事，且妥琴書坐驛樓。京洛故交如問訊，不堪雙鬢早驚秋。

搴帷一望水雲長，綠柳青蒲繫野航。疑是夢魂歸故里，不圖風景類江鄉。（交水風土絕佳）民情憂患須當軫，慈訓嚴明敢暫忘。但恐迂疎無善政，空勞父老饋壺漿。

郭外高山溪外溪，荒凉冷署歎早棲。苔堦塵積晴除徑，茅屋風生夜補泥。判牘身閒春寂寂，放衙人散草萋萋。年來暵旱關心甚，喜得春田雨一犂。

可知六月尚披綿，自古遐方別有天。冠履闇存前代制，泉流多雜偽朝錢。山殽野簌供朝饌，白鳥青蝇攪晝眠。折得瓶花紅爛熳，垂簾消受一爐煙。

嬴得心安夢不驚，閉門種菜有餘情。只緣俸薄難求酒，自愛詩成豈為名。司馬向年親滌溷，大夫今日亦徒行。與隷皆奉裁汰，故戲及之。閒官須讓閒人做，兩換頭銜一樣清。

未能除暴燭神奸，終日攤書愧素餐。萬里同官親腑肺，（劉太守秉一與余最交厚）三年報最事艱難。久貧不恡僮求去，長鋏休禁客每彈。東望螢闈山叠叠，只將兩字道平安。

除夜同曠隱大兄嵩陽署中作

卸盡梅花始見春，遐方節序吏愁人。隻雞可饋知民儉，斗酒難求覺市貧。夢裏九天依上相，心頭萬里憶衰親。何堪如雪蕭蕭髮，猶戀微官逐後塵。

眼中又欲換桃符，弟唱兄酬興不孤。可奈衣冠拘野客，何如雲水縱輕凫。（小俵野凫皆署中所畜）懸魚反犢嗟難繼，政拙心勞恐未無。一任升沉隨宦海，春風依舊滿寰區。

存齋先生遠寄之官曲靖新詩一冊，捧讀之下，敬書五截句於後，以誌服膺

畫旗雙引憶歌驪，翅首詩囊慰渴飢。連夕燈花何太喜，彩雲天外落珠璣。

韓杜蘇黃足未經，千秋奇秀閟山靈。洪荒筆底新鎔鑿，帝遣詩人作五丁。

履綦曾未出三家，夢裏游仙路亦賒。洱海蘭滄奇絕處，恰從詩卷到天涯。

為國憂勤蒼赤意，舉頭吟望白雲思。君家忠孝一杯酒，未許他人得共持。（用李景讓事）

閉閣焚香鎮日吟，清於鶴露警秋林。憑將瘞鹿懸魚

手寫出懷冰茹蘗心
時丁酉清明前五日殷王嶧拜手

花隱軒前集卷十一

興化李炳石

存齋詩丁酉至庚子稿

丁酉初夏謝篆嵩陽留別士民四首

嵩陽自昔號繁區，謬以銅符畀豎儒。撫字笑人輕五日，掄才喜客賦三都。蒞任恰值州試清渠繞郭川原美，翠巘橫空景物殊。痼弊未能消汰盡，臨岐分手重躊躇。

案牘堆牀日校讎，而今已得脫繩韝。莊余不逮唯仙尉州倅孫子又渠，於我何求重故侯參戎邱子統石。兩地雲山思舊雨舊牧吳子榮期，萬家疾苦仰新猷新牧汪子斗樞。殷勤絳帳春風滿，文酒猶期共唱酬州揚如邨高明遠丙學博。

衣冠濟濟古盟壇州紳士前一日餞予於武侯盟壇，百頃湖光眼界寬。斗酒不辭今日醉，寸心寧望古人看。文成絕調追黃絹黃子鳴九爲余作記，政拙非才恥素餐。極目危欄頻徙倚，青山一抹夕陽殘。

傾城童叟擁前旌，杯斝旗亭絡繹陳。慈愛未能如佛子州民緣子性慈妄加此號，攀留反覺媿州人。不知涕泗來何自，定是官民有宿因。大道豐碑誰屹立，那堪名氏玷嶙峋。

丁酉棘闈和李巨來主試咏新齋

棘院鎖深沉，秋風餞殘暑。文章欽大匠，春容氣和煦。造士鼓洪鑪，澤物布時雨。身起八代衰，狂瀾藉撐拄。即景發清謳，草木沾膏濡。邢尹兩相敵，強韻押屢屢。奴隸驅

屈宋手筆追燕許敢以東家施捧心效媚嫵只如軍偏
裨奔走隨旗鼓蛙鳴與蚓竅何以謀自處長空掃陰霾
深夜絶纖纊燈火鏖戰雄錢唐正萬弩文吕爛五色衆
星拱其所河海滙細流泰岱惜抔土卞玉剖於荊白珩
寶厥楚懸知淫哇聲悠然還太古天香散庭除翹首見
瓊宇秋高鶚翮健一枝誰獨舉聖門列四科取士以言
語遭逢際 堯舜盱衡及賈固（命題内語）玉尺好量才吹噓變
寒沍持此琳瑯姿萬里獻天府報 主重得人巖穴勤
搜取霖雨看他日袞衣仲山補颯颯清風來詩成月未
午

和張趾肇主試五截句

五華山外月輪明滇海波平混太清仰看文星耀牛斗
彩雲深處駐雙旌

躬膺 帝命出天衢時雨無私化一隅夾道齊傳仙吏
迴玉冰爲骨雪霜鬒

雁列還羞糠粃先通門尤喜受恩偏叨分太乙燃藜火
持照神魚躍大淵

花開金粟又秋期三十年前記此時潦倒風塵成底事
李嶠任笑少佳兒

朗誦新詩筆陣奇雲泥今日歎差池朝天舊雨如相問
嶄愧薇花坐對持

再和李張兩主試詠闈中桂花

香案仙人未易攀 詔傳使節歷千山冰輪影澈秋風
動丹桂花繁瑣院閒七步新詩驚繡口一枝昨夢笑衰
顔須知觸手皆珠玉特許昆池布網還

題柳總戎忠貞圖兼呈令嗣澂江太守

鵕豕無端敢作狂先生忠義振綱常一門以死酬君父
萬里歸誠動廟廊宵旰雲霾遮皎日始知 明聖本天
王殊恩永與賢聲遠千古應增史冊光

舍生取義古難儔巾幗全忠事更優夫子酬庸榮大鎮
賢嗣食報領諸侯蛾眉不亞鬚眉烈臣節何殊婦節休
幸附高門稱孔李漫將俚句美琳球

除夕前三日初至陸涼作

連宵風雪意何如轉眼韶華又逼除觸處爲家行脚慣
干時鮮術宦情疎梅花幾樹空庭得臘酒三蕉凍骨舒
斗大山城無一事好將吟咏送居諸

除夕書懷

蕭蕭白髮歎吾生牛馬風塵歲欲更無俸可支賓客散
有詩堪咲齒牙清枰盤宋莫難兼味市酒酸甜浪得名
百計不如歸去穩春風江上布帆輕

探花不得歸路口占

名花浪說爛前岡樹老無枝蹟已荒偶爾閒行逢野衲
不妨紆道禮空王軟風撲面渾三月落日回車指陸涼
清興儘多詩句好任呼司馬是痴狂

戊戌上元獨酌遣懷

春風又是試燈時小酌銜齋獨詠詩官冷那求賓客熱家貧常怪信音遲新年萍梗茫無着少日心情任所之簫鼓不聞人語寂梅花浸月上堦墀

郊行喜桃李盛開過一村舍頗有清幽之致下馬趺坐花下漫得四截

匹馬荒坰信所之閑行漫説探花遲青山一抹春雲外白白朱朱正好時

九十晴光減一分肯教春去費跟尋官閒亦有强人處坐對名花任苦吟

數行老樹欲參天誰向幽深結一椽爲渡前溪通界彴

碧桃初綻小亭邊

膽瓶乞得一枝新歸向同儕詫好春咫尺仙源須早入桃花不負姓劉人（是日劉漢臣未往）

迎春

豐茸預卜賽勾芒綵仗歡迎晝漸長五日聊權州刺史昔年曾忝秘書郎吏民環擁山城沸梅杏齋開夾道香拙宦久知無善政春回仍自凜冰霜

賦得輕輕花絮飛

春意十分足清風鼓正宜影飄紅雨碎晴裊白綿遲簾幌幽相藉高低力不支東皇渾忘管剪綵笑當時

去去眞無那春光剩幾多蹴翻分燕剪攪落失鶯梭小住沾芳草乘虛返太和來朝新雨歇一望綠如何

和靳石亭别駕雨中見懷元韻

高致眞宜詠素絲嫁衣代作足閑時（時新謝與古豪）雖云小試碑千口已種深根玉雨枝（雨令嗣聰後漢倫）冰俸無多傾結客清言有味罷彈碁要須靜悟長貧理佐爾工吟五字詩

寓蕭寺燈下偶成

暮雨蕭蕭獨坐時閑官冷寺恰相宜千金難買還家夢萬里誰傳織錦詞親老長年違色養途窮苦節自競持鄉園空鎖樓臺好剪燭裁詩寄所思

舟中望吟

一道長溪瀉碧流從來自在説扁舟棹前金碧巍新墖

樹裏人家識舊州麥熟千村黃似錦秧齊百畝綠如油余生素有田園樂何事浮名逐馬牛

公事宿越州作

檄下荒城趣問囚肩輿未許事閒遊雲封近遠山全失雨過縱橫水亂流草草杯盤停野店蕭蕭鐘鼓聽蠻州求生不得吾多憾案牘堆牀更縲絏

大中丞甘公雄川閣省歛奉和二首

省歛臨高閣黃雲萬頃生祥光凝玉節喜氣匝邊城惠與華峰永心侔滇海清追隨容末吏踴躍豈勝情

朝爽來西極羣山宿靄收清吟驚五字大業冠千秋食足疆圉靖年豐稆艾稠衢歌如夏諺歲歲望行遊

廻思

險阻平生歷未曾風波宦海怯偏增心愁碎滴五更雨夢轉全昏半夜燈芻狗功名奚足道家鄉迢遞到何能回思綸閣蕭閒日天上人間隔萬層

偶作

人說儒迂眞個迂由來逆詐欠功夫也曾斥指趙高馬其奈奸烹子產魚善尚難爲何況惡仁而不學益增愚禍淫福德俾常理寧謂蒼蒼計亦疎

積陰初消月明如晝與門人陳崑生坐話因懷戴生時余有公事未了故感慨係之

陳蔡方行厄君來百感生浮名原幻境酌酒破愁城月迴遥天碧詩成永夜清家鄉程萬里此際若爲情

邊方殊氣候涼燠倐全收盛夏不知暑重陰即是秋景光今夕別樂事去年稠（去歲此時正桂榜初開候也）爲憶剡溪客饑驅作浪遊

小芙蓉

蒙茸容樹翳髙峯野港深溪不記重帶雨正看紅躑躅攀雲又度小芙蓉春光老處鶬能語機事生時水自舂漫道荒寒無所見丁丁聲裏卧虬龍

題友人醉漁圖小照

釣得鱸魚一尺長狂來挈伴坐晴光阿翁醉倒兒扶去湖上風吹白月涼

家住滄浪萬頃寛久思歸理舊漁竿鵝溪絹裏留方寸添個閒人更好看

夜過黃坡見湖中漁燈

可憐勞吏逐征塵又向黃坡頂上行石路横斜虬蜿蜒夜湖平靜月光明已甘卑賤將腰折縱使榮華亦晚成輸却漁舟眞箇穩風波險處不曾驚

白水道中即事四截句

司馬青衫泪未乾三年萬里一閒官腰黃亦是尋常事誰倩黃金爲改觀

長衢窄徑總巉巖瘦馬行遲日已殘潦倒風塵還自笑脚跟着處即艱難

冷菊一叢開鹿眼停車小憩野人家非關雨露多私潤却恠荒寒始作花

啞啞飢鴉噪晚林長飢爾我有同心休將隻手摩空腹此腹何曾負使君

題平彝館壁四截句

特開高軒迎使節我來憑眺亦怡神誰云荒徼無幽致一綴亭臺便可人

農隙乘閒已力耕百錢斗米慶昇平豐年景象眞堪畫一片田家打稻聲

三年冷宦鬱襟懷對此能無眼暫開壁上新詩剛讀罷芭蕉旋送雨聲來

頭白何時是宦成低徊轉念舊松筠一鞭送客南歸去
楚水黔山愁煞人

同傅克亭明府遊清溪洞

勞吏風塵慣輪蹄未許休三年已十過一日快重遊躡
屐登危磴攀藤上石樓平生丘壑癖那肯緩搜求
石韻傳鐘鼓巖形幻虎龍諸公乘炬入老子杖藜逢四
壁分靈氣諸天盡鬼工仰看雲影結倒挂玉玲瓏
坐久明生暗（明中暗暗中明出佛經） 到來語始眞（如來是眞語者） 竅虛通一線
石廣坐千人未識山中趣焉知洞裏春（一陽未復而洞中和煦已如春矣） 漁
郎如識認應不是秦民
更擬尋幽勝流泉遽引回想緣仙路近故阻俗人來勤

馬仍留戀題詩拂蘚苔使君添逸興尊酒為余開

登石峯閣觀和摩站峰石

萬千玉柱列朝昏走馬來遊動客魂豈是戈矛森武庫
不然簪笏下天門峯峯插地留雲蹟箇箇懸錐冒蘚痕
更上岑樓舒倦眼信哉羅列似兒孫

同崑生諸子飲鹵昌南樓作

莫將斗大笑荒城也有南樓汗漫行亂樹晚山橫紫翠
晴湖落日鬬光明清談却喜偕佳士痛飲何妨對老兵
地以人傳斯不朽風流幾輩擅時名
萬里窮荒仍泥轍公餘乘興且啣杯澄潭風冷漁初去
高閣詩成月正來百歲景光眞浪擲一生事業費疑猜
疏狂自分吾何敢特愛清幽坐未回

叠前韻

橋傍危樓樓倚城樓中萬象與時行天空木脫山全出
水淺沙平湖倍明景好難摹詩有畫興酣聊以墨為兵
王家司馬稱方外冷淡如余亦合名
酒熟恰宜臨勝地筵開重勸舉深杯新花刺眼先春放（時坐供瓶梅一枝）
舊雨論心計日來（徐伯厚表弟將至） 故國煙雲猿鶴夢水
亭燈火鷺鷗猜平頭操艇知吾意還向前溪捉月回

即事再叠前韻

好擁圖書坐百城狂時沁筆寫歌行藥無久效除鬢白
鏡有奇光撥眼明連日東南憂覆地（時省下地震） 何年西北始

休兵老年萬慮俱消盡尚戀微官似近名
萬里邊隅殊氣候嚴冬花放佐銜杯少安魂夢親常健
間遇勾當吏一來政拙只求民不擾庭閑無復鳥頻猜
山川亦有爭奇處每到南樓却忘回

送林又亭省親南歸再叠前韻

軒車正喜過山城又送南歸作遠行斜日旗亭村樹杳
孤舟一路楚江明（將從漢口買舟南下） 種梅君本林高士載酒余非
阮步兵潦倒風塵頭盡白何堪萬里戀浮名
還將尺素憑雙鯉怕聽歌驪漫舉杯滇水舊游人欲去
萊衣新製客歸來捧觴應見高堂喜款户還疑稚子猜（又亭進滇令子方二齡）
陟屺有懷憐我獨白雲繚繞首重回

署中梅花大放再疊前韻
瓊枝兩度綻山城時及爪期未放行白髮心驚春信早
老年花看日中明官閑不用攜琴鶴虜破懸知洗甲兵
一樹婆娑人獨立輸他何遜有佳名
鬢髮羞看同塞草文章敢謂似瓊杯花剛卸樹飛無主
老怕辭春去不來得失由天休逆料浮沉與世總難猜
板輿奉母知何日縮地緣慳學萬回
燕坐再疊前韻
四面巒山抱一城倚齋燕坐罷閒行愁懷積日消難盡
老眼看書喜獨明穀賤年豐寧論價太平人久不知兵
野花故故先春放紅紫紛然未諳名
詩卷愛吟長短句酒腸剛受兩三杯名言贈我如金玉
惡客由他莫往來書裏當歸何有味篋無薏苡復誰猜
倦時斜倚南窗下一枕華胥鳥喚回
歲暮遣懷再疊前韻
休言爭野與爭城衰老胡爲萬里行病骨百年空骯髒
寸心千古自虛明同雠易倚天邊劍結客難防腹裏兵
反喜此生能用短看他豎子竟成名
腰纏那有揚州鶴身渡須求擇子杯歲月堂堂看又去
雲山杳杳盼誰來登場優孟隨時戲作郡揶揄被鬼猜
一卧遐荒追往事絲毫無復寫鸞回舊例歲除大内出綾對數百幅命中書書之
述懷再疊前韻

久慚尸素任專城化俗惟期直道行有過必知吾竊幸
求全得毀事難明移民移粟寧云惠籌國籌邊未解兵
東望親闈身萬里百年強半悞虛名
貪泉無礙飲夷齊自信何妨日舉杯念惡豈宜追既往
鋤奸聊以勸將來縱然水弱終非計恰喜民愚不受猜
止謗莫如無辯好剛腸百折詎容回
送崑生歸里再疊前韻
荒荒白月照空城此際何堪君又行問字半年依冷署
計程三日到昆明春回大地除冰雪歲晚邊疆正甲兵
漢水方生歸亦得五湖深處去逃名
閒閒官閣燒孤燭草草辛盤共舉杯遣興談空兼說有
言詩告往亦知來山光漫被輕雲暗花影何勞吠犬猜
千古文章心獨切相期早爲老夫回
春行再疊前韻
繁花幾處簇春城又逐春風趁馬行尚欠鶯梭穿柳滑
已驚燕剪掠波明薌衰坐上無張丈歸思江東有步兵
豪興未除身更健肯輸年少飲香名
世外交唯木上坐閣中友少玉蓮杯江梅點點雪消盡
庭草依依春自來作達半生寧酒遏酕醄今夕怕花猜
平居夙有吟詩癖強韻還賡日幾回
己亥元日登思補閣詠蘭
梅杏紅全千萬樹履端方慶己春深閒凭傑閣舒青眼

靜與幽蘭結素心空谷色香原淡遠冷官況味自追尋
南熏拂處爐煙裊一曲悠然太古音

上元前二日陸涼作

萬里烽煙猶未息三年懷抱鬱難開羣花亂放春無主
正月初交燕早來絶少朋儕酣筆墨有誰歌管上樓臺
窮荒寂寞應如此節義全忘更可哀

上巳日見牡丹時芍藥亦放

遐荒一日四時天未竟三春花事全傾國色酣天寶日滇中牡丹只醉楊妃一種流觴人似永和年繁枝妥綠分王相嬌鳥啼
紅勝管絃後之視今今視昔景光寧不樂陶然

午日詠桂

紅裳無復妬榴紅別有秋香送午風豈是吳剛抛月外
故教桂子落天中觴蒲影裏懸金粟解糉時偏醉小叢
安石花遲應大悞欲將詩句問坡公坡詩云安石榴花開最遲今滇中午日已擷子堆盤矣

中秋前七日燈下看菊

金風纔動碾雲霞萬里邊城物候差節届中秋森白月
籬先九日爍黄花天香暗度姮娥窟幽事堪矜處士家
醉後狂吟驚落帽更燒高燭看横斜

送南寧熊霞亭入都便道省覲二首

六載辛勞撫瘴鄉朱旛新寵覲高堂彩衣試看斑斕舞
異政常傳姓字香漢水廣教隨夢遠瀟湘深不敵恩長
傾城卧轍轟黎庶五馬駸駸赫有光
索居今日感離羣高誼回思迴入雲冷署埋頭空老我
服官强項總輸君天涯聚散時難定驛路風霜手重分
屈指歲春應捧檄好將尺素達殷勤

除夕曲陽署中作

挑燈又是逼除時百事蕭然不問知顧我成雙形對影
輸人好伴酒和詩南寧令王霞亭亦未攜家累問偕何客度歲曰酒與詩耳名場久肖鮎緣
竹老態新添鬢裏絲猶憶紫薇清禁裏鐘聲長樂聽遲
遲
萬里思家廢寢興佳時署冷尚如冰米將帖乞常烏有
窮爲詞留笑不能段成式有留窮詞吏散庭餘飢雀鬭客敲門半

老夫麈官閒亦有強人處詩料頻頻得未曾
清貧如此莫輕憐話到其間反快然絶少簿書非俗吏
不餐煙火是神仙毀車安步飛雙舄余無力賃車遇公事皆以步從壓歲相
看尚一錢除夜止半兩錢一枚取而佩焉亦未能免俗云爾恠底燈花何太喜衰親天
外有書傳

庚子早春陸涼郊行即事四首

京兆從來權五日代庖今已閲三年絶無善政敷山邑
深媿清名錫大賢邑紳常士宣贈與額有餘媿黍谷春回人自老虚堂月
上影相憐何時得脱樊籠去養母躬耕二頃田
浮沉宦海任悠悠得亦何常失莫愁隨地嬉春驅瘦馬
愛山終日坐危樓冶容少婦花簪鬢好事兒郎錦縳頭

即是豐年新氣象十錢斗米復奚求

湖光四面水瀜瀜野徑迂徐路自通雲暗有時飄細雨春遊無日不東風紀坡（村名）梨樹鶯毛白普濟（寺名）茶花鶴頂紅戀白貪紅忙未了旁人應笑此衰翁

策杖穿雲下翠微小休雙屐憇林隈雌雄鵲護新巢立子母牛從舊壠歸繪景以詩慙筆拙買山無力與心違桃花水長不言去辜負滄浪好釣磯

除夕拙作南寧令王震來見和依韻再答

兀坐衙齋過六時迂疎情性少人知何期李赤愁中句（唐李赤與太白同時詩多愁句）博得王維畫裏詩清沁茲牙流細細風飄香艷落絲絲遥思走筆封題後應笑撚鬚是拙遲

政未期年百廢興胸中真有一條冰道晴稱兩公無害佩韋廻車學顧能我本聾丞宜早換（坡詩使君何日換聾丞）君呼仙令合該膺回頭三十年前夢兔窟天香探也曾

十萬貔貅百萬山書生轉運濟時艱身勞戎馬風塵內名藉滇黔吳豫閒（震來本黔人滇與吳豫皆宦游地）巧隊心兵防怒目強將舌戰取歡顔岫雲三出爲霖雨倦鳥孤飛忽忘還

相看無用漫相憐兩兩行藏自判然百里且煩天下士一官羞說謫來仙捧輿奉母思花外借箸籌邊定席前各取襟懷廢競病還憑銀鹿報霞箋

思歸

眼前何處是家山萬里思歸退步艱取道遠從荊楚外裁詩難到水雲閒閒過白日消清福老對青銅覺厚顔不及穿花雙燕子乘時知去亦知還

斗大荒城面面山蛙居井底出頭艱身疑如夢如癡到官在可無可有閒地乞東坡思食力（東郭有隙地數畝乞耕未果）書來北闕喜開顔（老母家問適自邸抄中來）爪期屈指三冬足魔障須完始放還

上元夜月下作

官貧幷少舊年燈（前人詩家貧只挂舊年燈）明月空齋照素心無一養廉猶奪俸有三可去早抽簪（謂親老多病無才）繁華故里應如昔蕭瑟山城更倍今竊喜輕風能愛我昔吹更漏送清音

題旅店主人壁

茅屋山坳三兩家門臨官道逐溪斜普兒細碾香生坐雲子新炊客駐車敗壁故人曾着句牡丹隔歲已成花避陰（寺名）更說饒精舍鶴頂紅深一樹茶

野寺春望

户外雙松倚碧岑鐘魚縹緲落清音梨花白作漫天雪菜甲黃鋪滿地金暫借春光舒倦眼不將塵冗惱閒心老僧亦具探幽興指說繁紅是杏林

同震來王令赴白水晚宿旅店和韻

儘教草艸送春華柳絮泥沾即是家（述坐中語）牛馬走多虛白日神仙吏老誤丹砂喜聞妙語因聯榻苦愛吟詩早放衙徙倚驛樓山欲暮隔林遥見兩歸鴉

升沉宦海任悠悠，不速三人笑語稠（蒼佩王太守亦在坐）。饞口共驚分盛餕（震來以酒筵相餉），腐儒焉用裹行餱。清宵正好擎蕉葉，勝地新傳扶怒虬（震來時刻大書於石壁）。忽憶春耕民事急，闗心寧獨易田疇。

覩物有感

筋力年來漸不如，隻身萬里歎羈孤。鳩知雨過猶呼婦，燕喜簾開却引雛。幸有知心誰一笑，何時解纜渡重湖。高堂遥睇雲深處，邨及林閭反哺烏。

即事有作

黑雲如墨坐危樓，塞外烽煙苦未休。逐寇秦人曽使鹿，下齊田氏合驅牛。祁山轉運心空巧，蜀地貪金糞亦收。應有老農頻釋耒，賣刀買犢失良籌。

夏初

絶無俗客到庭隈，綠樹疎窗手漫開。芍藥花殘春已過，芰荷香細夏初來。五年冷宦歸何策，百歳行藏每自猜。信步更隨幽徑去，屐痕委宛印蒼苔。

樓坐

百尺梧桐倚畫樓，焚香晏坐倍清幽。推窗為看南山色，人語驚飛雙白頭。

述懷

從來吏治重親民，三載山城化未行。剛喜年豐偏轉粟，何時邊靖始休兵。敢居蠻貊忘忠信，難料風波日主臣。

不與老僧弛擔子，江干故滯一帆輕（望陸涼新牧不至）。

常將法語憶嚴親，十六年來雪涕傾。褊性一行難作吏，宦途半世不依人。絲綸曾許傳天上，牛馬何期逐後塵。眼底瓜期將欲屆，滄浪奉母去逃名。

魏家坡晚歸

誅茅砌石便成家，望裏平湖映淺沙。繡錯水田衣百衲，鼎分岐路足三叉。山靈笑我常為客，野老頻呼且啜茶。公事又催歸去晚，清風輕拂旆旌斜。

西來噫

黄巾蠭起天柱折，祚延三百金甌缺。屈指忠孝彼何人，佛亦攢眉不可說。我憶汾陽郭上公，持顛濟危真英雄。借兵異域鏖豺虎，單騎馳營心蹟隆。精誠直欲貫天日，因能再造唐家室。時當末運奸回生，趙氏誰憐一塊肉。父兮生我亦何為，心戀紅顏事可悲。鐵馬不聞輸國難，祇將父首易蛾眉。豈知烏盡兮且藏，兎死狗烹乃尋常。潢池又去操刀劍，火滅煙消空夕陽。我來訪友到花宫，有人有人廊之東。豐頤廣額髮蒙茸，老僧指是猪婆龍。吁嗟乎！留爾土木形骸豈無意，去爾軒冕鬚眉亦有義。從來無父無君者，即是西來真妙諦。

謝鹵昌象歸曲陽東魏明府

笑指空囊尚載愁，代庖三載媿淹留。防奸乏策驚逃盗，理劇非才困馬牛。鄭衛淫聲終未放，虎豺荒徼已全投。

驅車欲去仍遲戀，煙雨長湖鎖一樓

嗣殺隨他信口呼鄉人善者好非誣年飢國用求須緩役重民貧計早圖政拙喜聞新令尹救時莫學老迂儒衙齋歸去苔封徑松菊荒來半有無

苦雨

夜雨眞無賴終宵滴到明那堪孤客聽只是作愁聲莫恠頭全雪難言酒作兵侵晨持手板逐隊笑吾生

重九後四日自楊林放舟由秀崧湖乘月至易隆同姜彭二生作

楊林渡口弄輕舟百頃湖光自在遊葭葦秋風移短棹松篘白日裏危樓（秀崧樓在其右）山因近水殊常態客爲貪奇故小留幽境雅堪西子敵惜無蘇白擅風流

人家半住水邊村蟹斷魚罾盡在門百尺長橋卧波上千章古木倚雲根遐方景物供吟眺故里蓴鱸付夢魂莫恠黃頭心竊哂使君狂興尚然存（余昔署篆嵩明頗遊于此）

林端雪瀑響潺潺試問舟經第幾灣落日儘催歸去鳥餘情終戀席前山官貧不識他人熱詩好常憑妙手刪濟勝十年心願足世間難得是清閒

可知明月爲吾有早放冰輪下碧潭湖面雨收秋更潔鼎中茶活夜尤甘客驚令節纔過九鼓聽山城已擊三二子從遊亦佳士浴沂風雩喜同譜

馬龍道中

風塵嗟僕僕勞吏泣途窮一旦辭鴛鷺終年役馬龍干戈何日定銍艾及秋空（滇中禾不熟）誰繫單于頸籌邊仗巨公

早行遇雨

策馬征途夜未央微茫疥路識羊腸風寒正結蘆花信雨急偏過栗子岡禦冷木棉裘自薄驅愁竹葉酒頻嘗茅檐野老猶酣睡一枕黑甜村夢長

遊眞峰寺紫雲洞時值小春新霽

三載眞峰路今朝始一遊野晴春作意天湛雨全收徑熟何煩問時平得自由（時初得進藏捷音）不愁苔滿屨先向石門求

啓戶雲皆滿推窗看愈奇已知眞是石還恐被風吹舒卷隨人好虛空入定宜老僧年八十杖鉢不曾離

何時方建寺萬曆紀先年歲久無金碧山深免刧遷門餘雷劈柏池泛自來泉碑碣誰人筆清新亦可傳

腹飽伊蒲供樓頭報午鐘青松千百尺紅樹兩三峯人寐時窺鳥潭靈說有龍僧閒官更冷相對話從容

聲妓原非好賓朋少若星只餘雙鬢白難博雨晴青山水終成癖幽奇每獨經歸途騎瘦馬任客笑伶仃

送師宗王拙圃刺史讀禮東歸

侵晨匹馬說君行分手旗亭倍愴神仕路頻年共肝膽交情今日托朱陳（時與拙圃締聯姻好）邊民攀卧留循吏大將旌旗送故人（楊總戎北滇相送獨遠）此去風霜須自愛麻衣道路亦霑巾

憶鹵昌署中梅花

官閣三年未築成，閑來石上看瓊英。不知何遜題詩後，誰與梅花一樣清。

雪霽倣白體

今朝勝六不吾欺，頓覺寒威殺昨時。砌草欲舒風熨貼，庭梅重放日醫治。淺酙低唱原非好，歎老嗟卑亦是痴。祇有平頭能解事，安排筆硯賦新詩。

署中只老梅一株，今冬作花更有幽致。震來王令復以牡丹見贈，漫吟走謝

梅老枝疎致更嘉，喜於冷淡見生涯。閑官夙具煙霞性，破署驚來富貴花。灌溉正煩新雨露，栽培同念舊根芽。願如金帶圍常麗，好續人間盛事誇。牡丹亦名木芍藥，吾鄉有三十二種，惟金帶圍絕佳。宋韓魏公守揚州，當春四朵並放，命丞倅各簪其一，後皆大拜，稱花瑞焉

震來復以詩來，再用前韻奉答，並柬署中李生

白雪詞成屢拜嘉，漆園妙論信無涯。毋多酌我狂寧酒，別有奇香筆亦花。一默豈能消口業，千方只是養心芽。君才霖雨數天下，涓滴何煩尺地誇。

從來自慊本無欺，措置還宜善相時。順逆一生安便得，文章千古俗難治。吾宗老氏唯持短，牀在王家曆不痴。況有青蓮同卧起，窗虛月白好題詩。

赴羅雄過岡得題壁

五年蠻徼守山城，又入蠻山更幾程。猓猪種殊皆變相，川原形惡有奇名。常餘毒霧瞞天結，不盡狂流倒地行。羅水皆從地眼宣洩小住郵亭聊徙倚，詩成疥壁亦閒情。

稗子溝題壁

蕭蕭短榻任塵侵，宋寀茅堂閉户深。四季濃香森老桂，一庭斜日透疎林。盤餐遠致勞賢主，謂羅平刺史黄修九文酒連宵摯素心。時與曲陽廣文湯永叔偕行亦有家山堪寄傲，浮沉竊笑到於今。

羅平道上

瀑勢奔騰倒澗平，車前亂石任縱橫。冬深霜葉無風墜，日冷荒山有虎行。儉歲正愁民轉粟，窮邊聞說詔休兵。一官滯我歸何晚，漢水春來又漸生。

蛇腸河在陸涼境，楊朝麟秀才弁土人來迎，以予曾攝篆乃州故也

甫出羅雄境，川原入眼寬。當人無石怒，倒澗有松盤。迎送勞佳士，壺漿到冷官。蚤投村店宿，殘日下前灘。

海舍土巡檢居也。種類皆住矮小茆屋，獨酋長別作茅團居之，亦畧示等威之意云爾

四巖皆矮屋，極頂結茅團。尺地傳先業，流人賤土官。心情山鬼伎，面貌沐猴冠。亦解來迎謁，蜂屯翊主看。每遇迎送，其下數十爲羣，帶刀跣足相衛而立

猓玀河

徑捷穿松度，山窮轉路遥。小溪通暑竹，矮屋結團瓢。隨俗成婚嫁，連村住漢苗。曲陽咫尺近，冬煖愛今朝。

三岔行

楊子橋，三岔渡，故里茫茫在何處。東指秦淮西潤州

神京北望祥煙護笙歌無日不春風車馬隨時踏香霧
於今一官老邊城此地亦以三岔名手版隨行事迎謁
折腰五斗空爲情夜傳上官來館舍敢塵埃殺豬封羊
備芻糗血流成渠安問哉豈知上官不一顧淸風颯颯
冰可茹雖然涓滴不累民吾民之累寧有數五更風雪
徹天生愁聽擔囊忍凍聲偷訊道旁何急劇上官今日
走兼程兼程令下誰能悞未悞已遭縣官怒鞭箠不用
褫衣裳十個災黎九無褌此地亦名三岔路

花隱軒前集卷十二

興化李炳石

存齋詩 辛丑稿

辛丑上元前三日同諸子過劉山翁齋看山茶留
飲賦贈

座上賓朋不速同偶騎細馬踏春風三間屋老侵苔碧
一樹茶開似血紅石洞藏雲餘暖氣平臺望月倚晴空
山翁七十身強健鶴頂丹深照碧瞳（鶴頂丹東坡咏山茶詩也）

冷署荒蕪唯堪種菜客以仙杏一株見贈長未三
尺春來作花慨然有作

種菜英雄老莫悲何妨學圃似樊遲偶從客乞樹三尺
未出墻來花一枝嫩蕊早煩春洩漏小根還藉竹扶持
（小根小智出六祖語）攀援上苑誰能手慚愧衰翁鬢已絲

和王令震來新春雜詠

風塵潦倒宦遊人魂夢唯知憶老親指屈八千餘里路
身經五十六番春家憐家食常如客却喜居官盡道貧
漢火又生歸去未滯留自問亦何因

千門偶句爛蒸霞漫憶當時判五花如玉鸞回書百軸
軟紅香土踏東華難追舊雨尋春去又見輕風逐柳斜
恠底南荒時序早烏衣已入謝王家

強隨僚寀迓春行綵仗風翻四野淸未擊土牛先獻帛
不關民命敢椎牲（是日齋戒）共嗟比屋時艱食定卜三秋歲有

成獨笑聾丞無一可解嘲聊以拙為誠

堂堂歲月疾如馳悄地春生又見之景物剩來多復日年華老去少(上聲)還時安心却病奇方法編竹移花巧護持六載遐荒眞似夢冷官情况我深知

萬事從來訟則凶炎涼休改舊時容士非知己寧輕死身為奇書亦可傭僅有長鬚能應客苦無赤足解尸饔若呼臨水登山去雙屐徐徐每樂從

重陰積月快初晴口誦清詩眼倍明隔院風和花半拆閉堦春到草叢生景光逐物增新態遲暮隨緣莫倒行聞道欃槍今欲落萬方歡悦罷西征

崑生以水仙朱柑見惠賦謝

非才何事作麤官佳果名花媿滿盤難望赬壺傳紫禁(柑赬者名壺)常思白恰訪黃冠移來仙步凌波遠種得奴頭沁齒寒吟就尚期酬逸韻還憑銀鹿達君看

與黃陂陳恕菴夜話

玉山之上昝曾行(恕菴舊遊玉峰)故國於今耳大名萬里重逢交兩世(先觀察雨商公任楚藩時與恕菴喬梓家契)孤尊話舊月三更人欽仲舉家懸榻我愧萊蕪甑滿塵落落晨星知已散(謂熊霞亭王拙園)不堪淹滯老邊城

寓壁有客咏菜花詩甚佳依韻和之

須知無患在無身得粟由來似得珍敢竊公餘貪囑咏但愁飛檄又風塵壁間過客留題好陌上新花着地匀

只願吾民驅此色眼前何處不生春(時有監賑之役)

監賑馬龍同謝純菴州倅樓話

歲儉憂民切官貧趣事遲有心嗟八口無力慼雙眉對月空詩就驅寒命酒宜吾儕眞老矣騰達漫相期

春去詞

紫翠迎朝旭青紅膩故枝如何蜂蝶鬧只在艷陽時

春事歇東園掉頭見西圃試問十八姨可知紅盡瘦

勝境寗幾時春光不常好長安挾彈兒專打能言鳥

紅褪憂春淺枝繁喜夏深相期松與柏交守歲寒心

共解迎春至不解送春歸多情雙燕子猶認舊巢飛

挖瓜詞

土瓜生空山空山石齒齒西風寒透骨貧兒僵欲死饑腸倩誰療敢惜此十指忍凍挖空山聊延旦夕耳

土瓜花雪白蔓老色逾藍托根在荆棘爬沙得二三和泥燒破甕未熟手頻探妻孥強一飽食苦亦如甘

土瓜挖欲盡采葛登嶙峋維山復有蕨厥味均苦辛良禾瘁旱魃得此殊如珍活人賴草木彼蒼何不仁

老農食土瓜泪滴瓜在口少壯走四方煢獨空相守聞官開義倉户支米一斗叨叨問旁人斯言可確否

賑畢步歸有作

兀兀騰騰過好春徒行何害大夫貧只求討口饑民活不問當街醉尉嗔勢利罔形唯皎月風波幸少到閒人

自憐枵腹誰為飽手檢遺編坐討論

庭前牡丹新放邀尹李二廣文崑生陳孝廉共飲花下用東坡博羅詩韻

一官笑我如榛菅天遣萬里居南蠻置身倮猓猺獞内奔走牛馬風塵閒非才無分消半臂弱力僅可同三孱齋廚去聲餓不死六年猶未容生還霜鬢雪鬢老種菜時招三益來柴關清談妙語消白日支頤拄笏看春山廣文氊寒困貧病孝廉船膠去聲遲躋攀崑生以微恙未赴訃偕須知富貴吾自有當堦紅藥翻雲鬟第恐花神厭老態爛醉或許留朱顏三公詩成酒鼎立彌明石碣相斕斑

王蒼佩太守以礦石研山見貽用東坡海石詩韻

賦謝

奇石受點蒼春山一片綠近得大理片石山容樹態皆含春色依稀類畫稿仿彿意已足何如碧玲瓏玉質相金腹量度拳無多漁獵潭不壓連娟希世姿珍重千石牧廻互隱岡巒空明透洞瀆寧敵仇池寶竊比崑山玉雲碧嫩未飛浪翠流常伏晉卿不私有東坡何用卜懷此尺壁歸萬里非虛逐感君持贈心嚶嚶鳥鳴谷米顛袖中秀見者皆所欲敢辭匹夫罪聊獻巳人曲醒石在平泉酒熟期不速

清明日晴

無端苦旱又三春幸際春殘大雨行寒食正宜樵採斷前一日爨新不繼清明難覯日華新來牟心喜農家足滇諺云清明晴春熟成

壠墓魂傷野祭陳華表兒孫應見鶴白頭猶作未歸人先大夫戊寅秋葬先祖母薛太夫人封玉時適有鶴來棲樹移時方去

賦得不貪夜識金銀氣

自分儒生骨相寒難從半夜識雲端要知隱士能無意久賤樵奴浪取看用梁孔祐事金盡牀頭窮可固心超事外眼常寛光燄笑指文章在陋巷簞瓢性所安

賦得酌酒與君君自寬

銀瓶指索與麤豪知不知兮意自買醲熟何須別賢聖吟成常笑混陰陶無多酌我原非計死尚須埋覺轉勞送酒白衣尤好事欲眠君去乃為高

夢中得句為鳥聲喚醒因足成之奉柬段丕齋守

戎

閉户焚香鎮日清移花結果足閒情春光去矣將詩送夢句午夢回兮正鳥鳴滕薛漫爭今日長觸蠻相鬬若時平將軍横槊才無敵吟得新箋幾首成

蘇均名參戎誕日招飲觀劇并懸甕為的實雀於中而射之匪特以命中為樂亦古人放鴿之意也震來王令以首句倡羣公和焉

劈破樊籠放鴿飛穿楊妙手世應稀風生雕羽星毬動影落花旛翠帶微何用龍舟誇競渡恰宜虎帳解重圍主人壽酒如川至醉擁笙歌夜未歸

久旱步禱呈王蒼佩太守王震來大令

三年旱魃迭爲災好雨難期時節來野馬燒空趙盾日
雄風刮地庚公埃滇俗風多則無雨苦爪澁蕨山將盡窮黎藉以活命平糶
蠲租事早開朝暮隨行勤跪拜回天端藉濟川才

署中即事有作

日擁黃紬不放衙冷官清興亦堪誇書來幾見秦歸璧
蛙怒頻爲楚灌爪一樹繁紅開未斷半簾新綠影全遮
多情明月還相照自汲香泉夜煮茶

魚子蘭

滇海饒蘭芷幽姿韻更殊方言號魚子花譜重珍珠節
直質當似芽生對待敷午風吹睡醒香氣有還無

同昆生偶論二蟲

山城春晝永即事任游戲詠諧互往復觸處生精義螟
蛉與果蠃何殊秦越視鑽木褓負來封泥豈無意嚶呦
等祝詛彷彿曰我似久久兩相肖是一還是二假子復
生假綿綿以續嗣異物期強同土蜂則倒置擇地必斜
陂穴居鮮遠志賦性懶而拙秉心悍而肆儔侶有花蜂
翻飛饒逸致放衙儼班聯尋芳逐叢翠厥種恃強暴操
戈日窺伺生擒千百箇零落剪其翅形骸慘髡黥鞭驅
到老稚想見長城築酷虐當如是那復念流亡只知爭
孕字處堂猶未安外患倏已至裸狢貪口腹蟲蟻乃所
嗜咸陽火猛烈先後若掌示攻同伐固宜愛異亦不智
君子疾非族仁者惡傷類談言或微中千載有同喟

遊泉村

久耳泉邨勝勞人敢漫遊偶乘公事暇紆道遠相投靈
液流清淺浮香入澗溝浴沂同此志陶詠更宜秋
塵俗心俱淨樓臺望轉深奇峰羅列待妙墨薜蘿侵求升
菴先生遺蹟未得地脈翻新色天香散薄陰小舟來隱約柔艣伴
長吟
勝地皆堪戀何須問故山易求招隱處誰肯放身閒磐
石溪邊釣孤亭木杪攀般勤塵外客特爲啟柴關
朝來重問渡立馬復躊躇此日輕爲別他年得到無人
琴悲絕域樊書山有詩勒石上歲月感雙凫决計逃塵網良朋鑒老
夫

和祿豐令張超然醯齋詩

甕裏桃花醋名盡未曾乞隣而與笑非能只聞旨有投巾
漉不解酸釅着水蒸氣味如梅宜入鼎清嚴礪齒肯摸
稜籜籠莫斬醫饞口諫果回甘正欲仍超然閩人也著有苦筍詩更佳

山行險惡和壁間韻

髀裏全消強據鞍羽書飛檄漫無端百千萬級摩空上
惡險深谿到地難不敢飽餐防瘴毒反當溽暑怯風寒
爪期已屆誰爲代魔障驅人尚未完

中途憊甚小休樹下得二首

公事驅人急山城得路遲巒峰堪入畫愁句不成詩水
琢玲瓏石花開偃仰枝小留坐大樹天末起涼飈

難識金銀氣唯看隴上雲飛虹懸鐵渡倒石壓泉分盤
轉摩天闕紆迴下夕曛倦投郵店宿鳥獸許同羣旅次穢隘人畜聚於一屋

山行口占

晴則炎蒸雨則寒遐方氣候日多般山如蕉葉剎難盡
愁比蠶絲攪不完巖畔妖花紅噀血箐中苔點綠成團
艱辛歷遍無歸計酸語頻年吐筆端

響水箐

竹樹交深箐描摹恨未工聲聞數里外雪滚兩巖中坐
處晴飛雨行過水磅風斷槎浮澗底疑墜斗牛宮

奉調六峯監廠述懷六首

巨靈何日手親裁插漢穿雲勢壯哉巖斷雨教懸鐵渡
瘴深終覺帶愁來徵書羽急遑藏拙治賦心勞每借才
經濟聖門原大道用人以外是生財

新着頭銜似改觀仍騎瘦馬踏荒寒未能指顧成金穴
且共辛勤下木鑽木鑽出傳先生傳品砆烘砂家一法尋苗覓綫
事多般通明鵠立思當日幾把爐煙錯認看

稱銖較兩漫從寬早起遲眠敢暫安我似貪夫常逐臭
客嫌措大過於酸寧生妄想官增熱久悟前因骨帶寒
義利分途唯所喻尹公取友或能端李觀察配京謬以謹慎推薦

六峯鑿空已多年歲歲頻逋內府錢癡望花飛仍滿地仙人煮花成銀
幸邀臣鑒得回天長將補短施平等公爾忘私計
萬全如此清忠千古少温言親授絳帷邊石羊廠課歲虧萬計中丞楊公賓實潔己補苴屬吏乃免賠累恭罰之苦將長補短先公後私皆公面諭也

甘餓荒城笑拙迂忽驚牛馬服牽拘冷曹守舊心如面
老監翻新頷着髯前朝竹廠皆付宦寺乏米能炊休弄巧入山空手
只安愚從來得寶唯無意名語三翻復大蘇坡公云山間金寶之氣唯無意於寶者乃能得之

孳孳爲利聽雞鳴都是蠅營一輩人聚歛可爲何論盜
均安非患只言貧菜根未識山中味麈尾空清陌上塵
世事看來先媚竈十年悔不禮錢神

廠署在衆山之頂宴坐有作

窄徑緣梯上重門洞不關豈唯無障礙且可絕躋攀一

面獨當水四圍皆是山寶難容地愛吾責在防奸

晚坐

朝來細雨灑茅堂晚破輕陰下夕陽膩白重臺開茉莉
猩紅三角剪檳榔横飛愛看雲連谷倒插驚行石作梁
書卷夜拋休老眼博山閑試水沉香

山中日以筍蔬充膳戲成一律

彈鋏歸來那得魚摩挲此腹笑空虛掀泥旋斬林邊筍
溉釜還烹雨後蔬大嚼不須文伯鼈飽餐堪敵馬家豬
枵時更有支撐法一卷便便未了書

署樓曉望

衰年怕踏路高低兀坐危樓聽馬蹄山勢欲空雲作海

驛亭斜倚石爲梯家音久斷馳書犬客睡難求起舞雞
（地名羊俗不畜犬井不畜雞）始信小蘇詩句好彌陀常共一龕棲

食菌

松林雨後吐靈芽薄采筠籠爛若霞仙掌未舒微有露
肉芝初茁本無花不沾口角青精滑一着牙關玉版差
（同時苦筍肥厚香脆遠不逮菌）飯罷老饕欣鼓腹吟詩直到日西斜

山徑崎嶇出入必須扶掖老人終日晏坐即景成詠亦自適也

隨處崎嶇泣路窮草堂終日坐衰翁爐煙橫與雲爭白
霜葉酣於花更紅麋鹿有心逃世外衣冠無客到山中
茶甘火活蕭閑甚拂紙常垂飲澗虹

僧以巾扇相投山窮囊澀聊賦一詩答之

忽驚剥啄破蒼苔可是空門老萬回那得黃金鋪地滿
空勞白足到山來葛巾漉酒虛無用團扇驚秋久不開
只有洞雲堪把贈還須慧劒手親裁

采得月季一枝鮮艷可愛邀楊喬南同賦

深秋剪得一枝春旋汲清泉貯膽瓶愛爾粉粧紅月月
羞余霜鬢白星星年衰無夢尋癡蝶眼老難描入畫屏
只有才人宜對待筆花爭燦點鴉青

固窮

敢云國是馬牛風愛靜貪眠笑此翁聊置一身城市外
不妨終歲水雲中逃名未許慚高隱遠害無方只固窮
少賤何曾多鄙事平原絲欲繡王戎

自笑

塵事何曾着眼中吟詩終日倚樓東山空雨過秋全綠
樹老霜新影半紅小市近江魚不賤長橋鎖鐵鴈難通
（連日文檄俱不到）歸來未賦吾衰甚自笑頹然一禿翁

雲

高坐危樓不掩關白雲搖蕩澗中間無心飛起三千尺
失却東南半壁山
蔽日爲霖事不同須知翻手即成空老人新得觀空法
盡付掀髯一笑中

雙眸

五十纔逾六雙眸鈍不堪書拋燈下讀花向霧中看自
古方瞳少從來過目難吾昏亦何害青白任旁觀

署樓晚眺憶王拙圃

聲名官職兩悠悠擊柝抱關賤可羞只爲思親求去國
非因作賦強登樓雲移亂影歸何晚雨打寒聲故作秋
猶憶昨年當此日瀟湘江送故人舟

不堪

眼尋歸路益茫然空據危樓百尺巔雷雨有聲來足下
鴈鴻無信到天邊家園萬里荒三徑冷宦孤身住六年
霜滿頭顱鬢似雪不堪憔悴曉風前

山居無營聊檢舊句刪之

秋風直欲捲重茅心怯虛巖險結巢白月未來無素友青山不厭有貧交陡刪惡句如瘳疾誰作雄文爲解嘲脫粟一盂猶過分儘他饞口笑寒庖

六峰農家

前山今與後山連鎡鏊傳來二百年凝客正愁身縮地杞人無恠日憂天官民常享無窮利貪狠難消作業錢一段荒岡一犁雨老農安分只耕田

閒

閒過暮暮與朝朝誰道閒中事寂寥霜淺尚餘花五色愁輕只用酒三蕉詩成即景呼兒錄山好當秋任客描傍晚蛾眉來晤語清光不待手頻招

夜起

疥路微茫足未經寺樓遥插對螺亭夜窗月落雲全黑佛火深松點一星

四壁寒蛩泣不休入山幾日已三秋衡陽雁杳無書到曾見書來解得愁

寓齋即事

萬山飛岸峍一瀾落横斜老屋雲爲幔秋林葉作花閒情酣筆墨小院弄琵琶莫作陽關調羈人正憶家

野老以秋椽二枚見餉

野老能爲圃眞如郭槖駝名花隨地有嘉果熟秋多莧曲通泉入籬疎見麝過雙椽勞剪贈香色美如何

石羊秋夜懷厚文三弟

牛馬從呼到石羊乘田委吏亦何妨山多偏覺閒人少夢短方知秋夜長四野冷蛩愁泣月一天寒露浸成霜疰牀姜被嗟誰日春草新詩好寄將

積雨新霽對月有慨

朝飄細雨暮飄風一卷常教在手中雲散直疑天埽恨月明應爲我當空樓高終與星辰近家遠唯期夢寐通七世歸田皆早計那堪衰鬢泣塗窮

新秋風日甚佳趺坐綠陰與客縱談竟日

漫把晴窗面面開特尋幽客下樓臺層巖樹密人斜度小圃花香蝶尚來詩句常時吟信口詼諧竟日笑盈腮

此生宸是閒難得閒對秋光有幾回

坐農家望山頂樓居

深住山坳小結邨松杉盡處露柴門蕎花連陌開如雪稻子乘畦暗有孫

冷雨淒風毒鬱蒸蘚痕疥踮石崚嶒此間已自雲縹緲險絶危樓更一層

偶作

萬里爲丞耳目聾自憐衰鬢怯秋風書生莫漫籌兵事老子惟知望歲豐海國暗驚鯨鼓浪朝庭重見佛談空飢來文字俱堪煮轉笑前人策未工時有請納粟贊宮以救五省飢民者

佳山樓中秋對月歌

吁嗟乎人生難得月當頭今夕何夕醉我於六峯之佳山樓故里遥遥道阻脩屈指浮沉滇海幾經秋明月圓缺七十周呼牛走馬空悠悠霓裳一曲終古留少年稳步蟾宫遊姮娥丹桂手親投白首爲郎事可羞老氣猶然横九州詼諧浪放鮮良儔杯盤殽核無精饈只有詩成對月喜雕搜把酒青天句可酬去年對月探琳璆文光四射冲斗牛今年對月守荒陬午夜金銀識未收人生飄泊等浮鷗難料明年能自由我亦不願萬户侯我亦不願千金裘但願歸去來兮把魚鈎弄釣舟隨風吹向三島與十洲蓬萊訪後又丹丘羣真爲我海屋添仙籌身着斑衣舞未休高堂介壽酒如油明月團圞注不

流浮雲富貴我何求

佳山樓詠閒

久客天涯興未闌呼童灑掃屋三間青看碧漢峰千尺白送金沙水一灣（澗水直趨金沙江入海） 斫桂留香傾舊醞擘窠隨意寫新顏（樓名余新題） 閒人識得閒中趣閒在不閒方是閒

六峯居萬山之中日長無事爰命短童遍歷幽巖凡一花一卉可供玩賞者或移植齋頭或采插膽瓶以遺岑宋恐時過便忘爰作詩紀之歸以示好事者

鳳凰孕赤卵（花名鳳凰蛋葉大而長形如鳳尾每葉根贅一珠圓赤如日） 蝴蝶戲明珠（花名蝴蝶戲珍珠葉色如繡球數朵叢集而扁前有鬚如珠） 未見誰知異聞名已自殊

優曇鏤碧玉（名載佛書） 寶珠剪猩紅（茶花大如盤有九心十八瓣） 點染黄荃手生綃有化工

五色種扶桑（滇西一路皆有之） 十年采蜜桶（春青冬黄歷十餘年不損其大如盎甕） 扶桑色離奇蜜桶香擁腫

丁香嬌作色（花如垂絲海棠） 素馨繁吐香（枝柔而細花如瑞香色白瓣薄） 何如空谷蘭香色兩相忘（白蘭出通海而不香）

謫仙久仙去今威誰令歸青蓮吐木末（花含青色樹大合抱其形如蓮故名木蓮唯曲靖朗目寺一本） 白鶴傍巖飛（花一莖三苞每苞吐花一朵雪翎長頸綠足白尾儼如飛鶴）

詠石羊山八景

六峯連翠

奇峰面面矗東南影入高寒未許探數比巫山剛有半

神移滄海竟餘三參差雨過爭浮翠斷續煙霏共擁藍一食六時相對爾不妨常與佛同龕

雙塹蜚虹

地靈愛寶欲深藏故遣天吴隔淼茫恠險不容山作柱虛空翻借鐵爲梁力驚罔象排雲闊氣壓垂虹飲澗長白鏹朱提充内府馬馱車載永輸將

東嶺晴霞

閒倚危闌小院東遥遥峻嶺列晴空青松尚帶朝雲白丹氣先分曉日紅漫事描摹勾醉臉還須飡吸訪紺瞳不知滕閣千年後誰比王郎句更工

西巖雪瀑

玉龍天矯踏空來白日驚聞走怒雷入樹橫鋪雲一縷
奔潭倒捲雪千堆攀枝盜飲猿相接繞澗啣花鳥不猜
倚杖貪看歸去晚夕陽紅葉滿蒼苔

朝煙隱壑

萬壑朝來曉色分軒窗開處隱氤氳臨風不轉猶疑霧
貼水低飛錯認雲日暖自能生寶玉筆酣常護寫奇文
一從謫落通明殿無復朝天對紫氛

夜月流江

苦求秀句入新腔（見山谷詩）月色江聲夜透窗時事何心皆巧
合幽奇着意總難雙澄江印月原無月皓月流江可在
江妙諦阿誰參悟得騷壇方許建麾幢

老寺鐘聲

白雲深處有祇林（老寺居衆山之頂）曉暮風輕落梵音老衲未知
心是佛居人唯惜土如金名花過眼虛佳會（寺有古桂花最盛）秋
月當頭只苦吟若使鐘聲能醒夢蒲牢不應吼於今

石羊仙蹟

盡道神僊事渺茫新奇何害語荒唐彩雲現後祠金馬
寶氣騰時見石羊萬仞巉巖傳有蹟百年名利走如狂
牧奴應學初平術又叱長髯下夕陽

增賤

身入名場事事違寸心空逐白雲飛笑談也識肝腸假
杯酒難言族類非下吏何心聊混俗衰年有幾不思歸
爲貧乃仕徒增賤悔未丘園遯早肥

痛骨吟

昔日對山如遇故今日入山每却步非關今昔有殊心
只愁誤認終南路漫天風雨作秋來老人多病侵百骸
中夜支牀豈成寐冷蛩助我吟聲哀架上奇文浪飽看
受書束髮誠無端一生識得幾箇字致令此骨常寒酸
君苗筆研焚未錯嬴秦坑儒法不惡於今皮相愛痴肥
乘軒不貴懿公鶴

九日鄰客送酒

漫無好句敢題糕有客墻頭送濁醪百尺巉巖前身試險
與君何處更登高

大雨晝夜不止廢課絶無悶極戲作

雨急風狂雨夜中烘砂煉礦事全空敢云天怒山無寶
自是官閒命合窮日食一金慚崔我（崔我見香山集）終年半賦未
完公不增稅斂財恒足千古桑羊術最工

役狙

予負丞兮丞負予多能由賤語非虛推窗慣識金銀氣
列架新添貨殖書脫粟一盂時一肉思親雙眼盼雙魚（望家郵不至）
朝三暮四何曾異莫把神奇役衆狙

楊喬南就試省下以試草見寄

兩漢才名説子雲君才傑出古何分騷壇年少稱飛將
小試人驚屢冠軍好把心休容異日早知善慶有前聞

二語借命題還意 深山老友披新草尊酒重來細論文

長至日率廠商行　朝賀禮

葭管陽生一綫初深山望　闕效嵩呼冠裳心媿竒男子拜舞身先賤丈夫萬里勞臣虛節序十年閒職老泥塗鵷行舊侶曾相念燈火驚飛野外烏

廠謡

朝打峒暮打峒錘鑿聲多山欲動紛紛白鎰與朱提完得官錢不救飢

朝采礦暮采礦采得峒泥千百桶貪夫莫恠氣昂昂鄧通亦是黄頭郎

朝淘砂暮淘砂淘出金銀有幾些白日無端遭鬼弄燒個黄鉛半兩重

朝扯爐暮扯爐鉛團今日知有無吏人隔夜查火票未到雞鳴催下罩

朝下罩暮下罩看盡貪嗔眞惹笑銀餅入手細摩娑我的少來人的多

朝賣厎暮賣厎不賣厎來没油米於今新例領官錢要領官錢近半年

詠梅

嶺南昨日有人來報道寒梅十月開花信幾番冰雪杳春風那待燕鶯回冷撑老榦終垂實香透孤根本絶埃官閣吟詩何遜後不知誰擅此清才

眼前

世事從來感積薪眼前又見一番新鵬飛終遂扶揺志鷁退還留自在身好把竒書求致富閒將要術讀齊民山中乏書二種假於鄰叟 塵勞自笑如糠秕揚簸隨風敢趁人

充射堂集

（清）魏周琬 撰

《充射堂集》十二卷，清魏周琬撰，據國家圖書館藏清康熙刻本影印。

魏周琬，字旭棠，一字竹君。清江蘇興化人。應嘉曾孫。初寄籍江都，後歸原籍。雍正元年（一七二三）進士，授湖廣善化知縣，旋以病歸。

本書共十二卷，含《充射堂詩集》四卷，卷首王令樹序。《充射堂詩二集》一卷。《充射堂詩三集》二卷，卷首盛弘邃序。《充射堂詩四集》一卷，卷首程鳴序（序前有魏周琬撰《上張大中丞書》殘篇，當爲錯簡）。《充射堂詩五集》一卷，卷首沈樹本序。《充射堂文鈔》一卷，卷首余元甲序。《充射堂大易餘論》一卷，卷首程鳴序，自序。《充射堂春秋餘論》一卷，卷首盛弘邃序，自序。後兩卷爲經部著作。本書詩集九卷，占大半篇幅，王令樹稱其詩『意深而不躓，多用事而屬詞流便』。《晚晴簃詩彙》收其詩七首，如《夜泊露筋祠》：『泊船孤客倦黄昏，寂歷荒祠夜一捫。風破古牆猶露宿，月漫青野與潮吞。相逢無可投湘佩，行路何人賦禮魂。滔逝年年墟里異，碧天春水薦溪蓀。』清代爲中國經學研究的高峰，對典籍的考證闡釋蔚爲風氣，魏周琬亦不例外，《大易餘論》、《春秋餘論》爲其研習經典的成果，此二卷對《周易》和《春秋》中的若干經文加以考釋，間以己意，對經學研究亦有參考價值。

（周　忠）

鍾嶸有言今之士俗斯風熾矣終朝點綴分夜呻吟獨觀自謂警策衆視終淪平鈍嘻其似也夫風雲月露悲憂愉佚天時人事今古豈異乎哉而紛綸恍惚動默多端者蓋天地大矣化靡顯而不藏故百千萬才人搜之莫能盡迹靡陳而不新故百千萬時代出之莫可同漢魏六朝隋唐已來諸作者所以興懷略在眼中矣而士俗方規規然求橅於語言之合宜其匈臆約結固亡奇者吾同年兄魏又京令嗣旭棠性通脫不以高名自居然才贍博而好深湛之思其制藝古文辭戛戛獨造已爲有名於時及其斐然賦詩意深而不躓多用事而屬詞流便無一字共人作生活峭聳霜崖峰横海岸抽芬芳而振金石近代希有也每疑昔者彦昇惡時人有任筆沈詩之號乃更著詩欲以傾沈夫彦昇豈欲傾人者亦性所好能自力爾而時之人亦謂魏子詩變舊體出新意非時所好於是頗稍稍議其穿鑿信斯言也將必魏子於風雲月露憂悲愉佚故嘗顛温凉而横歌哭者也魏子其變而之乎平鈍以諧於士俗抑亦可矣勉思吾言哉

勉思吾言哉延令桐孫王令樹題

充射堂詩集卷第一

陽山　魏周琬　旭棠

效中和樂職宣布詩意二十二韻

聖德同天地熙朝軼帝皇江河流奠麗山嶽拱苞桑四氣和成序三光燦就行踰沙皆職貢越海悉浮航端拱無憂責蒼生致乂康大開文字秘流助太平長睿知非由學神聰自不忘籙書阜漢武緗帙陋蕭梁天下英髦聚高岡鵷鳳翔雙龍乘暇豫五瑞輯休昌吴會霑巡幸緹帷起闔閭曲江多宴集洛水戲帆檣世際風流會羣探錦繡腸欵關人若市奏雅韻如簧賦恥鄒生代才寧女史量春風吹迅驟騕褭試騰驤朽質牛加軛虛名斗挹漿澀爲徐彥伯僻類泠朝陽觀國銅駝隔趨時金馬妨竊懷干彩筆敢讓紀明堂麟木緜多應雲霞爛有章即今輿協律作詠寓王襄

折花

美人笑折花被折花自惱含珠帶泣痕夜露辭蒼昊釵朶歷愁香能得幾時好花欲幾時好吾意獨無道旖旎翩空園春風度草草即此折花人日夕紅顔老

江上聞絃二首

大江孤月趂潮生已是悽其流浪情何處舟横人自怨一天風斷曲爲清似裁苦調撩歸思欲和羇懷有雁聲玉指夜緜彈不盡付將流水遶江行

歌者凄涼聽者勞夜深起坐擁征袍空江霜落侵絃急孤艇人愁對月高親在萬山書寂寂魂營一水夢滔滔不勝清怨無人見淚滴寒衾首自搔

洞簫曲贈趙以南

槁竹于喁亦有聲人生哀怨亦有情聲情未屬兩寂寞流楚逸宕由鬼神風既清月既明山又高水又深太虛不動意沈沈萬物肅穆含至精紫霞之眞人邀君坐層岑一聲兩聲洞雲冥宮商吹徹白玉京散入十二樓五城高秋浩夜寫幽眞老兎欲寒桂不生悄然無人空天驚聆君曲識君心即今君莫爲哀音孤城白水圍清泠城中豈有斗米與東薪竊恐夜半聽之孤子下淚兮嫠婦霑襟君今莫復爲哀音還恐哀音動

波溟長鯨肆虐已如此可令潛蛟起舞龍更吟

詠史三首

李斯歎倉鼠上書西入秦欲用帝王學自振卑賤名在客幸免逐爲相終見榮咸陽置酒日赫赫秦帝成諫謬淳于越頌阿周青臣臨事覷苟合持爵無必爭雖致尊主業與學乃異情懼世來訶譏師門負荀卿遂焚詩書盡以愚天下泯此自護私罪非惡議秦聲廢立聽邪説督責起危傾獄具詞竟服囚書蔽難明富貴何所似秋霜落花英方悟咸陽宮不如上蔡城

養望如豹隱決氣似鷹攫成事不在多軒舉止一動奉璧走秦庭藺生何智勇植怒以衝冠神皿自凝拱一抗大國威屹然爲趙重歸讓廉將軍避匿不妨恐

武安侍酒兒晚貴矜縱放竇灌實早達高名兩激宕乃爲失勢苦墨墨意相向隙開所請田愧深早具帳責望杯酒間氣凌武安上案項不肯謝陷胸自許壯至道宗謙退鄙者借俯仰快意發笑怒亦足輕得喪局趣固身位何必久無恙

詠莊二首

世懽入便失俗苦拔不離如何能置心超遥終安之饕慾如填壑食盡還疲饑行法如議獄未聽先拘纍胡不相浮休廓廓遠世嗤事皆爲強名吾無無涯知大道歸象罔役者久見欺籛彭既弱喪造化亦小兒一身非生有釋之乃大奇鸞鳳嘯半嶺褌虱何當期

弱齡期入道而今猶冥茫遇事多所嬰眯目如播糠欣懼纏日月疑惑填心腸持此短脆軀爲計殊難量不知生人來川波浩湯湯天地終無言委之逆旅場愚者競則宜在智胡久妨榮公有三樂不爭世一強善乎能自寬聖未易其方請謝世上事願令長失忘

趣爲春遊 并序

二月二十日與友人爭博約汎舟尋春山子廟兼選歌者二人紗絲竹者二人拉雜聚會窮歡盡日而返時同博者四人隨錄所負之數以差其錢晴日責治酒榼如約而予負最少次日大風卷地令晨霰雪微集亭午日光穿漏瞻矚之間頓還物色懼斯會之不果也乃趣負多者刻期而以予

詩先之

陰氣已看階雪耀晴光漸轉苑雲高天公苦不放春色餘子何須恡錯刀應有紅花開似錦難忘青草疊如袍一年一與東風度吹我蕭疎到二毛

遊不果次前韻

祇愁雨屐穿山滑不放春船坐水高忍閑爛光眼似電誰看大嚼齒如刀康成書草饒銜帶庾信緗囊僅補袍是處風光都未識勞君楮葉費毫毛

春感示同遊諸子 并序

二月二十五日同任以介陸秋江趙魯齋尋花因步上拱極臺臺面水背城水曰海子周圜如鏡深而藏魚艇子出入不絕城上女牆臨北郭田數十頃夏則荷藻映接晴霞倒垂魚跳葉動香與風際方今春時渚白水融畫以阡岸峅上菜花開隨峅形斜直連斷遍鋪黃金揭耀野色甚可觀也諸子登覽之餘志怡氣往便約買舟入吳越尋佳山水春適夏返戀即不歸予謂人生遊放良未易言孤逸之士慮澹情冥與山水會其真牢蕩然天遊或輕舉而宅或遐想而存非夫有道者孰能之但當減去羈紲漸求任達風動春朝月明秋夕曠若有會便欣一往應其暫來感亦旋去乃無恨爾今與諸子登斯臺神明意用未知樂之所自遂欲棄而遠尋豈非浮念臺在城內去家皆不半里臺上之風月與野水之暎帶何時蔑有而一年無幾至至亦不常如今日之興負斯臺多矣以此而言便適

吳越遊非我有諸子嗒而吁無以應也

疊疊晴雲與望連滿蹊俱鬭賣花錢對之一歎何能已寄語三春若箇邊事似蔓多除又絆興爲灰撥死還然歸來細悟孤遊理滿壁靈山抱晝眠

祛妄

逐嗜愁爲內熱端冷冷終自骨單寒放心牿入危機小駕肉鞭成正坐安繫得麃生真有命割其蛇螫竟無瘢彌年疢疢誰相問曉義因書贈一丸

中秋夜憶大人高縣

七千蜀道青天上六十親年薄宦中此夕羇孤酬夜月故鄉兒女愬秋風書來灎澦魚常妬夢到峨嵋猿不通極目雲山思叱馭即今貧病且飄蓬

秋感三首

四運若鱗次百物受其終草木謝秋天剝盡理有通嗟予蒲柳姿形骸亦天工肅肅霜零時盛容慘不豐微躬無正氣何以承嚴風念茲不能寐魂魄思爲雄淒其絺綌單時乎非我窮

蜀江踞地勢盤嶺鬱嵯峨鳥道人徑滅山鬼嘯中阿一嘯慘夜月再嘯沈江波兼之猿狖號木落亦已多予父在戎州進退成婞罣羇孤割情性想夢生勞歌遊子不能至一官今如何

百川奔海日田水漲爲湖短禾沈窟宅得飽魚龍無孤帆自東來落日照秋菰飛雁不能下哀哀野踟躕吁嗟稻粱謀人物同勤劬

讀離騷九歌篇哀而詠之

屈子憤直人何其善窈窕思情結靈修無媒傷佻巧嗟哉國莫知身棄湘潭早妃女於君父放言實不少幽通感百靈玦珮捐波淼諒矣黃昏期厥美及未老九死既不辭善淫固其道沈艷爲之哀欲至雲旗杳遂使帝子魂婾娛以目眇沈湘有波瀾江山尚文藻至今洞庭上秋風生嫋嫋

孤兒行

山渺渺水悠悠親年且老仕宦古戎州 一解 戎州高縣廚傳如野城無居人上下四鄉鳥竄鼠伏號令不可下人言我父日落驅虎日出刷馬 二解 七年不調鄉心多白髮蹉跎兒欲至父寄

一書灎澦莫經過 三解 三月木賴催租輸租者少上官橡如雨下東帶見府吏謂公且去搔首空踟躕空踟躕功名欲焉如 四解 四月有鵬集舍五月氣噎不能食六月日不完朔心中念言四歲小兒空在側家中有大兒年入立境別後思之欲有與語天長地闊人命相催亟 五解 嗚呼哀哉父母生兒不得力山烈烈風發發山律律風弗弗父欲有言者兒心知之父不得言孤兒想泣 六解 孤兒行去九江江聲暮哀丹旐兮翩翩望江南兮魂歸來 七解 舊鄉里兮多交親

一半沒爲鬼無幾能生存存者衡與纊沒者蘭
與金 八解 視天夢夢胡忍予以匪人而家無以
爲君奈何復貧軟弱小弟與伶傳三妹各自有
母共孤兒爲六七人行當負薪 九解 霜稜稜摧
蔚草孤兒形容不可道朝避白日夜起窈窕見
哀鳥徘徊求其巢天未曙啼復早 十解

將奔蜀留語諸妹

秋風既已嚴寒苦倏而至我行乞江頭諸妹誰
相視掩閨自蕭條同我思親淚開笥無衣裳啟
儲無秉穗況是慘傷人飢寒生百慮不知平生

親於厄能相餽親戚值窮荒亦各憂離仳若蒙
一飯德莫以依人媿哀哉不能言去去心酸胃

揖所親

臨岐四廻顧誰可與言者刷羽飛孤雛欲去聲
啞啞意雖未分明送此哀音下音斷不更聞淒
淒秋雨寫

孫二斗文來別執手涕零別後蒙贈詩
次韻爲謝

天長地闊渺無垠纔見揚州陌上塵別我獨含
和氏淚感君不負孟家鄰心勞惆悵遺詩句袖

向關山得故人於邑此時難再道漫漫淒雨下
秋旻

揚州天寧寺中秋夜述哀二首

水晶宮殿此蒼然芋火燒殘夜拂煙家破不歸
非問法事窮無計且安禪沸天簫管因鐘隔攪
水魚龍得偈眠已遣豐隆蔽明月獨無今夜向
人圓

一從親去巴山後七度茲辰悵有思今日隔離
生死地各天凝望夜昏時蕭條弟妹含情苦迢
遞關河欲到遲月便再圓秋再換年年人對只
淒其

次韻宗二步叔寓天寧雨中招飲

知君謂我勝公榮略破形骸拘碍情酒到五更
同夢醒鐘生殘夜與魂清心安是藥原無病詩
癖難除尚有名若得忘機隨所息曼陀花雨對
牀聲

衛生一篇奉從兄方升

物至由內搆生理自然薄虛圓徑寸中冰火互
萌作草木別温涼末哉非上藥子自握靈根衆
形宰靜漠常使欲出時亟固如關鑰棄事心亦

敢守雌魂不作内者既已重外何得殞索神明
止舍中無有萬飄泊皎皎冰雪肌僊僊多淖約
愼爾隋侯珠莫彈千仞鵲

挽陸大書載二首

巖霜叢叢葉下之子謝天涯已是一生事誰能萬
古爲慕仙常寂莫乘化省凄其所以同遊子哭
君君不知

舊遊竟零落寒谷起酸辛垂別數行字極知死
友真交期有泉路遺草問家人張劭如來夢他
時應動輪

清明別篁中蒼水問蘧諸弟

瀟瀟二月揚州雨霹靂夜戰如霜鼓北門城外
春樹飛落花封却遊人土別君去水悠悠相逢
寒食是孤舟忍待明年芳草遊

至延令寄謝篁中蒼水問蘧

避地飄零總不支君於風雪苦相持殊非賤我
身孤後轉爲添餐家空時春戀綈袍猶舊贈魂
迷上榻是新移趨陪獨有疎賓恨一寄相思涕
泗垂

鬻小鬟并引

小鬟名秋香來自蜀郡鎮雄值時艱歲儉
鬻之延令張氏既慚願養終惠之義又感
華堂顧步之情詩以付其去

遠求女有命輕去我無恩雙淚知何意低頭竟
不言微生信天地托足異朝昏看取離離草移
時又結根

爲從嫂趙氏詠

容華勿復道薄命每徘徊日月瞻何已思心苦
不頹枯楊跱孤翼空館棄金罍要欲臨泉路千
年結死灰

霜天送友

一歲幾回別送君有所悲霜欺殘月照衣試早
風吹短日催初夢斜天散暮思離魂俱草草款
曲在春時

日出

日出隨物役有書不得讀詎達闤闠情辛苦奚
果腹昏冥群形息各自戀棲宿我以夜代晝燈
火聊自娛詩書千載人口誦心肅肅嚴宵雞每
唱假寐時跼促市門旦復開趨者多急足我方
側肩去忽念夜所熟斯人負於我苦志娼幽獨

所營安有窮謝此白日速樂飢衡門閒悵焉睠
芳躅

讀史

首夏氣恢台覽書竟每畫書中多其詞檢括理
必覆彼俱陳死人潛魂聽鞫究賢愚止兩門蹈
蹠有萬構肘足韓魏接肝膽楚越鬬少忍俟其
定鐘鳴徹盡漏吾觀古今來亟亟總爲救烈火
燒坤原昏波汎天霤救者苟未止天地乃考壽

春雨花盡

春雨淫溢如秋霖軒窗繚空雲濕生所向活活
泥污脛身閒不得分寸營東風昨催無數花開
不盡意紛飄沈糝紅欲飛淚漱漱斷香難葬魂
停停河陽一縣無雪聚金谷滿園少黛爭已空
杜陵老眼霧不逢鶴林神女精誰撲玉缸春酒
好忍掃瓊堦碎月明莫道榮華及今日泥沙劇
是可憐情

大氄狗 并引

大氄狗袁郎所騎也郎父粲以忠死宋郎
纔數歲其乳母攜郎投粲門生狄靈慶而
靈慶出之求厚賞竟死袁郎後歲餘郎所
騎大氄狗走入靈慶家嚙殺靈慶夫婦母
託袁郎與文姬託李燮事同而恨狄靈慶
之不爲王成也狗報袁氏仇特奇因悲而
詠之

忠義人所蹈名敎人所持於人有不能義憤狗
亦奇禍纏袁氏門遺孤方在攜執誼於先公王
成昔有之嗚呼狄靈慶胡獨非人斯殺其師之
孤以求厚賞爲曾是袁家郎不如李氏兒喪家
餘一狗昔是郎所騎念與郎周旋酸嘶不能詞

朝尋狄家路暮宿袁家籬乞食尾空搖銜志頭
乃垂見求且經年此事已臆知入門嚙殺賊斃
其兩雄雌袁氏盡忠孝獲報於蓋帷狗有憤於
人何知形體卑責効固非分在恩要不虧天地
塞浩氣援筆事多悲豈敢述斯類用爲人士規

贈陸秋江詩九章章十句 并引

己卯春秋江以選拔試於國子遂留敎習
不歸者三年矣今年壬午十月遽聞其抵
里驀然走晤雅得其志氣懃惻憶臨別執
手之情恨恨如昨日既足慰勞結兼意其
離居之久游從之新摩切之衆所治殆非

予故者能知也有可以齎而益我乎不任
鶴立企佇之情
伊昔之春君適京國翩如孤鳥厲其羽翼餞子
悽悽銜草弗食浮雲孤征白日西匿迅其去矣
長河水直
戾止于京厥用有聞搥鐘擊磬煮鬯燒薫暫鳴
吳阪卒昧空羣爾舌爾織爾筆爾耕三年不歸
步月看雲
自君之往予罹殃咎孝悆於親義隕于友平生
話言棄之芻狗慘慘非人胡猶予忸寄之好音

維要用久
瞻彼日月迅過俯仰悠悠我思宋遠河廣夕夢
見之咳猶餘響我寤而尋屋梁朗朗銜此鬱紆
寄之心想
昔而接翼忽則北南彩不見𥁕敝羽毰毸嗟哉
吾黨屈指二三斥逐既同長此顑頷俛首求食
憤所不堪
子之不遇駕言其還館下諸生張燈夜筵高門
旦開送者路填爾馬脫羈飛鳥爭鞭舊國舊都
望之暢然

曰歸曰歸亦既歸止啟拜阿母母心則喜翕爾
兄弟嘻爾婦子亦從外來陶陶知已韶音令辭
宛其夙矣
温温我友洵美無度自别以來其幾何喻冀承
爾新我宿則吐冀食爾實肥戕之臞匪是羣居
焉用良晤
哀今之人髮白落齒不學不斆遂以行鄙我之
歎之中夜坐起矚子之歸唱此高旨以張我軍
以樹我里

宿盱山大悲閣

小閣對山青勞機暫此停雲歸窓漏月風動水
翻星以此悟無礙颯然空有形中宵鐘磬發亦
覺旅魂寧

淮陰侯

咸陽鹿走劉項爭羣公大略推淮陰王孫且自
守飢餓蓐食何知英雄人仗劍從楚復從漢都
尉郎中肯羈絆辭漢更欲投何處釣竿終聽漂
母喚出處心期莘渭時賣繒屠狗都小兒嫚罵
直教壇下拜睥睨纔吐胸中奇指揮蕭曹真大
將沛公南面爭東嚮項王百戰暗噁聲夜聽楚

歌空飲帳却憶蒯通説鼎足關東豪俊君矦獨
徘徊漢恩終不忍肯令赤帝神母哭漢家天下
由功臣兒女詐人手何毒飛鳥已盡良弓藏淮
陰城下魚洋洋

楚重瞳

不成書劍楚重瞳力鬬終如智鬬窮三户亡秦
空自霸二溝割漢竟誰雄鴻門飲半歸龍氣垓
下歌殘接大風見説檥舟猶可渡獨能無意向
江東

張子房 并引

漢之興也由子房然子房非仕漢者其終
始之情當在功名形迹之外悲而詠其意

嗚呼子房非漢臣破產報仇走風塵借箸摧秦
復摧楚爲韓用漢勞經綸功成苦欲拂衣去赤
松黃石非我真袖裏鐵椎昔何意亾命豈是神
仙人

秋天星夜歌

秋天瑟瑟氣微涼清窈窕兮夜未央蟾兎沒兮
沈洋洋星俱出兮爛天光横斜破碎無隱藏昭
回雲漢倬爲章女欲渡兮河無航跂彼女兮心

傍徨餘星孰能辨其行烱如列炬照封疆時見
大星流西方炎烟一道爲奔忙上帝高居拱穆
皇夜施藻火垂衣裳箕爲簸揚斗挹漿妙供玉
饌飽曲房鸞驂鶴駕仙翺翔往來閶闔誇身強
我乃揮斥遊大荒焉知稊米在空倉天爲幙兮
簇錦張寛窄稱身予徜徉視荒忽兮詎茫茫一
望僅能入眼眶謂天高兮白雲鄉歷歷如將置
我旁上有天兮下有卬卬與天兮何較量忽聞
老樹鳴秋蛩欲鳴不鳴短復長物有感兮聲先
倡共此夜兮何能忘

旱

澤國舊多水洿田今絶流靈山焦石髮新月喘
吳牛海下終含潤天高亦拱愁土龍徵令典未
識果無憂

首春遣意

發歲蕭森挾舊寒小樓人寂思無端時遭文字
一開眼虛擲光陰雙弄丸雪盡老梅香欲動燭
移清漏淚將殘也爲惆悵芳時事不忍春風自
倚闌

寄懷蕭山沈存周

憶下芙渠路逶迤夜逢清瘦沈郎姿抱門流水涵秋月滅逕空齋際露葵萍梗舊遊渾是夢黍雞重約邈難期匆匆驛使無多寄梅信江南折一枝

郭莊桃花

此花不在桃源路何必開時舊避秦處處春風迷魏晉無心只少捕魚人

圓月

缺處應多恨圓時亦每新不能銷蝕盡完照古今人

登眞州古光孝禪寺墖

窅然意無住方與青冥適騁足上浮圖盪滌豁胸臆目力亦不遠會其氣所翕理在萬物先江山列寥寂千年人似草陳根出新色下界宮室多眇矣渾中蝨經營絕頂處吾此有與立

胥浦

大江流不盡吳楚事俱沈未化鴟夷革猶存解劍心

眞州古光孝禪寺月夜紀事

庚辰三月月幾望七人團圞面四向釋子宗可坐主位行可青湖琬與抗方君誠也東北隅宸士側對序有降提壺挈榼來酒肴孟宸坐西起相餉謂琬寓此久無月今夜月明莫輕放月從東方漸欲高微風際之如飄颻光氣已覺滿太虛旋被佛寺浮圖障浮圖七級高矗天五十六角飛壯浪每角上安燈兩盞蔽月插空光亦旺有如黑氣迴纏星天劃雲開設奇狀須臾月走漸能高一輪坐墖金丸上善哉墖大放光明此時空天徒闊漭衆燈月下層層垂墖身巧作人供養坐者七人神爲開歡喜同謝天無恙一杯

一杯復一杯各破拘礙恣所暢月行燈住兩分明燈意凝沈月搖漾久坐不作人間言孟宸開口忽奇創云此眞州東門外昨日地裂如井樣其闊丈餘深不知有人入地尋幽藏魚膏銀海貫其中類是古者何王壙往觀乃有百千人此事譎怪非虛誕琬言地下埋藏多何異墖作虛空相平生不作搜神書我輩吸天氣如虹百年三萬六千日今夜已似無悽愴古往今來事變滅過此孰非成俯仰月解人意益復清燈明歷歷紅如絲肴儆酒乾鐘欲催共嗟此意誰當逅

青湖屬琬紀以詩琬亦頓生氣骫髒七人合并情總同詩取肖情不取妄墑空人寂千年後照人此夜月無忘

王大壯其自金陵渡江歸遇風波大作遂歷驚恐既白予以狀又屬爲之歌而贈之以廣其意

君渡二月之江潮狂風撐突逆浪高一角九頭動瀰濤六眸三足翻漭滔鼓帆縱柂不知處盤渦勢急聲籲號迅過天地始開劃良久心怵猶豎毛歸白我狀雜哀樂脫身又以危事豪我聞

此言色不愕魄精無處無銷鑠大江流去千年人有人不到臨江閣湛湛之水離眼前月明屋角風波惡

牡丹花下贈王二無垢

王君無垢少且才舉觴屬我歌快哉春意欲去還未去牡丹無數名花開花開刻刻競姿態妝出千迴與萬迴君知此花迅得意我欲言之已傾淚去年我至值花殘花作泥沙葉蔫悴夏日欲焦秋風乾堦前細草紛青翠萌芽壓在冬雪中客心對之幾清喟今日氣候廹相臨顏色疾於匀染成枝重交加照銀燭取貴更無凡艷爭乃信物理有先挫多時蓄意片時破本心豈不舍榮華時適弗來事如惰我尚風塵伴花閒暮吟朝看知何那歌此與君君莫悲君自種就琪花不藉東風吹

詠齋中牡丹

芳意一庭滿春歸殿此榮日扶嬌豔正風旋舞衣輕似笑知何答非妝訝所呈夢畱香宿處猶自傍盈盈

牡丹經雨

亭亭小院駐芳菲淺紫深紅匝數圍洗面淚從今日落折腰妝向晚春稀可憐心盡難畱蝶漸覺香沈不惹衣便是幽陽出斜照更無處所識容輝

楊花

河橋春意盡飄瞥入人家生處不相識狂時自作花小蠻腰欲舞道韞句能誇客有淒其甚臨愁隔絳紗

夜泊露筋

泊船孤客倦黃昏寂歷荒祠夜一搠風破古牆

猶露宿月漫青野與潮呑相逢無可投湘佩行
路何人賦禮魂滔逝年年墟里異碧天春水薦
溪蓀

惜花 并引

李弘齋書屋兩梅花香意都足漸欲飛下矣約次日集諸同人賞之夜來夢醒聞狂風諸念未起慮花飄蕩無有存者晨起作惜花詩蓋梅性踈潔欲以慰其泥沙零落之感并問今日看花人

昨朝兩樹花相笑東西枝春風一夜力芳意詎
能持花開花落亦何訝只恨五更零落盡不能
向人含情片片飛今日看花人莫道已離披落
花未掃故條在月明橫影尋參差

陸秋江葺書屋成索詩因感賦

平生所遊處巷屋想歷歷悵念時邈然夢隨煙
雨積君家熟過從高門插道北稍通庭軒後穿
遲廠別宅文會六七人阿兄爲盟伯豁達出肺
腑意氣動路陌何乃服食悞以致遷逝廹幾同
西州門扣扉傷馬策君又去京雒蕭條遠行役
惘然三載別音塵總蔑寂昨歲君來歸始復聚
戲劇寒廳人語低頗嫌二内偪我至必大呼先
使婢避匿德公雖高風未免亂主客但爲立斯
須何曾陶永夕今日相就君攜手紆走跡別宅
忽復開宛宛對夙昔君乃爲我言葺此如更闢
歲荒人僦居僅爲助穅覈勃谿無空虛蹂踏誰
護惜風廊爨黑煙花圃踐白蹢何異客館壞奴
馬作廐室幸獲驅之去復課僮僕力傾倒皆完
好漫漶亦光白隙地因所宜佳樹一二植俟其
漸長成可以蔭談席公等數能來日夕望三益
予聞忽大笑君何不善畫我輩年餘壯舊事幾
慘慽苦戀下澤車優游非良覯桑果待數榮甘
味資割食雖有鄉里名終爲搶榆適只恐大風
起各自厲羽翮丈夫志四海解手謝相識誰能
一室中髀肉起歎息

課婦

貧家宜甕汲生小力如綿若是從吾好其諸歎
女賢燈花落碁子柳絮入詩篇更學夫人字無
忘筆法傳

東内

雨滿清溪藻正肥明朝齋酎事無違盧家赤脚

趨塵逐玉珮羅衣歸未歸

遣意答内

盧狗號韓國騏驥鳴伯樂終是乞憐心既遇亦蕭索男兒懷志氣蹈舉原落落摽然如秋雲遠意寄寥廓得失既非我欣戚焉知昨君心懼我悲深詞振理弱欲答知何云適然笑而諾晼晚值緒秋回風動林薄招我乎歸來芳洲有杜若采之欲遺誰願言展戲謔

秋杪贈孫青湖赴眞州館二首

新恨低頭營舊役去情如折翅翎飛闗河短日催冰雪纔送君行又卜歸

上書不遇仍罷去靜思猶自足閒身談嘲當路無知已每薄從來失意人

充射堂詩集卷第一

充射堂詩集卷第二

陽山　魏周琬　旭崇

首春詠懷九首

春氣漸欲佳衆萬紛有寓元精挈權輿年以洋洋去時節豈不感昔賞尋無處陰陽難儷偕何爲欣一遇

蠟炬照深坐客心殊未央被酒不成倦起行緜星光二三明發友超遥永相望我欲往從之夜氣春混茫持此竟孤寐夢中當有方

餘寒生苦風雨氣朝亦漲園中先放花淒清爲誰颺物理重蚤晏媚者善俯仰不自持好姿欲競事多愴寄語與芳菲驟榮理爲妄待發良時節心情吾所嚮

羣籍許夙心百年永爲悴道中數謳吟茲事固其類薄寒去襟體天宇一何媚東風吹讀書披此心如醉

羅生天壤閒昭哉陰陽賜草木雖無知蔚敷巳時遂孰云遺本根花葉自相置臨風嗅馨香不覺坐愁思我今亡二親同汝託天地

人生重同氣視若連理枝所念忝爲兄豈不相

扶持有弟五六歲骨格多岐嶷意中似微黠置之於嚴師三妹皆成長大者久過筓家貧事織作亦助日夕資歎息東風至使對夭桃時問予悵何事衣食固民天南畝自浸沒贅聚道相沿雖有故疆理久久無人煙獻歲來老農遠從覓食還談笑舊禾黍占兆新有年形顔猶饑疲墟井思依然遂欲痔錢鎛擊鼓坐隴阡心知神勞女惆悵東皐田

蕭蘭同時生天寧太區别本心苟自持亦得相縈惋維彼樗櫟姿斤斧幾摧折惻念非完才臨當欲棄絶棄絶將何言春山對鳴咽所幸地力强餘根尚萌蘖若荷皇天慈且使離霜雪

長安重春色五陵多貴游紛紜馳獵騎餘寒被貂裘意氣滿路陌歸宴登高樓人生所快意豈不在皇州東風吹漠漠浮雲去悠悠亦有尋花者年年溪水頭

月上

月上客難睡夜深亭正明留燈虛閣閉尋徑曲廊行垣粉弄新色鄰簫送斷聲孤光相對罷終是自爲情

夜雨

館自孤清枕自斜東風吹送此爲家今夜盡聽春半雨明朝稀見客中花

昨日

昨日之日何可追明日之日續相隨今日當用百思維料理永永無是非寄子性命無所歸口銜西山木石呼何爲

勵學

得一高言胸中澆如飢十日餐大牢讀書若用半袁豹身將六翮飛羽毛我亦稍知自作計因賤身間營腹筍三短正如跛緩步一笑猶可禿施髭沓爾古人多奇才四十之年猶未來名成蚤死何恨哉我始念學心摧哀

雨夜秋思

悵念無與適虛堂生夜陰端然閉孤枕時哉天地深物意去亦得晼晚誰爲尋雨聲動方歇蕭蕭此旅心

留别練要堂四首

林中不賣薪湖上不鬻魚我來竟寂嘿焉用益所餘晨起設供饌夜卧傾滿壺録録未有奉一

飯三咨且男兒重志氣尺波競須臾蹇駑雖自策不如君東隅

前除寒影動奄忽歲將逝臨别展嬿婉念與爲兄弟自我嚼荼苦於世若雞晛感君區區心喣濕令魚戲雖懷彌年疢亦破幽時涕去將催百憂晨雁遺清唳

人生一世間敘心每在客所念畢歲懽詎曰非金石悠悠取然諾話言亦不迨月露夕已深窈窕坐相積夜火煮秋水情好必共役吁嗟何能忘世事有離隔

置我爾室中整襟坐每側棐書塞窓牖一心抱亟亟庶幾疵瑕捐曰使熏勞息此中寢與佳已縶六馬力天寒苦告歸途次魂未即我去君窺户猶得尋顔色

春雨書懷二首

匪余曰知道亦云吏事多有口何用開得寐即無吪諧世重修飾束帶冠峩峩形體瞻人役視息遺天和近識閑心魂漸欲起沈痾頗因春雨夜野色觀青阿便思學種瓜頭笠身披簑瓜熟無所獻纍纍垂溝河寄書與步隲此意將如何

江南草已長漲此新雨緑萬物懷欣然意中未窮獨物化感氣施已生循性足天地空寥寥親切一瞻矚既誤向罶蛇又悔今刻鵠直覺無餘事但有兩宜昴田似鍾離耕書類皇甫讀讀書不爲仕因癡救厄酷耕田不爲食棄米六十斛

寓意

繫舟在水中魚沈而鳥飛聽者各自異得性無是非

還齋中

吾此讀書處精意久棲泊去以塵網牽空圍守

牡鑰念能相復來尋編蠹魚落夜鶴爲我吟舊怨良已薄明月爲我舉新懽有如約風狂百歲年冷煖一丘壑坐時聊復長懷哉永與託

夢旦

旦爲哭泣夢飲酒須臾變滅如反手謂夢非眞旦者親旦去依然夢相守夢旦平分晝夜間半生在夢人知否故知夢旦兩無猜哭泣飲酒孰辭受人心苦戀桑下宿世事終同墮甑走覺時無夢亦無旦俄然一笑柳生肘

野色

野色歸河柳漁槎泛客星不知煙水外何處短長亭

送朱海士入都

鱗藏舊水原難奮翼到天衢始可名美女入宮紅粉泣幽蘭辭谷紫莖成古原草色春須賦高價琴聲碎不鳴竊在下風何所俟好將綿竹誦鏗鏘

春雨夜宴

昨遶城灣踏數闉朱朱白白鬬芳菲春生夜雨寒何重花竟辭人濕不飛噭咷蠻歌牽醉入東

南蘿鱠到脣肥酒闌更刻通宵燭鄉夢迢迢未遣歸

練要堂春夜宴試僮兒西調

瓦墮長廊棟繞塵義渠哀激譜翻新似爲操樂音猶楚恰逢君家是秦餘弄不收聲去去悽吟中斷思泯泯若敎盡𢹂韓娥曲誰放連江二月春

之市上卜

少年猛志疾於翰便可堂堂議築壇久賤頓知無一恃重思何止歷千難是兒多智經嘗學今老無能鋏不彈邪更供人捧腹笑已捹悞我是儒冠

題友人摹韓幹畫馬

那牛駕車取足備用馬獨神駿千金價重渥洼眞龍風追雲送骨猶燕市況其生動

關山月白塞草霜黃蕭條硉矹颯爽蒼凉氣必敢決性乃馴良志逸而思視謹而揚

或立或嘶或寢或吪或怒而踶或痒而磨體態紗具神理一科驪黃牝牡筆奚足苛

胸無全點畫有前糊曹韓既往來者難詎迢迢

燕越併入斯圖滿堂坐客誰敢盧胡

競渡曲

江之水去悠悠蘭爲棹桂爲舟如鳧飛翅不收駕而遊奚所求

江之水悠悠去有一人中不豫從彭咸下與居今求之焉客與

江之水聲坎坎大伐鼓以波撼驚其魚不敢啖魂復路在葭菼

江之水流湯湯舟所載有糗芳芰荷衣芙蓉裳君不來置水旁

秋風別意

西風黃葉點人衣明月高樓迥夜輝去住一般難可說悄聞天上雁聲歸

客夜二首

空齋夜氣冷如霜風送嚴城更漏長夢醒不知身是客半明秋月蓋藤牀

夜聽秋雨鬢成絲蟋蟀聲中咽所思書帙亂邊燈一點照予幽夢到家時

句踐

句踐棲會稽甲楯五千人山川盟恨意困苦越

君臣溪邊多美女選入吳宮春西子好蛾眉乃爲憂國顰嬌豔渡江去越水空清粼其事竟以立念此爲酸辛

程嬰

賈既滅趙氏二客謀立孤杵臼能爲死程嬰育其雛匿之十五年辛苦保無虞韓厥念趙祀一諾豈忘乎謂君曰有後遂以兵攻屠趙氏既得立程嬰轉欷歔杵臼不先死何以爲孤圖死實難於生前語將母誣行當報地下事成相懽愉當日假孤兒殺之竟何辜代孤者此子酬之捐其軀

魯仲連

吾愛魯連子倜儻遊羣公玉貌皎如月快論馳若風非必抱仁義折此衡與從從衡亦多門發策皆辨雄中以所期物臨談失其工肆志於無取叱嗟世遂空邈矣東海上長揖高蹈蹤

楚懷王并引

劉項勝負談者衆矣當時有一懷王而人視之屑蔑若形體之有贅不及後之更始盆子遠甚然予觀其與諸將約先入定關中者王之及項羽欲西而懷王諸老將以

爲獨沛公寬大長者卒不許羽而遣沛公驗之後事無不符合如塊然之哀母嬰兒主勢雖弱其號令足依以成功倍之必不祥則懷王者亦一時天所命也司馬遷作陳涉世家以爲其所置遺矦王將相竟亡秦吾於懷王獨自有感云

咸陽灰燼已從風失職何人入漢中當時尚有懷王約老將殷勤遣沛公

自六月雨集入十月朔雲氣始族雨足

三四寸淋濡既洽薄寒遂生讀書多暇聊賦所懷

一兩隔秋序邈然聞墜時驚風相雜下昏火獨眠遲蛩響得無急寒生亦有妾漸知衣緼在吾意悄何之

仁英送瓶梅次來韻

芳意有所贈閒閨坐覺珍綻香薰席細亂雪浸門新夜燭分疎影風園下早春深深對幽獨定想折花人

次韻春霽懷舊 并引

無垢至自延令尋舊雨也與相眠食者累日出其春霽懷舊詩一篇索和予去年春半飲宿練要堂記題於壁詩蓋感其事王大壯共曹二千一同有是作

運落風波似晦陰懽娛場過豈重尋酒人遊散經年事飯顆春深卓午心兩部蛙鳴迎客至五更雞晛促晨吟明朝返子山陰棹莫自凄凉感舊簪

喜王二無垢至同夜宿

二月禁春風料峭久坐獨孤少壹笑出遊無與

馬成三閒門秖取蛙爭鬧昨夜熒熒燈花明今朝唶唶烏鵲噪意中遂與王子期顏色斯人來晚照我爾冥冥契若神會面拍手發狂叫長鬚街市買酒肴赤腳庭户潔灑埽談深卧子百尺樓別苦奏我七哀調宛如鵷鳳接頸翼何必丈夫輕衾幬夜半雨聲寒浸窗薄雷初震魂不耀黃雞催曉曉尚遲清話已空對與実此時百感有所之散聚茫茫頭一掉

無垢還延令送其登舟後作

白渚泛春水淮瀾東復東孤舟天漠漠昨夜月朧朧岸送王孫草帆歸少女風離魂俱躑躅爾更宿汀鴻

哭篁中孝廉二首

具爾情親託所知會為雞黍別相思夢敎白馬逢春至淚滿青袍著草時無復客酣陶氏酒應多鬼唱鮑家詩何年華表歸飛處猶見蕭蕭瘦鶴姿

俊骨英才志未酬命逢辰巳即知休榮華空說有朱紱顛頷何曾到白頭死過賈生年一歲名悲李白事千秋可憐裂素為書日出拜妻兒託

故遊

走筆簡陸秋江

三月春去熱蚕酷大風昨夜破老屋欲語無人惜幽獨起行苦吟挽鬚禿便便自笑一書簏未必將軍却負腹吐論饒如霏鋸木九尺空謀貯囊粟奈何壯志竟蓄縮自斷一生窮處哭丈夫才具非録録終身却閒生髀肉千斤老犢費芻東貴且養此新生犢射虎殺蛟除二毒便往吴中自尋陸

疾愈題齋中新篁

十日還家嗟伏枕重來雨竹青無筭會作高意豈多時張王參差碧雲近我意顧之獨栩栩沈頓餘生猶一舞珊然骨節抱龍兒已聽鼓聲催向府

輓婦妹沈述英二首

生年日淺爲懽少要好心多致疾微二月嬌花遮樹泣五更殘雨背春歸人亾孰啟遺紟篋事盡全穿作嫁衣淒切新魂定何處冷風昏月動虛幃

天壤王郎未識身舒姑泉畔旋歌塵明朝逝水埋魂者隔月春閨鬭草人嬌小一生省語豔淒凉九死唾華新若持花去爲天女宜問維摩住世因

女郎舞二首 呂

碧玉初笄日凌波微起時故垂釵朶重怯弄步搖遲扇轉風知入綃輕霧欲吹何當穎薄怒荒夢楚王疑

廊室新飛瓦歌梁舊繞塵自來行樂地幾換綺羅人白日蹉跎从青春悵望頻無爲忽不見月出思泯泯

悼亾十首 并引

柏鄉沈氏名德禎字仁英小字娟有婦範而能文歸予以辛巳八月沒以甲申四月慟悼之淚迸於幽吟故紙墨遂多雖無情文之生聊附子荊之義云

義恩俱不薄三載爲千秋子去得無恨吾生行且休素窓窺苦月淒雨護空樓亦有啁噍者孤飛鳥未投

孫楚秋風怨安仁長簟悲所嗟有盛德感不但如斯夙志鹿門在良規雜佩期如何可再得慘

悴取時嗤

杜蘭香是女生前雨鬢風鬟異翠鈿晚嫁自爲殊邈行早亡輕了別離緣運更三娶寧非薄鏡折雙心劇可憐得婦笄生何所似飄如雲至散如煙

淚露衫袖恨煎心瑟閟虛聲帳掩塵生死未知誰苦樂食眠全覺損情神多時涼雨淒孤篳定有風光感別辰漸欲世緣消脫去雁沙鷗水一閒身

軻轗吾生舊不聊念爲育鞠羽譙譙衣簪到市

十空九刺繡供餐暮又朝靈藥有緣終入月彩雲無伴斷吹簫篋絃巾軸思陳事爭肯成灰拉雜燒

記得羅衣雲髻妝夜深清語竝西牆吟鳴紅淚投今句寂蔑黃昏少報章雙燕不飛情躑躅晨雞仍唱感淒涼蓬山此去知何處向月茫茫天路長

人無更好吟清夜淚有空殘燭散煙新燕雙棲辭户鎖頻聲喚去欲爲憐 廻文

牆西掩月澹黃昏寂寂風吹晚院院門牀委半衾

孤獨影未眠人拭淚深痕 廻文

來時幾響珊珊珮去日今飄瑟瑟風哀動月絃彈卻斷夜啼烏宿冷樓空 廻文

長夢醒時驚夢短漏催鐘盡逝華年香魂返語空歸鶴血淚傾人怨老天 廻文

六月十六日夜寓齋對月二首

碧天清露絕塵埃達曙空知夜思哀孤獨新身隨食寄淒涼舊月對眠來事經如夢難除憶聲便全吞可禁欸驀地欲歸歸不得我家樓室瑣仙臺

獨眠人起二更初皓月圓升夜閣虛往事尋如唐肆馬悽歌不見盎泉魚轉因心苦留深坐漸畏恩多忝寓居料理此身渾不定薜蘿風動滿衣裾

不斷

不斷憂憂心自渾翻成身暇歷涼溫吁其欲語竟無語淒矣出門又入門烏宿不知何事蚤雨飛盡夜向簾捫忽吾破夢起狂叫入地上天求索魂

茉莉

未秋馨已素共月色如渾淅淅搖風葉亭亭立
晚魂質微詎自逞心盡亦何言引夢資清簟君
當思舊思

不夢

精靈想像竟何之漸信人間此路辭今夜已無
懷夢草一天涼露冷秋思

聞鶴唳

夜起裵徊見月輝更闌清唳一霑衣近來我亦
羊公鶴㪷羽㩘種何處飛

秋夜感舊

歲晚悠悠心事違眼中重見此人稀燈闌默念
明孤坐蟲咽殘聲動蚕歸田入劇思春典釧篋
開猶疊舊縫衣四更鼓角西風裏何處寥寥秋
雁飛

内弟沈學山久陪宿寓齋因秋雨書懷
兼勸其移榻入内

聽雨無晨夕久坐秋堂陰微與兀不發薄寒初
在襟物色謝生態空氣蕩冥沈勁風吹蕭蕭節
感理自尋歲晚念因依匹類召其音始復覺此
獨悲爲逝者深欽子相刖旋六月移寢衾瞻近

展眠食扶將塞呻吟形影與我偕閨深冷秋零
因孤惜倫愛子情會須斟家亦私恩澤時哉墐
户心

有憶 并引

昔年九月二十日予以事趨郡即揣走秦
中仁英夜起治裝懼遠行犯患款語密深
悢悢之情又在别外今忽憶其事節同時
異孤衾燈照窗外雨聲而已不勝淒絶

一燈寒映夜沈沈正感當年别苦心與子異鄉
猶不忍剩今窗雨打秋衾

約誓從容承昔言事經重憶了無痕獨有年年
秋節晚五更雞唱舊離魂

歲盡日坐樓上以詩弔仁英之魂

拂牀掃地坐悽然斯歲斯人共逝川蟲蝕織殘
蘇蕙字鼠銜彈斷小憐絃日穿斜壁依依盡風
逗殘窗稍稍旋欲訪玉真何處是劉郎空到洞
中天

上樓

一上高樓一愴神舊粘詩壁舊歌塵荒田野草
生華屋幾日淒涼擁髻人

仁英忌日祭而侑之以詩

驚過空知歲月非舊恩零落夢都稀百年追死日無盡雙淚哭君心漸微有不忍言窺燕舞直無可奈看花飛巫陽雲斷朝猶見此路人間更不歸

月夜感舊

上廊孤月白於銀似感當時竝倚人舊事在心除不得風光滿眼戀無因竟疑今昨夢誰是淦別悲歡認未眞何用惘然千載内此生俛仰已成塵

夢見

單衫杏子鵶雛鬢雙臉芙蓉柳葉眉波冷洞庭巫雨散是耶非向夢邊迷

九月二十四日爲仁英衣禓之辰酹酒而侑之以詩

與君已了夙姻緣雲散巫陽曲散絃逝水不堪論去日菊花猶爲記生年鶴如千歲歸誰識燕又雙飛影自憐恨滿西風吹酹酒寄憑想像舊芳筵

將去寓齋

問子何事重欷歔歲月身孤久寄居有愧盤餐母也德未酬燈火客中書新添白髮知無那舊織青袁計已虛回首笑曾雄意氣如今橫脚頓教紆

若女

漆髮玉肉蘭初叢薄衣欲勝嬌春風學語千聲鳥弄囀解笑雙臉花發紅却憶昔年女始生我妻溘逝舍母情夜半不曾取火視畏惡女以母命并今日看女漸已長宛宛形生於母彷時同上馬面癰樹竟覺生光珠在掌我年失母八九

間生不見母女更艱依倚外家雖足仗恩理終愧爲父顏提挈東西分兩處總以飄零失門户我今娶婦女呼母潛淚一思而母苦

春夜月

夜氣薄帷外空園少四鄰花如憐有影月竟解無人久客惜將去微吟賓爾春漏聲催世事延佇此迷津

過陸秋江書屋數爲具食念其近貧非所堪也戲有此贈

世事我已都不營妙風時想莊惠清昨舍故人

雁留食側聽門東兒唬聲簹置千金事已去雨淋十日歌何情後者清談會爲約略似袁生過應生

寄友都下

一刺留門苦欲通十年漫滅竟何功紹威鑄鐵眞成錯杜赫張羅枉送窮壯不如人臣已老瓠無所用子猶蓬秋風若有蓴鱸思香土驅歸東復東

次韻曹千一送王壯其北上

驪歌正壓鳳笙嬌郎舍趨從指路遥雄辨塵中揮馬卯清詩裝上載牛腰聲名京雒虛心火氣勢燕齊放眼饒莫道賤軀無一送晨風先發在秋條

贈吳宸士海陵客舍

舊於踏雪贈君詩霜重吳陵又此時試數幾年幾會面不曾一見一信眉文章我漸風塵老嘲謔誰堪大小兒腦滿腸肥知有意徑須蹴舞影參差

同曹千一飲宿練要堂時至自吳陵分韻得東字

轉頭宿處水雲空平楚寒城蒼翠中夜向故人三弄蓬話添新恨五更風錦書不寄緱山北珠粒長沈蓮葉東照取盛衰顔色異教人無奈燭燒紅

再留千一宿疊前韻

無家可夢夢歸空異館濃交夜氣中失意自憐亾笑疾臨文差足愈頭風共眠露浸雞棲半後約雲迷馬首東莫待相思不相見一尊還盡火鑪紅

留別千一無垢

斗酒千詩紀此遊清歌狂舞樂方流三人行似雞連翼十夜眠如爪帶鉤情好未忘風雨約天寒亦有稻粱謀居然遼落江山勢別後君愁我更愁

次韻千一送別

去去予多恨茫茫君更論荒雞催曙色孤燭晃離魂寒雨連江淨酸風卷地昏不知今夜宿吟斷是何村

未得別千一無垢俱有詩復爲別意

遂與君別者清晨理我裝當飯未得下欲咽不

咽惀心腸王子與我好見詩每傾倒我負其錢不得索傲然何曾屑懷抱曹子貧最眞十夜不去從論文昨朝邀我寒廳飲鑾刀縷切何紛紛自念無德以相致薄遊豈不惜人情所以臨當別惻惻心思之心思之天風爲吹黃雲四垂臨當出門忽飛何處雨數聲霎霎送我知道阻路滑車行亦危曹王二子拍手笑笑我雖有翅翎濕却何能飛更攜二子手坐釋此清嘈續其前者詩爲補墨漏義良時忽復晚華鐙高下置不知形骸是眞聚翻疑昨別魂今夜夢中相對視

感此心悠悠人生殷勤何必同衾裯但當君在江北岸我在海西頭風雲鳥路氣志相求居世各努力毋令變廹日暮休令日不果去明日難再畱願及今致子一言男兒勿爲離別愁若無前者父離別何由今者一見與子傾綢繆

充射堂詩集卷第二

充射堂詩集卷第三

陽山　魏周琬　旭棠

初聞雷

今日東風動暖氣萋欲羊裘脫不衣十口朝飢未授餐一尺開書猶課弟此是吾家汗血駒定看他時洛水戲念我抑塞久苦顏談者輕之馬穿鼻季龍眞爲海鷗鳥叔子焉如銅雀妓夜燒紅燭緝芳思不忍綺寮對清嘈宜見東城紅萼花劇想南陌青絲騎中宵雷破雨初懸漠漠陰寒風四吹閒房獨坐敬容止頓覺鯀心變悽淚

蟄蟲啟戶出自艱鱗甲久伏用猶稺時乎時乎會當來浩蕩春光一提試

送方與可先生之新泰

楊柳風生慧曉池如何竝宅此離時我驅驢走有驅我誰笑羊亾無笑誰二月挾寒春寂歷一杯難餞語淒迷高堂老眼看書劍鐺底君須焦飯遺

贈孫子畫

孫子翛然如瘦鶴却比靈和柳更弱記得逢君七年前星晚市門喫不托此後會而亦偶然各

趨生事馬競鞭今日相尋瓦官寺聽吟新句春風妍若過三十猶未婚鶯花滿眼與銷魂解珮不逢神洛女仗劍且從奴崑崙

酬王二無垢

去年二月君相就今年詩寄舊時候感時念事一愴心雨倒春風黑清晝梅花已開我不知桃花未破小如豆有鳥時時來啄之不曾驅此動衫袖此意非復春能闗定於心中有惡搆索無眞氣只倦昏坐處那尋一步走竟日常自口不開獨語如夢時錯謬我之筆硯从抛擲几上塵

積寸許厚時因體中覺不佳一句兩句或自救六情既滯音律舛那可飲人作醇酎鬱乎予心何乃爾日夕但以思君瘦讀君之詩見君意其辭悽備能敘舊水之迢迢爲孤流五六百字無飣餖既讀展縮凡數次於中瑣悉始得究久成默閉同寒蟬舒吻亦得盪瞢膝歡爾有喜吟未輟曠若復面聆謦欬轉因咎子何不來我空執詩引頸脰詩中自言將適京多以此故難逗遛我欲挐舟往送之又恐落子驅車後以此悽悵仍苦顔淚下竟如屋摧霤懼子取貴公卿間漸

成久别異馳驟去年此地一杯酒光陰倏閃似鼯鼪作詩一爲道此意字不點竄存質陋君詩大長我詩短不作奔句與君鬭下筆已苦愁紛多愁不可止矧多又

無垢許以三月助曹千一婚詩問千一

桃花催放晚春天説欲歸妻鬭此妍名士只今王處仲幾多歛得阮修錢

惆悵

霏靡纖草霧輕籠似馬如錢春望中亦欲放懷尋却去又成惆悵此東風

寄懷吳孟辰眞州

記得酒闌興未闌如今庭院尚人間江頭又見催楊柳恰妬春風數往還

飲孫二斗文宅

常時行處少隨宥孫寶新從大舍還得節似休日至吏到門眞繫月明船不談文字羞儒業終笑生涯守薄田何用相知俱壯健酒杯歌拍但年年

率爾有作

心有不能安讀書如隸揖上官塞心以自苦前

門驅狼後門虎不知何用復爾耳只欲但坐此間死世事由來一車鬼却笑燃犀照磯水小不可忍自煩懣猥以屐齒走踏卵古之達者式其度我竟癡耶寧不寤謂君去去欲何許先買千縑謝妄語後摩新刀十五女

遺意

骨比虞翻知相阸才如靈運恨思遲吾生料可行休矣世事何須危得之扶植道心新有力破除俗學舊無師闔門時許人來往秖是同騎竹馬兒

張貞女詩 并引

考之于禮取女有吉而夫死女斬衰而弔既葬而除之士庶人之喪葬不踰月葬而遂除以未成婦也可以除則可以更適人以未成婦而不例以從一之義禮之中庸也秦郵張訒菴孝廉女許字秀才李君日熊未歸而李君沒女誓靡他後三年泣請於其父母欲歸李氏以養舅姑既不可以奪爲言諸李氏即以日熊忌日素輿迎至其家一停弱女子耳循性而動亦烏知禮則且又先王所不敢以人情之難能揭其義於經者而女自蹈之如此豈非甚盛予觀于古烈女多既婚而良人捐背遂篤情敦節畢志所天知舊述者已謂生民之至艱而荼毒之極哀然則以彼盛藻不知宜何如聞高義於斯女也爲悲而詠之用貽其家而卒其志云

蘿生亦有依女生亦有歸平生昧君面君死義安之嗟哉張氏女窈窕閟孤姿鴆鳩爲媒説佻巧東西飛女心懷悲傷念爲李氏妻與君雖未

婚心想舍光儀自求其死夫何故見奪爲三載思徘徊一朝事突奇長跪啟父母女歸及良期當以語舅姑相迎永永依其吉以子卯其車以素帷其士以幽靈其室以闔扉其入門以哭其服以齊衰其父母張燭三夜思相離其親賓不觴聚觀爲歔欷既至定心意空館棲孤雌奉嬪雖令夕嘉禮成何時千秋北邙土魂魄無嫌疑寄謝述文士何用重驚推女心不道苦皦皦徒爲啖

紀雨 并引

吾鄉地形如敧釜率六七月淮水決受其下流田故不收辛巳而後獲以安瀾人不乏食今年乙酉五月田者蒙比歲之薄入肆手足之裕勤蚕畢耕事將及耘期念且并沐時澤得遂霑化乃自二十三日入六月一日大雨注五尺許心怵慮易農夫悉其婦子守于田而不去抐器掠泥覆岓爲高以補塌漏泥爛不能勝注雨且雨益多力難爲也激水跳珠彌望爲白農工棄矣飢殍因之可爲酸鼻此與昔河決之水盍

無以異況因雨致潰隄必不保豈吾鄉氣數適然耶予所居室穿漏十數處而爛裳久袴殘帙蠹書經旬以來風日不加積以蒸濕竟難振手又塗巷隔絕親友莫從問可知矣至於憂生之情益所勿道

五月蓼花垂深紅四屋行蟻繹絡中暮天不動廣野封鳩婦聚哭心忡忡高衢紛戀馳豐隆九閽謹鑰因祝融雷如車重碾山穹電如夜戰伏炬烽雲如勃碣氣移從雨如飛海接漢通吸如帝寐駒聞空注如疾鏃紛離控陷如窪坳牛蹏蹤密如斜槃施無縫長如幽泣哀難終響如筑濫喧耳聾十日烏沒扶桑東何有蕭條來高風薄田已沈歲不逢却笑前者抱甕翁漢陰遍流水淙淙天不以食酬女功我亦飢疲隨老農茫然四顧營心胸秋來何計供晚菘長此顑頷非人雄明朝賣賦長門宮不怕鬼笑劉伯龍

水夜

水沈罷亞十頃田家無撲滿畱一錢秋風入門心茫然飢吟不任聲輟篇伏几蕭條晝假逸驅蠅擲盡曹思筆夜欲假寐遭兒啼開户起行見月出清景如此吾何求便付此生與天休獨有

一事且須作致書貸粟監河矦

應試金陵過真州投吳孟辰

一別倏六年人生定幾見將見心惕忡別理此足念意氣豈不許錯迕事難券接塵今者遊又非久攣攣自前解手來坎壈而足喑貧賤既身累又弗保平善思愁變形容鬢白已似霞臨當欲晤時翻懼不識面我來值秋水浩蕩激帆片將隨魚龍戲角抵逐漫衍苦不放此物郵遽若乘傳孫弘志希世故人愧長倩暫弭臨江節一

宿期僧院結念非萍迹神契有繾綣懼君悵易
離乃以此詩先

與吳宸士

憶爲酣豐酒壚前恍似金城感昔年初落梧楸
尋寺入又驚風雨對牀眠過江名士吾何敢濫
吹先生事或然且自羈程問幽贄夜深應許竦
詩肩

與天寧寺僧宗可

客候秋鴻至信如江上潮笑爲蝸角道來過虎
溪橋凉月洗孤院妙香開旅宵因君借神駿一

看起超遼

喜孫三青湖以經元獲雋南闈

黃壚阮竈時同食巴雨巫雲幾共眠秋雁一行
新拆陣夜雞三舞竟先鞭生涯略吐蠶中矣世
味如嘗蔗尾然長倩故人心欲贈暮寒孤劍倚
蒼煙

遣悶示同學諸子

我何愁歎苦神爲晶晶秋日坐人扉拂拭舊書
啟燥吻歡如友至愛莫違欸思名成東高閣前
川爲計已大非蘭芳充堂絃繞梁君子藏器亦

足肥歲荒食儉息紛欲泊然體氣怡清微我心
未必守蟬露鳳不輕見修其威努力同學持此
詩藏家三年後出之

秋盡庭中得月却憶前在金陵

江山歷處一勞身正值茫茫欲問津明遠樓邊
聽漏客秦淮橋上買花人似曾相識好風月竟
未能吟舊性眞爲爾笑人還寂寂滿庭清影弄
愁新

秋晚述懷四首

緒秋寒浸杜門深刻葉勞勞尚此心日上三竿

踏甕起夜安殘啖抱冰吟珮蘭季妹工梭織椎
髻貧妻補絮衾便欲端憂經歲莫是中應有得
相尋

不嫁娉婷空自顰去秦歸洛一間身世情熟揣
面如鐵書債催償髮變銀大布裹寒好作計細
腰多餓亦何嗔題詩竟荅親知問複壁深藏賣
餅人

薰面敝裘聊復似鷃疑蛄笑亦多時欲投我藥
終無病不荅君言屬有思櫪月帶嘶霜慘憺竹
花稀食歲輖飢秋風奄此離披者惆悵美人南

國逋
料理千迴猶未安不眠心事自蹣跚歌聲笛管
南鄰急夜氣星辰北斗寒劍伏竟妨雷煥望淚
收寧予卞和彈一聲哀雁下空響風落碎花朱
爐殘

秋盡得菊花數枝瘦甚作三絶句

鎖户鉤窗隙駟流落英空爲夕餐憂數枝誰與
殷勤贈點我西堂的秋
風霜酸苦剩孤榮細蘂殘香入夜欒不是徐娘
妝半面瘦花鉤句餓淵明

看渠姿格減腰身朝染輕霜暮冷雲却戰紅秋
嚴殺盡小頭鋭面武安君

寄王桐孫年伯御史

春風吹氣入琅玕已見朝陽集鳳鸞淮水佩刀
名晉德銀章青綬重秦官時清豈有攀檻劍
主聖還加避帳冠霜驥自憐蹄易蹶每虛天路
問平安

短歌寄王大壯其王二無垢京邸

與君各失意中事君爲眊矂我噎氣與君俱是
嶔崎人我笑朝天君應聞今夜思君滿空月獨
成惆悵向誰説作歌天寒歌難長硯滑手攣燈
怯光何日君歸我一訪會走春風馬糞巷

送孫青湖計偕北上

送人作郡吾無謂與子形骸亦久忘别路風雲
初漢漢夢家江漢已茫茫黑貂寒盡歌筵酒緑
草春先計吏裝珍重楊何傳易學菑川莫負漢
文章

和孫二斗文鬚斷

孫子讀書斷其鬚意中懊惱殊惜之自言鬚長
止一莖既去存者皆無奇作詩寓旨感而深竟

少一笑掀髯吟丈夫俊整在丰局雄姿睥睨亦
足欽初識君時鬚未出過今十年應無黑吁此
一鬚有玅理先君老醜得求脱君不見君友魏
玉山年過四十心不閒讀書夜破春風寒不知
鼠肝蟲臂在其間

書債

課讀萬卷書如償萬金債貧子致積欠空知文
簿在錢債有催索書債無呼逮遂少讀書人何
處草生帶

永哀二首 并引

予九歲失母更今三十四年不可得憶略求其似而已由童騃不識思慕壯長益兹遡如外祖副憲周公崧庵以官閩時海賊亂廣陵鄉信傳迮夫人死遂於任娶閩大族曾氏後鄉信至實不死曾退就側室無子生吾母一人自副憲公沒迎曾于興而養之者近十年歲故荒甘脆不具歿以戊寅正月七日年七十一即其歲送喪廣陵葬副憲公墓側因觸敘舊哀詩并及之

有母人人緊我無憶爲孩幼背親慈於今三紀瞻靡夢他日重泉拜亦疑至性早衰悲命薄遺股空大識身虧選官即有韓康伯料理應難及此兒

外家門巷罷行車宅相空知卜魏舒荒饉依人焦飯愧老衰思土白雲疎春風疾病無餘閣丘首衣冠傍近壚生死盛衰那復道爲牽心恨幾躊躇

祀宋公既庭 并引

宋公既庭爲興邑廣文雖仕不達而博學隱德要自推排人間數十年故是一舊物年八十以老病歸吳門門下諸生建生祠學舍之東隙地已聞其歿始今年丙戌以春秋奉公祭牲酒溪毛即其祠行禮焉蜀郡之祀文翁桐鄉之嘗朱邑皆民士自爲之益文以情加愛因敬著匪自外至亦曰永修然則吾人今日之祀公不可謂非典也後來者勉之

四星西應少微官儒雅風流擅此壇常自芘卿齋飯豉不曾累令給猪肝桐鄉今日祠朱邑華屋何人哭謝安門下猶餘舊時士水深溪藻出風湍

以詩乞趙景山磚硯

吾不辯雞鶩乃好畜筆硯有似田舍翁書囊集帷殿前得眉子石金星燦片片後得下巖端潤如古玉瑱親從文字間辛苦十年戰贈者孫與徐令復屢遷轉喜奪亦輕予性率無久戀吾友趙景山篤學少熒眩示我古磚硯塵垢被滿面浴以井寒水拭以衫袖絹清泠瓦聲鏗明畫刀痕見圓池刻龍馬破缺存僅線背銘取四卦句字尚完善託意於借觀實懷弋者篡歸璧留趙

使子城出秦券通達中有魏貯此亦如傳頋君存闊略游戲觀物變誰能呵護此冥冥夜雷電

即事贈趙以南二絶

沸天歌吹映山船夾水香車簇道鞭君到揚州曾識否竟無陰鳳脱衣錢

日午藜羹撐腹鳴穆生無酒夜初斟若論漂母當年德不及晨炊亭長心

立秋前三日王二無垢以書來迎先待於吳陵刻期爲晤舟夜口占

近秋書到語相思待我吳陵刻見時發日人隨

雨脚上望邊雲護馬頭遲青菰白水縈孤棹紅燭烏皮擬會詩最是君家熟遊處夢猶識路赴先期

壯其約來晤於郡城不果至寄近詩數十首而已次前韻

自君之往生離思既曰歸止歡無時欲至不至雲近遠一聲兩聲蓬低遲秋風又起吹我夢落葉爲數吟君詩失此相望各多事誰者茫茫能後期

別無垢與敎禪寺

略遣愁時更欲愁客心深處自逢秋潮生風起成吾去馬熱車煩觸子畱兩別寺門鐘作送再尋白社夢知投蒼茫若問將何贈多少浮生向此流

七夕舟次寄無垢別意

孤蓬生雨夜秋漢渡星時人若長無別何傳天上期

歸舟

一羣鴨睡雲堆岸百箇鸝鳴風拂枝歸去稻黄與蟹紫定餘幽事到吟詩

秋懷荅孫二斗文

物色初收淒緊天風颷鷹隼思茫然事來不得小須後才拙終難大過前轅釜親情無怨在斷金交道有書傳念爲蘭菊滋千畝盡識王孫飯此賢

硯兒病篤京口吳時乘以參茸治之獲痊賦謝

未能無難到公卿空抱林回棄璧情衞氏一兒嗟悴弱桐君三卷録神明即今獲慰秦人愛他日畱慙楚相榮安得如公施巨手遍將溝瘠起

餘生

殷深源

貪夫狗穢夢貞士守素名兩者異趨路豈以一身并異哉殷深源管葛火推評晉綱屬危弊不出憂蒼生數讓拜既難一敗擯亦輕違才用難效適任器易盈僅拙末爲鄙雖廢猶可清如何泣貧賤詠詩送韓甥又以空函達謬悮想餘榮屏居收人望口談聊怡情至令勢利客猶畏征虜亭

存齋叔止一子而殤有歎

貧儒雖乏好家居亦賴纖兒荷矢弧未肯千斤易羸犉頓教九歲喪童烏艱難有婦悲將老停弱非男且勝無犀角簪頭他日事不須哀怨賦窮孤

輓侍御王桐孫年伯元配李安人

濟尼林下擬風神杵柏當年舊食貧象緯魚軒雷不住銀蠶金棗逝何因關心僊石支機事寄語牛衣草諫人我與王家三子善登堂爲感箕巾陳

夜情别意同徐清苑曹千一李尹白賦

既至念前别今别復在茲罷酒客不散相強歌聲爲一歌行路難再歌長相思聲澀歌竟斷問夜如何其問夜如何其共言秋夜遲已聽哀雁度莫是曉風吹

秋晚自延令至吳陵夜投宿店

騎驢秋行秋欲繪捷走畏秋落驢背月黑夜到吳陵城投店恰聽鼓初揭店客塡塞盡販夫我欲交語慚素昧割牀藉草置我軀蚤蝨得人肆微喙主人持飯餉客罷客自買酒相牽慰劇飲白攓無師風市語里歌雜話謔我雖與我相周

旋要自聒耳不得寐主人關門催客眠踞牀伸脚錯履屏人氣衆盛薰我肌我噎不能出清喟即事遂爾覺委頓自用踽獨由囊態短屋已上雞三號遠鐸時動犬一吠亟起取火畏我裝解錢與主酬飯費出門秋風迎獨走颯颯衣裾滿凉吹

不葬

洛浦歸骸冷襚衾瓦爈繐帳度塵深七年不葬樹靡卜十口無歸田更沈家置萬家男子志山貽别地古人心養雞種蒜思成計泣向長風送

苦吟

除夜

校計一年事短長終亦平歲荒雖減食家乏爲添丁雨巷猶喧屐風宵早罷更殷勤期達曙祇是舊逢迎

贈李弘齋書屋

面城近市爲茆屋宛似江南庾子山若與春風相料理落花飛好鳥呼閒

春月思二首

月滿春風外花開舊夢邊庭中相望盡所得是

淒然

被酒不成睡弄絃心欲降春風將夜月吹曉讀書窗

讀書

陶潛不求解邢邵思誤書我亦性脫略但適無所餘讀書如看山接眼靈氣孤搜討窮洞壑恐此非理初哲匠畱文字寧用爲轍塗求心苟已足在名何成乎芳菲新日夜揺蕩動衣裾歲歲春風似刻得舊痕無

西城耦射

楚將孤城臥月開餓鴟聲叫每摧哀陽元自是纔充射笑指烏珠貼摘梅

夜飲思壯其無垢

琵琶輕撥倚歌喉醉與春風作款畱忽想開城馳夜騎一壺飛勸到光州

出東門贈所知

君莫出東門東門女如雲如雲之女笑何齲自言解作陽臺雨楚王白骨已青苔荒夢而今猶在哉我心耿耿依江漢秣馬思從心不亂深情却寄無情處但到有情被情悞君不見東家子

登牆望臣已三年至今未許猶令白雪傷春妍又不見山陰主西上閤畱十宿客逼到天明終屹立笑公鬚髯何事空如戟丈夫意氣横九州安能廻腸失志坐死於湫風淒雨遂與狐狸共一丘佳人傾國與傾城士無城國以身傾君何苦我欲爲君思量取縞袂青裙君有婦好學湖裏鴛鴦飛莫聽河東獅子吼

春感三首

抛擲年光總不知春風二月閉門時癡名略似王懷祖熱夢難如張敬兒青眷故人成漸密白

頭新髮謝無私欲酬身世知何事休矣吾方爛熟思

雨釀塵衢活活泥室間軒左秘孤奇愛貧長得門無事貪學莫言生有涯頗欲字兒爲犬子亦宜稱婦以蠶姬露車未及扁舟意春水桃花不我欺

六龍鑾下江南富貴諸生想立談江驛天寒方夢筆御塵春暖已傳柑押收官韻唯餘二法抗臣書無第三何事舊名驚蛺蝶獨尋閒草戀谿潭

從弟丙次新娶歌筵二首

輕謳白紵譜翻新蠟炬殘燒節鼓頻弄玉秖憐簫史曲滿堂絲管爲何人

眼花耳熱錦筵新送枕臺聽點漏頻雨暮春歸乘鳳客月明寒散度歌人

絶句贈方字裒

空桑野水聽官蛙漸覺憂多春草芽記取雪寒窗似月與君眠起夜煎茶

夜宴四首

夜館張燈四幙垂正聞寥亮發清哀桓伊莫道不相識車駐青溪弄笛迴

朱絃玉柱繞緜聲此樂傳來舊是秦月自不流風亦住一天舞鶴感何人

抱月聲從膝上憐漢家悽調逐鞍韉邊關今日通朝使不向烏孫奏急絃

初調絲管緩聲浮一動清歌拍滿樓醒客欲歸歸不得燭殘星大唱梁州

納涼

晚涼門巷讀書人燈火休時不借鄰學處知聞與世隔靜中天地到身親葳蕤花宿深藏乳玉

雪兒歌淺弄昏曛得浩然風露下便乘牛斗也知津

旱二首

剗斷朝餐爲憫農夜藏星漢轉憧憧雲頭重似黄茆瘴雨點疎於上界鐘老父漢陰猶抱甕兒童里社自祠龍蕭條野日延燒盡繞是高春又下春

枝撐飢腹事耕耘望歲同於望赦懃東海定誰寃孝婦長房猶自繫淫君遥遥不下如焚日滌滌空瞻似蓋雲獨有去年河泛決雨添三尺夜

深翠

夜琴

長日枝梧過追涼起夕情草堂延月麗竹簟寫風清學道安初拙趨時辱火營欲知心累絶别鵠夜琴聲

書秋

楚客心情少喔咿四垂簾幙意行遲秋風渭水無離别木葉淮南有悵思騷怨入腸攻不已詩窮坐命避安之蕨薇老共蒹葭冷占得人間張緒飢

秋院

鼪鼯徑柱雚蔾中庭院秋天賞不窮羊角風來知掃地魚鱗雲起欲糊櫳草肥晨報稀疎雨堦瀉宵吟斷續蟲便與門庭應作敎林宗以外未須通

蚤起

骨冷魂清夢寐稀曉鐘催徹自披衣花垂重露遲人起蛛失明河罷網歸點點孤煙生處直蒼蒼羣動定中微山紅澗碧思前路幾處躊躇事又非

湖東夕宿

迢遞勝湖蓮葉東孤村秋淨水涔空三杯釃酒傾壺白二里墟燈接眼紅野宿有人安席幕夜春無女弄霜風入城擬鎖南窗屋身外僅貧煙火通

十月十三日夜坐

與世何能更有營寸心關鑰若重城載寒明月自孤夜泛酒清詩有正聲憂道好爲貧作計著書須待晚成名敝裘羸體安支坐又聽長更對短檠

充射堂詩集卷第三

充射堂詩集卷第四

陽山　魏周琬　旭棠

贈陸三秋江之八寶

昌黎東野稱雲龍雖有離別無由逢玉山秋江亦蛩蟨假足遺草情不竭去臘同君旅食中破踏夜霜尋寒空今正共我燈宵裏嘲弄春風無窮已斷笑辭懽君忽行折柳欲贈柳未青我亦閉門事却掃咄哉所期長安道

正月二十八日寓樓對雪憶壬午春讀書定慈禪寺雪中有詠忽感其事兼

記吟春雪讀書臺六換春風舞雪迴霑舊緼袍如出絮照新白髮竝成堆蕭條隱几心多恨凋悵登樓賦易哀消息不違窗曙動定知寒破百昌催

二月苦寒

飯消鳴腹酒辭脣縮坐禁寒氣不伸欲捉韓生温熱柄可知魏勃妄庸人花因嗤雪妝添夜烏爲疑春語閟晨斃得破藩樓下去琳琅玉砌九衢塵

周氏詩并引

王九子魏氏僕也主貧而食不給與其父英虛主屋而僦居西門外賣餺飥自糊口有婦曰周氏隨夫助操作以日暮門外滌器有惡少醉欲戲焉婦慚歸語其翁夫遽出而獲之里中鬨然特爲好語謝周氏而令惡少父捶其此事而以不孝狀鳴於官既笞之二十周氏憤結不食更二日乘翁蚤出夫又治市物爲雨子穿衣畢哺其幼者以乳使無啼遽自經死昔歐陽文忠公

傳馮道而詳入虢州司户叅軍王凝妻李氏一事葢以妾婦之所有愧士大夫之所無稱文錯而見義遠也以李氏事述之李氏暮止開封旅舍旅舍主人牽臂使出李氏念婦人豈可以此臂爲人所執乃引斧斷其臂今周氏不能忍耻以偷生正此意也若以周氏賤人可不録李善非蒼頭乎以有司上其狀累遷日南大守炳在漢史後世榮之苟著名節僕不僕非所云也是以哀其人之輕微而卒使見於子詩又此

鄉舊有風規有樂道人之善者因得以廣
焉
矜凶挾狡誰氏子自言幾處能投李水深河大
日當心淼淼不逢溱與洧皎彼明霜誰氏女白
地皷人呼阿紫念難忍耻以偷生三尺絲長比
川氾哼哼之聲誰者車貞當見旌惡當褫國風
已亾補其詩亦有無聲自彈指

上巳

忽忽今日是何日上巳車馬走騎騈小樓高絕
自開外時送讀書三兩聲玉蘭藥瘦梅落盡東

風吹寒餘未生昨夜到窗雪窺坐魂冷無可娛
孤清瓦上白覆曉如練旋化濕煙搖空精陽春
豈不甚正直驅逐陰類何其能志士良苦莫復
恤日夜自修無側傾我歌即是小海唱書付浮
橋橋上人

題玉蘭

春風與我數相期燒燭紅妝悔舊詩今夜院庭
初試月玉蘭顏色更無疑

吳陵看花後和徐清苑來詩

去年秋緒今春寄外地花心客淚承夜月板橋
人盡散好從天上看徐陵

孫斗文子立入泮即送其南闈應試

年少人皆咏子丰未如舉止此雍容秀才額癢
稱三耳雛鳳聲清算八龍空使兒曹懸楚相敢
同牀下拜郊松即令組練長驅者誰敵江南舊
戰艟

月夕偶題二首

麥黍低昂七尺軀蕭蕭白髮滿頭顱爬沙脚手
蟾蜍鈍居壁心情蟋蟀孤夢幻誘人終不寤文
章憎命定非誣只餘秋月風廊夜未解飢劬解

鬱紆
豐樂已輸背上箭萊蕪新長釜中魚夜篇一曲
哀何切卯酒三杯醉不除無事可爲因卻事有
書還讀莫讐書客嘲賓戲真輕薄雲夢胸中賦
子虛

餞斗文謁選

遲鈍陽元猶下帷祖生先已著鞭馳十年堂上
亂主客一夜燈前思别離捉鼻笑徒知不免畫
眉人豈定亡奇後來只辦荆州字付與孫郎帳
下兒

九月二十四日夜題長慶集後

長慶詩人元與白新意鮮詞如織帛織成纖霧配青琴萃蔡衣聲鬱谿谷又如合彈箏與琵琶兒喉中歌不格慢聲急調總相宜譜入霓裳三疊拍詩可不作不可費何用泥沙以椎劃詩味難於飢啄玉詩人易之肥食敷夜寒偶讀二子詩流眼牀頭開五尺蕩漾春江踏浪兒隔離瀛海談潮客天地萬古如混沌能者時時鑿一隙要欲嘯傲羣兒愚坐令杜門古自齰花柳亦足事嘲詠胃腎無乃太閒適風義當如飯山叟至

今壇上推嘆唶繼者韓公亦倔強孔思周情生奕奕餘子作者何其工費盡新詩買陳迹詞人償酒乞花外不道一生無憂責門裏燈花綴玉蟲門外葉乾飛㩼㩼

十一月十五日夜坐

户内坐深人密微户外月出寒流輝學問猶作困獸鬭世事終如連雞飛起行徘徊亦久立霜氣欲動森何威置月還坐畏不寐昨夜夢中多是非

春霽詠庭梅

顛風亂雨四三朝纔見晴花簇綺寮巧弄嚬妝含宿淚緩飛殘雪點裙腰春如減却雷難住愁未添將看自饒更映玉肌清徹夜澹黃新月晚空寥

風雨詠玉蘭同王壯其徐清苑

老梅摧盡不曾看拂曙淒清冷玉蘭花好雨風偏欲妬運窮詩句總無懽瓊堦未埽明月碎軫粟初生擁背寒我是梁園舊詞客爲君作意剪冰紈

雨夜看玉蘭

惜花潛夜到花前姑射神姿望藐然一樹雨深輕染碧半庭香濕細和煙差池玉燕棲難定滑膩江娥浴更妍詩思是中吾欲老温柔鄉在白雲邊

將謀北上雨夜雷題練要堂

抛學求名原可歎避愁如怨豈安栖三千滾滾塵砂路二月萋萋芳草堤白髮有根生又甚黑裘無主去終迷他時夜話如相及風雨窮交過魏齊

不值無垢雷詩道意即次其自都寄徐

清苑二十一韻

蒙然張口不得吼病攻貧劫四面寇寄愁天上地理憂破散驅之聊一救我已皎皎無疑慮旋燒車船與延覯愁著心本如草根草爭春生落愁後任理可以輕凡亡臨事終欲講秦媾一日大笑别妻子即路慨然豈可復長安樂如肉味美出門向西引頸脰未即黄金貴詞賦貴且白屋離諄詢所嗟季子裘馬單欲借王吉恭敬謬尋之不值可奈何釋嶠孤雲又反岫我所思兮歌四愁亦云歸矣采三秀空使昨者親賓餞爲事不成語諜漏插翅未如馬肉飛乘車却尋鼠穴走抽刀斷水水更流杜詩韓筆重教讀琴在空傳山水音劍没豈燭斗牛宿誰能富貴待年至直爲飢寒以命授此語淒寒難再陳便食穅覈聽應瘦青草三春有歸裝白衣九日遲清酎望望須君爲楚遊去去思君猶宿書斷翼縶足與封情蚤晚君歸一訪不

柴墟道中酬趙北江

擘絮晴飛夢雨空漾舟無力信春風 心懸孤鳥白雲外眼醉萬花紅塢中間日不辭尋杜曲移家終欲似新豐桃源失却非無路撇水騎魚東又東

寒食日阻風

二月寒食節一舟野水傍野水豈不恬風激奔雷硠倦客訶春風翏翏作何狂青陽媚時物各爭景與光不得使之舒擲掉從摧藏即如自我出宿留非一方好花慳嗇林不忍對愁妝令歸亦已勞萬象愁遠荒豈無胸中氣噤瘁不得將何以慰淹滯空夕響鳴榔

讀書

讀書多後見書理割去一字失根柢得食少時知食味欻來三咽生盎睟營食棄書母乃愚腹大空有七尺軀味書忘食何所求命窮豈止十年休

悼陳君采

生無妻子作因依死病關門人不知留得王孫遺令在北邙原上草離離

詠孝婦周氏

笄總年年問夜初白雲無復護窗疏如今愁絶姜詩婦江水時飛雙鯉魚

沈家令

一建梁臺萬事移重瞳謀略冠當時坐中誰識沈家令文惠宮人老妓師

秦望山刻石

儉腹猶如一掬慳古碑文字石斑斑不因史記巾箱物那占時名秦望山

古押衙二首

籍没紅顔舊有家凄涼夜驛塞鴻茶若教出得深宮裏只用人間古押衙

無雙價直萬黄金就萬黄金易可尋世上至今

無覔處茅山靈藥押衙心

薺花

野地閒田逐細遮也教採入内人家九鸞釵側如珠白秪鬬時新不鬬花

菜花

風鬟露鬢雨煙姿未到童謡欲落時一抹澹黄天近遠蝶穿鸝度雨難知

遲牡丹開不得雷題

傾城消息遲花開欲開未開思難裁小憐妝點不時至梅妃脫綴何當來舒睞流光必照耀獻

笑貢媚猶遲迴天敎收拾春風盡不怕青山白雨催

哀春飢

江東米價問不荅西山蕨薇采不肥此子於外無人事坐對春風吹飢羸寒風吹飢飢日短春風吹飢飢日長可惜春風吹日日入户妍妙無人當春田不耕雨淫淫隴麥難秀露泥渾却去閏年畱月小一日抵度一千春裏城嶕類今少少人命何能遲霜草惡力爲君進一餐世間那有清腸稻

吳鴻漸讀書西寺索長句

小樓清絕辟塵埃金碧觚稜入望開簫伴舊偷靈藥去酒人新問異書來會稽西寺談如屑鄮杜南城雲作堆若謁懶殘悽唱後十年領取不須猜

門前栁贈吳次及

十年一踏盂城土多少浮生向此去惟有吳氏門前栁不改條條青掛樹横遮略彴遶回塘滿滿風吹雨斜度款啟君家語始通恰送鶯啼雨三處感我悽悽求友心斷續中間如欲訴我是

信陵舊風氣君亦季子雅情愫揺毫擲簡無嫌猜倒海迴山相傾慕杯盤夕空醉出門不覺柳煙籠顧兎此景此處無時無可惜會稀别匆遽我時折柳與君言門前高柳情無數一别一折門前柳願至折盡長行路

戲贈陳東平先生

太丘先生狂而眞稜眼虬鬚五尺身訕笑時名占文字直用一杯殺三人世上匈匈畏其口噎氣不出望即踆先生十年棄場屋終弗置身高入雲有如小姑居無郎紅妝晚淺情空紛又如

蕭娘與呂姥擁兵不戰稱將軍此意似畏飲墨汁却養白望欺人羣先生瞪目忽大怒謂子鄙薄胡乃云自讀三墳五典書學爲孟子韓愈文已能皦皦外勢利肯復露索干徵名況今世上重奔競李尖郭錐相抗行叛散經史滅風雅改錯規矩隨方圓名成於我竟何有其人可鄙書可焚以此決然遂捨去遇物傲睨無逡巡呼卿問雁肆徵詭懸河注海生崇論漸知修飾人世苦閉門自養鴛雛珍我與先生昔遊款卧必聯榻坐接茵後見益踈氣彌孤身外唯許釣石溫

先生其克底此志傳以我詩無泯泯他日若致州府迫北山移文愼莫嗔

高郵皇華驛六首

數叢青樹一條河朝映千帆暮萬舸南北兩頭皆此路年年行路換人多

二月初交四月終漕船絡繹去無窮曾經隔歲催租吏漁盡家家喫北風

天子慈仁養萬民民輸軍粟接陳陳船中粒粒皆民力又是如今耕及春

閘人閘水閘年深不改孤圓月滿潯推出蓬窗

千萬里不知多少望鄉心

晨征人起息斜陽泣水排船接勢長不道飛烏解作客一行行也逐船檣

雨斜風逆水琤潺纜斷人飢過一灣人得住家須便住最疲筋力是江關

四月十二日夜飲酒後同吳次及房穫

百李宗楊晀湖上月却懷秦淮海

琤潺須湧動遥聞濛溟空明澹夜雲月與水天黏一色興爲詩酒助三分悽涼淮海鍾才子遼落江山逝大文卻似沅湘波冷後參差吹好望

夫君

同房䈣百李宗楊重飲吳次及宅

酒杯歌板夜情長好與襟懷一放狂小户先拚瓶盞醉清喉不借管絃忙人難高貴爭浮世話可村粗浹笑場剩得通宵垂淚燭城頭鼓盡曙蒼蒼

四月十五日夜吳次及宅小飲後坐柳下翫月

百株高柳插遭迴一片孤城鎖夜愁城上月明行又住行行只在柳梢頭

得魚

江清酒渴夜情縈玉膾金虀欲作羹三十六鱗騰躍出恰聽遠遠撞罶聲

追輓李吉四孝廉

百行如君少缺遺青油幕客老京師還家温序精靈苦事母陳遺焦飯虧諛墓中金爲壽晝作他人嫁得歸遲因尋遺草需胸臆我是登堂舊故知

四月十六日夜李震男孝廉招飲通夜不宿彈碁六博笛弄箏歌極歡而止

次日福海庵雨中賦謝

條條燭盡至天明行樂中間事事并恭酒戰雄三楚户病愁攻下雨齊城聚爲客夜貪留住散是僧寮惹寂清田薄雨洪心緒亂更謀前宴買難成

吉四母吳太孺人節壽補其屏間詩

有母蒼然稱八十鶴髮如絲猶帶黑吳家女子李家婦兩家相國聲隆奕母也盛年賦柏舟節操凜似孤松直常將燈火課兒書婺緯孀機夜深織王謝高門風教清郝鍾紗範嶶音飭子孫

科第接朱輪詩禮衣冠守白壁　天子親題蟠額尊羣公繼和龍章赫不比秦築懷清臺只因丹穴賁財殖貞性所以固年壽苦節宜其受綏錫麻姑十指侍爬搔神烏三足供驅役知住九疑第二峯桃熟千春定藏核

題震男内人王智珠髮繡

蕩腸擘髮四分勻繡作煙籠時樣新纔悔讀書多不信吳宮絲絕魏針神

方惟在四十

古人四十仕方強如日初中月幾望公爲始滿

我過七年事輸君餘亦當我兒癡小啼索飯君妻執爨晨不妝各緣身賤受蹴迫丈夫志抑不得揚願君勿爲貧賤悲急崇明德修文章七年二千五百日若齊我菑登賢良躍馬疾驅懷黃金後得四十三年長盡報恩怨無餘事多求田舍使益昌如此富貴亦已足何用千歲至眼方

苦雨百日

春雨陰連夏雨稠桃花瓜蔓鎮常流瓦溝響筑聞三月日道跤烏晦雨頭邢部漢書週數讀女王永始感孤雷自從裹飯來親識久似歌聲門内休

晴

解駁雲爲辟絮班晴先阡隴後城寰澄鮮不動平漪水遠隱如添新出山耳畔少聲知夏靜口頭多業是吟聞還沽幾盞茅柴酒酌與農夫一慰顔

又雨

漲日攻雲欲逗斜亂雲堆日又全遮廉纖著草青圍露碎急飛空白散花濘濕滿廳鋪木屑蹻跳入部奏泥蛙積雷多少憂心事淖路難行李

主家

五月五日二首

穆家曾進專房婢田氏纔生高户兒但願得招門下客無心更續揞間絲

酒價太高民力少滿城何事醉騰中只緣近午猶空腹易買今朝上頰紅

見月思吳次及

五月九日夜月出色空淨意似有所遇不覺目愁瞪夏氣恢台時與君初合併月訂新知懽柳點閒夜靚遊逐四五人回轉兩三徑忽接湖水觀浩然襟想正潑刺魚網舉沉碭蚌珠孕秋秋六幕動皎皎一心亘歌上晚橋發酒踏曉露醒尋賞理固幽泳空氣亦橫如何遂離隔百里視聽屏轉將前夜月照我庭孤清欲渡河無梁延佇此汀瀅自別嬰人事飛舉極蹭蹬思情易失忘風景必苦證一懽涉談雞萬恨寄心磬憶君君不知竟夕起嘲詠

題徐東青尊酒論文圖

酒作湛淥波文爲鬱雲狀不飲弄噪吻有似偏絃唱世間無好酒和愁住鬲上俗士無好文未

解豕腹漲飲酒須醒狂作文定孤欻吸淺蓬萊
水嘔出心肝藏此語當告誰酒疾與文將

席上贈許闇如

二十年前到君宅家十朱輪門赫奕雲階月地
天有無錢室金堂山鬱積如今日日徵逐君寥
蕭風氣弱而文坐收聲價作氣勢罵人直似灌
將軍問君何以能爾耳爲嫌銅臭輕貴仕大兒
小兒纔數人餘奴牧豬而已矣聽若此言我却
思髙名大富相忌疑若君仍席前者勢紈袴慄
身出何時飲君之酒爲君賀滾滾氣粗言語大

莫倚能文便送窮古來此客延上座

鄭重周將入都

名動京師鄭子真蛾眉欲嫁尚羞貧避門東海
拋齊瑟舉扇西風掩庾塵書著龍鱗知又老客
逢烏噪亦何嗔頷奴羸馬將君去天赭吾人略
似秦

酬許荔生舍人

世人求名如求仙至老不得鬢皓然世人居官
如居室大舍良田積織逑君成進士最少年月
題走映姿翩翩正是玉堂西畔客却還揚州六

月息名士流連河朔飲雪上瓜戰逃炎景如茲
文采與風流何用孤清學散愁兒子森然已立
竹婦笑孟光文不足冷吟閒醉知多少一朝催
上長安道不笑鮎魚緣竹竿嬾性應知號八磚
我如十年刺漫滅君無雷門使斃躃

送外舅伊巖公入霸昌幕即次韻呈妻
表叔丁十一汝奕二首

悠悠身世總支離成事難同鄙食其欲認三生
猶有石全輸一局恰如棊緐華舊館聽歌處瑟
縮新涼感夢時泥爪雪鴻纔得見如何飛羽又

差池

畢日驚巖意凜寒雙丁詞句和應難寄爲拙調
荊州守順與奢年子布看燕市西風思馬勁故
園衰柳識鶯殘枚鄒賓客何時事猶自悽吟白
玉盤

送別外舅即次韻呈妻表叔靜寧牧丁
十皖公

秋風微起古揚州漠漠孤征噴紫騮梁稻校於
鴻食少悽吟比却蟀吟稠兒憐伯道天難問女
嫁黔婁事已休好語靜寧相尉薦遠來了是一

虛舟

放船法海寺

遶城脂水照人明畫舫閒遊士女情浮去緩柔絃是語載來咷噭酒爲兵荷嬌淺立千迴笑鷺滑深調一囀聲幕雨自歸雲自散獨留煙寺洗孤清

次韻黄芋圃招同諸子集介持宇

一十年如彈指頃相逢秋月又新歡蓬萊略淺會時半滄海横流處未安憎命文章我輩拙趨時富貴世途難澆腸酒過低頭去風景心情兩不干

吳晴嵐招同吳仲雲陳念慈朱自觀孫似百解虎觀飲江上

憶昔投牒槐花黄鑰院秋風矮屋凉八萬二千修月户閒襆飯君玉屑沓一別倏經三四年恍如洞口隔神仙今日江城尋舊雨意氣豁達無疑嫌徑買小舟招我飲雨槳撥開水清泠初自一灣遶城曲漸入漭闊目微騁山若修眉天際頭黄泥坂對荻蘆洲捨舟却移斷岸上取樂歡呼狎鷺鷗直至山銜半規日夕紅翻碎清江碧

艇子催歸漾若空一鈎月點蘆花白珍重此時良宴會不緣筵致金虀鱠客主略是東南美端興能飛天地外若是泝流江上路即到當年識君處眼看戰壘下樓船定壓汀南張子布主人大笑進客卮客子酣甚各賦詩我詩歌就緑頭鴨付與君家紅頰兒

次韻晴嵐春日集東園舊作

最是風流吳季賢名園一帶繞斜川春風亂撲龍涎吐夜月閒浮藥玉船百管參差吹有舌一琴古澹蓄無絃知君軒左饒幽事那關王家馬埒錢

與諸同志賦别四首

呰窳年年計未成轉將營食易求名中寒襟體幽憂客觸熱人家禨襪生隙月帶魂浮臥簟亂蛩經雨入秋聲從今不作顛當意喟此西風無數情

放浪從人處處呼周旋那更識眞吾飢隨漂母貧飽叔兄事衣絲弟灌夫博士買驢三紙券莊生種樹一葫蘆便令滾滾爭門去已是嫛婗兀地奴

貧女衣襦不掩形，向人猶説嫁娉婷。寧同白汗交流驥，肯作青編乾死螢。撲滿贈多新縞紵，索郎傾盡老盆瓶。一環江水風流在，别去長亭又短亭。

世途蛩蟨兩相憐，姊弟宵寒擁背眠。莫笑低頭拜東野，有時交手誓孫搴。桐焦定識音餘爨，劍伏無忘氣在天。記取他年相會處，亦稱秋水暎紅蓮。

吴晴嵐貲刻予文集刻既成重訪晴嵐

木葉下庭際，凉颸清砌蛩。耿耿不能寐，思心勞

以忡。問予何所思，季子今人雄。前者託末契，得合浮萍踪。稱我詩律好，賞我文句工。剖玉以相明，使薦瑚璉中。鑽皮出羽毛，使乘廣莫風。在木關不材，遂令匠者逢。在雁乏善鳴，終爲饌者供。一身進退分，兩致無所容。植根豈不固，吹之如斷蓬。去德日滋遠，思之如醴濃。欲寄數行書，亦有雲間鴻。因書不盡意，剡溪船復通。千里可命駕，況僅水一重。東園異氣候，微雨生空濛。既至何所道，采采江芙蓉。

留别許三闇如八十韻

紛閱百年内，吾行安所之。文章湮爾雅，褖利走如脂。操瑟齊門逈，清音古道隳。半生關鑰重，四運暑寒推。岸覺峰横峻，雲于岫出遲。堦庭人不跡，懷抱獨爲師。落落終馬棄，蕭蕭澹爾爲。長卿非慢世，叔夜竟尋芝。芰摘秋河製，珠憐滄海遺。市爪貧士大，買菜貌言滋。積案煙雲狀，連篇月露姿。官階雖易致，聖矩得無虧。世俗皆如此，風流寄阿誰。崔徐徒目縱，連季劇心惟。欽子能通脱，孤標少縶羈。紅裩開善寺，白氎習家池。父祖聲名播，賓朋應接疲。琴亭延颯爽，酒榭賞葳蕤。

舊業凋腴壤，新廚折蓼葵。郊園韋顯貨，奴橘李衡移。閑潤情靡競，嶔嵜態可嗤。爲逃折像富，故隅謝瞻籬。清語能揮麈，精思足鬬棊。李諧稱短小，郭解實恢奇。濟及親知困，多于圭撮施。知人裴叔則，愛客鄭當時。才捷憑乂手，詞嫺定解頤。曲寧調郢聽，賦或弔湘纍。僕本塡愁恨，君殊慰旅羇。通家依孔李，式好類塤篪。傾蓋眞如故，論心託在兹。榻因留孺子，絃爲遇鍾期。几席生明淨，温恭過禮儀。初來凉户牖，未去煖氊帷。日久淹情愫，交深長切偲。有腸皆吐露，無步不趨追。

遇興時時遣尋懽事事宜押詩分沈約酒令屬王規狂呌雖拳控喧闐究志怡畫橈同水泛蟻屐與林嬉牛渚推臨汝龍津息陸倕何曾憂北海端不忘南皮班尹談良永雷陳義可知終收園綺實詎襲陸潘詞令子搥腰鼓賢妻烹伏雌問常罶雜珮食未舉晨炊一飯古賢德千金後報疑輟餐翻歎息忍愧易飢羸利路今澆薄豪家最險巇稻粱餘雁鶩漿藿恣僮兒窮友零叢涕同根煮豆萁悠悠六合大眇眇一身私似爾貧逾甚於吾篤若斯盟言金石貫幽贊佩弦貽

餟已糜雞黍肯仍助棗梨歡吟春草綠去踏軟塵緇毛羽鑽雲翮青黃飾木犧疥駝修娬媚病馬突驅馳富貴心無慕窮愁計莫支自然相蕩逐不得守茅茨墨翟悲絲染楊朱歎路岐予行猶悵惘念别遂參差泣血誰相剖搜芳半已萎熒熒燈照宿瑟瑟紙吹颸虎尾春冰懼金船玉馬危霍張多倚結郭李竝尖錐錦繡探囊破苞苴看槖垂笑茲手脚鈍枉使面顏颦有腐投鵷鳳爲羈束鹿麋定知當按項未便肯低眉漫滅虞投刺淒淸憶采蘺那多君意氣相望世扶持

感慨孫弘老遷延王湛癡徘徊秋宇燕放逐夜牀龜香草成蕭艾虛名僅斗箕糟醨同衆醉雲壑是吾欺長揖辭徒侶含愁賦隔離伴身唯寶劍即路盡流澌詩續秋殘夜夢分天一涯蒼鷹與頳鯉好爲寄相思

題畢亮四從軍圖

平生讀書多臨事不可用玉帳霜空夜寂寥雄劍愛聽聲一動關西風氣有畢君一時將去藝與文爲是少年曾弄戟笑談猶作沙場色射虎山頭望子歸短衣匹馬我能隨誓將燒筆硯謝

絕長楊薦文士搔頭閒弄姿羞同若輩扇障面即今承平世無事貴且麤豪自快意君不見能詩曹景宗弦作霹靂拓彊弓鼻頭火出耳生風

充射堂詩集卷第四

充射堂詩二集

陽山　魏周琬　旭棠

歲暮吳陵與王湯又聯榻

夜火燒殘茶竈烟沉吟君故尚留連客牀欹疊
團昏夢斷語悽清續曉天可歎利名牢繫着卻
淹風雨一瀟然平生詩紀閒來往一歲終頭又
此緣

答徐清苑

幢燈睡味悄難支歲敝攢將萬種思又向心頭
添箇事夢回催答故人詩
何事來詩極愴神似爲重會惜無因如今猶寄
相思字投筆天涯浪迹人

曉發酬湯又

才歡無那去衾裯待發孤篷溝水頭雪月欺人
搴曙色夢魂通夜醒離愁不知情是何年種每
到天寒與子收聚散之情畧似甲申冬從此飛沉渾莫定
雲於東野竟難求

紅橋雨泛用玉人何處教吹簫爲韻并引

揚州佳麗可憐二月風光杜牧哀荒不醒
十年春夢僕乃淮海布衣心似歷陵枯木
亦有梁園病客身如東陽瘦腰溯烟波於
畫舫來尋隋苑千年望雲樹於山堂難辨
齊州一點鴛鴦浴紅衣雙戲碧羅嫩水鷺
鷥調白紵兩行翠袖珠簾楊柳風斜何但
宋玉宅前翩茲掠拂梨花雨潤都向謝娘
行處小作經營歌拍酒梧差慰江山寥寂
香燈寶馬不勝煙景淒迷於斯時也能不
慨然可以賦矣歎其清絕七字韻多宮押
玉人何處教吹簫二分月去庾樓老子於
此興不淺時同詠者六人費滋衡方蘅江
畢亮四許卯君穀士甯夫傳詠者閨秀一
人徐淑則清獻公女舍人穀士配也

城水迢迢如瀉玉雨滋草色新蛾綠一條艇子
蕩春風搖過紅橋三兩曲
十里揚州不見春亂飛紅雨杏花塵閒行今日
鬧纔得芟去金釵泥酒人
掠水微生柳眼波斷橋尋處欲如何恰除烟雨
迷人色都付繁華春夢婆
水閣繫船圍小語毛空細惹勾留處鬭殘棊子
罷茶槍看浴凫兒不歸去

纔聽雨部蛙聲鬧拂水低絃風稍稍曲中最愛
是淋鈴誰家自遣紅兒教
斜風簾幙雨絲絲水面紋生魚細吹踏浪兒歸
歸已晚滿船載得畫中詩
人事回頭總寂寥隋家殿脚此吹簫壞墻無復
能經雨况說當年舊翠翹

詠月季花二首

異卉名葩各擅時誰將眼色借凡姿自憐風雨
常梳洗開盡年華人不知
辭疾程姬欲進遲幾曾眼淚洗臙脂是花開盡

枝空折儂是長生衣寶兒

賦得柳色雨中深

隋家一片柳不改昔人吟資爾春風力澹然烟
雨心野天黏欲暈溪水掠初深神女祠前路斜
依略彴尋

烟雨昨多夢七首 并引

二月二十六日獵微閣席上聯句予忽高
唱云煙雨昨多夢盍昨遊有紅橋雨泛七
絶句雖過眼已爲陳迹而風景依稀不能
去想如將再尋者歸而以烟雨昨多夢冠
篇遂足成七首與前詩配焉

煙雨昨多夢夢中猶自吟苦於春索句朗似響
飛林甸線終迷眼空青恍在襟泠泠琴未遍山
水欲傳音
煙雨昨多夢夢尋隋氏堤更無塚寂寂别是草
萋萋詞客興哀久前朝縱慾迷猶將磨洗意指
點問耕犁
煙雨昨多夢夢乘湖上船不曾尋滅没已是聽
潺湲仙犬吠雲出濠魚吹浪旋何人炊飯熟清
軟語前緣

煙雨昨多夢夢看無數花濕香霑有淚野艷蕩
無家滿滿風纔度垂垂雲更遮可憐零落者踏
處馬啼斜
煙雨昨多夢夢行溪上橋兩頭皆臥柳千載不
吹簫波漾殘虹碎聲嘶去馬驕亭亭人久立心
怯晚生潮
煙雨昨多夢夢傳湖上栝爲拈春碧重都遺亂
紅開鳥聽喧呼散人觀狂醉來偶然心賞洽翻
致小驚猜
煙雨昨多夢夢聽水調歌孤絃如訴語飛笛竟

沉波翠袖風初舉朱顏酒半酡玲瓏驚我意催
曉奈君何

春陰次韻

不知何處翫春華黯碧沉紅意轉賒爲怕蜂攢
烘暖氣故教雨洗豔鮮花欲留神女荆臺夢久
薄微官宋玉衙珠箔飄燈苔院靜殘棋人散苦
思家

新晴疊前韻

騎月無端歇物華忽聞鐘鼓報春賒喚於晴澤
鳩歸婦剪破閒愁燕蹴花日影亦窺澌淚面蟲

聲猶鬧應潮衙自憐白袷經時臥魂蕩河橋白
墮家

上巳前二日夜宴爲海棠催粧用李白清平調韻

憨生微暈作姿容强半春風吹不濃恰似玉環
藏壽邸六宮先濫主恩逢
梅花玉笛久飛香杏雨零絲斷薦腸我是道人
殷七七與君深淺出紅粧
嫣然一笑作清歡蠟燭殘燒此夜看定是詩成
關造化青山白雨渾無干

賦得三月三日天氣新用麗人行韻

漠漠雨洗沙堤新金街白馬多遊人古宮迷蝶
辨難真霧紅煙碧相遮勻明溪艷野細織春揮
詩上客石麒麟溪上何所見倒光盤雲揺朱唇
野中何所有遠翠愁山紛纏身天地適我無非
親何用桃花說避秦捕魚自有武陵業一灣小
浪吹魚鱗玉翦語細鸎舌滑入耳鳥聲皆經綸
誰其踏者香軟塵采采蘭芍爲芳珍叢鈴碎珮
湘君神旋蓋擁上浮橋津横波四掠無逡巡玉
釵膩墮殘紅茵馳蕩九衢如靡蘋吳兒自脫頭

上巾兩脚擊櫂歌無倫木腸石心君莫嗔

賦得斜日空園花亂飛

只惜知希不惜歌好花如女意婆娑自從開處
無人見直到飛時奈恨何轉與盡情翻粉蝶更
無閒地葬青娥玉顏日影露恩澤一度斜陽抵
逝波

清明前二日紅橋紀遊用同心之言爲韻同黃孺子許卯君吳次及作

雁齒橋遮千樹碧鴨頭水漾半溪紅尋常一種
閒花柳纔入隋宮便不同

明粧刻飾豔沉沉散作桃花水一潯便把桃花
看人面捕魚郎去亦無心
纍纍新塚隱棠梨別是愁風此處吹看送紙錢
飛不到不爲行樂欲何之
相逢今日盡王孫除却東風別有温解得箇中
求友意落花啣送鳥能言

湖上即事

七行湖上未殘春搖蕩春光逐眼新添設樓臺
橋跨水疊遮紅翠樹藏人略知遊美陰晴換漸
覺來多魚鳥親金管玉簫愁意緒月明浮送此

迷津

泊茱萸灣

岸青雲白水溶澄十二層城俯玉繩雨足春田
思望幸日開金碧出觚稜野花全學宮花笑煙
氣遙同瑞氣凝唱櫂幾時傳彩筆凋茶清話滯
南能

湖上晚春

裙腰一道繞斜川開盡閒花萬萬妍次第漸知
春少事暄遲小覺日如年行於圖畫烟銷處圍
在葱蘢碧漲天牽得東風嬾困後蕩搖微力進

溪船

獵微閣詠繡球次韻徐淑則牡丹詩

那爲春歸欲占春自將芬素度時新雨臺煙搭
雖虛妄風鬟霧鬟無比倫醉纈不撩劉碧玉紅
藍難染淖夫人望仙結綺多繁艷常恐詞華是
狎臣

詠獵微閣牡丹

粧鏡臺前一盞酒如何便見正封詩朝酣夜染
生成態曼臉橫波寵極時美女幾留亡國恨名
花只結艷才知數叢深色閒庭砌盡是春風興

慶池

獵微閣讌集用義分明於霜信行直如
弦爲韻得分字

四區廊以紆蠛蠓禪中紊千里百里遙傑者時
一奮相望詎不阻終置几席近懷抱去俗觀音
響戛清韻岸幘染花香一二叩所蘊作諾後思
曼成佛先靈運要爲有名人新知藉無愠何當
褧衣裾與衆同闡汶立身念當早悠悠化壤糞
用作勉爱行珍重此投分

偶題

不是都將命乞花合彈聊聽此箏琵自從妄得
仙鞭後儘教麻姑癢處爬

玫瑰花

眞珠憐爾託翠帶容如叢不入楚王夢偏搖宋
玉風膩香霑露重小豔鬬春窮何用靈芸淚壺
中貯始紅

宿影亭分賦次韻江淹集中阮步兵詠

懷

客至如投鳥晨光四散飛各有身名事萋草怨
遲歸花下一尊酒莫言明日非談深劒光冷曲
苦瑟音希相思不待夢即此結幽微

送春

已分春歸又一年待殘壺漏小遷延來從徹骨
氷寒地去避當心火赤天纏綣於吾成太瘦嬌
憨何物尚微牽飛光亦命當杯酒自古功成是
退全

春江花月夜

流春無日夜望望在天涯半屬迷藏景全浮浩
蕩槎碧潯翻底月明露宿深花夢繞何窮已赤
城殊未霞

凝青青陵上柏用鮑明遠韻

户外聳孤翠林際織紛煙何爲守兀兀坐此窮
小年諒矣娱心意散之揮五弦遠嶼望中秀夷
猶繞一川川盡棹無路盤鬱紆數山山下貼寒
玉欲摘未成蓮仙人王子喬鶴驂來我前遺我
無思慮此物度聖賢

贈女優王四 并引

王四長安人有姿態淪爲優甲申年見於
吾鄉李氏宅今六年所矣復見於揚州至
聽堂歌筵小腰秀頸纖麗如舊問之未嫁
也鬻歌假食亦無他志飄泊而已好事者

皆贈以詩

垂肩嚲袖悴容粧纖弱憐看楚閏娘色韻如才
淪薄命歌珠和淚咽迴腸虛無雲氣尋猶在錯
誤澎浪嫁竟荒添與故情留一笑未嫌阮籍酒
罏傍

留别許舍人荔生

即日林花即夜醺不曾一事隔知聞酒塲我筭
中貲户詩陣君添娘子軍（令配徐淑則最工詩）責困直交
春總盡泥歡終惜影將分桃膠迎處竹風合貯

得愁心抵雪雰

諸同學以詩送別疊前韻

飲君醇酎意常醺籍甚新詩競有聞擲地盡爲金石響鬬人全作鸛鵝軍蒲帆明日開三幅蟾月今宵出二分謾道夢中尋識路隔離煙露已濃雰

艾陵湖寄謝荔生新詩新茗三疊前韻

心事支離帶宿醺一舟迢遞雨初聞明瑠細寫函中玉森戟猶張水上軍未到入鄉全覺別便縈歸夢半猶分酪奴贈我清風腋欲報關河恨阻雰

荔生夫人徐淑則爲亡婦沈仁英作弋鬼堂遺草題辭代仁英謝四疊前韻

夕陽原草染猶醺泉下人眠寂不聞一自精靈空化石蕩如夫婿久從軍誰成女史流千禩竟刻無鹽到十分傳與秋墳鬼唱後頓開光耀照濛雰

永安話野軒寄題許卯君

同賞不知數春歸人亦歸海雲鄉思合麥浪野風肥想罷青絲騎仍關白板扉忽憐歡宴在身上酒痕衣

贈房穫百遠遊

織路半天下獨行殘夢中舊時賓館淚又信馬蹄風有母尸饔歎將書小雁通如何今夜月皎皎思無窮

次韻吳氏門前柳留別吳次及承殊廾

崖楊工求

平生戀友如懷土別時惆悵不能去馬耳東風已戒途繫情情盡橋邊樹吳氏門前月又新知我重來能幾度即今舊雨間新雨雲散風流更

何處人生不得行胸懷觸事悽塞邪用訴滿堂送我嚼清商吣喃哀聲出心愫牽雲曳雪未可留以此崎嶇相怨慕我亦世上悠悠者葵麥空勞稱燕兎重承不棄哀駘他惆悵天明神女遠攀條折柳與君言人生離合亦有數浮雲西北雨東南盡是相思夢中路

贈楊工求二絶句

同子食眠詩與酒伴吾月露雨兼風十日交情如此密只愁占却一生中

如絮落泥黏不去合爲比目片王餘可憐結得

杭州客他日迢迢千里書

次前韻如次及同夜坐

團團君意如明月濯濯子情似曉風好是因風
汎清夜上窓明月五更中
今日不去又明日恰似年時置閏餘閑坐聽談
千古事襞君紙素寫君書

離席次韻送周書山還浙江

會筵離席無多日歘吸真成指一彈常自放歌
抛淚熱空餘孤劒向人寒製衣巳長秋風薜蹲
釣仍投淛水竿款睇搖椿亭下路茗茗意勝寄
清歡書山宅在搖椿亭

贈任卓爾入安徽幕

任昉舊爲清約士五尺開床耽雒誦與予遊款
二十年中間弦筈悲倏縱學成獨身走四方志
用世事相磨礱平原囊中毛錐脫孟嘗門下馮
鋏動折節時致王公禮奉幣歲出大官俸才藝
何止了十人胸中八九吞雲夢家比於昔差爲
多興博稍稍營屋棟今年共我河朔飲詞鍔情
瀾相遞送風廊月夕歡幾時又復出門行倥傯
雁聲嗢嗢鳴且飛驂褭迅驟軼而鞚上可凌空
下絕塵埃風自征不顧衆樂生去燕燕以輕藺
生在趙趙斯重由來賢達懷遠抱時俗徒能脣
吻弄背上之毛腹下毳不齊六翮紛鬖鬆願爲
假足相追趨因君竊自愧愚惷年年臃腫深山
中養成大木何所用

旗亭離席

誰教輕易結平生翻作而今别思縈湘燕有情
皆遇雨寒山無語共誰盟襟分通達三條路絃
徽咿嘈四上聲猶自醉題人去處夜橋烟柳斗
從横

久寓雨中贈次及時次及微有不自得
者因廣以達生之旨

出門一步即天涯公子留賓日夕佳松椀桃笙
消過暑苦吟甜睡穩如家人間憂患經時盡病
裡心情逐歲賒閑草也知生意重映窓霑雨出
欹斜

口占送李宗楊返棹

少年心事劇蹉跎尚少婚錢娶謝娥歸去何人
辦麄飯甕中須出海邊螺

揚子江早渡

擊楫在中流江山入清曠恣目無涯觀谽牙非
一狀雲護山腰斷日射潮頭壯南北圻烟液乾
坤鎖屏嶂容心利涉間獨想元精刱

武進道中

彭山踞龍氣蕭齊誕清淑雄圖盡千年罔陵自
相屬落日照荊森風吹滿帆腹行行吳市門言
往尋梅福

眞孃墓

香骨千年詎有之斷魂無主託情癡如今月到
荒丘冷只怨鐘銖一首詞

夜過姑蘇

茲城具佳勝今古東南收如何懷往路一瞪未
及謀泫露染昏煙疎星點麗丘靡識歌舞處雞
鳴正綢繆櫂女弄軋軋櫓聲搖未休清夢破若
空滄焉思沉浮即此載浩蕩送我吳江秋

宿楊工求唐栖宅

門前廻合抱溪山止宿欣投落照顏似悟前生
曾到處無端清夢滯人間屋連書籍儒家富廚
辦蔬鱻隱業閒忘却去鄉千里路笑期時至亦
時還

西湖絶句十首 并引

戊午舅祖北海吳公擢關北新子爲兒時
從於湖上者熟矣距今庚寅蓋三十二年
廼始重至焉靈奇恍惚之致原不去於心
想而湖山面目既耳目久曠加以人事翦
飾屢易舊觀亦無復能識之邀予遊者姚
君公桓酒杯酣謔清話繼之遂相牽率爲
詩口占授書雖名理無汩而靈矚尚遺倘
亦體其大致而已至於後遊之期靡得而
請云

風光得似此間無天與東南作畫圖三十二年
迷舊夢從頭指點說西湖

璇源玉水賦於膚竟體纖穠合作姝三面山圍
城一面萬千容態寫西湖

水泉分出溉田區名利舟船不借途雖是中爲
天地物也如私鎖一西湖

那分十景眺清矑眞宰空虛一物無風雨晦明
連四序還須我眼看西湖

碧環如鏡淨葑菰四入英靈少外郛怪底白雲
閒繫着飛來無路出西湖

夕嵐煙染望疑無亭子當頭皎月孤粉黛不施
蟬鬢薄淡粧西子是西湖
鄂君船上有歌呼繡被風吹夜欲徂賺得美人
殘睡在澹濛煙水別西湖
玉推山倒才人醉脂染江凝越女娛艇子蕩將
兩槳折日輸遊債與西湖
泠泠泉石應愁我抉取靈溪一道孤莫道貧裝
無紙券清詞醉草買西湖
山靈乞我詩千首底物如今付却無歸去有時
閒憶處斷吟殘筆補西湖

錢塘晚泊二首

裝卸籃輿上晚船半規山蔽月娟娟榜人笑問
將何販自買風光不費錢
錢塘山外夕陽樓遥對西興古渡頭兩岸隔江
沙漲處四輪車子曳羸牛

富陽道中

江清闌暑若空寘訇訇風潮動遠汀船帶西來
嚴瀨水布帆橫下半山青

取江水煎茶

睡起推篷思淼茫越甆新惹皺黃香分明洗我
江山眼十六湯中秀碧湯

江上青山

一道潮頭萬壑聲風帆銷得幾多程江流只管
流人去繞住青山不放行

桐廬

鴨淥江清鑑不如暮容涵動碧天虛無數亂山
雲窟裏澹煙低染出桐廬

嚴子陵釣臺

夫子遺榮澤清冷江之潯豈不相助理夙志秉
所欽念我平生友今爲帝者臨懷仁與輔義不
用徒聾喑舊意以相量巾分情或禁緬思烟水
際所踏在冥沈誓言眷疇昔可以同禂衾獨此
不臣節滔蕩故人心愛至望不薄迹睽思已深
泊船清瀨下異世予知音

題所見

一徑入川嶼人家略彴傍膩紅錢樹子纖白越
珠娘銀櫛輕撩鬢溪雲薄染粧秋風無限思先
惹袂羅香

江月

浩浩之月江上來天青江白無纖埃千山嵯峨

拱不動清風與月相徘徊魚龍未敢恣瀺灂琴
高靈矯猶疑猜迨迨白練織星斗當月一道聲
喧陘峰勢遙際見凹凸如列夢中金闕臺江山
詎不資麗照明月自行孤可哀城荒路遠無酒
市搖筆欲賦慙非才坐久使人生羽翼凌風一
舉如何哉

嚴州秋意

客程於此涉無窮無限秋思望不通山繞翠屏
江似練墨雲含雨度當中

泊蘭谿寄題姚公栢弋雲孟寶臣楊工

求

忽看身與水雲浮漂泊蘭江最上頭四海弟兄
君入夢五更風月客當秋淒清夜寐驚殘柝奔
峭晨與問驛郵不是宋人無底事爲資章甫越
中謀

留别浙東佳山水

要爲甌越一閒身石磴飛尋自撰辰遙集心情
空有屐客兒實從竟何人凉生衾簟秋思瘦夢
去湖山詩鉢貧若問江南舊煙水棹歸猶及試
鱸蓴

自近溪庵同亦諳步至靈隱寺憇益三
上人精舍次亦諳韻

近溪菴外亦無溪細灑淙淙織野畦直到冷泉
亭子坐冷塵冷骨冷詩題

益公精舍淨於蓮乞與安心無法傳杖拄白雲
瓢貯水常時吟破小乘禪

題玉泉

四山泉灑脉清微約住方池不放飛漏與一條
週折去稻田分滿玉泉肥

題玉泉魚

水粼石鑿漾魚兒也染溪雲變素鬐自到玉泉

無箇事睨他清月五更遲

宿白沙泉近溪庵贈亦諳上人二十四
韻

在塵習塵喧在山習山靜習與忘爲因忘又與
溺併達生任自然兩固無所競乃如飛斯翔又
如游斯泳空水相拍浮要使恬於性山中有亦
師姿體妙朗瑩杜口雖毗邪實好事嘲詠自吟
山中詩不亂山中聽譬諸山鳥哢巧囀必依磬
塵中二三子相與肆求應花紅約同賞晴黃屢

孤瞪以是放厥詞歌舞六粧靚巷中滿情思湯
休要清醒食鉢洗龍池外曠内久定止我手山
中韻我以道勝軟語徹清夜下句得比輿蕭辰
豈不感澗絃泣山磴策策鳴樹颬乾葉鏗琤迸
冷然世情異除熱亦愈病桑下三夜宿念形難
久並我去喧者緣師住靜者證各懐智及遊千
里神緜亘何以助幽讚清風穆可贈莫笑褱中
言師其通瘦硬

白沙泉 泉在棲霞嶺杭州泉水之美者虎跑白沙

玉膏潏而清山壘漏秋碧煎是南零水汲在棲

霞石

蝙蝠洞 洞在棲霞嶺

蝙蝠大於鴉羣飛亦群息不知洞雲深但知洞
雲黑

留別浙西沈欒城吳志行陳楞山姚公
桓弋雲孟寶臣起韓玉田學圃楊彥
兮工求呂辰六

越州名勝富諸州殖與羣公盡等侯文字足消
紫半臂湖山時費錦纏頭自憐欲獻餘遼豕何
處重尋問海鷗無限西風黃葉路送歸翻作爲
君愁

西湖宴餞索諸同遊贈詩疊前韻

是間一點壓齊州公等千詩敵李侯地勝朋高
杯在手暑蘭秋入月終頭雲邊筆陣初排雁湖
上衣冠再拜鷗莫是別離君不贈美人眇目也
子愁

留題頑點 亦譜徒

情親無那小山僧頑點聲聲喚即聞我去虎丘
山畔過生公臺下又逢君

宿唐栖寄亦譜上人別意

別理千名路萬重從經慣別轉朦朧如何半夜
魂清冷却去尋他山寺風

詠歸裝兼遙寄浙西同遊再疊留別韻

鑄錯何須笑一州棹歸如凱揖陽侯詩多靈運
題雲脚壁少澹臺怒浪頭猶帶夢遊捐害馬竟
無張歙子驚鷗幾廻烟月同遊侶漠漠予心動
四愁

經太湖

洞庭八百水琤潺五道平分煙月閒不是秋風
不相送吳江楓雨亂包山

次韻簾清館九日詩即贈

勝托清襟壓二豪正逢落木對林臯自誇編句牛腰大豈笑爲官馬脊高無事督郵愁雒客有心餐菊愛離騷情瀾及我知無數細雨秋湖汎夜濤

飲簾清館不去題詩草堂

玉霄散吏讌群公瀉酒龍頭琥珀紅一曲清歌五夜漏二分明月數花叢倒瓶僅足陶潛米舉扇寧知庾亮風便覺老狂狂有態合排香案草堂東

題灌槐圖

槐生如兎目十日爲鼠耳莫笑一溉勞夾路從此始

夜聚贈楊濟之

嘹嚦重雲雁叫寒與君意氣不曾難鬬碁夜落秋聲急弄月風調笛韻寬亦有愁心知耿耿肯辜良會已團團晚菘滋味人間重吟向燈前白玉盤

立冬日送楊穆岩歸松江

柳衰楓老是何辰關樹淒清暗遠津莫道別離天不管滿船風雨送歸人

賞窮歡讌不曾愁忽地蒼茫送別舟君到吳淞弦魄盡夢中秋月是揚州

次韻楊工求二首

相並時如雛翼聯必同行坐我居前身閒客美地三適秋閏月圓魄四縣玉子紋楸銷世局妍談哀弄結情緣人生事業無窮已蹴舞吟成白馬篇

放曠知君最不凡青門肯荷種瓜鑱名卑且用馮驩鋏風利須如王濬帆奪鬲道中憐骨相釣鰲海上説頭銜所嗟嵇阮輕時輩漸致人言謗不監

贈樂豫中

世人多積金不知多積書積書令人智積金令人愚愚者何所有腐臭營一軀鑒古以勤勤智者將何如樂君有奇標買書充室廬墳典與丘索荒遠紀其初周孔爲總萃萬物稟是樞百氏出支流尋源亦不殊其或有塞路異學芟榛蕪書凡萬餘卷天地無欠逋至富在於斯匪直瓊瑤琚因書恣搜覽息心與遊俱如農之有畊胼

手勤耕鋤如女工一月四十五日紝如篚䅿之足久乃愈舒愉如入大海中龍頷捘其珠如與霹靂鬬戰勝聲疾呼如變赤駱駝芳蘭竟體敷如春氣盎溢如夏木扶疏如百川秋灌如萬象冬孤是皆於書得所學非世儒可以試大行可以安窮居而輪扁不知曰糟粕矣夫秦焚既不盡歷代求有餘富人亦得之但用飽蠹魚君其坐進此夢想尋泗洙爾室雖云小通於四達衢緗帙耀榱棟歌吟叶笙竽禮堂寫既定名山藏豈迂以茲昌爾後亟生駒駼駒

八八老人詩 并引

高郵州佐楊公元掌年六十四稱八八老人詩酒豪也自頃讌接知故已深緘句為祝亦取肖其人而已矣

八八老人六十四系出雄家擅奇字官卑那憚執戟勞落拓有民常不治居貧辭富良有以得活妻子亦足矣厚祿擔人家國憂散秩弄他鷗鷺水以是酒栝斟潋灩欲吟先攪鬚滿臉秋天警雁碧欄斜春草蠃驂烏帽點風情道上那如公隔江家在鏡湖東居官只作居家樂饒得腰間擊綬紅可笑傅永八十叟諱老常稱六十九公踰耳順號八八迫路徵車公莫走

秋盡柬許荔生舍人

秋盡客揚州秋思尋無處消渴文園謝病居細黦會連遊說去時閶如入都記得千詩織春風蹙浪芳尊搖燭紅芟酣大肚抽秀句對客直視蚪鬚公碎漏丁東如戛玉疊柳濃蛾吟不足吟成未與子將評步障青紗談者伏落蒂翩翩謝次鱗舊題吹冷西風塵重來欲賦忘憂館賓客如今無一人愁思不可遣自上寒城眺心無常樂是

有主頹空雲凝天亦苦

秋盡客揚州同楊工求夜坐

木葉不知下自然庭際聲秋憐依客苦燈覺對愁明清極語應失寒多夢未成翻如沙雁並刷羽邈思征

夜宴贈許又米

曲檻仙侯夜宴客蘸甲紅螺瀉琥珀樺燭煙高破淺寒四座情多漾春碧拉雜為歡意不分徵歌寧惜棟間雲玉頰兒童兩行立就中教者韋將軍百分散打勢凌亂白雨青山在庭院衆樂

徐牽喉囀清迢迢夜嚼歌珠串一曲新翻一侑歌紅紅小豆記來多可憐猶自殷勤弄瓦墮長廊君奈何最後一聲醉渾脫銀船歆棄懽初歇列炬千枝送客歸海上玉妃已奐月

鬬鶉行贈史雪舫

雪舫贈我鶉甚奇昂然矜態如覘雞攜之直作一寶劒數聲雄鳴無敢雌被創曾經大小戰聳健突兀挺其姿或言鶉性比有道此鳥奚乃以鬬爲不知自從混沌鑿萬物樊然勝其私有形悉是爭之器不遺餘力相奔馳裹糧躍馬疾驅者以喙殺人及詛持天地陰陽迫鬬進此物寧免入於機所營區區一飽間得食則止求身肥天寒霜雪夜清刻更長燭明客味稀浴爾温水絡爾布旋繞亦覺爲予羈揚州紈袴手游惰畜養賭戰金注危日日城巷人藉蹋看灑千塲毛血飛感君贈此爲物傑號之將軍建鼓旗得勝不取一錢入但往帽伏羣兒癡

題畫花果四首

露香清切水生凉染出紅繁翠葢粧解語更無相並立一枝臉色笑明皇

無憂扇子疊金鋪夏實冰盤寫此圖只費硯凹些墨汁抵他盧橋賦三都

千房同蒂鬬嬋娟薦入延宗夢兩邊多少怨紅愁綠在都將好事說張騫

恰與美人爲伴友亦思公子寄情睽淡香淺色真王號只有山間玉整花

東許闇如

惆悵君歸如未歸接塵翻與賞音違倪寬賣力藏都巷王粲依人扃夜扉馬骨經寒空硉矹兎園有夢尚依俙道心若可分陽子逆旅須爲出二妃時闇如又置一妾

雪中别余葭白

冬盡還家雪滿天正宜如此去僊僊葢爲銀岸都漫月裹却花篒自刺船因樹樓高通鶴夢艾陵湖瘦冷魚筌春風轉睫知無賴牽合離人到酒邊

徐淑則三十初度二首

文宣八十號爲君未到中年已盛名謝姊降堦張妹拜大家稱敵女王輕鴨鑪香總薰於句鵓禁才猶奐作卿且可麗心娛數紀緩延金母學

長生

綠淨軒開春麗暄夫人散朗泛羣言手中筆織爲機織唇上脂痕換墨痕名擅史箴四妙德貴從翁婿兩高門即今名士山濤客盡隔青紗聽吐論

次韻徐淑則雨夜惜落梅

好與春妍作一叢也應搖蕩媚春風如何飛笛空廊急都入愁人夢雨中珠箔飄燈猶有颭暗芳流逕不知紅壽陽正切臨粧思自寫清詞壓世雄

丹陽舟中詠新柳

愁入雙眉細鵁邊傍橋依水亦娟娟未飛驛路春風笛才染江南夜雨煙野岸雜紅搖晚思暮雲黏碧點斜天不須更說金城恨計日歸應掠客船

寓虎丘夜題千人坐

石平如鏟坐千人人去誰留坐後身我法故應無說說虎蹤明月夜相親

題玉蘭房

薜落山腰玉砌天宋朝花寄一枝妍吳娃到此試顏色輸與春風五百年

題劍池

吳王殉葬三千劍骨委窮泉劍護之一劍便爲三尺水許多深注碧澄池

題遊女三首

窄袖深裾薄縠紋嫛婗行上闔閭墳吳人巧織機絲盡都與春山作彩雲

一簇香塵一蹋風吳兒輕薄逐西東藍襬短簿祠前樹閒殺開花無數紅

十里閶門水一灣風燈星櫓亂中間載却滿船

行雨去獨留孤月洗空山

春仲喜晤王二湯又於興教禪寺次韻

海陵別詩

題詩夜雪戀衾裯別去年華雪載頭不記幾時開口笑只憐無地避人愁情田賈璽難爲鬻義府名虛亦自收今日春風寺門裏㴱濃鶯滑正相求

戲贈楊工求

萬紅飛盡綠萋萋盡看成陰結子齊何事楊花狂不定却教辭樹便黏泥

贈王子宜度曲

大業徵歌地悽清此重聽綠腰翻羽調紅豆落閒庭笛鼓鼍龍急氷絃風雨停惜哉子不遇好事説韋青

贈熊大繼亭孝廉時同飲余葭白半閣

靜閒只愛讀書窓取樂爲方意亦降阮曲亭臺喬白酒洛生歌調水紋腔月斜隔子三更短風下迴廊一笑雙誰問南州最高士孝廉船繫廣陵江

王桐孫年伯彙所爲詩付梓先以寫本見示自令富順至登臺垣得三百首以耳病乞假歸里又二百餘首矣閱竟附長句二首於後

天肖鴻如六燕輕正從飛處乞閒身此生更有向前事雖退還爲未老人刪舊詩篇酬夜雨伴新花鳥弄江春分明懷古思鄉重却笑張翰只憶蓴

故將軍尚夜呼還其奈都忘侍從班一夢蒼茫迷白筆二年迢遞説青山（青山莊蔣紫眞類有道者公詩每每及之）板輿奉母心無恨十住營家事亦閒怕有鼓鼙

裴俠病蒼生憂樂又相關

夜雨將歸

濕露簫管潤露書罷讀休吹適有餘一寸燭灰三寸雨夜堂清切轉躊躇

客中聽雨思微微舟若花開客又歸歸信已憑花信寄故應湘燕雨中飛

六月十四夜同吳志行許闇如楊工求阿履安馬授疇湖上泛舟

一談一笑亦何奇迢遞三舟繫夜遲後去此情須憶却古來行樂只如斯管絃急若風初亂燈

火繁於星倒垂不是將詩買陳迹得留陳迹是心期

大中丞儀封年伯院署同安邑劉瑞昭世兄夜話漫贈

幕府風清月亦清微凉已動井梧情同過一飯故人子各晹百年身後名瞻望極知嵩嶽峻溯洄終信泗流平（時大中丞講濂洛關閩之學）人間隔是長辛苦澗[illegible]山紅有路行

姑蘇寒山寺立秋日留别鄭余山

古寺寒山下夕陽秋風吹動客衣裳扁舟不繫

江南夢只有愁心付鄭莊

秋杪見月遙贈二三知已

蔚藍天色月初明吹下迢迢似玉笙孤迥澹愁遙夜入寂寥閒思側寒營娉婷不嫁難謀鴆嚴石能名亦豈卿持向二三知已說剪刀催製芰衣成

辛卯十月初二日解小刀爲葭白壽

登城肉薄戰空鏖潘岳春秋見二毛下第文章憐我輩中原人物笑兒曹菊垂晚節芬逾靜酒入吟腸氣不豪夢想良圖期一割贈君猶有呂

虔刀

冬初陳楞山孟學園亦詣師來揚州相訪用庚寅西湖留別韻

念爲豪傑似西州命舛難封李廣侯蠅到遇寒痴有狀馬經失主苦低頭二分空貯凄清月萬里誰馴浩蕩鷗迍賤覊離今夜酒了如相隔渾緘愁

送學園還浙江

十月天空肥玉兔送君千里還家路若住楓林見夢時知予踏夜繁霜露

壬辰春首贈江楷士

婁尾春風子最饒國碁成後轉寥蕭從今應得無窮歲爭肯全於局上銷

余葭白船房

以屋爲船船上住不信風波有起處恰近園亭礫峭邊漸惹二月春花樹中是肝腸如雪人踏壁空齋時一賦吟餘取醉醉餘歌如此朝朝與暮暮豪氣元爲湖海身貯盡雲烟與月露不是不將槳子搖更欲搖從何處去

詠白牡丹

月中流豔下輝光宜傍盧家白玉堂富貴似他

爲晚出風容誰更鬬時粧不教酣酒傾人國只作牽雲駐陸郎爲惱嬌慵釵朶重夜風輕試素羅裳

贈余葭白棲梧書屋二十二韻

長風浪萬里飄馺不得泊天馬雲四足歷塊越都郭功名際其會雷雨奮交作鼻火出兩孔快過屠門嚼一毫時未至要自守靜弱志士重未達立本在蔬蹻縱觀古人書成敗紀略約息緣受者虛積理治者博酒於臍下行箭在背上著

端坐整巾帶朝擁百城爵名言怵心顏夜擊五更柝自關白板扉書囊集帷幙新梧垂夏陰碧雨滋院巠寢食攝消息餘閒展戲謔遠抱具千古天游釋六鑿日月坐成晚既耕亦已穫美譽爲君延飛動色不悠置身青雲間儀形光灼灼娥眉不久閉求者珠錯落固知先高騖乃爲後仲蠖甚盛丈夫業詩書爲媒妁斯言用勉愛交道良不薄

次韻洪詠懷四十自壽詩

富貴焉如賤與貧無生略似寄由旬鶯花歌管繁三月車馬親賓謝四隣度世王濛今再世笑人鄧禹舊何人飛光一盞朝天祝歲歲春風自撰辰

雨中留別葭白

湅雨飛泉樹作聲曲欄洗淨嫩涼生因君正送將歸客惹下孤燈耿壁情

夜抵秦郵席上贈簾清館主人

昔年歡讌夢都空特地重尋亦夢中萬點雲檣遮似闇一條鳥路至如風狂憐司馬吟頭白醉愛浮蟻上頰紅若唱黃雞催曉曲當筵好爲出

玲瓏許以樂妓侑觴

陸秋江子聯郭初遊泮

一生無至友情好屬㫁翁風雨留題夜蒼茫舊恨同妍心標瘦韻奇語鬬孤雄憎命何曾達稱豪或未窮謝家傳鳳羽顏巷茁蘭叢賦昔成延壽談今愛阿戎楂梨數葉碧珠蚌吐光紅驥首初雲路騰波自海東煙樓須撞破夢筆會凌空亦有蓬頭子何時附遠鴻

檝香園注雨

方池瀰漫雨初縣不見跳珠見墮烟高樹動波如瀉碧細流爭澗不知泉水晶簾掛朝空閣鴛瓦溝翻墜石簽恰際月痕都洗淨滿庭新色弄娟娟

爲許眉先悼亡

玉煙香爐冷桃笙宛轉絲繩續未成若道生涯猶有燕峽雲湘雨舊無情

留題珊瑚鳥

我有好鳥名珊瑚柏巖贈之玉琴俱赤眼蒼毛兩頰白翠衿紅嘴比不如此鳥雖不學人語專欲肖人語中意歡情不滿哀怨多似咽如流動

清嘒一聲纔斷猶未續雲任差莪水沉淥續時不覺有聲喧碎佩叢鈴珠跳觸一云此鳥號相思紅淚常凝竟爲誰傳嬌道字丁都護嚼蕋吹音洛柳枝帝江歌舞不曾休湖海提携幾伴遊爲換金魚復將去華堂深處迥含愁一夜雨多碧樹重寧谿風吹羅帳動樹禽啁哳不成聲惆悵曉空無破夢

詩與陳楞山乞秋蘭

種花當種蘭愛香兼愛幽豈不及春節結佩宜三秋春花鬬者衆敵之使人愁商風戒凉露繁豔無一妝秋素蘭亦素孤情自綢繆無爲怨遲暮歲晏成好修在山嘖臯薄原非枯槁儔出谷充堂房王者將見求春蘭如春女歷亂思空抽秋蘭如秋士志與河漢流芳氣亦不異時節感勁柔楞山蘭臭交親我若衾裯因從乞秋蘭許及秋風投誓言去蕭艾種之勤鋤耰種蘭當如何九畹吾方休

紅橋觀荷同許闇如陳楞山楊工求

隋家堤畔野池塘一帶荷蕖裛露香宛似迷樓鐘曉後細腰宮女鬬紅粧

老父贈茶葛歌呈余瑞輯研伯

老父贈我秋蘭芽筐盛箬裹無淫邪緘寫蘭芽春茗字筆畫瘦硬殊秋蛇老父贈我一疋葛生處梳風任疏豁慱羅老仙驅鬼工織成江雨湘紋割世人不解茶沁心萬錢下箸多烹燖直對江清當酒渴始味泠泠花乳深世人不解葛稱身拂霜疊雪豔羅新若逢五月披裘父衫給應憐蟬翅輕老父一家在洲島榔煙松雨紛瑤草雖居城市不聞喧不服丹砂長得道葛同薜蘿製爲衣茶將松术滋爲液拄杖逍遥不記年葛染雲黄茶潤碧感父贈我意甚厚我行思承山間秀瘦腸冷骨自清娛厭御肥甘近文繡便剪吳刀天一尺自煮越甆月三百吟向客園夢先秋一夜生凉園露白

舟行名埭題千寨柳

綠烟濃合抱如環柳色千株在一灣爲寫雲容與水態要他搖蕩在中間

七夕詠牛女

婚嫁世間無了日鵲橋天上有離時可憐婚嫁人常換不換年年牛女期

贈葉元調

一身飄迹似雲翻，南部烟花手自謄譜到翻新
飛屋瓦曲於顧誤辨淄澠笛吹梅落三更咽鐵
躍荷翻一片䧏賞盡隋家行樂地粉雲茵草意
曹騰

秋夜遙寄余葭白

心事千重憶舊遊正逢蘭杜滿芳洲楚天淼瀰
搔寒早梁客咿嚘結病幽夜走營魂燈笑夢屋
淋敗響雨知秋傷離更有離前恨未必忘機煙
水鷗

題李壺公先生小像

勝朝縫掖老諸生鶴作形儀玉作情不道青州
延世字要爲海内孝章名宅邊橋浸半環水卧
處星垂一角城曾伏詩妖六十載遺聲猶爲想
和平

孫二斗文令武緣書至兼有所餽

八千里外隔知親羸得爲官綬在身風雨舊雞
如夢寐雲山新雁足酸辛心孤思欲移家近俸
薄猶能及友貧貞媳羸妻衰白父（斗兄僅一子名斯立未娶而没於武緣所聘婦陳氏歸其夫家矢靡他之誓）恭聞帆水俟江春

九日葭白使至附詩答書中

巨卿書信重陽到啟讀循環即閉門更不去從
高處望望通終夜滑霜魂

泰郵署中送李東升東來還山右應試

夜理征裝裹鐵衣路長天濶雪霏微與君細話
封侯事遮莫山南射虎歸

龍潭試燈夕

捨楫尋行意有凝亂山山店喚初鷹即時無事
身閒曠白月澄江看試燈

題棲霞紗帽峯

俯倚松蘿有萬重朝天頭上白雲封此峯削在
諸峯外爲辱時名紗帽峰

春首銀山登眺

寓目元精浩蕩情長留形勝列縱橫楚吳頭尾
分遙勢江海咽喉控大城百戰幾人爭地險六
朝餘麗入春明布衣願作丹徒客何用危機履
此生

潤州魯子敬米南宫墓

眼前何事不成塵江水趨東山綠新只有江山
舊才子尚留枯骨弔時人

晦日留别京口寓宅 薛家巷俞宅

得罝身閒便覺寬況於堂奥足盤桓曉風隔市喧何有夜夢連江飛亦難桑下宿過三日戀花邊春僅一分殘雪鴻未可輕離别檢點詩成上馬鞍

余四哥 并引

予友余葭白恂恂被服儒者積書充棟意卓然欲有所立周章於省覽日不暇給是能以志勝其習者也四方士喜與之交近亦倦於賓客所居屋藩其四面弊衣蔬食

有以自娱然人愛重之識與不識必問曰余四哥意其多爲善以能感人者耶夫貪善而樂書遇與不遇可以無恨願竟此志庶他日無失望於人人也予爲之作歌歌題近里而予歌又畔散於體彼以文爲無常體而能使常有其體者恐未必如是抑事意所至嬉戲無止泊有不可得而飾焉遂書以遺之

余四哥爾當爲匏胡不長埋豐城之獄而光焰焰而精燭燭使人望氣手欲相摩抄余四哥爾當如五木子胡不爲塞則塞爲犢則犢爲雉則雉爲盧則盧而乃轉躍未定使人遶床大叫聲疾呵里中稚者其尊爾也不以爾爲父老者其降爾也不以爾爲子知與不知適適津津必稱曰余四哥恰如雍門老幼悲愁垂涕喜躍忭舞依韓娥爾又非山東大俠爾又非桐鄉嗇夫無財爵可以潤澤人人德子謂何爾親年八十過二日奬爾以善爾翼翼承承不敢一念行偏頗爾讀書牀頭開五尺許架上疊萬卷餘爾性如孤桐時有一聲兩聲吟風柯爾志氣如猛士爾

防閑如處女處女不敢開户牖猛士可以挽天河爾爲善則有力爾爲惡則預怯爾愛人如鴛鴦玄鳥人附爾如鷙鴿駕鷹爾今雖欲更爲惡人亦不爾信詩不云乎風雨如晦雞鳴不已願遂專心爲善終身不知其他余四哥爾向者遇酒則狂今二三年間氣味蕭索朱顔亦無酡爾向者食肉則肥今食亦無肉身亦不肥木蘭有墜露秋菊有落英雖不可以飽貴其芳香不貴其多爾向者集服累笥形儀新楚今有一襲兩襲衣不至爛裳久袴出揖賓客便自矜莪莪余

四哥爾身日以約爾形日以和爾志日以廣爾學日以哥與爾厚善若今日坐中魏二許三使許三舞余四拍張魏二歌歌曰朝聽平澤餓鴟此樂令人忘死夜然并州馬矢此恩即在作韝今當共爲約若不得同富貴行胸懷便可鏟跡銷聲使行陰德如耳鳴或耕永輿田或賣長安藥諸公欲有往來一舟春水尋江沱

珠女殤

滯客江南未達書歸來懷抱物云徂阿爺貧賤心微薄不及昌黎哭女挐

江月夜歸追爲此作與余葭白

與君白下放船歸浩浩江水月際之五山浮根欲搖動布帆直指如鳥飛此時真宰夜氤氳東南大澤烟液滋窈窕光彩含麗春似悟前者苦戰非弄紘發調不成響欲有語言慚非機置我泱漭空淼裏澹然與子求精微銀碧粲粲浸形骨揮斥八極心所知百年笑適與忭會如此爲樂亦已希風波邀爾一相送入門各自爲因依坐愁悄念會有役歸來此身何其私

夜寄余葭白讀書北樓

小樓風雨挾微寒書味清於二麥餐涉海浮江白此遠握蛇騎虎不知難斯人若有沉淪恨世上應無特達觀推枕夢回心却念畏君初罷酒杯寬

烟雨樓破歌

煙雨樓樓在鴛鴦湖水之中流水如圓鏡樓如丘鴛鴦不沉亦不浮何年化去名空留半環草樹半人家多少淒迷樓上頭烟亦愁雨亦愁無烟無雨豈無時其奈無烟亦烟無雨亦雨望中烟雨無時休誰者挾妓名尋鳳向我道宇佯作

羞烟鬟雨鬢有眞性綺羅虛妄女非儔斯樓形勝近千年吳越中間爲咽喉建自中吳錢節度葺者往來多貴游樓今已破無人治雨亂烟荒夏若秋賓客喟然酒半罷謂我作歌解愁憂君亦何用愁君亦何用憂破樓四壁無遮兜正與烟雨浩相求君是揚州客我作越中謳君不見揚州紅橋一灣水士女雜會園亭稠畫棟朱軒恣晴麗逐離烟雨誰能收

地是陽山古爲楚澤蘸蘭滋畹猶多屈子之風鑑笏傳家最數鄭公之裔惟我旭棠年兄旗鈴紀瑞嚴電徵奇劉越石氣擅清剛揚子雲思躭深湛經其註我著書多饌玉炊金語必驚人得句盡虎跳龍攫蕊學富而思泉自湧故臭腐都化爲神奇亦氣充而格調俱蒼即平淡彌徵其絢爛初傳兩集已重兼金人皆辟易於大巫余每咨嗟乎神勇間酬佳句率阻逸興於簿書雖近吟壇又重足音於薖軸渴念真爲無兩珠編忽復成三惠以見投變而益上猶是紀遊詠史之作別標感時懷古之情徒觀硬句之盤空或擬議以昌黎工部試味元音之入律應位置於黃初建安技至此乎歎觀止矣固宜廣陵客到爭問孝廉之船用知瀛嶼仙登待奏大夫之賦時方伏日晚尚炎風雖令歲有良苗懷新可喜顧此間無深竹銷夏何方詎讀清吟如餐涼玉摩娑虎脊竊疑帶冰雪以俱來珍重龍綃還恐挾風雷而忽去

臨水年家弟臧弘遂拜譔

充射堂詩三集

陽山　魏周琬　旭棠

將離揚州坡上寓宅賦得一年人住豈無情四首呈諸同志

一年人住豈無情市遠坊偏巷口横席幕隨身天地具硯爐供座室家成溫涼昏曉今猶古歌哭呻吟感亦平便住千年只如此不知誰宅我堪名

一年人住豈無情貧阮蕭疎衣櫛輕玉趾袁生談竟少金盤王遠宴難成門東索飯兒啼惡鄰隙貧燈婦語清最是就中繾綣處巷頭早唱渭城聲

一年人住豈無情動默多端百感攖淒矣喟然心俯仰君哉牧也夢從横看臨短屋罘罳月聽沸斜旴花乳鐺閒念舊封書數篾鎮多閑日不曾評

一年人住豈無情鶯友相求重此生千萬買鄰勞丞宅二三知己忝稱兄風雲鳥路知何隅江海魚書會欲行韋杜人家遊已熟翻爲歸去思營營

贈趙歙谷京邸

鬚作蝟毛眼似漆行則曳步坐危膝陳説欲封狼居胥著賦十年偃一室時犇盧江手内扇不還冶亭夢中筆如何猶自困軟塵對此西風伴啾唧與君爲壽一杯酒燕市清歌淒觱篥忽然車騎來紛紜露對草屏光似似多少才人走且僵羊尹今朝見趙壹

秋夜奉劉艾堂編修

桐風雜雨空堦落夜初歸馬息横腳歌不成聲意緒微自添燈炷餘花錯默思舊識劉青溪剪拂吹噓振我弱十年空作感恩人一劍磨看秋水薄我生短翼笑差池那有冲天到鷃鵲長安卿相紛朱門心亂足多行郭索臨出復入倦躊躇倒牀爛睡迷今昨夢羣赤海緑魚飛又逐紫塞蒼鷹搏靜中猶自骨騰騰貴且快意屠門嚼海棠鐘院冷初醒耿壁青熒悟羇廓聊尋舊學賦孤鴻雅步清音會有託莫言江鬱出懸珠自分荆藍懷弊絡我詩織成雞鳴布裁與情人短長著

列女楊端文

弱草輕塵那用嗟蒼舒殤後已無家心明只有霜添月姿好常如雪作花但是黄泉終有伴便於青史亦何誇十年嬌小藏紅淚貯得壺中色似霞

亦諳謀結茆黄山

不將桑下戀徒羣白足經行路又分住世法爲離世法出山雲是入山雲寒瓶漱水知身淨香雨成花向席熏筆骨紙皮吟處好夜堂龍象駭初聞

冬夜與余葭白

結交曾散萬黄金雪帽風裘剩獨吟立國全輸蝸左角求身漸偪鵠中心月因夜久綢繆苦話爲傷多迨遞深腳踏層冰吾竟去荒雞斯路得重尋

次韻呈戚東田明府二首

滿城栽種爲桃李編户恬嬉換藋藜清儉長官無一事騎高馬脊索詩奇

誰人猶説十朱輪狗馬雞車踏處頻澄漪只對任棠水笑殺揚鱎何處親

立春日寄余葭白

夜燈寒盡九枝䕃三素雲飛春又生欲折可憐梅放少不吟時有篴吹橫魚形扣石何辭遠馬足馳壺正遣行爲祝春風調護女莫敎如草亂愁縈

詠秧二首

雲黃煙翠竟難名草色青青異此瑩認取世間眞種子與君終始得生成

秧馬紛紛秧鼓催泥融水少插時徵勸君莫賤農家力除却農家力盡非

甲午夏大旱呈盛東田明府

甲午木火爲子母林鍾季月祝融主大旱不雨歷五旬日如天眼裂皆怒烏垂翼兮獸狠望蕭條空宇炎威壯夜以晝餘困其妃地爲天翕燒其藏灼灼洪燎金石焦坐如執爨靜亦勞城郭樓臺猶尚爾農畯于野徒蒸歇野闊疇平工力多自春徂夏血養禾手胼笑爲洗泥滓磨得腰鐮比荷戈赤泥白草今如此飢喘荒廬愁婦子十分九分禾枯盡一分禾心暍不死閉陽縱陰亭可念良風鳴鳥誰當驗幽居感化豈無心術不周用始知欠明府活民如活鮒升斗且向監

河䶵東南若有雲樓起願補請雨華山賦

次韻盛東田明府閔農詩

醜賊田僮誰數比我侯活之喣而起蟬腹龜腸枯槁餘濁涇汚泥猶有沚舊時玆地爲洪川市者魚鰕利諸水今年赤土空蕭條秘之誰謂畝可履侯念民飢不待飢憂在民先萬目視村村廬舍蕩炎暉越陌度阡侯親至地坼如波禾載雪頓足歎謂吾民死因之請命陳凶災徹民幽苦直至底　帝座萬里呼吸通撫臣仁賢進劄子若得租賦賜之半可無道殣相轉徙侯以便宜振貸之卽是餘潤資東里斯邑無位亦無人治者輕之驅羊爾何意却嘗建鼓求依其父母自今始道州春陵一首詩感泣路衢泣且喜

贈顧去疑子萬峰入泮

記得黃公舊酒罏將黎作果戲張敷扣扉馬策歌都斷戴首犀篸價竟殊巴自克家傳素業要爲騁力到天衢卽今元歎風流在若論中郎是老夫

哭李元宰同門

帝鄉秋共昔年悲今日秋風掩繐帷餘響欲聞

何處是凌雲一笑未知非人間事到中身了世上名於朽壤歸漬酒哭君吾又去馬嘶門巷寸心違

秋日寓樾香樓贈余試巖同學

淙泉巉徑抱猶爭月榭風臺宛轉生欹亂壘爲端正勢茂繁怡却澹閒情雲滋細雨尋纔濕樹策秋聲感亦清是好家居誰撞碎貧君隱宦計都成

無語二首

無語寄蘭春秋清夜復清月依網户入燈綴玉蟲生怯夢疑初試禁愁認半明忽然心恨處時破小吟聲

無語寄蘭春閑房幽事屏薰銷金睡鴨鬖墜玉蜻蜓空遠凝孤瞪虛凉撼衆聽別時原不忌天上會雙星

宿南禪寺滄亭房

一宿南禪寺裏秋亂蛩驚雨雜鐘流夢中紅葉門前路又是鴻飛天際頭

重宿滄亭房夜起却贈

雨滴鄉心夢不成五更起坐逼秋清與君一局碁殘後度過千年天却明

題太祖蹴踘圖

蹴踘習兵黃帝之遺黠檢既禪兵亦何爲守信釋權酒酣諭之兗進置挺謝曰臣暉昭輔知天四海晏而晉王工文岸其形儀普讀論語以爲國師伊是之戲匪不忌危樂哉君臣太平所基

九月十五日夜遥寄葭白紫陽書院

九月十五見秋月皎然晶瑩恣空闊墮煙涵露復何有迴帶微寒不光恍畏寒避月坐悄然雁聲淒切如傷別夜霜萬里有征行志士懷此念

無歇天地正氣入清刻焉得常爲翕翕熱緒風摧葉月明中欲領此味無人說

菊二首

有姿無媚愛孤妍不鬬春陽歷亂天青女西風嫁何處也從霜裏出嬋娟

離騷終古思無絶贈與人間芳草心他日好滋三徑地因風看放一叢金

元夜李家莊

繁華燈火憶維揚市上笙歌沸夜長今夜客中舒望眼月明清勝舊江鄉

早行

離家七百六十里上馬五更三點時一夜春風兒女夢不堪殘月照相思

沂州道中

霜霏如雪月如霜騾馬駸駸路阻長悔却在家差作事繡圍重幙爇爐香

山行

道傍山勢錯嶙峋去馬來車閱古今爲是染他名利跡却疑尋去不多深

夜店贈趙景山吴聲萬

剳面風刀捲地塵得投山店覓身輕但眠莫作還鄉夢不到殘時上馬行

尋春

江南時節正春賒别路高寒草未芽試問風先在何許樹冰開落玉梅花

題青雲山

青雲山接衆山頭獨起高峰四望收我亦青雲尋路去更行千里是皇州

羊叔子墓

叔子風流晉代賢滅吴遺話至今傳可憐酹酒

功成日已是當時墟墓煙

泰安道中戲贈施友唐趙景山吴聲萬

欲爲西笑拂塵埃誰是西園最上才天隔江南如塞霧路經泰岱有車雷山腰染雪寒難去驢背駝春花竟開煙景夢魂都不接定先驅去到金臺

景州道中詠雪

春風弄雪滿鞍韉曙色滄凉未有煙渾似君車臨望海玉波翻月夜黏天

雪中贈吴聲萬

蹇驢扶路困猶驅雪沒蹄深問僕夫雪到長安融不得玉階瓊砌爲君鋪

商家林晤同年許虞傳喜其疾愈兼聞北上

已痊蒙縣僧眞疾便賣長門司馬文不死會須求富貴愛身身亦是浮雲

寄題

春風送别不多時慘瘁征途未易知人爲載愁馬〻一亘夢回羣話月中遲風霜酸苦潛侵鬢江海融怡屬有思何日黄雞催曉曲聽伊歌罷一

文頤

樂毅故里二首

騎刧符來竟奉身自同先論付沉淪當時略識君臣義只有逃燕走趙人

欲將仁義折孤嬴燕事無成六國擒慷慨悲歌弔屠狗何人能識望諸心

喜晤閩中薩溥人癸巳秋寓報國寺乙未春寓三聖菴皆比屋接塵不期而值

聚是萍踪散不知祝融峰下亦無期蜀桐吴鼓神先待荷鐵池絃躍竟奇春雨長安斜市酒夜燈孤院隅牆詩君如欲訂三生約唯有雲龍少別離

應試禮闈十一日夜口占

列屋三千東與西布門土座上天梯低頭食類同槽馬斂脚栖爲半露雞四海弟兄通玉籍五更風月傍金閨明朝掃迹揚鞭去誰更重尋此雪泥

同陳去薄賦泥美人

豔色殊鬟逞上京倚於門市態盈盈怕傾城國終何笑羞占溫柔異有情香骨化塵曾不死俗緣難偶亦無生春風任識都知面不許郎君問姓名

任丘縣北見花

歸洗輕裘十斛塵浣花時節已無春任丘縣北飛紅雨指點江南夢裏人

高唐送吴聲萬省親長垣二首

旅食蕭條意自傷送君無可贈貧裝不應又宿緜駒里惹出淒歌與斷腸

客心與鳥疾爭飛我别君歸君未歸留語平安報妻子白雲官舍拜庭闈

高郵驛别丁震淵宗高舒

與君長路共阜舟路入盂城分水頭此别各歸翻有聚夢中風雨對閒愁

吴叔璧表叔宅看芍藥

移來舊是春風種春去多時始著花怕惹遊人帬幄豔故垂狂客帽簷斜珊瑚朶别揚州譜金帶圍生宰相家乞與瓶中葼尾在小窗隨意散晴霞

雨中吴叔璧表叔折贈芍藥

紫雲宴客舞衣催橫被分司乞取回爲是辭他
紅粉伴却合眼淚洗妝來

孫三青湖自京師歸

念爲趨走慣京華忽地歸如市樹鴉獘貧鄉國
渾無事不及三年夢裏家

方與可先生五十

五十之年忽巳至公爲始滿僕過二中間日月
何其多舊事蒼茫散凉吹先生宣髮垂滿頭一
生無忤養盎睟雖占時名無眞知放蹶霜蹄猶
棄置十年亂踏揚州春百壺饒送齊下醉誦吟

不啓燥脣吻風雨難驚熟夢寐眼中人物任高
下皮裏春秋忘筆記閶寥天地意轉親密邇城
市行多避拍肩把袖有勝遊白首青雲欽晚器
相期老大非徒然新生之犢須見示

緒秋

緒秋風物澹留連似水孤懷意自姸落葉空山
思舊事晚菘英菊入寒年繁華過眼眞無謂潦
倒低頭或未然爲怨情人疎索甚欲憑淸瑟語
嬋娟

夜情贈葭白

若爲延佇在涯津要欲蒼茫問此辰十月孤花
千萬笑四更寒月一雙人觚稜金碧三生夢方
罫西南幾劫塵與子澹閒無所繫半空鸞鶴未
泯泯

留別葭白豫中同學

堂堂歲晚寸心違葛練風霜未覺非尚有詩書
千載富獨無溫飽一身肥人情巳坐青油幕我
事應關白板扉無可贈君愁欲別漫留好語激
天機

次韻酬高郵司馬楊元掌先生

賓客官蔬費澤量別離牽緒海天長有情落月
夢還在無賴東風春正忙奇字楊雲揮巳醉淸
詩驛使動初香十年不調空華皓自謂非狂畢
竟狂

題友人畫攜妾圖歸蘭溪

般蒨能成欲偶形語眉笑目小蠻身君歸且未
驚他唖一幅先圖貴篤人

題觀察劉在園先生乞身時巳離淮安

任

淮之水去悠悠天地堂堂猶趨新富貴滔滔豈

楊工求斷酒

二年不見工求面，酒杯零落清詩欠。有時風雨夢中來，欲貢深心意淒怨。去冬索我斷酒詩，今及春花正宜譙。杭州佳麗百可憐，不飲以何相挽牵。況是思君具神理，多爲酒後得鶱岸。若是兀兀久不飲，撰思當復舍故念。江海蒼茫事寥闊，歎息人生能幾見。子雲寂寞稱嗜酒，時有好事載飲墓。君之斷酒竟何故，定有傷心腸自堰。食酒且歡恣謔弄，衆稱尤之口銜讞。不可辨理塞其源，破咒折觚遺禍患。貧更學儉卑學恭，却異劉伶語欺謾。賓親彊使一濡脣，有如滅火向西噀。咄嗟工求亦良苦，修飾諧世至吞嚥。願守井瓶更年歲，處高臨深借磨礪。君才會須坐人上，嘲泳萬物樂澶漫。腹圍一千六百里，五斗朝天誰得晌。

丙申閏三月題冠羣芳

東風落盡萬紅枝，雖冠羣芳出竟遲。還是繫春歸不得，年年四月是開時。

四月十四日夜豫中宅同陳樗山楊工求訖月

不流操之則已，慓釋之又已愁。青溪先生簪自抽，初鷺早雁恣相求。板輿日御太夫人，熙春稟秋無時休。淮之水悠悠去，嚴助東歸長卿西，往來要皆從此路。老子坐婆娑，沉吟爲君故。誰家夜宴故將軍，韓侯臺下悄不呼。正是金魚初解時，猶指白馬昔沉處。

以瓶乞阮御麓年伯庭梅

寂歷春風花事微，軍持乞此貯江妃。先生莫只貪官冷，關住檀心作雪飛。

贈青浦陸臨潭世兄

東田先生校場屋，不顧門外如立鵠。楚翬遼豕盡揮却，異者始許入網羅。就中君擅蘭臺詞，與我孔李有譜屬。小雁新承借羽毛，取勝聊喜闘鑾觸。河陽一縣纔著花，料峭餘寒意猶縮。墨卿出遊必晴霽，攜將門生恣遐矚。美風和氣雜相襲，愛君坐處春生谷。君才凌厲可揆天，自有異書名海錄。參佐廨中屋三間，如此鬚眉那局促。他時與君遇中原，辟之三舍麾其僕。開口不道日下茍，低頭自媿雲間陸。

此地人清月亦清添爲別思夜情生弄他夜久
疲他照直到殘時看到明

與楊工求

醉可名鄉睡亦鄉醉吾糟粕睡吾牀南山已是
藏文豹腐鼠何須嚇鳳皇世事胡盧周客笑孤
懷跌宕楚人狂與君一夜淹風雨零落雲天失
雁行

輓佘瑞輯硯伯八章章八句

大塊賦物紛綸天閼於中壽善僅而揭揭如山
不茬譬流則活古之敬之厥曰華髮
先生八十則又過五少壯至髦奉身以矩亦及
於人澤量盆鼓有不茍潤維溼用煦
有好園亭逍遥杖履有好歌舞不入於里孰躚
而舞樹以風只孰囀而歌鳥以春只
昔賓於國受飲於鄉不其壙而筐幣煌煌既受
多祉鬢已蒼浪所不能衰力是正方
厥有翼子孫亦繩繩與相遊款堂乃是登昨拜
牀下問是寢興先生頷之拱而動肱
春而伏枕北至則底五葉三莖窮是靡靡加一
損一子春爲子夢曰起起歲在辰巳

人之儀刑問者旁午知命奚憂旅復於主乘彼
白雲輕舉栩栩生乃如鶴病不化虎
哀哉先生胡可復作客東生芻家祭餘閣且以
觀禮既戚既恪有道之碑作者無怹

題寧國佟太守所畫謝宣城北樓圖時
佟更作南樓

永明詩筆不曾遒略讓時名與隱侯一麾自出
宣城守以拾江山在北樓
謝眺清詩與水清水縈山矗古今情風光合是
公中物添設南樓亦有名

題陳楞山詩冊後二首

三百五篇多不得後來煙海染猶疑怕是不關
關繫處賞他吟好竟無詩
請卿竟自用卿法更可撟捎手數乂須辦笑君
君大笑不遭人妒定非佳

次韻陸臨潭桂花下作兼招其飲

夜雨渚蓮秋欲老城市西風污面少端然雒誦
一編書減如冷葉吟黃槁吳淞才子馬帳下啞
啞南飛句技繞漢臣三葢手自抄白氏六帖瓶
都倒春思已攪秋又縈可憐歷亂迷烟草蠹魚

生死在文字措大此習那得掃有時顛飲中聖
人曹事不能問徐邈鬚如蝟毛眼紫稜白袷吳
衫帽危腦昨聞坐吟桂樹下露脚斜飛惢幽討
氣爭空天香窅窊賦括淮南山大小君歌我和
未臺敵如修鄭辭求晉好丈夫輕褩衣裾難蚪
蚪交遊苦不早明朝萊菹佐濫酒知汝串嗽須
致飽

楊元掌先生七十

一官渾似乞丹砂湖海春風長歲華白氎巾疎
思漉酒黃紬被暖聽排衙風情蠻府幽時語詩

筆麻姑癢處爬見說維摩新愈疾莫應龍骨笑
查牙

長至後五日同楊工求姚海觀夜發泰
郵即送海觀還浙江

一直黃河千里注月明滾滾河心路與子征行
夜有情七聖迷途此焉度望中清氣接神霄空
裏流霜飛太素萬象肅穆寧其根二儀工巧欲
有鑄意中相視各不言迅過雞聲三兩處忽聽
濤翻遠遠寬漸知月落荒荒曙即此送君猶不
忍已上河梁聊復住僊僊君歸我亦歸自以勞

生驚歲暮朱雀桁邊賣曆人縱有思腸被驅去
約爲夢至是春風春風夢苦縈烟樹

樂豫中宅口占二截句送海觀即書程
松門染素上觀雲烟杳靄山樹蒼茫
毋謂畫中詩全不關別情也

日日愁送君今日君行矣寒影流襟顏別路從
茲起
鬪棊各不勝欲勝無所取今夜夜堂燭高燒客
焉語

題松門爲玉几生畫亭角尋詩圖無人

畫出陳居士亭角尋詩滿袖風陳去
非句也

去非吟苦定尋成不盡尋留玉几生爲是詩腸
千萬洗要人圖寫十分清
碧空孤峭見雲根遠色依微樹樹村居士莫嫌
詩料少安排亭子是松門

題汪思白年伯溪翁濯足圖

四溪溶溢流岩嶙下成津秋風吹縛繡不到元
規塵玉堂在天上久謝朝士紳頽然爲溪翁適
我無非眞濁水違本性何必纓始珍汗湯亦無

取萬里餘於身偶此一擬足聊笑陰子春

詠葭兄瓶中架花

愛花不擇種初色擢紛溶名艷當委棄時去詎
再逢猶有雨露恩泥沙已東籠素蕘養凡質主
人設特供貴無十户賦嬌是千金容半笑羞發
頰薄怒頳在中豈不矜靚飾天教染退紅狎獵
雖衆進美人清臚空

法海寺同陳楞山詠楊花

問楊花楊花何事飛不上天墜不到土瞥空掠
水依遊人人去人來竟無主春花翻纚滿空園

唯有飄蕩楊花苦問楊花楊花輕薄如欲語楊
州年年人事改不改北門城外畫船簫與鼓朝
湘雲暮巫雨千花萬花酣春風無如楊花此處
盡情舞

聞畫哭

何處淒切聲烏栖欲動天初明先發悲呻後崩
迫知是有人避夜哭門之王君開逵二月死死
無一錢活妻子兒睡猶爛漫婦行空舍歎夫者
所天今無望室中雖有三子何由能生光

東豫兄江上四首

寒火淹依歲向闌雪茶煎製記前歡恣予求取
佔無厭不獨殷勤三置餐

後期原約在春風重到伊人宛在中賓榻自留
江月上何曾四海隅諸公

書來招我恣斐酣三月鰣魚詫掣三大腹唐園
應已慣鱠盤那擬憶江南

躊躇未即款邮扉知欲冲天養翼飛忍蓄相思
無限在詒君不得又攜歸

次韻唐三序皇同學立夏前二日送歸
三首

辟於時學卯求啼麥黍焉知昂與低只有唐三
能彊記從無誤語說巴西

愛花貪酒同嘲謔不是不逢春盡歸留得未殘
依路送到家憐我見人稀

自笑於人百不如牀頭五尺但餘書與君別訂
雲霄約離後愁心寄望舒

程午橋編修篠園十詠限夕陽雙寺外
春水五塘西

天地曠而與誰適為主客公物畀自今曰予討
日夕默念有送迎飛景勞起伏今有堂

誰者詠花人先之冰雪腸始和盎窮節古香發孤陽東風吹蔚敷自此其榮昌 修到亭

綺思不可道迢迢玉女窗斜灣貯半鉤美人照鏡雙攜之黃昏期夢寐漢與江 初月澇

南坡望參差空暝各爲意雲歸愁遠山樹聳傲古寺烟水無閒期花鳥有底事 南坡

浮雲行不至亭亭望車蓋燕宿湘水中人夢青林外何當剥啄聲雨打芭蕉大 來雨閣

興至有與適不言領其眞讀書自成圖問津無非春過物尋不歇幸此無恨身 暢餘軒

天寒收松子風落亦纍纍載以爲糗粻欲化雲英水離騷空愁思夕餐爲誰美 飯松庵

乘此欲盡春行樂無所苦與君一壺酒花下走格五暮色散紅雲友風而子雨 紅藥闌

含笑又解語不離鏡中妝裁雲留墜露舞衣薇方塘猗猊自從風風散離披香 藹麋

昔是脩月手偷種依蓬藜偃蹇北山北窅窱西山西八公久難作此下亦無蹊 桂坪

別

夜宴邵伯埭蔣幼儀宅散後與豫兄路

一斷歌聲便出門門前岐路若爲情蒙衝遠火初移艦瓜魼新餐夜煮鐺愁爲別縈無一語夢連酒醒是三更荒雞厲響因風送無限低迷古驛程

李宗楊婚戲贈三截句

七年前詠謝端詩今日婚錢斂竟遲未是巫山難得到別雲疑雨夢多時

玉貌殊非賈大夫畫眉新樣與羅敷已舒笑頰渾禁住偷得低聲罵老奴

天與一雙相伴住蝶花春去更饒春小園賦就君須繪着意鴻家椎髻人

次韻孫斗兄見詒二首

昔我同門友如樂標衆音月聲謝辰次各以事見侵君已榮仕進擊奏猶素心玅思締架搆畫咬俗不任搏鼠難足誘與我力歌吟

理化日夜新亦以古事鏡空欲弄脣吻未許拈競病君轉事翦刻不耄恒河性滋色染空蒼闕情鬱孤淨卿法百勝我直尋夫焉詎

送陸三肇秦北發

男兒五十餘纔得一縣令意不肯錄錄婉孌猶

待聘六月炎風焦長途衮相亘上堂啓告毋干時謁主聖都下集賢英氣與秋天横決志輕所蹈繇暑變涼清才命古顛倒不聞困正行年器已後時晚出挺孤勁勸行多故人書題自長倩

余葭白四十

秋序謝廓落就盈入初運先聞蒙縣疾愈起已罷診椒蘭爲之居曾軒入無垒即事滋生理畏俗不受恩自奉板輿外翁博賡以龍夢欲生池塘肴乃共扶寸餘者内言塞岌其外從峻平生萬金棄不聞輸復分拈句添寫送讀史訂正閏

精思比秋儲厲氣養英蘭聲名紛葳蕤文物實殷賑我來承緒風數面勤所据燒燭語寒夜理高不可問幽苦雜諧謔失笑或至噴君今年始强無疾亦無悶金穫何所麗河海豈無潤青冥以爲期君其宜孟晉

充射堂詩三集

詠史雜體四十首　魏周琬著

漢河間獻王　秦燔之後而先秦古文稍稍復出獻王力也

先民有遺物六經有微言夢想欲見之秦火絶其原帝子豈不貴驕佚使心惛造次必於儒乃見被服尊從民得善書謦咳如弟昆禮延路旣廣誠應理自敦四方道術士持書獻其門浮辯寧得借欽昔聖所論燔燒有不盡出以麗重昏考伐鐘與鼓音響至今存

南齊張融　任眞而動不拘礙於世俗之觀笑則能有其獨矣

天地有逸民賦形短而醜神明自澄澈率意處高厚三吳求一丞南康願出守階級可不知貴賤於何有誤通劉吏部造席視即走衆中獨往來形跡邪得偶牽船岸上住風月異户牖縱誕寧免笑悽感或以慨兀如莖亦姿詎謂無師友

陶朱公　朱公逆知事之所以成而又能不爲必成斯智術之大者也

朱公爲富人中男囚楚獄齎金欲救之爲致莊生牘計遣少子行爭事苦家督卒致書與金生爲相委曲旋封三錢府楚赦非兄獨竊意金千鎰不用罪亦贖吝惜復持去生羞爲所鬻致詞

於楚王兒卒死慘酷藉使少子行棄財不轉矚朱公心既明遺行胡顛覆中男罪當死長男請且篤事適與禍會理難爲智逐雖巧不違天安時寄所嘿湖海變名姓此生聊録録

北魏楊大眼（出一技甚奇遂有千載逸才之號）

繫髻疾走三丈繩繩直如矢空中平見者肉飛骨且騰引強不數奚康生千人萬人稱奇英往求征官詎不能蛟龍得水辭儔朋衝堅突陳功勳成敵人驅盡坐還營如何主將不獨雄笑殺幕下潘將軍時能作賊誰敢兵

漢管夫人趙子兒（不失約於薄姬以笑成之慧心俠腸）

約爲先貴不相忘肯負蛾眉寵自當一笑如憐真又愛引他龍踐夢中祥

漢竇后（窮約羇離述之而哀固其情也後唐莊宗劉后則諱之矣）

匄沐悽凉姊去西後來重敘貫追惟貴時莫忘羇離事猶有傍人相助悲

漢黄皇室主（莽之女而乃以稚齡守正所謂父不得而子）

問疾將醫父也天翻成發病臥年年未央劫土留灰骨萬古劉家燒廢煙

宋潘淑妃（望幸之情詭遇之術）

金鋪玉户待君開最是黄昏絶望哀聲像車音聽又住可憐羊爲汝徘徊

齊潘妃（玉兒不受辱於田安能以死報東昏不負佛臂矣）

市令當罏買笑諧瓦官玉像恨空埋爲他踏得金蓮出佛臂應教截作釵

北齊馮淑妃（妃更事人高緯全無風景）

琵琶彈斷更膠絃玉體横陳事再天續命尚偷今日命小憐空憶昔時憐

陳後主沈后（發華淨業中人爾時可謂儼若神明）

不共黄奴行樂辰自尋圖史伴閒身可憐宮闕

塵埃日猶作端居閉閣人

張麗華（仙人逃死宜令狎客總持等作詩嘲之）

王氣東南數欲窮吹來擒虎渡江風望仙結綺飛疏閣收入陳宮智井中

後漢范式（千里之路二年之期不失飯熟之節何有於久要）

人生有情好在遠意悽咽江山列迢遞意至不得截後晤尅前期兩心紆以結期至欲具饌臨當轉愁絶徒結千里言況經二年別獨念志士音風雨急無輟廚中雞黍熟堂上笑言孰或有不能來無爲貴奇節

宋江湛 貴而能貧可以風於有位

京師尚豪華時有何與孟車服及餚饍二事轉相競吏部家獨貧炊煙不滿甑薄澣無更衣上名乃稱病馭吏告牛餓牽飲立汀瀅雖有大官俸不給於溫清私家餉饋絕料配事如飼賓客與僮僕邪得氣溢橫清苦竟難立詎爲竊名令

梁徐勉 貨園割宅即事如夢眞不留一毫卹恡於天地間

華樓逈榭俯佳辰聽鳥觀魚意斬新不辦田園付兒子空將風月與門人達生詩憶山家句割宅花開宣武春何用他時知逆旅笑歸休沐犬狺狺

北齊高季式 作僕射不如飲酒樂夜開城門馳驛馬送一壺非李元忠之落拓則致者誕矣

夜宴高堂上誰可與懽者括頸雖引滿氣決異情寫所念平生友光州鎮俗雅官守各有限情獨若孤寡逸興忽遄飛酣動銜渥赭斟此一壺酒開門夜馳馬遊款破虛閟謔笑攜滿野寄言勸之飲遥城對兩筝耳熱鼻火出花明燈燭灺

梁陶弘景 讀書萬卷國有大政必詣諮訪雖仙人亦不可以無學

柱下強著書漆園笑曳尾朝服挂之去上表辭祿仕望巖情已招瞰澤跡若餌青雲白日近不能自已已如何屢徵聘寧有可致理牛著金籠頭未如放草水盤桓乎山中亦從所好耳翻得宰相名持問朝貴子

北魏咸陽王禧宮人 作歌哀死雖以風刺哀之中又有哀焉

莫聽咸陽宮人歌歌最苦金牀玉几受恩睞一旦不能淚如雨念王奈何作事悞無數淫荒[illegible]弃不哀王死哀王生妾淚雖多竟焉取歌[illegible]衣有情人恨不持身奉明主

蓬萊方丈瀛洲 海上三神山以莫可得証其虛妄故無效而終不絕其事

側聞海上三神山諸僊咸在集鵷鸞不死之藥生其間垂陰布葉無凋殘巨鼇舞抃不得翻銀臺金闕如雲閒燕君齊后思漫漫脫屣欲走渤海寬怪迂方士說滿讕謂致時主沉瀣餐甘心一去無時還聽之滿耳懽發顏及使往求乃盤桓琅玕璺珮徒蹁姍未至若近至轉難臨風引去不可攀其說千古爲疑端我欲致思亦屢歎便令倒海海水乾神山移去誰當看

秦青餞薛譚 餞之於郊徼斯人無與復傳也學者不能爲詠之卒業者衆矣

元精散和氣宮徵流爲音喉轉發潛妙頑豔同飛沈薛譚學成歸秦青蘊其深擅名俗易悦感變理難尋如何同懷友遽足昧所欽辭我乎將行欲傳多苦心薄言餞之郊幽陰萬木林上有雲布濩趨行逸若禽悽響一以振斷者停櫹槮衆靈應撫節天地靜悄悄夫豈異往路悲思竟難任願留無歲年請業繼自今

隋伶人萬寶常 聽太常奏而泣使國家用其議即秕政可革也

雅樂久不復淪謬難與稽損益在器數神悟唯天機沛國定既失太常奏竟非尋徵得所感當盛亦已悲水尺調樂器生子與娶妃自憐音雅淡不用徒見推新聲方代變俗勝真意微零落守窮餓孤調無與肥悉焚所著書以絶後世知好古止一身無身同所歸修飾竊名譽愚妄得毋嗤

天文 陰陽之精其本在地而上發於天故修之人事則實求之天道則虛

天體圓而虛七曜定其躔遲速必以度錯行乃究年雲雷與雨風法皆應自然精氣象物類亦告得失先言天者三家諸説極紛纏小誤既無算大誤且四千欲學苦寢伏口又不得宣聖者修人治辭福但弭愆五事得其正刑政使之平星土奠紆錯朝廷進仁賢蠢蠢皆繫命豈有傾與偏太史僅守官道法森可傳慎哉滿讕説勿爲邪者緣

北魏李冲 道固可謂溢矣而僕射亦爲滿也彪鄙薄不足責以冲之雅量而亦失之惜不以道德相師友云

道固起單陋傾心附李冲公私相汲引漸致位望隆恃結人主知公座但斂容冲也積銜怨肝裂隕其躬先既失精鑒後又昧混同物情有傾側即事如轉蓬責報心太明自高理未弘惜哉二李生不得相始終

北齊高百年妃斛律氏 把玦哀號至死拳不可開父光自擘之乃開然玦固可以無去而拳固可以無開也

死別須臾間割玦留爲念見玦如見君哀號淚若氾把此意悽傷一死難久欠棟上出歌呼盤中絶飲啗既死魂亦羸拳玦竟難探千載爲酸心堅貞豈無驗

後唐莊宗 廢興成敗皆自於身千古炯戒

置酒三垂岡悽愴百年曲念兒有奇表三矢留遺屬枕戈意不忘殪敵快所欲成功告先人英氣光四燭豪傑莫敢爭尊號建左纛如何已富貴宴安成縮朒破帽隨藥囊戲賣黃鬚卜頻受新磨批命盡門高鏃樂器聚焚燒宮商纏骨肉昔日雄志氣煨燼一何速地下悉相逢唐家老奴哭

花石綱初致黃楊三本後取於士民撤屋扶牆所經州縣至拆水門鑿城垣以過天下無細之非巨即一物可以鑒矣

一花一石散林阿天地無私雨露多朱勔却輸

風景去宋家收割寸山河

魏鄧艾鍾會與衛瓘共陷艾會死而艾功名豈有全理然亦其矜功自伐有以致之也

伐國畏仁人奇功惡險速詡詡自矜大蒿火怒無績地勢衰相延垠堮隘山谷天之所阻絶幽昧寧規足士載志倜儻以身任平蜀姜維戰敗餘不容守劒閣陰平七百里邪徑得委屬遂行無人境鑿道緣崖木將士魚貫進自以氈裹束奇兵直趨涪勢潰如破竹喋血威萬里宜歸受祉福誰語田護軍用報江油辱

拓拔詰汾詰汾帝無婦家力微帝無舅家後嗣如孝文則商周之令主也故比義生民之篇以廣前識

獵餘見聚雲占者爲車氣何意遠輜軿翩然下天際容裔擁羽蓋隱訇雜仙吹一女色甚姝四野照皆麗宜笑皓齒發欲語清矑睇欣爲今夕懽言作君子儷館是星雲垂帳以巾幬曳恩情不成夢凌錯已衆侍迫遽留後期車去若雷厲明年抱子來授君屬善視大統二百年全盛十二帝古者天所興或以神其自郊禖肇商周遊畋啓元魏茫茫事恍惚聊用破拘滯

漢酈食其顧從沛公遊而遂爲之死其畏人之苛禮有甚於死矣眞疎宕不羈之士

狂生六十未爲臣自謂非狂莫遇眞沛公嫚罵堪求見經避無窮握齟人

張耳陳餘兩人凶終爲後世口實名士原多庸妄人豈獨耳餘哉

兩人智略輸厮養秦購千金五百金是眞名士原無價何怪終乖然諾心

陳寶秦文公獲石而爲陳寶亦鄜時之類雉鳴神合誕且狎矣

雍東城積高明有精夜飛如流星聽之殷殷雄雉聲應者野雞無數鳴灼灼寶夫人一歲二歲

遲葉君耳空目張思泯泯君之不來泣墜雲馬兮如風靈至遽通夕虞淹久宴娭難窮泰人爲我作飲食軒朱陳瑟竽玉房眞肴核頤乘四時常出入神光離合陳倉北

漢萬章（却石顯牀席器物數百萬直爲俠者當如是矣而曰石氏之禍萬氏反當以爲福耶若一味粗豪決不能爲此語）

却贈揮將百萬賒石君新破重咨嗟何心人禍爲吾福自掃城西柳市家

匠石（獿人亡則匠石輟斤而不敢妄斲蓋必立不失容而後妙巧得施於是有終其身靡所施用者矣妙道至術視同無有是可歎也）

萬物守聞見小異致驚疑默默究年歲未必中亡奇有伎昔曾一呈試妙巧原非心所稽爾我相視甚得意苟非其人寧妄施君不見獿人仰塗時廣領大袖意遲遲匠石揮斤若風至正盡鼻頭蠅翅小飛泥

吴太史慈（子義以母命脫孔北海於圍城獨身天幸行人之所難士之甚勇之甚）

荆軻走秦庭聶政刺俠累豈有志義取酬軀爲恩貴子義青州士立身無苟媚避仇之遼東尸饔久棄置北海欽其人於母時時饋及歸母有命都昌圍正沸感激汝宜赴銜旨即潛詣城急思外救欲告唯劉備石鼓紛山鳴城中無得出攝弓徑上馬持的從兩騎開門向城塹將的近遠植圍者駭趨觀但射無辟倪射畢自入門明日出不異復入出復射衆狎盡臥地知其防猜釋已施脫兔討駛馬使之奔去疾若鳥厲不假七寶鞭傳觀爲閭甚自此達平原精兵相隨至賊圍聞即解啓母報恩畢何用横感槃市里滿泣涕

吴鄭泉（揚雄酒箴比法度士於汲井之瓶以爲處高臨深動常近危不如鴟夷盛酒腹如大壺文淵蓋其趣然比於劉伶多一身後之想）

即時一杯酒原不計身後欲葬陶家傍爲壺何其陋不如復爲人脫略得疎秀富貴崇糟丘與之異營媵轉使愁憂攻此物用自救酩酊天地間靡與校錯謬生生世世然庶幾云善祝

北齊河東裴御史（於傳有云人之所以爲人者讓也河東裴伺食往造而崔瞻不命匕箸裴明日徑往造恣情飲噉要是白晝攫金之比）

人道尚其讓志士惜一飯粗食可以飽何用芼與軒崔瞻性簡傲別室私羞膳如何裴御史伺

食不待勸攜著自往就恣情快吞咽名士忽小節翻爲崔所眷自此呼共餐情與蛩蟨善頗似恃才氣欲使廉貞亂安邑肝自買萊蕪魚不爨世路有飢劬拙窮可貽玩

後漢趙壹元叔之倨也而託名於羊陟故知良璞自剖爲難

良璞難自剖朽株貴先談鄭階賞一言蔑面誰不覘雄文俟賢知竟隅君與譚元叔負奇氣感明致書函追路以相尋待旦心憂惔實爲盛名慴夜光欽荊藍當其未振時借譽由河南車騎塡露坐觀者溢閈閭泣血以相明毛羽出鑽劙

顧盼長光價被褐實不慙匹夫豈無志欲尋斯路漸

梁張纘聞有以才下人矣未聞以侮人者也一杯酒殺吳氏三人耗矣哀哉

不如公榮者不可不與飲阮籍雖名狂直爲此禀禀吳規受天形與纘豈異禀何云名地卑不宜坐接衽辱之於公讌遂使懷噤痒杯酒殺三人盛氣亦凄凜無倨爲君車斯言用來諗

漢蕭望之望之不肯露索挾持霍光旣容之矣然竟以是不除用望之能自致名位霍氏敗而寖益任用故曰世惡俊異人疵文雅

仲翁仕早達出入從廬兒同薦笑蕭生翻此抱關爲豈不感寵辱信詘各異時競者趨弗及究乃無所之拙守良多梗蓋亦有以奇得替即移疾雅意繩愆違苟貴何足道丈夫行念斯

晉謝安百萬師至而命駕遊山有問計者輒云已別有旨夫符堅自以不戰敗非晉能勝之也至今千載下不能尋其別旨之所在意者莫知爲計而託靜鎭以倖於事之或然耶不敢謂豎子成名亦近於英雄欺人

符堅愎衆諫伐晉千天紀水陸一時進鱗列行萬里軍惑整逾亂師逆怒不起秦用必敗法爲晉驅除爾如何謝安石夷然矜別旨逼淝令小

卻一麾遂不止此豈先發謀不戰使敗死投鞭斷江流雄心付諸水草木爲兵形天亡邪得擬晉捷若非倖何有折屐喜圍棊賭別墅賭國險於此

上張大中丞書　　魏周琬

壬辰十一月十四日年家子琬再拜謹稟啓大中丞閣下夏初於維揚趨侍一飯時大中丞閉閤待罪外之搆者洶然欲滔天而大中丞無一人助者孤特一身耳獨執玩先聖先賢之遺編與一二故人子反覆誦說以怡永日琬獲覩大人君子獨立不懼之槩退而伏自思念曰近代書傳所稱韓范富歐者即斯人也歟然彼數君子者有匡時之學而疑謗斥逐不盡遭時今與大中丞爲搆者力能致百千萬人使之附已以與中丞爭衆寡強弱之勢竊意其有不能得者一人耳夫人之智能足以欺盡一世獨至於天則不可欺有不可欺之天則向之殫獘其心以欺一世者終智盡能索而莫足取以爲用也意者大中丞其亦有所恃矣乎而世之無識脅於勢以爲低昂如蠅飛之逐腥臭與炎炎者鬭進及嚴霜降正氣肅不自知其遇寒而凝也九重窅匆之地分別白黑劘切羣下不言而斷於心久矣昨者赫赫天語端晃以臨之悃愊以布之如入閶闔之幽徼而得其告語之纖悉其旨歸之於保護正人仁愛百姓大江南北自傳聞所到士以手加額百姓蹈舞如狂比戶取酒酣飲以相

今談詩家益黟矣選事取料以人所不盡解爲工子史百家張皇幽渺茍若是詩即不工人猶可以自競於學夫能學不庸愈詩乎哉然有說於此脩庖厨以延大賓取於知味雖得象白猩唇而芍藥之和不具猶偃肉也大布不可以爲黼黻乃絺繪之美寸割而紉之曾弗若綈與繒惟吾旭棠博綜群籍臨詩財筆硯具而已孤詣直造率任自然然已按部就班矣茲集百餘首悼友哭子居其大半變徵之聲也取精用物非不弘多然嵬眼須耳不由掇拾何者危弦哀玉皆虛動之響夫豈暇於韻合歌管者哉予特錄而行之使人益知自競於學云松門程鳴書

壽雲堂詩四集序　一

充射堂詩四集

陽山　魏周琬　旭棠

吳聲萬生日

早榮怕是風吹絮晚達愁爲霜倒蓮校計玉堂
君到日明年恰合禮經年

豐城集道中同陸臨潭宋東瀾吳聲萬
作

書生被褐愛時清道路光華器在身地近岱宗
山不亂雲連北闕氣先春欣逢古蹟緇胸史怕
攬鄉思制夢因所與諸君如驅壓坐同茵席馬

同塵

上元夜拾妓不果臨潭先有詩相嘲

上元旅食若爲傳夾道娼樓隔此筵醉後有歌
低柱瑟睡殘無夢上鞍韉魂銷不試青眸戟春
暖難生紫玉煙爲要白雲鄉裏去徹寒霜月夜
朝天

新雨羊流店道中

迅隔江南路數重馬蹄沙漲與風衝雨聲滴夜
廻鄉夢暝勢含煙變曉容古道欲酥新有綠遠
山如睡不知峯人生盡有津迷恨只合耕犁問
老農

曉望

山東地大表雄風望裏寥蕭雲樹重芟却江南
添設物不遮眼角不攔胸

泰安道中

暝色初收信馬頭車中窓户足舒眸日含新雨
飛靈氣春與妍風到微衆山上界田如補衲雲
邊排樹若藏樓驅來驅去閒收拾得草東封事
即休

開山廟

一道雲飛纔有脚兩邊山盡正齊頭燕路漸多
齊路少軟塵襯馬踏皇州

題西山

山遠疑雲萬里長衆雲飛盡轉蒼蒼夕陽只向
山頭落不管紅塵車馬忙

悼小女三珠四首

我有三珠三歲女意中聰慧語初長春風何物
能將去不教栽成玉雪行

見憐兄姊提攜慣逐隊兒童戲笑親世上不曾
多日住淺年深種此情塵

阿娘傾盡千條淚觸看襦衫又助悲要好不曾頻與著爭知無汝上身時

有女長成勤刺繡一兒閒惰示詩書只渠懷抱中閒物失却愁來那破除

次韻盛東田明府乞休二首

五年雖是著朝衣稽阮心情爭暫違官職泥沙人竟去縣齋風月夢都稀玉霄自有頭銜在草户寧忘腹鰭依勉選一錢充岸石迮艚輕泛待潮歸

雨暗風淒又一時葉殘荷敗繫舟遲輕裝減似之官日故牘稀於載槖詩有約還山憐白傅亡何日飲笑袁絲人間襦袴留煦暖不到巖阪竟不知

吴叔壁表叔宅看芍藥

晚風庭院舞衣披似有神情笑舊知何事吾生常不化一年一此訂花期

哭許三閬如

我生忽不料於君行哭踊燕邸隔月餘夜譴寒背癰君歸在我先下第我亦駃到家不得意昏睡午氣懵便了買茶還雜語傳數種中有君遺耗驚耳入切悚三號聲尚咽四壁風已塌斯人紛足音於世今絕登萬里未天飛九泉遽地控維揚我交遊行義君最勇自爲如縞薄爲人趼在踵鼠蟲化肝臂室家露曡空意氣空雲霄賢愚一丘壟獨絃賣哀歌聲名僅蠛蠓不得維陽令治鬼山龍從平生我下淚難於男子湩酸淒廹傾注綆縻爲君奉山水豈無奏識微鮮所洞風斤再欲施立容誰不動纏感非一塗興哀又以恐誓餐山中木天年老臃腫素車行當來豈敢負情重

飲孫三青湖宅同陸秋江趙魯齋衡泥晚歸感拈長句

晚風細雨夏猶寒巷口衡泥惜酒闌我輩故應爲舊物相逢何止勸加餐讀書已用收雞距論事無嫌食馬肝秖是一堂宮角動不曾此外教人彈

與余四葭白

會撥四絃繁作響亦窮千劫鬭於碁因哭故人憐復聚夜深風雨入談期

遣意

憯兮吾何心不笑亦不說似由不遇故憤與弱相滑前夜月皎昨夜月勝雪今夜月露皎橫欲致我悅三夜避月坐心情自愁結貧賤如老醜秋風吹磬折眄睞無遺光罷去不待奪時冉冉將至心爲脩名緤伏聞古有人重力負揭揭時命竟大窮聲意發寥濶青簡一編書萬死向此活豈無公與卿車前騶蕖喝豈無商與賈坐處絃管咽念略識文字受生與之埒皃鶴脛短長不可續與截有一以自貴孰是都不劣多憂使人沈雄姿坐見詘幸疏内外觀自取高異術

安能兩躊躇已用一決絕誓乎吾斯征日月若弦筈

爲許母壽并引

母李氏故刑部員外眉右先生之妻盛年寡居子三人長荔生甫冠成丁丑進士次闇如魁辛卯南榜其季虞傳癸巳南榜第一予之同歲友也眉右父師六太史予父乙丑同年世講篤於他衆故存其稿

淮海推名閥家風莫與京朱輪塡内外白屋少將迎貴富雖爲溢紫華自不驚烏衣王氏巷蠅拂謝家情更以夫人節堪爲薄俗程輕塵弱草藉奇命盛年嬰汎彼舟爲栢築之臺曰清官書曾侍燭月旦每參評嫠緯綜霜落熊丸擣月明手裁三玉樹心賤一金籯女嫁乘龍壻兒偕引鳳笙閨門傳禮法文苑仰科名講學尊韋母推仁重悳英姓名女史記奴橘子孫成舊忝登堂拜寧辭載筆賡憑親與茍毋凛露有仙莖

哭李震男

飛鳥猶知李客師别時詳婉意凄其憐予下第雙眶淚送客還家滿肚飢已是一名成進士未

能小苑罷盧兒三年寄食聞鐘後萬種思鄉上月時逮養雞豚傷母老過庭詩禮省兒痴責將書畫充貧槖封入枌榆減客貲佳境謂如嘗蔗味冷叢終不覩春熙永辜韞秀飢寒迹竟厄公明婚嫁期溫序欲歸誰見夢長沙裂素定焉遺冲天勁翮宜藏鷃斷尾雄雞自憚犧牖下古云死是幸人間何世路方夷楚狂念保逃陽足江夏鯤多混沌眉丹旐計從千里下哭君門巷起凉飈

遥答内丘令徐貞萬

我父昔宰縣戎州古高陽翩翩有徐君足音空谷翔自以同年子早孤氣萎傷弱冠弄文籍生惜限窮荒修譜以禮進兼貢溪苦腸因依二載餘離遊意難量萬山圍落勢書聲走琳瑯學成薛譚歸我父心傍徨遂滯周南疾永背天一方君翮振秋風順過所息場孤雛觸滿眼痛哭餘淒凉徘徊乃去之辛苦各蒼茫此事二十年移換星與霜江水日萬里奔廹流淌浪物既不停圜心感絶所藏忽昨致一函遠歷多津梁封者

内丘令達處居里詳伸紙具所以嗚咽動八行書詞致生者恭乃九原將執玩遥致拜下涕亦霑裳徐君眞古人一飯思見償念舊則云可感恩豈宜當時世習凉薄變態如滄桑飢彪遽與肉餓驎寧見嘗去君二千里期我遠束裝身雖不時至潤如飲酱漿加是心於物仁風洽其疆家學著茂美吏治登循良願君篤初政益致名位昌豈惟榮所生我父凌雲狂下風俟嘉譽欲寄無游舫心事託高鳥悠悠飛阻長

次韻孫二斗文見詒

鑿竅混沌死讀書人言朽神腐更相化所得僅而壽要是公家物於吾曾何有劉向傳精牒齋駢假天口只愁捧書丁不怕催年酉角牙張蛟龍巨叉看施手鄭五體俳諧人終笑歇後子百居人下半生多怵誘垂老忍飢寒得與於斯否感君泣血明欲予絶筋受才性謝琮璧脣吻空箕斗少舊無幾人心顏寄所厚願從借磨刮稍復治獰醜默思究年歲誰當餉弊帚

題綠蝴蝶

泥花霑絮惜生勞周夢何曾覓一遭恨是春風

辭不得也隨草色著青袍

湖中晚汎同陳楞山洪詠懷姚溉堂

故是昔時懽賞地如何遊處太息息楚蓮秋水情無限鄂被閒船致不同落日詀明青草外凉風卧動白蘋中上堂夜客寥蕭甚不見城東列炬紅

題傅螺齋瓜果圖

人間瓜果皆凡品未必天孫送巧多須倩螺齋圖一幅夜張高壁供明河

題石濤所圖山水

略成荒遠竟無題覽後尋思悟又迯亂水斷山
曾記得江南南去浙江西

題許櫱子葛衣圖二首

風急霜零敝汝曹一生肩聳怕凮高餓鱗只喫
桃花米何處人間可落毛

葛練衣裙未是窮淒清猶稱舊家風昂頭立脚
天寒裏不感劉公感到公

項書存刻山海經水經注成賞其考訂
精晰漫贈

邢部喜誤書書誤臨語忈杜公譌一癡石君數

四足古來諸老生辛苦辨簡牘山海紀天荒水
經周地軸世人失音解楚夏雜正俗君日事鉛
槧讐校窮汗竹定夢烏衣人食蟒欲所服鋟鏤
見淵匠欲秘毋乃酷行當假赤幢鼓吹受高祿
所至名生徒俾從帳下讀

寓眞州天寧寺書懷五首

旅思淒清不可論況逢景物入蕭辰風雲未必
通無路岸葦空知去有津古寺鐘聲能發夢他
鄉月色解憐人一生學織蛛蝥網被得愁攻略
衛身

晨坐僧寮又夕曛自竺幽獨少爲群口流音響
稀於磬心任天游飛入雲拈筆難抽新意製讀
書思長舊知聞詩筒茗椀經營處也爲擔遲到
夜分

中秋鏡水夜相輝弟妹應憐歸尚遲四仲最佳
唯此節平分未了有他期是年八月閏聲傳砧
杵驚衣薄賦動江關笑格卑若也乘槎容我泛
浣紗此地有遺思

上清遊處聖燈繁卧攬单衾月照顔細入衆喧
知夜靜哀興往事見思閒星趨夜列遲難曙夢

感孙吟斷總刪東海豈無精舍在碧溪溪漲水
潺潺

晥晩紅秋坐覺妍俗緣無偶道緣便謬恭終想
臨卭令妄得新求王遠鞭蜻蛚上盆辭草露蟾
蜍流地出嬋娟勞勞亦有西風歎說向三生又
不然

次韻盛東田明府留別詩

五年事直道不黜猶未眞所以遇可退亟亟奉
其身豈無濟時具再使民俗淳旻舉西風扇自
蔽元規塵嚴霜厲志士孫意森寒筠昔爲斯邑

長今爲投散人公歸嗟不復高義難重陳子緯
河上蕭公嘗末下尊相去隔江海各自愛其貧
世無盈車魚投此獨繭綸但有金壺汁寫盡終
嶙峋

以顔清臣殘帖詒孫二斗文件以鄙句

字於法中爲一格漢晉能手世無匹昭陵以外
皆贋書存者弔喪與問疾唐書無過顔清臣筋
勝肉骨綿裹針枯藤墜石極危逼逸處翩如鶴
聽琴今年全泰地遺震碑石滅没亡筆陣我有
舊摹儼端人衣冠偉甚爲君儐禁省清班君旋

入署表題門榮鳥迹我老日日猶畫壓大小山
頭看落翮

揚州九日雨中亦諳師見示遊天台黄
山諸詩時師養疾寶善庵率爲此贈

山遊良不易無山亦有遊玅想先元精遇山斯
可求客兒夜作賊少文卧類囚酷嗜窮登陟無
乃爲溝猶亦師靜者徒渺渺以脩脩孤瞑抱奇
辭飛錫與之謀合眼一山出開眼一山收山山
討靈異如責逋不休拳捫有未嘗意行非足投
倦遊息廣陵節序屬三秋重陽約高會相與登
徐樓是日月從昇濤雨迷荒丘維摩既示疾宋
玉亦賦愁師其去害馬保此生若浮香王有石
室歸禮歲將道經念昔遊處諸天在上頭

九月十五夜同楞山宿豫中宅玩月次
日立冬用丁酉四月豫中宅玩月韻

三人對月緒風清送盡牢愁更不生道是盡時
還剩得爲他今夜爲秋明

題盛東田明府滄浪祖道圖二首

迎新送舊勞勞事自古津亭未肯閒須是公無
此子媿萬人眼裏不鄣顔

世間公道可爲主如葉輕身去似風相送爭先
齊簇簇霸陵醉尉在其中

春寒題別呈盛東田明府

銅渾星轉斗東方何事嚴城浸雪霜吹律鄒生
辭黍谷種花潘令去河陽孤雛背母寒翻影折
柳題橋斷盡腸任是東風有底急不能催放此
春光

樾香樓下觀燈作

綺閣瓊樓夜不知忽睛千燈爛照之青城山頂
芙蓉坪蕩心娱眼紛陸離意者天帝宴而醉晃

綴糾髮鬣委又如挂星槎上望精闕芒逼各以次漢宮列錢差此妍郭室縣珠或未然樹烏三帀不敢宿城雲四覆皆際烟中酒雜亂搊彈動百壺馳飛挫糟送東方欲高敵者多客散倦走春天夢清醒渭城歌一弄

與葭兄

挾山堙海意難量自笑龍鍾久不償身託三苹隨水散家餘五畝入春荒傳觀製賦吟雌霓陪從銜杯懾渴羌舊婉風華心戀甚去君何處借登床

留雲堂坐雨有懷

春雨不知數連江日夜生身隨飄處定感向挫中平㹅古隻高義思人羯獨情樹花開未得纍歷笑時榮

松門五兄小齋白杜鵑花

杜鵑藏血化爲花笑笑春風玉面遮更欲爲雲愁蕩去翠纓金鑠住君家

自笑二首

磊落形軀入不容出門即復謬西東三遊害德憎烏噪五技無功笑鼠窮微欲羞時行引扇大

難堪處立當風思量怕更關前事吳下空知舊阿蒙

閉户椒圖久欲藏又因求食俟征兔空知鹿酒饒東壁時見葱蔬出信陽贅客依人多刺促奇文送鬼略荒唐虞翻疏步終驅去爭肯常隨躍馬韁

次韻延令慶雲寺百泉和尚

趨象非有物溪者弄其姿氣溢流爲英泊乎以清夷虛牝日夜叩理至無前期結風佇景光惚恍方致思既挹不盈掬劃然又已離仙源靡徑

測雲搆徒力疲名狀忽有會劉刻亦不疑詩律具禪悅孰可以二之雪北香南地法座衣拔拔六念逃所脩一音來問奇欲使金輪轉而又紺馬移十年禁樂器乃有琵琶師將與新者遇其必忍割遺天女不户牖雨花無藩籬含咀動嘲泳龍象皆栖隨我法止於是師其珍重持

耳病憇慶雲寺贈百泉

喝聲欲得當頭棒食味來嘗折脚鐺定有身雲無數在耳風鼻火一時清

畱題王二湯又

千詩斗酒他時事今日重來無一詩儘喚魚丁
長鋏靜漫抄豕亥小年遲心情默對眞如此風
月閑評略有之好事不教容易續又爲歸去種
相思

贈湯又令子立方 幷序

侍御桐孫年伯告歸已十年供養太夫
人太夫人年八十餘能日飲夫來立方
其曾孫也

孫孺巾冠者稠繁已到曾綵衣齊向舞君在第
三層

宿湯兄萬卷書樓

小樓吾卧處萬卷在其中都是舊相識敢云心
不同吹簫與解珮暮雨下屏風似有中間隔因
之惆悵通定歸相料理留恨此悤悤

七費贈湯兄 幷序

杅穿皮蠹以出四方行者費也予客延
令匝一月食美寢寧而不知其費有費
者矣奉貽七費詩蓋通於費之外而實
不言所費夫不言所費曰朋友之義是
既然矣時已亥端午夏至日也

十年音響判流螢復此南飛息翅翎發篋夜吟
行卷子費君稱好隔牆聽

時澆腸胃須千斛日戰旗鎗有百甌滿地嫩黃
新滌後費君茗壘敵糟丘

小詩百一裁葵扇淺月初三隔綺疏破睡又教
添箇事費君燒燭夜抄書

書借書還省二瓻便於樓上寓觀之費君無費
多爲惠讀取青箱價不訾

耳病無端笑宋聾遠音疏韻欲猜空費君閣夜
陰風雨身住雲林竟不通

觸熱中廚未易烹惡賓淹月有侯鯖費君飧壁

由閨裏丘嫂當年笑頡羹

百年難駐已中身借一何時意更新苦勁不留
軟語在月明人去費君尋

呈侍御桐孫年伯

江海乞身原勇壯朝榮未老久埃塵拈棋覓句
那能厭將母弄孫了不嗔管領風光閒始得逢
迎物態樸彌眞笑公四十年前事多少衰遲入
夢人

雨後與壯其湯又話舊

暑雨滄人碧漲天重論舊事各淒然數畨塌翼
三千夢忽地田頭二十年馬糞聲名誰得似牛
心决睹世無先𢢼予猶自同羈縶闒爾何曾竟
著鞭

趙北江至即約同過柴墟

一月遲君君不至君來予又小遷延暑添消渴
文園疾雨壞汙邪魯望田計亦欲歸潮有信路
爲經過月衫圓鄂船同去期留宿依約重遊已
十年

水至一千字

百川灌河日正是秋風時如何對之歎范范百
憂爲下田異培塿瘠民恒雚藜終歲無外營祝
以有年綏春溪二三月買種具耕犁四月秧馬
動千村疊鼓圍五月天淫滯傾注灌平畦誰者
耳掛蛇鼪煽愆雨師翻車以出水婦子力不遲
生鹽在其背落汗調於泥六月幸無雨稻苗嶷
以肥眇隰各有耦相從事耘耔雖未十旬熟受
氣漸欲垂穟羊雜琴瑟田祖其妥斯酒諧肉且
飫農夫舞傲傲宋玉有大言一笑摧㝈恩蒲望
勞隴畝鏡聽靡猜疑九夏節既終三秋願不違

上風吹稻香下舍抱兒嬉白藏富物態素商起
涼飔村村求男婚家家卜女歸黽勉計力作豈
不償所期冥聞淮黃漲水溢涌若梯金隄不能
固下流疾無磯魚路鯨既奔繡田練所飛水進
必盈科污邪者先之有或地蝌螺妄意力可施
千夫築四衛益岍如絫碁區區塞孟津究竟亦
奚裨薄田在湖東百畝生事微不能聽沉没捧
土相撐持螳螂欲當車兕虎已破籬决之僅一
暮人哭牛爲嘶空桑成洪川短屋無栖雞予心
實忉惻聚農慰且咨假而鄰田没我田獨不罹

登禾謀倉箱竟如京與坻八口獲所養已能人
皆飢此事亦不祥必有他災隨委運任自然忍
苦邀天慈更得事春耕范昧難預知婦子收淚
謝四顧瞿然思長臂與脩脚海濵以爲資轉念
主翁貧家累如駢枝何能衣且食但付書與詩
此語良爲厚憫默自含悲乘船浩東來浪高與
天齊紅蓼汎點點青菰吹差差却指原上村恍
恍頭露笄煙火淺郊郭人命同鳧鷖緣河千餘
家媪神無畱基清波浸卜半夜鯉躍墻西漾星
留在室帯月船繫扉壯健涉尋食老稚晚未炊

更有新孤寡伏棺生死危長號不可咽聲雜鬼
淒淒室中斷橋梁賓接惟馮夷屋上新圭竇佇
立多烏鴟入城稍爽塏拘若島中依欲行無所
至夫不其餒而斗米既高直束薪靡廉賈鬱紲
燎濕烟汪洋煮羹葵飢虛表徐步憂苦徵蹙眉
笥中单袷盡空外砧杵稀西風吹到骨衹有身
上絺富民百無一貧户萬有奇望賑日猶遠需
時病已痿子家二十口不至無常兒見肉止腰
膔入厨唯鹽齏簡髮數米外亦更有公私田入
豐尚歎何況絕稗稊癡兒欲糜學嬌女礿罷機

樹網口不動唐園腹豈滋此是背觸闕寧無頭
責詞内顧無罍餅外援稀紵絺平生二三友久
累靡恥遺詎謂予取求終不汝瑕疵三時民力
棄四耳長右啼湯湯激潺湲復此遭仳離靜思
溝中瘠未必天所推雨潦數既盈汎溢理固宜
十里一水門蓄洩貴豫治游波得寬緩何至不
及規堰決揵茭茯勢已同噬臍且徵王尊勇璧
馬難見欺徒勤康絇役雷龍豈無威歎息復歎
息人事去莫追吾人適不幸乃與禍患瀰窮愁
展書讀用古自切劘瘦日依庭白苦月照面黧

生世哀樂多何其屢轉移大心禦來物一致覲
冥貽河决雖洶洶視若天漢低禾没已汩汩輕
於秋草萎人生哀長勤說餅徒悽迷歲華既枉
没空蝗粱黍非浩然固以安新凉夜薦衣函宫
激清徵遠姚聲上馳調是髙般涉因風送水湄
潛蛟臥不起斯音聽者誰

畜蟋蟀

少小靡不爲風心寄秋蟀今老猶好之玩此礿
凉日盆器滌圓方篆瓦搓古鬱一池貯中水二
内安夾穴偵伺積昏曙捜掠遍墟埢銖分爲之

差節候定其質收至百千餘猶懼有淪逸畜如
祝雞翁名號各殊悉狀取短而端彈碁勢發八
正色必竟體朱碧渾無秩亦有早健雄擲踔當
者失居炎口可畏秉令智難奪時乎既徂謝先
零變衰忽臨敵豈異情羸縮難再誦棄之壞砌
中窮老鳴唧唧凉風率淒厲晥晚貴後出竊黄
異溪濃蔚藍幾批抹霜清不受染氣崩漸成潔
轉覺姿娬媚詎畏候凛冽怪天生此蟲亦用精
理隲戰勝號將軍金注可賭决向來所収多萬
遝始得一亦是歲寒心以厲三秋節直至嚴殺

壼凝冰隨化絕鳴悲賦自楚股怒式者越取怒不取悲斯理聊得說渥泊自陰陽愛護由識察所嗟百勝雄才遇成雨蠡一落纖兒手頓使風景裂用趙廉頗思逃燕望諸劣物微要不爽與寓難可歌年荒賦短錢天高閣倚筆久謝世上名頹焉任蕭兀

嫁娶行 并引

已亥九月十三日客揚州見綵輿織路膏燭耀星雖古所云塵宵弗過也予邑凋弊兼受洪波食蘚河鯉蘭悴秋年靡復茲舉作嫁娶行一篇以微寓所感亦有慨於同生云

玉壺凝淚塵宵起琴瑟滄湄斷文梓稱娖前行富貴家雞狗相將貧賤子揚州二分月無賴秋作濃香氣不害丁字簾遮淺笑花腹題香逗同心帶仙人九府傳消息王母新粧踏西翼天上人間共此時銀漢紅牆不曾隔夜燭猶憐父母心晨梟他日室家情盛年處旁古所歎自遠相匹欽璜珩嗟予有弟妥㷀㷀恩心遙在玉堂東二萬婚錢天不借愁抱冰床雪被中嗟予有妹空窈窕過人艱難撤鬟老孤居逝盡水年華盧姬嫁晚何足道

爲許鶴坪咏齋中菊

萬枝取次散叢金的的秋英向坐侵早植自爲君子德夕餐猶見大夫心高懸滿屋狂何有軟覲中霜傲已深舊識遨頭行樂遍未如野逸此閒吟

紀夢

仁英死去十六年不知入地與上天我客揚州入我夢夢回踪響猶珊然澹粧悴容屬有思婉轉示我毋虞字我書在紙証不譌緒語哀荒僅

此記我虞餓死填溝壑責鬼求錢怕鬼惡果得毋虞粗糲充戴面向人色不怍我俟河清虞無身霞蔚雲蒸豈讓人果得毋虞待時至有如溘死見陽春仁英生時善寬大事我三年如畜艾豈其真性死猶存慰此羈窮脫顛沛人之生世孰毋虞古來賢達皆嗟吁龍鍾已厭百年內無能爲快盱與睢感鄉意厚動清喟夢裏殘燈照無寐猶是當年志氣人辜負海山拾寒翠

傅螺齋畫老梅見餉綴新句其上次韻

爲謝

似不似之間見所欲畫花趙昌與徐熙未免各一家螺蠡善沒骨又能出槎枒精理變木鴈浪筆排泥沙綴句染馨素知也其無涯

葭白生日

四十之年又過二幾多眼底浮雲事散盡河間姹女錢著成馬牧先生字祇是愁多仍上眉不分笑來空捉鼻時探懷裏想傳鉤又夢山頭發宛委百年將半欲何如自斷此生宜位置有母可奉兒可教經籍豚雞雜胰臟半夜藏舟舟不停餘事付天天自記看我吟娛滿袖風與君十載爲兄弟君如春花我值秋芳草悅魂寧共氣蠲愁亦自有皐蘇獻美安知非炙背人生但得行胸懷何必祝腎纔千歲絲竹兩床菜一畦漸近東風釋憔悴請君沐浴明年身更欲問我我大醉

硯兒亡二首

庾信傷心賦竟真老貧孤獨一時新自今以後爲無子每事讓前嫌有身計食忍教減一口檢書無可付餘人室中白日沈光彩溘死何由得見春

擁絮無憀意每淚摘殘經句教溫尋貧覓家寶自生氣死絕門風誰嗣音終日思兒空在眼百年垂老更何心三靈譴後浮名盡黼謝人間憂患侵

哭兒二十首

十四年中育汝成虎龍爲氣掌珠瑩客兒忽自從師去不向謝家門裏生

父施母愛加憐護兒爲孫承重捧持不怕種恩深到海一分恩益一分悲

提挈關河自稚齡逢人膚立已亭亭眼中盡識諸時輩分別能爲白與青

雌鸞雄鳳雛相匹衞樂盟更十歲華自痛童雄單折去忍教幽聘又甄家

流移嬉戲曾無歇放紲脫韝還讀書鞭扑不留今日恨破車駒子跛波魚

授書精熟通洪範誦禮支繁盡少儀口記學堂師課外夜聲銅吼不知疲

名高豈有題門鳳愛至曾爲孺子牛愛亦苦淚名太早自然空剩淚雙流

親知不盡情詳婉鄰曲時通語軟清便覺世緣
要約急更無以後說平生
客遊依父來爲別死病無醫逝可傷夜路瓦窑
歸不得坐船艙作小靈牀
地惟嬴博三號過亭是千秋一慟沉藤束虞棺
魂北望晚波嗚咽蚤風吟
觸眼彥通無此物鍾情阿萬劇難忘夙齡猶未
關人事那得紓哀出一箱
恩情到死竟何論難用巫陽叫九閽我尚幾田
能哭汝寒年風急亂黃昏

去年哭妹是兒恩今日兒亡隕我門夜祭姈姘
誰伴食併從南浦與招魂
阿母病風經十載有兒入室自生光兒没何人
督諸婢委他眠食一空房
同生依姊能承訓絕類當年謝遏情闌殺鬬鶖
持作奠嬋媛腸斷女嬃聲
一味甘猶割與兒學堂歸晚待遲遲不知已用
童烏祭錯又停羹喚哀師
夜寒我起必兒同爭曉從師課蚤功我近衰眠
人語乏癈閒初日上窗紅

成家致汝吾無事便送餘年千首詩今日日西
圖不及恰如難吐盡蠶絲
如此但糜何必飯亦曾捉斗僅成襦世業酷貧
衣食少可憐空憶舊勤劬
明明如夢經時久續續興哀目轉存醒亦夢中
難棄夢從來心薄古東門

紀與兒懷祖別至今疾歿後雜情四十韻

酸風飢走別離易兒送河橋揖到地船行兒返
數回頭遥望含情手拭淚我客揚州意寥蕭兒

寄家書語悽傷俄以暴疾來就醫神縮形羸與
常異心知死病愕不言倉皇遽訪術三世兒之
外舅延入門百物所須悉時致日噬月齧天無
功箭急漏催期已至以兒未婚避其家移疾首
丘豈無意肩輿入船我扶將送者路傍多親契
兒能一一前致聲聲無錯誤屢移睇汝之外舅
留送汝悽涼夜燭人三四呼糜欲食不得進我
以口哺咽之既猶讀論語問孝章色難宛轉數
詞義此時呼爺千萬聲滚恩迫盡須臾際力云
有以奉阿爺兩子並書爲一字定憂死去我無

兒弄語塞悲須後嗣滄海永辭白髮親星河夜
走游魂氣馮尸叫天天不知莠然生死古今事
席衾絞紟木皮棺殯具皆汝外舅置生出死還
到鄉里停之南郭水雲寺汝姑剪紙招汝魂汝
姊挈梁脩汝祭汝師哭汝三失聲汝友拜汝雜
有位酷者汝之外祖母幼所呼索從好嗜於汝
恩深悲亦深八十病衰淚滿眥我年五十已過
七生汝爲遲死無類東震西坤不可求鶴斷猿
吟亦知處情爲殤降服以功禮緣父尊喪不次
萬恨千悲獨坐時無復庭中趨且詣我家書籍

汝經讀詁曲聱牙能不避通曉疏義爲文章雖
有小蹟不害治錄詩從無一字悞何至呼杖翳
其臂豈意衰宗生此寶作氣欲輕蜍與志不可
再得知奈何割哀詎謂無曉譬時徂物謝漸移
推要其切心邪得棄須以水涸篋汝城鬖爪虞
棺即同瘞范汪迎喪數歲兒汝魂比之已非稚
歲時畜汝僅澆奠杳冥接我惟夢寐父子恩願
雨已畢天地壇代萬俱逝龍摧珠碎自古有我
哭嗷嗷母乃蔽正以予哀不可終欲其竟終於
此紀

幽幽九章章十句

幽幽其堂既歲既更胡日而月照是匪人匪冬
之爲烈烈謂春不可與生朝不見日出夕不見
月盈憯憯念瘁亦莫我新

如賈斯罄後不有爲童牛之喪老牛之羸鼠思
泣血救者謂之天降天閼民之多罹民之罹之
亦各其思

如彼行邁不知所適問亦不言飢亦不食雖不
言不食思則不有得祇以淪胥恤恤其失心之
憂矣亦曰孔棘

匪承筐無實曰刲羊無血悠悠私姻喪其急熱
煢煢念獨倚是枕穴遠可以遊近可以媟駕言
用寫我心不說

爪則有胝垂則雍之鶴則有子鳴則和之人之
子子而何以生爲土正於丘狐則搖之魚上於
冰獺則祭之人之子子而又何以死爲

天降飢饉民棘孔求我則豈不求而敵哀於憂
契契寤歎心亦孔柔抗我則克匪是用謀如彼
舟壞不戒於流

維哀用敬曰天之渝霆則擊之懷使口不有其

嘔與呴匪是罪譴胡震於軀天不可與仇鬼不可與圖欲振之德日月其徂

遺經散志作者其遠曰有盈缶拯是飢殄如寢斯簟如田斯畎作之依之去其管管借曰弗思敝諸蹇淺

曰予百年則無此身其餘幾何何爲苦辛不將於鳳亦不畜於豚我酌而飲維中衢之尊我飲斯已來不有人

清明日設祭懷祖

木皮棺寄水雲隈設祭清明首重回異日春秋

吾自餧此時風雨汝應摧稺魂僧室依逾靜老淚儒衫漬不瞪心恨過於百五日未緣火禁始寒灰

留題病婦

婦病十餘年形性兩抛墮忽慌殊厥常於易爲大過兒子去年没危哉喪一个餘年無所倚帶笑吟楚些粉朱棄脩治衿裙積皺破亦是君子女乃如營堀堁計今到死期百弔無一賀天地父母心矜惻知何那出門腸已摧析薪無負荷緣茲又下淚入室劇慘剉枯楊無再稊春風入長卧叮嚀語小妻勿令有飢餓

齋夜

孟陰晚入雨廉纖特地生寒浸不眠春豈我春抛竟得夢爲今夢訟無緣一身易了駒過隙萬事難來雲上天愁寂舊遊相對罷獨留無語在燈前

題試巖雙寒閣

風月平生歡每每閒子步念今行且休公物有所付茲閣名雙寒江淹兩株樹春風不待人作花已久汚志士厲霜雪一心抱馨素孟夏方恢

台巍巍光葉露端然整孤襟寂其少二屨僧彌樂有兄不但如法護日夕相與住寄心亦無數畫塵拂家雞開窓延顱兎豬脚發寥亮園客變徵羽奏之耳熱時自謂比韶頀昔年聘妙姬豔色奪衆婞未奉君子堂悄意忽有寤遂不俠嘉夜立法遺孫孺人生會有適四美耶可具熱乃爲妄因冷必與姸遇户牖雖不多嘲弄其殆庶我坐正愁思隔山幸一呼

輓侍御王桐孫年伯

未到凉風暑却退挾雷汀雨作寒胎謝公今日

華堂上猶自羊曇唱樂來

哭吳聲萬孝廉二首

兩同燕路劇邅迍命薄憐爲下第人我旋失雛門祚冷君今治鬼篆文新眞休夢裏翻翩蝶不噬人間損餓驎王氏欲衰賢者殞銜悲豈止爲情親

年來賣力雞豚具妻子啼號直置情不信如君能竟死也憐無處可求生素帬欲裂知何託青簡猶新恨未平我作驢鳴誰卻笑反令公等氣縱橫

哭李世兄曹邨孝廉

嗟予忽忽生無樂除卻招魂未著文近哭故人同閱水漫憂何事更如焚有情都盡草晞露無質難成風運斤欲慰窮生那可說九原觀處是知聞

六月三十日夜不寐

四時已是平分半一夜難教穩睡休檢看靈樞無上訣扶持新病入商秋

新秋雨夜書奉葭白

雨入初涼燈火新掠君高詠欲生神近來愁與衰潛伴不作秋堂夜坐人

葭兄酒意

醒時未免牢籠着得酒瀾翻底許寬明月爲秋無限好與君清汎夜漫漫

葭兄斷酒

昨因憐得蹈謠娘促坐歆斜醉巨觴忽道勿狂成斷酒醒心白地與端相

思兒

顩家垂老失非熊雖有餘生萬事空乞與更從南斗過望思心結此西風

葭兄近自稱債帥嘲之以詩而廣其意

元平赦令前陳遂負博進法有不得赦乾没遂無潤自名爲債帥身經百餘陣逃臺既非名疾行終有愠箭急天山寒兵盡鼓聲隱一朝竟羸縮畏廉略類藺帥乎亦足豪習勇以自忍債乎別有在文字浩充牣

爲葭嫂詠賣珠

結帨事君子重此瓊瑤琚況有閨中問寧忘雜珮需良人敦意氣阿堵今何如長卿困既甚誰能爲當鑪盡出嫁時物得償負貸無寒燈夜橫

揷拉雜量真珠翠袖摘飛蠙寶櫝閒鑰魚棄之靡復顧窈窕爲窮居馬通然作靴於陵清辟纑相從事推髻妾不羞讀書富貴妾望報雪霜君自濡自此穆之妻不對洗與梳

送金壽門還浙西

蔑面是今覿積想雄所誇如何轉寥蕭僅一同王窪有袖不再接送君輕還家舞雪飛百佾孤煙臥三义去去歲將晏好句雕脩蛇

雍正元年春薄遊維揚與竟陵唐赤子無錫杜紫綸輩置酒平山堂分韻賦詩褎展觥籌稱一時盛事揚士之能詩者畢集　旭棠魏君維揚職志也獨以事不至同人皆以爲遺憾焉歲杪余應　名入都僦居宣南之春樹街與旭棠衡宇相接余子又忝同譜朝夕過從推襟送抱遂各賦同巷詩以補春前之缺旭棠好修篤學著錄等身詩數十卷沉博絶麗洗髓伐毛不屑與時流雷同一語維揚雖多才洵乎罕出其右矣今旭棠甫釋褐即奉

特恩出宰湖南瀕行復出近詩一冊示余雄奇古淡更造勝地蓋必傳於後無疑惟是湖南亦余舊遊地也旭棠玆行必有與三楚人士倡酬於湘蘭沅芷之間者而余弗獲與焉安知不懸懸及余亦如余在維揚之欲見旭棠而不可得耶朋友難合而易離固如此夫雍正二年正月吳興同學弟沈樹本拜書

充射堂詩五集

陽山　魏周琬　旭崇

留别余葭兄

四壁圖書人外契一年燈火夜深情要欲别君猶不忍北風吹斷馬嘶聲

徐淑則四十初度

記得曾吟初度詩十年人事與星移釀花氷雪春前意奔月襟環寡後姿韋母周官三禮備韓公齊代六宫師東脩擬欲同劉柳步障青綾感舊時

亦諳北遊還山詣我而適不值

自罹三罪視昏昏欲傍祇洹得眼榛白脚忽聞衝踏過不知何事竟停賓

我行郎是君歸路半左衣糧幷尚難欲倩寒廳留偈語帛澄烟火夜深看

辛丑下第呈孫莪山年伯

志士營一身用在百年後當其歷齟齬頽狀竟老瘦十策不得一孫弘昧所奏匡鼎試至九説詩困先謬逢年非力耕倚市勝刺繡春風錯張主榮華失餓秀枚乘自詆娸翻以文爲疢疾車轍路歸萬蟻異酣鬬奔塵多蔽漲聚夢成區霿而我脂牽停苦心尚宿留雌伏笑撲朔須捷礙鯽溜竟欲向何門剖玉開栗皴先生古大賢蓬苑老耆舊作官無冗梯接士到庳庭欝嵯出松柏霜雪彌郁茂要爲有大名望者勞頸脰一昨拜床下商角盡徐叩煮詧濃香生鑽皮短羽就惻念故人子葛練衣裙陋風酸與露辛月栗貰賃僦馬坊教奴子祠碑漸圖售人渴思義漿士窮巢厦覆含意聊爲申抱質豈云糅從此叫閶闔虎豹不得吼

送趙景兄歸

别路塵初起君歸我黯然從兹見明月各作小還延

不歸雜詠十首

罷彈五十四絲絃日淪飢腸貯古賢春水不歸鄉夢潤夜燈初坐客愁縣文章難用驢三紙身世真同馬百錢鼻裂眼燒香綺處閉心擬賦帝京篇

曾從仲覽宿宣城先貴諸公各有門鸚鵡他山飛是伴菟絲弱植附無根貧留京國懷新刺老

棄江鄉愧舊恩怕說宿田翁尚在刧輕離別已
聲吞

欲因檢束取時名心裏洄環決未成騎馬客歸
小欲晚聽鷄夢撼最初鳴杏花不嫁裙難繫脩
竹爲彈蕉竟傾所媿飢從仁祖食正當呼㪅罄
餅甖

曆週花甲太平時朱鳥窗開東朔知院女舞成
聖壽樂春花染就萬年枝龍頭酒瀉𩄲皆醉猎
鼻車排擁不馳一物亦欣天地德紀爲王會寫
鳥絲

兀無情味一閒身逐走追飛意轉踆揷筆傭書
疑洛市賣槁占卦笑天津危機未必關貧賤生
理應難棄苦辛亦欲相門爲夜客怕成他日妄
庸人

一生名利未知津散合浮雲任轉輪文約不繩
煎上僕袴裳多爛暮時春憶家添淚與書籍作
客持恭到故人不信爲誰相料理數番悽黙思
泯泯

小雨晨初未欲晴故人相對眼分明味閒空即
皆參語春了洪纖盡入評四句乘除成敗局五

花甕弄古今情關心愛聽衙泥過溪巷兒童唱
渭城

若爲歸去亦僊僊其奈孱顏乏短錢醜女數夫
都偃蹇悴翎一腳且連拳千時策可師歸谷度
世身難閱小千未斷此生行復刧井丹高潔竟
徒然

未是媒勞心不同怕因鳩鴂去息息海乾不注
笋街雨塵亂難猜花信風唐鼠幾曾更腐胃駮
牛空自屬陰虹玉漿仙館如相借且可藏身一
穴中

世事無窮繫一名三都誰與振飢倉飄零蹤跡
依眠食臃腫形骸凝送迎香草沸湯猶郁烈玉
琴哀弄竟和平終然天首鴻飛處指點勞他楚
越情

與姚公桓楊工求兩同學

漢宮池水裏飛入兩鴛鴦豈無舊儀序垂翅新
見傷暫時相伴住悽折不成行

呈貴州中丞劉公喬南 公諱應樞

謝傅時華族子尼今正人大名垂諫草巍望重
緹茵豈不順長道終無踰老臣苦寒趨絶漠昂

聳坐凌晨遠近知軍度清明靜戰塵師中芑草食鈴下馬通薪平格由天壽煦和自聖仁玉關先詔入金闕待持鈞十翼筌蹄棄三蒼龍虎蹲茗柯有實理壘塊見脩身李面欽初識周情激古眞因之紀物執允矣樹人倫

呈給諫藺觀齋先生

文囿所慕名厥帷古英藺於今乃見之風神仰整峻豈不蓋關中高氣學是誇行義輕報珠得士盡懷瑾何以美自公纓褐共披趁龍衮亦多補魚笏已在搢既出户限上又自班心進喉舌管樞機氛塵靜茵靭拾遺自榮願需頭非乞郡下走敬有俟敢以嘉謨捃

壽華亭王相公八十二首

斜簪散鬂髩如絲蓮幕人爭隸事時江水吳淞源自遠蒼生霖雨澤何滋珠叢桂苑緗皆遍起草精思祕莫知潑色錦窠花正發喜看金帶映罘罳

遠過蕭兀晉風華丙魏聲名未擬誇白鬂憂民依北闕丹心報國老南衙鳴珂里第稱三世花蕚文章號一家爲致太平宜食報尭天長傍桂

星查

浮雲篇送孫鶴浦同學還南

人生天地間亦是浮雲類出岫還入岫浮雲光緻緻天晴出峰巒虛空自容意忽然與風馳不見有驚隧朝雲豈不閔暮雲毋乃駛好朝而惡暮於雲竟何施東西南北飛雲去亦無嚮但凌萬物上行矣見高義

孤雲篇自贈還南

雲本與龍期後時難爲御瞻靄低復斷欲下不成雨孤飛赴所族徘徊征且駐麗雲舒中天斷雲倚薄暮離合竟多端參差自爲勢雲出豈無山雲歸亦有處願借西北風馳送東南路逕溪洞口寒幸甚勞悽顧

與内丘令徐貞萬世兄二首

沈郎清瘦宰官身水置任棠相對親奉母唐園爲旨味作民保障是潑仁去天一握孤雲近考績三年沛雨新召父所居人最樂莫因鞅掌便思蓴

賤子羈窮百感攖自憐生業比苹輕鍾儀在晉風猶土蘇李還家糧不羸兩世交親重話舊廿

年風雨始尋盟因依信宿多惆悵媿欲申情更
有情

別徐貞萬二首

二十年多謀一面卽時又手後何期萬千擦掠
拋輕絮才信垂楊管別離
雪鴻兩是無情物萍水四流流不知畢竟別離
有夢在爭如元不識君時

過黃粱夢

夢醒黃粱炊未熟至今猶以夢名鄉榮華逝盡
知多少不比盧生夢許長

與山陰劉文遠 劉楞姓駱名奇齡壬午浙元

十日舟車共苦辛咳音如鶴性無嗔何須不與
公榮飲不飲醇醪也醉人

次韻程翼山同年留別

不遇亦何歎揶揄竟有人恨辭河上緯來織長
安春襟漬淚痕舊車迎榔絮新將歸荷軟語獨
客若爲親

到家近一月與孫鶴浦僅一再晤不及
在都之密偶爲此贈

長安一月從君住欵語清詩竟無數二十年來

隔此心疑有故窗風雨度戢鱗委翅各歸來爾
我門靜無行埃圖書陳几赴所急悠悠萬事誰
安排心念在邇會轉稀曷不數詣相披帷要令
眞知不在面鮑正烏喙空爾爲吁嗟乎君不得
題巧宦我不得獵高第適時逢世自有姿那可
身窮便棄置但顧君心皎皎似明月我亦遠去
澤欃皭如雪光陰離合無時離此理不使雷轟
電得掣

李弘齋有盆蘭葉枯盡不更起而獨出
四莖花甚弱而美同鶴浦爲之詩

讀雅知釋草未釋榮枯理讀騷知種蕙變卽蕭
艾爾弘齋有盆蘭萎傷春不起似爲寒所殺兩
露永謝此誰與命爲花苒弱孤更美數之得四
莖無葉相密比國香未憔悴結佩貽君子有如
撤簾幌掩映娣與姊幸玩兹芳草勿爲忍約耻
本根不見掘充堂終可竢堦下多羅生徒然光
巍巍

書懷呈二三知己

深居如避怨送日如餞賓賓去不再至怨在難
爲親鼎鼎百年内念已非中身詎爲傷卑賤不

得致鳳麟苦心役微尚繼夜還達晨十口枝且駢六月裘而薪慨慷有悲激逡懦無窮嗔雜亂陳古義不廢相推寅孤根寄閱田雨露仰天仁頤結一朝實遂饋萬古人寄言同門友海中行揚塵衆糧從君車亂踏無非津

程翼山同年拾薪圖

拾薪拾薪拾薪何苦兒黠者多奪我所俯取朝飢不餐暮持一束歸夜以黄當煮念爲子力不得遠牽牛服賈用此爲嘅歎感激受書不拾地上拾天上斧其桂一株身是修月户香露早塗

塗天路兮險難枕襆中八寶屑還家致復無羸餘願君無忘拾薪拾薪懷苦心舊山交錯之大路謂君可尋富貴雖可願先不能披羊裘拾遺金又不能手腳迅疾逐走追飛禽不如取薪給食爲二親調膳可以溉釜鬵知有孺仲賢妻提甕出汲罷數從君道上謳吟

詩乞謝前義同年盆蟲二首

虫不知春亦有涯愛他嘈唧吐箏琵滿腸秋思無陶寫風景應教乞謝家

市瓜莫便嗤遵彦秋蟲以大者爲佳捉賊須如鶻入鴉若也秋堂添此物半增老健半紓嗟

前義久無報章戲賦二絶

莫以雙聲嘲蛺蝶空勞九辨賦西堂笑只苦從君乞取桓崖籬壁是金湯

西堂清過半閱堂想有宵征傍壞墻秋草王孫相怨切不知時節已飛霜

次韻程翼山揚州留別二首

高堂生遠夢遊子戰秋田臼壁返初路黄金迷舊臺伴身餘短劒惜別有深杯若聽荒鷄度無忘起舞催

自憐衰散後心力似秋林無復新花豔施爲美女簪因君敦古誼聊爾動長吟去去嚴陵水相思抵許深

題學琴圖

童子初將綠綺囊不曾彈到少宫商郭公磚上泠泠遍萬木應添舞鶴翔

揚州驛店次韻陶南村

自攖憂患後與世謝知聞若是心微感還如水動紋無端逗秋雨於此並人羣夜燭停嚴柝談歸雄劒勳

題添香圖

唐昌觀裏夜香敷四幕周遮識得無評泊也從遥見後春風未許罵猧奴

題方與可先生篔簹圖

先生自以字與可圖竹百箇森婀娜共風連韻更無人聽水潺湲成獨坐削去山王併五君古人已往難爲羣二箭四苦分葉味先生上頓俱不云亦不云爲馬向并州亦不云作龍還葛水止此之山鳳來食身去九疑一萬八千里

咏齋中百舌

有鳥名百舌黃口身蒼緇誰者哺自㲉絶其決搶思習習守空籠寒寂無所爲春風發鼓吹羽族喧其儀此鳥喉所囀焉辭曹耦非嘶喝帶縈咽亮激通流移鳥百師一舌百外舌更徵或間關若羣或掩翹如姬或靈談鬼笑或笛怨絃悽所悲重陰進默亦時之宜百鳥相罵雜欲傲以不知忍能自吞塞炎涼且安之文章擅百氏宣達無停機八音迭繁會焜耀陽舉施一朝竟拙訥邪佞不足詞我貴此鳥舌貴在無聲時

與吳仲伊

久事筆硯間胸臆結奇憤棄之欲他學選輭與世擯君已耳生風謂宜肘繫印况在弱冠年一名得早捷上可幢麾假下亦騎尉奮奈何乎相從屑屑經義問吟朝柔頸領紳佩飾髦俊書史富鉛槧正邪萬戈分世間文俗士不識秦餘燼君今轉折節意削衛靈陳吳下變阿蒙褏中餐英蘭我老摘章句愁慵几每隱一笑庭花飛春風裂袍緼

以祝京兆自書梅花詩與古硯爲豫兄壽

祝君恰用祝家吟况寫梅花字字金莫作西門羊酒賣百年長此歲寒心

玄液輸時開匣月紫雲褁處重囊金期君用此磨今古即是千秋萬歲心

重賦程松門家白杜鵑花 并引

松門五兒戊戌歸自海陽攜有白杜鵑盆花玉質凝膚纖倩妙麗非凡豔可比孑已亥年三月見於眞州松門別宅愛玩移日爲賦一絶句今年壬寅復見於揚州松門老屋夜燈微映如將倚笑者

雖軀幹小豐而俯仰朝揖之態不改舊時予自罹於幽憂久棄筆硯而此花蓄情含意不言而能求索於人遂更賦長句二首編苦雖疾未足以盡其神理也有好事者請以詩之

愛賦君家白杜鵑三丫葉細幹脩妍令狐半兩綃輕剪漢后一雙釵並眠提挈鷺鷀依貫幌化藏血碧繞思烟旋娟不舞情何限細雨輕風怯夜篷

飄瞥三年隔玉眞半容重見舊精神若爲感夢

優曇鉢似下屏風解珮人雍背有寒侵雪被垂壺無色染宵塵所嗟望帝春心盡爲雨瀛洲是後身

題金冬心讀書圖

鬱泱莽天地中間萬書史所有後世名其人久去此人壽不滿百名至無窮已所以士亟亟辛苦願没齒肘問金壺汁鑽腦繼之髓夢裏烏衣人食蟒引其理格微必情核炫貌乃浪葢幾睡黄妳邊纔成乾膜子賦大笑劉愚義低呼張底作者雖云衆瀛州一脚指冬心實崛奇述造致

斐美棄俗吐喀喀破空清瀰瀰負山恣舞抃彈絃賤跕躧誰圖硯北神玉檢堆滿几可笑古靈師説鑽他故紙受生分則然聊用復爾耳

哭内丘令徐貞萬世兄

昔年下第黄金盡迂路柴輪到内丘初叙舊恩連涕淚相爲後約迥悽愁青楓夢至魂何苦白馬號來義未酬名迹不藏官簿死那能溫序易歸休

贈胡蜀江

人之生與二氣俱鬬進底滯萬相拏孰能沖養

以自扶陰陽人事廹煎枯我生信醫不信巫邑中良者東門胡别授新旨如淳于分劑節度同華旉疾者朝急不及晡各以所苦爭須臾其家要遮揖滿塗不暇自恤飢與劬倦歸休息斟一壺鬼痛夜求徐秋夫行於貧賤術更孚貴人羸服聲嗟呼飲食哀樂問窮廬星霜風雨走巷隅人奉其言爲靈樞三官手書修者愚古來術業爲世須必由忠信契其符君活千人仁有餘以昌厥後天卜諸六淫不作夭癘無比於時相功何如

題嬉春圖
我是前生舊避秦洞花溪水不知春捕魚艇子
曾經識去後何人輩此人

挽方母王太君
荀母馮親受養頻朝榮家禮兩俱申如今笑向
三泉去四十年前弱草塵

贈葭兄學書
吾生略識字不知筆所妍側聞發高氣橫斜飛
淙泉蝿至不得擲鎚畫秉一拳觀其用形製君
意得端然垂屋皆為薤駐馬寧無鞭不廉欲有

詰請補凡將篇

園夜
白石粲於銀屋樹朗可列月裏不知霜寒到篇
聲咽揚州十萬家飲獵在夢寐此外更何人夜
久發清喟

洪齋崮種菜圖
人生何用玉埋泥依約風光種一畦秪闘春初
與秋末帶經即是有媒梯

符幼魯竹里勘書圖
十莖兩株不足愛二箭四苦聊可刊無邪豫章
求祖濬風流猶想賦檀欒

程羽朝紀方圖
織路何辭霜氣侵上頭雲動感來深跪陳鷄黍
尋常事須歷皋魚一點心

長至前二日閔蓮峯娶婦
青鸞碧鸖戲人間直到蓬萊第一山洞口紅酣
春思滿安排雲雨不知寒

哭第四妹
同生習苦身孤後晚嫁成家日淺中命似雪殘
春伴絮心如月沒曉牽風一抔乞女應無事百
歲從人會有終我老詅孱長作客大雷書問鮑
家空

葭兄離舊宅三首 幷引
此舊為李氏宅宅後有園予少時一至
其處李氏業衰園以蕪穢不治歲庚寅
予交於葭白余氏牽挽到門即是宅也
時并買牆西劉氏大宅幅其地而新之
整麗過於李氏園之中山石倚其南東
東尤峭疊下乃洞穴銷暑招涼可布几
席穴之上古松娑羅二樹高欲觸雲根

與石穿匪土所際園西有池蜿蜒而長池上置橋渡翼以半閣自閣上遥矚東廂月榭風亭横經斜插爲其外郭而懸若垂珠簾燈亂如移列宿北俯高樓平直宏敞園中衆狀登之乃收自予交葭兄十年内外無一歲不有予至無一至不有數十日留棋局酒場吟壇歌席甚相狎也自其先人没而家析而爲五十年九牧以爲非宜遂更以宅鬻之汪氏移家去者已三四輩而葭兄之去斯宅

也最後葭兄既去予以惰游贅客尚繫於此微念葭兄有不釋然者因詩喻旨至於再三古稱疆埸之邑一彼一此何况於家昔徐偕仁常恨時人謂是我宅既以園貨韋顥乃云吾此園有之二十載今爲天地物物之與我相校幾何嗚呼此可謂之達予舉其達者以廣葭兄而予猶未免於感也夫欲葭兄之無感而予乃感乎曰葭兄感則私私則不免於怨天尤人以摧辱其志氣奚而可也

予了不知榮悴得喪之在已於天地無窮中偶舉斯宅又於斯宅無窮中先及李氏次及葭兄後及汪氏其又爲汪氏以後者則吾不得而知也是以天地之公物使予感者也以天地之公物使予感予則感矣又多乎哉

十年於此記疇辰久住經時少亦旬鸜鵒又來山欲火巂鶲纔宿樹鷩塵徐家慧日他營宅郭氏春風别駡人世事古云朝暮異慰君歌哭兩俱申

金牀玉几眠無處窟室叢祠去有鄉鸞鳳鎩翎先自伏蕙蘭移植更知香家空癸貨兼壬貨巷换青楊與白楊我是西豪舊賓客略將風月認微茫

自憐淹恤意何如孤館春濃景向晡三日且爲桑下宿一盛猶待首山呼閼尋舊躅通身世夢想征途厲僕夫若說華堂誰是主更無人處貰踟躕

與杭州詩僧澄庵

春風偷渡古揚州花落花開不到愁恰有何人

惆悵畫巷中情思是湯休

題春及圖

紋縠衣偕襏襫倫草驢禿尾即馳塵繪從趙過教耕後未許詩人咏古豳

許鶴坪抱綸圖

側聞趙咨昔守東海邊人饋雙魚噉二年君兩爲郡寧不足持竿何事心茫然瑶翻碧斂無窮已避第仕途心正爾忍使微生有中鉤雖理絲繩不到水今君葛屨與荷衣裁營都就無所爲謂君舊竿聊可試縱意烟霞無是非君不見北

固山下一出手便得鱸魚四十九又不見三石頭中不得魚得亦不賣歸上虞功名富貴有盈縮世間萬事如轉燭江湖道德總相忘見君之圖識君獨

呈德老夫子二十韻

夫子國之秀人經兩曰師量才操尺度縣鏡定姸媸嶺海東西藪虞羅麟鳳姿禮闈尤博衍彩筆特紛披桃李年年種春風萬萬枝自憐同馬骨猶得濫鴻儀敢耻居王後無嫌笈述癡一名難可振五伎竟焉奇旅食羈珠桂空文似斗箕過坊同漫漢守舍是都皃儕輩多光悦屠顏尚挾斯本非溫飽志那作戲嘲辭原憲貧非病孫弘老未遲雲霄思厲翮毛羽待鑽皮吳阪鹽車脫盧姬粉黛施受恩心轉怯欲報化無私星漢乘如上蓬萊侍有期院書先假讀奇字更周諮蕭邁門生列徐公風月時靈山微鵲在詎肯負深知

題沈青原抱琴圖

澗水松風響晝長抱琴膝上閱宮商不是沒絃彈不得便彈無調更高張

南郊禮成恭紀二十四韻 并序

蓋聞物本乎天惟聖爲能饗帝人本乎祖唯孝爲能饗親尊親備而大典斯虔天人應而休嘉用集我
皇上即位以來陰肅陽開周四時之和氣當元年冬至之節夜分子半叶七始之飛灰明堂起宗祀之儀璧水定南郊之制禮交樂舉載萬國之歡心情至文深勞
九重之對越景光四集依六御以秋秋瑞靄紛流靜千官而昒昒寧直奔精昭夜高燎煬

晨而已哉夫鑒觀有赫薦馨非黍稷之由
冥漠所交昭信豈陶匏之謂良由
聖祖功成治定乂安薄海者六十餘載則配天
實本於深仁而我
皇上武緯文經膺凝寶命者億萬斯年則饗親
允存乎至孝是以月窟莫不來賓日際於
焉效貢民氣樂而穹蒼之視聽自民無所
秘其形聲天意從而日星之昭朗在天迄
用成茲典禮微臣何幸景運斯逢雖王褒
中和布頌期揚休烈於無前而相如郊祀
作歌尚垂金石而多媿
大孝光天德純庥集聖祥一元資物始萬
祀卜年昌祭答南郊重陽開至日長獻圖
公玉帶考制漢中郎璧水重樓合方堂圓
觀詳
聖躬先祓濯精意極微茫在滌鼆難食稽縣鳳
待翔九官承肅穆六典備文章嚴署更將
撤周廬列盡張未央遮陛戟抗殿倚寒芒
美韍施神禹辰旒建太常屬車塵不動奉
引勢如驤沛艾飛鑾輅紛紜進閶闔竹宮

遥望拜茅蕝佇躋蹌明水四靈薦金支七
始倡饗親恢鉅典配帝煥明堂
聖祖成功告圜丘大禮將天人同悦豫星月皎
輝煌香達蕭膋焫雲扶海日蒼居歆娭泰
一流景黖陳倉萬象權輿得八荒兩露瀼
受釐宣室正符命泰階當率土欣初耀敷
天就載陽昭昭知有格永永頌無疆

賦得講易見天心保和殿應制 限二冬八韻

畫前先有易畫後更加重河洛圖書啟羲
文參兩從筌忘歸十翼章絶到三縫最是
天心見當於復卦逢陽生坤不錮道長泰
將庸
聖治開神馬乾行進御龍崇高知位定盛大著
時雍萬有千餘策綿長曆數鍾

舊恩詩二十四韻呈陳儀部廉才先生

人世重恩義孰云久可忘父昔宰高邑萬里如
投荒有子不見從臨没永相望幼者纔四歲孤
寡空羈傷官貧六月冷路遠萬山妨先生敦古
道涕泗爲之滂大江流淼淼空天低蒼蒼哀誄
有其辭僚友以相將衆感匍匐情欵欵如范張

寓錢隨風飛設祭滿路傍別致道里資丹旐行飄颻溫序慰歸魂洛浦依舊鄉施德於不報賤子如董䆉戴天而履地鬼神中洋洋孰是可欺負以爲但渺茫窮薄不自振葛練衣與裳公車及五上日月依末光雖得邀微名毛義涕浪浪感今惟曩事發痛仍巨創投謁尊父輩執禮用子行恨無四環玉徒奉千鏤腸幸存故人誼命之拜近牀孤露不見茈草根摧嚴霜至今飛白雲含意與天長

次韻太史沈舫翁先生同巷詩二首

八家一巷古曾聞夜作能添半月勤況是官曹相接近可無詩句樂人羣光餘東壁非關月雨有今名不借雲漸入春風情思滿白楊何妄地難分

三條廣路此稱高市比公超集貴豪千萬買來無隙地弓刀張處有春醪閒爲研北裁新錦暖得江南緝落毛最是過從臨玉趾草芳十步不曾勞

寒號蟲詠并序

(琬)東海之鄙人也少涉獵書傳皆略觀大意而不周於應用又性椎鈍鮮人事於外年六十一才成進士對策太和殿上考詩論詔序保和殿上皆竟日身在

皇居巍煥中兼

賜御膳給官厨至於飽飫因緣運會遂以遭此眞千載所不再得蒙少宰溧陽夫子特達之知無半面於平生亟相尉薦以考居第三流卒不與選鄒陽吹律而黍谷難溫公子投緇而揚髻不腊命之通塞適如其才憶輟耕錄載寒號蟲肉翅不飛盛夏羽毛成則鳴曰鳳凰不如我深冬毛脫如鷇則又鳴曰得過且過假此爲嘲頗與之類若昌黎羡二鳥之光榮歎一飽之無時懼於羸縮故削其意焉

不知此何鳥乃名爲寒號鳳凰豈有匹而欲更相高肉翅不得飛暫生腹背毛窅於當扈鬚焉云厲九霄自謂文彩過卽是鳴空勞一朝嚴冬至䙚褷如刈萬安時且求活未是慘不驕天地生萬物性足皆能豪凍者衣於春千鈞等勝蜩北南意所至幸哉超消摇

旭棠仝子研齋賡和之作子既序而歸之矣還檢廢稿筆痕墨跡參差零落與子稿襍沓則兹集所載旭棠古文辭也旭棠異才沉浸於古人而不襲其迹居常與商究前世事議論出於人人無所牢籠雖班馬不足爲困躓也嗚呼物之升沉顯晦會有時哉方旭棠窮情極變精騖心馳神既索而形亦枯未嘗不吞嗟歎絶若夫酣嬉淋漓泉湧風發意洒如矣然而愛者輒見之持去鬱闕矜珍不以示人蓋目不及再瞬而蠹腐銷蝕風雨僮僕之鳥鼠幾何其不湮沒而兹集乃區區以其子稿特存嗚呼僅矣雖然旭棠與子久處情好深篤其諸所著述散失全者子不能爲之收拾也抑有觸於目者輒識之聊俾存一斑云癸巳夏至後二日余元甲再書

朱海士種松園試草小序　魏周琬

士之志於學能必毋與時左乎曰非然也中河失船一壺千金言幸不幸也風雨如晦雞鳴不已言善人之爲善焉有息也士伏首受書取昔聖賢經傳日危坐而陳說之及作爲文章則所以校其妍媸得失者如閉門造車出門合軌此亦難矣非志乎古以求文章成名於後世者則固不暇以爲而今之文士方掇拾其煨燼糟粕以揣摩語言謂工於時者如是而止不知楚歌非取樂之方魯酒無忘憂之用工於操瑟與工於求齊彼亦各有得失焉耳吾友海士家約而肌羸才豐而氣岸日惟知生死文字間吾至延令慕而與之交者二年見其發言抗論窮理盡微制藝而外旁及古詩歌賦序之體莫不兼好並擅其能志乎古者與其不牽於時俗趨舍與然怪海士每試輒以尤見拔其精氣光怪不稍[illegible]自抑蔽致使今之趨時者嫉焉予嘗用以爲嘲今年秋杪海士以書來別曰吾日困躓不能自存將挾若所嘲者游於京師冀通邑大都中得聞學士大夫之緒言餘論以益勵吾學而亟勉其所未足予聞而悲之且謂之曰沉餌於淵斷緡於鈎是不得魚也然子之蹲乎會稽而投竿

於東海吾笑其爲任公子之釣也已遂識斯語以爲之别時壬午立冬日

上吏部沈軔菴年伯書

某月日年家子琬謹寓書先生閣下瞻戀久勞侍言無日悚企之私良不可任思昔以先人之誼問水於越之間得承謦侍眷至愛深十年以來散不復聚先嚴旣下世尋當日遊官之跡邈隔山河兼琬之孤貧不能自振星移髮換不出乎其鄉而已昨歲始得因驛使之便一通危苦之辭將書者逡巡數日而不敢以進蓋某某傳其語知先生之譴怒琬者方形于色而植於髮其事固云云如此也琬聞其語不覺至於感泣今世俗洿道喪大人先生多以見善不喜見惡

不怒爲大度以不臧否人物爲達心使天下泯然無復愧勵之路如是則人何慕而爲善何懼而不爲不善往者東漢清議旣熄降至魏晉蘭鮑雜處至有以禽獸之行而揮麈肆談傾其坐客者失道之故有自來矣非先生斷然不惑於直道何以能勤勤懇懇不顧入人於詠絶之罪而褫之魄若是此琬所以聞而感且泣又愧以懼而冀有改焉者也抑有思焉先生之以是譴怒琬者固非先生親見之必有譖以是來告於先生者也夫以是來告者爲君子耶爲小人耶君子聞人之惡如聞父母之名耳可得而聞口不可

得而言然則必非君子也其小人耶且此小人之以是來告者爲出於膚受耶爲出於浸潤耶則琬不得而知也昔直不疑匿情於盗金千古以爲美談琬每讀其事而非之夫無其善不敢居其名者直也然則無其惡亦不敢居其名者直也自世之人實有其惡而求去其名者衆也則實無其惡而不辭其名者奇矣不疑之匿情苟以爲奇而已此亦好名之過而不可以爲中庸之道若琬之不肖不過一無所指數之人軒之不能居前輊之不足居後旣聞而愧以懼而其意又似微辨之者夫豈修飾名譽懼一不得當則

害仕進之門爲出於有求而然耶盖先生行古之道於今不欲容人之惡以敗俗傷教而琬亦推先生所以賜於不肖之意不敢見謂悠悠之談畧無所動於其心且或蹈古人匿情之誚者凡皆出於天下之直而道之所當然也至所指以云云之事極鄙薄可笑故終不顯之秋冬計以入京如遂所圖得復接侍顏色不勝大幸伏惟憐而收焉

吳晴嵐眞州東園記　魏周琬

夫園林者設山水草樹魚鳥之觀於臺榭欄檻庭宇之內使天地之美聚於其私而不出乎坐觀而有之者也然則爲之者存乎人而不可以不肖乎天不肖乎天則人爲之者有未工而園之美不足以傳何也爲臺榭欄檻庭宇者人也若山水草樹魚鳥前未始有而今乃有之者亦人也及人觀之而美不美之見生其美者必以爲此則宜山水草樹魚鳥此則宜臺榭欄檻庭宇宜者其天也然則美者其天也吾友吳君晴嵐治園於眞州城之東卽歐陽公所記東園徵

其名物使皆按部就班可謂奇矣然昔日之東園以歐陽公之文而傳今日之東園或不必以肖於歐陽公之文而始傳巢棲者非辨其林潜游者莫識其水飛沉所至寧問主乎予以巳丑秋七月望之前一日探勝過焉始入園高樹送風響戛寒玉微雨沾濕翠滴人衣風絮少定依橫斜廠窄緩穿細度無不畢至其水則方塘載舟滀漏淪漪波明如鏡與潮出入魚唼柳葉大者數尺際岸衮以拒霜花凉颸葉動嫋嫋愁人望之如不可卽又一池圓荷貼面紅衣半出雜以菁藻亦交精旋目之所游戲也其樹則荊蓼竦出

蒼然以清蔚然以茂皆各選其類叢植數十本在桐而清陰延在桂而芳氣竟竹立萬个花序四時使觀者意足而止焉其臺榭欄檻庭宇則高可以眺俯可以闃深可以偃息便體廣可以逍遙縱步巨麗可以接貴游之讌集疏通可以澹風月之流連適乎其適者矣其山則因其所無不堆疊以假形而獨收之於江之表蓋眞之爲州帶以清江江之南皆山也園在州城以內高閣插空與江南山色正相對或遠若眉黛或近出赭堊陰晴隱見變滅萬態無不馳送光景接其靈氣凡園之有山者莫能過也其不亦偉矣哉

斯園也自經始以來積二十年所矣役夫數十萬治之亦勤矣而遊客之至者聽時鳥之弄聲覩羣卉之猗柅徘徊覽眺歡爾有喜殆視若造物者之所施設而不自知其往而不能出也則豈非肖於天者歟夫物之專以人力爲者或有美有不美若肖於天者豈猶有不美者歟此予所以有取於東園之大致也至於徵其名物使歐公所記之東園取於今吳氏之東園而纖細皆具此吾友晴嵐能孳孳好古於前賢一話一言必識之不忘而園之所以美或不出乎此然則記吳氏東園者當以予文爲始

送陸秋江之安宜序

魏周琬

或謂古之爲學也難今之爲學也易古之爲學也將以格致誠正而修齊治平也今之爲學也學於有司之尺度一再幸場屋則得富貴也雖然今之取士也以制義制義一出於五經四書是皆代聖賢以立言者也所言不精妙則理不立顧精妙不可以欲得得也其爲之根柢者必自有文字以來皆潛思默識通於制義所不收之外以汎覽於詞而折衷其義如羅之得鳥止於一目及爲一目之羅以與鳥遇必無時得鳥矣如是是期多讀書也讀書者之心務整而暇

常令敬恭不失有餘閒以與之相入所謂行無越思如農夫之有畔事至而不浸亂心恬而能養長然後日計不足歲計有餘也心少不融淨對書便覺牴牾又任其悁戾頑固乎以此而言人自易今之學也非今之學果易也況格致誠正修齊治平古所傳之書不出於此今學者不爲則無人爲之矣雖世之得科目不須此但讀書見可欲不能不好當其好之亦恐似關係性命不當復云決科如何也若以遲重非時所需悔之惜六七歲後不令擔糞道上牧豬圃中而父師課其識字爲憂患始也予志氣劣劣比及蹉跌

猶頗欲有所就而秋江性好以眼能自遺棄於俗學窭娱而不外市愔愔乎其深也兩年授徒於安定亦欲致我而西爲接塵遊既不果於其將行贈以是言雖日同之不過乎此也不知謂我言然否

徐清苑鏡月詞序

魏周琬

文章家亦多變矣變者其體不變者其義義所從來至深遠茫昧及其得之則人人胷中之所欲言而莫知所以爲言者而我展辭陳義感盪心靈使見者莫不欲歌欲泣是天地之公物也公則傳傳則至於無窮至於無窮而其文乃始爲我擅故學者求之唯力所至而至焉力所不至而亦遂不至焉嘻其難也吾友蘭陵徐君清苑著鏡月詞五六百首時之人易之謂其特用力於詩之餘技至小爾予謂不然假而詩但若褒衣少年分類集事遇賦別則填落日浮雲臨宴集則選青樽綠醑如是足韻以爲詩何難之有若詞必刻風月愁花鳥濯濯乎去故就新狀難寫之景以留不盡之意此亦非易至者葢體有大小義無洪纖同本異末豈舉詩與詞而皆統之於文章又舉文章而皆統之於性情學問乃爲論之得也清苑詞集舊藏延令王無垢家予借而觀焉凄思麗句讀而味之者近一年矣夫豈無得於性情學問而能若是耶時之人之易之者其亦有至於是者耶顧楊子雲嘗好詞賦繼又悔其少作乃輟不復爲而大渾思渾天清苑詞則工矣異於時之人之爲之者矣然數百年

來時無好手搜抉奇怪致天地鬱閉鬼神閒曠衆物鈍頑僅一二風雲月露之篇便稱絕代正猶阮籍登廣武觀楚漢戰處喟然歎時無英雄使豎子成名蓋文義可以措之於至大而音詞小技久溺之使人才短世之輕易吾清苑者安知清苑不一旦脫然去之不自以其性情學問囿於是而止也既以集歸延令又因書以問之徐君焉

王湯又詩序

庚辰春予修世講於王莊其湯又遂留延令相摩切爲詩文二君之文舊有邗上艸一刻已能自豎立爲時所貴重今世刻詩者尤衆然能如二君甚少予常笑二君詩之久秘不出也勸之梓以問世而湯又先焉昔湯又之與予論者曰詩所從出寧關學乎寒暑往來春朝秋夜今猶古也花木榮悴禽魚飛沈今猶古也垂紳搢笏決踵穿空據津失路今猶古也妍女入宮寵替殊時壯士從軍苦樂異態今猶古也懷思情好宴餞別離今猶古也闤闠勞擾江山清逸今猶古也一談一笑人哭人歌今猶古也詩製紛綸槩取諸此古之作者幾乎備矣雖不學古人猶懼古人已先我言之況學於古人而使古人之所已言者而我又言之乎夫天地之精秘人心之靈奇固不見其有盡時也耳目口鼻天之所以賦物形者可謂極不相遠矣而實無一相同況於精秘靈奇又可得而同乎必學於古人之所已言是無以異乎以泥印耳目口鼻者也則偶人而已矣故詩之工妙在取於古人之所不至以爭妍取新而實不失乎天地古今之大同湯又之持論如此其言不學善乎能學者歟其與世

之据摭古人以爲詩者宜其大異也歟湯叉年甫及冠侍御公欲其併力於制舉藝而禁其爲詩故詩不多雖然如湯叉之爲詩又可得而多乎哉

餘冬錄序

魏周琬

忽忽乎子之不樂也奚而動於中若是以之不樂竟不樂也其無動於中也其有動於中也不敢言不敢言年行巳長大所懷萬端彼其之人而猶有此語況於子也不敢言不敢言伏自念無用於時身之閒也朝飢不餐夕授一盂饘自秋節度而歲晚命之延也昔好鶉鬪手袖携持與人奕恭心戀勝負年飢人索俱不及爲事之少也履穿衣敝不足自遁禁而遊閒兀坐若塊居之静也社錢不還市誶及屋延之以坐而不敢與爲怨怒氣之和也鄉曲時至言當辦飯卒

食不可得而十餘自起重爲觀笑旣亦不來人之絶也校計多少牽慮失得顧之甚細慙不可蓄意之廣也暖日薰炁與綿奇温風雨凄凄喟如感至時之切也漏寒迢迢蘭膏繼傾婢夢以囈語而我悄兮其清立夜之長也思悼舊事不與我乎復處知爲大夢多憂何爲心之達也室語鄰告耳洗不能塵落餐滿鼻穿不得而是身扉闔塵積無響可接儼然古尊聲之寂也羣書亂叠遷轉覽習皆性所好至一佳處輙意不得釋未知舍後復以何日循誦然終莫能强記今便聽其流觀無惜疏隔情之任也頗於其中稍稍業

之自十月入十二月積詩如干文如千詩無酬應情至而已文則令制義救過不贍何暇論繩墨之外者此也集之以爲餘冬錄背姜女之言曰日月不處人誰獲安讀之未嘗不流涕此有傷心者予豈樂於是乎哉不敢言不敢言

道家有無說

陸君書載吾友也學養生三年矣終不能得其術而問說於予予曰是誠有之然道也非術也術則爲金丹爲爐鼎爲鉛汞爲吐納精液爲餐服煙霞爲棄絕妻子爲背離君父此野人道士之所以好奇而著書明哲保身之所以託言而寄跡豪家貴室之所以貪生而恣欲兇徒亾命之所以逃深山而棄窮谷市井欺負者之所以詭人命而射奇利者也吾何惑焉道則爲自然自然者安養其心心和則氣和氣和則形和雖執塗人語之皆知其可以如是也唯天下莫不

知故曰自然故曰道雖然知之非難行之爲難夫心者火也火必炎上不炎則滅人之喜怒哀樂至於血氣散亾形骸槁落而後盡也不則此四者乃其所以有生者矣孰能游於塵埃之外而泊然無感者哉莊生善體物情其言曰熱若焦火寒若凝氷其疾俛仰之間而再撫四海之外僨驕而不可繫者其惟人心乎如使莊子果栩栩然爲蝴蝶以常適志也彼又何知焦火何知凝氷何知俛仰再撫四海然則莊生其心固嘗熱與寒耶固嘗疾亟而僨驕者耶其亦自惡其心之爲累而以之譏議人者耶世皆信莊生之書

爲安時處順而不知其勞生之極反本之思乃其所欲然而不得然者故夫莊生者之與萬物同遷化亦已久矣況吾與子能無其心以有其形哉然則道者何曰喜怒哀樂人之情也情不過乎節則和和則能養過乎節則嵇康所謂措身失理亡之於微積微成損者是已莊生求之於無必欲爲形槁木而心死灰不知其求無之心即見有之心如既炎之火愈撲而愈加熾也唯夫至人者寡欲以養心任理以適情有感而斯應無入而不得四氣之在身猶四時之在天地相與爲寒暑春秋而莫非自然者焉是以聖人不

言養生而其道非聖人莫能爲之故曰知之非難行之難也陸君學於聖人之道固嘗有得焉者今而後請無痿痺其四肢墮詘其聰智孜孜矻矻戰勝自肥其爲能養孰大於是彼術者固不足言而道者其亦不離乎反求而得之也與

正思堂詩序

今人喜說詩其實何所得詩如煮豐燒薰作者自領於其意而止非以爲囂歌假食者也予庚辰入延令得交於秋山何丈越今兩年外不甚呢熱而內實切切相固時錄詩以示擲筆徑去未嘗問小小有得失否也何丈舊不得志去而之北覩渡馬桑乾出入囂囂戎徒間幾已就功名然性本好嘲咏卒悔而歸隱於延令城東四十里之黃橋大率所居荒涼薄田數畝妻子饘粥不具夏綫一葛冬則敝絮單席而已乃其爲詩劇有名稱城中善詩者喜與之往還每酒酣後尋述生平舊事戲笑懟恨靡態不爲未嘗閉所不

當言作踽踽深涼狀以有一毫欺於胷中也及道曩所經處若彈劍出聲忽蕭蕭邊氣動几席間使有雄心者不覺拊髀頓起至其交朋友憂樂一如在己而性實介然恥乞假於人假此以談何丈之爲詩也倜儻而忠信闇見廣以肆行孤清而不汚雖不知詩之有體而能使常有其體有所咏歌嗟嘆宜其纏側廉悍至於感人之深非夫摸擬竄竊取青媲白以求見嚮之徒之所得雜於其間也爲詩如何丈可念哉

張大中丞濂洛關閩集解後序　魏周琬

董子云天不變道亦不變韓子云自軻之死不得其傳夫所謂天不變道亦不變者此指天所以生萬物與萬物所以受生之理無之可變則亦無之可息者也所謂自軻之死不得其傳者蓋學於格致誠正修齊治平使天地萬物之理先有之於身而因以其道覺後世而無窮非其人莫敢任也此則在天者雖本無息時而在人者或晦或明或絕或續固運之不可知者歟自宋濂洛關閩諸子者出既已接軻之傳矣距今五百餘年而其道又介在晦明絕續之間我國

家命儒臣修輯遺經表章正學日星河嶽昭然麗矣大中丞山嶽降精實生治世其於正誼明道之學孳孳焉如饑渴之於飲食不可得而暫離特取濂洛關閩諸書彙爲編次咸撮其至精切究而詳釋之名之曰集解梓以嘉惠來學又輯朱子四書大全又自宋迄本朝士大夫能正心誠意以衍濂洛關閩之傳者悉刪定其書行於世蓋無慮數十家又輯經濟一編分兵刑禮樂農桑水利等條件取昔嘉言懿行依類附見其事嗚呼其用力之多至於如是是其於吾道之明體達用者或幾乎備歟大中丞之言曰道之不行也由於不明不明由於學不講學不講由於書不傳孔子大聖而亟亟刪詩書定禮樂作春秋垂空文以見於世者豈不以其書具在學者因而求之則能自得師能自得師則爲善有力孔子之道此其所以教萬世而無窮也設使微言既絕遺經不存學者將何倣焉今濂洛關閩之書皆所以明行斯道者而學者以溺於利欲耳目聞見通此業役殘簡斷編寢以廢墜爲之釋其義爲之發其文先知先覺具在也後知後覺夫孰可以辭其事者乎琬伏承斯語喟而作曰道者人心所自有之物欲仁仁至言其不自外也

人之惑溺於利欲若寒熱於冰炭始雖就之繼必苦焉一返之於其所自有處枯槁而未嘗不潤居極盛而不滿溢多取於天地之間而不爲貪日以與人而已未嘗乏缺則皆是物也大中丞之輯是書豈獨傳其文已乎將風流而令行下吏以是愛民恤物士以是講學窮理農工商賈以是崇樸去僞大中丞蓋得藉以上佐堯舜之理而成兼善之志格致誠正修齊治平悉具此書外乎此而卑之則流於功利高之則入於佛老是惑世誣民者也天之道人之傳詎二乎哉康熙辛卯六月立秋日敬書於院署之含清亭

樹蘭說與余葭白　魏周琬

淮南云男子樹蘭而不芳無其情也楚辭亦以美人香草並言夫色與香近情以近生男子樹蘭何情之有然曰既樹蘭之九畹兮又種蕙之百畝又曰紉秋蘭以爲佩九畹百畝何其多也紉而爲佩何其親也既多樹之又親近之非男子莫與爲也又曰何昔日之芳草兮今直爲此蕭艾也豈其有他故兮莫好修之害也夫不好修則芳草變爲蕭艾能好修則長保其芳香能好修者非男子莫與爲也然則惟男子爲宜樹蘭何者情與之近焉耳楚辭美人香草俱以比

君子曰春蘭兮秋菊長無絶兮終古既自樹之又望人之皆樹之既自佩之又望人之皆佩之則可謂情之至者也天下之爲男子者能與日月爭光如正則焉足矣樹蘭而芳情在於是夫豈以靡膩光澤柔弱以取媚爲蘭之情乎哉予於葭兄之贈蘭而特借淮南語而反之葭兄之爲人能嗜乎古而藏其情於俗之所不見予既以爲答抑庶幾知所自振云

阮退思年伯典學序　魏周琬

士有常性民有常業風俗有常習官有常職政教有常法然而用之貴新不新亦不能常也日月終古不失常四時之序終古不失常而人被服寒燠流連光景則每見新焉蓋天地不失常之常猶相感召以新況人事失常之常不新何以能復哉予同年伯皖江退思阮先生有高才不爲世用而司鐸於興興又瘠土也始至之日蒐腹空如氈坐不具行宫墻茂草間慨然歎曰如此今官眞無一事可爲然分所得爲者忍饑寒猶當爲之至於力不足而後止耳琬聞其語

而悲之既又伏而思曰夫爲所得爲而亦何弗爲哉今士爲所得爲而踵肩賢聖矣推之有職於一州一縣者而爲所得爲則富教成於一州一縣矣由此以上雖措天下於唐虞三代之隆亦不過爲所得爲者而已自有宇宙來落落數名世者蝸躔其間其餘有才具之人衆矣而功名無所建立失之於爲過其分乎抑失之於爲不及其分乎必不及分者失也夫不及分由於人各謀其私則智慮困於目前終獎獎焉無所用故士不及於常性民不及於常業官不及於常職政教風俗寖以大壞上焉者萬事廢鈌不舉謂

之固然下焉者泯然不見古道之行亦謂之固然固然者所謂人事失常之常也今先生必曰吾爲吾所得爲使學宫之爲茂草者薙之漫漶欹側者丹之植之春秋行祭於殿祠之間治其粢盛牲牷詳其器物肄其禮樂而慎修之東西有齋聚生徒而藏息之射有圃安其體志而内外習之孝弟忠信以本之詩書弦誦以文之又課其勤惰而分别長養之噫何其新也夫人久不見學校之所以起化者如此其隆也而先生一旦取玆鄉之人而澍祓用之寐者覺喑者語瘁者蹶灑然如濯清風於溽暑煖然如被綿毳於凄

寒昭然如覩日月於晦瞑勸而趨焉鼓歌而進焉噫何其新也夫豈非用其新以復其大常者耶今年春邑侯因民氣始復濬支河以利農設異學以廣教良法美政次第舉行先生既爲所得爲而又賫其力以盡爲所欲爲玆鄉雖小文物未墜四方取法焉則菁莪棫樸之化復存於聖世矣噫其始爲之耶將爲之必有成也琬不才敢操筆而俟其後

誰堂造車圖説

魏周琬

造車圖者大滌子先圖其人而誰堂以爲似已也而欲得之大滌子復置未成之輻轂於人之側而遂以歸之者也誰堂請予爲之題予謂誰堂曰子知所以合之故乎天地之物公則合私則不合人奚從生生於天地天地者公也人皆自天地生則皆合假而談君臣父子五常之天性則皆合談邪曲詭異之私術則皆不合世間一切文字傳者皆公道也得乎天地之情則公而合出乎意見之偏則私而不合推之於萬事萬物莫不然誰堂曰此理然耳形則否天下之

大未見有一人同者何以明其皆合予曰天下之大亦無一人不類乎人之形者何以明其必不合抑更有説形之異秀頑清濁焉耳頑而濁者其合難秀而清者其合易頑而濁者天地所生之不類者也秀而清者天地所生之克肖者也誰堂又曰是則既然矣如子之説乃人與人之合何以明夫大滌子之圖是人而與誰堂合也者予曰此易知耳大滌子清且秀必有肖於天地者也誰堂亦清且秀又有肖於天地者也大滌子肖在心而手應之肖在手而圖又應之無故而圖一人則必曰天地間故應有是人也者誰

堂好之則曰是眞合於我也者譙堂亦自以其形爲天地之委形而不敢私之以爲已有故好之而知其合所謂合者合於公[illegible]爾若披此圖以與譙堂一一對其不合者固多也雖然使其一一皆合是圖譙堂者也夫圖譙堂而不可以移之他人是私者也吾又烏知其果合乎哉

書鄭重周

魏周琬

鄭璵字重周徽之歙縣人世業鹺於揚因家焉祖方旦公通籍於朝爲御史有直聲父摺思公丁巳棘闈薦不售母吳氏北直學使者玉隨公女家富於財凝酒藿肉女樂數十夜火列錢習見習聞易溺難出重周生而儁異稍成人志在讀書取科第其言曰科第非能重人讀書亦不必果得科第但國家懸程式父師勤董率非是不美世漸靡敝立身無所學雖俗然學也俗或不學矣有識聞其言而悲之父祖歿家遂中落志益以奮自爲明經試國子大有聲譽入棘闈

者五於南不售之北北不售復之南十餘年驅羸驂往來道路間黑貂之裘壞對西風鳴咽飲泣吁羸其悴矣時之白望如寄是物而挈以去者所在滿眼以斯勤勤至於竭且憊如夸父逐日精衛填海而卒事不成豈非命也夫歲庚寅爲訓導於南陵雖淪下位且以後圖纔數日疾死死生命也設重周讀書已得科第亦死設重周當家盛時溺於靡俗不知讀書求科第亦死夫讀書已得科第亦死死者竟死也不知讀書求科第亦死死者竟死也重周何以能死然亦竟死矣重周之死年三十六娶戴氏今右通政瞻壁

公女生子某某子與之有交舊哀其志而書之哭諸殯以是遺其子

萬花齋集序

魏周琬

江北無山獨有通州狼山耳山之麓去海尺有咫其高數里登山而望海之浩淼無際則河伯之所以見笑於大方家者也以江北之獨有斯山而又濱海欲不謂之靈得乎於是有吾友李君西華人瓌也者實崎崒峭崿泱漭澹泞稟異含秀而著文章名二君閒門距躍專精趣學有年矣既夙承庭訓而昆弟切磋氣怡志得其造甚深應歲科試觀風等作每自云卑之毋甚高論然亦每輒冠一軍茲所錄以問世者皆試草也取而讀之波屬雲委掩鬱蔚錯有孤特抜起

之勢而汪洋恣肆涵毓光景使人莫測涯涘非夫稟異含秀者其孰能至於是西華貌古質而妍妙在心兼通並擅不稱一長要之能鏤繪精理收其華實人瓌橫翔提出靈變不拘弋下高雲之鳥餌出重淵之魚雖有巧者莫知措手皆斐然述造成一家言今其望金馬而來庭客朝賔戲之篇可以不作矣吾知飛兎流星超山越海蓋有良驥所不能追者予他時經過海門惜與二君隔獨陟狼山之巔東望於海觀夫浴日沐月被光揚華有以會其奇氣而乘夫無窮則二君之文章慨然如將見之

莊缶外集小序　　魏周琬

葢月死珠傷淚湙滄海芝焚蕙歎氣結秋天苟非情愛之倫尚有形神之悴况是心知之屬寧無聲意之悲騷騷風樹吹落葉之何歸慘慘寒雲佇黃昏而不鎖至於蟲妻遥夜鶴唳蕭辰中酒初醒聽歌忽斷或撫孤衾而申旦或坐空庭其巳晚於斯時也有不能言心似歷陵枯木浮以爲舟遂載耿憂而汎汎膓如濮水虛絃抽而成曲卽寫幽怨以嗚嗚雖山河邈絕事異黄公之罏而風月關人感類山陽之笛凄然念舊復述斯篇嗟乎人間何世天此百齡我始欲愁翩

充射堂文鈔　卷[redacted]　[redacted]

其三市鹿門負執手之期星漢非乘槎可到平生已矣斯恨如何甲申九月霜降後一日書

祭故妻沈仁英文　　魏周琬

維年月日琬謹以瓣香清酌致祭於故妻沈仁英之靈曰子之去我而返於眞者今三年矣感歲月之易得悵神爽之何依奇想兮空精接睫兮幽微湫湫焉淒淒焉如子怨子以久别而子告我以將歸暧暧焉杳杳焉既又不來而晹我以無悲自子之徂米罄於瓶鹽空於厨萬事驟棄無與子乎相黽勉而厥家不肥子昔謂子先舅之塋隴未成實用疚心將養雞種蒜而九原是規更今四三年殯猶儼然於中堂而侍其西旁者卽子之兎燈繐帳又巳風驚塵合而不禁

充射堂文鈔　卷　[redacted]　祭一

顧之而淚下以霏霏子生之女慘禍是罹有兩阿姊乳少恒饑接之以食飲而飧泄僅歲餘而屢瀕於危子之女妹憐是藐孩死嫂之遺夜視其席蓐而晝提挈之匪朝伊夕頭今可以與案齊能拜能跪能戲能嬉口吟唐絕句詩能二十首不失一字饑吾聽其啼以索飯而愠吾時觀其不語以倚扉子之遺文俟其姑成長而吾手付焉且遂教之以書與詩子之既没而吾更娶獲以生兒豈惟子先祖之不絕祀而異日者春秋霜露有伶俜孤子拜荒田野草而識曰此吾母沈氏之壠而澆奠一巵吁其亦又何悲子髮白蚤

哀自惟疇昔之歡於茲已矣良時一去驟雷莫追曠千秋而萬歲同大夢之若斯徒寸忠之不泯聊寓哀而陳詞

沈仁英哀辭　　魏周琬

仁英沒踰月琬慕叶擗摽經廬室而歎曰吾妻乎吾妻乎不復有斯人也荀子有言今夫大鳥獸則失亡其羣匹越月踰時則必反沿過故鄉則必徘徊焉鳴號焉躑躅焉踟躕焉然後能去之也小者是燕爵猶有啁噍之頃焉然後能去之也抑匪直此也哀其死所以念其生生而爲吾妻也者吾以哀吾妻今吾哀之有過而吾直視之妻乎而亦弗念其生矣乎仁英先世浙人生於眞定之栢鄉父靜菴爲輿小吏年十二輿母汪氏隨父任年二十五歸於予性詳靜有法度修詩貢道喜觀於古人而依放其義以自約敕又多涉技藝工巧然惡以知於人有問之嗛然若深自咎責者所居室頟以弋鳧堂置一几陳自所用筆硯羣書滌除拂拭精好如文士嘗語予曰妾不幸託體女流顧惟心知意用不欲汩汩焉但困于俗幼習針刺卽以餘閒尋覽書傳心慕好之蔑由自通君母棄我時時爲誦說當悉心相承卽用相夫子以不負平生之志予笑而謝之因抽予家中舊書隨事疏指乃卽時晧記及舉經史文義至深者與之語疑非所及而出論洞然詞瀾不絕予言若可執轉欲以意相高

然後知其於學天性也每旦起沐面膏首畢飾衣裾危坐翼翼矜矜如靡克承遇予自外至必起立俟雖數不易其度寬中厚性外閑以禮歲時姻婭會聚無幼長未嘗以言語先人問然後答不與人爲寒熱雖日綢繆家務而簡淡於事未嘗見其喜怒之色泊乎有以自貞者與家故貧然不以屑意在約而洽實惟素心每早雁初鶯開花落葉意有所樂時同賦詩或涼風自凄月露皓白與相忘言並坐若可灑濯契之冥冥以通得意之路忽不知夜之徂也又頗怡絲竹絃外之意虛動之聲咸自得之不由指授顧情志慕

充射堂文鈔　卷　英二

尚而心知其非禮常輟不爲其刺繡過絕於人凡所欲成先自圖人物狀類於幅以新意取妍及施之五紋弱綫纈藻奇發生動可觀時之缺則習以易錢予惜其勞苦止之曰職固然爾嗟乎仁英予夙薄祜天倫寡懽既莫獲逮事二親而琴瑟先御烟夢迅消混混與世相濁不復欲振於行遭遇予之德音涵揉予以完好如蘭斯臭馥馥乎予心同德於習比義於恩如幄之有談賓採爾實捋爾笮以無孤我鄰嗟乎仁英予嘗有事弗獲自檢子欲用相覘懼於面指乃引喻義類爲一書藏置硯匣下予久而後得之猶負其儻葛卒然謂曰用相識切乎俗皆然何爲小異遂蹴踖先自爲謝卒和顏色而進曰君當念如古人嗟乎仁英子之自厲矯矯愈騫予以德薄不克要子以其終追思平生義分因尋誦遺文志氣猶新而容聲已閟斯恨如何矣非夫高唐渫雨巫山鬱雲感去來於荒夢者也歿年二十八無子生一女今始踰月名以若夙聞稱宋廷芬五女之爲人予因而命之亦使若其母也有女弟遜英年十五婉嫕善學亦如其姊先一歲卒遽泣辭予曰妾妹死數感吾夢妾將同所歸不獲長事君矣予詰其故曰三生石上舊精魂也嗟

充射堂文鈔　卷　英三

乎仁英而竟死矣所謂茫昧與善寂寥餘慶蒼蒼者天眞不可知矣予哀之知終不可奈何而見於吾辭以明吾哀之有過而實未嘗過也嗟乎仁英予哀之知幾何時苟見於吾辭焉將有時而不哀而哀者無窮期矣乃爲辭曰

衆萬羅生天閟紛紜生乎汶汶死乎泯泯嗟乎仁英誕淑降芬坤麗其質乾確其心迢迢河鲂千里相尋分託琴瑟義投石金冀及同歿無違德音胡然棄我散魄天潯予實薄德莫克爾承塞悲咽淚尋叙遺文執玩周復想像生平僂子前言眷予後行無俾行壞

天心斯昭矣則有炳以爲會圖

祭繼妻沈仁英文

維年月日夫魏周琬謹以庶羞清酌祭於繼妻沈氏仁英之靈嗟嗟仁英而乃至然生而必死終古曰天天乎茲此惟信焉乎詎未達而哀用鑱所欲問者胡以天賢嗚呼哀哉與子之會二三寒暑時則不知而心私女謂保百年長此歸處忽乎將行辭我逆旅觴不及餞別不及敘執手于逝訣可延佇我自墓反帳帷況獨語起欲尋之天路渺阻嗚呼哀哉音者爲夢今則既覺思子平生究可悄年淺恩深入幽羨照髻粧塵語寂清窈窕詩況景光書白內奧自此千年

無人得道空樓鼠鬭虛窓螢耀日魄雲漫風凄月弔嗚呼哀哉念子煢煢未有弱息女娠十月甫聞呱泣遂而相遺使求乳食乳少見饑我心悼惻誰其育之以哺以譽女之父母以爲女德嗚呼哀哉人之生世同乎盡期矜悅怨蚤究亦何爲子昔旣論百年有涯所欲者生非欲所惡者死以死非惡辭未如兩忘處一化齊何寵斯語子今踐之以此而推子亦無悲嗚呼哀哉感良會之難再今年旣往以洋尋前恩於迪義兮詞諄復而盈細靡夙夜其弗皇以亟兮似識兹緣之不可長入空房而惕坐兮涕紛溢以交

𣶒孰慂慂以更箴予兮懼百行之從忘衆諜訶以相
寬大兮羌不知憂之多方雁淒淒而無侶兮宿湖沙
之月光欲飲啄而未忍兮既刷羽而仍翱唼清流以
牵藻兮心索𡣪而徬徨對兹靈而陳辭兮願酌金罍
而無永傷嗚呼哀哉

書藺相如完璧事後　魏周琬

藺相如智士也熟得失於心而斷然一發於奇氣然
亦必物先露其情而後因而乘之而使之不至於敗
方秦王坐章臺以受趙璧既戲弄相如矣有少不稱
命殺之宜若草菅然而相如敢持璧睨柱欲以頭與
璧俱碎者非輕死也又非廹於智力之窮而姑嘗試
以冀其倖成也則秦王實貪璧故也秦不貪璧則相
如無所挾以張其氣秦王既貪璧雖力能致相如之
死而不能禁相如之不以璧碎也故相如先餙詞於
璧之有瑕使秦王授璧於其手而後敢奮於一死以
爭之葢持其所必貪以刼秦王也當璧未入手而相
如方詭於虛詞而惟恐氣之不及持矣敢怒且叱以
壯趙國之威也哉曰秦王既實貪趙璧何不終以十
五城易之曰貪者無所不貪秦意本欲得璧而又不
失城璧歸之後而知璧不可以徒得則璧固貪十五
城尤貪也故終不易也秦王之威不能行於已授璧
相如之時而亦不足復行於衣褐懷歸之後葢貪者
易詘驕者必衰相如知之矣夫相如豈真以死厲其
氣而蹈秦廷之萬一危也哉

夷門監者論　　魏周琬

侯生年七十爲夷門監者稱魏之隱士焉君子曰是可以終焉已矣時諸公子爭下士士之作食客門下者皆市井少年負血氣挾變詐以覦時規利爾侯生年旣老又自以修身潔行則宜超然完於亂世不當輕以身徇也者乃感於魏公子一顧卒爲畫策盜虎符殺晉鄙令公子救趙而免於餒虎之投侯生可謂不負公子矣是無用爲公子死者何臨別時以老不及送誓至軍之日北嚮自頸以送公子哉夫侯生之死不爲送公子明矣然公子旣行則侯生不得不死

此老而達於義特當其感激私恩而有所不忍言也何也公子雖賢於魏臣也如姬朝夕幸於王者也今如姬以懷公子舊德竊虎符生奸臥內是刼之以賣國者公子罪也及已竊符而公子矯令以代晉鄙晉鄙嘆唶宿將不肯聽卒殺之矯王之令而殺國之將又公子罪也而授公子計以陷之於大罪者侯生也公子不救趙不得罪於趙公子救趙重得罪於王公子魏之望也與侯生交幾時矣不能成公子德而陷之於大罪故侯生欲爲公子死也且侯生膺獨負公子已乎身爲下吏食魏之祿君臣之分昭然矣乃知有公子而不知有王欲報私德而謀不忠侯生於義當死不再計決者特公子涕泣將行使侯生明告以欲北嚮自剄之故公子將裵徊於義之所不敢出是計不果行計不果行公子終以孤身赴秦軍無異於以肉投餒虎矣故託於老不及從而以死送公子者乃其感激私恩而有所不忍言也孰謂侯生非老而達於義者哉嗟乎君子處亂世不得志而仕於抱關下吏長隱約焉可矣必攝弊衣冠載車騎上令公子執轡於市自睥睨以爲榮者豈其七十老翁而猶有

好名之心耶夫其卒借知已以捐其生此吾所不解於侯生者也

張良

漢之爭天下也其計畫之犖犖大者皆出於良及功既成矣無一毫取償於漢之心封之三萬戶而辭其二萬去形勢之齊而擇與上初會之留謝疾以後蕭然辟穀托名輕舉良何心也哉良之從漢也以韓之亡也韓之亡也秦滅之韓王成之得立也楚又殺之故良之韓亡而從漢復辭漢歸韓至韓無所歸而乃終事漢者欲以亡秦破楚而先後爲韓報仇也事漢之日委贄以臣之而不貪其利明哲以師之而不汚其身發一策也幾動於彼而事應於此故策無不中

定一謀也人開其先而我剖其後故謀無不收諸將效死盡力於外而我無力可用天子忌功蓄疑於上而我無疑可加漢之功臣譬則能者其虎也下者其狗也而良殆猶龍也豈非自韓亡家破已棄人間之事故能智運於心從容適變綽有餘裕若此者乎

韓信

信之始進也不爲陰謀奇計以傾一日之聽而博世主之知獨究於民情之順逆以明天下大勢之所居除秦苛法約法三章漢王雖有發政施仁之言其時倥偬紛亂固未用此也而信識其有君人之大度足以從民望而定三秦是信者不可不謂懷濟時之畧而與樊彭區區斬將搴旗者異趣矣其謀叛不終也以搆於高帝之疑而帝之疑信也始於信之王齊而自立何者彼才既不世而見利則挺而起焉用相畏惡耳夫以信出處之審始進之正依遲於亭長漂母

者幾時浮沉於郎中都尉者又幾時度不我用而遂亡亡亦無所復之爲韜光潛實而已惟其窮餓操持志大而識靜故能登壇不愧决劉項之仁暴策天下於指掌及既效乎功名乃漸啓其侈放雖三分鼎足不忍終背乎漢恩而鳥盡弓藏固已隙開於事會嗟嗟以信之才爲天下驅除殘暴取嬴項之物左提右挈而歸之漢王此其功已不世矣使懷抑損常念下亭之漂泊如對淮陰之少年則漢室酬勳當與世亡極顧漢方畏惡其能轉自矜大不忘德色以樊將軍帝之故人又呂后所善跪送稱臣禮亦恭矣而曰生

乃與噲等爲伍其爲鞅鞅非易塞而已君子觀信之始進及其所以不終葢趨操異而誘於利勢之途者然也何怪其交致之也哉

鄺寄　　魏周琬

君子以鄺寄之賣友爲非者非也君子以鄺寄爲非賣友者亦非也劉氏幾危而父又被劫詛以君親爲重不當復論友矣故曰以鄺寄之賣友爲非者非也夫人深親信我而我懷其不測給之使及於敗是敗之不以其正焉故曰以鄺寄爲非賣友者亦非也君親義之所不敢背也友亦義之所不可負也使天下義之所在必待傷害於彼而後可以曲全於此則世之無完人也久矣夫可以直行之謂義變而不失乎正之謂義殺之而不怨之謂義未有紿說以行其義者向令寄父不爲平勃所劫而呂祿以智計得成其謀吾未知寄之歡然從呂氏游者將何以處之然則寄之罪罪在交呂氏當其爲呂氏所親信則於君親之誼已先失之矣易曰比之匪人其寄之謂乎

陳平　　魏周琬

智之爲用亦變矣上智用以周理下智用以詭事周理者理從而事自舉詭事者事濟而理或乖非獨用智小大之分葢人品邪正之别也世稱陳平多智善出奇計匡國家難吾觀其謀楚也捐金行間以疑其君臣使楚之骨鯁賢人皆以讒敗而我乃從後而圖其便是不能伐之而亂之而已耳其禽韓信也使帝託於遊雲夢而制信以力士是信不反不能理其誣信反不能聲其罪徒欺其君以僞而已耳亂與僞邪之所從生也及乎高帝平城之圍平使閼氏言於單

於而出之史稱其計秘世莫得聞而桓譚乃云人以爲工妙踔善故不傳乃此策轉薄陋拙惡故隱不泄善乎能得其所用說之事者矣凡平之智多似此類止誅呂安劉附會勃以成功而謀又不在平焉葢平下智也用於傾側擾攘之時淑紛振患時詭得之世昌主聖何所用哉

文帝　　魏周琬

文帝天姿茂美之主也君道無過於仁帝身衣弋綈示敦朴爲天下先可謂恭儉矣數賜租賦以振百姓和匈奴而不輕用其民可謂愛人矣恭儉愛人仁之實也詔書每下其辭氣溫潤雅飭雖天子之貴抑抑若不足以勝人而四海之富兢兢常不足以自給厚施不求其報務德不强其濟與天下至心相結而不遁於文具然則勝殘去殺其善人之理乎使得臣如周名制度禮樂弘道濟時其所至豈可謂不逮成康哉而俗學以殺薄昭遷淮南二事少之昭殺漢使者

而帝令其引分自盡夫舜爲天子瞽瞍殺人非竊負不得免此雖虛事亦足以見聖賢仁至義盡論案已定而欲過父子之恩行於舅后之家可不可也管蔡以殷叛而成王誅絶之淮南厲王親爲悖逆僅以遷死則猶爲幸已彼以二者之少恩譏文帝者適足以明其繫於私而未睹治天下之大道者也

谷永　　魏周琬

孔子曰友多聞欲資其明以求至於誠也非以資談說而爲邪也若其爲邪則不如無聞者猶不至乎惑世誣衆之甚也故邪而多聞是竊之者也谷永之專攻上身與後宮非不切中成帝之病也非不博稱繁說引經據義抗直敢立言也然以陰奉王氏之指而顯詆主上之過則雖所言者皆出於天文聖意已爲賛其君之失以結其黨之權不可謂之正矣况鳳之專權議者歸咎而永乃曰骨肉大臣有申伯之忠是直進其譖說以欺君者也且永之託於王氏也鳳爲

大將軍則厚鳳譚當繼大將軍則厚譚音爲車騎將軍則又厚音商爲衛將軍則又厚商與權轉徙靡所常適是皆飾文以成其奸持一術而用之者也使以永之博學與其敢言之氣而一以正出之豈不能以卓然而有所立而惜乎資之談說以行諛邪是竊其聞者也然則如永者非孔子之所謂多聞者也蓋孔子之所謂善柔便佞者也

張湯有後　　魏周琬

班固稱湯推賢揚善固宜有後世之論者皆附其說愚獨以爲不然湯舞知御人所治夷滅者幾何家矣其奏事傳古義上善之而曰臣非知爲此乃監掾史某所爲蓋湯心知其不能飾於明主之前也不如以此推揚下吏而益得自爲名即曰達賢其所達者幾何賢矣烏足以敵其所陷害之數哉安世履道自求多福適後人延壽與臨等皆賢延至數世有以也夫而必曰湯宜有後夫即賀之拊循皇曾孫者陰德亦大矣而有一子蚤死無嗣猶不敢以是必之於天區

區推薦一二監掾史方救過之不贍能延及子孫哉安世子千秋與霍光子禹俱擊烏桓還光問戰鬭方略山川形勢千秋畫地成圖禹不能記光歎曰霍氏世衰張氏興矣然則才不才亦各言其子也

朱博議復刺史　魏周琬

武帝置十三部刺史以六條問事周行郡國黜陟能否非條所問即不省實則督察之法六條盡之矣一條糾強宗豪右五條皆治二千石者所薦立至九卿所劾即時斥逐以六百石之秩而臨二千石之尊果著功效遂不次超擢論者以爲非宜而不知此武帝之所以善興起人材激厲貪濁者也蓋郡守在外威勢壓於吏民其多行姦贓公犯詔條未有無援於京師貴戚重臣者根著枝附未易可動必以秩高者臨之彼仕既達矣不能無保祿位既保祿位矣不能無

充射堂文鈔　卷■　■

從阿諛若部刺史秩止六百石雖有階於朝而猶未立聲譽者也士抗首翹足於良時以成不世之名鷹隼始擊在茲一舉拒朝貴之請屬而禍患可以勿懼何也官秩本卑所失小也持州郡之風憲而糾舉有所不疑何也登擢太驟所進大也天下異材少而中材多由方進請罷刺史更置州牧之說則守祿位而從阿諛者十之九由朱博請罷州牧復置刺史之說則輕小失以勵大進者亦十之九武帝善興起人材而激厲貪濁信有大略豈以位次之序拘哉予故因閱朱博復刺史議而論之如此

翟方進　魏周琬

季孫行父曰見不善者誅之若鷹鸇之逐鳥爵蓋邪人得志必害於而國而正色立朝爲忠於而君則其有所擯絕指斥乃出於欲已而不獲已加之者無愧心受之者無怨志此君子所以直道而事人者也若方進之所舉奏者異於是其奏陳慶也以見劾於慶其奏陳咸也以受詰於咸其奏涓勳也以借勳而阿丞相宣竊國之威以修報復伺人之指以圖中傷此已出於忿爭之心傾危之術矣至其初交通淳于長長既伏誅其黨友皆坐免方進上書慙謝幸從恩貸

充射堂文鈔　卷■　■

乃即更奏免長所厚善者二十餘人以刷已恥是猶與人同爲盜詰盜者私已而釋之遂因得釋之故盡條其餘黨以冀人之不疑於已之爲盜也則毋乃忍恥爲之乎又先以長事劾紅陽侯立立不可動而案立所黨與者三人以必勝立威非至慘覈何以如是是凡方進之所舉奏無有不出於私意者夫有私意以挾之雖劾其所當劾已不得謂之直矣况多出於譏搆乎嗟乎方進以孤童携老母入京師覊旅積學致位宰相不可謂無志者而恣情傾覆卒以隕身則其所學蓋亟於進名譽而不暇於師道德者歟

志衛張禹孔光馬宮

魏周琬

士之貴乎明經者爲其能明乎經之義而用之以匡國用之以正身蓋人與經爲一非經自經而人自人也蓋行之而後明非明焉而不行也修是術者必先於外爵祿度患得患失之念不以一毫萌乎胸中然後可以光明其志氣而踐經平事業此經之所以重於天下而國之將興所以尊師而重傳者也世衛經術湛深諸奏對皆茂美可觀然人史言府託身非人且衛本由蕭望之薦時望之與言有隙而衛廢薦者所隙之門斯亦薄矣又附石顯於元帝時及成帝

初立衛知帝之怒顯也乃追條其舊惡并及黨與以揚者先帝任用傾覆之徒則衛於前爲諂諛爲不忠於後爲詭險爲械巧矣孔光名父之子成帝時獨據經法議立中山王爲嗣哀帝卽位不附帝祖母傅太后禁其與成帝母俱稱尊號不可謂非所守之正者至燕語不及朝省薦人惟恐聞知諫奏削其草藁謹重周密頗若雅素乃附董賢以殺王嘉爲漢相而事新莽晚節末路於玆敗矣張禹營殖貨財奢淫女樂傳中無一事可書受賞賜而已請肥牛亭地而已綢繆愛女劉子而已永始元延之間吏民多上書言災異之應譏切王氏上車駕至禹第辟左右問以吏民所言事是可以除王氏安漢祚者雖此一時而禹自見年老子孫弱欲以爲託乃詭說經義以釋帝疑卒遷漢祚者王氏也而取其君之天下拱手以與王氏者張禹也嗚呼三人之中文章則世衛爲優志行則孔光稍賢張禹受師傳隆恩僅如犬馬食人食而已彼皆以儒宗居相位而被譏阿諛不能自解者豈非慮身家之意重則憂君國之念輕於祿位有不能忘則於名義有不暇顧人品事業訖無足觀孔子所謂苟患失之無所不至者正指此耳學者始借經義爲

取名之資繼以富貴爲叛經之具經自經人自人能明之而不能行之使國家數千載以來代以經學取士而立其朝者皆鄙夫不亦可歎之甚哉

興學

瓠周琬

六經之學絶滅於秦至漢復興非漢之能興學而學之不能不興也蓋天地之心生民之理不可以一日晦卽秦絶學之時而學有未嘗絶者漢時所出羣書皆秦時所留藏非秦之能不失而漢于何得之乎以秦之重禁學而六學有未嘗失則漢之興學而漢有未嘗能興者也漢學之興在高帝時則作禮儀起自叔孫通在武帝時則黜黃老而延儒者始自田蚡其爲博士置弟子行考察試用之法則建自公孫弘蚡貴勢之徒無足數通爲面諛弘亦阿世豈眞知學之意君子惡夫漢學之興而予此三人者也雖然苟其學之不能不興而非漢興之則此三人者本不予以興學之功又何惡焉

貨殖

天地間之財大抵僅給天地間生人之用不至不足亦不致有餘此理數之自然也而非有王者爲之經制則財必易耗農桑失業士女宿遊種樹畜養多有遺棄一耗也僭差亡度嗜慾恣行一人之費十人之資一耗也山林川澤物以萌生須其孳長遂及碩大槎蘖伐夭不以時育又一耗也於是乎有併兼之家於是乎有奇淫之作古之人以通有無則人無甚富甚貧故事均而俗美後之人以治貨殖則巧者有餘拙者不足故奸夫鼎食而賢人饑死然則經制者先王所以因天之時地之利人之力酌損益濟盈虛通變盡制使百姓利其成器日用而不知生以之養死以之葬大哉道乎若夫不用先王之法而曰吾有以治天下與天下之人不見先王之法而各以私智自爲之者嗚呼其廢也已

游俠

魏周琬

司馬子長以爲豪暴侵陵之徒游俠亦醜之則俠者固爲振人不贍與脫人於厄者耳夫振人不贍與脫人於厄此自美事而君子惡之者以其特輕於意氣而不入於道德我以意氣施之於人人又以意氣報之於我施之人者其賢或能匿達名跡而報之我者至陰爲復怨而其主不知要結者一人附援者千百故有匹夫在邑屋之間而賓客滿於天下背公死黨如是上法不得行矣夫豪暴侵陵者强欺弱也游俠慕義者下蔑上也强欺弱者事醜而奸小下蔑上者名美而禍博君子所以惡夫陰賊感槩者也雖然權先自上替故下得擠之四公子之徒由天下之無君也閭巷之俠由覬覦之生計也且上之使下下之事上非獨一禀於權而已先王之世聞以仁育矣則下無饑寒無告之人將持壺餐其誰德門以義正矣則人有殺之不怨之心何有髡鉗而自奴怨咎之路既消禮讓之風斯靜雖爲俠安所見容乎若其失道民散乂烏乎能禁之

設科射策

學之與利祿異路也而王者厲世摩鈍不以利祿則無以使天下趨於學要上之所以用之者不同而士之所以應之者亦異武帝始設科射策沿之至於今數千年有不能廢計利祿所得之人亦間有眞學者出乎其中然由乎其途而不溺於其習姿美行高者仟伯之中或得一焉而至爲鄙夫者比比皆是彼學之始祿利之念已中其中矣既以此售患得失之外又安有餘念哉三代之取士也論定然後官之任官然後爵之位定然後祿之是亦以祿利勸者然其取人也以行不以言積之行者難變習之言者易浮而修六禮以節民性明七教以興民德齊八政以防淫其施爲制度之詳有入人於肌骸性命之深而又嚮學自上樹之表的以動其觀感慕悅之情故士之受祿也以展其學也非以爲榮也上之祿之也以致其求也非以爲誘也古學廢而易而爲設科射策其所取者言而已矣本不責其行也既仕而升賢黜不肖是以言取之而以行用之行不素植安可以遽効況言又不專以義理爲宗而雜出之懸其程式以使天下之盡心焉人才之與所爲與三代異也與

旭棠汎覽百氏危誦經史未見其言易也有專家雜取時物相詰質輒娓娓說心研慮斯如王積薪自謂工碁術及聽主人嫗弟幾道下子覆其勢皆意思所不及也夫易者權輿三教鈐鍵九流謂知謂仁隨所見而已傳註以來鄭王爲優鄭則多忝天象王乃全釋人事虞翻荀爽以下三十餘家滯於一言一義捫蝨觀針俯仰之間或不暇於見天地至宋程朱始括其理而旭棠間於其中出新意以箋釋之自謂聖人不爭昆蟲之所長天地不蔽巢穴之所篤夫齊紫敗素也猶可以十倍其價況不敗之素而爲新染之紫

是宜有以被服之者予集其篇次梓以成帙旭棠方窮精獵微大發其秘奧俟述造就當更從而掇拾其後俾行於世云同學弟程鳴書

自序

聖人之道猶中衢而置尊酌者各以其所受取之違其量弗能堪也有所受雖少亦適何平叔自言不解易中九事彼直不知易而以爲九事之弗知吾笑其妄蔡邕潭思渾天欲寢伏儀下念灰滅雨絕世路無由學者求致精可也予才謭姿鈍讀他書猶不遽曉況易之緜絡天地青冥黃泉上下無所測識然熠於望流倚徙自厓拾潮汐之漚沫謂之非海水則不可斯則桮杓之不勝酌以涓滴謂不出於中衢之尊亦不可即所詮釋辭薄義淺時之塾師取以補兔園冊

子庶乎其可然又未知果不非笑云

充射堂大易餘論

暘山魏周琬旭棠氏箋

筮義

秦焚詩書而易獨存以易爲卜筮之書也繫辭是與神物以前民用又曰幽贊於神明而生蓍雖聖人亦言之也然而聖人曰五十以學易可以無大過學之云者必非事事而筮之以求自處於進退存亡之會者也然則易果何爲者耶夫易開物成務冒天下之道如斯而已者也天地萬物之合散消息動靜云爲之變化承乘無心者陰陽也有心者善惡也自然者

理也已形者象也必至者數也不執者時也伏羲未畫而卦具文王未演而辭具何者不具則聖人不强生伏羲既畫而卦亡文王既演而辭亡非卦與辭之亡也三百八十四爻又不足以盡天下之賾與動也此足以知易矣易之興也由於聖人之有憂患也吉凶悔吝失得者天下之所趨辟而求也聖人因其求也曰易足以告之矣既筮焉既占焉有德則應無德則不應爲君子謀不爲小人謀進陽而退陰長善而消惡庶乎使之知所懼也是亦聖人之所以爲教者也聖人體易則必學易學易則學於萬物者皆易也萬物備易而不足以知易備易者有爲君子有爲小人有爲失有爲得有爲吉有爲凶總萬物以合於易之情狀而無乎不似故曰備也備由於不知知之則爲君子不爲小人爲吉不爲凶爲得不爲失聖人於其不知而使知之將有爲也將有行也彼日動不已而聖人不世出何以告之哉此易之所以爲卜筮之書者也

卦象

成卦止於陰陽因陰陽之所設而取卦純陽則爲乾純陰則爲坤其非純陽純陰則以其進退消長而爲之位於是有卦象卦變卦體卦德取卦而爲之名必得其自然之形器而不可易者非意之也及旣成卦而陰陽與人事合矣彖辭言人事者十之九而龐言陰陽者十之一而細六爻則盡言人事何者人事之失得皆自於陰陽而用易者卽從陰陽制人事者也爻或依卦名而立義或離卦名而取意洪纖兼包情僞咸貢指一事而如其事之類者應斷一事而異其

事之時者變二臣五君而位又可以不泥也陽善陰惡而義又各有所適也飢食渴飲晝作晦息取於至便要之以觀象爲滚天地之可見者象而已矣未有天地以象示人而人以象爲有不足於天地者也君子脩人事旣事何脩焉還人事於陰陽還陰陽於六位還六位於六虛數之以逆以得其先鬼神欲謀而未謀情狀欲設而未設制而用之使皆有法此之謂觀象

應與

應者陰陽應也有應則相與相與所以爲應也天地應之大者天施地生所以與也水火相逮雷風不相悖山澤通氣皆應與也而莫糾錯於人事父子君臣夫婦昆弟朋友爲應之人天下國家爲應之域邪正公私爲應之術行止遲速爲應之時往來繫戀爲應之情夷險通塞爲應之勢人或孤居獨處變化於思慮交接於夢寐亦莫不有應下至鳥獸蟲魚與無知之草木雌雄相求暑寒相易形性相從相革氣味相制相得亦莫不有應或以無應而獨行其志或以無

應而不得其援或以有應而不孤其類或以有應而反累其行或應有所隔而懼强保弱能專其志雖始離必終合或應有所急而去正就親以逹於分雖趨變不失經或外應而內實不從或志應而迹又當絕消長倚伏繆亂縱横又以才之剛柔性之明蔽乘之逐萬變而未始有極吉凶悔吝天下之故於斯賾矣

承乘

爻位之有承乘其三才之義乎人戴天而履地載者其所承也履者其所乘也人無不戴天履地者人之於人也上有所承而下有所乘人之於事也往有所乘而來有所承亦無有不與位而爲三者也爻之爲承乘也剛柔也剛柔立而人與事在其中矣尊卑者人之承乘也治亂者事之承乘也皆本於上下之剛柔而以時之消息爲斷承剛或以危厲承柔或以怙安而趣舍有時異變乘剛或以凌僭乘柔或以順比而功業有時相反推而至於一念之發其念之所從

起則有其所乘矣其念之所從往則有其所承矣起於私邪者是乘陰之柔起於正大者是乘陽之剛往而加之於私邪是承陰之柔往而加之於正大是承陽之剛密近比固分數明而求與篤六位之行如拾級一卦之氣無越阡斯以謹嚴矣獨初無所乘上無所承其果無乎曰以序卦之義而言卦之前後是其承乘矣以一卦之義而言卦義既立初卽循其義以爲乘上卽循其義以爲承初極微而上極溢極微必有其所生所生者初所乘也極溢必觀其所散所散者上所承也初既生而卦之諸爻與之皆生上既散

而卦之諸爻與之皆散其爲承乘更大也知此者可與讀易矣

卦變

先儒論卦變者衆矣程傳以爲卦變皆自乾坤來乾坤變而爲六子八卦重而爲六十四皆由乾坤之變也試由其言味之六子由乾坤而變乾坤其先者也故變而生六子既生六子以後八卦其先者也故變而生五十六以成六十四若雜六十四卦而求其變如一陰一陽之卦自復姤來至五陰五陽之卦自夬剥來亦以復姤得乾坤之一位順起於下而變者乃錯之也夬剥得乾坤之五位順長而上而變者又錯之也則猶之乎自乾坤來者也如言否自漸來九往居四六來居三之類其先有漸而後有否耶何漸之

不可自否來耶若是者吾烏知其所先不知其所先則吾烏知其變變也者自彼以來於此也自彼以來於此者先立於彼而後來於此也既不知其所先而但曰變焉是相與爲往來而雜然不得其所自也即乾坤而乾坤變即六子而六子變即六十四卦而卦之中周流六虛又無不適於變又於變之中求變焉識亦靡足以周之而莫與辨其義矣故凡卦變之來斷之自乾坤者爲有統而不可易也

謙大象

地中有山爲謙山高大之物而居地之下謙之象也以崇高之德而處卑之下謙之義也是謙者山也抑又有以得其象焉抑又有以辨其義焉受萬物而不有之謂謙蘊高大而不動之謂謙又中實有之而外不形之之謂謙山受地乎地受山乎則必曰地受山矣山蘊地乎地蘊山乎則必曰地蘊山矣惟中有之而外不形之不可謂山爲不形也然而天下之物皆本大於末山之形於地者其末也一樹之大而根柢委曲盤戾不知其幾也一山之大而錯謬隱伏綿亘

地脈必過於其所形終南太乙之根固不止抱杜含鄠吸澧吐鎬而已則不形者多也且人之有道德仁義蓄而不能不著非其外者斬斬焉悉去之亦其不形者多也如是則謙之爲謙可知也澤滅木爲大過大過者澤也地中有山爲謙謙者地也不以謙與山而以謙與地以易不言山在地中而言地中有山也又山不出於地則山失其爲高地以蘊夫山則地失其爲下有裒益之義焉君子所以體之者也

蠱彖

蠱者壞亂之名壞亂則必有事蠱之元亨不言蠱而言事蓋物至壞亂固無可言言其治壞亂者而已終則有始者天行也亂則有治者人事也利涉大川者事之艱難也轉亂爲治易而圖之庸有濟乎甲者事之始也先甲三日推原其所以亂也後甲三日深究其所以治也三日者熟而詳也先之不熟何以施吾事後之不詳何以成吾事當事之始而思其始之始又思其始之終涉大川之難不過於此矣順而止卦德也德不變者也以之致蠱者此也以之治蠱者亦

此也當蠱之時剛上而柔下下順上止德之凶也上之而君溺於荒亡無遷善有爲之意止非所止也下之而臣從於諂諛無拂鯑進善之忠順非所順也此其爲德之凶而所以致蠱者也當治蠱之時剛上而柔下下順上止德之亨也上之才剛而不逞大壞之後取於濟艱難而息煩去苛止其所止也下之情柔而易安更生之後休息乎無爲而風流令行順其所順也此其爲德之亨而所以治蠱者也卦之德不變者也其名蠱也一以爲蠱一以爲事兩有之者也此其所以爲先甲三日後甲三日者也

復上六

爻辭有以象言者有以義言者復之上六其辭與卦似不相比附然實切復之義言之也何也失而後復克而後有復行師之道也所以終有大敗者蓋頻復則雖屢失而猶知所復迷則不知所復矣不知所復終不復者也其先猶出於頻復頻復不已遂至迷復非無愧悔思遷之萌震動求勝之意而以陷於陰柔之極溺於人欲之深終亦不知所以爲用力之地此其至於迷復而以用行師終有大敗者也且四肢百骸者人之國也心者人之天君也行師者本奉君之

號令節制以行於師及號令節制有所不行而師之挫敗必還以爲君禍克已者亦藉心之閑衛禁防以爲之力及其力之不勝乃益因之以慆濫其心其凶宜矣又其於象固亦有所取者陽至爲復一陽在初而上去之特遠微陽既不可以驟達而上又居於卦外此所以至於十年不克征者也十者數之終十年者時之遠陰終而陽遠師而征之何日之與有宜其不相及也

離九四

突如其來如繼明之不善者也夫繼明者前明已盡而後明繼之其所以繼之有自然之消息焉離日也日必有夜夜盡而日又生苟無夜則西昳之日何由運轉而更東出哉故前明既盡矣需之以星斗昏旦之遷移露霧空寘之濡洽萬物嚮晦之宴息而後明乃繼焉日陽也夜陰也雖曰繼陽實乘陰也日往則月來月往則日來日月相推而明生焉乘陰以繼陽如是則其來非突如矣今前明之盡九三也後明之繼九四也以陽繼陽實以陽乘陽明何自而繼哉突

如其來如者言兩明相繼之間無陰以爲之消息而不得其生明之道也不得其生明之道則其來爲突如矣焚如者離火也以其火自焚也死如者明不生則死也棄如者萬物不資其用而共棄之也夫其明之既喪而又何繼焉人之剛躁陵轢而不順乎理者何以異是

大畜上九

何天之衢亨君子之畜道德至於望尊位極與造功業弘濟艱難行於大通而不塞履於至高而不躓可不謂天之衢乎抑匪直此也畜者積也積極則散畜者止也止極則通既致太平不宜復在臣位君奭是以不說於周公而鴟夷子汎於五湖而不知其所終天有衢乎曰有鳥以之飛雲以之流清氣以之往來溟涬以之浮游功可成而不可居也身可進而不可亢也鳥吾侶也雲吾躡也清氣吾征也溟涬吾涉也彼衢而天者人之天此衢而天者天之天曰如是亦

可以謂之亨乎曰非亨不至於此君子先亨其道以大亨於天下而後亨其身不然不用之畜徒以勤勤積財雖多貴以與鄰孔子所以不得於天之衢而困於人之津曰然則積道德如孔子不得施用於時遂無天衢乎曰衢之人而天者是終不有之矣衢之天而天者亦有之微言大義垂之萬世直與天壤相敝積極而散止極而通非天之衢而何夫上九者大畜之變也畜則必變上既當變而九又能變變而益上乃至於天至於天則散而通吾不知其所之矣鳥不可以與之飛雲不可以與之流清氣溟涬不可以與

之往來而浮游領九野其紛如吾無所問塗而何足以知天之衢

遯彖

遯之小利貞程傳以陰柔方長而未至於甚盛君子倘有遲遲致力之道不可大貞而利小貞本義以小爲小人利於守正不可以浸長之故而遂廹於陽因二說而求之一以激厲君子使之圖於其所不可爲一以警悟小人使之不極於其所至二說不同而同於扶陽抑陰然皆事之所甚難也竊意遯則已矣時不可爲而後遯得志則行其道與天下由之此君子貞之大而利者也不得志則獨善其身遯世無悶此君子貞之小而利者也故曰遯而亨也遯而亨者遯而後亨者也又曰剛當位而應與時行也君子剛中之德動與時而消息大行固行也遯世亦行也大行之爲行也善及天下而貞之所利者大遯世之爲行也善止一身而貞之所利者小君子何以小利貞曰浸而長也小人之浸而長其勢固不止此不去而鉗我於市則失其時而欲遯亦不可得是以君子利其小者也夫遯者貞也遯而貞貞之小也小而貞何以利利者肥也遯之上九曰肥遯无不利故曰利者肥也終之以肥焉其必無不足乎遯而後肥可知也美之以遯焉其必無不足乎肥而後遯可知也

大壯大象

大壯六爻自下而上未有許其以壯用事者而大象亦但取於自勝而不果於有爲曰君子以非禮勿履夫非禮勿履壯未有壯於此者也壯之大未有大於此者也非禮生於有欲欲生於視聽言動附著於口鼻耳目四支而根本於心以已敵人敵在已外以已敵已敵在已中故能勝之者爲大壯也其取象何也曰雷在天上夫壯之所形者雷也雷之所本者天也君子之所以非禮勿履者先有禮以爲之主而後非禮可得而見而因以決去而求勝之也禮者天也本天以求勝然後力自天出而其勝之也果決而無難此取象之意也不自勝而求勝物六爻發之矣壯者盛長之氣氣盛而往終無所至初則取象於趾二乃但戒以貞三四五六不離於羊觸藩決而已斯以見求勝於物者之無一可也夫六爻之義不自象生乎曰雷在天上天上之雷疾響而不可以終日虛者易動怒者難久斯其於象又各有取爾也

家人大象

家人之取象於風自火出以齊家必自脩身言有物而行有恒所以脩身也而言物行恒亦有風自火出之義焉言者風也行者火也言之爲風何也風之動也必以聲聲之而後知其風也象言於風孰有言而不出於聲者乎火之爲行何也火之然也必以形形之而後知其火也象行於火孰有行而不著於形者乎風必自火出言必以行成非離於火則遂無風也披離飄忽衝孔動揵孰知其來孰知其去惟火熾而風生激揚慓怒直達而上行取於自火出者火爲風物也非離於行則遂無言也浮夸誕漫騰口滿耳孰知其有孰知其無惟行成而言立嘗試嚌啜親切而有味取於自行出者行爲言物也其有恒何也行其常道不行其怪異著見光明燦然有列洞然可觀猶之火也火者禮也禮者履也火之爲有恒也五行之常也行之爲有恒也五常之常也家人之取象不其精矣乎

睽六爻

卦之取於睽也以上火下澤性之所之有不同爾然玩六爻無設義於小人者乃知小人無睽唯君子然後有睽爾睽生於善惡太明夫善惡不可以不明也明藏於內則瑩潤温理不傷於物而物亦莫能傷之明顯於外則發露昭彰少容於物而物亦莫能容之睽之離明在外離以兑悅爲其內而炎熾所觸動見乖忤其睽宜矣故雜卦曰睽外也家人內也關氏子明云明乎外物者自睽其有窺於斯旨也睽者必終合貌違而理不失非必變貌以求親也既睽之後君

子當有處睽之道見惡人者權也于巷者時也有終者遇也交孚者志也噬膚者親也脫弧者釋也睽六爻皆不爲小人設義者睽同而異又異而同唯君子有之若小人則之乎邪昏塞者其心汙合者其迹蓋離絶於正道而不得復返者也又何睽之可言哉

睽九二

遇主於巷巷者狹小非軒陛堂皇之地所以然者二五雖正應而居睽之時則主有陰柔之患以臣之陽剛而求合於主之陰柔必有不得直行其志者孔子有見行可之仕有際可之仕有公養之仕委曲以求濟是也所以猶可遇者主雖陰柔而離有麗明之體柔而不至於暗則可以納約自牖臣雖陽剛而兌有能說之才剛而不過乎中則不至見憚以莊遇主於巷體勢之自然也且巷之取象至精也兩相並而隔其中之謂巷兩相間而接其中之謂巷由是而之焉

而出通於大道之謂巷不隔則一簷宇之所庇固無巷也不接則去之濶遠是不可以言巷也不通則不利用於出入雖往亦無所之焉又無貴於有巷也故巷之爲言也未嘗非睽也而要之可以遇也不求遇則縱誕於迂步而弗由苟求遇則密比於咫尺而轉近易所謂擬諸其形容象其物宜者此類是也

睽六五

厥宗噬膚程傳謂五以陰柔居尊位而下有九二陽剛之賢與之爲應如噬齧其肌膚而深入之本義以噬膚爲易合審乎二說而求其近似必深入而合是噬有力而膚受傷也膚非可噬之物噬無入膚之功噬膚之爲言是親之而已爾二能忠愛五亦柔順厥宗云者五親二也噬膚云者二親五也深入之與易合皆由於能相親而要之噬膚則第言親也漢書孝哀帝策免丁明云有司致法將軍請獄治朕惟噬膚之恩未忍則是漢人舊以噬膚爲相親此無疑者但

徒相親不足以亡其悔由之而輔翼匡拂以成濟睽之功合之甚易而入之甚深皆在其中矣

解六三

負且乘致寇至貞吝六三陰柔居下之上處非其據故爻辭有是夫卦爻之以陰柔居上位者衆矣何獨於解發之曰患難初夷之時一切與天下休息乎無爲綱紀未張名實未覈僥一時之倖以坐致榮寵者有矣漢興如販繒屠狗皆爲將相用以賞功亦理勢自然然非德所建旋亦滅亡故曰貞吝言未嘗非正得之而卒不免於羞也致寇至夫子以爲小人而乘君子之器盜思奪之矣夫奪小人何以謂之盜曰解之時綱紀未張名實未覈非有法度號令公然以奪

之而奪之者出於其所不意而强而有力自小人視之則爲盜自易言之實非盜也自我致戎盜亦有道也小人先爲盜所以失之者乃所以得之雷雨作而百果草木皆甲拆亦有非時而陰陽竊發者未見其亭之毒之與正氣並生育而不失也子曰作易者其知盜乎舉盜而歸之於易是以人之所不知者爲盜知盜則知易矣而易不可以若是其幾也是盜也防而衛之不能禦而絕之不得者也

夬彖

以五陽決一陰可謂易矣而必揚于王庭加以孚號有厲者以柔乘五剛一小人在衆君子之上近於君故也近君則小人本挾王之威以肆志於天下小人可勝而君不可勝决之所以難也揚於王庭者非但正名其罪使天下皆知其爲小人而不疑於吾之決之也必其痛之君焉不以社稷之重易近玩之娱不以暱比之私塞開濟之路使君亦明知其爲小人而與已并力以去之宮闈無幽滯之氣堂陛無蔽錮之聰如是則可謂揚於王庭矣孚者信也號者廹也厲

者懼也臨事而命衆又加慎焉不以其决之者順而易而出之也其曰告自邑者謂欲去人而先自治其私也夫誅亂必先修已衆君子之修已不以疵瑕貽小人之口實者其前此矣豈待决小人之時而始思所以自修竊意告自邑者君子欲决小人而慮吾之前後左右有姦宄伏於其間必大以發露之而使之無所容也以事而言如張仲之欲除武三思而匿於其家之宋之問乃使人上急變陽城疏裴延齡而最親近之李繁乃竊其藁此亦不知告自邑之類也其曰不利即戎蓋即戎者彼爲我敵而始以戎克之今

以五陽決一陰而又君臣交孚小人無挾王之威君子際道長之運威斷自上順而易行何者揚於王庭王庭無敵也是决之而已爾惟不明揚於王庭之義而各以其黨求勝後世至有提禁兵除君側而反不勝者斯即戎之謂矣

夬九三

壯於頄則凶者以九三之剛過中也獨行遇雨若濡有慍者以三之與上爲應也聖人因卦體而設戒未甞不用其決而要不壯於色未甞不與爲應而終不比於私則九三有其善處之道矣若濡者非眞濡之也有慍者人議其外而不究其內也如鄭寄之跡遊產祿溫嶠之志除王敦因其事勢與爲委蛇峻中以通外逵變以利經下至孫翊妻徐氏欲除嬀覽因其逼已除服薰澤略無戚容大小悽愴怪其如此皆是類也夫君子之失去小人期於吾事之獲濟而已形跡之爲嫌而衆口之求諒將小人覺其異已放逐之束縛之先使我爲机上之肉又何以得逞志於彼其誤在於畏一時之濡而欲以其身顯白於天下此行小潔而以賊遺君父者也豈君子之夬夬者哉

困九二

困九二之取象於酒食以正當坎之中也坎中實而醉飽者似之故以取象其義則深以肖於九二之爲困也二何以困有剛中之德而掩於上下之二陰則蓄道德而不得施用於時者之困也程傳謂酒食所以施惠二未得遂其欲施其惠故爲困於酒食此未入腹之酒食疑於象有不甚似者本義但言醉飽過宜反困於得其所欲之多則於象甚似而二之所以困其義又未盡明蓋酒食所以資生而過多則氣轉窒而不利於溲宜在腹之酒食所以爲困者也道德所以施用而徒積則身有餘而益重其悲憫處窮之道德所以爲困者也考槃之碩人飲食止於其腹一節之士故無困亦非能困者也孔孟之棲皇其足以當之唯無應於上而朱紱不來此所以致命遂志者與

旅大象

山止於下火炎於上爲去其所止而不處之象又麗乎外亦旅之象抑更有形容者山上之火遇木則然遷徙延燒有如織路山非居火之地火無留山之情以玆象旅亦庶乎其似也君子以明愼用刑而不留獄則其明也賁之山下有火則曰無敢折獄懼明之不足以遠及也旅之山上有火火在高而顯豁無所遁藏以之用刑其可也而猶必出於愼葢刑也者型也一成而不易者也惟明爲能愼惟愼所以明而又曰不留獄者何也既明且愼當刑者刑當出者出何

留之有以象而言則取於火也火行而不居速也抑吾又以爲取象於旅也人不幸而嬰於文網微細之罪須以鍛鍊獄犴之中慈親饋其方肉家人撤其絮衣載離寒暑有一獄數年者矣此由聽獄者之不明而使之家於獄也不知其以獄爲寄也苟上明而下不寃則法施而情已得有罪無罪暫至而旋去飛霜不待擊於燕地振風無事襲於齊臺豈有留滯淹久者哉如是乎其以獄爲寄也其寄也非曹參之以獄爲寄者也參之以爲寄欲容姦也此之以爲寄無留姦也夫寄也者寓也抑吾所謂取象於旅者也

未濟象

未濟之彖傳曰濡其尾无攸利不續終也又曰雖不當位剛柔應也夫不續終則已矣而又以剛柔應爲言者易之道止於陰陽陰陽之道止於應與苟無其應三陽雖得位而亦何所施用苟有其應三陽雖失位而生生不窮者由是出焉何者陰陽應則萬物生萬物生則情感效有才者奮有德者進窮者於是乎通亂者於是乎治未濟之所以復求濟也易自乾坤至於既濟參伍錯綜動者動變者變天地之消息鬼神之屈伸人事之失得亦既數極理盈而爲既濟矣

既濟可以終矣又曰物不可窮也受之以未濟終焉以未濟終者明乎不可終者也不可終者明乎剛柔應者也夫曰剛柔應者非聖人於不可續終之時强益其所本無葢卦體既立聖人欲去之而不能特指其自然者以微示之爾剛柔應而乾坤成列矣乾坤成列而易立乎其中矣則易之爲書也是亦不可終者也是易之終則有始者也

未濟上九

易序卦曰易不可窮也故受之以未濟終焉則未濟思濟意者必不至上九而遂窮乎雜說卦曰未濟男之窮也三陽皆失位上九失位於卦之終雖欲不終於窮得乎蓋嘗即是思之而知聖人有難於繫之辭者而乃今玩其辭而知聖人之用意深也又曰有孚於飲酒无咎濡其首有孚失是夫未濟之時何時也以上九之剛而居明體之極何不一拯天下之難而豈其以飲酒塞乃咎責乎曰非忘濟世也無位也躁於進則失其所以進又懼其積悲憫而動於憤也且

以宴樂且以飲酒充堂之芳非幽蘭所難繞梁之音賓縶絃所思不曰飲酒而曰有孚於飲酒者自信之深而姑養以俟之爾孔子曰如有用我者期月而已可也三年有成孟子曰天未欲平治天下也如欲平治天下當今之世舍我其誰也吾何爲不豫哉不遺其身於天下不疑天下於其身熟念焉而每以勤勤知其不可奈何而姑安之若命故曰有孚於飲酒者也有孚於飲酒所以无咎也而或至濡其首焉是忘於彼而溺於此非極憤而有託則放意而不反天下何望焉故又曰濡其首有孚失是象曰飲酒濡首亦不知節也孔子身蹈其時固有難言者若但爲濡首者笑而實非關飲酒也設不濡首而飲酒而知節而遂以畢上九之事而塞厥咎責乎固是而玩聖人之詞足以知聖人之用心矣未濟之可以求濟者道也是不可窮者也未濟而遂窮則序易者不如其以既濟終矣處未濟之終而不敢以言濟者時也是不得不窮者也三陽皆男之窮上九又窮之極而求濟可必乎明知時之不可濟而不失其道之可濟與不忘夫志之欲濟此上九之義也易如是而已矣聖人如是而已矣

繫辭九卦

易六十四卦而繫辭取九卦而三言之反覆乎其有深味而若不能以盡也而若學者之有得於是而亦可以已也何者其憂患之盡焉爾九卦有序始之以履而謙所以履也中之以復則德還其初而既復不可不恒也損益困井惟恒者終身其中迭用而不已也終之以巽則無入不得樂天知命者之事也進德修業莫大於是而卦之全數味之而皆通也易道甚大土梗之不知而况糠粃然聖人不爭見蟲之所長天地不蔽巢穴之所篤冀以捃拾之餘補箋義之萬一云

曰履德之基也履者禮也天地禮之始也天地尊卑不定則萬物不生基其定也基其生也又曰履和而至天不上則不尊地不下則不卑天不知其上而自上者和於尊者也地不知其下而自下者和於卑者也既和則無以易之無以易之斯至矣又曰履以和行禮之爲和也行之而後知其和也和之爲至也行之則欲其至於至也其憂患何也國無以爲國也必先去其禮家無以爲家也必先去其禮身無以爲身也必先去其禮

曰謙德之柄也有所執持之謂柄執玉如捧盈入虛如有人其心僾焉如不足而後求以爲巳有也既得之又失之君子耻之其心惴焉唯恐失而後能據之也故謙其柄也又曰謙尊而光尊非尊巳也尊巳則不謙尊亦非尊人也尊人則不知所謙其尊也常奉其所求而不得望而未至者若子之事父臣之事君雖無人焉如將臨之不擇人焉若其有之是以能光大也又曰謙以制禮天道下濟而光明地道卑而上行下濟上行以言制也其憂患何也謙者天地之德也天者乾也地者坤也乾失其謙則龍而亢坤失其

謙則戰以疑

曰復德之本也人非上聖安能無過過而後有復復而後還其初德去其初孰知其所得人去其鄉井孰知其所之居德者人也德之本人之本也又曰復小而辨於物以其非小故曰小也何者其始復也且復亦不可以不小也疾病之久而有一噲之樂一噲可也屈伸偃仰以爲適則不祥也亦無是事也冱寒之辰而有鍾律之應應律可也蕃草木而形品物則非時也亦無是理也然而辨乎其辨者也謂小者爲非物則辨非物於物而小者辨謂小者卽是物則辨物

於物而小者又辨何者以非小爲小者蓋其復也又曰復以自知雖其本也故自知也舊國舊都望之暢然非其國都者不知也惟其小也故自知也根芽萌蘖陽氣潛藏非其著見者難識也其憂患何也復其見天地之心乎天地之心無心也故既復而遂長人之心有心也故頻復而仍迷

曰恒德之固也不堅固者不可以久不恒久者亦不能至於固固者其恒乎恒者其固乎又曰恒雜而不厭雜在恒外而有所爲不厭者焉紛華可以慕外誘可以奪獨恒者而乃常如是雜在恒內而有所爲不厭者焉知之亦多方行之亦多方惟恒者見其不可窮又曰恒以一德貳之則不固於其固也知其一也更端則已厭於其不厭也知其一也且固與不厭亦所以一也其憂患何也人之恒不得至於天地也日月相推而明生焉不知推之何時已而光景之見常新寒暑相推而歲成焉不知推之何時止而屈伸之感已備

曰損德之修也木不繩直不可施用玉不雕琢不能成器木之有繩直玉之有雕琢皆有所治而去之以致其端好美懿者也治而去之者損也端好美懿者

修也德則猶是又曰損先難而後易德至純一而有私以附著之故爲累也然私皆後起本不出於固有及其既去則擴然無事矣去私之難堅若克敵理順之易渙若釋氷亦其勢也又曰損以遠害口鼻耳目四肢之欲害心者也心之欲害德者也人迫其患則求其備操其備則各以其所近去其所害去烏喙而飲食不害去瘡痏而肌肉不害去六鑿而天游不害非損無與爲遠也其憂患何也損之象山澤也損之義懲忿窒慾也懲忿則如摧山窒慾則如填澤

曰益德之裕也嗇於財者無以養欲儉於德者不足庇身益斯積積斯裕矣又曰益長裕而不設設之爲言別起其端也德之爲益非不設也無可爲設也物必長而後裕物必生而後長人之所受以生者有其自然矣甚淖而溺甚纖而微山以之高淵以之深若又設其所本無是設所不可生以害生者也故不爲也又曰益以興利既益矣取可以取携可以携溉可以溉汪可以汪富貴貧賤而無入不得者身利也胞與民物而無遠弗暨者天下利也其憂患何也益之象風雷也益之義遷善改過也遷善則疾於風行改過則凜於雷震

曰困德之辨也振風盪冥鳥翮勁者知飛淖泥在塗馬足健者能走德亦猶是辨可知矣又曰困窮而通窮者身耶亨者道耶道不在身以外亨乃在窮之中是何也身止於形氣道通於性命非形氣不載性命而逆性命者卽形氣之爲也非身不行道而害道者以有身之累也困而所以養形氣者微矣此之微而著者出矣困而所以觀於身者妄矣此之妄而眞者見矣蓋窮而通者也又曰困以寡怨困非一端人力不致於此歸之於天天豈私窮我哉不知所怨故寡怨卽有可怨而在困而怨亦不足以加於所怨者也

其憂患何也因困求濟可也求以濟困不可也要之以致命遂志則非猛虎決蹯之所能全極之於取義成仁則非涸魚乞水之所可活

曰井德之地也潰汙無朝宗之望惟井必以泉通泥濫有横流之虞獨井不從邑改德之有地其似之矣又曰井居其所而遷井則無求於人人則有求於井無求於人者居也有求於井者遷也又曰井以辨義不辨不知其義而莫辨於井也泉有甘苦必循其性事有常變必依其質以井辨者一下入之而後上出之內激之而後外蹈之以井辨者二井養萬人而容一人之汲必以次相受義措萬事而精一事之應乃以用相推以井辨者三物求而後與不强爲施事至而後應不預爲設以井辨者四挈滿甕之水不勞於挽曳充盈缶之信無取於誕夸以井辨者五井不用而汙用之則轉綮義不用而滯用之則日新以井辨者六井必近者取之急而遠者取之緩義必親者得之先而疏者得之後以井辨者七井不以汲少而滿盈不以汲多而枯竭義不以時通而横溢不以時塞而消縮以井辨者八短綆不汲深漏甕不貯盈必利其器聚之以學而不失騁之以才而不躓必修其具

以井辨者九井居隅而自形義向方而不亂以井辨者十其憂患何也井欲其成也掘而不深深而不及君子不以甁羸爲凶井欲其用也清可以汲汲可以食行道冀以王明受福

曰巽德之制也巽者順也順乎物而後制逆制者罔無功巽者入也入乎物而後制外制者必旋失又曰巽稱而隱不稱則名實不定夏日不用裘冬日不用翣者稱也而非裘與翣之終不用也不隱則發露無餘天地有大美而不言四時有明法而不議者隱也而要言與議之所不能盡也又曰巽以行權反經所

以合道非謂與世推移以爲通也制變所以利常非必舍死亡無所設也冬有雷電夏有霜雪雖小變而不失其大常者寒暑之勢也至於能行權而君子之德或幾乎備矣其憂患何也巽必依乎正道而其迹微而難明也鄂侯脯而竊嘆形於心者不能避羑里之囚美女入而用赦蒙其難者不足止閎夭之獻

士不通經難稱有用顧若雋不疑引衛事斷獄博陸侯驚以爲可亦其不學無術故是非俱謬於經旨甚哉論經之難春秋爲寂筆則筆削則削文成數萬其旨數千舉天道王事具渾涵于單詞隻字中失之毫釐非疎則鑿以左氏之艷而富也公穀之辯而裁清而婉也黨同伐異猶或交譏胡文定傳寂晩出於南宋時令學宫縣以爲鵠闡發經旨殆無餘矣然循江赴海帆檣沛然而消澉瀠洄正多不盡之致非善遊者潮泳而自得之鮮不自崖而返魏君旭棠承其家學於諸經傳各能抉其餘蘊而茲先有成書驚颷怒濤驟觀駭目而實發先儒所欲發葢直罄其所餘而止自非義理爛熟又別具如箕之隻眼安能翻新出奇不狃于陳說昔陳同父自許開拓心胸推倒豪傑研心杪忽析理毫芒猶讓諸儒今殆兼之嘗閱史貴三長才學識闕一不可春秋固經中史也經術如君異時步鳳池掞麟筆兼决五經之同異此爲卜之不誠有用之學乎哉抑君著作等身論之餘特人之餘耳余盍讀竟有餘慕云

康熙丁酉初伏之三日年家弟盛弘遂拜書

充射堂春秋餘論自序

天有四德必發生於萬物而後見肖形之工人有五常必散殊於萬事而後見折衷之準春秋載二百四十二年之行事大者不過於會盟征伐又皆比於衰世之利欲而聖人屑屑焉書之此如至人與常人下士語皆得盡其意何者是非存焉爾其文約而博婉而嚴盡而隱窮義則幽深不能遁比例則蕃變無所遺學者以傳爲案以經爲斷因而尋之所得詎止百千萬萬物法天天法自然要之不可以鑿

充射堂春秋餘論

陽山魏周琬旭宋甫著

春王正月 隱公元年

春者氣之始正月者歲之始王者之始故曰王正月王者奉天以立政統之以天則順而易治故曰春王正月聖人依舊史而作春秋凡治亂之所從生皆準之於天道王法而不可以一毫有所好故首之以春王正月而謹嚴之義見矣其不書卽位爲成隱公之志此泥於一事以求其說非義之大全也左氏曰王周正月杜預亦云所用之歷卽周歷也周人建子爲歲首則十有一月是冬也而聖人

稱春其可乎先儒解之曰以周正紀事示無其位不敢自專以夏時冠周月示垂法後世竊伏而思之聖人垂空文以見大義知我罪我一聽之者其言爲可徵信爾冬而稱春何徵之有且不敢書正月爲十一月者以得罪於天子也若非春而書之以春是聖人不敢得罪於天子而獨敢於得罪於天夫天子猶且奉天而聖人違之乎意者聖人教天下後世以思曰建子之正月非春而何以冠曰春則知正月之斷宜屬之春也如是是微議之者也聖人尊王明正之猶

不敢而敢微譏之乎抑聖人之言爲邪者曰行夏之時斯亦可以爲罪我者藉口也豈其於口之所商論則得盡其意於筆之所紀載則不得盡其意其然與其不然與

宋人執鄭祭仲 桓公十一年

君子之所以有死地者迫於義而不得以反顧也反於義而後有權權者難言之所反者少而所合者多所反者小而所合者大所反者暫而所合者常夫是之謂權君子有所畏而不敢出乎此其視少也若多其視小也若其大視暫也若常是以之於死而不悔屹屹乎其斷之也鄭忽世嫡當立祭仲以天子命大夫而相鄭宋人曰爲我出忽而立突而忽果出而突果立祭仲之爲之也意豈不曰突毋雍姞而有宋人之助忽辭齊婚而無大國之援吾姑行之以權在今

日則國以亡易存在他日則突可故出而忽可故反其於大小多寡常暫之數校然矣然相之所任者國國之所貴者君君之所重者廢立吾可以輕行之又以不正行之祭仲之權義之所離絶其數積之於至重而不得以復反者也卽曰突果故出而忽果故反此倖於不可知而不可謂是爲其初意之所必爲何者祭仲專鄭而突欲殺之使非其女雍姬之告則祭仲死於郊而忽之反正何日焉書曰宋人執鄭祭仲宋稱人者微之之辭祭仲稱鄭者重之之辭以至微而執至重非能重也義不獲伸而力始見屈蓋亦其

可執而執之者與

公子牙卒 莊公三十二年

公子牙之卒公子友殺之也季子殺其母兄而經爲季子諱託若以疾死然葢季子以殺兄者愛兄也牙與慶父通乎夫人以脅公公疾將死則宜致國乎子般而牙欲弒般此亂臣賊子人人得而誅之者季子和藥而進曰能飮此則無爲天下戮笑可以有後乎魯國不飮此則爲天下戮笑必無後乎魯國其言也義而不怒其行義也殺之而猶有恩賢季子故爲季子諱殺兄也夫季子固宜諱矣牙之死不去其公子而日卒若未始有罪者何也葢季子進藥而牙能飮

之飮之則已伏其罪矣能自伏其罪則可以無爲天下戮笑而有後乎魯國季子已許之矣若去其公子而不日卒是爲天下戮笑而宜無後乎魯國者是季子欺之而聖人不忍也設季子不進藥與進藥而牙不飮藥卒弑子般而爲天下戮笑者又何以書之然則季子有不必諱而季子亦未嘗果殺兄殺兄者愛兄也是公子日卒之義也

夫人氏之喪至自齊 僖公元年

至自齊是桓公殺之矣爲魯夫人而預弑魯二君宜魯人殺之者也桓公何以得殺同姓然魯曠年無君魯人不知所立而桓公立之使國幾亡而復存焉桓公葢以義舉者也以義舉旣立魯人所欲立之君卽不得不殺魯人所欲殺之夫人旣立魯人所不能立之君卽不得不殺魯人所不能殺之夫人以爲姜氏吾不得而殺之已殺之則若不知其爲姜氏也者書曰夫人氏之喪至自齊以至自齊爲譏齊桓固無可譏也以夫人氏之喪不言姜氏爲齊桓諱亦不必諱

也葢書其以義舉者法如是也

晉殺其大夫里克 僖公十年

晉里克傳世子申生而荀息傳獻公所欲立之子奚齊二大夫俱志乎正而俱不全亦各死其所守之志爾然則俱正乎曰非也荀息近於正而里克斷斷不可以謂之正里克始乎正者也申生爲世子未有罪驪姬蔽讒於公而欲殺之里克曰入自明則可以生不入自明則不可以生里克所能致力者此時焉爾其如申生之竟死也不死於他人而死於其父則里克無可爲申生復讐者卽曰痛世子之卹寃憂國家之昏亂終不仕而可矣至於奚齊獻公以將死之言託荀息荀息旣受之庸得而違之食言於他人且不

可况食言於君乎有如斯時世子雖以罪廢而尚未死則里克爭已立之世子爲正而荀息從君父之亂命爲不正世子已死則奚齊卓子重耳夷吾靡所爲當立者獻公將死而立奚齊奚齊卽所當立矣里克殺奚齊又殺卓子其可乎經曰里克殺其君之子奚齊又曰晉里克殺其君卓及其大夫荀息是稱其以里克殺者也曰晉殺其大夫里克是稱其以國殺者也以里克殺者是罪里克者也以國殺者則吾未聞殺一大夫乃無所歸罪而以罪國者也

季姬及鄫子遇于防使鄫子來朝 僖公十四年

公穀二傳云來朝者使來請己也何休以爲魯不防正其女乃使要遮鄫子淫泆使來娶己胡氏疑其太過而又爲之說曰魯公愛其女使自擇配故與鄫子遇夫自擇配非會諸侯不能擇也以擇配遇鄫子非私情通不言遇也此與何休要遮鄫子淫泆之說無以甚異者也春秋於內大惡不書豈有公之女以淫通而聖人書其事者乎况魯秉禮之國後之共姬以傳姆不在宵不下堂遂逮乎火亦曰我魯之遺教足守焉僖公賢君其時必無有女行淫泆若斯者也撰

厥所由則以次年經書季姬歸于鄫婦人謂嫁曰歸此書季姬而不書鄫季姬故以季姬爲未嫁而無所逃其說爾据左氏季姬來寧公怒止之以鄫子之不朝也遇於防而使來朝此爲得其近是者而可因以意爲之說也鄫子必有輕魯之心故季姬來寧而鄫子不朝季姬以公之怒也止于防而要之以同至事如是止爾然則常事不書此何以書曰婦人稟命於夫者也使來朝是鄫子受令於婦矣以譏季姬故以季姬起文此所謂內小惡書者也然則後何以復書季姬歸于鄫曰季姬已嫁鄫其至於魯曰歸寧其還於鄫曰歸然則此何以不書鄫季姬曰鄫子不朝而魯方怒與之絕季姬魯女書魯女卽不得書魯之所絕然則鄫子旣來朝魯可以不絕矣後何以復書季姬歸于鄫而不書鄫季姬曰旣曰歸于鄫是猶之乎書鄫季姬也

梁亡 僖公十九年

陸生曰落葉俟微風以隕而風之力蓋寡孟嘗遭雍門而泣而琴之感以末何者欲隕之葉無所假烈風將墜之泣不足煩哀響梁亡之謂也秦之取梁取於梁民之既潰如無人之國而秦受而有之爾亟土功嬖刑罰主昏亂於上民罷敝於下一旦相率而去之戰無與戰雖曰秦取之不足爲秦取也書曰梁亡梁可以不亡者也既已亡矣書其亡豈能役使梁鑒之總春秋一百二十四國所以懼夫無不如梁者也所以哀夫無不如梁亡者也

宋公及楚人戰於泓宋師敗績 僖公二十二年

宋襄公之與楚戰於泓也不厄人於險不鼓不成列以爲古之戰如是也吾何可以棄之美之者至比於文王笑之者比於盜跖之均分後出而不知襄公之畏楚也甚矣向者執於楚而得釋於楚又以伐鄭致楚亡虜之餘志挫氣衰雖及其未成列而鼓之因其阻隘而厄之猶之乎弗能勝也終之爲弗能勝則不如使其敗亦以爲終弗能勝也卽萬一可勝公之心而猶有以爲名以爲不鼓不成列不厄人於險是吾以禮敗敗而可以自高也吾以仁義敗敗而可以不恥也王者不作大道旣隱凡齊桓晉文之以救災恤鄰稱霸者皆是類也不然而宋襄何以得齒於其間哉

衛殺其大夫元咺 僖公三十年

衛有兩大夫焉曰甯俞曰元咺後之人忠甯俞而不敢忠元咺曰彼以臣訟君而不知所處之勢異也衛侯鄭違晉而與楚國人所不欲也而出其君於襄牛元咺奉鄭母弟叔武以入守晉命之矣元咺不以間於嫌疑而委而去之有社稷之責者也衛侯一聞立叔武之言而先殺元咺之子角咺亦不敢以爲私怨恨而廢命者執人臣之誼者也及晉人復衛侯甯俞盟而入叔武方捉髮而喜其兄之至而衛侯已亟殺之則元咺不得不奔晉非以讎衛侯而歸獄於晉也

不去則與叔武併見殺而無益於國也晉執衛侯而元咺先在勢不得不訟訟則衛侯自不勝而經書曰晉人執衛侯歸之於京師以王法治衛侯也就使衛侯殺叔武之時元咺亦同見殺而無與衛侯爲訟者晉亦必執而致之者也衛侯之獄成而國久無君元咺復歸奉子瑕猶之乎奉叔武之心焉爾衛侯賂而後入而又先殺瑕咺是但志乎得國而不顧其多殺無罪嗟乎元咺而在止一元咺訟之元咺既殺則國之人孰不如元咺之欲訟之者晉之始霸元咺訟而猶有所歸晉既受賂則國之人雖訟之而將何所至

哉甚矣衛侯之爲無道也後之人忠甯俞而不敢忠元咺亦過矣甯俞行者以從君爲忠元咺居者以奉社稷爲忠忠於社稷正所以忠於君也使元咺有不忠則奉叔武以守國之時元咺必導叔武以邪而拒衛侯使不得入即入亦必不捉髮而喜其至矣曰衛殺其大夫元咺非稱國以殺也殺之者周歂冶廑周冶受指於衛侯時衛侯未入且亦不許其君國而侯之故曰衛殺其大夫也大夫云者是予元咺者也

秦人伐晉 文公三年

秦之用孟明也收之於再敗之餘而卒威晉以取霸者藉是人也豈孟明之謀國前後工拙異耶曰非也夫戰勝者氣也徒氣不足以持必斂之而後有用能懼以思所以斂也未敗而懼以思則無敗既敗而猶不知懼以思必更敗屢敗而能懼以思終可以救敗秦師始出王孫滿觀之識其輕而無禮是驕兵也其敗也知之矣再戰於彭衙晉人笑爲拜賜之師是僨兵也亦未有不敗者也及再敗而穆公猶用孟明增修國政重施於民向未知懼而今懼矣向未知思而今思矣然後濟河焚舟一厲其氣而晉人固已不待戰而屈矣夫孟明中智之士秦所以終用之者非秦無人以其積挫蓄耻予之以所嘗試之端而開其必伸之路用人之懼不如孟明之懼之眞也用人之思不如孟明之思之熟也能懼以思者穆公先之乎故君子不取孟明之能事君而多穆公之善任人

邾子蘧蒢卒 文公十三年

死生於人亦大矣知死不避君子曰知命知可以不死而不求君子亦曰知命然知可以不死而不求者難也邾文公卜遷於繹利民不利君是知可以不死而不求者也非不求也求民之利廹於求已之不死故曰民既利矣孤必與焉夫孤之與其利雖死而猶與焉者也堯舜禹湯文武之爲君以是心焉爾至不仁之君虐萬民之命以養一人之生至仁之君利一身之死以厚萬民之命邾子非能至仁是達而爲之言爾而其言則堯舜禹湯文武之用心也書曰邾子卒通其仁也不仁亦未有不卒者也

晉趙盾弑其君夷臯 宣公二年

孔子稱趙宣子爲法受惡蓋實不弑君而不得不受弑君之惡名者於法然也法如是嚴乎曰嚴矣不嚴則無所用法葢君欲殺已而已亡在外必越竟而後君臣之義絶義絶而後討賊非已事故越竟者法也旣不越竟則君弑已反必先討賊而後可以更立君故討賊者法也將欲以討賊寛盾之不越竟而盾不討賊則不越竟入於法矣將欲以越竟寛盾之不討賊而盾不越竟則不討賊入於法矣法者天下之公而萬世之所不可易也有如盾實不弑君而曲縱弛

其法以宥之則凡亡不越竟反不討賊者皆託焉將人人亂賊而於法無所復施矣且不惟法而已法者外也情者內也情藏於內而難見法循於外而可守法者君子所由因外探內以繩人之情而非與情異也許世子止之不孝以不嘗藥也不嘗藥何至於弑父然孝子之至何至於不嘗藥趙宣子之不忠以不越竟也不越竟何至於弑君然忠臣之至何至於亡不越竟而反又不討賊葢情至者必能盡法旣法所當受又以爲彼實不弑君情有可原而曲縱弛以宥之是以衰世之法治衰世之情非孔子之作春秋者也然則孔子之稱宣子何以但曰爲法受惡曰爲法受惡者惡斯定矣必曰我探其情而暴之罪夫情者內也是使天下以情遁焉而多與我訟者也

辛巳有事於太廟仲遂卒于垂壬午猶繹萬入
去籥 宣公八年

君非禮無以使臣爲臣之報之者重也禮大夫死爲廢一時之祭有事於廟而聞之者廢繹禮死者所以勸生者也有事於廟尊也國卿卒卑也廢尊以卑毋乃已過乎曰今之國先公之國也今國之卿先公之卿也夫聞其死焉則亦哀之矣去樂廢繹如爲之撤縣輟食焉故國之有卿大夫也祖宗以臨之子孫以託之生則榮寵逮之沒則凶喪處之雖欲不報胡可得已曰仲遂卒而不稱公子是與弑子赤立宣公者

經方貶焉又欲待以國卿之禮以譏魯之不廢繹乎曰敬嬴私事襄仲而屬宣公宣公方德之其所以貶者宣公不謂然也不謂然而不去樂廢繹是無禮於國卿也故貫而書之以明仲遂不得終乎其爲臣而宣公不克盡乎其爲君

晉荀林父帥師及楚子戰於邲晉師敗績 宣公十二年

晉之敗於邲也非戰而敗也蓋戰則敗矣本以救鄭而鄭已與楚平乃不欲爲徒退而因之以致楚是其師爲無名矣況楚又不欲戰而强以致之戰者乎且晉亦不成其爲戰也荀林父隨武子帥也持不戰之意者也先穀佐也主必戰之說者也魏錡趙旃以晉之臣而有私憾於晉欲敗晉師而挑楚戰者也一時三軍之士或言戰或言不戰或言盟或言不盟或言宜備或言不必備倥倥偬偬有不知所以爲志氣之

專壹者是以楚師卒至而晉軍爭舟以濟至舟中之指可掬故曰晉亦不成其爲戰也夫不成其爲戰是帥之罪也帥者荀林父也林父晉之賢也以晉之賢而臨戎專閫何至不敢戮一不用命之人以整其衆而完其師曰此有所制之也制之者誰先穀也林父帥也先穀佐也帥何以反制於佐曰非先穀也制之者晉君也楚已服陳又服鄭此晉君之所深忌也託救鄭爲名而實欲致乎楚故六卿俱出而其勢甚重荀林父知之矣荀林父知之故先穀主乎必戰而不能制也然則經何以專罪林父曰不成戰而敗不得

不以罪予帥也夫不成戰而敗然則使其成戰郎不敗乎曰師直爲壯師曲爲老楚之執辭也願求成而勿戰其既勝也却京觀而弗爲此寧復可戰者故曰晉之敗於邲非戰而敗也蓋戰則敗矣經所以不書救鄭也

宋人及楚人平 宣公十五年

司馬子反華元皆大夫也而經稱人說者以二子在君側不先以便宜反報歸美於君而生事專平故貶稱人似也然楚之圍宋自秋九月至於夏五月盖二百餘日矣宋則易子而食析骸而炊也楚則僅七日之糧也師饑民困上下苦之宋不量力早服而服於國命傾竭之餘則何辭於餓羸之小民楚不執義先歸而歸於淹久無成之時則何辭於覲聽之鄰國楚宋兩無以釋慚則平者自其臣之事而非其君之事矣將以平爲非耶宋先代之後無罪而楚滅之是楚之惡大也既不能强又不能弱而至以國斃是亦宋之惡也將以平爲是耶出之於其君而又兩無以釋慚然則子反華元非專功攘善之謂各反於義而爲兩君棄惡也其稱人者何主乎民而通衆情以爲之其君不有其臣亦不有也以爲華元及司馬子反平則未知二大夫之平之果不失也以爲宋人及楚人平則二大夫之義善之善者也夫何疑

初稅畝 宣公十五年

民以食爲本本立而後萬事興食以田爲制制美而後萬化起自君王公卿大夫士庶人皆賴於農三年耕餘一年之畜九年耕餘三年之積三十年耕有十年之儲何若斯之易足乎曰制之善爲之也何以爲制之善曰因天地同君民厚風俗息并兼故井田者王制之大端也井田之所以爲美以有常制也何以爲常制什一而藉所以常也唯有常則因田之入以制國之用權衡盈縮而使之適相稱其有天災流行則君民皆務從節省而不敢輕用其所餘三年之一唯不得已然後用之及於豐年而又補焉夫如是則上不得肆其侈欲而農不得安其拙惰常制爲之限爾過乎什一而多取則君暴君暴則農病農病則井廢井廢則强凌弱而姦起姦起則以天下之力養一人猶不足也經曰初稅畝葢憂古法之始變而後將有不可知者與

梁山崩 成公五年

山崩川竭大事也絳人之言曰天有山天崩之天有河天壅之雖召伯尊如之何此棄人事以外天者也君親縞素帥羣臣而哭之既而祠焉斯流矣此飾人事以要天者也天不可外亦不可要上焉者格天次者應天格天者扶氣化於未壞應天者懷修省以自危經曰梁山崩而不日若梁山之自崩以爲爲晉書異而非也以爲爲天下書異而亦非也何也崩而不日天下之大固無一人焉與天相繫屬者既無一人焉與天相繫屬然則梁山崩何以書曰人雖不與天相親而天未始不與人相警書梁山崩於此而後之所以書人國之事者其得失之應何如也吁聖人之旨亦微矣

晉侯使韓穿來言汶陽之田歸之于齊 成公八年

齊取魯汶陽之田非其有也鞌之戰齊師大敗而晉命齊以反魯汶陽之田今晉又以齊侯七年不飲酒不食肉高其義而使魯更歸齊以汶陽之田晉彊魯弱是命之而已爾而經曰來言汶陽之田不曰來言歸汶陽之田曰來言者有難於言者也曰歸之于齊者有曲以爲之歸而其辭不得直者也其難於言者何魯田而晉言之昔與而今奪之故曰難於言也其曲以爲之歸者何田之於齊不可以爲歸而魯之歸之一如其未反故曰曲以爲之歸也如是則晉不得以使乎魯而魯可以不必聽於晉季孫行父私韓穿而責之不如聖人之書法與而天下之物無遁情焉在善求之而已矣

季孫行父如宋致女 成公九年

吾女之嫁於諸侯者多矣錄吾女未有如此之備者此何以書始聘書納幣書致女書歸書衛晉齊三國之媵其備錄之如是曰共姬他日能以禮終者也錄其終不得不錄其始固也亦非獨以其終之可錄而因錄其始也知禮而以死守之當其爲女時貞性定矣德教嫺矣彼其所以終者特出於所遇之不幸而不可謂其必如是以終而乃於其始爲錄之恭共姬賢女也漢廣之詩曰之子于歸言秣其馬之子于歸言秣其駒悅且敬焉而思有以致其意者人之情也然則聖人之錄共姬錄賢女也錄其始嫁也夫他日之能以禮終特出於所遇之不幸此自他日僴錄之當錄其始嫁時有不暇知者也

三月公如京師夏五月公自京師遂會晉侯齊侯宋公衛侯鄭伯曹伯邾人滕人伐秦 成公十三年

自周室衰微綱紐廢絶天子之使紛至乎人國而諸侯之朝者蔑爾無聞聖人蓋傷之矣公之此行會諸侯以伐秦也而道由於京師使直書其事則曰道京師會諸侯伐秦而已矣如是則公之罪大也聖人之意以爲與其徒罪之不如因而有以救之奈何不曰道京師而曰如京師是爲專至乎京師者也朝必於京師專至乎京師是宜乎朝者也以公實不朝故不書曰朝而既曰如京師宜乎朝者是亦有其朝

者也有其朝者雖不成其爲朝亦不至乎不朝者也然後再書曰自京師會諸侯伐秦自京師云者謂天子因朝命之以征伐之事也可謂公與諸侯因朝天子而謀尊周室也可主之以如京師而因之以自京師是鑿行者也是朝者也朝而更鑿行者是無惡於伐秦者也公以伐秦爲本事而春秋以伐秦爲遂事此不爲徒罪之而實有以救之信乎春秋非聖人不能作也

晉侯及楚子鄭伯戰于鄢楚子鄭師敗績 成公十六年

謀國之道弱則彊之彊則弱之弱何以爲强也以土地則狹以甲兵則少以附援則無與日夜討國事而綜覈之君臣一心以共脩明其政治故曰能彊彊何以爲弱也覽興廢之大端尋覆亡之已轍日夜進其所思而去其所恃進其所思則慆逸不生去其所恃則憂患預入故曰能弱時晉已强矣鄢陵之戰范文子欲釋楚以爲外懼知其必能勝楚也三强已服一勝楚則無事矣夫天下豈有能安其常無事者哉以

其彊而幸其無事則君暴於國臣驕於家民嚚於下是以彊自攻而先爲之潰及一旦有事莫足起而應者矣凡中智之士其處内外之間鮮不然也唯聖人能内外無患文子之謀人國何其所思者精而所措者遠與

公會晉侯齊侯衛侯宋華元邾人于沙隨不見公 成公十六年

春秋盟會之繁弱小者承其獘雖爲與國而禮若臣之事君子之事父蓋不敢告寧矣吾魯亦東諸侯之望也而不能不畏於晉沙隨之會公以內難方殷申宮儆備至而後期晉不是恤而以不見辱公寧惟不見公又執其國卿季孫行父焉是猶之執公者也雖出於叔孫僑如之譖而大國之威屹乎其有以震動若此爲弱小者將如之何曰君攝其恭臣蹈其節以是之死而不變則亦有以伸於强大矣且徒勢未有

不窮徒威未有不屈季孫於魯相二君而妾不衣帛馬不食粟如是其公以忠也聲伯四日不食以須叔孫豹之至厚賞無貪以求郤犨之成如是其正以亮也晉庸得棄乎經書曰不見公明不耻也曰晉人執季孫行父僑如之謀行矣繼書曰叔孫僑如出奔齊則謀逐人者自逐者也曰季孫行父及晉郤犨盟是欲終執之而不得者也聖人書一事而義若相錯以明晉一毫無所加於魯則强大適以取笑而爲善不懼但弱小者知所自勸云

城費 襄公七年

城費著季氏之始彊也臣彊則主弱凡世卿執柄者其先人必有公忠亮節可以貽於永久而子孫罔知翊戴僭差亡極威至震主終以不畜豈惟國之興衰蓋亦家之隆替焉自僖公以公子友敗莒之役賜汶陽之田及費費食邑也傳至於宿更四君歷百年費固無恙焉曷爲而興大役以城之城者所以守也有攻之者而後守有罪而後憂其見攻能攻費者惟魯斯役也季子將不止以費爲食采之邑而必多行不義以費爲他日所據以畔之邑也文子素風猶在淸

節未遠而後嗣失負荷之道不競於德而固於私苟爲之因迹探情則季氏之罪亦岌岌乎無所可容矣寧獨戒履霜也哉

公會晉侯宋公衛侯曹伯齊世子光莒子邾子滕子薛伯杞伯小邾子伐鄭會于蕭魚襄公十一年

善乎晉悼公之能治國也文襄之業至厲公而大壞其時士韓荀知之族才賢具在而皆見斥遠乃孌胥童等以亡其身士燮懼禍之及用祝宗以求死國之存者幸爾悼公之爲君也生十四年矣清原之約曰人之求君使出命也言而不從將安用君盟而後入卒能舉不失選官不易方三駕服楚再霸諸侯以鄭所賂樂之半賜魏絳曰子之教寡人如樂之和無所

充射堂春秋餘論《卷[redacted]》 卅

不諧請與子樂之絳曰君之靈也二三子之勞也臣何力之有抑臣願君安其樂而思其終也君臣之間思慮預而志氣新約束信而勸行勇欲不霸得乎楚子囊之言曰當今吾不能與晉爭君明臣忠上讓下競事之而可夫臣之忠也由君明也下之競也由上讓也若不明則願忠者懷疑而不敢進懼以爲戮矣上不讓則自賢而妨人之賢士無爲善之路又焉敢競君子以是知晉悼公之卒强國也先用人也能爲君也

晉趙鞅帥師納衛世子蒯聵于戚哀公二年

衛之患非無君之患而無父子之患蒯聵不能忍耻於婁豬之歌而欲殺少君以是得罪於父父死輒嫡孫代立靈公之孫蒯聵之子也蒯聵雖無國而有國矣乃以師入而輒又不受與國人拒之可謂有父子乎爲蒯聵者宜如何曰亡人實以罪出聞父之喪而毀泣哀懼以終身不離於所亡之國其可也爲輒者宜如何曰國人立巳而巳姑攝焉以泣請父於所亡之國而蒯聵亦泣焉念吾子之猶知有父而吾胡忍以欺其父色而拒之辭而勉之輒不得巳然後受之

充射堂春秋餘論《卷[redacted]》 卅一

其可也是既不能矣設蒯聵不以師納而入於衛可乎曰雖得罪則猶世子也父死而以奔喪至何不可也蒯聵既入衛輒猶得君衛乎曰輒不可以臣父又焉得君國卽蒯聵志不在國亦輒之所當避也然則衛不其無君乎曰衛非無君之患靈公命之矣全衛事者唯公子郢不讓而可

晉欒盈復入于晉入于曲沃 襄公二十三年

欒盈之出范宣子逐之是私怨也非國法也然既出則與君絶非有君命致之不得以入勢不得入而逆之以入故書曰復入盈之罪於其復入著之也盈蓋先入于曲沃而後入于晉經何以先曰入于晉曰盈志乎入于晉而已矣其入晉柰何曰逐范氏而致死之與趙氏中行氏之爲讎怨者無一免焉斯所以入也曰及其君乎曰君有以待之則不及乎其君君無以待之則及乎其君然而入于晉則必之乎公宮之乎公宮則及乎其君與不及乎其君皆叛也故曰盈

之罪于其復入著之也曰既書入于晉何以又書入于曲沃欒盈帥曲沃之甲是其所由以入者乎曰非也盈志在入晉而其勢止於能入曲沃范氏藉王鮒之謀與斐豹之力逐盈故盈之入晉也不成乎其爲入而奔至于曲沃冬十月書晉人殺欒盈而不書所殺之地爲此之入于曲沃則已書之也然則經曰入于晉入于曲沃入曲沃者非書其所由以入晉而書其入晉不成而入爲者也夫以爲由乎曲沃而入者是未全乎聖人之書法者也

衛侯衎復歸于衛 襄公二十六年

十有四年孫林父甯殖之出其君也經不曰孫甯出君而曰衛侯衎出奔齊以著衛侯之不君失衆失國有自來矣雖無出之者而亦不能以有其國也二十六年甯喜辛卯弑剽而甲午以衛侯歸也經不曰甯喜以衛侯歸而曰衛侯衎復歸于衛以著衛侯待弑而入於其歸之甚速而知衛侯實主之而與弑之也國不可以二君君不可以兩立謂衎宜爲君也者而經曰衛甯喜弑其君剽則固以剽爲喜之君矣謂剽宜爲君也者而衎之歸也經曰衛孫林父入于戚以

叛春秋書叛自孫林父始夫背其主之謂叛則又以衎爲林父之君矣此以著孫甯之不臣無之而非罪者也夫書一事焉或於彼惡而於此猶善則著其大惡而錄其小善今衛之君臣皆惡君出亦惡君入亦惡臣出其君亦惡臣入其君亦惡聖人反覆書焉而不能得其不惡者以存之所以示天下後世使知致謹於爲君爲臣其垂戒深矣

吳子使札來聘襄公二十九年

壽夢之子四人札少而賢諸兄皆愛之欲致之國而懼不得也以弟及而使卒致焉豈曰愛之則君之爲欲張大其國而庶幾天生賢而假之以濟也爲其能不辱姬宗使速有悔於予身而以耀於先人也若是宜爲君者也乃慕讓國之高蹈貽數世之昏亂經不稱公子而貶而書名殆爲是乎曰不然夫季子烏知其爲讓我所宜得而辭之曰讓我所不宜得而終不得之是有未嘗讓以爲讓之名美而吾取讓名之美有甚於爲君之樂季子庸設是心乎且季子亦安敢以已之賢爲足以有其國也彼能賢者則莫如吾兄矣樂莫樂於爲君而兄之君國也輕死爲勇飲食必祝能不有其身而求賢者而致之國不賢而能如是乎然而猶以爲不能勝其國矣豈其於札也而遂勝之故夫不賢是懼者季子之心也其聘齊也教平仲以納邑與政其聘鄭也教子產以愼於禮其聘衛也教孫文子以懼曰懼猶不足其聘晉也敎叔向以思免難好名者多餙外而其言也夸務實者恒約內而其告也誠季子爲夸乎爲誠乎自謂賢而宜爲君而讓以爲名焉其不然矣然則經何以不稱公子而貶

而書名曰於季子有未嘗貶抑以重吳子也札之賢而吳子使之則榮其聘吳之有聘自使札始吳子君也札臣也君在斯名臣故不言季子也如曰季子以讓國得貶餘祭卒而後夷昧立夷昧卒而後僚立僚立而公子光始弒僚而致國乎季子季子始不受而去之延陵則讓其既聘而歸後此者也經曰吳子使札來聘札方受使於吳子讓何從生吳子者誰餘祭也杜預云

宋災宋伯姬卒 襄公三十年

伯姬之卒可以無卒者也火至矣辟之則不卒不辟之則卒伯姬可以辟者也而曰傅姆不在宵不下堂傅至矣又曰姆未至也逮乎火而卒君子謂其女而不婦然而視義重於生矣婦者女之終豈二之乎經書其卒書其葬卒以伯姬全乎爲吾女者也葬以其姬全乎爲宋婦者也

執齊慶封殺之 昭公四年

春秋之義用貴治賤用賢治不肖楚靈王殺慶封而穀梁子以爲慶封弑君不以弑君之罪罪之者慶封不爲靈王服也不與楚討也以是爲春秋之義也是既然矣夫楚靈王之不足以治慶封之罪以弑兄子麇而代之君也是猶之乎慶封者也而經元年冬書曰楚子麇卒不言弑也其所以不言弑者吾不得而知也四年夏書楚子會諸侯于申主乎十二國者楚子也是書其爲君者也夫惡楚子而苟不予其爲君則楚之有會盟征伐皆宜絶書不惟楚子而已春秋

以吾魯爲內而內之爲君者始自隱桓以列國爲外而外之爲君者盛於桓文其父子兄弟之間入於誅絶之罪者有之矣皆不予其爲君則皆宜絶書皆絶書則春秋無從作而聖人不能書其爲君書其爲君之事共用一賢書之則以爲喜若九官十二牧之咨也其殺一有罪書之則以爲快若四凶之放也假而曰此衰世之事不足以垂法戒而吾姑書之又曰彼未能賢而何以治不肖吾姑從深文以書之此非聖人之誠也然則楚子殺慶封而聖人書之予其殺也不曰慶封而曰齊慶封爲齊殺也既月錄之又稱侯

焉是義之也且使聖人欲書靈王之罪則宜於楚子麇之卒書焉不於此書而於殺齊慶封而暴之罪設不殺慶封靈王之罪終不可得而暴耶抑凡為君而不義於先者將止許其為君而不許其以義動耶郎曰然焉以慶封之罪齊不能討中國皆不能討楚殺之而又不與楚討將終無以慶封之罪罪慶封者耶

楚公子棄疾殺公子比 昭公十三年

楚靈王雖無道親則公子比與公子棄疾之兄也義則公子比與公子棄疾之君也公子比立而靈王經死是弒其君者比也而比實未嘗知有弒也棄疾召比於晉脅而立之以麾靈王於乾谿比安知之哉比在晉十三年無援於內外介然羈旅而已先因公子比以死靈王而實弒其君而終有楚國者棄疾也然則經曷為以弒君之罪予比而以殺公子比之名予棄疾曰比不能自强於不立致立而靈王經死是不得不稱比弒其君而曰公子比自晉歸于楚歸之不為弒可知矣比立而棄疾為司馬則比宜為棄疾君而曰棄疾殺公子比比本無為君之心故於其見殺而定其終夫有為君之心者是行弒之事者也無為君之心者是無弒之謀者也均之不免於弒於比也文重而義寬於棄疾也文輕而義嚴皆有所錯以微顯其意學者所當存經於傳之外者也

夏五月壬午宋衛陳鄭災 昭公十八年

凡災之生有以人事召者有以氣數徵者以人事召者此宜專責人事矣以氣數徵者君子謂人事可以回氣數斯言是也雖靡所怵於禍福亦宜恪恭震動脩省無闕未有可以容其怠且肆者而其所終不可回則亦不害其爲不可回也今宋衛陳鄭同以壬午日災而梓慎先言之星孛大辰豈非氣數之爲乎鄭禆竈亦曰四國同日火而又曰若我用瓘斝圭瓚鄭必不火子產弗與而鄭旣火矣禆竈曰不用吾言鄭又將火子產卒不與而鄭亦不復火竈之言驗於前

而不驗於後說者以爲竈所言蓋以象推非妄也鄭不復火者子產當國方有令政此則以德消變之驗竊意子產之當國固已久矣豈一火之後而始有令政耶豈令政不能弭前之災而獨可以移後之災耶且使用瓘斝圭瓚可以不火則用瓘斝圭瓚卽令政莫先於此何必待三日哭國不市而後更修令政以禳之耶夫君子之修人事要服於其理之可信而已理果可信其能移於禍福固爲之卽不能移於禍福猶將爲之若用瓘斝圭瓚而鄭卽不火斯理之不可信者也理果不可信雖竈之言已驗而亦不可信也

惟子產曰天道遠人道邇確然守其易知之人道而不汩於難知之天道迨竈之言不驗於後則知先雖用瓘斝圭瓚鄭猶之乎火也春秋書宋衛陳鄭同日災此以明氣數之徵者然也然則聖人亦有望於人事乎曰聖人望人之修人事無時無物而不然要所謂修人事者有必不在於用瓘斝圭瓚者也

許世子止弒其君買 昭公十九年

許悼公瘧世子止進藥而藥殺遂被之以弒君之惡名而不得辭者以不嘗藥也夫嘗藥豈其將進藥於君而已先嘗之之謂乎藥各中其病之所宜而迎距於陰陽之順逆以不病者而嘗病者之藥無從知其中與不中也所以貴於嘗者愼之至也視藥如毒焉臣子愛其君親之至欲已受其不利而以祈免於君親焉爾國家非有大姦慝安至掀毒於藥其爲常藥中而生藥不中而殺則非一嘗之所能塞責也苟得其所以貴於嘗者而愼乃可知也予懼夫不嘗藥則

臣子爲弒其君父但嘗焉而遂不爲弒其君父而實忽忘於其君父者多也則春秋書許世子止弒其君固凡不愼者之所通也已

盜竊寶玉大弓 定公八年

盜竊寶玉大弓何以不書盜名曰是書之而不得也夫書陽虎竊之是其名矣何以爲書之而不得也曰盜名既得則鞫盜者必求其盜之所藏與推其盜之所起而一一皆予之以罪而盜斯服今季氏先專魯虎始專季氏虎既專季氏因代季氏以專魯卽併滅季氏以專魯此季氏不可以有辭於虎者也不惟季氏雖魯亦不可以有辭於虎者也聖人傷之矣何傷乎誰主社稷而喪其先人之重器於國之陪隸竊寶玉大弓是竊魯國者也竊魯之由非一日之事聖人

何以詰之哉經不書盜名而止書曰盜書盜名則罪人斯得而鞫盜者有所大不忍言止書曰盜則若白書大都而竊之者出於其所不意是誠不可以歸罪故曰傷之也傷之者是書之而不得者也

季孫斯仲孫何忌帥師墮費定公十二年

費巖邑也季氏之所保也孔子爲政於魯而行乎季孫曰家不藏甲邑無百雉之城始命墮三都而何以書墮費者之爲季孫斯也曰季氏之有費向也城之今亦苦之矣孟孫之邑曰成叔孫之邑曰郈季孫之邑曰費皆富彊僭擬增其舊制自三桓之子孫微而叛者屢起及依險爲據三都適授其柄爾今墮費則以國制家而不失其卿與邑不墮費則以邑保叛人而身且見謀家於何有季氏所以苦之也使季孫不欲墮費孔子雖使之墮能必聽乎故曰不患寡而患不均不患貧而患不安制於義雖少亦足過其分雖固必傾以季孫之有費而墮之者卽書以季孫斯誠反其情而得自正於其所窮也

蔚園集

（清）劉宗霈 撰

《蔚園集》八卷，清劉宗霈撰，據國家圖書館藏清乾隆八年劉僧寬刻本影印。

劉宗霈，字炎裔，一字蔚園。清江蘇興化人。庠生。天性孝友。好學工詩。

本書爲劉宗霈詩集，由其子孫整理成書。按詩體分爲八卷，共五百三十首。國家圖書館藏本缺五言絶句一卷。劉宗霈好爲吟詠，結交多名流，詩歌往來，才藝大進。本書卷首即有李鱓、鄭燮序，對其詩作多所贊譽。《淮海英靈集》與《清詩别裁集》各録其詩一首（《登振衣亭》與《看菜花》），本書所載詩多有可觀者，如《夢回》：『夢回頭腦更冬烘，滿地晴光小院空。燕子哺雛聲悄悄，往來花底掠飛蟲。』

（周　忠）

叙

詩以道性情也性禀於天清濁異氣情發於人雅俗異量循其動灑為聲文各達其誠而分造其妙衢歌壤咏與雅頌同實也後之人乃繩以格律別以宗派使溪澗之泉束於地籟尚得有詩哉劉蔚園隱士也而工詩觀其措注魏晉六朝三唐兩宋羅胸掉腕而不拘故轍恣意噴薄神與古合非其性情不以涉筆其境近而其趣遠即之若竟而紬之愈長殆通於詩之源而不域乎詩之流者也雜感策問諸作論古有識知其性情端矩直白又不止如是集詩中之所發露而已因樂為序之南蘭須洲撰時年八十有四

叙

世之言詩者動曰詩有別才固已然詩之所以工不盡才為之也才至而情不正焉則流而為蕩為夸情正而學不充焉則流而為野為俚故情生於興力充乎學無興之詩雖緣情亦優孟之衣冠也無學之詩縱有力亦外強而中乾也是以才之於他途恒易見長而一出於詩每多示短詩固有難言者　劉蔚園先生負才穎異七歲即以解吟擅譽比長攻帖括一試不利輒棄去不復留意進取甘心恬退銳志典墳雅好與當代之有道而文者遊品誼已高人數輩頤性尤好詩又襟期澹遠興致蕭疎山水之窩風月之窩日與名流碩彥選勝追歡以暢其天機而濬其靈源者若而年往者　先君子守姑蘇偶見　先生所作心竊重之及被論寓北固辱渡江剌訪特為仲宣倒屣已而覩河袁浦屆至署齋退食餘閒輒啓錦囊相就正　先君子頗為許可迄今人往風微聚散存亡之感不堪追憶然樽酒論文猶昨日事也戊辰夏予奉

命觀察海昌道經邦上　嗣君世講枉顧話舊手其尊人詩刻索序余授而卒讀為若遊覽若贈答若感遇若詠懷固已化裁長慶松陵而陶鑄乎射洪校尉何其情與相生不詭於正有合於風人敦厚之旨歟是豈盡才為之實力之充於學者深也予與　先生投分垂髮南國人

倫素所心折玆　嗣君克揚前徽梓是編而流傳以不
朽其　尊人尤爲吾黨之所嘉予故泚筆而樂爲之序
同學世教弟陳樹蓍拜手

敘

近日詩文風氣每惑於四方遊士好爲詭異以欺世蔚
園先生獨持正始之音齠齒喜交老輩講求詩義句斟
字酌循規蹈矩深得風人旨趣自成一家言余居[illegible]城
十年樂與數晨夕者雨山西岑葯谿柏巖桐岡閬周松
亭凡遊觀宴會接先生杖履奇字舊事如數家珍每得
佳句掀髯自樂豪興不減少年平生讀書好客課孫外
青囊濟世四方冠蓋爭相物色而先生獨愛貧交是以
品愈高窮愈甚而詩亦愈工矣先生愛余畫余愛先生
詩我兩人離別八年還家日猶不能來琅一聚叵會何
若是之難乎及見詩刻不勝狂喜人生心血湮没無聞
者不知凡幾先生孝友傳家薦生令子文呂世講能爲
父刻詩使正始之音得以信今而傳後不特爲詩文慶
而兼爲後人慶也急欲爲之敘因右臂疼痛不止勉作
數言幸敂而存之
乾隆八年十月年家同學弟李鱓拜題

敘

千古詩人必追逐前輩以充其才以茂其學以展其趣或時世後先不相逮則訪求其遺風軼事以快意而自豪且豪于人我　朝如屈翁山申梟盟吳野人陳其年杜茶村惜乎吾不得而見之也即吾邑如李艾山大村王西齋勿齋李虬峯吳淩蒼陸懸圃解陽山惜乎吾亦不得而見之也然往往聞長老言前輩事風流可挹喜躍鼓舞如親見其人聆謦欬而對眉宇　劉君蔚園能詩長余二十四年其少作已矜愼有幹局不苟足可寶貴艾山淩蒼諸老輩招致與遊咸目爲後來秀傑而一時同輩又有陸種園徐白齋李約社王思勖齒上下相

近切劘扶滌培積滋養如瓊瑜雕刻而龍文虎爪古媚動人也如鑿石出樹斫草竹叢翳而見泉也如小草細花爭春鬬麗而新雨微潤也如名手積石爲邱巒而玲瓏瘦削又類天成也蔚園之詩于是大進矣後來徙居何阜種園亦館榖其地又得朝夕與偕後又徙居廣陵與復堂李鱓交并及愚不肖是君上接前賢中交同類而下及後人其他交海內士則吾不知若邑中之人則無不選其英而擷其秀矣交愈多學愈廣年愈老業愈勤今且七十猶手不釋卷其詩已精益精又何足怪乎每從蔚園遊言艾山之高渾西齋之岸異大村之雄秀勿齋之坦隨龢樂及白齋種園少年時衆動皆可喜聽不獨公之親炙有味即吾曹亦髣髴儆欬也又況公詩之足誦法有如斯哉獨恨余行天下言翁山茶村野人豹人梟盟事者甚少豈古人不可見好古者亦不可見乎蔚園先生眞吾師矣

乾隆三年嘉平月八日年家眷同里學弟鄭燮題

蔚園集總目

目次　一

蔚園五言古詩

淮海漁人劉宗霈撰　孫僧寬仲敏校

嘉樹詞

前除有嘉樹種植苦不蚤向背又失宜莫被雨暘好
春百卉折村樹心如擣努力強作花枝頭綠草賞酣
惜無人[illegible]墮任顛倒樹也聽吾言苦節古所寶堅立露
歲時終能凌蒼昊請看[illegible]繁葩紛續藻采拔賓膽
鉼上有錦幔碎風霜何曾改未神[illegible]槁[illegible]何[illegible]
往哲[illegible]彌道

覓竹間蕪穢淨訖遲友人不來聊述短篇

叢竹久荒蕪原未損高致我心本煩冤亟命斧斤治
[illegible]眼底清龍網蜂房避移牀坐其側蕭灑過涼吹幽陰
午明昧廻光灑幽翠搖曳聲琅琅此中無限意非可言
語傳同心惜不至

五古　一

與繆二函九

讀書靡不喜靡不有初時君能不銳進翻信能終之相
於近十年晨夕未暫離肄業或進退得失罔弗知試思
數歲來亦匪荒於嬉卷帙常在握難免心外馳慨然忽
發憤攻苦及今茲遂就所居堂右个張杲恩用閉雜客
擾將來謝酒卮奈何歷三旬總未闚下帷此中有隱意
緣有事未治一朝事粗治三年園不窺
季秋月朔始側聞君深居長晝既簡出燃鐙盡晝餘雒

誦聲浩浩莊坐意蘧蘧酒杯却不把友朋聒良疎我數經高門欲入足趑趄承命爲長歌莫測指奚如直言恐觸諱又未忍輕譽恪述先正語佩紳我曾書千仭一簣積萬里跬步初大業恒乃就成功棄即虚譬如農倍穫厥利本耕畬賢聖亦人爲寧僅蹟石渠今臣悔已晚君其毋忽諸

王勿齋先生來遊何阜相聚懽甚見辱贈言於其行也敬答以詩

五古

去家百餘里習俗已異鄉注念生平親久爲參與商忽報先生來鼎彝儼在望問年近七十神采校昔强酒緣養生止喜看客揮觴隨侍有歌童不用調笙簧聲發庭宇寂四座歡欲狂楊枝暨紫雲退讓應未遑先生顧之笑竟夜踞匡床潑墨作擘窠挐攫秋鷹翔有時短檠下蠅頭儵千行人各饜其欲殆促殊坦怡枉贈詞連編蹴踖不敢當復題先子照眞意慨以慷感激涕淚零後世永保藏盤桓一月半日夕炙清光如坐春風中鄙吝潛銷亡奈何客中身去留總靡常晨興理書笈別我適南梁取次向東海極目海天長惜哉隨軒殁眞賞已茫茫豈無逢迎者逢迎轉可傷

過王天言先生宅留飲同令婿陳書年

開歲歷四日風日總和柔袁閎土室中飛動心油油至友郤相念扣門勸春遊爰訪乃姊翁竟日共淹留素梅萼琵琶縮黃梅花尚稠小院微風定暗香隱約浮新月吐西南娟娟漾簾鉤適意無不有奕罷五白投殷勤啟酒榼堆盤割脯脩珉珣更豪上譚諧極冥搜座隅繞諸孫氣已能食牛殊勝列華筵絲竹紛啾啁量僅容蕉葉今夕難自由不覺累十觴潛銷方寸憂從者頻迫促嚴柝喧樓頭欲起堅紾臂黃芽泛瓷甌秉燭良有以斯言曾聞不百年𪉅韲過羲輪逡莫收既未能讀書行樂爲最優容易拋芳春賢喆昔慚羞

夜酒雜述

五古

飲酒匪[illegible]能占爵[illegible]遷避所以良宴會亦未親杯斝逆旅不得已市醞聊[illegible]把[illegible]覓屬小戶欲尋酒伴寡遂夜煢一斗斟酌孤[illegible]薄醉意似適久坐身益孤剔蠟登繩牀抱影擁灰鑪生年縱滿百勢如含鏌鋣衣食有何權偏能役我軀三餘好景光堂堂相背趨可惜架上書顛倒棲䶉鼯紙窗細作聲莫辨雨與雪西鄰念㶊𩙖一尊特地設曲室障布簾紅鑪當榻爇酣歌未及終蕩子耳先熱隱忍不平鳴欲吐舌頓結仔心免謬誤天眞幾泯滅河壖汙邪地蕪穢久廢耕何心希種秫一飲費經營市酤氣味劣飲少輒抱酲恐妨養生計涓滴限期程間入少年場自憎類老傖不如對斷簡獨酌多餘情

述懷

莘渭高風邈處士工逢迎衣白李山人進退何光明巍然帝王師揮塵復兩京累調和骨肉掉頭擲華榮歸來衡山顛戸牖牙籤盈

淼淼長淮陰矶矶高臺起王孫昔未遇困頓漁竿裡調飢漂母哀懦弱市人耻俛首出胯下氣節何委靡非關伊委靡大勇甘小耻

談笑無賢豪懷抱俗氛塞樽中無醽醁花鳥失顏色矯矯孔北海張筵羅賓客飲酒復雄辯豁然攄胸臆囊無沽酒錢蘭蕙空相憶

滑稽雖褻狎滑稽易入人待詔東方朔翩翩軼羣倫割肉不足取壯哉斥寵臣談笑萬乘前廷諍能保身誰云

詞不根所貴義理伸

色白緇難涅質堅磨不磷成都嚴君平閉簾何心情手握一卷易舉止混市人涇流自濁濁渭水自粼粼於陵咽井李反覺失其眞

潦水滯不流清味有時變人生安小成往往由逸宴志士期許大百鍊何愛戀兩手重繭生提挈不少倦勤勞任重身如鐵時錘錬

登蜀岡

蒼松列千樹高低擁蜀岡朝夕聚雨聲謖謖清風長登臨炎暑失振我塵衣裳引領隋宮路連天碧草荒遺殿兵燹餘重葺祀梵王雀喧林陰午鐘磬動雷塘零落殘詩碣摩挲苦蘇京許多憑弔人姓字渺難詳鄙人懷古意又來悲興亡

懷舊

草樹競秀發春風無恡情跳踉枝上鳥亦作關關聲孤客欲奚適負手倚前楹馳念素心人中懟鬱難平豈鮮新相知淄澠莫合幷未能張羽翼私願徒怦怦

擬古

靈雲何亭亭氤氳起東壑復有西壑雲冉冉騰空作適會在高天晶光互倚薄飈風何處來橫吹中斷祁太息天地間寧獨飈風惡雲兮莫怨嗟雲兮盍忖度盍比膠與漆其固孰相若

膠漆既爲心何妨形參商良人終不違妾甘守空房嚴霜下庭柯燭跋耀殘光整襟坐遥夜開帙細周詳關雎洵風始哀樂節有常我縱遭棄寘吞聲未敢傷笑彼兒女情輒羨鴛與鴦

水鳥族實庶文采推鷟鸑翦錦作羽儀郁然含輝光交頸鳴噰噰和翕安天良虞羅一何數無端凌空張味不堪鼎俎皮復遜鷫鸘世人忮文采遂爾劇損傷回瞻洲渚上鷗鷺任高翔

高翔復長鳴賓鴻唳清曉驚起離羣人啟戸下堦眺果有故人書寄我寬懷抱緘開未遑讀若懷巳了了勸餐直膚詞領會在言表卷書納袖中方寸愁如擣我豈高

野人性嗜泉石好
幸[illegible]
唯[illegible]
素心人[illegible]
漢[illegible]
錢[illegible]
夜[illegible]
宵飯牛[illegible]人尚如此努力[illegible]

十月朔日書懷 壬申

五古　六

夜永苦常醒方寸百憂萃人曉轉成眠疎雨滴夢寐慈
母促我起開門黃葉墜西風啼乳鴉悽愴節候異比戶
祭其先深堂設明器嗟我亦人子壯年不獲嘗當茲霜
露蓼何由慰哀思悲昔父二歲來旱魃虐横肆草草具盤
餐焉能及好嗜饌祭無一可杯棬淚沾臆

老梅歌 甲戌

婆娑老梅樹十載依茆簷每逢春一月窗牖賸霏霜闔
戶布長席老幼歡傾觴春杯沾落英斑不藉賸香夜闌
吹紫簫聽月照滄浪滄浪有時濁月盈斷虧光盛衰人
事異物態亦靡常老梅數歲來非不被雨暘顛頹無一
花翔葉空苦蒼欲伐還踟躕未忍加斧斤今春花忽發

盡在根株旁斜横鐵骨瘦歷落殺巢芳見若驚相告會
云劉氏譜不知有隱意於理非說唐光梅不能言我請
述其詳吾父植此梅計初僅尺長朝夕勤灌溉秀曲直
周防栽培恩益深柯條日益茂樹成人焉往水樹氣蒼
凉三年不作花知心竊感傷作花必在根根本示不忘
草木尚如此倫紀增悽惶

哭王竹史先生 乙亥

古道日淩替天復喪斯人小子幽隱衷後此向誰伸豈
是無故舊未若先生親先生吾祖友三世交誼眞平生
勸誠言耳畔猶諄諄何期遽顏色忽忽已及旬臨風一
大慟草木不知春

五古　七

春風動地來先生病始革其時余省覲偃卧絕湯液索
筆書余手擬糊不成書想是示訣字於邑淚沾箋歸來
懷抱惡罷赴隣人席元夜強出遊胸次隱難釋步過關
侯宮燈火耀金碧修茸殿陛功先生與有力再拜跪冉
冉籲神希冥澤
鬼神無私恩丈夫安定命利生豈計不進行務軌於正
宮昔去半若附生孝起許先生實首倡持論何剛勁奔走
凡四年備嘗艱險境侃侃造堂前當事肅然敬至今遭
厄數不敢違甲令橋門桃李燦泮池芹藻淨同姓退巷
公千古並難兼
退巷眞人豪千金一朝故與君同肝膽協力排急難攜

手過水亭盤桓忘日旰幾何諸父執踈星曉零亂熒熒
余小子亦抱終天嘆柴門來往人賓主潛移換惟餘舊
時月揚輝照書幔
先人屬纊時雨雪正淒其先生衝寒來聲放涕淚隨引
經更慰余滅性非所宜行將蒐遺事立傳示來茲今其
已矣乎俯仰動深悲
明月何皎皎想見先生心遇事抗袂起至性不能禁巽
語勵後進婉辭格僉壬人或遭面斥慚媿感更深閨閣
兒女子中心亦相欽試看會弔客疇不涕沾襟
余亦攜楮幣侵晨出北郭遥瞻所居堂欲前步還却堂
下海棠花暄暖將含萼不見倚杖人枝間飛瓦雀堂上
五古　八
繐帷垂幽燈光隱約高懸衣冠影形似神采索縱有酒
盈尊難起先生酌圖書陳几案蠹魚飽肆虐抛擲硯生
塵狼藉椀餘藥觸目感我心清淚收復落悲歌翠蕤陰
庶幾遇魂魄

賦得笑老重經癸巳年

我昔生十齡初逢歲在巳歲陽合彊圉增科試胄子就
塾攻章句意頗飛揚起俄驚巳巳逢萬事易前軌制義
決意抛汙邪勉力理洚水洊肆虐飢驅別井里子影卧
寓巷辛巳逝波駛忽忽及今兹枝巳幹曰癸　聖人壽
無彊殊恩大校士舊雨擢禮闈宫衣擷錦藎臣踰强六
春衰倦如暮齒雒誦賓公詩沈吟凭烏几吳書承屬賦

留别閔曠齋

曩閱夢華集竊識君姓名傾慕二十載今遇廣陵城執
手衆人中驚喜慰平生豫遊詩一册跋涉送阿兄友于
篤至性更深懷古情授我讀未終我心隱怦怦信陵世
不少其惜無侯嬴結交重巖穴亮君不我輕當其抱關
時誰信嬴有成
兄弟既翕然因知順父母用心能如斯方許交朋友曷
怪夢華翁揄揚不容口借榻一桐軒衣衫沾宿酒醉墨
留壁間此翁殊未朽念舊緣新知顏熱頻搔首況復倏
分攜聚散豈云偶白日照岐途青霜脆高柳欲言正無
限檣楫河干久
五古　九

答徐東青

静聽徐陵吟低徊中腸熱自念感更深對衆不敢說剪
燭傾一觴那惜壺口鈌歷歷十年前居然矜有舌於今
舌尚在頭鬢横生雪人情向背間瞠目已飽閱習久慣
相忘好惡任區别

題秋林獨步圖呈二箇

君豈山中人忽作山中想冠脫帶不束瞠目眺林莽隱
躍眉宇間與秋爭颯爽抗聲吟梁父寧屑戀塵鞅中抱
一寸心伊誰能相賞真賞從古難曷用慨以慷山泉殊
清淺山路殊衍廣安步意徐徐綽然遊天壤捲畫送還
君不禁爲神往簾外迴清飇木葉動奇響

題姜白蒲畫照

無端暗春燈深房落空翠移槊就畫圖彷彿開淸吹古澹老松情叢篠亦幽致諦視微茫中有人閑曳屐來此胡爲乎蒼生亟相遲能樹葢世勳每抱出世意冷眼窺東山不覺自捉鼻

旱

丁酉歲春月魃臨滄海西羲和助爲虐得意旋天倪竟成無龍國凝望絶雲霓綠波竭淸滄黃埃揚町畦雙雙林外鳩安穩同巢棲二麥作疎花參差穗不齊農夫坐歎息茅檐懸耡犂旣誤播穀時何以免號啼穆予高蒼表赫怒爾羣黎長吏皆循良伊誰輕相詆

五古　十

閔大臨先生八十壽

世際泰階平乾坤宏壽域先生人之瑞國紀憑不忒豈無黃髮老疇及爵與德大典舉膠宮賓筵扶杖陟章服耀春暉累膺貤封敕長公鎭巖疆宣威節鉞植其仲振綵毫風雅賁羽翼行將偕叔季聯翩歷梘棘諸孫迥秀發曾元更岐嶷臣忝仲君交梗槩頗記憶再拜先生時梧酒曾侍側執手磬衷言外嚴中溫克郎今八袠晉而渥丹砂色文獻萃一人掌故羅胸臆安車日下來用爲國矜式九如洵陳言曷足煩楮墨

送吳書永耀文昆季之楚

側聞千里行亟詣郡送別尼我書忽來曰秋尚蒸熱念我就衰人動止宜愼節豈知抱寸心欲對先生說此後晤何許江流高捲雪季也復與俱離思那能輟已無知我者晩交君弟兄推解必有詞以全我硜硜就訪每忘歸歸常冒雪行昨冬竟淹留懽聚度元正東西宅遥識倡和詩互許聚久理應散惜別非豪英遠遊臣素志寧動兒女情山中先人兆實賴君力成詎吉來歲春君去孰與營非無襄事者青鳥術未精引脰望西南方寸隱怦怦新雁唳高雲羽翮何其輕問訊挂帆期封函託去翮此行泝湖湘路多古人蹟登眺勿傷懷秋風正蕭槭旅食對弟加吟牋對弟擘弟無慚第五朱霞倚標格兩兩有用身及時當寶惜

五古　十一

再送書永之楚兼致耀文

秋深來郡城浹月懽相聚倘偕季子行應盼漢陽樹慮表遂我私醉飽曷足數今君刻期發我亦即歸路丈夫輕別離泪緣感激注執袂立岐途中懷罄披露星躔迅轉遷黑鬢俄飄素力强好讀書況有江山助登樓作賦成鄖倚望寄與君亮不我責還對季子語

吳可亭寫照竹間歲癸巳也曾屬余題未有以應今年戊戌可亭遊楚復相索始寄是詩

寫此特偶然宛入瀟湘路彌望翠烟深修篁挺無數君果適湘江前月片帆泝夙諾難再逋含毫亟題句題罷遥寄將還用致情愫羨君甫壯年事業及時樹箭篠本

專美箇材自殊遇胡爲掉臂吟林下閒閒步得毋念舊
交舊交余齒暮可有飽霜根一枝劇相付足德藉扶持
雲谿尚能度

吳枝巢畫照屬題

盈瓶有芳醞可以讌嘉賓盈榻有緗函可以娛心神寂
坐何念慮莫揣其喜嗔汾穆皇古初庶幾遇斯民
箇中味誰知開口鑄便錯京江周生楨能向毫素托抛
卷飲數杯堯夫樂其樂安樂窩中天倪卯殊寥廓

吳栁田寫照坐小舟舟尾有女郎摇櫓

毅然能遠引端屬智勇人坦腹坐者誰扁舟浩無隣聞
名匪朝夕何意忽相親乃向水雲間等閒置此身世外

五古　十二

得高隱世事疇經綸操觚命麗鬟摇曳葭菼春衆皆仗
若曹宛轉達要津君心實弗忍毫素托寫真我亟歌招
隱延佇馳我神

竹花詩爲不物上人作

旃檀閣外竹意與師意乎春風不增榮雪霜莫能枯偶
然細作花萎蕤枝閒敷娟娟亦有情難博時賢娛大師
顧之笑微吟坐團蒲竹乎應黙會吾道誰云孤

黃大令宅坐譚竟日

貧士儘娛竟日對莫逆促膝共繙書吟賞譚更劇小
軒遠廳事不得來雜客其時午晴暖天宇凈涵碧老梅
當軒橫縣受春陽力意態何忻忻南枝已微圻私衷深
羨之白顧有慚色主人笑謂余此花性孤僻岑寂盡一
年氷雪還飽歷忽然發幽香羣芳莫匹敵榮貴者何人
矜詡頭顱黑今擬挈家遷度近文樓側必與此花俱移
根新居植囑君亦數過仢惕城扉隔鐏畔聞斯言撫膺
增感激

初度日作 丁未

吉哉放歎言多壽斯多辱有如噩夢魘糾纏難了局常
望豁然醒往就泰山籙輪廻說或眞跪向主者告願不
到人間再蹈今生躅魂氣諒微渺蕩滅惟望速蔓艸揺
荒烟亦弗願駐足那能初度辰懽笑饜酒肉摒擋之曠
野隨意步彳亍牽制偏紛然莫遂我私欲苟活六十年

五古　十三

羝羊籓閒觸俛首試追思父母何我育

孟夏三日後莊素居招集喬園即事

雨歇赴佳招緩步蹋芳艸首夏始郊遊景物媚晴昊病
足竟忘疲到來口尚蚤少長已咸集各各開襟抱不料
窮愁身今朝落塵表摩抄壁閒字前人跡都掃留題雨
尚書（謝工新城宋商邱）自述未登眺片言足千古榮名信爲寶
長詠漫低徊努力浮清醥引琖輒易醺起更歷亭沼向
西無限地入望亘綿邈時方事修葺悃悵失幽討共說
歸途遙雲陰又木杪投巢烏雀喧行行首頻掉沿途還
看竹扣門豈嫌擾相期詰旦過紅藥含露姣偶折海棡
花歸插膽瓶小牕香微郁烈燈前影婀娜無端紙窗鳴

風送雨聲悄檣溜漸潺湲初更直徹曉因之念世事難
得際會巧愼勿忽陳言及時行樂好

七月十三日爲黄建陽初度之辰丙午夏五舟覆
彭蠡幾危明年卽於是日稱觴幸再生也先是
汪長玉先生於其年二月四日溺皖江後八月
八日縣弧吳野人先生勸其移於二月吁安不
忘危時存戒懼意正相同爲賦是詩

襲寶月將盈黄君慶再生昨年當此日身巳鴻毛輕生
全又一年開軒進兕觥親朋拜手賀何必遲秋清例始
汪長玉玆特踵武行皖江與彭蠡後先孤舟傾有母皆
大耋鼙翟耀新晴頭白舞褊襴兒孫喧笑聲性又喜結
五古　十四
納廣廈羅簪纓事事踖符合賓客難西京昔時長玉座
遺老尚崢嶸海陵吳陋軒實主騷壇盟掣筆爲長句金
石戛鏗鏗今藉伊誰傳四顧心屏營横檻石榴花雨中
自衰榮

◌題淛江觀潮圖

夜潮憑元氣勢猛稽青天誰寫此大觀昔遊當我前記
躡吳山頂東望浩無邊魂魂遠海中豆大燈光懸忽成
一綫白騰沸聲喧闐幻化俄頃間山立如祈連須洞湧
雪來如擊鉦萬千漸近勢漸殺後潮復奮焉雙眸莫敢
眨塵襟徹洗湔土人指點說積憤伍潮宣吳越兩孤臣
激潮相後先直到子陵臺怒氣一齊還未知何人倡傳

會經幾年又說曾射御俱不暇窮研惟念明月下葉浮
小小船停觴迎潮頭網拉紫鱗鮮洎船換酒返月正高
空圖畫中試添此更覺意悠然

率筆書所見示友人

矚目南城隅嘉樹倚百尺新綠含殘照玲瓏耀金碧獨
鶴何處來相依托安宅清高兩宜稱絶無纖塵逼向夕
風乍生颷天喧聲鼠群鴉盤旋下樹如奎漆黑既止復
颷起繞起復廻翔雜沓亂噪呼久之始棲息其性本寞
頑忻忻殊自得嘉樹瓔瑤枝那免糞污積鶴乎可奈何
顧影但踟躕翛然入空冥隨意任所適引吭時一鳴似
爲嘉樹惜
五古　十五

貞復堂看梅呈主人

二月行將盡纔見天宇晴梅花乘乍暖爛熳無餘情名
園及精藍豔雪隨處明筍輿帶壺榼摩肩出江城豈無
人招呼意惡不欲行先隴未拜掃野望惕然驚盤柄乘
方圖所遇況多揆辜負好春光回日俗塵盈數就貞復
堂孤幹當檐横勺水拳石内海嶽意全呈貴在神閑遠
何必定繁英相對更有年戀戀如友生耐久賢主稱不
悴亦不榮往事念難忘低徊日西傾倘非冰魄晦堅坐
到深更

◌題焦茂周照

蕭然坐水榭知子多遠情曦乃涵波光激注几榻清羣

木蕨荇藻相與漾空明竟日無雜客卷帙隨手攀哦詩
摅襟抱鳴琴寫和平淸幽事如許都爲之子并旅人廿
載前此境頗歷吏風吹蓬根斷遇此輒怦怦近直浮雲
視變滅寧牽縈但羨雙靑鬓進修靡弗成

苦雨詩訓後莊之作

垂老遷郡城度兒陽侯虐河隄東北決鄉園頗云樂可
奈天心何淫霖勢更惡蚤春彌月陰探梅累誤約及入
仲秋來日日檐瀑落裹足坐空樓未覩木樨萼
古人囑記取橙黃橘綠時非徒景物好歲功成在茲可
憐幾莖穗漂泊水面垂持刀冒雨刈穲稏委籓籬秋風
亦發生萌芽靑參差生意爾勃然何以慰我飢
五古　十六
穀價已翔踴嗣後將何如未遑憂卒歲眼前瘡可虞計
惟對素心譚笑遣斯須昨日偶然晴薄言造其廬執手
語未終雲生翳殘晡亟歸不成步濛濛雨載途
抵家久昏黑然鐙照四壁悄坐無心想肢體倦少力飯
熟箸嬾下卷開神與隔踈踈復窣窣只聽空堦滴揣度
已夜深就枕或安適析聲寂不聞街卒畏雨匿
徹夜及今朝何曾片刻歇市絶往來人積水斛欲沒後
莊詩筒來金玉鏗鏘旻竈黍儻聞之聲汩定齊發我則
自孩提此境數數閱還見賢令君繪圖請命切

雜感

重耳患難深譎智日增益是以耄年歸弗遽齊桓積諸
臣久熟揣祿位難輕擲要君貪天功誓河投寶璧獨有
介子推勇退具卓識中道儻棄捐臣心向誰白歸國肯
靦顏餡彼狐趙跡行矣不出疆覓之杳莫獲綿上柳青
青猶傳度寒食
王氏導與敦相濟禍家國敦逆人共知導奸詗叵測荊
襄變忽告神怒人憤激惟導外倉皇私衷實安適中興
佐命勳家相指日陟乞哀醜態備欲欺那可得伯仁由
我死一言露心迹乃知大奸宄殺人只嘿嘿短轅長柄
塵此是公碩畫
天本愛聰明太察天深惡厥害已無徒還爲媒禍具枹
及鼓發聲大小隨智數含弘造物心聖人勸行恕牛渚
五古　十七
水潭潭千帆萬帆渡試問溫太真於卿亦何與犀額決
意燒必令幽隱露經世有用身鴻毛擲不顧安得委定
命我惟惜其誤
主人意所向奴僕如騖趨楚王貌恭謹中心必有渝旁
已窺其微芳醴忽載觚明哲哉若人飄然去此都或比
燔肉缺毋乃非倫匹王意忽一言婉巽足楷模奈何斗
筲子燭光蔽坐隅遽怒投箸出卞急殞厥軀殞軀雖自
取頗與末流殊
德遠夫何如長於知君子短於知小人君子亦逝矣矯
矯蕭雲卿灌園東湖涘有客忽枉存倚鋤爲納履春容
揖客坐譚笑相唯唯宛轉出書幣微達德遠指訂期俟

詰朝報謁衙齋徑竟未敢函封入遐室徒適客再詰荆扉穆如淸風起

鷹與馬性異豢養迥不同馬𩥅則馳遁鷹飽辭主翁主翁偏反是方寸實愚懵越石豈忘恩數語明深衷要也攫然謝還願執鞭從可憐渥洼種閑置深廐中飽肉不非望芻粒幾曾豐何不拉鹽車歷塊衝霜風旣未遇知已終身應困窮

壬子中春過貞復堂看梅呈後莊並示釆亦彤九

篇中仲子謂左杜乃釆亦彤九尊甫也

崇德古衙中春風梅又發扶筇特地來望望久兀兀揚州二月天到處罷香雪胡戀此疎花念舊老人切梅雖

五古　十八

非舊根矚目心暗折屏几縹緗函楚楚當時物物本慴無情長留何用說可憐壁上栞音響偏歇絕傍梅有黃楊青苔到今活味苦不作花不令人喜悅寸累闇還厄歲深檐外拂因昭乘除理造化莫能奪太息日漸沈風生吹素髮仲子長已矣欲向伯氏說往扣別院門伯氏適他出題詩示二方中懷猶未竭詰朝約再過芳醞對花啜

春寒述懷呈兕子雨山兼致黃子犀浦

衰老畏春寒今春寒翻喜拳拳念故人孤身陷窮裏儻遇暄暖天剌雜妨臥起風雨晝昏昏度易度長苦我亦坐斗室終朝莫移趾東郊精藍梅欲採趦趄止老梅蛟

往歲料應損淸綺凛冽苦禁持憔悴報知已幸君同叔度濁醪時共釃可以對楸枰靜覩勝負理昨日接赫蹏長句殊斐娓意指特和平善哉處屯否事白且晩開花樹競紅紫攜手郊闉遊天地寬爾爾

寄懷張苦竹

龍眠張高士貧未遊邦關罔之辱下交握手示肺肝隔歲牽來遊來必恣盤桓巳酉夏六月相存扣柴門衣麻面深墨一見淚洗瀾自言老父背恨巳抱終天忽遭蛟肆虐孤櫬漂扐湍時正飢驅出未獲同沈淪亟奔歸墟里彌望絕炊烟殯父舊茅屋坍塌無寸垣匍匐長叫號高旻迥莫聞波濤經歷地靡弗自掀翻闌干沙灘上只

五古　十九

見他人棺思投江底殉毀傷親遺身慟父敢手足戰兢凛氷淵畢生所蘊髮彙聚什襲珍歲深溢篋笥蒼白紛陳因寸髮尚敬愛忍令肢體捐不孝葬淹遲罪重等邱山今也無如何座髮毋氏阡碣署曰髮塚永志心煩寃言罷放聲哭赫曦光爲寒余久癖鮮民掩耳倍辛酸郎擬賦詩唁僉余家初還貧廡極湫隘筆石封埃塵匆猝判袂去轉瞬三四年音耗郵何許夙諾媿期愆昨夜風雨中馳念重惘然曉起漫題此用待鱗鴻便

寄懷孫暈如

龍眠孫高士世治而佯狂卓立守本懷淵淵莫測量衆所稱賢豪白眼促移牀有時對童稚懽譁累十觴閔時

一嘯傲天地爲低昂示我數篇詩風節慨以慷不敢操
筆和心折辭難揚䏶力過姜維詞肯類周莊卒業亟送
還巾沾神暗傷沈吟憶少小曾登遺老堂大都靖節輩
解帶歸柴桑白髮亂髯鬙夙志頓頹唐著書非得巳藉
銷歲月長筋骸稍稍健豈甘寂寞鄉孫君年幾何未艾
纔踰強更喜旦復旦墮地際明良辟雍弟子員需次應
授郎顧影憎如涗刻苦事辭章堂皇正始音如拜古冠
裳余昔緣君詩情馳念老蒼今復緣懷君念君同里張
迢遡來遊時張子每相將假榻吳季宅聽雨話梧窗別
去星累移書問俱茫茫吳季近日事曾否知厥詳我欲
述顛末託鴻致君旁聞之端鼓枻北渡揚子江聞之端
五古　廿
悲詞激烈摧肺腸低徊燈落花峭寒侵深房掉頭見瓶
梅高巖挺孤芳彷彿執袂笑拳拳那能忘
辛酉重九孫兒僧寬自鄉塾攜今科策問歸就第
三問條摘作詩示寬及見第二名趙君對是問
與余亦未河漢也
伊耆氏咨舜曰允執厥中列聖遞授受素王配天祟爲
政魯史寄衮鉞由至公　今皇天縱聖遥遥接其宗
命官編明史義例倣晦翁褒貶示懲勸進呈　親折衷
大哉主司問采輿論異同倉猝寸晷下搦管疇最工豈
容庶民議狂發忘愚蒙挑燈撰短歌歷歷鄰寺鐘
赫赫明成祖高廟之小宗篤生天有意承釁興兵戎謀

强本幹策殉君實稱忠智闇旣買禍批鱗復奚肅失刑
累英主爪蔓噍類空正氣塞兩間心則鐵練同不幸柄
大鈞經權昧變通竊窺孔氏門未必肯並崇
嘗慕李鄴侯綽然王佐風奈何于忠肅唐書未研窮當
景泰三年宸眷惟在公公倘造膝諫將毋轉圜從雖由
循暨文大罪蚤膺躬更遡上皇歸與唐返蜀同景皇禮
御紫避位淚霑胸公之事巳了可以陳本衷儀注何草
草防衛錮南宮伐樹數違禮那能誘秩宗無將春秋義
誰許贖以功陳循獨苟活或曰鑽營工
於維古聖人御世齊以禮心安由情協周詳罔間矣事
偶出處表後賢相時擬檀弓記游夏辯析詞斐娓合禮
五古　卅
卬折服焉敢執巳是統及明肅皇夫何陶濮比亦異漢
宣光朝議不稍徙追王肇周公禹湯未遑此魯及弒
奔周公禮悉圯漢高尊上皇相沿今尚爾南頓倘生存
家法遵前軌輿獻妃實母母豈向子跪張佳議煌煌羅
峰惜蚤死分宜踵增華反致張桂累
折獄可片言宣聖許仲子心涉纖毫私有忝平允矣剛
方濟固執債事每緣此主三案爲名爭三案利巳摠不
如神廟含糊得大體果不知伴顛二閹胡杖死啞啞笑
外廷囈語艷夢裏梃擊正紛嘩紅丸獄隨起同時值移
宮各案應各理株蔓歸一案藉口肆排擠私心圖暢遂
父閣恬弗恥要典刊遍頒誇三朝信史堂堂倪公疏持

平岡偏倚崇徵改元初俞允亟亟燬餘黨又南渡偷活
譏結綺委曲尋舊怨惡浪稽天駛明社苟不屋竄禍肯
輕已
堅白不磷緇唯聖者能之茶陵洵莫測私淑展士師仲
弓甘降辱張讓就紲羈卓然任攻鑿儞然泪汚泥耿耿
一寸心正人藉維持無辜三百餘談笑縲絏弛不有大
力量逆閹肯輕移拯一李夢陽對山從井褰建白深韜
晦用狀逆閹疑達權合仁義文正諡固宜
江陵事少主屹立山崎嶸善陳邪斯閉儼然直諒朋幹
濟軼倫輩小范胷隱兵廟筭洞觀火萬里鮮歷情愛民
不姑息寬猛互用能公殉帝靜攝方士任縱橫惜鞫王
五古　三
大臣授意損光明梃擊究主使將毋宗先生奏誓一个
臣心正庶與京
要典汙人目甚於元祐碑竊訝諸君子終始宋同揆讀
書未可權雖多奚以爲事君數斯辱諸公竟忘之冊妃
疑達遠忍遂斥宫闈怨激請建儲妖書梃擊隨案蔓疆
牽合研究主使誰主使捕風影務希快隱私媿洛關閩
蜀明亦南北岐餘波猶洶洶復社堅執持處士恣橫議
亡國休問著行危言不孫禍匪无妄罹
吟罷笑擲筆窗横霜月白四壁蛩唧唧如助余歎息饒
舌知非分大半剿陳說多屬遺民傳十㕘惡裹一吠聲
異吠形枉與毋深責馳念余枌梓海堧蕞爾邑前明多

俊乂師濟彤墀立大小六案時頗有躬親歷調護者心
苦袖手豈人傑不少膺滂儔正氣貫虹霓中立更堅貞
褰足謝南北今夕慕提及姓名指可屈偶一動念差生
平悉敗裂小子慎之哉趨向嚴審擇我年七十四氷淵
常惕惕我家世耕漁寧希爾顯赫心正身斯修家國理
不忒奢儉勤惰間窮通頓肇盡
五古　三

蔚園七言古詩

題東村夜話圖呈石渠三兄聞弟叔喬項亦來村刈麥先發一夕不我值也是以篇中彌深悵戀

烟霧迷濛含雨脚，郵墟宛然扇上落。阡陌縱横西復東，我能嘿識無誤錯。樹杪有月影昏黃，照見樹下之草堂。堂中兩人剪燈坐，依稀我與兄傾觴。與兄幾載不相見，互看頭鬢增雪片。中年以後知别苦，况是飄零身貧賤。吁嗟乎，令我鄉思益纏緜，關心少弟滄津邊。較兄隔絶日更久，每一念及發狂顛。聞爾昨宵曾過此，何不稍待亟言旋。令正清和刈麥天，幼小嬉遊如目前。低低老屋鳴琴地，垂垂弱柳捕魚川。得毋宵來亦念我，去住巧於

七古 一

相違。愆吁嗟乎，聚散數定良匪易。兄特繪圖致深意，山田雖薄儘堪耕，先隴十世風雨避。居民星布盡同宗，業農株守罕塵事。年年作社遙招呼，偏弗歸兮胡爲乎？詳玩畫兮歌嗚嗚，乘醉揮毫素扇汙。吁嗟乎，滿懷憤結難端緒，并憶吾弟前春札内語。

風車行

澤國隴畝波濤中，耕穫全藉風車功。巨木撑拒機樞巧，周遭八帆隨飈風。帆驅軸轤轉不停，淙淙水出如建瓴。眼看畦寬十力健，和風摇蕩秧青青。間逢旱歲亦藉爾，反水灌溉枯槁起。一朝河决隄傾欹，風車風車何所施。

鴻鴈來歌

鴻鴈來，淮水涯，正是淮南稻熟時。淺沙静夜聲凄其，高天晴日影參差。野田殘粒雖免飢，難堪矰繳到處施。况復南國霜風亦早吹，鴻鴈鴻鴈將安之？

孫别駕席上聽吳友季説高絙技

酒闌四座悄不喧，王孫偶述高絙技。今晨閒步春郊外，鉦鼓一鳴人如市。場圓方丈手掌平，突出嬌娃清勝水。騰空盤旋紙鳶輕，驀地罷歇山峰倚。千態萬態變無窮，何曾珠翠些兒委。就中莫詳如丁人，星眸剛剛射我身。大都尤物善狐惑，觀者各謂獨相親。吁嗟乎，聽此惘然心忽動，廿年前事真成夢。曾經綠鬢朱顔時，也博秋波暗暗送。於今髮禿寄他鄉，懶逐年少入歡場。不識朝來

七古 二

場上舞，可是公孫弟子行。

戴塔寶嚴寺銀杏樹歌

東路河水流湯湯，漁家陶家住昕旁。中有銀杏摩穹蒼，下蔭古剎偃蓋張。不知幾代經雪霜，故老傳植自南唐。初秋渡河來僧房，入門蒨葱照衣裳。葉間玲瓏明夕陽，啼聲啾唧幽鳥藏。累累結實垂樁牆，幹徑十圍百尺長。厚皮剥蝕苔花凉，柯條盤旋虯龍翔。清風摇動吟鸞凰，悄立四顧心旁皇。爾何托體沮洳鄉，登逢隄决莫摧傷。又未輕遭斤斧戕，森蔚特立中堅强。疑有鬼神陰護防，嘆羨長謡歸客堂，琳宫鐘磬暮鏗鏘。

贈胡生

儼然成人列禮應避厥名緣名表以字無忝斯爲榮百行傍修艮匪易春秋襃貶例書字二百四十二年間書字不名纔十二我友令子曰胡城器宇挺拔殊英英抑門問字有深意訣詞得勿耻過情緬懷大雅崧高句字表爾庸經義附勗哉胡生爾勉旃及時奮起勳庸樹聲施蕃藉豐人口大書特書方策布人生難得少小年義犴只識處淵路悔我蹉跎漸遲暮見爾未免相欽慕握手中情頓吐露胡生幸恕語言迂如爾少小我曾度

育嬰堂觀熊虎作

馬公橋畔何喧喧行人蟻集往來絶余亦駐足問旁人指點橋北古祠說側耳旁人語未終大聲雷動吹腥風摩肩走入祠中看檻閉虎子偉縶熊此祠原收棄兒育胡爲大聚猛獸族孳兒誰是子文材於菟來穀親顧復又聞熊見奸宄遠得毋有人潛觳觫從來傳記多荒唐觀者徒費羊豕肉當初誤落機穽中豢養日深性馴伏任人調弄等獼猴羨煞空山有麕鹿銜錢遊戲無不爲受恩應受箠楚非可憐時露英猛姿攀牢瞪視眈眈目熊館横斜積枯枝分明難忘在空谷吁嗟乎淮陰飢咽嗟來餐淮陰之水至今寒吹篪鼓腹三吳市豪傑真同乞相看就裡旁人那得解欲說又止恐震駭吁嗟乎心知逸歸必不能曷若殺却理亦應伈伈俔俔貪苟活大息骨骼空峻峭

七古 三

王天言先生哀詩

半載不由西州路醉裡經過淚傾注生存華屋殘月中薄霜着瓦明練素言歸悄坐短檠燃觸緒悲來向誰愬君遊頖宮我始生我就鄉塾御君名我越三十君五十忘年下交無愫情登堂猶及拜而翁期頤眼耳聰且明慨慷爲述先朝事啟禎未逮親歷更譚深數數沾甘脆不待將微分餘瀝憶時養志君侍側白頭捧杖如孩嬰令嗣雙璧托行輩直同子姪箎塤鳴鶺鴒樗櫟棄空谷何幸荷君垂青目花開布席亟邀看未見奇書許借讀事無巨細必周旋討及瑣屑悉委曲念我邸舍特湫隘館我孔廟西偏屋陰森虛敞休夏宜閉門坐卧對菉竹衛宇屬望纔數武昏黑往來路亦熟物換星移十一秋五十逼我君踰六送君射策承明廬徙家我去東亭麓同遊仇楊復何許（仇垣園楊康六兩先生）後先長逝都不祿君方灑泣濕青衫訓爲撫管亦賦鵩吁嗟乎同兩嘯舞夜未央欲招魂兮道大荒得毋角奕共仇香得母承歡趨高堂楮鏹可能易壺觴若逢楊雲問劉郎爲道劉郎貧似昔一飯之惠中心藏

七古 四

孫別駕新得黑衛行令 姪中二爵賦

千金不惜良馬來燕昭高揭黄金臺孫郎夙癖同王濟無何舉眼皆駑駘南至渥洼北冀鉅樨廣蒐求稱意爲愛神駿是本懷蹇衛倘佯亦莫棄客說炅陵大中丞

家有黑衛匪尋恒自秦抵燕纔兩日未及五日抵吳陵
昨在吳陵郊外見四蹄迅發雷電憑孫郎聞之輪轉腹
不待酒終命幹僕解囊付與更丁寧亟往貰歸毋信宿
吳陵中丞雖致政壯心未已重提足幹僕去來凡幾回
感激真鑒如肯鬻值計一鈞復增半匊粒豫豊厩新築
計程計日僕應旋張燈坐待開華筵時正芳春夜初短
伊凉雜奏聲纚緜忽驚叱撥門外喧驀地屹立堦墀前
通身一色塗純漆方瞳烱烱雙炬燃英姿飛動氣逾靜
果踐客言非妄傳四座嘆羨擲觴起小阮豪情更難已
促余爲賦黑衛行詩成燭跋已三更明朝牙儈絡繹見
手牽健驢滿深院嗟乎風尚從兹變馬價遠讓驢價善

七古　五

賞只驪黃牝牡中茫茫曷獲致追風隗也黙然心暗惆

後黑衛行再呈中二

虎搏龍屠鸞鎩翮黑衛胡不安覊策主人大怒命圉官
七首如風雙脣磔項刻郎當悄無聲銜草垂頭逐隊行
可惜主人愛汝至厥辜自取匪過情

賣燈行 癸酉年

龍古津頭舊燈市年年華燈聚此地工人如雲趨利來
鬼斧神工逞奇技紮縛鰲山矗半天或飛或走相盤旋
水族紛綸形曲肖蛟龍蜣蟺噴紫烟關鍵竅動勢欲活
夾道駢肩聲喧闐就中復有火毬燈價廉工省制作精
賣此何啻數十家千球萬球火齊明不待十三燈賣盡
一時聲價重春城福清張公令別駕曾宰吾鄉宣德化
每逢歲首共民歡擊鼓吹笙徹永夜去後數歲尚有秋
流風富庶民無憂聳情欣躍度佳節隔歲家家造火毬
幾何水旱迭爲虐物力凋疲難爲樂亦有賢令稱循良
顲災期逖不斵糧三歲逋欠一歲償闔城老幼心倉皇
卽今元夜來龍古不見當年燈火列零落火毬竿上揭
傴僂貧兒各提挈三五偶語生怨嗔悔恨造燈空苦辛
十三已至售無人吁嗟乎十三欲賣須燃燭費去燭錢
本不足歎息携歸破茅屋艮宵婦子無饘粥空餘疇昔
月如銀依舊高懸龍古津

餌桑篇呈解聽菴先生

七古　六

世人營營各有欲先生冲澹心常足世人服食妄希仙
先生仁者自大年先生淸白吏孫子萬卷書外一瓊耳
築室自署曰聽菴凡事付諸聽而已猗猗桑發聽菴前
摘葉蒸餌亦偶然有無裨益何嘗計卽今七十體輕便
自說緣貪累翻脫不信鰥魚夜莫眠片帆憶昨凌風去
親探禹穴藏書處揺鞭北上訪梁園中州人士托情愫
雙屐全收吳越勝逸氣橫壓鄒枚賦初平滌吏總荒唐
何如桑葉美可茹倦遊歸來卧聽菴餌桑習靜翦塵慮
近復觀海東亭東騎髮扶桑金烏翥偷閒信筆著文章
天下輿圖細鈔注一時英髦爭景從戶外縱橫問字屨
我適饑驅滄海頭忘年下交鍼磁投爲我得失變憂喜

璅屑庶務靡弗諜轉瞬因依十五秋再見先生幹枝周却週瞳和日南至天心無改碩果留地主張燈置清酌同人進頌珠璣爍小子承命作長謌命叙生平毋簡略先生六十曾相索諾逋十年應頭責含毫勉作餌桑篇商巖芝艸滅光澤試看捲地動春風老桑屋角吐丰茸手挼碧葉大丹同酒浮紫琥珀濃師事廣成久赤松游戲蓬閬樂春容臣歌餌桑篇未終先生笑曰寧須此聽之聽之聊爾爾

姜陶村招集同人分韵

我輩浮雲何根蔕偶爾神契形骸外海鄉花事乍闌珊麥風捲地揚塵壒不有陶村折柬招羈孤那免無聊賴酒酣顏熱各高吟金谷觴應罰臣需鳳䢜跛殘詩未成一寸心中雜欣戚笑投不聿且盡歡今夕何夕良宴會交情信是艸野真欲言竟言夫何害三更堅坐自初昏敢惜逡遁步狠狽

瘞鶴銘歌和張印宣

夙聞瘞鶴銘崩壓焦山腳沈淪噴薄怒濤中橅搨必遲潮汎落近聞瘞鶴銘高罝山顛覆以闌閅誰能移造物權滄洲先生命工鑿千秋幽晦忽表章蛟龍退避人懽躍江都張君作長謌紀事并辯前代錯風格直蹐漢魏間金玉鏘鏘氣渾噩昌黎太學石鼓歌後先輝映何爍爍我適訪舊邦水濱因緣地主識張君瘞鶴銘謌辱贈示時正長夏氣如焚讀竟凉飈空館入逸興潛逐焦山雲吁嗟乎陳公忠信波濤泳張君大書光冊牒勝事相需廣布傳於人明咏心膽聲更念摧殘一片銘苔蘚模糊半滅明幾如神禹鐘追蠡勢將銷盡空存名今獲重淵提挈出臨風引領翻屏營吁嗟乎作椽豈止柯亭竹墜井豈止雙龍精未遇廿受時賢輕

趙念昔先生索瘞鶴銘歌再賦一章

周宣獵碣形石鼓有唐挈罝辟雍廡焦山何代瘞鶴銘零落山根勢盡崩怒浪齧蝕經千年行間坼裂苔髮懸從前豈無好事者俛窺惴慄徒怏然忽驚矗立危巒側護以亭檻空際翼盛舉伊誰曰陳公表章幽隱爲巳職矧緣我公清服過太息隹勝再摩抄㢊民子來爲斲取効力既衆成功多誠格潮汐常期失氷霧斂戢罔敢逆懽騰羣舁出重淵覩抉驪奔昭白日列傍周鼎垂來玆朝曦倒射光陸離海氣蕩潏霞橫飛公爲長嘯引一巵君不見昔捜石鼓荒草間今蹈不測匪等閑又不見能涉波濤仗忠信仁者之勇晚彌進天下何事弗可爲江左望公秉鉞鎮臣亦難禁寸心奮隱几蒼蒼焦巖近信宿坐卧空亭中銘兮羨汝遭非分

贈周秉菴

周郎四十震初索介壽筵開湯餠滄賓友滿堂致頌言眩眼珠光揺錯落憶我斯時在何許孤帆片雪錢塘泊

歸來春風二月天繁梅幽蕙秀娟娟酒酣屬叠屏間韻
意復見數恐不鮮欲作訣詞又未忍正襟抗聲歌君前
百年最好是强年如泉方決火初然慎勿輕視漫棄捐
有兒萬事雖云足請看陌上祖生鞭

贈吳宫先

我友吳子豐溪彦朝莫匪勉亟爲善路旁飢溺如由巳
餉以壺飧垂手援乳飽空桑呱呱兒齒骼弗令溝壑見
苦心措置多權宜春雨春風海岸徧夙昔擁貲坐視人
感君誠悃翹向變問君今年年幾何昨年秋晚日强過
蓬矢桑弧懸錦障翁然綺閣雲璈和衆賓共言仁者壽
縟采芬葩詞競奏伊余羇跡練江邊隔歲稱觴慚獨後

七古　九

猶記君家溪南村大好山水在里門廣成煉丹遺址存
其上爆爆芝草繁其下泉注砂牀温洗髓伐毛清心魂
相約躡屐同君去捜尋月窟窺天根

寄贈楊豫章 庚子

先生今年六十四數乎慮羲卦畫義清秋高會桑弧前
臣請放言言非戲剥極將復此何時含弘光大厥象地
深培厚蓄碩果萌之臨之泰循序至貞元默默相迴環
甲子綿綿靡注記思睿作聖亦在兹元會圖經告成始
邵子楊子萬禩傳豈止南山岡阜譬更質座上學易人
未必與余河漢異遂於易學者伊誰豐溪吳氏之昆季
緬昔由吳氏因獲識先生各寓東西屋主賓頗謝塵俗
情分攜每及寒梅發譚讌同看缺月明丙申先生晉六
衺曾屬摛文侑兕觥漫遊武林吉竟食念之顔汗心怦
怦只今品物正咸亨德合無疆吉安貞高山景行适崎
嶸何當奮身坐鶴背朘筋闢入奏新聲

庚子冬至寄吳枝巢

憶昔誦君詩問年纔四十擄怳遣寄將欲瑤心彌急嗣
後逢君初度辰往往稱觴先衆賓今年投徒東海圻函
札竟未相通聞俄見灰騰葭琯春維嶽是日生甫申屈
指於今幾甲子厥數適合大衍理用五乘十推閏窮乾
坤筴實從兹起况復陽至陰漸消内健外順上下交君
子彙征象拔茅聚散何足動吾曹惟羡先生謙獲福德

七古　十

業與年層累高

過宛虹橋感懷

橋尾萬壽僧房巢 先君詰郡必寓其中丙寅後余
亦累寓焉年來友人朱三聖功卜居橋左每相過從
便動四十年升沈遷變之感今夏聖功又殁偶過此
橋觸緒紛投曷勝悽愴

曾飲橋左朱三宅觴緒層層攖心劇今夕薄醉橋上過
又爲朱三淚霑臆朱三夙抱玉川嗜濃煎芳茗手不釋
每歲社前走深山穿雲帶露親掇摘且摘且買捆載歸
半付市儈半儲積暇坐小窗活火烹法書名畫列其側
鑒賞雖未辨精微篤好蒐羅同茗癖啜茗過多害養生

勸伊節省言頗力口徒唯諾莫少悛未幾脾臟罹水厄
今春強起一入山夏孟輿歸病已革猶傳温語念我貧
不知身將就窀穸悲哉今夕是何夕橋上低徊昧南北
當時舊雨久無存存者相遇亭相識近橋居民逝盛衰
屋廬好在人更易朱三數椽秋樹外孀婦煢煢依弱息
昨聞畫軸漸星散後來何事堪揣測忽鳴萬壽寺樓鐘
鏗鍧月下還如昔

題雨山畫荷

豈羨太液波瀾瀾華井偃源亦非喜托根尋常淤泥中
亭亭淨植稱君子花放伊誰敢褻玩粉飄葯綻味殊旨
牡丹富貴菊隱逸秀而不實徒爲爾髮僧雨山偶會心
七古　十二
揎袂揮毫寫此紙葉底白鷺機渾忘茂下紫鱗情寄邇
不飛不鳴不移趾木鷄海鷗差堪擬相對如遊湖之涘
偏逞嬌豔秋風裏因取茂叔語作謌謌終疑有清芬起

苦雨夜坐

雨逢入秋初甲子農占禾穗叢生耳果然淅淅雨連旬
將來呼庚不呼癸只今阻絶販薪船濕薪斗束需百錢
老人午眠罷晨盥夜靜篝燈手一編

黃建陽哀集古今詩如干卷除夕酹酒祭之可不
謂詞壇佳話乎率筆紀此

丙午除夜交將午自得齋中陳酒脯洋洋在上者誰歸
先生搏顙起復俯高座鱗次惟詩篇珍重縹緗函楚楚
開闢以來逮今兹作者精神於斯聚人雖杳然神儼然
朝斯夕斯如聆語嘗聞賈島自祭詩未酬往喆匠心苦
試思從衍楮零星大都斯中浸潤取飽飫既不惜擣撦
何曾拒飲水敢忘源得魚休棄筌汎椒蓀蕙昭質申一
任哄堂笑迂腐信手拈出曼聲歌迎神送神好樂府鄙
人側耳聽未終顏開髯掀掌忽鼓目前不少逢蒙輩肯
念師資自何所先生氣誼敦古處綵毫端向夢中與頏
訂明年此夜來駿奔左右應相許

環莊先生寺寓有綠萼梅一株婆娑低亞可念主
僧厭其礙路束以巨絙未免唐突矣余用櫻緶
易之主僧笑曰居士憐惜之意得毋愛塵未斷
七古　十二
手戲題數語以解嘲云

蔫地春光遭束縛爲憂大衆路頭錯翩翩彩鳳困籞中
菩薩慈悲應愁若儻許解脫任縱横天機活潑心更拓
易以櫻纓非得已影落苔堦殊婥約君不見近東城隔
水招提只一楹幽芳三樹几席平垂手可以擷繁英

霧凇行

霧凇著樹垂氷綫雲含瀞日明素練兒童未識驚相告
老眼曾經三度見傳記徵兆亦茫茫天若有心阨貧賤
西家僵卧牛衣单東家曲室正酣醺紅爐焰發氣春温
酒力勸令皮體倦念及西家實自矜稱頌仁慈座上遍
額手感激長者言餘慶信然鍾積善回首笑問彼西家

作何惡孽干天變

贈侯堂 時三十初度

舉世愛節名重九摘菊九英漉斗酒君却茲辰崧秀分蹋屐踵門介觴壽再見羲輪若木升二萬五千二百零績學策名有餘裕覆簣爲山九仞成

哭吳青嶼 兩月前令伯左杜暴殞

余哭左杜袖未乾慮表無端哭青嶼青嶼今年年幾何恰如賈傅歸泉土緬余識君癸巳夏問年纔逾十四五喜慍不形黃叔度聰明直駕楊德祖眼看成室授官階眼看攖疾判終古青嶼所歷境險夺耿耿余心可指數隆情高誼久愈增愛余韙直托肺腑今夕何夕作哀詩

七古 十三

詳叙生平亦奚補弟憶邇來事沈慟已累楮仲秋余小極君方困二豎遣伻饋參苓冒雨夜將午同病相憐日相聚重九促膝醲清酹凉風吹上月半規分明照見兩人語藥石原難療眞病支廈焉能仗一柱余復滋疑用意深郗生書稿故藏弆酒酣耳熱淚零雨心知望絕危同舉即令雪蔓繽紛吐歗謌倡和惟尊甫夜臺寂莫共伊誰應就竹林任谷與吞聲躑躅望襄門因君觸緒思左杜

再送趙環莊先生兼呈令姪石樓

二十年來吾郡人直忘先生是旅寄遠望蠟屐節杖扶但曰我家先生至偶然遊倦歸瀟湘羣情黯黯淚沾袂秋理裝囊冬杪發還擬攀留度新歲昨宵燃炬出城扉笈滿縹緗緱繫隨後相送者紛紛就中懟恩少臣霈石馬橋西買舴艋遣兒送過繼江外走筆爲長句聊用申鄙意今冬特暄暖微霞天旋霽脈脈繁梅豔雪垂踈踈高椰晴霜脆行行景物入鄉關況有阿咸左右侍旦晚扶將承意志易戢蕪詞不復贅一路逢迎料更多大別晴川幾場醉儻與羊暭顧榮遊深希獎借振掩滯

乙卯初冬題蔣拙存先生告哀辭於瓊花道院

念彼豺獺鷹隼鶚星移尚知祭厥先覥然人面手簡篇誰敢茫昧忘本源不幸斷蓬辭舊根南北東西隨風遷拙存先生家金壇抱恨不歸久彌堅甘受事事多違愆

七古 十四

夜臺餒矣何忍言卓識能揆古聖賢緣情制禮經可權生旣菽水可承歡祭亦隨處可告虔歲時伏臘諱言辰位設紙剪時食陳致齋潔誠格幽泉洋洋來歆歷川原中心淚滴聲強吞哀慟醜縷寓詩文年深祭數積成編淚血化碧霑斑斕即今絜粢卜數椽井井秩秩木主新象賢克家庀豆籩先生偶病別館眠咫尺未能拜几筵直如不祭中摧殘繹疏告哀尤沈綿隱微哀恨放聲宣月墮霜飛響杜鵑心夔魄動哭峽猨余何异人具肺肝受未卒業曉難乾驀提往事分明牽往昔飢驅左海邊去家百里歸偏艱曾列魚菽旅窗前摶額遥奠吾雙親聞者鬨笑詆狂顛或詆迂腐與誰憐迄今羣指話柄傳

詎期邪關忽逢君學殖淺深寄壤分性天稟受則平均
不謀如合符券然雖愧告哀無寸箴幸有同調頓開顏
爾我涂倒皆鮮民皆逼崦嵫踪浮雲茲晤匪偶竊恐謏
作詞紀地紀歲年歌聲未闋狂飈翻庭樹葉如雨繽紛
轉聯祀竈薦餳盤先生致齋斷肥鮮斯地昭質殊易申
玉勺有路達洞天

壽黃建陽七十

西山靄滌氣蕭爽荷花未老釀新篘侵晨整衣詣馬市
天草軒內鳴琅球天草主人正七袠蓬瀛古屋添一籌
金奏肸蠁綺筵肆九如齊願同聲謳主人胸次特清曠
閉閤閉詠却觥觥憶紀生平經歷境七十年事指掌收
七古　十五
元氣渾噩凌飽謝風禾崚嶒埒曹劉摹叙我生恩罔極
更詳師資之源流受業王李三致意無怪掣筆扛鼎適
噫吁嚱不是誦佳什忘昔識荊州五十年前夢觸緒拉
襆投昔余帖括曾研求羸隱公子齒相侔羸隱齋東數
椽屋霜綴椒紅風篁修公子之伯皐比擁余亦忝夢門
墻留君時執經羸隱齋旦晚出入路必由相見長揖杞
陰別名字耿耿泐心頭後聞鍵關孝然山旋聞追隨夢
華遊夢華亦余枌梓共譽君才器罕匹儔幾何隄決没
田疇余逐蓬飄入口謀聞君尹縣齊復岡口碑鑿鑿徧
道周未耆乞休懸車蚤柳垂菊秀繅緗蒐日偕老友文
酒聚杳山洛社恣優游燕城淮南都會處跨鶴客到雲

瓊羞適余浪跡滯邗溝衚因長公托綢繆鬚鬢掩映輝
雪霰依然把卷對校讐曲鐵樹草罔屏棄賞奇析疑互
唱酬忽忽屈指十餘載得失靡弗同喜憂茲來介壽逢
清秋方寸賸動懷舊邱紅粉吐花繞郭稠碧筩湛湛芳
醖浮君詩纏綿迦往事荒鄉風物記予不

延壽庵看梅

浮埃仗風撲天飛凌虐好花勝風雨老梅春遭霜雪戕
繁蕊瑟縮如處女連朝氣暖天乍晴南枝北枝儘敷榮
亟上舴艋詣延壽僧雛大矣知送迎滿院梅花近日補
東廂一本是舊樹新舊掩映爭芬芳憔悴各耐風沙侮
看花賓從仍紛紛我撫孤幹獨逡巡只此已足愴我神
七古　十六
前遊題壁墨尚新轉瞬爽鳩難再覯嗚嗚隔指按鄰笛

蔚園五言律詩

淮海漁人劉宗霈撰　孫仲僧敏寬校字

范公隄文正公監西溪鹽倉時建議築

天下爲已任何曾卑小官若非臨鹵海那得見狂瀾屹
屹長隄亘昀昀沃壤寬胸藏十萬甲劃粥斷虀安

感遇

所遺益不偶輾轉成今吾罷擊高生筑長吹伍氏竽畏
識身佩索遺瑕帙留厨俯面憐歸鴈時時帶荻蘆
每到杯闌候難禁故態狂氷虫寧喜日圜鑿本乖方髮
變衣同白心勞永未黃蠶知有定命焉肯棄縑緗
躭幽多吉味無往不欣欣竟混風塵內何殊鷗鷺羣息

五律　一

心過永晝閒詠觸停雲閱世增深慨誰非爲鹵焚
濯濯青絲柳深深白板扉分明舊業在流宕累年違棧
豆原非好蓬科豈藉依心悲別有屬不是憶漁磯

坦園仇先生累招看梅未赴暇日相過花盡落矣卽事賦此

梅落曾無賸來看新綠枝也能寬俗抱何必在花時琴
自當風響茶先未雨炊儘堪永今夕待米念妻兒

送王爾納歸里

故國諸朋好相看次第歸喜君仍未去別酒忽同揮眛
爽揚帆急追陪有夢依毋將羇旅况傳說到柴扉

飲繆豹文宅

跡星耿初昏垂光照市門惺惺憐獨客欵欵勸芳尊一
歲闗心去寒花近座繁此身雖汩沒懷抱隱然存

再過豹文小集

搔頭驚薄宦淵吻有流霞異縣依朋好愁城占歲華聽
殘官廨鼓剔暗蠟燈花數見鮮知舊丁寧後會賒

送吳書永歸江都兼懷解易山先生王思勉諸子

孤心何所托放浪海西濱欲殺憑當世乖憐幸有人惜
哉生事絆去矣幾時親聚散原無定相期據要津
一棧深深盡輕帆葉葉張今宵因此別舊侶頓難忘好
醉紅橋月無增青鬢霜勝常煩問訊謂我倍頽唐

贈繆酉九時三十初度

五律　二

自分投海右十見爾懸弧後此年纔壯胸高學與俱詞
章秋水淨襟抱末流殊憔悴今須極雲泥欲判迹

僻壤

僻壤多秋意叢篁結夕陰看人矜得馬倚樹羨棲禽卷
帙貧家物冰霜賤日心一辭邁軸去別抱隱憂深

咏鵑鳴本作盍旦卽寒號虫

空山有盍旦慘廹號中宵陽至頓聲歇秋殘漸羽凋比
鳩才更拙對鳳氣能驕生汝何爲者咨嗟卹絳霄

新月

澄澄遠靄平澹澹一痕橫側趁殘暉下微穿傑閣明閫
闥需幾夜俄頃隱西城不是天將瞑棲禽莫漫驚

賦得擇木知幽鳥

幽鳥真堪貴何曾別有長翼張寧作錦聲發不如簧遐
舉貪卒蔚孤情違稻粱遂令我尼父太息矚山梁

獨酌

華讌謝西鄰寒燈顧影親自知歡笑處難著向隅人兕
有一杯酒居然逆旅春且拋卒歲累作意夢滄津

祀竈

自顧殊堪笑難忘媚竈情匏尊恭酹酒瓦缶也堆餳窮
豈容人送文絲遣悶成何須勞鏡聽造物嘿持衡

舍弟四十初度 三

攬鏡晨窗下心孤感逝波青蘚雙鬢去白較昨年多愛
五律
弟雖差小強時勿漫過桑弧都好在我已惜蹉跎

送京肆之泰郵

莫謾傷行役家居亦客中與其常伏櫪不若任飄蓬雨
瀑孤帆重身隨敝橐空驪歌歌未闋高樹落輕紅

登狼山支雲塔

倚檻心常動臨風身欲飛諸流滄海受四面碧天圍列
邑望中盡鳴禽高處稀下方應午飯鐘磬響微微

振衣亭

侵晨窮勝覽牢徑逗高冥望去疑無地到來仍有亭江
帆晴外白閶嶠霧中青千里凭欄見纔令倦眼醒

宿珂雪僧房

信宿白狼巔孤懷寂不眠驚濤聲湧屋跡磬響從天不
有經宵樂焉知此兩偏同遊人盡臥獨起立階前

觀海

百川爭注納一氣積鴻濛地軸從茲盡天根何處窮方
知寰宇勢全泊波濤中浩劫偶然事人生真轉蓬

題石渠三兄桐陰小影

露坐者誰歟吾兄曰石渠披圖知意在掃軌有閒餘新
醞離簃嫩高桐得月初何由致威鳳風動影扶疏

獨立

五律 四
獨立心何著悶悶對夕陽一聲漁蓑晚八月葛衣涼貧
甚原非病悲深竟類狂不須矜異衆清醒分應當

飲范瑶石宅兼訂後約

冉冉芳春盡星星素髮垂歡場偏易散大白莫辭斟蕭
撼中年意淹留賢主心他時金芍藥全放約同簪

寄吳虞三

昨與同人飲遥憐季子違交情同蔗味離思逐鴻飛酒
醒夜方半吟殘月漸微封書乘曉發爲報紫蓉肥
日就風帆闊如何消耗慳料君多勝事看菊少餘閒泉
汲棲靈寺舟維謝傅灣新詩凡幾軸蚤晚寄柴門

虞三書來知其近在儀真再作一首并寄

作書猶未發杜翰忽相聞去問真州渡來期十月分封
開重附語道遠倍思君古寺秋花好余曾醉夕曛憶丙寅余

過儀眞資福寺菊花甚盛

趙躍千先生自如皐歸里道何皐信宿用訂後期

屬求宥齋圖章乘平望蔣角

問秋君過此河畔立斯須再到驚三月相將共一壺家貧兼味乏話久寸心孤帆影侵星發鄉園夢與俱

在家幾日住又放雉皐舟掃徑還相遲弛裘復少留袖攜朱篆古筐寫碧蔣秋因恃忘年契偏多瑣事謀

蟹

蟠腹竟何有居然橫地行草沾腥沫濕沙剗去踪明仄甲秋初換脂膏霜後盈不能逃呂獲介士負虛名

五律　五

睡起

睡起何嘗想蕭然掩蓽門曉風侵帙亂秋雨到窗昏旅食全無節閒身自覺尊空廊聊散步聒耳雀聲喧

雨阻瓜洲

驟雨來揚子蓬窗望杳冥浪搖天地白日射蝃蝀青絶岸飛驚沫空江走疾霆乘風賈舶發蹈險竟無停

雨過氣先秋潮來水逆流一江如湧雪五月欲披裘野店吳中釀鄰船塞上謳金焦都歷歷今夜夢先遊

擣衣

風聲西北動氣象頓蒼凉塞上人應冷閨中心自傷深宵拂杵石徹曉擣衣裳凄切不堪聽難教幽夢長

酒醒與陸榕邨

竟忘君未去隱几已酣眠謬誤應相恕頹唐劇可憐夢回身在榻起視月當天新緑何偏反淸陰落砌邊

東泊途中

行行風土別身在范隄東村落星分遶牛車雷殷雄前人心可念終古利無窮難得詹公繼謳思一體同元興化令

詹士龍修范公隄掘得石碣曰遇詹再修今又數百年矣信有前定之數也

港東僧舍

餘酣偏興發寧顧滓沾泥雨氣凉人面風聲趣馬蹄竟過東港易特欵蓽門低禪寂堪留戀重來恐路迷

野望

身孤無倚薄曠望與誰同風響遥空外日沈積氣中際

五律　六

天沙溜白照野燒生紅閒話頹垣下牽牛立短童

甘泉

泓水何柔澹恬然斥鹵邊碧蔣浮葉葉老犢飲年年巳絶高人賞還令宕子憐洗吟佇立久照見半華顛

戊子正旦即事

何皐向隅地元朝懷里人賀正儀可省薦食意難伸兀兀三盃後綿綿百感眞長謠閒炙背詩就竟誰陳

雨雪宵仍墮暄和曉乍晴我生良有待天道尚難平翁子薪能負桃椎屩自成不妨躬執爨食力古人榮

小力亦人子因之覘比兒且令承怙恃奚忍共流離昨邨蒲帆利今應遂戸嬉余㒳輸爾甚骨肉各天涯

弱冠逢玆日晨興樺燭燃閧堂笑啞啞潑水舞蹮蹮子
影連年竄孱軀複壁眠心馳汝同氣縲醒劇堪憐
幼見隨母去溪上舊廬歸粤自生渠後何曾匝月依誦
詩能竟帙分手解牽衣念我霜增鬓椒觴對若揮
避喧雖閉戶至友有前期跋履投深閣然爐㷮屈卮鋮
磁生性契貝錦任人爲請看疎梅蕚春廻他自知

人日

春暄原可喜況復是今朝應閔飢寒後特教札厲消貪
農艱播穀宿麦甫蕪苗逈望明晨切義鞭祝蚕摇

繅絲井董孝子鬻身葬親遇仙女助織繅絲此井過春日井底生白草如絲㲲㲲長丈餘

五律　七

春意動胥井裳茸細草滋居民譚勝蹟孝子汲繅絲竭
力庸庸行高蒼默默知先人今蕘楚慚悚淚交頤

葦灣相傳南唐時有高麗僧折蘆葦渡海止何阜建聖果院即今三昧寺范文正公紀以詩

微外來開士傳聞類子虛折蘆浮淼淼渡海自如如小
范詩篇古南唐佛殿餘人情矜詭異毋乃祀鶢鶋

景德禪院韓駒字子蒼布衣時僑寓地也呂居仁王安國亟稱之遂知名

吳陵景德寺中有讀書堂一顧裳安國千秋說子蒼飛
黜當書舞亂葉未秋黃眞賞無由再沈吟立夕陽

過徐酉江先生書室

愁心不可遣信步來高齋雨歇吐殘照風生消宿霾疎
迫謝檢束忻㡯判襟懷斗酒及時樂佳期恒易乖

題畫梅

最愛南窗下梅開照比鄰自從隨斷梗不復問芳晨夢
裡香魂遠毫端素影眞殷勤重把玩如見舊時人

蚤起

秋高宜蚤起日出巳晨餐硯滌心俱淨天晴屋亦寬閉
聽枯葉墮細改舊詩安往事因重憶長謡復永歎

潮

風號連晝夜激蕩怒秋潮勢若移山至聲能撼地摇[illegible]
廬俄頃盡水怪稱心驕斥鹵還傷稼餘波漫衍遥

秋宵

萬事何關涉還嫌有悰情購書安得饜對奕不無爭盤
蠟明繁燼鄰雞動幾聲秋宵長最好坐久氣逾清

五律　八

對月

太虛空浩渺圓月迥幽鮮悵望終今夕豪情是往年氣
衰難勝酒秋到便披綿感激姮娥意無私處處懸

欲雨

欲雨人先倦中春氣特寒終朝搴慢懶何處得花看晚
飯菘羹滑高眠布被安似聞鴉翅響格格啄檐端

丙申除夕

似有然相役歸來必歲除雖然依骨月豈是住鄉閭遊
蹟閑吟在弛裝長物虛明年正五十翁子竟何如

辭聽春先亡攜酒來飲乙未初度

朱提辭杖去翠醥落壺新高義惟前輩相存記此辰同

拚鄉井背各念弟兄親漫酹餠花下將毋負好春末暮天昏黑垂簾障市喧巳催明短燭稍坐盡殘罇風燥泥涂路月懸皎潔痕自當乘醉送緩步郭西門

飲江上草堂卽事分韻

客子忘頭白主人垂眼青吟分春草夢雨向竹林聽雋永露鴿味淋漓馨酒餠淹留情不淺豈爲石尤停

丁酉除夕飲敎復堂呈主人

守歲妻兒遠乘句氷雪天我生原歴慣地主况情堅椒味投壺正梅枝近火鮮孤心何倚薄暮菌托周旋

花隱軒賞牡丹

花吐纔三日看花巳再來況逢春事盡那惜夜筵開又

五律 九

手詩難就爭拳酒易催居然忘小戶黽勉漏深陪次第風燈挂銀蟾任霧遮品原眞富貴色豈假鉛華貪慕從來切芳鮮數見賒還期來詰旦帶露玩晴葩

篠園讌集次枝巢韻

背市登輕舸市塵他自紅湃洄沿寺轉指點隔村通栁線牽新霽歌絲度遠空同遊有先發巳在翠深中謝客芙蓉句高標竹裡堂堂中顔謝康樂詩登堂抛檢束布席進甘芳春晝翻嫌短歸途轉覺長扣舷分韻賦未穩互相商

小極

秋風捲幔偏秋雨洗苔鮮小極孤眠客微涼返照天縹緗殊結習刀貝豈前緣戒得斯時事伊誰勸改絃

漢壽亭侯廟在白駒場

古殿槐深處潭潭夕照時霜刀森土偶風鐸引蠧絲心有今人亮勳偏野老知納涼塀下說顚倒雜諧詞

苦熱

日洸風頓歇默坐敞茅堂樹靜濃垂黑星飛肆射芒酒盃進夕謝絺幔背鐙張遶市人殊樂酣歌調弋陽

涑雨

何處來涑雨飃風亦與俱鬱蒸俄盡散衰氣得微舒露井空波積階花倒影踈宛然臨水榭往事廿年餘

鐵馬

五律 十

鐵馬知秋蚤冷然檐外鳴疾徐寧着意搖曳有餘情宿鳥啾啾動晨窗冉冉明從來安寐少不爲爾頻驚

寓目

榷關官吏散信步上空廳雨積零深葉雲晴巳遠汀浮橋平岸穩芳草際天青寓目殊清曠喧喧舶又停

蛾

掩卷起吹燈蛾飛亂可憎黛眉何娬媚粉翅太懽騰餘燼焚身易微生造物憑因傾遂爾覆撫巳倍兢兢

蝸牛

緣壁蝸牛上腥涎倏巳乾不知從濕化只合處卑安來路明如畫回身退卻難有無蠻與觸相鄎莫相殘

郊遊同實齋

元巳倏相催春遊展始陪何曾知路遠不分得心開磬寫綿綿意雄呑灧灧杯晴風着地捲總未起塵埃

丙午初度

應焚弧與矢生我胡爲哉婉順矜兒意低徊强酒盃心知來日少夢斷故鄉回晴暖差堪慰淸芬坼老梅

同人杜駕醵飲竟夕

挂杖青錢落貧家得滿酤隣人相訝問高會向來無窄逕苔新破今宵月不孤微聞童穉笑殘炙定霑濡

飲汪氏園即事

僕僕去旋來年侵興未灰愛花宜夕照臨水漉秋醅路白沿城熟僮休列炬催遣愁長到此昏黑尚低徊

黃犀浦招諸子持螯聽闗中泰子說季漢平話

蠏恣縱橫磔醪分濃澹釃主人錢不易我輩醉何辭方聽寘鴻響偏譚鬬虎時就蕊商出處相背各心馳

冬夜偶成時兒璜歸旦

寒增肩痺劇未晚便高眠况復欺膏火何能近簡編三餘如此度百歲等閒捐久絕千名想殊難遣暮年

可惜如年夜惟供似海愁灑窗偏細雨入夢有扁舟兒子經旬去圖謀就緒不幾時郭門外一笑片帆收

喜晴

天心終惻怛歲暮特暄和曙色檐端動人聲戶外過脩

儒堪歎息萬事只蹉跎曝背東窗下攤書細細哦

除夕前二日答謝牧莊次來韵

連歲羇孤客高齋度履端忽驚來貺厚又值送年殘璅務纔粗遣貧家仗小安樗材况衰朽青眼辱相看

僑居舊有燕巢入春忽聞呢喃之聲感而題此

歡躍兒童報梁間燕子來舊巢偏記認絮語似低徊人事浮雲變年光急浪催遥憐海邊屋亦有若曹回

兒璜歸里示以詩

汝今歸舊宅愼勿久淹留便是寒梅發徒增舊日愁田園憑水占親族等雲浮途次兒無伴拳拳念莫休

葛星濤明經園讌集

名園開曲讌野老落歡場轟笑知盧得淸歌倚蓬長燈偏霜鬢照酒可百憂忘歸路何曾寂溶溶霽月光

和雙梧軒坐雨原韵

從來孤坐慣緘敵亦神傷寒妬梅花放雨隨春晝長問知傾白墮相對只黃昏（來使云只友飲在座）悔未支笻過泥塗躡不妨

獨步

日斜春郭外獨步習爲常得得浮梁渡迢迢驛路長餘年知過側夙志總蒼茫徙倚慚村豎還家負戴忙

送黃建陽之江右

胡爲輕遠道便我寸心傾敝笈携書富華顛負米行春

晴花夾岸夜泊酒餘罍杖捧斑斕袖殊寬逆旅情（時長公五）

（長先生隨侍）

中道銅陵縣弛裘踐夙期豬肝應措辦鷃首莫羈遲眷
眷春暉意懸懸舊雨思滕王高閣迥兒復待新詞
登覽江山勝毫端秀色霑預知重握手朗詠一掀髯此
夕何能遣高帆不肯淹踟躕殘照裡難盡語詹詹

牧莊初度讌集存圖示我以詩漫題紙尾

揚爵雖云闕終朝方寸縈誦詩徒耿耿顧影厭硜硜非
托形骸外能無疑貳萌攬衣思過訪雨又阻人行
憶曾臯廡下此日杜華軒箋引村醅薄簾吹雨氣昏今
偏辛讌集更誤看花繁感激情如昨篇終附裏言

五律　十三

夾竹桃爲止齋主人賦

夾竹堯花好標名便不同還能存介性未肯媚春風个
个葉攢碧盈盈萼吐紅高人抱文采合種止齋中

黃建陽枉駕闕展待報以是詩

晚歸兒子說好客媿空臨供給貧難辦殷勤慰轉深竟
忘徒步遠相遲夕陽沈報謁天陰阻含毫寄短吟

夏日坐程甥小軒竟日時甥徃瓢橋村

貧士謀生出衡門更不譁偶來因避熱可喜似還家樹
影當階正魚羹入饌華情親憐穉子爲爾竟餐加

即事

張燈看傀儡傳昔鮮重圍攘攘喧芳夜盈盈出繡幃笑
聳都欲活宛轉幾曾違嫉妬於今甚闕氏何足譏

陳子蔚村年餘母妻俱逝寄詩慰之

豈祗離羣歎還非惜歲徂心馳重執袂淚落已霑襦寸
草春暉背鳴鶼夜雨孤更誰藏斗酒待子不時需

朱橘

朱橘何芳郁寧徒好爾甘頓令中熱滌遮莫酒闌貪煜
煜丹砂擘房房玉液涵封君人豔羨我獨念藾眈

望金山（又名浮玉山）

蓬底搔霜鬢沿洄浮玉邊奔濤自終古扼險憶當年梵
唄鉦笳雜山腰睥睨連同舟都莫省往事老人傳

不寐

五律　十四

已是難成寐秋宵何太長孤蛩吟短砌缺月上迴廊跡
似江萍轉業同逕草荒那能爲遠慮卒歲計茫茫

訓後莊

新詩珍重秘朗咏恐人嗔前輩千秋業餘波一綫真譚
諧信可樂挈濶總緣貧常羡君兄弟閒閒晚歲身

寄懷黃建陽時之兗州謀歸令兄通守公之櫬

轉爲秋光好低徊念遠人關心因旅殯垂白犯征塵叅
雁行行影晴蟾滿滿輪倚舷何意緒條歘定沾巾

兹役深相羡老偏益壯難棠陰重憇息（建陽曾宰兗屬之城武）笛
韵太辛酸河漲蒲帆急風摇畫翣寒余心有隱痛衣袖
幾曾乾（余弟亦淹遲未瘞不禁憮然）

過廣儲門廢園園中池水明尚書張公乙酉殉節
處也結謂史公瘞衣冠地
荒園頻易主司馬在人心池注波殊淺中遺恨最深後
來歡議事都付晚烟沈不遠梅花嶺精英並古今

懷後莊
後莊初度日風雪阻江濟當此寒威重同誰濁酒斟冏
來應角奕興發便高吟轉是家居者窮愁亂寸心

戊申正月二日過石先生留飲
梅花高嶺上鄉路望依然傍嶺僑居者離鄉在我先相
尋譚舊事豈爲賀新年醉後搔霜鬢俱曾點漆鮮

五律　十五

春寒
歲首寒偏甚風聲撼樹來儻如殘臘暖應有老梅開掩
戶親鑪火留賓檢甕醅欲謀今夕醉重累婦裵徊

二月朔獨往延壽菴看梅
春霜飄昨夜共說定春陰日出氣翻暖梅開香漸深來
朝雖不雨俗務或相侵亟渡城壕去招提一探尋

詠楝
苦楝閒庭外青青四月初細花攢紫碧美蔭落清疎便
待金鈴綴難充珍果餘含桃爭薦熟爲爾一欷歔楝實名金鈴子

又題一首記爲喜食楝云云也
笑指娑娑楝休嘲味似茶葉偏宜獅鳥實可飼鵷雛栖
上衣塵滌籠中藥物需其材如有用何必定甘腴

榆
夾道榆葱鬱土應沃可知並陰眞有利入夢竟何爲不
盡青錢落將沈赤日遲老人偏感動吟望每移時傳記沃土宜榆裵國鄴都十里樹榆以蔭行路又夢榆土遷官得財

六月燕來葺巢而乳
社日之何許巢營長夏天生成忻自得時序訝相愆黃
口啾啾動烏衣楚楚鮮習飛纔頡頏寒雁又南遷

呈黃大令時六十初度因近中元爲母太恭人飯僧而謝客郎事成此兼志感云
不敢談詞獻納交異世情自棠青眼顧頓使白頭榮嘯
咏拋苛禮磨礲務至精曰者初度届滿擬倒瓊罌

五律　十六

自說今何日深悲未小祥問孤誰手製把琖我心傷新
穀升南畝盂蘭薦北堂知君經術富事事重倫常
昨秋冒餘暑此日在扁舟勞瘁挈兒返周詳慰母憂孤
萲應仰庇適貧復爲謀推廣及朋友寧辭綏急求
損惠能將禮還敎受者安不疑原憲病貫惘范睢寒相
鼠何須諱懸鶉可免歎橐中亦羞澀義更薄雲端
再綰銅章出清操矢愈堅寒冰難媚竈積霧可彌天秔
秫秋原秀茱萸晚照鮮自娛聊著述遮莫後來傳
世皆趨詭僻君獨貴清眞不朽千秋業途承一脈循波
濤奔瀾瀚砥柱隱嶙峋宛在諸前輩風騷抵掌論
雄譚憶王李君實出其門乘暇浮犀斝沈酣對虎賁榜

飛涷雨過座失鬱蒸煩白壽詩篇古長吟正始存
語雜無倫次嵩高未詠詩眼看臻耄耋曆介歷期頤相
勸芳醪引初聞玉漏遲娛情勝絲竹苞羽滕前嬉

立夏前一日後莊招同諸子飲張氏廢園

天意憐春劇將歸特地晴我曹殊竊愉郊外共閒行卻
有荒園閉都無遊屐聲一般花樹好坐久競心平

人既厭岑寂何妨數數來襟懷別有托興廢底須哀稍
待舒岩桂還應破遝苔回思今日聚陳迹送春桮

後莊招同諸子可園賞桂余以事羇午後始赴冒
雨而歸

自哂多違迕看花期亦愆俗氛身莫脫歸路雨還縣一　十七

五律

瓊恩恩醉幽香脉脉牽衣衫容易染餘想坐燈前

撥悶

撥悶眞無計長吟且自娛也思營什一遮莫有揶揄辛
苦平生足肥甘晩歲需衡門驚剝啄又報客追逋

曝背

貧家頓驚喜晴旭上庭柯遠舍雞聲送閒堦雁影過函
開帙易盡慢捲背適和重闔衣狐貉知誰適意多

不眠

從來眠不易況已逼衰年心擾千端緒宵長十月天頭
顱曾黑髮燈火事丹鉛砌樹亦搖落何須重惘然

東林菴看牡丹步雨山韵

揮毫何敏捷似撒米爲丹我愧詩思鈍花牽醉眼看天
香烘佛日毛褐稱春寒蚕聽深深樹鶯啼肯走丸

望雪　壬子冬

老憊宜晴暖胡爲望雪飛野田蝝子伏高隴麥苗稀簾
暗纔輕霧雲開見落暉幾時如柳絮霑白謝莊衣

恃粥　甲寅

邇來惟恃粥脾胃庶幾安元氣何由王私心常自歎開
函義茫昧失杖步蹣跚遠憶吳中稻還能炊餾餐

癸丑清明前五日飲復堂留宿燈下繙閱前賢墨
蹟更憶昨歲亦以此日同潘石諸子聚此枕上
漫述

五律　十八

非無雨具借戀戀磬盤桓手澤親先正春燈閃峭寒感
懷陳蹟易思障逝波難簾外紛紛杳還如昨歲看

蔚園七言律詩

行吟

掉臂行吟溪水邊韶光過眼儘堪憐簾懸深巷纏絲地風捲晴沙秀麥天因憶在家凭甕牖曾經課豎犂湖田於今舊業輕拋却始覺當年樂事偏

周雲紀先生掐飲綉毬花下座有女校書

濃春物態盡暄和飛蓋時時憶舊科東道今宵張讌集南莊別業近城阿渾忘小戶開懷醉多謝雛姬作意歌歌罷悄然無語立庭花雪積㩀顏酡

留劍詩爲胡修來賦先生擁萬卷書而外只一劍耳或獻重貲求之謝去作留劍詩以明志

問何長物足留連一片龍精在枕邊直似舊交相倚重安能中路等閒捐紛紛覬覦心徒熱霍霍光芒勢欲然亦有蒯緱臣久佩歸來彈鋏倩誰憐

步原韻答陸正巳。

蒼凉白月當檐挂絡繹紅醪注琖深。鄉夢豫愁經駭浪草蟲偏喜助悲吟。伯鸞久卻炊餘釜安道羞調媚俗琴悔別衡茅遂梗泛何曾枉尺直能尋

陸榕郵贈陳行一以益蘭陳沽酒觴之囑余紀以詩

陸生蘭缶蓄多年持贈陳生喜欲顛感激故人輕割愛殷勤淺夜特烹鮮紫苞背燭娟娟秀白墮盈觚緩緩傳試說如何栽灌法箇中我亦思窮研

乙酉清明南莊讌集値雨

肯教泥濘違佳興油盎能擎屐慣乘別業遠尋行得得危橋怯度步兢兢杯傾舊釀如潮長柈薦新蔬帶雨蒸隨意醉醒無檢束更敲棊子剪春燈

小院

亦有幽棲近水濱素交日訪不前期忽驅我輩爲萍葉重累居停費酒卮耳熱驚逢寒食節心孤乍憶在家時鄰兒料得仍無賴折盡當門新柳枝

小院低徊負手吟初昏促煖綠醽斟飽嘗窮困無佳調略涉詩書得遠襟字滅尚珍懷裏刺歌終枉碎市頭琴百錢儻可供饘粥簾閉何須夕照沈

乙酉初度

一寸心容萬感煎耐心還聽雨沈綿書開旋掩巡檐步飯熟慵餐倚枕眠日者諛詞眞誕妄天乎賦命本迍邅鄉園婦子今宵聚較我思家倍惘然

朱弟梅掐賞桃花同仇氏昆季是日余斷葷

花間布席自掐尋深謝先生發興新樹擁紅霞驕返照杯浮綠蟻趁芳春空辜兼味齋心日健羨聯床同氣人只我醉歸誰共語蕭蕭孤影信風塵

友人移居索詩久未應今酒間復縈譴誶成此詩

楊子移居俄隔歲詩因懶漫筆還停成言食久頭宜責
雅量包荒眼尚青發興醉吟花下句馳情歸葺柳邊亭
滄浪景物殊疇曩大有天桃照野坰

榕邨諸子過飲寓齋

好春別我駸駸逝亂雨歘門欵欵來垂念空囊錢挂杖
促酤荒市酒盈杯狂呼莫訝童心在逆旅難逢笑口開
百事近年多錯迕幸存興趣未全灰

被酒同觧天申先生譚玉茗堂雜劇戲作

四座頹唐隱几眠兩人屢舞尚蹮躚餅空自起提燈賈
尊冷還能掃葉燃話到芳魂如欲下記來綺語半難全
深慚紅豉當筵照我于髭君素顛

七律　三

詶吳虞三見贈之作兼呈令姪友季

知己何需歲月深相遭數語即傾心特馳短札邀同醉
爲苦閑愁恐不禁紅蠟跋殘情欵欵青衫袖浥淚涔涔
感君意氣潛飛動無那顛毛雪已侵

波漂萍葉海西邊孤影離仳近十年個側僑居棲八口
艱難刺艇計三遷營巢巧技全輸鵲徹曉哀吟大類鵑
只合窮途聊遣興何期秘閣舍人憐

舍人昆弟總聞人小阮偕行迥軼倫製筆直堪追正雅
結交猶及見先民檐懸嘉樹清陰借笈有藏書暇日陳
開得賢兄客荒縣忽思歸去伴書綸（時令兄書永寓興化之吳公湖）

邪酒

邪酒三杯昨夜餘頓令鬱抱等閑攄語音漸覺他鄉好
節序頻看舊壁除杜保豪情難類鶩田文幸舍近無魚
扣門索逋來偏數不比葊郎跡也踈

元旦飲豹文宅

隔歲奔馳筋力憊賀正禮省未爲驕高齋特地開尊待
厚意難辜踏路遙左席慣登衰漸逼舊人畢集悶全消
春風駘蕩無偏頗送暖何曾棄敝貂

並蒂蘭詩爲胡鹿園作

猗蘭賦性原孤獨特立亭亭莫與倫難得一苞含兩萼
大都人事感花神綺疏深護春寒峭書卷時霑露氣新
自念斷蓬飄孑影低吟廻首媿風塵

七律　四

重陽前二日卤九自西村歸

旬餘酒興幾曾豪忽報河干泊小舠注念特分新鑿米
破愁亟命旋篘醪青燈瓈屑垂紅穗烏几峻嶒疊紫螯
觀穫早歸緣少雨不教羈客獨登高

金楳邨宅中菊花甚盛索詩咏之

東鄰日日索新辭報道茱萸秋滿枝根背霜威歸曲檻
英含雨氣落清卮襟懷大好陶元亮品隲何煩勃遜之
儻有餘錢先挂杖自當吟嘯過疎籬

偶成

檐影昏黃雙眼倦拋書隱几漫低回津津經義追思得
脉脉餅花取次開秋日轉長緣少事卧身愈懶稱無才

迺年莫是機眞息混入鷗羣了不猜

不寐

窓窄空梁鼠鬬聲驚廻旅夢未三更濁醪只管斯須醉
孤月何爲徹曉明逝念弱兒應解憶嗟知病婦最關情
蹉跎久負烹雌意羞返蒹葭湖上城

送楊古存先生 步留別原韻

傾殘別酒更南遊衰鬓何曾畏廩秋瑶草自編聊潤橐
瓊枝誰折以爲羞相期後會茫茫料暫立岐途欵欵留
隨侍有人差慰意承顔扶掖上扁舟

趙躍千先生六十壽

七律 五

拜識先生在艾年斡枝次第十鶯遷因依同作辭鄉客
歡笑來登介壽筵白到鬓邊今未半綵搖筆底老逾鮮
請看籬外叢叢菊直待秋風始麗娟

同吳書永一里墩晚眺卽邀過寓齋小集兼呈令弟虞三

鄉路西南各不同微茫都在夕陽中愁余他日來玆地
望爾孤帆受利風混逐牧人林薄散携歸旅館蠟鐙紅
酒闌更羨姜衾煖春草非徒夢裏工

戊子立春前一日暨子阿富來得妻子消息

子立支離異縣身朝朝悵望大河濱峭帆影落愁舒抱
短札鈐開淚浥巾有父嬌兒依舅氏無家病婦傍慈親
俯看皓魄中心熱容易輝光已滿輪

繆函九邀嘗新釀

折柬報余新釀熟竟來高閣不逡巡糟床浙浙傾罌響
樺燭輝輝照座春半琖盡銷懷裡事今宵穩臥客中身
轉愁夢去逢親串應笑他鄉季子貧

寄吳貨洛

年來愛弟幸相於得誦君詩正始餘獨力旣能爲砥柱
雅懷端不厭樵漁丁寧邦水投茅屋附寄荊州願見書
莫訝未同言遽爾調同何敢曰文疎

答虞三 時余復移家何阜

七律 六

風吹一鴈落河濆嘹嚦聲傳廡下聞正念故人書忽到
迺憐客兒意何殷屋如牽艇攜孥住米直勝珠計口分
更許寄詩相慰藉光輝已逼滌塵氛

繆豹文宅竹花盛開可愛竹本移自余之舊寓殊非斥鹵中所易靚也

雨歇開門挈蘩睇娟娟清蔭落階斜昨年荒院移來竹
今日踈枝吐出花新實熟時應飼鳳故根回首只棲鴉
微醺吟望低徊久可惜朗身度歲華

送宣琢闈之郡城兼託致聲吳虞三索扇

條風吹綠染蘼蕪折柳偏驚奏座隅自是騏驎空冀野
非關花月戀江都百年鼎鼎哀逢迴一戔湛湛興未孤
燭跋屢更言未罄瞻光動膈榜人呼
起振征衫竟出門踈星蕭澹水雲昏羨君解纜風何利

先生慰藉甚至如親古鼎彝焉夕招同人集飲雲瓢精舍極懽座客尚兩磯繪爲圖北平周貊耶撰文記之別去又七八年余益坎坷不偶庚辰迨何阜復與嗣君淇水濟川清志友善登堂謁公雙鬢皓白如雪蕭然物外人也向之修髯偉幹意氣豪上判若兩人而舊雨遷徙滅沒殆隔世矣嗣是情好彌篤雖骨月何以加諸闕闍曰南莊爲晚年陶寫地余隨故鄉諸子客此者遊觀其中無虛日公未倦也嗟乎韓昌黎嘆年未耄老感於馬莊武三世交情不勝酸楚今公歿矣余亦何以爲情哉捫心追遡率成近體八章皆非無爲而發爰分注因由於下云

七律　八

步過東亭復向東南莊依舊夕陽中榻懸枯葉沾蛛網杓絶香杭送鳥籠獨客自甘羈旅寂一杯難再宴遊同春風知否無人賞吹出庭花次第紅

前月月明病少間雙童扶挈訪陳蕃偏遭叢脞多塵務未獲趨陪共酒罇興發側聞詩句好途遥不憚柝聲喧何期明日便僵卧永判平生在寢門先生前月過飲陳石鐵先生宅招余未赴

記得家君到海邊浹旬譚讌上牀眠懸弧同下三千世宿草先荒十九年轉羡耄齡稀迸古重傷隱抱恨終天諸郎苦次毋哀毀較我承顏樂已偏因公追思先人益增哀慟

納涼邂逅聚禪關座客飈塵散莫還仍是先生爲地主勸僕廻樽酒尚温吳季若逢煩致語劉郎深感辱相存還希素扇春殘寄懷袖攜持勝晤言

題友人書屋

東隣新闢幽軒好迫促題詩日幾回笑我萍蓬無定著見人館宇每低徊芳尊最許斯須辦旅抱能教陡地開只是妻兒方待米匆匆未得久追陪

壬辰歲首之海陵舟中作

初更襆被下船眠聽過三更報放舟獨客背辭殘月去半帆高揭曉風偏秦潼歷歷驚俄頃萍港依依入望前笑說兼程今日始此身猶幸未衰年

送嶧聲上人歸郡城

七律　七

春雨偏隨錫杖飛兼旬烟霧晴霏微朱絃纔喜朝來燥烏榜俄催月下歸特奏佩蘭何澹澹未操別鶴已依依翻緣俗賞多膚語益嘆知音世上稀

同秉菴招賞白荷花

列坐苔墀布席斜華燈濟楚綴簷牙漸侵秋氣微涼夜初放君家獨愛花欄倚娟娟渾是雪尊開豔豔直如霞休催詩句吾洸醉恐惹鄉思到水涯

輓周繁露先生并序

公與　先君同歲生訂交於巳未歷庚午而　先君即世聞公方以俠稱江淮間建樹未有量也迨癸酉夏六月余偶至東亭見公於宜閣猶及識尊甫遜之

重來十載醉花間心情愈熱依依戀鬢髮相看漸漸須
特就勤師悲永叔甘泉屋角瀉潺湲（憶癸酉聚飲之人惟余與雲瓢在焉）
襄完弟室足辛勤颶聱俄銷空外雲媒去醫來殊倉卒。
拆鸞蕙雁互紛紜。麥舟厚賵千春重。萬里閔田半畝分（乙酉余爲弟納婦丙戌婦亡先生贈）
報德成言慚久食終虛挂劍負徐君
（助特厚且畀地葬之舍弟許載石峯送南莊未果）
省疾宵來坐榻前語雖難辨意纏綿大都慮我衣仍薄
且更關心家未還廣厦杜陵何用構綈袍范叔已蒙憐
不知身欲長辭世說到楊雄尚憫然（公於彌留中尚念楊古存先生歸裝
索莫蹞蹞不已）
旅次交遊頗有人白頭前輩久逾親雲情繾綣渾如昔
七律 九
星影微茫倏及晨燈待沈彬泉下耿蝶邀莊叟夢中新
雨君杳杳招無路思倩巫陽帝所陳（時沈來求先生於前月歿亦余至好）
短日經天催馭急驚風著地捲沙昏素琹舊響登琳奏
絮酒新芻上殘溫誰更逢人先說項昨還送客後留髡
飢生不爲私恩哭欲發狂言聲又吞

寄懷函九（結用函老贈余句）

昨歲余曾寄短箋浮沈竟未達君前無何久客孤吟夜
又是涼秋九月天。酒縱葡萄醇難博醉月雖清潔只空圓
徵歌暢飲平山寺可憶乘閑步晚烟

即事戲題呈陸榕邨

午餘難遣睡魔侵咫尺高齋散步尋門在市廛塵寂寂
人來院宇晝陰陰新聲側犯鄰樓邃綺語無題近日吟
自笑春心休歇久忽提舊恨陡然深

飲楊天一宅悼其尊公康六（時康六母夫人尚在）

停觴心動忽沾巾華屋仍羅曩日賓縱有象賢同笑語
其如知己散飈塵涓埃受在微時重悲愴生於醉後真
欲盡西州無限慟恐驚堂上太夫人

元朝同函九飲塵圜宅

晴暉炙背庭交午和菜沾唇味帶辛俗尚歲初投五白
身閑世外得三人萍蓬會合原非偶端復文章信有神
年力富强良可羡搔頭嘿悵素標新

正月三日大雪再集宜閣

七律 十
宿酒沾衣痕未消又登宜閣不煩招春廻客邸纔三日
讌集君家已二宵檐瓦漸平白颭颭竹枝都亞綠蕭蕭
驀如挾纊溫詞好那管氷花侮黑貂

新安畢叙九負其父祖旅櫬入關歸葬

深悲兩世究難釋遠適三邊戍不還　聖主恩敷蹤禁
網愍孫書奏動　天顏櫬辭雪窖黄沙坼淚濺氷崖白
草殷渺渺羇魂欣有托何殊生入玉門關

輓繆艮玉先生

望舒斜犯少微辰驟擁濃雲暗海濱識應共知悲處士
銘題定論有完人那能清濁汪汪量最好浮沈得得身
會弔賓朋齊泣下就中羇客倍酸辛

昔挂輕帆珂里投高門羣從托綢繆納交令子垂青眼
引上崇階拜白頭不待徹餘分餽勸毋當漏盡剪燈留
難忘除夕還招致終始無渝十幾秋
臣志於今亦減前淹遲一飯報何年巳無薄賻應相亮
縱有哀詞未足傳門外置芻人宛在牀頭調軫曲難全
典型欲覓曾非遠收涕迴身對象賢

雨中同大石二過余水檻沽酒飲吳傾存先生適
陸仲逵舟經橋下亟呼共飲壬申年

同心偶聚暮秋天恰喜陸君溪上旋柳影參差停櫂穩
雨聲淅瀝阻人堅角棊先恕余投子酤酒翻令客解錢
應念高堂霜雪鬢不堪剪下向壚邊

七律　　十二

落照

城上堂堂落照斜閒身瀾漫送韶華殘書失簏横牀畔
老屋無籬側水涯綠滿椰瓢衣質酒紅飄竹几雀銜花
關心百畝波濤占日驗苔痕就淺沙

虹橋看荷花分韻

沿壕碧柳近來添櫂過重城故故淹曲折芙蕖尋去路
分明粉黛隔空簾初筵監史深杯勸亞飯行厨俊味兼
殿鐸忽驚風外響餘酣正想蜀泉沾

宿天笠菴呈嶧公

又同聽雨夜連牀驀憶携琴就草堂相對兩人翻悒快
剛抛一載付蒼茫鎔投圜筍沾苔碧餅倚江蘺背燭凉
師是浮雲余斷梗何時何地復相將

留別貞復堂主人時伯氏賓洛客吳門

蓬葉從來任漫飛棠華不分得相依上牀浹月蘧蘧夢
名酒深宵款款揮安用吾曹存檢束直論詩律入絲微
何當啟戶開顏笑報道金閶阿大歸
交締多春面未諳到門仍是刺空投爲偕令弟看龍舸
轉憶賢兄說虎丘淺汎昌陽難取醉餅歆芍藥適含愁
韶光偏助懷人意涼雨飄揚似廩秋
環城臺榭各分區次第登臨載酒壺淨曳亂雲明遠水
乍廻餘影霽平蕪樹穿黃鳥聽來滑檐壓青梅醉後需
矚目大都堪入畫伯將好向扇頭圖結韻童叱羊先生工繪事時亦假寓

七律　　十三

吳氏

綠展甘蕉影漸寬小窗晝倚隱囊看琴鳴雅正移時寂
詩謝枝梧琢句安不獨交情同澹水每於俗尚挽狂瀾
古風究在心潛折眷眷蕭齋欲別難
敝廬累束依然住詰旦累行舟繫門奚從常餐齊綺饌
離筵特地發高樽過情損惠沾巾受好語由衷挾纊溫
數問銀蟾雲翳未尚思風雨一留髡

徐子晉臣不晤二十五載矣癸巳遇於邗上臨別
贈我泉釀玉章詩以謝之

相逢細認纔相識難憶分攜是幾年泛梗久拚無定所
捋鬢休訝總蒼然檐鳴老樹涼秋夜琴歇僧寮作雨天

不枿尊前鄉思動曾留高士水亭眠
臨流常念壯遊人鬱抱從今陡地申安得惠連乘鶴背
來聽鍾子拂龍脣瑶章旣佩殷殷贈醇酒還生脉脉春
撿點空囊何以報撫膺方歎此身貧

登梅花嶺

縱目城陰廢嶺顚勝遊如夢散雲烟梅花空指春風地
草色無邊夕照天野老白頭譚往蹟郡侯淸興憶當年
碧油幢擁笙歌出雪滿南枝壓綺筵

蔡勿軒五十初度索詩却贈

高齋每詣便忘歸矜躁潛銷勝佩韋素行從來能寡過
虛衷自省覺多非入門羡有承顏樂探橐驚看脫手揮
七律　十三
欸欸慰留催布席傾罇小摘野蔬肥

觀海

寸心飛動晚風前溟涬無涯望渺然汩汩奔潮乘霧捲
茫茫積氣抱天旋神魚變化知何日大藥淹遲失少年
好理綸竿長嘯去珊瑚蹔拂逬光鮮

甲午除夕

輕裝昏夜卸匆匆細擘椒華注琖紅除夕歸來殊意外
頻年閱歷耿胷中大都巧與樵風背敢謂行將蔗境同
已分此生甘與地未知何日定飄蓬

乙未元旦

也與妻兒共向晨儆裘未拂去年塵生憎齒髮將衰日

還作欽崎可笑人滿眼書籤徒汗漫沾唇市醞頗芳醇
微醺雜誦茅檐下不信今非少壯身

晏元長先生枉駕寓廬贈以詩

屈指分攜近十年相存乍到海雲邊僦居難著陳蕃榻
垂橐曾無趙壹錢晨夕包荒容草具主臣引咎托詩篇
因君北望心如擣不盡歸鴻度碧天

輓胡鸞聞

露晞薤上曼聲吟曾否還能賞此音記得詩成常下問
便當漏響亦相尋蠟燒見跋頻頻換酒囑重溫淺淺斟
十五年同川逝疾高情難去旅人心
七律　十四
米市橋西深巷窄短童扶醉火親持掉頭再過生存處
入眼都成往跡悲明月有情來院落好春無賴上花枝
夜臺未必光風轉休更含毫苦費思

贈巴楚瞻 時同發郡城而余以事留海陵一夕

輕舠前月泊邗溝累藉招呼慰旅愁漏下嚴關將欲閉
席移露井更相留海鄉不料君先到夜雨同聽氣已秋
只是愧虛東道誼未傾尊酒爲綢繆

題朱世恭畫照

射雉俞生拂素紈朱生究爾落毫端閒看高柳花搖絮
兀坐匡牀首不冠帙在緗函琴在匣梅如靑豆茗如蘭
更容繞席嬉兒女羡煞圖中樂事寬

賀吳畏齋遷居

薄雲捲盡做春天心挂虹橋載酒船短札數行隨雁到
高柯近日報鶯遷迢遥身在華簪外瀾漫詩投綺席前
約畧過從應不遠夜鐙還擬對牀眠
貞復堂依嘉樹蕃堂中幾度後留晃慣衝氷雪歸帆揭
慚費錢刀欸語温絅絅高情紛在挹渠渠新築想登門
東西宅喜檐牙望照眼琳瑯聚弟昆

甪里莊讌集

渡過秋壕心便遠爲尋幽勝豈嫌遥頻穿邨落幾迷路
已見樓臺尚阻橋簾捲郜分晴岫翠陂深壖引大江潮
擘窠數字持相贈京兆如因此地標時以祝京兆墨蹟送上園中水閣
嵌空置閣枕風潭天影波光蕻碕藍綱起鮮鱗充亞飯

七律 十五

瀹來芳茗散餘酣略裁苛禮非關嬾每坐名園未免貪
飄下木樨深處露衣衫詰旦有香含

題姜陶村畫照

鬢畫無端熱我顏此中何意有人閑未衰筋力纔過艾
頓謝塵囂發入山鄉影信風搖濯濯釣絲投澗漾潺潺
分明究在滄浪畔只是飄蓬未易還

過敦復堂留飲

不到蕭齋纔隔日繞廊無數倚秋花根移野圃迎人立
影借高燈出檻斜難得相携皆舊雨自應久坐盡流霞
兩逢重九君家醉情事分明感歲華

花隱軒讌集步徐兆郃韻

江城慣阻斷蓬旋臘日淹留似昨年最感主人容醉態
還催詩句奏芳筵寒梅擘蠟枝枝亞天燭懸丹顆顆圓
軒外後凋多老樹新標花隱舊平泉

上京江張夫子 時求爲先人傳題後

山迴江清鐵甕雄高風碩望鏡湖同頓抛簪紱身逾貴
曼嘯烟霞興莫窮峻宇何關容散木温言特地慰飛蓬
自從月雪違松麈耿耿難忘一寸衷
今春强半住蕪城何限臨風嚮往情附驥幸垂終古遠
登龍敢怯大江行亂飄帆影逢新霽長跪牀前謁素誠
倘濡綵毫貽片語蒼蒼宰木已殊榮

南園重葺其主人限韻索詩

七律 十六

忽報南莊草樹芟舊時燕子復喃喃倍添匝屋琅玕影
無恙堆牀玳瑁函連日乘閑開白社幾人迴往濕青衫
掀髯徃詠華筵外姓字居然蘚壁劖

淹蹇

風捲蓬根任所之淹蹇漫度力强時籠無長物還餘帙
廡耐塵氛未樹籬孑影勞勞慚自顧閉門唫瑟瑟受人嗤
搔殘雙鬢看垂柳羨煞逢春又絲絲

送姜白浦北上

祖筵酒半振衣興手指雲光五色凝逸足絶塵過似電
寒鋩脱鋏淨於氷重尋舊好綸扉敞纔有新詩紙價增
明歲此時何地醉曲江餅餤裹紅綾

上書北闕仰南村（令祖南村先生上書籲如皐逋賦載邑志）繩武前賢得後昆行踐台銜擄底蘊豈徒桑梓拜私恩立身務令千春重把卷非矜一第尊深佩用心敦古義臨岐執袂裏言繁

得湯自聞消息却寄兼索畵竹

書函濶絶四逕年爾我能無各受愆近況傳來聊慰藉小詩寄去倍纏綿與嚴縱酒渾如昨墨妙開箱竟證仙可肯一枝分秀色貿篔深谷偃春烟

丁酉三月二十七日立夏月又小盡同人索咏

最難抛別是芳春驀地飄然又背人況較常年差廹促大都好事不逡廵久晴更易庭花墜小極何曾杯酒親

七律　十七

葦負韶華余嬾甚終朝鹿鹿溷風塵雲消碧落麥風淸櫻筍黃魚上海城竟任春光從此遠直占夏令那須逕空簾晝閉尋鄉夢幽蕙香飃澹俗情初曵薄衣吟夕照趂閒開卷足餘生

題陶村家慶圖

木樨花發芙蓉舒吝下老人閑有餘鎗瀉寒泉足旨味篋留長物惟奇書横襟落落雲霞上環鄰翩翩麐鳳譽門內至樂寧易及令余健羨還踟躕

丁酉元日步陶村韻

餅花冉冉暗移春盤蠟熒熒照向晨甘薺空荖萠雪砌飛蓬那許謝風塵無多昆弟重湖隔深賴朋交異縣親

踈放更遭鄰叟笑賀正剌糸一詩新

送黃爾英之射皐兼懷趙躍千先生　壬辰

送君平曳半帆秋家近靑蓮捉月樓歲晚應思鱸鱠好裝輕還向雉皐遊未能祖餞徒怊悵安得仙舟少逗留此去逢逆如有暇爲尋趙嘏寄離愁

王西溪與余同歲生屬和其自壽詩

同作風花離樹飛君縈簾幙我偏違苛看振翅横雲路自分披蓑老釣磯磁石曲鍼何意受淸谿貰廡舊時依只今相對頭皆白爛醉秋光未必非

過易以立宅留飲兼呈令兄榮昭永言

北道周旋愧未能東關過訪與偏乘華堂遍拜諸昆好

七律　十八

芳醞頻斟小戶增漏下那容人着屐途遥自有豎擕燈温言欵欵眞如纊不信檐牙溜盡氷

留別易氏昆仲兼呈吳軼張（時以立往何阜旦晚將歸矣）

寄霞迷濛布遠天風光取次送殘年朋情眷眷能無戀鄉思縈縈乍自牽竟別同心擕笈去翻愁令弟挂帆旋重尋約畧春燈後共訪吳均酒盞傳

題書永把卷獨立小影

伊誰妙手筆何工豈祇先生古貌同嗜好不增書卷外襟懷大抵玉壺中感因榮木搔華髮吟到停雲望遠空後會那能還肯此盍斟翠醥就花叢

易氏昆仲雨中招賞梅花

春寒淰淰閉朝暉夙約看花不肯違猶記殘冬冬來囑咏
又逢老樹作芳菲交游到處都堪托羁旅經年未必非
前阻河氷今阻雨蒲帆定在幾時歸

畏齋海棠花下餞客分韻余竟夕不成一字戲題
解嘲

莫笑文通才遽盡此花杜老嬾題詩歌聲况惜征帆挂
客子俄牽舊井思冶態亭亭驕畫燭華顛脉脉對深巵
罰依金谷臣甘受恐悞穠芳𨻶去遲

壽胡太君九十詩

王孫伯仲納交真廿載相依碧海濱遂拜高堂瞻古几
又逢大耋慶華辰雪霜尚未侵鬢視聽何曾便隔人

七律　十九

别緆心傾劉叔惠音詞死爾對先民

朱聖功宅賞梅

廣陵濤畔陶朱宅常憶松筠出短垣隔歲重來看雪蕚
同心偶聚聲芳罇風生薄暮殊無賴月上高枝轉倍繁
念我春寒增老怯解衣衣我意何温

寄尚雨磯楚中　雨磯畫照留余處越三十年今特寄與系以詩

都忘襟袂何年判年與離思若箇長今具幾函纔致問
囊留畫照亦相將自傷蒲柳三秋晚遠羨荃蘅七澤芳
到日緘開還肯否重逢未必識劉郎

書永將發再占長句送之

明日先生果挂帆燈前慰勞挹征衫窗鳴寒雨偏留客
酒到離筵不用監崔顥登臨揺綵筆杜陵歸去荷長鑱
各須努力途遙甚漫勸加餐語可芟

巳亥歸里贈許維周

社樹依稀是往年親朋相遇半茫然劉郎吟望花枝下
許掾低徊酒琖邊持扇索詩何悢悢淚痕墨瀋共濺濺
先人都作泉臺客應似生前亟往還

送王霽聲侍父解官歸里

公子晨興侍父旋藕花風送布帆偏相看扇枕南還越
俄見乘車北指燕流寓十年棠樹下締交兩世酒罇邊
宦遊他日過吾郡話舊應知又惘然

冬至姜陶村招陪張環齋分韵

七律　二十

小奚數數扣門催跛屐登筵覆綠盃自分衰遲知興減
每逢朋好便心開盤添樺蠟頻更跋羹氿車螯旋點醅
鉢擊諸君詩總就掀髯高詠羡鴻才

送張環齋先生　步留别詩韵

先生晨起攬征裳黯黯余心到寓樓未進酒盃應見恕
並無詩句媿從遊霜晴兑入三春令帆正如飛一葉舟
忽念往年當此日我偏冒雪過吳州

贈吳貞士先生兼呈書永昆仲　癸巳夏

豈意喧闐車馬地别門深扃有先生半牀好月孤眠穩
幾縷名香梵唄清靜攝寸心憑物變時開冷眼看人爭
若非小阮堂前遇旅客何由見典型

茗烟蕩漾出花陰節氣清和坐竹林澹泊卻逢明志日
豪華久泯壯年心匣涵秋水還存劍囊散浮雲未盡金
執手不須增慨慷階除寶樹特森森

題畏齋小照

高張卷軸看雲岑黃海風光君舊林結想偶緣歸梦引
投閑端爲讀書深手摩老樹栽何代耳聽飛湍落幾尋
及寫形摸次襲鄧肯教幽興減於今

重九登帆引閣

飯罷一登帆引閣俯臨雉堞繞參差豈因故事尋高處
容易深秋動遠思天淨自横孤隼健風寒先是老人知
鉦笳過耳喧官舫無復熱中似往時

七律 三七

題黃建陽照（照寫乘槎泛海手擎爵叢飲器餘偏多先輩題贊）

容與孤槎大海浮殷紅飲器阿誰頭酒闌舊事心難忘
簇敞當年畫尙留相對霞標丰度逈祇添霜撲鬢毛秋
細繙厓尾琅琅詠想見先民淚暗流

丙午冬至寓懷

如水韶華去莫留葭灰又見颺悠悠占雲遑問來秋事
聽雨惟深卒歲愁家數徙遷殊自笑交多寒素向誰謀
便思懽聚都非易水滑泥汚路阻修

壬寅除夕寓畏齋步枝巢懷弟原韵

凡百如歸忘是賓絲綫相示更清新一杯辰厎甘居後
雙燭般般故近人歲自匆忙辭去易事偏往昔記來真

海西湖北交縈抱不減先生憶漢濱

癸卯元旦次枝巢韵

踈星歷歷挂重檐也向晨光一啟簾慣作萍蓬心自喜
任教衰賤歲頻添素梅傍榻陽春動碧酒沾衫昨夜霑
維誦新詩深折服不隨府尚鬬輕纖

偶成

華年辭我去駸駸自有衰遲況味侵蚤識天陰如中酒
每看花謝最驚心舊交還是殘編在孤館惟邀好月臨
何必春宵定歡讌當前一刻已千金

郊外閑步同枝巢素居

秋入林霏澹澹消古壕瀧瀧棹招招逶迤郎落沙中路

七律 三三

指顧圍亭郱外橋紅葉可親鮮似洗青帘買醉就非遥
坦懷譚笑觴餘引已是深山遠市朝

題趙念昔先生照（照寫呼兒正葛巾）

幾時散髮老江濱客至纔令一正巾自說畫圖聊寓意
爲思鄉井作閒人蒲帆儻肯相存過菜甲還堪小摘新
豈料頓開神已往環莊究在眼前真（環莊卽所居地也）

歸思

雲薄高空辨日晡語聲寂寂點塵無細分書帙懸籤識
自壅花根借竹扶倦卧豈關春夜短歸思最切姪兒孤
伊誰料理耕耡事甯足荒村土正蕪

七夕獨坐和牧莊原韵

淺涼天氣漏初遲蟋蟀無聲露坐宜何處閒情拜牛女
可憐巧思付伊誰衡門忽扣將斜月新詠深悲易去時
時去須知來亦易園林轉瞬惠風吹

春陰不得採梅和吳後莊原韵

空樓晝閉逈沈沈一半春光付積陰貧自客稀還雨阻
閒應身倦況衰侵忽傳尺素揮毫健爲惜梅花注念深
本性敷榮原不易寧因寒逼怯難禁
復動家居曩歲情中春夜雨卜西成韶光如水堂堂轉
飛藿隨風故故輕湖外田功雖廢棄鐙前檐溜極分明
于今關切惟梅萼莫太摧殘望蚤晴故鄉農占以二月夜雨卜是年旱澇

兀坐

七律　三三

花朝却好天新霽兀坐還如風雨中情性本孤非世棄
逢迎無術羨人工袁閎坯戶何曾宋阮籍康莊豈免窮
近更耳聾多繆誤頻思社酒乞鄰翁

後莊招集南園分韵昔南園易主新葺而牧莊累事始白

纔出城扉是散人襟懷頓掃許多塵豪情特地開芳讌
今歲何曾負好春重葺池臺隨意稱紛投欣慨醉時真
儻非積莽芟除淨那見棠花奇奇新

存園讌集未赴

大半春光去若飛奈何相賞故相違可憐躑躅市塵苦
敢怨詼諧座客譏白髮看花原有興野鷗逐浪自忘機
幸容老嬾毋苛責省却吟詩未必非

葺架　和止齋

架引木香梟梟枝枝分面面綠垂垂午眠夢入秋陰晚
露坐遮來夏日虧弱蔓翻憐先蹋蹐繁花預料更葳蕤
墻邊地拓堪容席雪瓣從風撲酒卮

人日建陽招飲

人日難逢恰好晴同心況遣笥輿迎自憐豪興還如昔
久坐深堂已報更酥落酒瓢添味雋臘含梅瓣送香輕
醉中堅訂頻頻過指點春花次第榮

穀日犀浦招同馭臣小飲聽度玉茗堂詞

橫吹嗚嗚裂玉穿清歌的的迸珠圓纔斜日影鷁飛急
旋出波心鱠斫鮮爾我久無今夕聚襟懷又罄兩君前

七律　三四

何須歸路愁違淖月已新晴卻上弦

聽隣家撾鼓

西鄰向夕誰撾鼓節近張燈片月懸颯颯亂飄如雨急
淵淵緩振覺春偏荷衣愛弟當年戲蓬鬢羇人舊緒牽
側耳隔垣悽欲絕回飄小誤付茫然

訓黃大令餉餅梅之作

堅卧空樓非寄傲不知舉步適誰門貴曩只賸牀頭易
婦子難謀花下鐏眼底何緣逢北道愁中着意仿西崑
孤吟却稱餅梅冷那羨名園雪萼繁

閏上巳黃大令招飲雪毬花下

底事風聲晝夜號空教春閏付吾曹兩經修禊愁還在

一過衡梧興便豪亂綴雲毬渾似洗翻䑓月影不曾高
讓他紅紫鄰園好脆竹繁絃集鬌髦

過後莊素居留飮木樨花下 五六句用臨別語

花間布席將誰待卻好狂生不速來竟引深杯忘戶小
盡抛苛檢得心開爲言新月纖纖照相囑衰翁緩緩回
只此一枝淸味足何須峻宇更崇臺

王曉亭屬步登高原韵

秋氣淸佳賞莫違況逢暄暖似春暉仲宣枉示新詩好
越石長吟逸興飛東道倘令尊有酒西風邉問杵無衣
思歸望遠從來慣何必重陽出郭扉

輓何阜孫覲我

七律 二五

傳來凶問海西湄引我并州無限悲賃廡夢歸如舊日
比鄰膝有幾相知承家獨羨兒曹好浪跡私憐境遇危
貧病那堪兼老嬾生芻休訝寄遲遲

中秋牧莊招同諸子冒雨湖泛傍晚喜晴

乍捲陰霾俄頃晝氷輪如洗上團圓不辜冒雨跟蹌出
共說停橈仔細看老去幾逢秋正好心開休勸琖能乾
還憐晩稼從容穫隴畔舟中各笑歡

哭吳素居

涕淚生平不易垂登階大慟莫禁持襟懷古處原無幾
直諒今玆更有誰已到闔棺公論定翻思傾蓋納交時
我方四十君三十邸舍銜文酒一巵

浮雲偶聚海西濱克有終初只率眞深藉磨礱師友誼
不需盟誓弟兄親沽醪滿擬頻催讌賃廡新營托比鄰
昨曳短節仍款戶蕭然供給最酸辛
記曾貞復堂中住夏首淹留到孟冬諸弟及兄稀把晤
先生對我獨春容園林蹋遍雙屐譚詠聽殘夜夜鍾
又是登高佳節近便無風雨出門慵
錫類深仁世佩膺中宵念及感層層貿余先子眠牛處
冒暑荒山策蹇登樹已濃陰成蔽芾銘留短碣特崚嶒
卽今惟進生芻束欲誄林宗媿未能
蕭艾靑靑徧在眼中林蘭蕙一枝枯開元雅調源眞絕
正始微言緖本孤栗奏還呼常侍賞觴傾欲覓虎賁無

七律 二六

傳聞阿倩鍰遺草此事殊堪愕冥途 結謂焦遂周

延綠堂送春步吳匆安韵

行行水畔復林隈非驟豪情選勝來竟上空廳驚野雀
旋尋廢帚掃蒼苔荒園豈許留春住蓬戶徒勞爲我開
盡撤隱欞絕淸曠眞延綠影照深杯

後莊招飮貯香叢碧軒分韵

芽檣携杯醼貯香泥乾肯怯路途長花明紅藥春還在
老遇新晴氣頓揚有感閒吟多慨歎無生妙諦探微茫
江山風月誰常主到手休辭灩灩觴 昔聽耳公諱禪凡 玆園未二十年已
再易主人太息久之

輓閔曠齋先生 梅花處士盧先生自題書屋也

盧外梅花春又發，盧中處士竟何之。故人無那緣衰病，浹月才來一溯洟。崛强養成如鐵幹，芬芳吐出似冰姿。高情落落依然好，倚樹低徊日影移。

索處當時伏海壖，耳名曾記夢華編。不圖老輩尋常遇，還托同心十九年。鄭驛饋遺情委宛，阮途慚勞語纏綿。賞音難再琴横榻，曲縱成聲嬾拊絃。

花底分明肆綺筵，宵闌投轄欵留堅。飯無差等休彈鋏，禮克終初願執鞭。漫愛蛩聲常慘慘，生憎飅腹易便便。先生喜余詩而惜余不善飲酒 泉臺曾否春風及，舊好相逢費酒錢。

壬子蚕春和後莊有感之作

七律 三七

春來正喜天晴好，料峭風偏暗暗侵。篋底有書都嬾近，樽還賸酒那能斟。旁觀失馬增愁緒，徒羡冥鴻振遠音。何用悲吟三致意，餘生决意入林深。

復堂讌集即事 壬子三月四日潘會稽、石雉皋、李句曲、戴臨皋招余遊禪智寺未赴，晚却聚飲譚禪智古蹟

晝未同遊宵聚飲，休嘲老病興全闌。聽譚名蹟如身歷，神往深梧到手乾。端趂好春風澹宕，也拖一杖步蹣跚。開門扶醉且歸去，檐杏沾衣瓣瓣寒。

同人屬咏水底芙蓉影

芙蓉歷歷照空波，較綴枝頭澹宕多。雙眼霧昏花更遠，麗鬟篋啟鏡新磨。已搽老去無聊賴，未免情深喚奈何。

雜誦梵書泡影偈，閒浮景物總如他。

題閔伊姜照 照寫獨坐撫無絃琴，孤鶴翔空欲下

屬我含毫咏畫圖，知心世托敢相諛。冰絃欲鼓誰傾耳，廩糈能辭自遠筊。逐利干名隨處好，天空籟寂此身孤。非徒風雅傳家學，恬退爲懷豈異趨。

癸丑夏仲客螺川堂越月偶感

晝長似歲雨還晴，書亂成巢縱復横。閉裡筋骸如此倦，靜中眼耳偶然清。魚鷹掠水全無影，蠅虎緣牕悄有聲。景物不殊弱冠日，石闌徙倚底心情。

甲寅重九後二日吳後莊招同諸子詣寶勝寺看桂，復飲閔氏園

七律 三八

木樨香引出秋城，三五閑人掉臂行。隨意精藍耶甜足，就花繁處漫傾罍。譚諧往復詞無虐，風日晴和氣轉清。愛惜流光兼物態，不緣垂老豈關情。

答後莊

知君非不峻風裁，雅度偏收衆棄材。繆誤多端憐老病，暌離隔日輙疑猜。詩何委宛深情托，花正清芬宿醖開。莫負韶光徒感慨，悠悠世態直浮埃。

再同後莊集寶勝寺後院，赴熙上人招也

名花不厭百回看，名酒何辭百盞乾。僧戒本寬容客醉，天香暗染透衣单。日斜欲别依依戀，沙輭徐行步步安。摒擋來宵携襆被，月中消受到更闌。

卽事呈牧莊

看花倍蓰使心開君郤花前不速來夙約累塋空悵惘相逢一笑轉低徊天香雅稱幽蘭臭茗椀何需濁酒桮飯罷登車掉頭囑休忘再聚講經臺訂來日聚東林菴看桂

題吳兼三照

科頭趿屐褐中单風調高華散步安便向巖巒置身稱稍栽花竹寫懷寛雙允遞轉流波急一卷時承老父懽世世忝交容直諒自無膚語到毫端

乙卯夏孟卽事十一日集雙梧軒十四日立夏集愛吾廬

爲貪好月照當頭自捲踈簾挂上鉤小院風光纔入夏老人况味只如秋不辭高會途非遠也欲遲眠露易流

七律 二九

縱富餘年成底用書函酒琖夙緣休

代東寄趙石樓

欲布中情寄一函無何雁不到湘南况逢七袠拳拳念直似千峯疊疊嵐强健喜聞君未減衰羸窃笑我難堪幾時跨鶴聯来興尚有前逃人共譚

經閔曠齋墓

幾回墓道草榮枯纔歇籃輿淚落襦斗酒隻雞前約負吞聲拜手禮經拘殘暉横掠行雁老栝紛投啞啞烏最是低徊難遣處精廬雪夢意將蕪

輓吳牧莊

招魂那得倩巫陽號慟靡由徹彼蒼首夏胡爲遘病暍故人竟未及秋凉可憐金鑠炎曦赫深惜膏煎照夜光欲賦誄詞停筆久休嘲才盡似江郎屬纊前二日示余詩有希圖存活待秋凉之句

三十年如一日新初終事記寸心真磨礱互作他山石推觧偏親賃廡人左海遊觀疑隔世東樓實從久飛塵因君復悼孫司馬昨夕君還溯念頻康熙庚寅辛卯間同先生客阿皐夏尽每稱京於孫君宗泗東樓病篤猶謂余曰東樓紙京如隔世事矣

君携書笈返維揚余亦登龍占上林青眼偏蒙昆仲顧紅醪送勸嘯歌狂扶揺正喜鵬颷翮先後頻驚雁斷行不料露華晞薤易大都月滿漸虧光謂令兄素居令弟耀文乍罹多難甲辰秋送歲椒觴夜共浮卧數譙樓鐘慘澹

七律 三十

吟標嘉石意優游寵榮曾笑圍棋勝愛戀應同敝屣投遺稿毅然焦遂任從今傳世可無憂令姪倩焦歲周爲鋟遺稿

裏言難盡盡奚益諧語希君懷抱開雪藕氷兆富閬苑扶桑細柳遶泉臺連朝酷虐更如火碧落冲舉寧染埃琴奏彥先賞此否勿辜絮酒醴盈桮

菜花和嚴淡香

暖風吹送菜花香一片晴雲照野黄麥穗蘄蘄相映秀柳絲濯濯拂來長儘娛老眼消春晝乍引歸心立夕陽到處樂郊容托跡種蔬無地郤房皇

贈吳希賢庭壽大宰新栽屋角貴楊自癸巳初來見之今近三十年尚好在也

眼看君度曰强辰往事層層記憶真樸遨風存占遠大

斑斕衣舞獨鮮新座多白髮親朋舊罇汎黃花氣味醇
醉指庭柯雖厄閏守緣秋老讓松筠

題王清秘先生劄子後

堦除罅隙淨如洗茶葺香熏事事殊涓潔邪能留雜客
嘯歌竟未厭狂夫革鞶齒劃青苔損寒具油拈法帖汚
手蹟偶然開篋見曷勝浩歎一沾襦

久雨

莫辨朝昏倦欲眠歷春徂夏雨綿綿已搡苔蘚頹無賴
更洗蘼蕪淡可憐老屋強支偏我似匡牀避漏帶書遷
也思曳杖聊閒步邪得媧皇再補天

底事

老人底事攪胸中觸緒都非往歲同便對嚬殘猶戀戀
邪堪春去又匆匆園禽暗已先時變欄藥忻然向客紅
最惜種麻無隙地欹斜刺眼只荒蓬

蔚園五言排律詩

淮海漁人劉宗霈撰　孫儈鏡校字

乙未初度漫成

嵡雨聲難斷中宵夢未能入晨翻欲卧亭午始徐興漸
漸衰相逼荒荒後莫憑弧邊心暗折鏡裡鬓堪憎定命
占之遯攻醫志枉恒半生渾泄泄往事特層層崇索雖
云緩捫觚尚有稜趾爭床上下精辨水淄澠異縣留何
益韶光逝可矜巢看羇燕葺浪羨伏魚乘飇蕩輕紅墮
縣芊嫩綠凝海天春月暮土俗古風承隣曲携兒女墻
間拜豆登念余亦人子凄絶淚沾膺

戊戌元旦步吳賓洛韻時在令弟畏齋宅度歲

氷泮氣昭蘇歸帆轉綏圖年新人是舊事簡古爲徒聯
榻花交蕚含毫硯就鑪賢兄才更敏佳詠錦爭敷黽勉
依聲和蒼茫命意殊僑居瀕遠海鄉夢隔重湖不少家
庭樂其如道路迂衰遲稱宕子遇合耻侏儒笑捉東山
鼻譚掀越石鬚都忘流電逝竟欲御風驅質廡寧三窟
先廬負一區食魚留幸舍附驥托亨衢盡興攄衷曲包
荒恕醉愚諸昆窮歲酒取次復招呼

壽趙環莊先生

佳麗晚春天甘芳介壽筵先生正七十歸路迥三千波
漲洞庭遠星占隋苑懸倚樓傳好句把琖近高禪小子
殊磴臨時賢久棄捐蕭蕭垂白髮蹁躚戀青氊忽辱平

原顧都因季札緑（余因後莊昆仲納交先生）寓亭頻聚譙旅况互相憐此日桑弧挂光風蕙蓴鮮同心言頗似種更自湘川

季秋八日湖泛九日集存園皆赴後莊昆仲之招也即事成十韻

貧家忘節序秋盡亦關情庭事塵中戀連朝郭外行杖頭錢獨乏席左老堪驚保障桃纔歇存園酒又傾烟霜叢篠晚翠黛遠峰明返照芙蓉豔空波雁鷺輕衣香殘桂惹觴藉輭莎平酣醉衰容換清狂故態萌眼前聊作達身後愛何名不有掐壽數徒拋風日晴

賦得雷塘水乾禾黍滿　五排　二

雷塘瀦水便自昔藉深耕堧塞年時久縱横禾黍生濃陰銷暑酷高穗落秋清懷古先賢詠憂民　聖主情盛朝諸廢舉不日舊觀成瀰瀰還無際山農樂治平

鄂公署中有金芝蘭蓀之祥崇川張院使屬余賦詩頌之時公駐維揚與江淮水利

勳德公兼懋芝蘭瑞荐臻蘭蓀方秀發芝蕊更輪囷暈漬姚花豔莖同竇桂新甤甤垂畫棟楚楚淨纖塵祥靄騰光遠精金出冶純黃磁旁掩映綺不峙嶙峋擎握懷中臚滋培席上珍作叢清可數綴實綻還匀燕姞徵昭應蕭卿事等倫佩台時入夏豐稔歲逢辛　節駐邗江署班崇　內府臣仰承　宵旰慮竚見掄排竣陂澤俱常溢城壕總不堙權宜俄復古利濟浩無垠默感高蒼捷幾先草木神商顔誰采茹幽谷孰沈淪宅遂耶乘運焜煌特示人隨聲謌頌獻妄擬鄙私申葵久傾陽切棠原布蔭均舊交蒙汲引薪製浼將陳（時辛亥孟夏公將有弄璋之喜）

閱諸同人蜨蠓詩有感　五排　三

三復蜨蠓咏層層感慨棠宏詞蹐爾雅微物荷佳評烹飪法俱悉貪饕延欲生老人慵唱和往事特分明海岸居曾久并州夢屢成煮鹽今古利嗟汝土風輕畚取泥沙內筐傾瓦礫聲常餐陳爛熳貧士易經營衰病無端及山雷有象呈性寒脾怯受質滑齒難爭尚壓肥鮮分寧希賞譽榮諒非文貝比九府列崢嶸

琹臺石詩

南屏山舊有米襄陽題琹臺字與司馬文正公隸書家人卦詞及樂記皆磨崖碑也米碑湮沒已久志亦莫考新安汪氏昆仲得諸意外事詳姚江蕪廣文記中徵詩紀之

西越尋佳勝南屏秀偉奇磨崕多往蹟累代半傳疑何處琹臺碣惟留易傳詞摩挲欽涑水快悵念無爲如物陰呵護容誰漫探窺練江眞國士汪氏克家兒奕葉稱惇篤彝倫藉主持孤亭承志築聯璧奉親嬉先隴蒼煞近脩廬宛在兹掃除松栝便憑弔涔臣移重龍擘窠字恰當闕地時爬搜塵盡滌呈露刓初施顯晦應前定遭

逄儼夙期春卮孳湛湛晝漏度遲遲望古典遥集調絃寄逸思終朝秤下坐愛玩幾曾離

寄臨淄大令代柬

每過正誼巷便憶孝廉公判袂曾相訂裁書可勿通符分符篆後投謁署齋中邇日人相問何時帆指東須知治劇縣無處着衰翁若是筋骸健還堪幕府充尼山况咫尺岱嶽更巃嵸嚮往私心切登臨蓄志雄豬肝供定足驥力老偏窮拂素聊狂咏垂青鑒鄙衷請安申茂宰教削仰宗工爲恃忘形契因污執事聰政成應殿最枋用本家風鼎鼐鹽梅劑遐荒雨露同臣惟甘伏蟄札又望來鴻莫以離筵囑徒令引領恫

五排　四

虹橋育嬰堂閔子伊姜釀金新搆實承先志也先是伊姜曾祖象南公倡始於小東門外遂世董其事今伊姜移而廓大之暇日招同黄建陽易玉峰湖泛小憩於此率賦是詩

逶迤沿郭去亭榭列參差特地添新築仁人活棄兒撫須招乳媪惠亦及窮黎稍食程腴瘠良工慎療治隱微靡不中提抱幾曾私况奉　温綸切爰恢故局移首倡心久盡善述法無遺疇克終如始君偏孝寓慈空桑呱哭寂清汶哲模垂宪爾流風在殷然舊雨思閲壽華髮老遠汎碧湖潛舟到虹橋泊庭喧赤子嬉本源都莫遡懽躍更堪悲反哺原非望承先那敢辭濤奔成古昔泉

下榭今兹感愴頻沾臆低徊一詠詩午晴剛亞飯路轉勸深卮水勢消消窄桅聲故故遲後期嘗蜀井斜照廹崦嵫登岸初昏黑往來燈可隨

五排　五

蔚園七言排律詩

中秋前二日過天寧寺賦得眼見四朝全盛時

張燈合樂各匆匆雀躍懽騰率土同虔祝三多容野叟聽呼萬歲出高嵩商從䝉使尋常例顏覲　天威咫尺中拜跪罔愆更漏靜敬誠遥向殿廷通薰風解愠被遐邇化日舒華麗顥穹班劍儀刀森左右鵷行鷺立列西東須思秩秩雍雍度端賴平平蕩蕩功兢業危微爰建極區分枉直必由公摩肩不禁觀光客觸目潛懷遡往衷老輩曾譚逢甲乙　本朝軫念闕屯蒙赫然律令三章簡允矣烝嘗百代崇　聖祖當陽恩霈𩅦　世宗繼體澤麗洪緝熙　今上剛柔克丕顯　先謨

七排　一

損益工仰恃覆幬俄齒耄慣貪嬉戲尚心童咸池韶舞九重奏火樹銀花八月紅品彙儘教皆報熟田疇更喜屢云豐纍纍丹橘黃橙實楚楚霜蓉露桂叢秉運耆典無棄物含靈蠢動逮昆蟲幸憐衰謝躅征布恥際明良未綰銅定命久安殊過分詩吟康節氣偏雄

賦得霜葉紅於二月花

白帝堂堂執法專青霜脈脈亙天懸知誰散漫胭脂買染此參差樹木鮮綺麗晴霞眸屢眩瓊瓏返照影如湔節操雖讓松篁獨顏色寧輸桃杏妍豈博衆人羣愛玩偶逢野叟一留連花繁春暖原非分葉變秋高幸久延歷歷乘除難假借層層忻溉暗縈牽雁來紅是尋常草底事人稱老少年

輓汪澹人郎中

何須齋具磨明鏡容易投門爇寓錢桀戟相望纔數武鍼磁偶契倏經年各申心慕延陵宅雜誦傷心騎省篇花漸離披春又老燕遺晴霽露難濺揮毫競賦蟲蟲鵬繞樹長號慘慘鵑畫滿旗亭遺蹟在行乎輿論義聲傳力强勲建方無已香燼膏煎恨忽然新葺園亭遊幾度劇憐竹木欲參天　延陵謂荃江時讀汪悼亡詩

壽吳後莊別駕

交似酒醇侵肺腑詩同蜜味徹中邊竹西歌吹陪康樂海右金蘭始惠連竟次雁行榮忝末敢矜馬齒妄居先

七排　二

濫觴歷歷源堪溯跛履堂堂路肯偏旖旎瓊花虛道院淹留萍葉占郊廛流行坎止應如此星聚雲飄亦偶然薛邑馮驩彈鋏住南村元亮爲鄰遷圖書就撿凌晨詣巷陌相望薄暮旋橘叟盤桓聊適意杏壇感嘆況稱賢稺陽萌動乘坤候靈壽扶遊遍閩年氣恬那能詞袞袞橐貧莫辨帛戔戔體拘近代諧聲法韵叶當時枉贈篇籠鴿縱飛嫌諂佞澤芹取獻不芳鮮祟揩徒手遲遲上緒語由衷璅璅宣保障芰荷深翳處賞真嵐靄最高巔晝長轟笑昆龡劇夜靜微醒界茗湔哀謝郡城僑寄客低廻春酒達尊筵鹿車鴻案雕弧畔賣柱田荆繡幄前箕子疇陳麗祉萃葛天民老谷神全試看檐外嚴霜重

纔見林間碩果懸

贈金愼崖司馬

籬菊含霜秀晚叢南枝香已逗簾櫳先生周甲辰剛及自說摩弧感莫窮慚愧介眉辭客駕低徊掉臂省吾躬譏評一任時賢哂簡朴惟存古處風尚憶添籌逢艾慶俄稱進袠曰耆崇頭鬚總未稍蒼素視聽偏能更瞭聰世契鍼磁情愈密器需鑪錫始成功高柯嘉蔭容凡鳥軫玉彶珠飾夔桐禮數幾曾多歲儼步趨必是坦途通量難清濁黄徵士老做箴規衛武公造物報施應有意狂吟質直實由衷堂堂宣聖言無爽正應商瞿數兆熊

輓黄建陽大令

七排 三

幾時叔度逝先余此日鬚劉淚濕袪懇摯隆情憶疇曩牽縈舊夢倍欷歔遇人直諒中無匿處已謙冲實若虛推解託言將以禮薰蕕分器不同儲兩分符紱膺民社頓搼琴書返井閭菊萩叢叢聊自遣萍逢汎汎辱相於淸狂嘯傲三蕉後讐校詩詞廿載餘爾我失聰聽易誤遷移忽遠跡因疎河魚示疾蘭膏燼乘鯉修文蓬島居蒼白浮雲原幻化期頤遐壽豈紆徐達觀竟賦長沙鵩幽賞應聞孫楚驢泉路関鶱如握手依然觴咏樂蘧蘧

過延壽菴對舊絲海棠有感

含桃根寄海棠滋活潑生機不自私槃擘霞明仍蜀府蒂經風過顫吳絲强憑人力姿容改借得春光幻化奇聚合偶然忘彼此本源宛爾未參差璇閨繡幕應妒姤忍草禪枝相伴宜國色俄驚苞漸長寒香回憶夢難追興衰代謝匆匆盡今昔牽縈脈脈思啅雀喧呼殘照裏鬭爭堪憫更堪嗤

七排 四

蔚園七言截句詩

友人齋中金銀花屬咏

閉花歷亂綴檐端設具招朋樂事寬一任艷誇名字好
野人只作忍冬看

繁英颺墮我纔過照眼清陰勝薜蘿莫怨西風偏作惡
大都長物總如他

飲勿齋先生寓聽阿三度曲先生明日即作南染

檀板輕輕拍一聲席前驀地囀春鶯先生自有涼州調
何苦殷勤唱渭城

送書永虞三歸兼託寄詩令兄賓洛

送君兄弟廣陵回我亦携家異縣來去住心情都不惡

七截　一

殷勤勸盡掌中杯

草堂貴拜臨岐贈燕下從今斗酒藏好趂春風重到此
葦灣同上釣魚航

想見歸逢臘酒醇庭梅低亞發花新難禁懷抱因君動
獨背鄉園同氣人

踵門何日一相尋觸目琳琅慰素心先藉片言投阿大
枯桐爨下有哀音

枕上作

寒侵襆被近三更虛牖光生到榻明半寐半醒傾耳聽
打簾簌簌雪花聲

秋宵即事

七月蟋蟀應在野胡爲牀下蚤相親羇人久矣難交睫
不用苦吟直到晨

夜色冥濛葛帳垂玉簪橫枕是花枝不禁失笑還摩弄
此是高唐夢裏貽

孤燈乍暗漫蹣跚撿得殘碑元祐餘司馬肇公復何恨
京乎憐汝亦工書

兜叠浮圖高及尋通衢相望立林林兒童膜拜華燈繞
始信金仙化俗深

題扇上荷花

家住芙蕖萬頃邊今朝對畫重留連曾經擢箇扁舟去
只見花光不見天

七截　二

偕歌廷青上行一飲書年鶴年宅

杯闌逾覺子然身對爾紛紛棣萼新倚醉欲爭春草夢
惠連今夕與誰親

繆函九邀飲林家酒肆口號四首

的是陽回氣不寒蒼蒼遠海月團圞照來壚畔同清畫
與發如泉欲住難

短衣僊保往來趨手挈偏提到座隅俊味侈多誇勸客
細聽只是少蓴鱸

語喧隔席雜殊方客裏爲歡各不妨寧似他家前夜讌
層層城府費周方

叠送清醪落叵羅敲殘象箸曼聲歌粉牆愛煞明於練

正好狂生作擘窠

陳行一招同周繁露先生賞荷限韻

奭泥注水幾多時忽報花開第一枝輝映座中氷玉稱
靚妝越覺致毿毿周爲行一婦翁

驚風廻送雨絲絲珠走銀傾葉上宜囑付菡萏須緩放
莫貪甘澍遽離披

安得花盈千頃陂酒闌記起在家時嘗新旋摘銀苗菜
賭醉爭傳碧筩巵

豈羡顯雕奩翠瓷汙泥野水本相宜免遭風浪摧殘苦
生受先生好護持

過河皐書院對余曩所植竹不覺慨然

七 載 三

舊館重過心暗動人生果信是浮雲荒荒日射深篁逈
昨夜分明夢見君

集南莊口占

心貪角奕暑全消樺燭高燒酒半瓢一夜竹聲風雨急
開窗晴月照河橋

咏瓶中秋海棠

好名不媿同西府跡影羅羅照翠瓷不是無情故摧折
今宵恐有晦霜吹

丁丑午日

端居令節掩荆扉歲歉家家樂事違散盡薄雲微雨歇
閱街日午醉人稀

登拱極臺感懷戊寅年

福清張公諱可立令興邑八年去之日傾城痛哭走送由今以思能免世風升降之感乎且拱極臺非公竭力重新廢敗又不知當何如已

荒臺寥廓又春風轉瞬興衰曉夢空睥睨鴉歸橫夕照
歌塵猶在暮烟中

極目寒波浸野垌春來只有柳條青待得花開人不管
又隨流水作浮萍

四月一日吳友季將歸出畫扇索題

淺夏閑開素扇斜漫天飛墮九秋花携歸粧閣簪雲鬓
恐怕秋來又離家

七 載 四

輓周雲紀先生

中年興味易悲辛接踵何堪失所親只是君家好昆仲
未週一載喪三人謂繁露振先兩先生

今宵泉下雁成行不分吾曹更舉觴爲囑引江亭外月
佳城鬱鬱遲清光

襟抱堪憐久不舒謀生近歲費躊躇薄田失獲炊無米
幸舍先教食有魚

探囊那得有餘錢手買新書喜欲顛坐看兒孫清晝讀
湘簾揭處起茶烟

最難忘處讌南莊棣蕚輝輝映一堂廷促離姬歌不歇
白頭申旦踞匡牀

歌聲杳逐綵雲飛零落空園晝掩扉小立嚴家橋上望
西風吹葉欲何依

題西施浣紗畫

若耶往蹟說津津功大休譏不有身伯越沼吳寧易事
低徊秦氏采桑人

癸巳初夏之郡舟中口占

舴艋憑風稱意駛長年倚舵曼聲謳故低半葉停俄頃
爲買河魚就緯蕭
吳陵纔過陡心開別有風光足滌洄恰恰倉庚迎客囀
纖纖柳絮上船來

遲郡中消息不得雨窗述此

七截　五

鵲喚低枝濕不飛簷牙決溜響微微挼書悄坐無聊賴
似有人來自啟扉
前夕書函到未曾得毋風雨阻吳陵滿懷悒悵難拋却
起看花開壁上燈

陳書年屬題扇上星聚圖

仲弓車上意春容手弄孫兒二子從華胄如君眞不忝
只今何處訪荀龍

戊戌重九寓敦復堂大雨竟日

簷傾急溜響奔濤幔掩閑庭引濁醪省却客愁生遠望
都虧風雨誤登高

題畫册十首

秋橫老樹夕陽殘緑樹雙蟬意態安驀地一聲羣籟寂
高情不上侍中冠　雙蟬緣古木而上
晚風捐捐響絲車飛向中書省內花如綍如綸文采就
又驚嬾婦到貧家　紫薇花甚盛上有絡緯
緑潑藍拖一鏡開纖纖碧藻曳漾洄臨淵久矣都無羨
陽鱎何勞逐浪來　小魚兒數十游泳藻荇間
螳螂趯趯蜂拖刺張蒔穠花劇可憐掉臂臨風一長嘆
大都數見不知鮮　月季花上螳螂一蜂一
荻秀溪邊戴雪搖蟹行溪底得霜驕深知爾是橫行慣
莫忘前頭有緯蕭　蒹葭下雙蟹
鐺沸濤聲睡起初坐看日影下西除粉鬢掩冉疎花裡

七截　六

還是華胥閒有餘　蛺蝶
汙邪又報說西成鄉信宵從湖外城晨起偶然開畫册
何來稻穗熟霜晴　稻穗垂垂可念
天水牛飛欲雨天花陰石角獨盤旋詩唫玉局休嘲笑
名實從來豈易全　天水牛振翼花間欲起東坡詩曰爲牛竟何益利吻穴枯桑
寫个鳴蛙寫个蠅如聞鼓吹雜薨薨令人憑軾還揮麈
不是營丘未必能　蛙一蠅一出草間畫册乃李孝箺
負勞珠碧繫梅紅竹實繁時鳳噦空誰說爲儒匏繫好
慨然艸木與昆蟲　蜻蜓栩栩於櫨竹之下

題姜天植悼亡詩卷後

廩秋況味已難堪忽地詩傳奉倩函隱隱淚痕沾蜀繭

縈縈愁緒出吳蠶

客來不速向誰謀彳亍花間客亦愁自說魚騰門外井
手烹奉父涕交流

書承歸自楚江越月又去詩以送之兼致令弟耀
文時耀文有愛子之戚

看過三春爛熳花飄然又上漢江槎郤帆便有同懷樂
離緒偏余未有涯

近來老嬾復何辭判袂還無折柳詩令弟翻勞童寄語
休教眠食損平時

鼠

鼠腹從來容易滿貪心難饜特匆忙張湯已報爰書具
七截
猶自津津羨太倉

蠹

年來塵務越侵尋瘦食縹緗媿白蟫巳飽神仙多少字
堦前徒種碧芸深

蠅

薨薨過曉起庭柯遽集於斯可奈何席上白圭天下重
爾雖能玷我能磨

何阜飲畏齋寓即席作

琥珀光湛金叵羅虞郎絃索李郎歌晴空一樣溶溶月
分外清輝此地多

正月二日艾菴以丙午除夕詩見示依韻荅之兼
訂後期

一任千端萬緒愁歲除愁亦與除休斜川遊日期相過
椒酒還餘不用謀

登瀛圖後有徐武功印識感而題此

想見徐珵玩此圖奪門自詡埒臨湖鄭公拜爵于公僇
爲問平心念及無

不必

不必長嗟漫歎嗟沈陰豈獨困貧家東鄰亦復愁難遣
誤却郊遊及看花

題淵映堂餅中紫藤花

藤花折下巳三夕嫩綠羅羅暈紫輕越覺丰姿添姣好
七截
得新捐故底心情

題程羲六負米圖

須識人人欲養親親年未老每逡巡知君悔恨尤深切
米橐常隨畫裡身

巳酉秋閏同素居飲牧莊宅口占

破除一切且偷閑楚楚秋花點砌斑天氣乍凉家又近
何妨坐到夜深還

死爾當年海坍秋李郎絃索唱凉州鬢毛非昔情如昔
大白重看仲子浮

辛亥四月朔同諸子汎舟即事 時復堂先生將歸董理田務因命兒
璜隨行

輕橈容與柳堤邊，風色初晴已拆綿。前月倘非逢小盡，今朝還笑好春天。

柳陰揹揹桔槔鳴，客子杯闌心暗驚。來日挂帆君又去，暮雲鄉路望分明。

汙邪百畝貽猶子，也遣兒瓚返舊邱。不爲耕耘徒僕僕，追隨忻慕李膺舟。

壬子仲春望日，同人探梅至郭北錢佛寺，既憶往歲延壽東林之遊，又遥望吳子青峽塋處，歸經史家墓古樹下，皆感懷事也。晚飲復堂，各賦詩紀之

七截 九

春光未必到城東，策杖閒尋錢佛宮。隨地老人偏感觸，望中宿艸久芃芃。

錢幹橫撑錢佛前，暖風吹透綴花鮮。佛身便是梁州錢，看見花開再幾年。

梅栽僻地誰相問，松栝無花況墓田。謖謖濤聲捲殘照，高巖氣骨怕人憐。

歸投深衕步遲遲，亦有寒香坼一枝。不着繁葩緣品貴，宵遨俗賞澀燕支。

入門亟亟倒深杯，雜客何曾敗興來。盡日看花宵看月，醉簪花朶月中回。

甲辰秋分，崇川王言綸渡江句當，耆甫脫海潮之險，心竊拳拳，漫成絶句，俟歸里過郡贈之

夜聽檐溜聲全寂，起見晴暉上小牕。最喜雲消風亦定，故人安穩渡京江。

身賤名微兩白頭，也曾意氣欲呑牛。君今惟險能無恙，勉矣桑榆暮景收。布衣詩久軼，偶於廢篋中見之，念又不通音問十餘年矣，愴然附此

汪園看秋花

蕭飂跡雨犯秋暘，把玩閒花轉自傷。豈似春風吹到處，忻忻生發意難量。

喜晴

人日穀日天獨晴，相傳歲兆殊分明。久揀梗泥老難健，深望民安秋告成。

題曠齋看雲圖

七截 十

自言曾坐白雲橫，毫素聊傳孺慕情。昨上蜀岡舒淚眼，葱葱鬱鬱是親塋。

偶感

默坐停觴心暗驚，何戡燭下昆分明。只今到處殷勤唱，記得闌梧聽渭城。

夢回

夢回頭腦更冬烘，滿地晴光小院空。燕子哺雛聲悄悄，往來花底掠飛蟲。

竹樓詩鈔

（清）王國棟 撰

《竹樓詩鈔》五卷，清王國棟撰，據南京圖書館藏清乾隆三十二年刻本影印。

王國棟（一六九二—一七七六），字殿高，一字竹樓，江蘇興化人。仲孺子。乾隆六年（一七四一）副榜。工詩，尤善書。與鄭燮、顧於觀同塾讀書。與黄慎、丁有昱輩往還。宅鄰李鱓浮漚館，互相唱酬，詩句成帙。王氏一門多詩人及能書者，自其祖王貴一後，世精翰墨。

是集爲詩集，前有徐述夔序和國棟自記。國棟言：『余自揣無可刻之詩，亡友汪子璞莊竊掇其殘稿徑爲付梓工，未半而璞莊殁，管子齎臼起而繼之，徐子念哉復佽之，集遂成。』是集分爲五言古詩、七言古詩、五言律詩、七言律詩、絶句五卷，收録國棟詩作計三百一十二首。國棟爲詩，雄深蒼渾。曾在《次和黄默庵使君枉贈》中表明其對作詩風格的想法：『詩家品格分枝條，何妨瘦島兼寒郊。』徐述夔對其評價頗高，序中有言：『將來騷壇主持，自必采竹樓以爲復古之程式。』讀其詩，可知不求真意尚繁縟，譬猶腥穢恣饕餮。其生平交往情況，如《題璞莊梅花圖小照》、《瘦石贈布》，可知國棟與汪之珩、瘦石之交往，亦可知其生平經歷之地，如《燕子磯望江》可知國棟曾至南京。國棟爲詩，有贈友送别之作，如《送李連坡歸關中》『但願明年惠然至，丈夫弧矢四方志』，表達其對友人的祝福；有題畫題照之作，如《題李復堂畫菊》『五柳先生不復生，臨池日采菊英醉』，贊揚其畫作意境；有感慨述懷之作，如《夏日雜詩》『少壯能幾日，歲月争奔馳』，感歎歲月流逝無情。

（耿陳陳）

序

天地間以富貴世其家者何可勝數至於詩輙舟傳而絶如庾肩吾之有信徐摛之有陵為最盛矣他若老杜長蘇詩中皆稱其子而文武過邁等無一語可採兩公者其亦有譽兒癖乎不然何寥寥也乃知天之愛風雅更甚於愛富貴有所秘惜而不肯屢畀也我　朝之初海內詩人蔚起而揚之興化尤多名宿迨其後亦漸趨乎熟矣西齋王先生起而大振之夢華山房一集雄深蒼渾上攀曹劉而下提李杜非虛譽也竹樓者西齋先生之少子也西齋謝世竹樓纔數歲不及聞過庭訓稍長即知讀其詩而思紹其業朝研夕摩默契神悟既入門戶遂躋堂皇竹樓有兄高掌西齋集中所稱六歲誦毛詩者僑居余里與余最善偕試吳陵竹樓見兄至欣喜如出望外時時追隨不倦迨將別淚涔涔下至失聲不能語余以其天性之篤敬之而竹樓亦余愛及與論詩文源流無不合遂訂交每試必早至圖晤晤則詩文相質証指陳得失弗少姑息然余之於詩時作時輟而竹樓心專力鋭遂窮極先人之奥突而不留餘地比年奔走於鳳城雉水之間應酬過多或失淺易去歲下帷授徒自為刊定淺易者汰之雄深蒼渾依然一夢華山房集矣冬月過余悉出相示命余為序余謝以允為弁言者大都顯名之士若余淺陋恐減君價竹樓曰惟君知我不可無言夫知竹樓信無有如余者記二十年前風氣驟變文尚富麗詩亦競為濃艷竹樓曰與世異趨奈何余曰時榮可遺家法不可失也君其勉之至於今向之濃艷已成腐臭過者幾掩鼻之不暇而正聲漸出將來騷壇主持自必首推竹樓以為復古之程式且知為西齋先生之子一如當年徐庾之克世其家尤必歎為盛事以誇於今而耀於後而余辭雖陋實為先事之論當亦曰某一知言者也又何固謝為哉同學弟

余自揣無可刻之詩亾友汪子璞莊竊掇其殘稿
經蔿付梓工未半而璞莊歿管子虀臼起而繼之
徐子念哉復佽之集遂成　先君集成於身後而
余乃及身見之良友之誼豈不可感然　先君詩
步趨少陵名在海内而吳中操選政者未蒙採録
刻余小子萬不逮一者乎諸君子其謂我何我又
其如諸君子何也丁亥午日國棟自記於南梁官
署之留香書屋

秋吟閣詩

目録

新安門人洪泰樞校字

姪惟

雅
睢
雒
鵬飛
男雛
雝同校

秋吟閣詩

竹樓詩鈔

興化王國棟著

五言古

白頭吟

白頭吟最悲寡鶴立洲渚不能遠奮飛千里渺前浦一聲清唳響空天爲激楚

白頭吟最悲鳳鳥刷新羽祇爲雛求母非爲鳳求侶送故而迎新袖斑淚如雨

祖德篇

明珠不在山良玉不在澤精英各芭孕光氣那可抑地固不愛寶人必樹令德我祖海門來避倭隸荒邑傾貲築金堤糴米活磬室雖裳長者譽已減寒庖食惟餘一卷書課子忘晨夕（余高祖自海門遷興時修高堰公慨然傾其貲身自董役家遂以貧邑令凌公登瀛嘉之曰子長者其必有後）長材屈短馭四歷百里宰剛正忤上官論謫竟每每司餉赴櫝淵血淚邊庭洒覆命歸羨金大吏顧而駭往者曾不聞於今爾胡乃大呼司農堂天帝實鑑在（余曾祖司密雲餉勾稽釐核得本折銀二十四萬兩併羨金火耗三千兩歸朝廷前

後司餉官甚恐大司徒蹙不上聞公赴部以頭搶地大呼高皇帝在天實鑑臣某尚書以下皆失色稱曰鐵即中云）兵備齊魯間衛良轉獲罪（以山東參議兵備充東時白蓮妖賊未靖兵多肆殺無辜公檄府縣第殲渠魁散諸脅從者歸田里給遺產數十萬人大吏殉將卒意不合疏論罷）拂衣歸滄溟清白留千載

大業藏名山清介緬王考少壯志凌雲喪亂懷其實神州陸沉後名場迹遂掃義重富貴輕愧彼致身早（孟津王公先曾王考尹孟津所得士屢致書援引公謝之卒不應）禮法先民遺所敦在古道愛潔聞郝公耽吟說杜老箸山有軾轍杜門共幽討

幼夢華山去身浸華山雲名與華山高舉世仰雄文形化其言在一卷留千春南遊適甌閩嶺嶠多嶙峋直北指燕薊軟紅長安塵悉収入詩囊歸卧東海濱析薪克負荷弓冶啟後人嗟哉七歲孤頭白長賤貧

小子失怙時總角癡且嬌就塾晨抱書叔老持之號不知酸楚音已向詩律標（叔父哭兄詩有幼男就塾仍朝起叔老長號手挽來之句蓋謂不肖也）幾年更衰頹飢走江湖遙故老一以去碩果延風騷只今後輩人猶以及見豪城東

舊詩壇風雨時蕭〻

夏夜雜詩

旱天雨澤稀驕陽赫庚伏竟日葵扇勞入夜熱尤酷所居非廣廈汗體垢新浴無母兩嬌女猶傍老父宿氣蒸帷洪爐潛起伺睡熟空庭裸而坐摩腳更鼓腹明星耿宵光片月挂南陸照此白頭翁腸轉如車轂

仰瞻星月光曾照太古民太古不可見清光猶未更俯仰邈太古五載菟為鷲慈母去北堂故妻相

隨行湖邊獨樹村河漢夜自橫豈惟歡娛隔併無呻吟聲營葬舉兩棺入郭成孤征眼前物態異珠淚光瑩〻

人生百年内五十稱始衰我當四十時兩鬢已絲絲少壯能幾日歲月争奔馳胡為年尚賒毛髮為促之落日下西崦弦月光半虧二曜逐暑寒来往還相隨苦無駐顏術難老安可期

同懷昔五人今惟一兄在授書湖上村貧老生逢既學俸給冬春其半由稱貸但得杯在手吟笑無拘礙只今苦溽暑矮屋夜增倍東溪尋好風遠公弄詩態南雲上人孤村良會少三笑佳話再應念白髮翁離羣多磈礧

白蒲四哀詩

姜太史退耕

驊騮神駿姿千里恣騰踔不受世羈紲追風向寥廓忽遺孫陽顧天厩為籠絡高文千氣象来筆益揮霍一宰花縣歸卧病何蕭索雄豪仍詩酒名譽在京洛只有談天口僅全孫臏腳六集手鐫成身

後事寂寞

鄭明經西亭

寡鶴鳴九皋清越徹杳靄先公陟郎署睿鑑釋罪悔羣季競通籍高尚寄江海北堂太宜人白髮垂皚〻甝然佷伉軀獨戲斒斕綵墨花吐陶菊瘦勁秋可採餘情愛新聲臧獲登場矮往〻消人魂一笑千金買人去西亭留紅粉今焉在

吳明府李亭

古云生離悲豈謂死別好死者長已矣来往迹遂

掃吳生同年生出宰越中早吏治稱循良士氣作文藻未及厚祿分遽傳歸櫬沓涷雪留我時天地已素縞三年駒影馳生死竟顛倒金石有時虧人命安可保況復擅榮名萬事任草〻嗟哉白頭翁何以惄如擣

吴明經穆堂

蒲塘殫丸地人文耀海甸延陵名公子搦管來酣戰佳製在人口春風在其面苦心自勖厲大智泯矜炫八法尤超羣婀娜轉剛健縱令率更生止爭時代先煌〻清華侶直堪銜官見而以明經終流光虛掣電詎曰強而仕修文顏卜薦

乙亥除夕

飢年牲醴艱鼎烹亦宿治先人遺家法夙興行祭事男兒列成行衣敝履新製心憐稺子嬉神愴童孫逝情至拘忌泯無聲隨清渼我遑恤其後絕續閱先世晦日延末光鉤月南枝繫

小縣貧室多況復屢飢饉平時所親人稱貸忽生釁歡容變詬詈除日謹尤忽吾家自節嗇脫粟拜

皇賑水潦或獻魚膳羞有餘餕市酤且滿壺高吟任天運

嗟予垂髫孤未受趨庭教愁吟罕宗法草〻不成調閒蒙所好阿恐貽大匠笑歲終一檢閱不堪自迴照鈔謄顏尚厚剞劂計不到為我謝汪倫虛聲未可盜（璞莊將為余梓拙稿）

少壯出里門老大方歸來卜築臨西河柴門近水開僻巷雖云陋長者車頻迴自安辟薜隱春風多好懷誰知飢驅人挈室東海隈獻歲將發衺顧戀舊莓苔仍換宜春帖憔悴椒花杯

送瓔瓢大兄

人生若轉蓬蹤跡隨風驅倏聚倏復散不顧情家跡八閩黃山入幾度來三吳我獨訂交晚邂逅東海隅冥契非泛投心一祇異軀無如霜髮禿種〻不勝梳行當久別離脈〻心煩紆

煩紆亦徒然老不任漂泊去家三千里閩嶠行却略隨身二十口去住久束縛自顧歲崢嶸誰憐骨戍削詩登韓杜堂大雅今閒作僅以書畫名先生

未肯諾去、勿復道舉世多輕薄
輕薄者世人自有千秋業績學自弱年圖史日陳
設買書擁百城披吟忘疲苶只今政七十篝燈夜
不減俯仰歲㦮更甘苦臂三折丹青書卷助揮霍
天迸裂縹緲百尺樓一脉誰能接
已知生離悲預防死别苦君也五年長兄弟異爾
汝不用香火盟友恭流肺腑義合如天親臨岐淚
如雨迸將携家歸脱身重遊楚詩篇托剞劂笑謝
東道主璞莊許為刻詩斯言倘克踐雙鶴寥天舞

贈江四樵所

東皋多佳士江郎更秀發其温如良玉其潔如白
日憶我訂交始閲歲已六七唱和吹壎箎契合投
膠漆江湖各異縣動作經年别相見無俗情大率
多樸質中身不得意蹭蹬常鬱々往者遊京華挾
策詣北闕自謂天衢近所向無空濶杜用終閑陳
軫口秪存張儀舌寧甘屢輯瑑不肯偶干謁膝下
無鳳毛常々有鶴髮久抱奉倩傷遄歸空皮骨鸞
膠續断絃㦮壯有室誰知星躔惡未幾遭磨蝎
參苓割膏腴棺衾竭心血昂藏七尺軀閨闈冉摧
折丈夫氣凌霄安能竟萎苶春暉無由報草心亦
徒切敢為滑灑謀諸昆大歡悦小星在東嘒諓語
焉敢説今秋隨賓鴻重九謀更設因作平原遊十
日猶未歇謂我貧賤交如君肺腸熱豈可無一言
使我心如揭當其酬酢時心緒紛轇轕滿懷欲傾
瀉錯亂舌復結小戶如坳堂百川灌欲竭斟因病
酲暇宿諾聊短述臨池意自深愧乏君家筆

讀左偶吟

詩亡作春秋運數厄陽九諸侯既不臣大夫復何
有鄭僑晉絳儔列國多可取叛亂不勝書國柄竊
毒手豈必姓遞更能令府空守狡哉魯意如内奸
外掩醜三桓亦以微虎也掣其肘
斷帶誇三登抉門輕一擲乃生大聖人賢子亦侍
側誰知以力雄相高卒以德甲裳大車輪執之等
櫓戟如虎非虚稱亦足壯容色鄧舒戕君母宋萬
破犀革足之謂亂人深為狠瞤惜
陳靈從夏姬齊莊通棠姜禮法既以虧宜隱而更

張戲知與賜冠宣淫同禍殃庚宗一宿行失檢未
披猖誰知留遺孽夢天兆災祥首投寧風棘丙壬
安可償咄哉魯男子寒夜凜大防
天子下堂日霸業光晉重悼公復繼起庶幾振唐
封六卿各自謀先業追無蹤豈惟一國故此實閩
姬宗句吳通上國入楚不世庸夫差大報越誰敢
攖其鋒忠謀不得入莫但悲吳儂

同胡壽泉諸子暗香書屋銀茶分體

春風吹暗香已過林逋宅羣芳正待時銀茶標韻

格臭味無可尋皎皎炫本色素聞東坡語瀹茗欲
其白悠其誕漫辭甚至嬿雪黑窓前小益中似玉
三年刻而獨以茶名雖白不能喫東鄰夭桃花緋
紅亦間碧對之成小巫品題難假借循名若可烹
重色安可摘主人愛茗戰素甆晨暮滌厥地名拼
茶茲花莫典客

白兎詩（金小塘有此詩今東臺署中亦畜之率成二首各有寄托非以和金也）

白兎何犵犵皎潔自生憐鷹犬不能攫長傍几案
前時復肆跳梁穿穴其性然迷離與撲朔雄雌誰
辨旃既不育月窟又不登奈遊從以供玩弄毋乃
違其天
曾聞萊士謀狡兎有三窟謂人亦復然田文保舊
物我無狙詐才生計日以拙目昏逐視明齒豁類
啓鈇東走復西顧與爾竟無別何不棄塵寰擣藥
入寒月

庚辰夏苦雨述感

四月至五月十日九陰雨或急挾雷霆或細密絲
縷水鳥飛上屋行蟻穴高樹近郭汙邪地嘉禾納

水府三時少日光驚心又小暑甌窶雖未沉圍埂
只寸許西堤已決防長驅闢門戶豈惟一歲憂終
將魚鱉伍庶幾緩須臾商羊又起舞
貧家逾十口素無可耕地豐凶關生命豈止一家
計巨浸忽稽天沉淪無噍類彈丸亦　王土當事
胡不議忍令百里民活向魚腹瘞　聖皇體痌鰥
一民不忍棄魯發　天倉粟百萬賑凋劫倘為痛
哭陳亦或悉利弊而以　綵綸重唯唯一無異減
賦固　特恩戕生豈天意屏翳不須誅從古有興

發（時奉旨高寶諸閘常開不閉）衰老百骸壞瘡痏生四肢燥癢不可耐爬搔腕為疲沸湯快一探應期難刻遲致此罷癃狀竟同百卉腓南方固卑溼又苦淫雨滋兩月没曦輪青黴點素衣乍熱幸夜裸乍凉愁晨披性匪嵇中散疾來相欺

久苦霾雲重暫見朝暾吐西堤猶未警東皋望秇稌片雲忽卷舒晴日滿廊廡併無欝蒸氣清凉淨天宇數點忽斜飛又溼半乾土豈真圓蓋漏頽陽莫能補不圖　明聖世至此多舛午人有醒而狂天有晴而雨

為黄犖堂題癭瓢畫冊

我與癭瓢翁末年結深契始會乙亥秋再會丙子歲文園共居停晨暮不相離讀畫息躁心勘詩費凝思耳重艱話言心曠好游戲别來復幾年見畫生嘅喟想見拂素時吞酒如藥味（君不善飲每作畫必攢眉盡一卮以助其氣）犖堂交更先藏此自寶貴索我題頓首未審圖所謂捏付葫蘆提但寫相思意

題瘦石照

文園東海濱詩名滿天下黄生實擅場詞源三峽瀉而不受繩撿往〻遭世罵得酒必為監乘權小戶嚇犯科亦微懲苛政不能赦邇来苦沉湎積酲困晨夜兀然坐石上糟床壓春醉

偉哉七尺軀詩酒稱豪雄豈無聞達具而以岩壑終往者遊　帝京迴車经洛嵩歸裦富詩帙無改去時窮如水盛年華顧影嘗撫躬寫此寄浩歎箬笠頽豐融撚鬚時一吟穆爾餘清風

冬至前五日余六九賤辰諸公就文園醵飲而瘦石作詩稱慶次和致謝

客中遲五日嚴冬將數九逢辰近七十形容真老醜何人誇松栢弱質愧蒲柳骨傲老漸靡相愛徧童叟所遇多歡顔而况素心友東皋黄瘦石時違久株守酒令無異飛詩名不脛走時摩納川腹日肆談天口作客依所親無橐竟何有謀罄今日歡酌我以大斗醵錢荷羣公醉後忽某〻閻蕆已摘花拇戰更交手倒樽若崩泉不復辨旨否天涯驚

歲暮酒闌搔白首閱貢常累入如斯何用壽

自題乞食圖照

傲骨恥干入飢腸乃乞食叩門十九閉損惠萬一得少小靦面頳懟恧到頭白為術亦以踈種、不堪憶誤入親戚門冷落變容色出鄉為流民不敢計豐嗇或乞以冬烘句讀去聲疲晨夕或乞以筆翰姿媚蒙指摘或乞以韻語家學愧狼籍或乞以制義科名遭刻劾所有惟硯田終歲不稼穡兒孫馬牛我度越阡與陌天寒風雪多衰敝神氣索幸無

蹴爾聲披圖笑啞、

示三姪惟

君子五世澤以數則過矣我兄中道徂遺子殘經史餬口三家村學俸供食指一旦值飢年常缺薪與米所幸品未虧不過貧而已貧乃士之常可慍亦可喜年華逾半百斷無易操理汝叔今七十髫齔嗟瑣尾所恃一卷書艱難汝親視憔悴到白頭徵名何足恃賣文走四方終歲越鄉里跋涉作馬牛多子徒為爾分潤無斗升對汝滋愧恥吾人在自立骨肉安可倚

同李砥齋黃犖堂瘦石汪璞莊登北固二首

飽飯下江樓繞城向北固迤邐龍埂長直上入廿露坐定氣稍平却顧來時路度地僅容足肩輿不敢御下視臨無底斂足戒旁顧亍亍過此險已深轉行懼

四望甕城山環集若奔赴有名不能辨晴嵐一烟霧大江隨我來掉頭即相晤肘腋伏金焦海門潤難渡略尋孫劉跡細詢宋梁故山僧指鶴林命駕

更南去

米墓

南宮襄陽入墨妙起前古為愛江南山爰定江南宇蘇黃相頡頏於斯結儔侶共有千秋名獨留一抔土

十三松

松骨倚天枯百尺蟠虬龍霜雪飽千年靈氣山所鍾鶴林何時物所貴在遺踪只今剩六株猶說十三松

清明山行

令節何所之言尋獸窟去閒與招隱近入山走（去聲）西路山村不禁火林端午烟度羣山皆負土棱棱石骨露或峻銛如刀或橫利如鋸或下如奔牛或止如伏兎又如初平羊未叱尚蹲踞肩輿之所過駭異目屢寓中途峴山閣小憩更迴顧旁有展墓人憐我駸垂素曳杖亦偶然登高豈窘步

由小九華至獅子窟

繞出九華山取道不能已遙望層峰顛失墜在尺咫仄徑輿復敧身側虛無倚此身寄天地夸險適然耳委命於僕夫目瞑不敢視

由獅子窟至竹林寺

山勢大起落揔之非坦途習坎有重險登山寧獨無幸離獸窟厄回首愁輿夫下視金碧林松竹青糢糊夕陽下夾山慚愧捋霜鬚

早行

四更雞未鳴啟明已將上跨驢逐隊行揚鞭奮前往我年政七十曉行自今昉傍山不見山但聞流泉響

千佛嶺

峩峩紫峰閣峰高接佛嶺峻削不可攀迂道陟其頂千佛點蒼崖鑿破峰巒嶅誰為刻斵之山靈應首肯

雲根泉

雲根流清泉晝夜不停息隱顯無定所於斯見山脉忽然成巨浸容納鑿石壁僧曰　天顏齋錫名曰功德

幽居

奇峰不揷天橫出勢鬱勃排列怒向人銳末似斧鉞其根潛地底微露皆秀發安得吸江水洗盡攝山骨

顧茨山攜酒同姜南園吳樵月小集古藤書屋

東園抱溪流春風滿林麓時有款乃聲鳥聲相與續老客寄行李絲來媚幽獨中有古藤枝蜿蜒走書屋讀書韻有餘杜門樂亦足酒甕落提携三人

來不速
有酒細斟酌高論何煌煌科名付尚來不朽惟文
章前輩一以去邱墳多荒涼謂退耕香嚴父子何人紹風
雅毋登作者堂我髮已盡白公等亦蒼蒼修名不
早立能毋老大傷時有彙鐫七子詩之訂

午日陳舣士吳景山舒堂樵月顧致堂恐盦
此山茨山攜榼就寓園讌集

我來三月中轉眼到重五舊雨劇多情盛饌已數
舉謂此宜醉辰攜榼集儔侶炰鱉膾鮮鱗雜陳若

相賭憶昔締交初廿年積風雨當時莫逆人其半
為黃土存者半遊宦萬里信音阻我老我日健我
客幾時聚甚感諸君厚綢繆似吹煦脉脉入醉鄉
中情向誰吐

薛蓉鏡許送桂栽索句

我家一畝宮隙地多種樹蓊藹蔭西墻春夏繁花
吐潘園収石榴蜀國出西府色好香則無秋來惱
風雨淮南載小山叢桂香可茹僻縣非土宜間有
眾爭聚折其徑寸枝輒遭主人怒江村客成林彌
望不可數大者如老翁小者類短豎前庭映後檐
葱鬱成桂圃詢其繁滋故皋校壓使僂越歲根橫
生移栽自詡詡歲壓無一失豈止十得五所以羌
園內叢茂無曠土我聞頗心動道遠焉得取先生
曰無虞移根勿令苦蕉大其土磓玆事吾當許贈
樹吾不慳索詩汝寧拒居然取噬嗑韻事作諧語
廢居盡如斯吾將傲良賈

徐遽堂孝廉六十

尚憶訂交始猶是少壯歲可怪僂丸疾倏忽老已

至我昨過古稀曰耆君亦屆佳兒為製錦盡職不
為肆先生曰不可豈不諒爾志吾親猶在殯哀樂
不相類遽見萊子舞忍揚杜蕡觶予兒以令名陷
我於不義兩說若並衡誰敢妄軒輊
矜觴事可已為孝亦多術拜彝一夕歡著述千秋
筆先生詩與文直入古人室豈惜棃棗功因循久
不出授權於後人不如手訂實用為度世針莫作
藏山帙文章乃壽世急用付剞劂事無大於此當
世望已觖儲泪待明年俟慶到耄耋尊閫明年亦六十

狼山道中作 同吳韋紘生徒得九八

昨聞登山約遊具夙已集扶老借杖榔蔽日借蓋笠晨興不暇卧短衣衿便捷遊人屈指九山路計里十連車軋軋鳴遠樹村村接所見農事勤昇平驗海邑忽覩路旁塚引望殊茂葉云是舊京觀倭奴埋戢骨憶當勝國衰此輩勢常侖崇川乃門戶每苦長驅入官軍力不支鼠竄閉門揖鄉民曾將軍名鼎義激奮鎧甲一麾三千虜授首死盡遠遯建不世勳廟食俎豆給我朝 皇綱振海氛靜震

秋吟閣詩 十九

讋百年無外警三農各蒙業月令夏至交得雨新秧湿緬昔殘破時那復見餉饁我車亦安驅幸免飛塵襲

旅夜

老客夜寐寥觀書眼如眯小僕進卮酒非其所甚嗜既進寧却之三杯乃然醉古云醉忘憂我醉憂槃至百事攢一心撚鬚雪霜墜雪霜能有幾不如解衣睡

夜睡苦不寐歷歷數更籌輾轉床第間寒夜如年修胸中煎百慮枕上炯雙眸雙眸有時倦夢短不再求百年自有涯矧我已白頭此非長生訣作客徒淹留

六月下浣同章希齋何藥上僧象先傚蜃樓觀晚霞結撰之奇章子繪圖作詩題之

六月風日佳薄暮攝炎暑晚飯帶微醺緇素挈儔侶傑閣聳西北倚窗瞰平楚光釆忽紛來靈氣動海宇雲霞天上物變幻繪下土淡抹作川流濃堆類村樹我欲宅其中繁陰護門戶不必蜃中樓何

秋吟閣詩 二十

用桃源塢造物露端倪一瞬不再覩作詩懼荒唐為圖可誇詡此事屬章公拓筆任覼縷

自題章希齋所畫竹樓圖照

我無經世才亦少治生術在家恒苦飢出門棄蓬蓽非無好居停淹留亦暫逸分囷猶聞有割宅竟未必章君善傳神與我交更密繪竹為小樓凡坐見白髮蟋蟀吟秋吟桐葉亦蕭瑟可以指我名可以指我室晨看自得意何必居近日衣食苟總足於此終容膝

題亡友徐遵堂遺照

何年為此圖我昔未曾見題咏不一人立言盡婉善入比梅花清圖中融一片顧兹畫裏容不似生時面披圖為悽神哀吟淚如霰

我與先生交歲月亦以久我壯君弱冠無端兩白首昨病我未知存問悔已後蔓婁迎故人悲歌心欲嘔語雜不成章至慟難脫口

暗香書屋中四壁皆輓章我獨無一言豈曰竟遺忘達人了生死蒿薤增悲愴問所哭何人而但感

壯卭不如絕命詞自輓音琅ゝ

我長君十年君逝我當繼天故留老傖為校詩文字校字豈無人令嗣承先志開雕已命工千秋身後事為報圖中人我亦當破涕

送春日咏文園繡球紫藤得九字

文園花事繁觴咏誰廿後亦有同時開位置分左右不與衆芳齊至尊讓鹿韭南榮攢碧玉幾樹生部婁其上燦朝霞朱英滿架走連朝近天香闕此酹杯酒同是春園花將毋議偏厚昨宵雷雨急羣芳厄陽九園丁謹遮護曾不遭踐蹂好春將去我留花娛白首俯仰兩俱妍豈曰匪其醜

與江八約船

憶昔與訂交君年甫弱冠日月如奔流瞬眼歲增半計此二十年每感晨星散一見一回新經腹光燦爛花筆夢中生江虹月夜貫相望附青雲彈指淩碧漢而乃久雌伏明時徒揣摭讀君自壽詩牢騷滋永歎績學得餘閒豈啻有定算千秋克自立三公不以換於此悟天心何須占易彖老夫馬齒

長泥涂辱已慣彼蒼也放閑獨受窮愁絆名實兩俱弛徒然積憂患磨蝎紀星躔鈎陳轉支幹相期延壽命窮達毋感亂

竹樓詩鈔

興化王國棟著

七言古

太守來

太守來讙如雷鴻嗷〻其鳴哀太守不顧赫然震怒榜示爾民慎無誤械飢民縱復囚鳩鵲聞之吞聲休寒流活〻風颼〻

禱雨行

亢陽炎〻爍大暑汙邪上農力作苦田枯如石汗如雨一夜桔槔繞濕土縣官檄下羽人舞應供故事次第舉飛來雨絲細如縷明朝市上開屠沽

題如皋丁明府一峰先生丁卯戊辰禱雨書事後贈法官吳蘭坡

古來非常可喜事必藉大書流其芳神仙方技涉幻怪亦或靈異非荒唐文成五利肆欺罔長房法善堪褒揚流傳千載真妄判祈禱孰可通穹蒼五十年前夏陰伏肥蟘蚳蜒來吾鄉廣延法侶到臯邑字曰赤城其姓章祈雨得雨大歡洽客啟邑宰

無憂惶狂魃既誅支祁逸陽侯肆毒恐莫當丙丁戊巳皆巨浸沉災疊至其言償迄今里老尚傳述章公寧妄言災祥後來繼起者誰子蘭坡咤叱排天閶蘭坡昨自京師返大光明殿升其堂真人妙正授真訣但未明試功不彰別來兩載鱗鴻隔側聞禱雨喜欲狂始信傳授有源本世上凡骨誰敢望又疑傳聞或詞異星斂屢試能無戕今冬道院留行笈蘭坡道貌尤軒昂示我丁公大著作敲金戛玉聲琅〻指陳情事鬚眉動摹繪靈應神鬼藏其人其文皆可信蘭坡聲價高難量章公子孫殄滅盡君為後勁尤擅場傳與吾鄉作佳話早年何苦焚巫尪

龍燈行

湖田屢浸波濤洪天心悔禍拯民窮幸一降康僅半穫歲終十室困九空我民賦重知急公不謂民淳謂歲豐榜示元宵大令節懸燈須遍六街紅六街燈棚猶未結胥隸已舞然燈龍金鼓喧闐塞街巷沿門索燭怒相向主人忍詬不敢嗔有恃而來

誰誚讓夜然燈火，還復來晝則索燭，夜酒杯晝夜咆哮汗如雨。轂日繞過到三五，龍兮龍兮爾何誅，舞龍之人猛於虎。

為張明府杏莊先生題課子圖

君不見東曾世婦老敬姜，逸勞示訓何煌煌。又不見杜家泰姬育七子，韋絃之佩凜懲忘。嚴師嚴父教寧惰，閨中尤賴姆教、以古傳其焉。五經傳書師作繪非荒唐，佳兒已具食牛氣，神寒骨重頭昂藏。端方固已預胎訓，即勞成愛虞嬉荒。手書檢課正句讀，背誦如聽聲琅琅。長篇難字語微澀，注目凝思心徬徨。阿母提撕方諦視，阿姊旁睨清爐光。三人神采見阿堵，妙筆傳出窮微芒。一片桐陰覆書案，寂寥天地生清涼。斯人斯圖妙粉繪，古事正為今呈祥。借問作圖者誰子，錢江石舟其姓康。

題五松

吾友復堂畫五松，作歌慘澹經營中。筆端已自力排奡，向裏亦復神蟠龍。復堂去往會者少，筠谿左子衆追蹤。穿揷譎詭出新意，舊本新製羞雷同。展開素紙十餘尺，躊躇四顧心力雄。蒼如老人骨傴僂，翠如仙子容豐融。或俯而下如攫物，或仰而上如騰空。不衫不履脫凡俗，粗頭亂服開鴻蒙。此物之生含元氣，兀傲肯受秦皇封。稱為五大夫，不若五老翁。千年琥珀匪難得，與天同壽無終窮。不是大手筆，徒啗墨豬濃，孰能寫出倚天骨，張之謖謖生清風。左生畫畢向我笑，復堂之句應推公。

相逢下馬行（客南梁杏莊明府白工回行至巷口不能引避下馬數語而別）

踹跚曲巷春風窄，官路馬蹄行得得。揚鞭蹀躞如趨風，掉頭一盼迴金勒。下馬且復立斯須，相憐都是風塵色。但問飄零胡不歸，斜陽一片兩手戟。

古樹行（同黃默菴瘦石及主人仲柳園荔亭父子）

誰家植此支離翁，輪囷拳曲撐鴻濛。抱霜飽雪歲幾改，苔痕剝落鎔青銅。枝繁葉密猶結子，不敢呼作木居士。幾經霹靂燒槎枒，露根礙足拏龍蛇。豈無匠石過而顧，材大難用徒咨嗟。只今新綠蔭廊廡，浥露含風自吞吐。海邊神物謹護持，直欲東徼扶桑古。

次和黃黙菴使君枉贈

詩家品格分枝條，何妨瘦島兼寒郊。不求真意尚繁縟，譬猶腥臊恣饕餮。食古未化事獺祭，檢閱砌湊無乃勞。縱能採摘富詩料，苦窳亦恐非良陶。江夏黃公偶病脚，幸得良醫今勿藥。華宗瘦石兄弟邀集古春園，載得新詩滿囊槖。風流自賞多豪情，真金不畏衆口鑠。本無煩纖汙筆端，幾回欲出還斟酌。人生聚散如浮雲，西塲攝篆舊政新。詩壇隔日却重建，文章交誼皆有神。又向西家賦古樹，各分旗

鼓張聲去吾軍。〻如細栁不可動，棘門霸上徒紛〻。吾聞相視莫逆乃吾友，醉心豈必須杯酒。誰為今日出羣雄，且箱稷下談天口。明公静穆如清風，老夫甘作牛馬走。百年易盡年尚賒，歲寒松竹終相守。不然但誇絢爛三春花，只恐頃刻幻化為蟲沙。

辛巳七月紀事頌撫軍桂林陳公

九載昏墊警唐堯，伯禹幹蠱隨刊勞。歷數千年沐明德，支祁逸出陽侯驕。司空受　命傾　內帑，築堤直跨金城高。射洪以南建諸閘，隨時啟閉誰敢撓。下入東海三百里，吾邑中道承洪濤。嘉禾魚上鐮未刈，老屋蛙聚風還摇。壯者流亡老溝壑，富者節嗇貧啼號。自癸及辛亦九載，　朝廷捐賑胥吏豪。撫軍陳公大悲憫，奏　請開閘加堅牢。丙子歲南巡奏吉諸閘長開不閉。昨歲踰閘水東注，親涖荒邑連昏朝。延引紳耆共籌畫，欲奠茲邑心煎熬。地凹路逼究何策，誓曰吾在寧爾曹。遂開通江大門戶，上流旁洩治其標。　天子曰咨庶可績，金錢百萬輕如毛。謝埭南頭六閘下，裒裒百里紛鉏鍬。今年伏汛恐猖

獗，離署旌節臨堤坳。步行堤上自巡邏，低者加築高如橋。水勢日增怕崩決，河工官吏喧呶〻。公以身殉各掩口，東風十日回天滔。僉曰精誠格上帝，汙邪亦慶篝車饒。忽爾東南轉西北，狂瀾怒湧如海潮。堤崩閘啟勢難已，一鼓東下田廬漂。宣房瓠子不日塞，猶保一半安衡茅。自是天心不悔禍，公任厥咎無所逃。　上聞恐遭大譴責，誰知　天語翻嘉褒。更發帑金專任使，河臣不得紛喧囂。我公願力繼神禹，　堯仁宣播齊明昭。

送李蓮坡歸關中

九秋霜遲木未落西風捲地冷樹脚吹動天涯遠客心騾綱欲發蹢宛洛四座停杯悄無言别離雖暫心不樂客曰諸公意固殷客心委曲尤應度憶昔違家曰壯時親年未艾婦綽約其時大母猶在堂佇望歸鞍報乾鵲秖今十載羈揚州大母終天身繫縛詢知親顏亦漸凋少婦初歸意寥廓（君續配未出門）逾年而田園門戶歷遠心徒致郵筒虞缺略人生能得幾十年轉眼霜華髩蕭索今年歸去明年來

渭樹江雲行蹢蹢我聞斯言神忽悽客程長短同仳離君自秦中至海上三千餘里行逶遲我近家園數百里如蟻走磨無停蹄屈指經行自吁怪一歲可敵君往來（叶）往往來來為家計席不暇暖裊年悲今年海濱得賢主意謂安坐休孱羸詎料兒孫束楞腹取盈不足思補虧觸熱浪遊到秋杪奔走空剩骨與皮我負我老固應爾君方得意胡不歸但願明年悪然至丈夫弧矢四方志

追題年伯姜退耕太史鉏經圖應文孫治臣請

江天四月風雨多立夏以後繞清和昔年景物盡變滅尋常不忍經西河西河之上有遺老我托通家恨不早十年奉教几杖從十年墓上多宿草憶昔命題荷鉏圖昂藏老鶴神清癯今見鉏經轉妍好雪霜猶未侵鬚鬢初到長安奮　皇路一時名宿爭延譽千里名駒産渥洼陌頭蹀躞孫陽顧清才絕世動王侯聲價百倍傳九州古来材大難為用（杜句）依然伏櫪埋荒邱著書種樹兼卧病始信鉏

經心並競家藏百瓮麲米春吟餘日日中賢聖風雅誰登作者堂别裁偽體音琅琅力追杜韓尤倔強聱牙不許俗口張科名著述傳衣鉢直付封胡與遏末中間頗有象賢人早向泉臺化異物門前冷落鳥雀喧風雨何人拜墓田（令姪蒼麓先生句）回頭欲問十年事圖書零亂隨荒烟盛衰倏忽眼前異看畫潸潸隨老淚文孫慎守出索題詰到西河各顯頌

藤樹倒（高樹扶藤而死年久樹朽藤與俱斃）

朱藤植根近高樹〻幹槎枒藤久附藤柔樹勁兩
交柯融成一片碧烟霧樹剛終不勝藤柔幹存枝
禿常幽囚百年喬木竟枯朽千條萬縷藤枝稠我
見枯根幾太息謂藤不仁恣吞食觀者爭愛物態
新柔枝參天擅奇特壬午交秋風雨多繁藤抱樹
如網羅雨重風狂朽枝斷吁嗟相抱同跌蹉人生
有骨自立好倚人作勢終莫保藤兮藤兮今始知
當天日赤氷山倒

文園七夕分體

海氣蕭〻攝殘暑穿針樓上驚風雨玉葉金支天
女孫停機夜半迎河鼓天上佳期不可逾一年一
度傳千古此自星文動天象人間煽誘癡兒女絜
言乾鵲例作橋顛毛禿盡絳河渚手陳瓜果口祝
詞仰看巧雲夜正午達哉遊戲送窮文至今獨有
昌黎愈老夫白髮垂鬖〻便見傻星首亦俯況復
霾雲雨更繁震擬黄姑步踽踽我來訪友正及時
不辭風雨吾與汝

再題筠谿畫五松兼贈吳八漁友

左生疇昔畫五松藍本復堂稿不同我為作歌贊
其好欲和復堂追前踪只今詩畫在人壁久不寓
目知誰工我詩汗漫不更作左畫有求詎能却適
展吳生便面來五松忽向風前落意欲重書舊作
詩口不明言心暗托前詩不識為誰何吳生交情
殊不薄幾回滌硯手躊躇抄謄舊句慚淺膚近來
踪跡頗寥闊心情未改相見初安得人如五松聚
經霜飽雪同扶蘇顧此圖中枝屈彊或離或合或
偃仰倚天骨幹冬不枯柯葉青蒼作濤響天老其

材將用之漫將霜雪來侵欺大廈將傾要梁棟杜句
匠石一顧斯呈奇憑君携向黄山去穿石拏雲日
遭遇始信左生畫有靈寧忘野老狂詩句

目撑行

為崇川个道人作也道人姓丁氏名有昱
字麗中博學嗜古詩畫精詣藝苑尊之十
年前兩目忽闔不能開愛女適孫氏者為
製一物牽制以啓其明道人名之曰目撑
自為目撑狀而屬余為之辭

古来賢哲苦喪明前有左邱後張籍亦聞樂工目盡盲奏公都是瞽瞍職要皆水竭睛無光五官不備殊堪惜若乃青白全未虧脾涅眶肥睁不得坐使書畫大好手終日昏瞑晝當夕偶然用力一線開作書半紙半在席消磨歲月藉殘編際此茫茫竟如失愛女憐翁日坐愁靈心獨運思長策矯揉撐拄人勝天務使鴻濛頓開闢先生錫名曰目撐世無此物創此式以鐵為骨絨為衣關鍵耳鼻相控勒製如清照虛其中曲折分寸皆得力上撐下

壓中自開復見天日無所匿造物不得操其權古典亦未留其則世人肉眼大如箕嬉不能披妍不識有眼直與無眼同女如班蔡終何益

書常蒼谷先生灌園圖

先生開平王十二世孫嘉靖十一年詔封四王後封王八世孫元振為懷遠侯傳至曾孫延齡忠誠守職國亡身自灌園號蒼谷

有明開基起都梁從龍無若開平常義旗南指向米石奮勇一躍趍敵　乾坤血戰中原定分符帶礪河山長其間廢絶晚猶継茅土重錫功彌彰世家統緒傳十二武略絲以文德昌立朝諤諤不忍默疏十二上多慨慷運移漢祚勢難復申酉之際徒搶攘覆舟中流報先帝鬼神呵護相扶將儆居江村奉慈母鹿門名共龐公揚中山之後結伉儷金支玉葉形同戕東陵種瓜継前軌漢陰抱瓮餘幽光青青萊葉荒原野露湿常和清淚洒故國江山尺土無先人功業丹書寫忠誠直接荷戈人祖

孫終始明宗社

題不波居士小影

不波居士筠谿子縱橫藝苑程才技英華不露人罕知賞心最早觀之李李生績學自深沉相觀相長成佳士少日隨師入帝京遨遊東觀無西清詩書醞釀少塵壒一時聲動名公卿歸来豪氣抑然下貌若鷺鷺無能者能詩能畫能填詞金石摩挲鐵筆寫家貧親老生計蹙年年負米行原野邇来賀得賢主人十年浹洽禮益新考今証古有精識

不似尋常偽冒真君居停主我膠漆一歲淹留月六七與君氣誼無參差桑梓不踈客逾密雨中示我白描圖穆然桐竹相扶蘇世上風波平地起药谿兮方踞槁梧

六月十七夜同藥上药谿希齋喬梓傲蚤樓待月同賦

文園風景擅東海四時攬勝心目改最是炎〻庚伏時荷香桐蔭增光乘幸值晴明夜月圓一片氷心玉壺在今年六月多霾陰袷衣不敵涼氣侵雨

昏烏兔盡逃匿望日忽霽烘如煁火雲飛時烈日出氣鬱不舒盼日夕〻陽風轉月正明十五登樓到十七十七之月東升遲暑氣夜減風颸〻江南有客倚微醉露臺待月羣追隨我聞笑語披衣上嬋娟窈窕光滉瀁一線微虧自明朗不露全身射林莽零金眉玉洒衣裳樓上高寒神惚恍循欄風急難久留打入桐葉大於掌

寓言四章

羅浮夢神彷彿一瓣梅花結成室有香有色兼有情千秋萬歲今宵匹為問師雄何代人想應未嫁林逋日

溢江女偷芳春不教疑鬼更疑神留得好詩風骨冷兮明踪跡得非真豈知物色無人住水仙花是昨宵人

秦樓玉善吹簫〻聲似鳳〻可招嫁得郎君是簫史一齊跨鳳干雲霄只今樓上誰家女空有簫赧鳳穿寡

巫山高巫峽遥瀟湘雲夢連春宵高唐忽感君王

夢〻回一枕精魂搖朝雲暮雨非凡骨何似宮中餓細腰

題李復堂畫菊

復堂寫生妙天下寸牋尺幅真無價生前無賴橫索錢死後流傳任狼藉少年獻畫動 天顏中年作宦筆墨慳晚居林下名心淡交游多在菊花間愛菊畫菊通一氣寫出枝〻皆得意五柳先生不復生臨池日釆菊英醉十年泉下醉不醒文園見畫聞菊馨安得今宵呼汝起看我題詩手不停

題璞莊梅花圖小照

林逋老向空山住梅花豈止三十樹春來爛熳横復斜道是山妻共昏曙吟詩煮酒誰唱隨待臘衝寒為内助世間尤物珍朱顏老梅粗醜偏幽閒肝腸氷雪添嫵媚暗香竟體浮烟鬟文園主人今和靖園中梅樹稱最盛穿岩插壁臨清池花時窕與孤山並地多斥鹵颶風摧芳蒐憔悴粧難靚桃花李花蒸晚霞主人偏為梅咨嗟幾株零落弄新綠無復霜中能作花梅子熟時章子至 謂布齋 貌人貌樹皆絕技主人旁觀興勃然索圖小影憑 梅醫 羅浮鄧尉美盡收三株五株不稱意殘毫禿穎寫氷蒐多畫寧干造物忌盤根錯節致離奇過水穿雲無不備草堂以外雜卉無短節大笠心如醉前途未到花不窮安知不是文園地

題六老圖

雙丸電轉天門虛東升顧兎西踆烏百年易過白駒隙長生妙藥渺蓬壺且復及時為歡娛出愁入愁胡為乎山林鍾鼎會有遼相視莫逆吾為徒況乃鬚髮捻變白曰耆曰老多居諸文酒日高會蹋跡非良模形骸任脫略圖畫寧模糊就中依歸自童稚吾師吾師顧與吳 默齋東陽 兩夫子 茗柯風雅飄長鬐 方岳生 趙君頎然風格殊 黄中 古心古貌老而朕古者二阮今二徐 清淮木犀 或手一卷互商確或屈一膝獨紆餘或俯石牀或傍神采奕奕閒軒渠香山不可即竹溪亦以徂吾鄉前輩多好事三益亦寫遺民圖揚州酒人圖未見我父作歌夫豈誣茲圖繼作與輝映流傳後世將爭驅猶及諸公少壯日饕華籍甚高里閭朱顏不肯留斯須蛇蟄蠖屈老榛蕪委心任運同志趨畫師添類徒區區那能寫出心悅愉不然眼前豈少龎眉皓首者圖中之人睨視知誰歟

竹樓詩鈔

興化王國棟著

五言律

十六夜對月

雲散寒仍重清輝別有天雪留今夜白月補昨宵圓萬里秋爭潔一村燈復然衰安莫偃臥春在酒樽邊

水上對月

風急蕭、暮湖烟蕩、流水雲孤月動天地一身浮白髮短堪數青袍敝孰謀自從荊婦歿絡緯不鳴秋

己巳上五日同任五肇雍過羅二湘琳留飲梅下

春酒酹春梅花香落酒杯深憐花信早豈待酒頻催綠萼蹤還密華年去不來歆斜扶醉影應得好懷開

水後過浮漚館

三徑荒如此洪波太不情竹殘無客看柳臥礙人行

酒賦閒諸老樓臺抱少城池中鷗與鷺可待泛春聲

喜晴同璞莊

積雨今纔歇雲陰尚恐人乍開殘照暖始覺小園春客至情彌洽盧飛泉來杯寬酒更醇明朝須早起好看綠新勻

立夏前一日送兒雝歸里

好送兒歸去衰翁默損神可知王粲客無奈阮家貧水閣看移棹河橋並餞春多情慚地主歡讌帶酸辛

將歸

亭午倏昏黑蒼、無霽顏風搖千樹雨雲壓一窗山澤國憂難解天涯夢已還西河棲隱地可得好追攀

令兒生日

令子非愚魯其如失學何四書猶未熟十歲竟虛過我此懸弧日神傷陟岵歌飛騰萬里路莫象老蹉跎

登北郭樓

扶挈扳危磴秋風北郭樓有天皆際水無地可維舟高鳥孤飛迥遥村幾點浮最憐南嚮鴈屢失稻粱謀

九秋吟

秋水

蒹葭渺無際搖落也驚秋野水兼天淨寒光帶月流深無四五尺横出兩三洲即此伊人在何須上下求

秋樹

西風吹落木颯颯響空山誰信讀書處秋聲在此間林跡栖鳥露果盡衆狙閒為我問松柏何方可駐顔

秋原

寥濶乃如此蒼然綟遠眸斜陽上衰柳瘦馬立荒邱草木幾時變關山萬里秋西征有烽火誰去覔封侯

秋墳

纍纍盡荒塚處處帶斜陽何日歸黃土西風號白楊燐昏新鬼怨草宿故人傷只有遼東鶴千年弔北邙

秋雲

一片出寒岫隨風難自禁淡能滋白露薄不掩踈林舒卷飛鴻亂烟霜蒼狗侵雲中君可見絕跡過遥岑

秋窗

桐葉漸零落南窗滅半陰白能開老眼明可見秋心移几烏皮淨燒芸斜日沉多情憐顧兔夜影更侵尋

秋蘭

恐負懷芳意悠然直到秋不妨清露重自有妙香留短葉寒逾勁春心晚更幽靈均如可作紉珮到江頭

秋瀑

壁峭挂飛瀑清寒已似氷況兼霜氣下只益雪光凝映日繞懸布横雲忽斷繒濺濺衆流涸晝夜竭

何曾

秋蓮

不盡榮枯感池塘露未晞尚餘残粉在半歛晚風飛雪藕人何往釆蓮船已歸沙禽自来去寂寞带斜暉

李定齋以新刻寄示詩以答之

不見李生久（杜句）詩来感我心汗青非孟浪哀白肯銷沉前輩風流在專家醖釀深獨慚餘敝簏未敢說苔岑

秋吟閣詩　五

先子富詩集艱難死後成千秋餘大業一代竟遺名（吳儂選本併未見録）輕薄若曹體沉雄正始聲看君付梨棗且莫急時榮

而我同庚者心憐趙倚樓西河有餘慟東海结深愁羸博何年事烟霜九月舟雕鐫雖小集或可得千秋（秋山長子去秋逢辰泛舟避客得舟中吟二十首已经授梓）

西望盂城路將詩代札傳家貧繁食指力倦彈吟肩足了一生事寧忘累世編論文思李白何日聚湖天

宿瓜渚

暮色隨風雨蒼茫入客舟酒䟽通小市燈火宿瓜洲水驛更深語江聲枕畔流南徐好山色明日浪中浮

江樓

京口銀山寺江樓戶牖高風帆投几席杯酒入波濤海氣迷孤望山光喜並遺金焦在襟帶明日駕輕舠

出潤州道中作

秋吟閣詩　六

雨霽清明後栖霞入夢初耽遊判老骨圖穩耐疲驢一路桃花暖千山落日舒同人吟興好風調竟何如

別寓樓

十日江頭住難抛此寓樓金焦共風雨吳楚一咽喉（樓下即昭關）纜解山窓閉人歸屐齒留不堪回首望烟水自悠々

古春園八首

驅車出北郭官路少人家一徑入林暗小橋横水

斜竹高穿澗筍階艷戢春花大有避秦意桃源莫浪誇

闢地緣廬墓開軒已坐花看来勞布護溯去損年華位置陂陀路迴旋遠近沙佳城隔前浦鬱丶夕陽斜

屋宇曾無幾烟霞望已深有池皆種藕無鳥不歸林雨過苔痕滑雲来花影沉窈然入境外那得俗塵侵

前月江南客名山遊不窮誰知深樹裏也似萬山

中映竹水俱綠翻階藥更紅一時幽興極顛倒任哀翁

桂樹密無限小山香幾叢不知花放日何以耐秋風枝壓兒孫老霜侵松竹同值茲新蕊換光潤洒薰櫳

白雲誰可贈皂蓋忽相過（謂黃默菴使君）轉覺塵氛少應憐詩思多百年吾老大終日伴巖阿客散吟聲歇幽懷寄薜蘿

君家好兄弟留客意蕭踈樽倒屠蘇酒池喧潑剌魚高齋多勝事累日共幽居只恐塵埃逼無由久駐車

舊作名園賦荒蕪半失真只憑口傳述漫使筆敷陳韻雜誇新製情多知古春又牽塵累去回首最傷神

十五夜雨憶昨夜月

莫道天常好陰晴不可知月明將望夜雨掩正圓時暗殿霑泥徑昏簷響石堦昨宵橋上立烟重已堪疑

除夕

野曠無舟進河冰美鳥飛歲從今夜改入定隔年歸村酒勞相餉詩情幸不違兒孫應念我清淡近爐揮

自到招提後高眠不待鷄誰家歡守歲爆竹響孤村七十驚心過家鄉無信存桃符應未換書字付山門

氷上牽車者渾如陸地行老夫愁險絶跛足枉心營（時患右股酸痛）面熱村中老鐘傳空外聲淹遲到明日

迴憶隔年情

憶昔永安凍先人阻半途（前庚午先君阻永安度歲）異時詩句在一樣客心孤和栢樽空有然松火却無僧寮淒冷地留跡與東湖

瘦石贈布

服稱無如布迎凉有客投可縫非一尺暖老到三秋錦褐人間辨寒溫我輩謀蕭馮亦何德白傅製棉裘

今秋高雨船汪璞莊集瘦石古春園共賦八詩囑余續尾

秋吟閣詩　九

草亭

小築吟詩地翛然花圃中茆茨三面月語笑一亭風何必須陶乱偏宜屬醉翁秋涼無倚薄高映太清空

槿籬

取徑二三里逶迤編槿籬已無花夕落只有葉秋萎不護鄰家犬空盤日及枝客来多轉折幽境却忘疲

板橋

略彴無斯澗橫溪難疾趨邪求欄可倚聊借杖相扶斷板園門接平蹊草徑蕪度来秋瑟瑟水落亦堪虞

栢嶺

秋老不凋栢盤拏有歲年土高橫作嶺榦聳直參天向背人工幻崇卑地勢偏閑来然落子亦足傲枯禪

柴門

秋吟閣詩　十

風俗田家厚不妨柴作門敧斜破籬落出入便雞豚只覺繩樞儉何如蔽席存秋風吹木葉也自閉黃昏

苔石

小石一卷耳秋陰生綠苔塊然隨意坐移得襯花来米袖嬾頑頓垣衣費剪裁山林多土阜撫此幾徘徊

菰浦

水草都成實雕胡出綠萍沉雲秋米黑伏水晚莖

青鷗冷夢應斷蓮枯粉盡零光〻一片月相映兩娉婷

竹徑

愛竹吾家癖名園曳杖時雖無當路筍頗有碍人枝曲折循苔徑青冥接水湄干霄憑爾去莫學荻蘆垂

又雪

已喜客歸早何妨雪又飛河氷荒市靜酒貴醉人稀一歲驚垂暮寒城半阻饑老夫擁爐火嗟爾卧牛衣

展先高祖墓

爲展司徒墓荒涼拜起遲未湮五世澤已斷兩朝碑綸綍傳身後邱原冷海湄松楸不可得惟見黍離〻

立春

開年已半月斗柄始回東霧解江梅凍窓迎海日紅娉婷憐女弱拜起愛孫童此景年〻有餘光戀老翁

秧鼓滿城市逢〻走唱春星回尊木德月令紀芒神客老他鄉慣家貧物態新兒孫一杯酒披豁倍情親

有使自江縣來求作嫁衣守身終不字垂老竟何依　聖主巡遊數　君門咫尺違看人獻三策道路沐光輝（時有客求代作迎鑾曲）

可惜南州彥長辭東海濱卷中珠有耀地下草無春後世相知少先生結契真遺言命讐校把讀最傷神（時爲徐蘆堂鑒定遺稿授梓）

次題瘦石斜陽館

我作竹樓既梧桐漏夕陽看來無實地畫裏置書床輸爾西窓下迎風伏日涼幾回欲相就長路隔津梁

酒自何年斷詩從弱歲工只今纔四十佳境到清空窓啟羲皇壯風迎少女東晚來誰造訪竹影正迷濛

有花兼有竹宜雨亦宜晴歲月歸華館懷安得隱名時平容我逸土沃及春耕除却吟詩事悠〻世

上情

丙戌元旦

冬日陰寒久，剛逢元旦晴。湖村餘酒食，海宇際昇平。賀節人難辦，敲門犬不驚。南莊老兄在，冰阻不能行。

斗室纔容膝，書床於此陳。平分安卧榻，其半且留賓。襆被遠行物，樽罍暫住人。間年開八秩，幾歷歲華新。

鄭存齋席上荷包牡丹分韻

一縷穿無數，其中何所儲。春風囊括盡，國色剪裁餘。富貴誠虛耳，燕支染不如。倘能貯佳句，高咏向階除。

崇川夏含齋囑人致問却寄

或自崇川至，殷〻若舊歡。遠啣故人命，爲訊近来安。時序當初夏，流光似急湍。三年狼阜路，夢裏仰巑岏。

知己天涯少，端人歲久睽。薰猶如共器，桃李不成蹊。細雨橋南杖，清風研北題。華亭孤鶴迥，高致亦

難齋謂金林一

白髮湖干老，他鄉歲月深。僅能支老骨，久已淡名心。纂集藜光暗，風騷蠹簡尋。竹窓頻掩卷，事大恐難任。時爲汪璞莊纂輯東皋詩存

朋友平生重，相思意黯然。老成凋謝盡，丁麗中程信文兩先生皆去世風雨道途偏。垂橐来何事，題詩寄可憐。髯公如念我，何惜一蠻牋。

和樵所秋夜不寐

偏是悲秋客，愁心入夜遥。五更常不寐，一枕太無聊。露砌蛩䂊碎，風簾月影搖。破除憑短咏，意緒也蕭〻。

身是積愁具，心思却病難。半生餘藥裹，舉世昧文蘭。懷抱向人盡，幽憂到夜闌。趾離夢神名何處去，頻攬薄衾寒。

每怪晨興晏，應知夜寐慳。文心矜似鳳，兩目炯如鰥。骨益支離瘦，神偏咏歎閒。人生重眠食，缺一恐爲患。

我亦多愁者，因君感不平。艱難謀口食，淫雨害粢

盛夢醒傷時事途窮失反生昏〻只高卧渾似淡
忘情

同年姜南園明府五十二十韻

大好清秋節先生介壽筵暑殘炎火退氣爽綵衣鮮少日猶堪憶中身劇可憐過庭詩禮訓績學鳫鴻聯角丱隨親任飛騰自翰編近畿官已貴當宁眷尤堅法立平反允公餘造就先（廉使公於署內廣建書舍收録一時能文之士親課經藝成就甚多）諸生多濟〻公子更翩〻未壯科名振專家制義傳會須登顯要豈料竟迍邅

蜀道難如此銅符綰半年官箴原不忝吏議忽相牽（公涖奉節七閱月攝以失出舉核）月輾轉巴渝險（巴縣延修邑乘）蹉跎歲月延僾〻悲旅櫬（兒媳相繼客死）渺〻隔江煙只有詩篇富常令次舍遷無歸〻亦客試問〻何天谿達為佳耳興哀在忽焉逢辰縋五十擊水待三千未路還當奮寒灰有復然前修憑後劲不用卜筳篿

贈陳綠畇十六韻

久羨太邱長門中得二難元方如琬琰光氣耀闌干素業書千卷清操食一簞氣雄牛可食秀異色堪餐倜儻時賢讓飛騰藝苑寬倘能甘閉戶何患不登壇談笑紛常解酣嬉夜向闌暫離真欲瘦乍接已忘寒雅趣耽文藻芳心似蕙蘭竹香茶孰富柏翠露盈盤殺兔珍霜穎然松碾墨丸摩洋情自愜餉遺篋空殘品既超凡近天應假羽翰池中蛟待舞海上蜃誰觀競爽雲間陸閒居懷縣潘老夫媿衰謝猶望慶弹冠

贈璞莊十六韻

十載忘形友風流久未泯炎寒都不記僮僕亦相

親彈鋏馮煖老分金管氏貧豈惟供食指且共歷車塵棹返湖天膩帆懸江介春筍輿登嶻嶪藤杖拄嶙峋京口頻乘興棲霞支嶠晨攝生無藥草（山向有攝生草故名）截石鎖楓宸（山多行宮）詩紀東山勝文弁壯極新（上有御製詩）追陪遊屐老遲鈍蹇驢嗔一路多諧謔（余不善策蹇屢為瘦石所笑）連朝倍主臣逝波鄰海若歸客拜江神（瓜步臨江有江神廟）卷帙看君富謳吟逐句珍比時欣得意壯歲渺何因高惠尋常外衷翁感激真翠華南下日吴越更通津（時有壬午南巡同遊西湖之約）

已題管壟臼讓宅圖矣復贈此詩

薄俗何堪問披圖感忽深從家能讓宅遺法自揮金細檢書須載分攜淚不禁潘輿猶奉板田樹失成林未改塤箎樂仍懸梨棗心為言新卜築急難好相尋

竹樓詩鈔

興化王國棟著

七言律

憶母

乙夘秋赴省試歸舟阻風江上抵家而老母已歿三日矣終天之恨何時云已

團圞誤信尋常事忍別慈親獻策時百里江聲流恨遠三年旅夢到家疑牛眠地近封偏緩蝸角名虛悟已遲却憶秋風空作計幾回倚杖問行期

亡妻歿忽百日愴然成詩

廿載飢驅不暫離於今一別杳何之吾衰未甚神先索女瘦無端故可知髣髴舊容窗影亂塵埃遺挂壁風吹自傷眠穩朝慵起不及寒燈夜伴時

燕子磯望江

磯頭燕子飛仍在江上漁人坐未休滾滾夕陽明遠浪蒼蒼暮色落寒洲南侵不許秦鞭斷北渡偏深塞馬愁一片紫雲東海近朝宗猶見古諸侯

陳雨時七十

古稱七十老而傳為慶先生倍惆然猶子為兒天亦奪童孫久病藥難痊雄心都付圍碁局笑口惟憑拄杖錢嗇彼豐玆應不爽助君行樂是長年

寄武昌南雲上人

當初愁別真成別此日思逢那易逢一里湖山歸舊隐百年霜雪遍衰容虎溪笑後三聲寂博浪椎還萬事慵羈旅揚州歲云暮因風書與寄黄龍

寄訓李復堂

海畔清和客思荒故人書到話行藏百年家學衡

弓冶千里名駒讓驌驦韋杜城南天尺五謝王堂上燕尋常寸心覼縷言何盡相對頭顱滿雪霜

儀鳳門外漫興

金陵郭外氣氤氲獅子峰陰帶夕曛石露一卷山有骨波開半面水能文秋風易動蕭蕭鬢老眼全花蟲〻雲珍重主人相餞意嚴關將閉手難分

壽家九兄六十

鴈序凋零剩一兄弧辰拜手迴含情飄萍老去鬓俱白策杖人來鄉亦驚詩句自工家事在烟霞多

癖旅龜清明年我擬歸湖上梨棗相推盡此生

吳陵九日西園尋秋

似防落帽科頭出也為登高策杖扶平楚木踈秋色老隔江山遠客身孤離離菊影連疏圃短短藩籬入畫圖尚有石屏荒草護何人重問小西湖

送冒甚原返崇灣

幾回孤館漏沉沉又束輕裘返故林明月清風真浪跡碧梧疏雨盡愁吟傳家一卷囊中物將母三牲客裏心我亦四方餬口慣悲歌送奏有同音

寄白下紫竹林為公和尚

竹林深處是祇林一拂能驅野馬侵山色入窗高閣迴江聲遠郭暮鐘沉暫翻貝葉酬都講常吐心花事苦吟自我別來多歲月香臺飛夢到於今

空山長日淨無塵映室蕭蕭有綠筠兩序分明初地肅十年辛苦老僧貧笑傳惠遠人如在舩泛吳公跡尚新湖上近來風物好袈裟此後與誰親

汪璞莊文園二首

絶勝風光莫漫猜仙源依約近蓬萊山如淡墨千

層染水似挼藍一鑑開飛鳥下停窺洞壑流雲初合護樓臺主人着意憐今雨幾點庭除净碧苔

心期遥映晤偏遲始信雲風自有時五載相思天漠〻（丙寅訪君未值閲辛未正五年矣）百年垂暮髩絲〻山林遠近都成畫花鳥幽妍盡入詩湖海由来踪跡異何緣常傍習家池

率兒輩之東郡祝九兄七十壽舟中作

細雨侵晨氣尚清携兒東下有餘情人生能得幾七十我輩況無多弟兄豈為年荒歡頓减只愁詩

秋吟閣詩 四

好和難成茲村舊是團圝地且共鄰翁喚麯生

自豐利至白蒲舟中有感兼和諸子雨集海粟軒見懷

白頭淫滯文園客五載睽違海粟軒似葉扁舟来海上如鉛清淚洒江村月仍建子寒風肅老記逢辰舊夢昏今日西州重繫纜縈絲裂管不堪論（辛未中冬予六十賤辰滿上初公選音作慶今存吾李亭穆堂皆已淪没）

年来音問隔遥岑誰向天涯念友生客路近連衣帶水故人同抱别離情壚邊貰酒禁風力夜半高吟入雨聲滿眼琳琅難屬和況緣悼逝思縱橫

明職方鄭公超宗先生影園黄牡丹盛開一時名下吟賞甚夥主人糊名易書彙送虞山錢宗伯品定以海南黎遂球為冠因製金巵刻黄牡丹送之文孫國秉屬書黎詩於册後職方為鎮帥所誤郡人疑而支解之作詩一章志感

先朝郎署有光輝末造勳名心事違桑梓變興身與碎園林名在影全稀文孫異代清貧老國士當

秋吟閣詩 五

年逸興飛黄牡丹詩吟未已至今何處覓芳菲

上元板橋招竟日

巷分南北復西東少小比鄰類轉蓬漂泊半生無那老升沉異路豈能同官歸仍賣文為活困久方知技未工細雨滿城燈火暗哀顔都仗酒邊紅

四月二日同人過蔭深園

文園西北碧森〻迤邐河干問蔭深竹徑紆迴人覓路板橋略彴客穿林僧携鉢去空禪榻花送春歸賸午陰最喜溪山圍野色好將歌笑答幽禽

一碧亭望海雲初出

扶桑浴日知何處似有濤聲動地來一唱雄雞天下白頓看蒼狗海邊開神仙蹤跡窺三島雲物光華徧九垓徙倚山亭凝望久滿身霞采近蓬萊

食麥仁

食新昨歲吟詩句遠恐貧家尚斷炊況是沉災增米價仍然垂橐在天涯来年貽我三年夢白首依人九熟時軟碧滿杯頻勸客又看窓外雨絲絲

書姜香嚴憫荒詩後

海縣啼烏尾畢逋江鄉哀鴈澤中呼懷裏半警唐堯水摹繪重披鄭俠圖若使 上聞驚 睿慮直窮民隐到牀膚其中更有難言者多少微辭一歎吁

新修拱極臺甫竣顧黙齋夫子示以同人觴咏之作感賦

高臺自昔俯西流轉眼繁華作廢邱邑匪名區傳古蹟（郡志載吾邑名蹟只拱極臺暨先王父檀園二處今檀園已廢）金須 御府煥新猷標題盡易前人字登陟休停過客舟（本係遊觀公所當事論令封閉）隔水遙瞻多感慨嘉名誰錫海光樓（孔東塘博士遊此留題）

女墻危礫久成堆新整規模亦美哉舊賞地荒猶可復昔遊人去不重来（昔邑中公讌多在此地先君子曾有詩句）園亭隔水無圖畫邑里驚蒐半草萊尚喜騷壇今又振當年原是讀書臺（元邑令詹公士龍讀書於此）

次和分運張靜遠先生弔吳陋軒先生墓

白楊何處起悲風東海詩人葬海東荒壟歸然無大島後昆存者是哀鴻生原哀颯風流絕客有經

過旣想同勝國遺民當代老高名已擅兩朝中

哭同年姜香嚴四首

絕世才華藝苑尊忽傳凶問盡聲吞竟從顏卜休文去誰砥江河逝水奔拙句漫鐫慚話雨（君刻話雨集濫及詩）小壮堂稱慶屢開樽（丙子祝伯母壽留数日皆置上座）傷心豈但私情重一代風流莫更論

平生踪跡似參商丁丑之秋最不忘野步隨鷗尋別墅夜吟同鶴警清霜詩分變體工如鑄人合殊方醒亦狂一自文園輕判袂竟成永訣付冥茫（丁丑）

秋同錫山家春明嶢山管蘷白吾邑陸左軒白蒲吴中孚劉樗村過劉氏蔭深園分體後遂成永訣年来赤岸擁青鐔百里鱗鴻望杳然客到傳書標閏夏秋清把卷已重泉君閏六月以書托吴興仇霞村寄予九月於河阜接讀君已殁二月餘矣裏言盡化鮫人淚短夢頻驚鴈字天深恨生芻曾未束西州愁絶水雲邉

為星已慟騎箕客倚杖猶餘樹背人琪樹三株萎可惜謂令兄也令弟命車魯齋廷二惠弱難振謂兩令少弟敔家哀落須臾變新鬼煩寃冥漠真頼有象賢擅文譽相期尤在重天親

秋吟閣詩　八

南梁雨中述懷

如流歲月客中過行笈頻移奈老何晚食有肝皆是累孱軀非墨不能磨飄零祇賣文為活身世難抛事正多預擬南梁更南去濛濛絲雨隔関河

夏日邀顧默齋夫子暨許恒齋陸緘齋徐就菴趙竹坡秋山携樽集陳佳木柳園同韻

壯海池南西郭東幽光無際似崆峒橋平楊柳全拖緑水溢芙蕖未放紅酒榼漫携長夏日嘯歌都入遠林風最憐座上頭俱白徒使羈人夢屢通

同板橋希齋筠谿瘦石集柳村蔭深園

名園三載客重過竹密橋横路未訛幾派清流孤艇入千章秋樹午陰多聽詩使我忘高枕餉飯看人作擘窠看板橋作大字一度逢迎一觴詠風騷其奈主人何

哭金山方丈嶠峰上人

一載相依别十年十年别路接重泉不知面目竟何似只有音書偶一傳衣鉢三更江上寺菩提無樹米頭禪從今細檢傳燈録應許遺詩甲乙編

秋吟閣詩　九

問字追隨弱冠時城東蘭若水漣漪松門未改閑方丈竹院仍迎老住持錫杖不歸終古恨金山空峙晚鐘遲早知虚費鉗錘力何必天涯問本師山水緣慳負白頭十年方外結綢繆擬聽鐘磬抛塵累長送春秋老寺樓燈影已從清夜照時已主方丈事玉光空向碧山浮故人曾約扁舟渡謂張杏莊明府三日而化龕冷雲寒不忍遊

幾個携將隻履歸箇中消息是耶非縱然證果西方去也與留人北道違訃至海天秋未老詩貽鄉

縣淚猶揮不知此日金山下曾共吟䆒葉夕暉

題李琴夫古洞秋琴圖

隔江遙望眾山平虎豹虬龍近若爭天下幾人成大隱洞中有客奏希聲七絃未必逢鍾子千首於今淂李生似畏終南多捷徑翻然又動出山情（時將入都）

銀山追憶心潭上人

客船繞泊銀山岸便訪高僧舊隱居猿鶴何年隨杖履松風長日靜鐘魚桑門齋供貧常缺竹院詩

情澹有餘化後千秋憑至友（謂李琴夫）墓門志傳手親書

昭閟

伍相遺蹤何處尋昭閟傳說到於今江流尚蠲投吳路山勢難移報楚心乞食幾曾摧壯志吹簫猶自有哀音功名未就終吞劍留恨錢塘一樣深

金山悼喬峰上人

七祖燈傳耿未昏十年行脚不堪論滄溟龍去虛存鉢方丈人来靜掩門山似含悽殘照冷江如有恨怒濤奔平生師友忘緇素老淚空沾兩袖痕

渡江

津頭一笑別金焦安穩中流路不遙萬里濤鼓歸大壑千層帆影趁春潮山憐鐵甕城邊遠人向江神廟口招最是棲霞遊未厭高峰西望尚岧嶢

食蓮

菡萏搖風十里長亭亭蓮子綻青房金莖夜裛新秋露玉椀朝分早稼香心苦也應徵食指味殊何異酌天漿頻年海上空相憶別有清芬未易嘗

寄許衡州

兩湖秋水晚烟虛重訪伊人舊隱居詩畫別裁真大雅琴書以外一空廬塵中未免聰明累（前囑予書聰明累人四字）老去寧教故舊踈十日居停費供給又分弱女季錢餘（君子然一身祗餘弱女家貧甚按季以筆墨貲相助）

吳漁友已到揚州久遲不至

客意蕭騷老自嗔那堪客舍更懷人百年歲月愁中過千里朋交夢裏親何日家山違白岳經時邗水蕩紅塵歸航早晚催霜雪只恐相思也損神

過劉師鋪有懷姜六南園

風流雲散劉師鋪斷鴈寒鴉古戍墩萬里飛騰名
自重一經羽翼道原尊金蘭譜舊懷吾友薑芥園
荒類此村若是鳩茲甘苜蓿不教淫滯老荆門

氷阻東場

海上空迴訪戴船輕裘雪後意蕭然客行楊子臨
岐路寒比南州語鶴年東道無聊留晚食朔風加
厲警宵眠幸依弱女歡相對情暖難融水腹堅

壬午立春日雨

東風習習雨冥冥春氣纔舒冷畫屏不見卿雲書
太史却看梅萼動閑庭兒孫歡補元朝慶朋好来
稀外戶扃六十餘年孤子淚白頭承祭幾行零是日先君忌辰

壬午二月詩

天恩汪濊古今無　御極頻年拜　賜租纔發
鑾輿閔　睿慮又捐逋賦及荒湖歌傳夏諺窮蔀
喜澤遍春郊布穀呼兒復隨車有甘雨大書青簡
待南狐

聖祖南巡慶惠深我　皇繩武亦頻臨衣冠拜舞餘
孫子海宇昇平邁古今文盛正同周四代風薰不
異舜鳴琴臣民漫欲誇前制粧點揚州似　上林
廣陵城外繡成堆法海平山生面開岡阜忽移為
大壑舟車所至盡春臺風搖護　蹕堤邊柳雪綻
承　恩嶺上梅草木有情供點綴高陵都是土新
培
山水生成各一方大江南壯總來王梅花蔽日恩
元墓芳草回春慶蜀岡流峙眼前人力盡烟花時

下物情狂　乘輿信宿移仙仗野老傳聞頌
聖皇
浮玉峰高春水深五雲靉靆護祇林塔摩銀漢旌
旗繞寺接金鋪卉木森遲日餘紅留燕語澄江一
碧抱龍吟吳山越嶠　天王地忍負蒸黎望　幸
心
靈隱蹈光畫不能幽妍那用俗塵增龍翔鳳舞
天才健水秀山明地脈凝　聖世豫遊周海甸廻
車旌旆指金陵　省方　御製高難和草莽儒生

興屢乘
翠微雲護　翠華臨萬戶千門到處深泉石有情
增氣象花林應候摠陰森松盤九老龍鱗露佛鏤
千岩象教欽昨歲騎驢探幽勝　至尊留咏在嶔
崟
天亶神靈夊右文秉時獻賦畫卿雲一経　名試
蹈　丹陛便許登天數白粉敢謂不隨驢馬隊只
緣甘入鷺鷗羣白頭知與青雲隔仍向芸窓老策
勳

三月望宿茨山明府西園晚同比山木山暨
兒雛山亭坐梅
江村近在板橋西老客重來問舊栖去年冬寓此芳樹
未全飛絳雪崇岡仍許上丹梯風過竹裏山亭冷
香動林端海月低莫訝春光今歲晚好留烟景待
招攜

閱南園宇江集書後
益州山水壯荊門萬里蠶叢虎豹屯宦海風波多
退鷁文心哀怨雜啼猿半年易醒淳于夢五載空
尋杜老村嬴得淵源通一脉把吟愁絕夜燈昏

顧冠雲送天水蕉惠茶菊橄欖
一勺天泉慰渴思何須佳物復相隨秋英益壽哀
翁喜諫果回甘逆旅宜活火乍烹猶恨晚新茶未
到不妨遲豈惟舌本餘清味直沁心脾挹素甆

吳明良見招即題其齋
小橋南去路還迂說是當年隱者居高樹日長惟
聽鳥深池網集好觀魚閣無舊跡秋仍在昔有秋在閣
客有新盟嫛正初若問尋常何所事龍跳虎卧右
軍書君橅古榻甚多

次答江八葯舩見懷
一別動教經歲月白頭那得不相思高齋詩酒樂
易過我輩性情人豈知身老自憐謀食急地偏常
恨寄書遲蒲塘雉水無多路只恐龍鍾匪舊姿
晢兒昨日書繞達清淚行間話所思孤潔恥干當
世譽窮愁惟有故人知生成傲骨終何損著就名
山尚未遲為和君詩翻一笑樊籠海鶴本仙姿時接
今兒樵所札

夜長次和瘦石

夜長竟與客愁同處暑繞交七月中蟾影已沉千樹雨蛩報欲倦五更風衰翁歲晚衆難白小婦粧殘病不紅伏枕遲明諸慮集晨鐘猶未報曈曨

寄原監司張靜遠先生

鑾江〻上舊監司三月居憂政遂移敢置生芻無姓字漫隨野鶴肅丰儀風波豈料興平地愚弄原來是小兒覆雨翻雲幾不測雖聞未減至今疑

孤臣萬里荷 天恩赤日垂光照覆盆自是冰心昭坦白竟違吏議得平反鵬飛六月南濵息系出三韓此塞屯 聖世闢門頻籲俊肯容稷契久田園

明公好士〻爭趨廷尉門前未晝無縱有故人懷舊德誰攜短劍慰長途南陽彊直朱文季深室周旋窮大夫吴門朱文也孝廉授張公子書公被遠朱周旋其間入都遣繼從之不去我亦當年門下客白頭袖手只長吁

官齋迎養久難留日下於今侍太邛樽酒歡承弧月夜屐聲重訪故園秋詩經觱輒多新調家暫栖

遲念昔遊膝下傻珠搃英異授書曾伴海西頭

花朝顧默齋夫子招同許恒齋徐就菴朱聲遠陸緘齋趙竹坡秋山賞玉蘭同用蘭字

老梅昨夜飄紅雨令節邀人賞玉蘭酒畔香遲風力軟花朝座近雪光寒繁枝似客頭俱白高會飛觴量忽寬木筆南榮猶未放詩成好借寫琅玕

登狼山

狼峰巀嶭據江濆一杖相扶入島羣烟重遠天虛望海風高方塔果支雲塔名透迤遥望劉郎路碑銘疑傳駱子墳劉名芳見斷碑偏傍傳為賓王墓楚客無名留石上空將吟嘯付斜曛

至日再用杜句起懷杏莊張司馬東洵公

年〻至日長為客官閣聯吟彼一時別後大都高興少愁多惟有使君知虹橋畫舫三春夢三月揚州一聚狼阜僧房半子詩預擬東洵是歸路两心温暖話相思

送江蘭野赴安慶張參戎幕

將東輕裘湖上游一肩吟上木蘭舟書生握管從

戎事主將掄才是狀頭張武殿元王儉府中蓮艷冶嚴
公幕下酒淹留白衣傖父哀頹甚那得安危獻一
籌

五月一日自白蒲至豐利舟中作呈璞莊
春來短札幾回封相訂過從五月中百里近分蒲
水路一船涼動楝花風頻移行李嗔童子久歷津
程認老翁誰識主人情最洽到門姓字不須通

八月歸舟
三月離鄉八月歸春風芳草秋風腓眼看歲序速

如此身困舟車老可識筆塚墨池行笈裹風晨雨
夕在家稀兒孫莫誤圖長聚恐逐賓鴻又遠飛

顧木山贈佳穎刻魚山書筆字慨然有懷魚
山木山兄也久客京邸
諸昆自昔幾追攀阿季年時日往還正是霜天排
鴈字却拈斑管見魚山雲深薊北音書杳日落江
南會晤艱珍重樓頭拜君惠西風迢遞惱哀顏

柳園招集賦暮烟
夕陽靄靄下虞淵花氣迷離護晚堤對岸樓臺如
畫影近堤檣櫓辨歸船風薰酒面窓都啓雲起池
心水欲連燈火乍明人盡散迷濛深護鷺鷗眠

立夏前一日范貫一邀同趙稱山解際寧宫
汾陽謝度遠東墅看牡丹
東墅幽偏近海濱花開邀客畫船新全憑國色天
香種一洗黃茆白葦塵名勝難逢都倚醉風光漸
轉尚餘春最憐人散誰為主留得高室月一輪

寄汪意園使君
江上文星與酒星海天靈雨歲常零官閒斗室虛

窓白竈遠金堤夜火青疾苦細詢吟上石有觀海石刻詩
芙蓉將綻結成亭秋構秋水亭老夫負約遲相就不見

花時醉作銘

除夕
何緣避世入深村歲暮嚴寒火不溫無與為歡斷
失笑有誰解事只閑門老兄高臥詩壇隔弱女孫
啼淚眼昏晚藝松盆拈栢酒強抒鬱抱對兒孫

瘦石校訂范思堂詩畢得詩一首索同館和
故人遺草得重披身後千秋定在茲風韻儼存真

面目含咀須會苦心思難忘一榻圍花日最是三更擁客時（丁丑秋棠留榻菊花深處臨別三更同人送余出城）檢誦秋懷無限淚淙淙檐溜與同垂（君秋懷詩寒花消息憑誰問短榻横窗夜月虛）

哭璞莊四首

廿載天涯共夕晨漫將膠漆比雷陳分甘総總馮唐老損恵年年管氏貧豈料龍蛇驚夢幻竟同膺隼出風塵

眼前景色居然變暑雨炎風最愴神雨雪長途冷孟陬為君五十祝添籌青陽送過歸黄壤彩筆吟殘哭白頭（四月上旬花前豪興至五月而長往矣）顧影

似知餘日迫捐賓不與故人謀文園此際誰相問剩有詩壇一段愁（纂刻東皋詩存謀之多年今甫開雕而君逝矣傷哉）

舊好猶存觸境悲園亭無主益凄其客来相向惟揮淚死去重逢是幾時日者慣言休咎事（星相兩家皆言五十不利）天乎不畀緩和醫莫題身外紛如蝟慘見顏親與稚兒

世事差池詎可料愁吟一卷計開雕人亡我免災梨棗例合君當續蒦韶（時謀梓拙集板已具而君歿所刻詩存生者不録君詩將附卷末矣）萬里飛騰忙裏誤千秋名氏卷中標只憐電火流光速老淚涔涔太不聊

因盧飛泉寄家蘋浦

客從京洛返江城為道吾宗念老傖風雅更徵先子集孱羸偏繫遠人情青衫黯黯迷南國綵筆琳瑯重北平（君有北平才子之譽）遍日玉川聲齒頰白頭翹望思縱横

從來華胄擁犀軒　日下潛居道自尊況是清才卑屈宋却耽高卧讓鵬鯤消磨歲月圖書府寂寞旋旄鳥雀門我老更憐姜白石一經林下手重繙（君因姜南園知賤名）

竹樓詩鈔

興化王國棟著

絶句

採蓮曲

妾住在横塘郎居隔前浦食蓮莫食心惟有蓮心苦

郎欲別我去含悽奈何許食蓮莫去心與郎同甘苦

次蓉鏡採蓮曲韻

只見蓮作花不見蓮作實蓮心與妾心甘苦郎未識

采蓮莫傷藕々白大如航並載歡與儂絲牽似箇長

清明

積雨空園冷桃花何日晴忽然聞野哭人説是清明

新月

新月如避人清光倏已匿不復見西山微々映東

壁

孤兒

四歲㷀孤兒舉止異羣輩一跪三叩首居然學父拜

讀史

内史常存狗馬心拾遺補過力能任如何十載淮陽老不及平津寵眷深

鉤弋宫中堯母門婕妤生子荷殊恩誰知趙虜陰謀起湖上空埜有淚痕

大樹将軍得衆心恩波耿鄧與俱深蕪蔞豆粥滹沱飯厚意難忘直到今

漢業中興策力多雲臺圖就欝嵯峨椒房何與功臣事不許丹青畫伏波

漢廷言利及車船鹽鐵紛々盡海壖縱析秋毫猶拙計不如西邸賣官錢

龍虎雲風知遇深武侯出處更堪欽不緣三顧勤先主正好隆中抱膝吟

魏武奸雄不世才誰思晚節劇堪哀只今銅雀臺

邊月曾照分香賣履来
歎息江東歷數遷零陵尺土我時延癈王不及陶
徵士留得先朝晋字傳
五馬南奔五代驅神州腥穢莫能除開皇浄掃無
中外舊姓猶傳普六茹
昨夜平安火不来潼関失守趣徘徊延秋門上烏
頭白啼送楊妃葬馬嵬

齋中雜咏

歲月摧藏白髮翁閉門塵事不匆匆怪他草木争

顏色伏日驚看雪裏紅
盆蘭二種愛蕭踈花過新芽出土初晝避陽驕宵
浥露最宜長葉曉風梳
老樹渾如櫳穢翁不花不實倚前櫳却饒容葉沉
沉緑剛蔭幽人一畝宫
編竹為籬曲徑長覆籬花葉日無光靈根却似東
鄰女三載窺臣上短墻

夜凉

白露浮天夜漸長寒衣未授老先凉自從失却鳴
雞婦怕聽花間絡緯娘

五哀詩

五君子者皆先子故交予小子及見丰儀
者也今皆淪没不勝風流雲散之感云

閔明經（諱長虹字在東號曠齋先子晚年交也先子殁時蒙餽遺入郡輙叩識集）
鄭驛當時厚意長門風王謝擅餘芳只今有子貧
於我短褐相看兩鬢霜

黄趙州（諱又字燕思贊先子詩板而焚券者也能詩老授一官未幾卒於官）

所

軀健監門老姓侯鬚鬢霜雪古風流桂陽萬里摩
天嶺誰與招魂說趙州

黄建陽（諱吉暹字仲賓號平菴先子門下士也往来近二十年今貧老而殁）
林立詩家江介珍亂風掃葉劇傷神一從山老歸
泉後風雨揚州少主人

朱文學（諱國祚字名公予仲兄婦翁也歎歲攜家入郡居負郭水次讀書自娛予戊子初應郡試拜公每招遊指示古蹟）
初到揚州覔所親抱門緑水似龍津只今茅屋看

猶在無復冥搜古蹟人

浮村上人（公清修內裕所居不奉佛像喜交遊一時名公卿咸引重焉）

師是瞿曇異代孫香花供養酒盈樽天童歸後猶相見名占揚州古杏園（先君有送浮村上人遊天童詩）

題薛敘齋夫子所藏李越石先生暨先大人墨蹟冊子

先君墨蹟無藏本不及將軍七世僧深伏先生寶球璧肯隨繭紙入昭陵

素愛張顛草聖傳遇天落墨有餘顛風流似舅思

秋吟閣詩　五

先子野鶩家雞兩法然

金沙竹枝詞

青々麥隴分千步短々茶童得一猴借問丈人幾兒子為言膝下兩丫頭

三姓團環小市廛家々耕織太平年日晞曉露郎芟麥風閃宵燈婦紡棉

繃分江海膏腴壤星散茆茨淳樸家怪底門前鋪白雪都乘新霽晒棉花

傳家生活一官鹺新奉鹺司禁約嚴閉殺丁男行

不得忍教童叟去挑鹽

望劉氏陰深園

客中無日不長吟徙倚河亭送遠音十頃濃陰青未了一回煙雨一回深

題畫蘭

東風料峭雨絲斜瑟縮梅枝與柳芽莫說海濱春不到街頭昨日賣蘭花

題牧羊圖

萬里氷天漢節懸李陵降後費周旋贈行留別詩

秋吟閣詩　六

都好齧雪輸他十九年

春陰

老年一倍愛春華客裏心情勝在家怪底東風多錯迕只催寒雨不催花

除夕

貧家樽酒故人遺杯酌能勝婦與兒萬事拋荒惟酩酊却教除夕併無詩

平山竹枝詞四首

三月烟花自昔傳新來一倍引遊船穿山過檻無

渥水却有源頭迸石泉
遠望瀰漫一鑑開嵌空架險搆樓臺但誇香海慈
雲好多少金錢辦得來
向来水窄今多水着去山高是假山不問人工與
天巧可能南狩霽　龍顏
桃花人面两相當約伴同登選佛塲行到栖靈忽
惆悵新懸告示禁燒香

題畫

秋吟附詩　七

爐火邇紅撥懶殘半秋佳話在衡山十年作相非
吾事只管無言啖芋還
櫻桃蕭蔗挖登盤枇杷如今見一斑饞口莫嫌多
着子不曾親摘洞庭山
最爱秋蔬一架霜纍纍豆角摘琳琅更憐夜卧龍
鬚蕈好聽樂籠絡綿娘
炎方荔子熟堪誇嶺表何曾負子瞻人食五枚練
家紫中邉直得到今甜
園蔬端的晚菘佳青女繞句佐食鮭寄語山僧莫
全占萊根啖定是吾儕

乞張騫奉使歸石榴嘉種至今遺竟同萬里戎
王子不記何年別月支
蓮綻菱紅出水鮮吾鄉土物半秋田只愁未秋西
成事充稼憑渠亦可憐
若是綏山得一桃未能仙去也堪豪愛他略蒨臙
脂染饞口流涎笑老饕
及時佳品美堪茹櫻筍江南朱夏初留與僧房孅
淡泊蔬如乞醬我煮鯽魚

秋吟附詩　八

蘆菔由来種類殊一廿一辣共成團不知當日劉
盆子掘向庭中辦得無
一寸黄柑猶是青（杜句）一枝佛手指空靈不知微笑
拈花後散向諸天幾處馨
芒種已過梅子熟秋風初動栗皺開松間小菌時
時有有果登盤倩孰陪

百花洲　宗子相讀書處

名高七子擅風流一哭忠魂淚未收（楊忠愍遇害公哭之解衣覆其屍）
節義文章都不朽緑楊猶護百花洲

南亭　先少泰公墓

豐碑卧草字縱横風雨年〻寒酒牲慚愧飄零老
孫子墓門荒落走鼯鼪

陵亭

滄浪南去是陵亭汴将横戈戰血腥今日守風近
村舍漁舟搖過酒旗青

永安

樊川十里永安船春水相連带野煙柏酒椒花薦
元日詩情悽惋是何年前庚午先君阻水於此度歲

題畫蘭贈章希齋索琵琶圖

客舍晨興一事無墨池瀲灩撚霜鬚寫将一片瀟
湘影博得潯陽江上圖

舟中口占

迢〻百里木蘭船三月風光晚更妍一片菜黄榆
莢緑挼藍水映蔚藍天